Cristian Kollmann, Peter Gilles, Claire Muller
Luxemburger Familiennamenbuch

Cristian Kollmann, Peter Gilles, Claire Muller

Luxemburger Familiennamenbuch

Unter Mitarbeit von
W. Amaru Flores Flores und Britta Weimann

DE GRUYTER

ISBN 978-3-11-063533-1
e-ISBN (PDF) 978-3-11-041076-1
e-ISBN (EPUB) 978-3-11-041085-3

Library of Congress Cataloging-in-Publication Data
A CIP catalog record for this book has been applied for at the Library of Congress.

Bibliografische Information der Deutschen Nationalbibliothek
Die Deutsche Nationalbibliothek verzeichnet diese Publikation in der Deutschen Nationalbibliografie; detaillierte bibliografische Daten sind im Internet über http://dnb.dnb.de abrufbar.

© 2018 Walter de Gruyter GmbH, Berlin/Boston
Dieser Band ist text- und seitenidentisch mit der 2016 erschienenen gebundenen Ausgabe.
Druck und Bindung: CPI books GmbH, Leck

♾ Gedruckt auf säurefreiem Papier
Printed in Germany

www.degruyter.com

Inhalt

Vorwort —— V

Abkürzungen und Symbole —— IX

Einleitung —— 1

Namenartikel —— 11

Literaturverzeichnis —— 385

Anhang —— 393

A. Die 400 häufigsten Namen —— **393**
B. Namen nach Namentypen —— **397**
C. Namen, die ausschließlich in Luxemburg vorkommen —— **401**
D. Seit 1880 untergegangene oder modifizierte Namen —— **403**

Vorwort

Das vorliegende Familiennamenbuch der Luxemburger Familiennamen repräsentiert das zentrale Ergebnis des Forschungsprojekts 'Luxemburgischer Familiennamenatlas' (LFA), das vom Mai 2009 bis April 2012 vom Fonds National de la Recherche (FNR) am Institut für luxemburgische Sprach- und Literaturwissenschaft der Universität Luxemburg gefördert wurde. Bereits 2012 wurde der Online-Atlas der Familiennamen publiziert, der den luxemburgischen Namenbestand in die Region zwischen Rhein und Maas einordnet (http://lfa.uni.lu). Mit dem nun vorgelegten Familiennamenbuch wird das Projekt mit einem umfassenden namenkundlichen Grundlagenwerk abgeschlossen, das sowohl für Namenkundler als auch für Sprachhistoriker und Genealogen eine wertvolle und zuverlässige Hilfe sein soll.

Ein besonderer Dank geht an Claudine Moulin (Trier), die das Projekt ursprünglich initiiert und durch vielfältige Impulse bereichert hat. Für viele konzeptionelle Diskussionen danken wir Damaris Nübling, Michel Pauly und Jean-Claude Muller. Weiterhin danken wir Ann Marynissen für die Bereitstellung von Namendaten. Judith Manzoni sei für ihre Hilfe bei den phonetischen Transkriptionen gedankt.

Bei der komplexen Datenbankauswertung und Manuskripterstellung haben uns die folgenden Mitarbeiter und Hilfskräfte unterstützt: Mirjam Schindler, Yulia Motovilowa, Jessica Stroesser, Gilles Caspar, Marie Sattler, Benoit Junk und Caroline Döhmer. Ihnen allen sei herzlich gedankt.

Wir danken dem Verlag de Gruyter für die Aufnahme ins Verlagsprogramm. Unserer Forschungseinheit IPSE – Identités, Politiques, Sociétés, Espaces schließlich danken wir für den Druckkostenzuschuss.

Peter Gilles, Esch-Belval im Dezember 2015

Abkürzungen und Symbole

Abkürzungen

ae.	altenglisch
afrz.	altfranzösisch
ahd.	althochdeutsch
Akk.	Akkusativ
an.	altnordisch
anfrk.	altniederfränkisch
aram.	aramäisch
as.	altsächsisch
bair.	bairisch
Dat.	Dativ
dt.	deutsch
els.	elsässisch
f.	femininum
FEW	Französisches Etymologisches Wörterbuch (1922-2002)
frk.	fränkisch
frnhd.	frühneuhochdeutsch
frz.	französisch
Fsv	Feuerstättenverzeichnis
gall.	gallisch
gallorom.	galloromanisch
GDB	Genealogische Datenbanken
Gen.	Genitiv
got.	gotisch
griech.	griechisch
hebr.	hebräisch
idg.	indogermanisch
it.	italienisch
kelt.	keltisch
landsch.	landschaftlich
lb.	luxemburgisch
lok.	lokal
lothr.	lothringisch
LLU	Lexikon der Luxemburger Umgangssprache (1847)
LWB	Luxemburger Wörterbuch (1950-1977)
m.	maskulinum
md.	mitteldeutsch
mfrk.	mittelfränkisch
mfrz.	mittelfranzösisch

mhd.	mittelhochdeutsch
mlat.	mittellateinisch
mnd.	mittelniederdeutsch
mnl.	mittelniederländisch
mslfrk.	moselfränkisch
n.	neutrum
nfrz.	neufranzösisch
nhd.	neuhochdeutsch
nl.	niederländisch
nnl.	neuniederländisch
Nom.	Nominativ
oberdt.	oberdeutsch
pfälz.	pfälzisch
pik.	pikardisch
Pl.	Plural
RB	Rechnungsbücher der Stadt Luxemburg (1388–1500)
refl.	reflexiv
rhein.	rheinisch
schwäb.	schwäbisch
schwzdt.	schweizerdeutsch
Sg.	Singular
stnhd.	standardneuhochdeutsch
tschech.	tschechisch
urk.	urkundlich
vlat.	vulgärlateinisch
Vz	Volkszählung
wa.	wallonisch
wfrk.	westfränkisch
WLM	Wörterbuch der Luxemburger Mundart (1906)
wmd.	westmitteldeutsch
wgerm.	westgermanisch
wmslfrk.	westmoselfränkisch
wrom.	westromanisch

Symbole

🌐	Verbreitungsangabe eines Namens
☞	weiterführende sprachhistorische Diskussion eines Namens
📖	historische Namenbelege
*	erschlossene Form
†	ausgestorbene Form
>	wird zu
<	entstanden aus
↗	siehe unter
→	wird zu mit morphologischem Zusatz
←	entstanden aus mit morphologischem Zusatz
//	alternative Aussprache
=	alternative Namenschreibung (Aliasnamen in historischen Belegen), ggf. auch Namenwechsel
=>	intergenerationelle Namenmodifikation (in historischen Belegen)
‹ ... ›	Grafie
' ... '	Bedeutung

Einleitung

Die Familiennamen gehören zu den ältesten greifbaren Sprachzeugnissen und sowohl ihre historische Form als auch ihre weitere Entwicklung bis hin zur Verfestigung im 19. Jh. gewähren weitreichende Einblicke in Phonologie, Morphologie, Siedlungs- und Migrationsgeschichte und nicht zuletzt auch in den Sprachkontakt. Luxemburg als 'Zwischenland' mit wechselvoller Geschichte zwischen Germania und Romania ist in diesem Zusammenhang ein besonders interessantes Forschungsfeld, da hier eine komplexe Siedlungsgeschichte mit vielfältigem Sprachkontakt von germanischen und romanischen Varietäten zu einer charakteristischen Familiennamenlandschaft geführt hat.

Es ist das Ziel dieses Bandes, die Herkunft und Verbreitung der ungefähr 2600 häufigsten Namen systematisch darzustellen. Dazu wurden die ausgewählten Familiennamen etymologisiert, typologisiert, mit historischen Belegen versehen sowie hinsichtlich ihrer Verbreitung beschrieben. Im Zentrum steht die Etymologisierung der Familiennamen, die in der Mehrzahl der Fälle zum ersten Mal ausführlich durchgeführt wurde. Das Hauptprinzip ist dabei ist eine konsistente Herleitung gemäß der lauthistorischen Entwicklungsstufen, wie sie für die beteiligten Sprachvarietäten des Untersuchungsraumes (überwiegend moselfränkische oder mitteldeutsche, aber auch wallonische oder lothringische Varietäten) nachgewiesen oder rekonstruiert werden können. Dazu wurden die klassischen namenkundlichen Nachschlagewerke wie Förstemann (1900), Duden (²2008), Germain/Herbillon (2007), Debrabandere (1993), DFA1 bis 4, Sprachstufenwörterbücher (IEW, Splett 1993, Lexer 1872–1878), Dialektwörterbücher (LWB, LothWB, RhWB) und etymologischen Wörterbücher (FEW, REW, Kluge ²⁵2011, Pfeifer ⁸2005) herangezogen. In vielen Fällen wurden die Etymologien lauthistorisch zum allerersten Mal rekonstruiert. Zwar liegt zu den Luxemburger Familiennamen reichlich ältere, doch größtenteils populärwissenschaftliche Literatur vor (u.a. die zahlreichen Aufsätze von Erpelding 1988, 1996, Hess 1970 und Trossen 1988). Zu nennen sind darüber hinaus die wissenschaftlich durchwegs fundierten Beiträge von J.C. Muller (1985), Klees (1989) sowie STATEC (Hg.) (1984), deren historische Namendaten wertvolle Hilfen bei der Etymologisierung und Typologisierung bieten.

Im Rahmen des Forschungsprojekts standen die folgenden übergreifenden Leitfragen im Vordergrund: a) Wie lässt sich die Spezifik der Luxemburger Familiennamenlandschaft im Kontext des Westmitteldeutschen beschreiben und erklären? Welchen Einfluss hat der Jahrhunderte während Sprachkontakt mit romanischen Varietäten, insbesondere mit dem Französischen? b) Welche regionalsprachlichen, insbesondere luxemburgischen Merkmale der Familiennamen lassen sich feststellen? c) Welche Bildungstypen der Familiennamen lassen sich präferiert beobachten? Diese Fragen wurden systematisch in verschiedenen Publikationen der Arbeitsgruppe erörtert (vgl. u.a. Flores Flores 2014b, 2015, Gilles 2014, Kollmann 2011a, 2014 und C. Muller 2014ab). Innerhalb der einzelnen Namenartikel werden diese Aspekte weiter konkretisiert.

Bearbeitungskriterien
Die Bearbeitung der einzelnen Namenartikel orientierte sich an folgenden Kriterien:
Berücksichtigung der historischen Belege – Struktur, Schreibung und intra-/intergenerationeller Wechsel der historischen Belege ermöglichen die exakte Etymologisierung eines Namens. Zu dieser historische Sondierung der Familiennamen wurden die folgenden Quellen ausgewertet: Die jüngste historische Namensschicht ist repräsentiert durch die Volkszählungsdaten des Großherzogtums Luxemburg von 1880 (Müller 1887). So genannte 'Feuerstättenverzeichnisse', besonders von 1561, 1611 und 1656 (siehe Oster 1965, sowie weitere Daten aus Oster 1950abc) stellen eine wertvolle Quelle für das 16. und 17. Jh. dar. Die älteste greifbare Namensschicht bilden diejenigen Namen, die in den Rechnungsbücher der Stadt Luxemburg für den Zeitraum von 1388 bis 1500 verzeichnet sind (Moulin/Pauly 2007–2010) und deren Namenbestand von Gniffke (2010) in einem Namenbuch zusammengestellt wurde. Zu beachten ist für diese Quelle, dass es sich bei den Namen teilweise noch um Beinamen handelt, deren Verfestigung zum Familiennamen nicht immer vorausgesetzt werden kann. Darüber hinaus wurden zwei umfangreiche genealogische Datenbanken zu Luxemburg (www.deltgen.com, www.luxroots.com) konsultiert, in deren stetig wachsenden Datenbeständen aus Geburts- und Heiratsregistern sich wichtige Hinweise über die Transmission und Veränderung von Familiennamen im generationellen Wechsel aufspüren lassen. Die historischen Belege erheben dabei keineswegs den Anspruch auf Vollständigkeit. Vielmehr sind diese als illustrative Auswahl zu verstehen, um möglichst alte und/oder charakteristische Namen und Namenvarianten zu präsentieren. Zur besseren Lesbarkeit wurde die Minuskelschreibung der historischen Belege in die heute übliche Majuskelschreibung umgewandelt.

Sehr häufig ist in den genealogischen Quellen ein Namenwechsel zu beobachten, entweder bei ein und demselben Namenträger, z.B. bei mehrfacher Überlieferung, oder im Zuge eines Generationswechsels. Die Gleichheit des Namenträgers wird durch ein Gleichheitszeichen '=' (vgl. *Johan van Achen = Johan van Aichen = Johanne van Aiche*), der Generationswechsel durch den Pfeil '=>' (vgl. 1829 *Badin* => 1859 *Baddé*) ausgedrückt. Der Wechsel des Familiennamens beweist entweder dessen etymologische Mehrdeutigkeit oder dessen volksetymologische bzw. kanzleisprachliche Reinterpretation – alles Phänomene, die im Rahmen der Quellenuntersuchung besonders oft zu Tage treten und im Sinne einer fundierten Etymologisierung unbedingt zu berücksichtigen sind. Vielfach sind die historischen Belege nicht nur etymologisch, sondern auch sprachlich mehrdeutig, d.h. dem Deutschen oder Französischen zuzuordnen. Für den Fall, dass die entsprechenden Familiennamen bis heute in beiden Sprachen existieren, sind die historischen Belege sowohl unter dem deutschen als auch dem französischen Lemma zu finden. Dies gilt mitunter auch bei Belegen, die auf Grund ihrer etymologischen Mehrdeutigkeit eine Zuordnung zu mehr als einem zeitgenössischen Familiennamen erforderlich machen. Durch Querverweise wird dieser sehr oft auftretende Sachverhalt zusätzlich verdeutlicht.

Von den zahlreichen Beispielen, die zeigen, dass die Etymologisierung eines Familiennamens durch die Berücksichtigung der historischen Belege überhaupt erst möglich wurde, sei hier *Nosbusch/Nosbüsch* genannt.

Geografische Verbreitung – Neben der Verbreitung der Namen in Luxemburg wurden auch die Verbreitungen in Deutschland, Frankreich, Belgien, den Niederlanden und gegebenenfalls auch weiterer Länder berücksichtigt. Auf dieser Grundlage ergaben sich bei schwierigen, minder frequenten und/oder sprachlich auffälligen Familiennamen erste Anhaltspunkte zur Ursprungsregion, was, besonders im Fall von sogenannten Einwanderernamen, natürlich eine präzisere Etymologie ermöglichte. Als entsprechendes Beispiel sei hier der Familienname *Nimax* erwähnt, der auf ein westslawisches *Němak* zurückgeführt werden kann.

Historische Phonologie – Hinsichtlich der phonologischen Entwicklung des Luxemburgischen bzw. des Moselfränkischen insgesamt wurde festgestellt, dass diese bisher in keinem Werk umfassend beschrieben wurde. Zwar hat sich Robert Bruch (1953, 1954) speziell mit dem Luxemburgischen eingehend beschäftigt, doch sind die Überlegungen des Autors mittlerweile zum Teil überholt und lassen diverse Detailfragen unberücksichtigt. Es galt daher, eine Lautgeschichte des Luxemburgischen/Moselfränkischen zu erarbeiten, um für die Familiennamen die jeweilige Ausgangsform zu finden (oder zu rekonstruieren) und sie je nach sprachlichen Merkmalen einer bestimmten Sprache bzw. Regionalsprache (Moselfränkisch, Luxemburgisch, Wallonisch usw.) zuordnen zu können. Namenbeispiele, bei denen eine genaue sprachliche Zuordnung erst unter strenger Berücksichtigung der historischen Phonologie möglich ist, sind *Wolter* (Niederdeutsch), *Kries* (Westmoselfränkisch/Nicht-Luxemburgisch), *Quaring* (Wallonisch).

Insgesamt konnten unter Berücksichtigung dieser Kriterien zahlreiche weitere Etymologien relativiert (z.B. *Bertemes, Theis*), revidiert (z.B. *Gerend, Gierenz, Goedert, Goerres*) oder überhaupt erst geklärt werden (z.B. *Engeldinger*; vgl. auch Kollmann 2011cd; *Mahowald*; vgl. auch Kollmann 2011b; *Origer*; *Vandivinit*).

Zuordnung zu einem Benennungsmotiv – Hinsichtlich der Typologisierung der Familiennamen wurde das folgende angepasste System verwendet (vgl. Kollmann 2011a). Je nach Bildungsweise und je nach dem unmittelbar zu Grunde liegendem Benennungsmotiv sieht dieses Muster u.a. folgende Typenbezeichnungen und damit Nuancierungen zwischen Typen vor: (einfacher) Herkunftsname vs. personalisierter Herkunftsname (*Erpelding* vs. *Olinger*); (einfaches) Patronym vs. flektiertes Patronym vs. deriviertes Patronym (*Till* vs. *Thillen* vs. *Thiltgen*). Als flektiertes Patronym wird nicht nur eine Genitivbildung zu einem Rufnamen, sondern auch zu einem Berufs-, Amts-, Standes- oder Übernamen bezeichnet (*Schmitz* vs. *Schmit*). Als Suffixe werden überwiegend <-er>, <-s> und <-en> verwendet, die historisch als Agens- oder starke bzw. schwache Genitivsuffixe fungierten. Zusammen mit den traditionellen Benennungsmotiven werden demnach die folgenden 15 Namentypen unterschieden (in Klammern je ein Beispiel):

- Amtsnamen (*Koster*)
- Berufsnamen (*Duchscherer*)
- Berufsübernamen (*Feiereisen*)
- Herkunftsnamen (*Girsch*)
- personalisierte Herkunftsnamen (*Breistroffer*)
- Metronyme (*Margue*)
- derivierte Metronyme (*Neser*)
- flektierte Metronyme (*Merges*)
- Patronyme (*Bartholomé*)
- derivierte Patronyme (*Ludig*)
- flektierte Patronyme (*Ludovicy*)
- Übernamen (*Grisius*)
- Standesnamen (*Brimeyer*)
- Wohnstättennamen (*Miltgen*)
- personalisierte Wohnstättennamen (*Meylender*)

Auswahl der Namen

Die zugrunde liegende Familiennamendatenbasis setzt sich zusammen aus Telefonbuchdaten, Geburts- und Melderegistern: Für Luxemburg handelt es sich um die Telefonbuchdaten des Editus-Verlags von 2009 (36.326 Namen für 163.206 Telefonanschlüsse). Da für die meisten Namenanalysen auch die Informationen über die Nachbarländer erforderlich sind, wurden weiterhin folgende Quellen berücksichtigt: Für Deutschland die Telefonbuchdaten der Deutschen Telekom von 2009 (1.287.087 Namen für 23.526.460 Telefonanschlüsse), für Belgien die Daten aus dem Melderegister von 2008 (498.015 Namen für 11.402.069 Personen) und für Frankreich die kumulierten Geburtenregister des 'Institut national de la statistique et des études économiques' (INSEE) für die Jahrgänge 1920 bis 1970 (131.056 Namen für 60.740.370 Personen). Neben der absoluten Häufigkeit eines Namens wurde auch immer die relative Häufigkeit (in Promille) berücksichtigt, so dass die Vergleichbarkeit der verschiedenen Datenquellen erreicht werden kann. Die Verwaltung, Kartierung und namenkundliche Bearbeitung dieser umfangreichen Datenbasis erfolgte mit einer eigens entwickelten Softwareplattform (vgl. Gilles 2014).

Um alle 36.000 luxemburgischen Namen ausführlich bearbeiten zu können, wäre ein sehr langfristiges Forschungsprojekt erforderlich. Für den Kontext des vorliegenden Projektes, das auf drei Jahre angelegt war, war also eine sinnvolle Beschränkung der Datenbasis nötig. Für die Auswahl der zu bearbeitenden Namen nehmen die Volkszählungsdaten von 1880 (Muller 1887) die Funktion eines Filters ein. Da es das Ziel des Namenbuchs ist, primär die historische Struktur der Luxemburger Familiennamenlandschaft zu erfassen, wurde aus Machbarkeitsgründen beschlossen, all jene Namen, die nach 1880 überwiegend durch Immigration (insbesondere aus Italien und Portugal) dazugekommen sind, aus der Untersuchung auszublenden. Selbstverständlich gehören auch häufige Familiennamen wie *da Silva, Rossi, Ferreira* oder *Goncalves* zur heutigen luxemburgischen Familiennamenlandschaft. Doch da in der vorliegenden Untersuchung Aspekte mit großer diachroner Tiefe im Vordergrund standen, bleiben die neueren Entwicklungen des 20. Jh. ausgeblendet; für einen quantitativen Einblick vgl. die Häufigkeitslisten im Anhang. Berücksichtigt wurden also nur jene Namen, die bereits 1880 in Luxemburg anzutreffen waren, und damit reduziert sich die Namenmenge von 36.000 auf die 8.561 in der Volkszählung von 1880 erhobenen Namen. Die heute deutlich höhere Namenmenge erklärt sich u.a. aus dem Zuwachs der Gesamtbevölkerung von ca. 200.000 Einwohnern im Jahr 1880 auf mehr als 500.000 im Jahr 2011. Infolge der großen Migrationswellen des 20. Jh. hat sich die Namenmenge nicht nur generell erhöht, vielmehr sind sehr viele seltene bis sehr seltene Namen hinzugekommen. So kommen in den heutigen Daten ca. 90% aller Namen nur ein- bis zehnmal vor (vgl. Gilles 2014). Ohne diese Reduktion der Namenmenge durch die Filterfunktion der Volkszählungsdaten von 1880 wäre eine sinnvolle Bearbeitung der Namen kaum möglich gewesen.

Darüber hinaus spielte auch die Frequenz der Familiennamen eine Rolle. Es wurden nur diejenigen Namen ausführlich bearbeitet, die in den heutigen Daten eine Frequenz von mindestens 15 Telefonanschlüssen aufwiesen. Niederfrequentere Namen wurden jedoch immer dann berücksichtigt, wenn es sich um Varianten oder morphologisch assoziierte Namen zu einem Basisnamen handelte, oder wenn sie etymologisch besonders interessant erschienen. Ziel war es, immer möglichst alle Varianten und morphologisch zugehörigen Formen eines Namenkomplexes aufzunehmen. Insbesondere wurden auch niederfrequente Herkunftsnamen aufgenommen, da diese in besonderer Weise das regionale Namensystem prägen.

Basierend auf diesen dateneinschränkenden Überlegungen wurden für das Namenbuch insgesamt 2656 Namenlemmata bearbeitet. Bezogen auf den heutigen Gesamtbestand entspricht dies zwar 'nur' einer Bearbeitungsquote von 7,3%, bezogen auf den Namenbestand von 1880 jedoch von 31%. Dies bedeutet also, dass ca. ein Drittel des historischen luxemburgischen Namenbestandes im Namenbuch repräsentiert ist. 876 Namen wurden als Namenvarianten (Schreib- oder Aussprachevarianten) klassifiziert. Sowohl Basisnamen als auch Namenvarianten haben jeweils eigene Einträge, so dass alle Namen direkt über die alphabetische Sortierung gefunden werden. Durch Verweise wird die Struktur eines Namenkomplexes sichtbar.

Struktur der Namenartikel
Es sind zwei Typen von Namenartikeln zu unterscheiden. Erstens die Artikel für die Basisnamen und zweitens für Namenvarianten. Unter Basisname wird hier die underivierte und nicht flektierte Grundform eines Namens verstanden, dem gegebenen-

falls weitere Namen mit gleicher Basis zugeordnet werden. Der Namenartikel für Varianten enthält neben dem Namenlemma lediglich die Häufigkeitsangaben und einen Verweis auf den Hauptartikel.

Beispielartikel für einen Basisnamen
GRAAS [ɡʀaːs] (2009: 70, 0.43‰; 1880: 101, 0.52‰). VARIANTE(N) *Gras*. GLEICHE BASIS *Grasges*. Übername zu mhd. *graʒ* 'wütend, zornig'. Vgl. auch nhd.-landsch. *graß* 'u.a. fürchterlich, abscheulich, schrecklich'. ⓢ *Graas* findet sich überwiegend in Luxemburg und verstreut in Wallonien; *Gras* in der südlichen Hälfte Luxemburgs und lose verstreut im übrigen Kartierungsgebiet, doch sind hier Konkurrenzetymologien (z.B. im frankophonen Raum u.a. zu frz. *gras* 'feist') möglich. Die derivierte und flektierte Bildung *Grasges* gilt ausschließlich in Luxemburg. ☞ Die Schreibung mit *aa* gibt einen Hinweis auf die Volkaldehnung im Luxemburgischen. 📖 Fsv: 1561 *Grass*. GDB: 1665 *Graas*. 1719 *Grasges*. 1725 *Graas* => 1759 *Gras* => 1783 *Graas*, 1785 *Gras*.

Beispielartikel für eine Namenvariante
GRAS (2009: 23, 0.14‰; 1880: 26, 0.13‰). ↗*Graas*.

Der Artikeltyp für Basisnamen ist folgendermaßen aufgebaut:

1. Namenlemma
2. phonetische Transkription
3. Häufigkeitsangaben
4. Variante(n)
5. Name(n) mit gleicher Basis
6. Etymologie mit Angabe des Namentyps
7. ⓢ Beschreibung der Verbreitung
8. ☞ weiterführende Diskussion
9. 📖 historische Belege

Nach der Nennung des Namenlemmas folgt eine (breite) phonetische Transkription des Namens, allerdings nur für Basisnamen; Varianten (erkennbar an ↗) werden in der Regel nicht transkribiert. Aussprachevarianten werden durch '//' getrennt. Dabei entspricht die zweite Form oft der luxemburgischen Aussprache eines deutschen oder französischen Namens (vgl. [ˈɑɪʃən // ˈæːɪʃən] für *Eischen*, [ʃɑʀl // ˈʃaːʀəl] für *Charles*). Die Transkriptionskonventionen für das Luxemburgische orientieren sich an Gilles/Trouvain (2013).

Die folgende Klammer enthält die Häufigkeiten des Namens sowie die relative Häufigkeit in Promille für 2009 (Telefonbuchdaten) und 1880 (Volkszählungsdaten).

Über den Vergleich der heutigen mit den Häufigkeiten des 19. Jh. kann die historische Dynamik pro Name nachverfolgt werden.

Danach folgen die möglichen Schreib- oder Aussprachevarianten (hier: *Gras*) sowie die Nennung der Namen mit gleicher Basis, in diesem Fall handelt es sich um die derivierte und flektierte Bildung *Grasges*.

Die Etymologie des Namens beginnt überwiegend mit der Angabe des Namentyps gemäß der oben vorgestellten Klassifikation. In vielen Fällen sind mehrere Etymologien möglich, die durch Nummerierung kenntlich gemacht werden. Bei originär germanischen (in den überwiegenden Fällen: deutschen) Familiennamen aus Appellativa (Berufs-, Amts- Standes-, Übernamen) ist die Bezugssprache überwiegend das Mittelhochdeutsche, wobei auf Grund des phonetischen Erscheinungsbildes (z.B. unverschobenes *d* oder *p*) eine genauere Zuordnung zum Mittelhochdeutschen westmitteldeutscher und im engeren Sinne mittelfränkischer/moselfränkischer Prägung vorgenommen wird (*Lampach, Schammel*). Bei deutschen Familiennamen aus Rufnamen wird in der Regel die altdeutsche (althochdeutsche, altsächsische) Form des Rufnamens angegeben, wie sie von Förstemann (1900), allerdings gelegentlich in abweichender Grafie, aufgelistet ist (*Heymes, Hilger*). Bei Herkunftsnamen wird lediglich auf das Toponym verwiesen und auf eine Diskussion der (meist sehr komplexen) Etymologie verzichtet. Bei französischen Familiennamen aus Appellativa wird je nach Notwendigkeit Altfranzösisch, Mittelfranzösisch oder Neufranzösisch als Bezugssprache verwendet (*Lahure, Niclou*). Weist der Familienname französisch-regionalsprachliche Merkmale auf, wird direkt auf diese verwiesen (meist Wallonisch oder Pikardisch) (*Corring, Estgen*). Bei französischen Familiennamen mit einem germanischen Rufnamen als Basis wird meist die erschlossene westfränkische Form angegeben, die sich oft von der de facto altdeutsch belegten Form kaum unterscheidet (*Audry, Bertholet*). Zu historischen Ausgangsformen aus dem Appellativwortschatz wird das Genus nur angegeben, wenn es von der heutigen Form abweicht bzw. das betreffende Appellativ nicht mehr existiert. Alle Bedeutungsangaben in den Etymologien sind wörtliche Zitate aus den entsprechenden Sprachstufen- oder Dialektwörterbüchern; aus Gründen der Übersichtlichkeit wurde auf die jeweilige Nennung der Quellen in den Namenartikeln verzichtet. Die Abkürzungen der Sprachen verweisen auf die entsprechenden Wörterbücher (weitere Spezialwörterbücher sind in der Bibliografie aufgeführt):

- as.   Tiefenbach (2010)
- ahd.   Splett (1993)
- mhd.   Lexer
- mnl.   MNW
- nhd.(-landsch.)/stnhd.   DWB, Pfeifer (2005)
- lb.   LWB
- rhein.   RhWB
- afrz./frz.   FEW, REW

Im Abschnitt zur Verbreitungsbeschreibung (🌐) werden alle im Namenartikel erwähnten Namen (also Basisname, Varianten und zugehörige Namen mit gleicher Basis) in ihrer geografischen Verbreitung beschrieben. Die Leserin/der Leser erhält damit einen Überblick über alle zugehörigen Formen eines Namenkomplexes. Besonderes Augenmerk wurde auf regionale Variation innerhalb Luxemburgs gelegt. Für minderfrequente Namen mit weniger als 15 Telefonanschlüssen wird die Verbreitung nur ausnahmsweise beschrieben (an dieser Stelle sei an die Möglichkeit der Online-Kartierung unter http://lfa.uni.lu hingewiesen). Im Fokus der Verbreitungsbeschreibung liegt im Allgemeinen die Maas-Rhein-Region. Die folgende Grundkarte illustriert die Maximalausdehnung des Gebietes zwischen Maas und Rhein, mit Luxemburg im Zentrum, umgeben von den deutschen Bundesländern Nordrhein-Westfalen, Rheinland-Pfalz und dem Saarland, den französischen Departementen Moselle und Meurthe-et-Moselle sowie den belgischen Provinzen Luxembourg und Lüttich. In der Karte sind auch die wichtigsten Teilregionen erwähnt, die häufig in den Verbreitungsbeschrei-

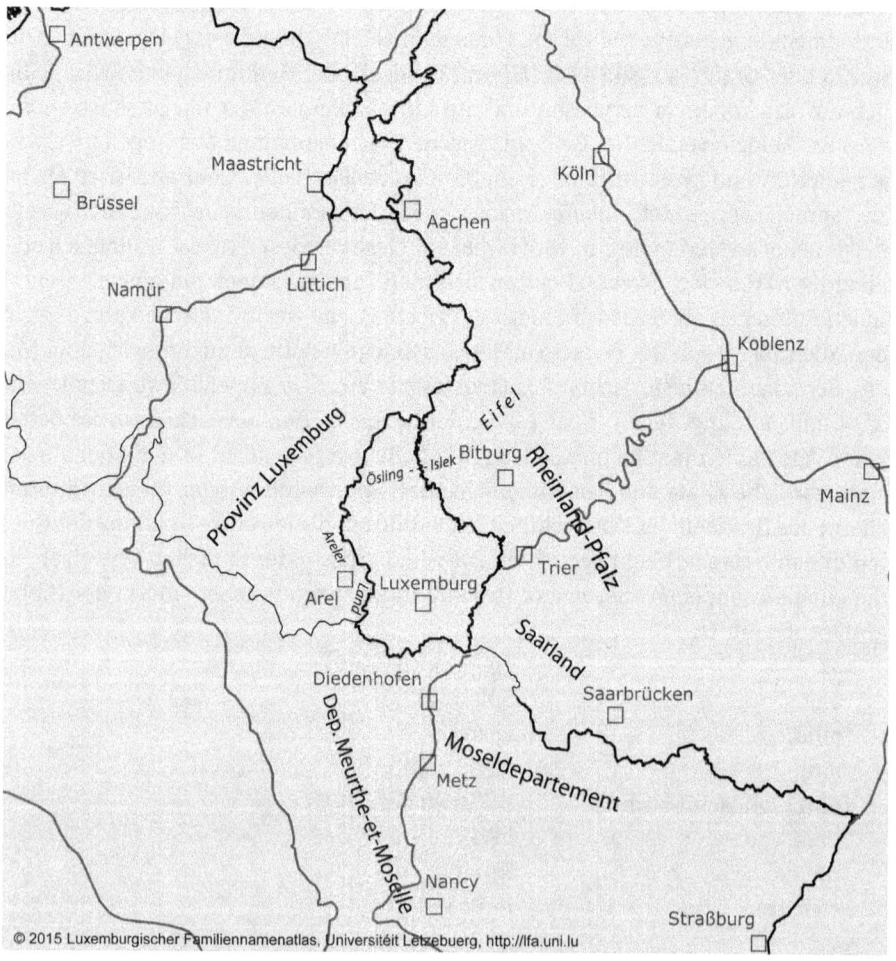

bungen vorkommen. Zu Beginn einer jeden Buchstabenstrecke enthält das Namenbuch eine repräsentative Namenkarte, in der bis zu vier charakteristische Namen des jeweiligen Buchstabens vorgestellt werden.

In der weiterführenden Diskussion (☞) werden interessante und komplexe Etymologien näher erläutert und mitunter in einen historisch-sprachvergleichenden Kontext gestellt. Ebenso werden auffällige Belege besprochen.

Abgeschlossen wird ein Namenartikel mit einer Auswahl historischer Belege (📖). Leitprinzip war die Angabe der möglichst ältesten Form und auffälliger und/oder charakteristischer Varianten, geordnet nach den Hauptquellen: Rechnungsbücher der Stadt Luxemburg (1388-1500) (RB), Feuerstättenverzeichnisse von 1561, 1611 und 1656 (FSV), verschiedene genealogische Datenbanken (GDB), sowie, wenn ergiebig, Volkszählungsdaten von 1880 (VZ). Dabei deutet das Gleichheitszeichen '=' an, dass ein Name in verschiedenen überlieferten Dokumenten in verschiedenen Formen vorkommt, während '=>' signalisiert, dass ein generationeller Namenwechsel zu beobachten ist.

Der Anhang des Namenbuchs enthält Namenlisten zu den 400 häufigsten Namen (A), den Namen nach Namentypen (B), Namen, die ausschließlich in Luxemburg vorkommen (C) und seit 1880 untergegangenen oder modifizierten Namen (D).

A

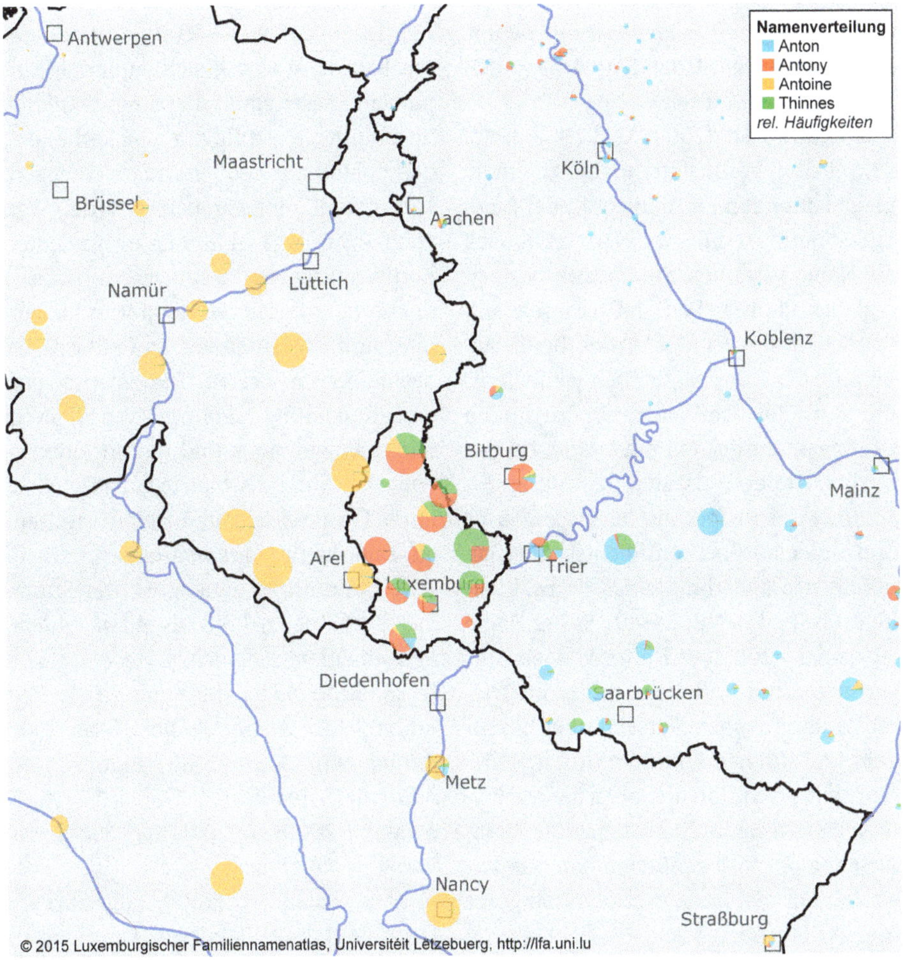
Namenverteilung
Anton
Antony
Antoine
Thinnes
rel. Häufigkeiten
Antwerpen
Maastricht
Köln
Brüssel
Aachen
Namür
Lüttich
Koblenz
Bitburg
Mainz
Arel
Luxemburg
Trier
Diedenhofen
Saarbrücken
Metz
Nancy
Straßburg
© 2015 Luxemburgischer Familiennamenatlas, Universitéit Lëtzebuerg, http://lfa.uni.lu

AACHEN [ˈaːχən] (2009: 5, 0.03‰; 1880: 23, 0.12‰). ↗Achen.
ACHEN [ˈaχən] (2009: 27, 0.17‰; 1880: 16, 0.08‰). Herkunftsname zu a) *Achen* für eine Gemeinde im Moseldepartement; b) *Aachen* für eine Stadt in Nordrhein-Westfalen. ⑤ Der Name ist überwiegend im Westen und Süden Luxemburgs sowie sehr vereinzelt in Wallonien anzutreffen. ⟨ RB (1388-1500): *Johan van Achen = Johan van Aichen = Johanne van Aiche* u.a. FSV: 1656 *Achen*. GDB: 1701 *Achen*. 1831 *Achen* => 1854 *Aachen*.
ACHTEN [ˈaχtən] (2009: 37, 0.23‰; 1880: 28, 0.14‰). Wohnstättenname zu einem gleichlautenden Flurnamen. In der Stadt Luxemburg ist *auf der Acht* historisch als Name für einen Stadtbezirk bezeugt (vgl. bes. Pauly 1994, S. 180). Diesem entspricht lb. *op der Uecht*, das heute außerhalb der Hauptstadt noch vielfach als Flurname im Großherzogtum zu finden ist. Er geht zurück auf mhd. *ahte*, für das in den Trierer Weistümern (Anfang des 13. Jhs.) die Bedeutung 'ausgesondertes und unter besonderen Rechtsschutz genommenes Ackerland eines Herrn' überliefert ist (vgl. DWB; Lexer). ⑤ Der Name ist in der südlichen Hälfte Luxemburgs verbreitet und findet Anschluss im Trierer Raum. Ansonsten erscheint er besonders im östlichen Flandern und am Niederrhein, doch sind hier auch andere Etymologien in Betracht zu ziehen. ☞ Beim Ausgang *-en* im Familiennamen handelt es sich um den erstarrten Dativ Singular (der im Flurnamen *auf der Acht*, lb. *op der Uecht* wieder abgebaut wurde). ⟨ RB (1388-1500): *Off der Aichten, uff der Aichten* u.a. GDB: 1836 *Achten*.
ACKERMANN [ˈakɐman] (2009: 45, 0.28‰; 1880: 67, 0.35‰). Berufsname zu mhd. *ackerman* 'Ackerbauer'. ⑤ *Ackermann* verteilt sich weit über Luxemburg, Deutschland, Lothringen und das Elsass. In Belgien ist der Name selten anzutreffen, etwas häufiger dagegen, besonders im flämischen Teil, die niederländische Entsprechung *Ackerman*. ⟨ GDB: 1740 *Ackerman*. 1798 *Ackerman* => 1841 *Ackermann*.
ADAM [ˈaːdɑm] (2009: 81, 0.5‰; 1880: 226, 1.17‰). GLEICHE BASIS *Adams, Adamy*. Patronym zum gleichlautenden Rufnamen. Dieser stammt aus hebr. *ʾadāmā* 'rotbrauner, gepflügter Ackerboden', das später als hebr. *haʾādām* 'Mensch, Menschheit' interpretiert wurde. Vgl. auch ↗*Dahm*. ⑤ *Adam* ist im gesamten Kartierungsgebiet weit verbreitet. Die flektierte Form *Adams* kommt in Luxemburg und Wallonien vor, in Deutschland besonders im Westen. Die entsprechende Latinisierung *Adamy* gilt vor allem im Süden Luxemburgs und im Moseldepartement, während *Adami* in ganz Deutschland, Frankreich und Belgien verstreut ist. Doch ist bei *Adami* auch an italienische Herkunft zu denken. ☞ Der Rufname erscheint im LWB als *Adem, Ädem, Eedem, Éidem, Éidemchen, Uedem*. ⟨ RB (1388-1500): *Adam* (Rufname). FSV: 1561 *Adams*. 1611 *Adam, Adams*. GDB: 1600 *Adami*. 1667 *Adams*. 1682 *Adamy*. 1687 *Adam*. 1716 *Adames*.
ADAMI (2009: 4, 0.02‰; 1880: 10, 0.05‰). ↗*Adamy*.
ADAMS [ˈaːdɑms] (2009: 18, 0.11‰; 1880: 19, 0.1‰). Flektiertes Patronym zu ↗*Adam*.
ADAMY [ɑˈdaːmiː] (2009: 22, 0.13‰; 1880: 32, 0.17‰). VARIANTE(N) *Adami*. Flektiertes Patronym (lateinischer Genitiv) zu ↗*Adam*.

ADLER [ˈaːdlɐ] (2009: 21, 0.13‰; 1880: 0). 1. Wohnstättenname zu mhd. *adelar* 'Adler' nach einem Adler als Hauszeichen. 2. Übername zum Appellativ nach dem äußerlichen Merkmal (groß, beeindruckend) des Namenträgers. 📖 GDB: 1864 *Adler*.

AGNES [ˈagnæs] (2009: 35, 0.21‰; 1880: 42, 0.22‰). Metronym zum gleichlautenden Rufnamen. Zu Grunde liegt griech. *hagnós* 'keusch, rein; hehr, geheiligt', das im Vulgärlateinischen mit lat. *agnus* 'Lamm' in Verbindung gebracht wurde. Siehe auch ↗*Nesen*, ↗*Neser*, ↗*Nestgen*. ✱ Das Vorkommen von *Agnes* ist überwiegend auf das Großherzogtum beschränkt. ☞ Das LWB verzeichnet für den Rufnamen die Formen *Agnis*, *Addis*, *Néis*. 📖 FSV: 1611 *Agnessen*. GDB: 1670 *Agnès*.

AHNEN (2009: 8, 0.05‰; 1880: 39, 0.2‰). ↗*Anen*.

ALBERT [ˈalbɛːʀ] (2009: 21, 0.13‰; 1880: 26, 0.13‰). GLEICHE BASIS *Alberty*. Patronym zum gleichlautenden Rufnamen. Dieser beinhaltet germ. **aþalja-* 'edel' (> ahd. *edili*) und germ. **berhta-* 'glänzend' (> ahd. *bëraht*). Der deutsche Name geht zurück auf ahd. *Adalber(a)ht*, der französische auf eine entsprechende westfränkische Form *Adalberht. Im LWB erscheint der Rufname als *Albär*, *Albärchen*, *Abbes*, *Abbi*, *Äbbes*. 📖 FSV: 1611 *Alberts*, *Albrecht*. GDB: 1698 *Alberty*. 1726 *Albert*. 1737 *Albrecht*.

ALBERTY [alˈbɛʀtiː] (2009: 16, 0.1‰; 1880: 21, 0.11‰). Flektiertes Patronym (lateinischer Genitiv) zu ↗*Albert*.

ALBRECHT [ˈalbʀæɕt] (2009: 9, 0.06‰; 1880: 8, 0.04‰). Patronym zum gleichlautenden Rufnamen. Dieser stammt aus ahd. *Adalberaht*, einer Variante von *Adalberht*, das ↗*Albert* ergab.

ALESCH [ˈalæʃ] (2009: 21, 0.13‰; 1880: 89, 0.46‰). 1. Flektiertes Patronym zum Rufnamen *Alert*. Dieser stammt aus ahd. *Adalhart*, das mit ahd. *adal* 'edel, vornehm' und *hart, herti* 'hart, kräftig, stark' gebildet ist. 2. Flektiertes Patronym zu *Aler*, Berufsname zu einer Agensbildung zu mhd. *âle* 'Ahle' für den Schuster. 📖 GDB: 1755 *Alesch*, 1812 *Allesch*.

ALF (2009: 11, 0.07‰; 1880: 29, 0.15‰). ↗*Alff*.

ALFF [alf] (2009: 25, 0.15‰; 1880: 87, 0.45‰). VARIANTE(N) *Alf*. 1. Patronym zum gleichlautenden Rufnamen. Für diesen kämen folgende Etymologien in Betracht: a) kontrahierte Form von *Adolf*, das zu ahd. *adal-* 'edel' und *wolf* 'Wolf' zu stellen ist; b) ahd. *Albo*, das entweder zu ahd. *alb* m. 'Elf, Naturgeist' oder lat. *albus* 'weiß' gehört. 2. Herkunftsname zu *Alf* für eine Ortschaft im Landkreis Cochem-Zell, Rheinland-Pfalz. ✱ *Alff* vor allem in Luxemburg, dem Saarland sowie in der Eifel. *Alf* in Luxemburg (schwerpunktmäßig im Osten), der Eifel und Baden-Württemberg. Sehr dünne Streuungen beider Varianten auch im übrigen Deutschland. 📖 GDB: 1680 *Alff*. 1719 *Alf*. 1719 *Aleff* = *Alleff*. 1866 *Alef* => 1896 *Alf*. Vz: 1880 *Alef*, *Alf*, *Alff*.

ALLAR [ˈalaːʀ] (2009: 7, 0.04‰; 1880: 0). ↗*Allard*.

ALLARD [ˈalaːʀ] (2009: 39, 0.24‰; 1880: 20, 0.1‰). VARIANTE(N) *Allar*. Französisches Patronym zum gleichlautenden Rufnamen. Dieser ist entlehnt aus ahd. *Adalhart* und beinhaltet germ. **aþalja-* 'edel' und germ. **hardu-* 'stark, tapfer, kühn'. ✱ *Allard* ist außer in Luxemburg überall in Frankreich und Belgien zu finden. Die Schreibvariante *Allard* konzentriert sich im Norden und Osten des Groß-

herzogtums, in der Eifel sowie im Saarland. 📖 GDB: 1670 *Allar*. 1713 *Allard*.
ALTENHOFEN [ˈaltənhoːfən] (2009: 4, 0.02‰; 1880: 12, 0.06‰). VARIANTE(N) *Altenhoven*. Herkunftsname zu *Altenhofen* (lb. *Alenuewen*, frz. *Viville*) für ein Dorf in der Gemeinde Arlon. 📖 FSV: 1472 *Heynrich van Aldenhoven*. 1589 *Johan von Altenhoben*. 1656 *Altenhoffen*. GDB: 1720 *Altenhoven*.
ALTENHOVEN (2009: 10, 0.06‰; 1880: 16, 0.08‰). ↗*Altenhofen*.
ALTMAN (2009: 7, 0.04‰; 1880: 69, 0.36‰). ↗*Altmann*.
ALTMANN [ˈaltman] (2009: 54, 0.33‰; 1880: 91, 0.47‰). VARIANTE(N) *Altman*. Übername oder Patronym zu mhd. *altman* 'alter, erfahrener Mann'. 🌐 *Altmann* kommt außer in Luxemburg in ganz Deutschland vor. *Altman* vor allem in Luxemburg sowie in Belgien. 📖 FSV: 1656 *Altmans*. GDB: 1595 *Altmans*. 1772 *Altmann*.
ALTMEISCH [ˈaltmaɪʃ] (2009: 24, 0.15‰; 1880: 16, 0.08‰). Flektiertes Patronym zu *Altmeier*, Standesname für einen ehemaligen Besitzer eines Meierhofes; vgl. ↗*Meyer*, ↗*Meisch*, Etymologie 1. 📖 FSV: 1611 *Alt Meyer*. GDB: 1813 *Altmaisch*. 1883 *Altmeisch*. 1885 *Altmayer*.
ALTZINGER [ˈaltsɪŋɐ] (2009: 10, 0.06‰; 1880: 12, 0.06‰). Personalisierter Herkunftsname zu a) *Alzingen* (lb. *Alzeng*) für eine Ortschaft in der Gemeinde Hesperingen; b) *Alzingen* (frz. *Alzing*) für eine Gemeinde im Moseldepartement. 📖 RB (1388-1500): *Bueffer van Alzingen. Michel van Altzingen = Michel von Altzingen*. FSV: 1611 *de Altzingen*. 1656 *Altzinger*. GDB: 1685 *Altzinger*. 1749 *Altzinger = Alzinger*. Vz: 1880 *Alzinger*.
AMBROSIUS [amˈbroːzi̯us] (2009: 6, 0.04‰; 1880: 8, 0.04‰). VARIANTE(N) *Brosius*. Patronym zum gleichlautenden Rufnamen. Dieser ist die latinisierte Form von griech. *Ambrósios*, das zu griech. *ambrósios* 'zu den Unsterblichen gehörend, göttlich' gehört. Siehe auch ↗*Breser*. 🌐 Sowohl *Ambrosius* als auch die verkürzte Form *Brosius* sind nur im germanophonen Gebiet anzutreffen. ☞ Als Rufnamen sind im LWB die Formen *Ambros*, *Ambrous*, *Bros*, *Brous* angeführt. 📖 FSV: 1611 *Ambrosius*. 1611 *Brosius*. GDB: 1710 *Ambrosius = Brosius*. 1728 *Ambrosy*.
ANDRE / ANDRÉ [ˈãː(n)dʀeː] (2009: 70, 0.43‰; 1880: 115, 0.59‰). Patronym zum gleichlautenden französischen Rufnamen. Dieser ist griechischen Ursprungs und gehört zu griech. *andréios* 'mannhaft, tapfer, tüchtig'. Vgl. auch ↗*Andring*. 🌐 Das Verbreitungsgebiet von *André* deckt ganz Luxemburg ab (mit Ausnahme des Kantons Redingen) und setzt sich im frankophonen Raum fort, wo der Name sehr häufig ist. Im Osten findet er Anschluss im Trierer Raum, im Islek sowie im Saarland, wo er ein Nest bildet. Auch im übrigen Deutschland weit verstreut, mit besonderer Konzentration im Rhein-, Ruhr- und Maingebiet. ☞ Der Rufname erscheint im Luxemburgischen als *Änder*, *Änderchen*, *Ändréi* und seltener als *Ändres*. Vgl. ↗*Enders*. 📖 FSV: 1656 *André*.
ANDRING [ˈandʀɪŋ] (2009: 15, 0.09‰; 1880: 20, 0.1‰). Germanisierte Form von frz. *Andrin*, Patronym zum gleichlautenden Rufnamen. Dieser ist eine Diminutivbildung zu frz. ↗*André*. 📖 GDB: 1830 *Audring* => 1863 *Andring*.
ANEN [ˈaːnən] (2009: 79, 0.48‰; 1880: 121, 0.62‰). VARIANTE(N) *Ahnen*. Flektiertes Metronym zum Rufnamen *Ane*

(*Ahne, Ahn*). Dieser ist regionalsprachliche Form von *Anna*, das auf hebr. *hannā* 'Anmut, Liebreiz' zurückgeht. ☙ *Anen* ist fast ausschließlich in Luxemburg verbreitet. Die Schreibvariante *Ahnen* ist in Luxemburg seltener und in Deutschland u.a. entlang der Mosel und in der Pfalz anzutreffen. Von den Nominativformen erscheint *Ahn* besonders am Niederrhein, um Frankfurt, im Raum Lüttich und Brüssel, ferner *Ahne* in sehr loser Streuung in ganz Deutschland, doch sind regional Konkurrenzetymologien möglich (z.B. Wohnstättenname zu *Ahne* für einen Nebenfluss der Fulda oder Übername zu mhd. *ane* m. f. 'Großvater, -mutter'). ☞ Der Rufname *Anna* erscheint im LWB als *An, Anéi, Ann, Änn, Annachen, Annchen, Ännchen, Änneli, Annett, Annettchen, Annetti, Anni, Änni, Nann, Nannchen, Nannett, Nanni*. 📖 Fsv: 1561 *Annen*. GDB: 1711 *Ahnen* = *Annen*. 1801 *Annen* = *Ahnen* > 1831 *Ahnen* = *Annen*, 1844 *Anen* = *Ahnen*.

ANGELSBERG [ˈaŋəlsbæʀɕ] (2009: 15, 0.09‰; 1880: 46, 0.24‰). Herkunftsname zu *Angelsberg* (lb. *Aangelsbierg*) für eine Ortschaft in der Gemeinde Fischbach. 📖 RB (1388-1500): *Peter van Angelsberg*. GDB: 1673 *Angelsberg*.

ANTOINE [ˈɔ:(n)twan] (2009: 15, 0.09‰; 1880: 21, 0.11‰). Französisches Patronym zum gleichlautenden Rufnamen. Dieser stammt aus lat. *Antōnius*, das auf einen altrömischen Geschlechternamen zurückgeht. Vgl. auch ↗*Tonnar*. 📖 Fsv: 1611 *Anthoin* (Rufname). 1611 und 1645 *Anthoine* (Rufname). GDB: 1700 *Antoine*.

ANTON [ˈantoːn] (2009: 16, 0.1‰; 1880: 59, 0.3‰). VARIANTE(N) *Antun*. GLEICHE BASIS *Antoine, Antony, Thinnes*. Patronym zum gleichlautenden Rufnamen. Dieser ist verkürzt aus lat. *Antōnius*, das auf einen altrömischen Geschlechternamen, zurückgeht. ☙ *Anton* konzentriert sich in Luxemburg besonders im Süden und ferner im Moseldepartement. In Deutschland ist der Name weit verbreitet. Die lateinische Genitivbildung *Antony* kommt vor allem in Luxemburg und in der Eifel vor, wo sich im Osten *Antoni* anschließt. Weitaus am häufigsten erscheint in Luxemburg die regionalsprachliche Kurzform *Thinnes*. Außer im Großherzogtum ballt sich *Thinnes* im Saarland und in der angrenzenden Region von Rheinland-Pfalz, die Variante *Thines* dagegen im Nordwesten Luxemburgs, in der Provinz Luxemburg, dem Moseldepartement und im Raum Kaiserslautern. Eine weitere Variante *Tines* findet sich sehr selten und nur im Südwesten Luxemburgs sowie im Areler Land. ☞ Der Rufname erscheint im LWB als *Antoun, Antouni, Antun, Téinchen, Tinn, Tinnchen, Tinnes, Tinni, Ton, Tonchen, Toni, Tonnes, Toonchen, Toun, Tounchen, Tounes, Touni, Tounjes, Tunn, Tunnchen, Tunnes, Tunni*. 📖 RB (1388-1500): *Anthone, Anthones, Anthonis, Anthoniß, Anthonius, Anthonnis, Anthonniß, Anthonnys, Anthonus, Anthoynnis, Thonis, Thonnes, Thonnis, Thonys* (durchwegs Rufname). Fsv: 1561 *Anthonius, Thoeniss, Thonen, Thoniss*. 1611 *Thoenus, Thoenuss, Thönus*. GDB: 1638 *Thines*. 1676 *Thuneß*. 1687 *Thunes*. 1696 *Thinnes*. 1707 *Antony*. 1705 *Anthoni*. 1712 *Antoni*. 1759 *Tines*. 1760 *Antonius*. 1787 *Thünes*. 1792 *Thunus*. 1794 *Anton*. 1796 *Antun*. 1797 *Tinnes*. 1815 *Thünnes*.

ANTONY [anˈtoːni // ˈantoniː] (2009: 127, 0.78‰; 1880: 22, 0.11‰). Flektiertes Patronym (lateinischer Genitiv) zu ↗*Anton*.

ANTUN [ˈantuːn] (2009: 1, 0.01‰; 1880: 22, 0.11‰). Regionalsprachliche Form von ↗*Anton*.

APEL ['apəl] (2009: 31, 0.19‰; 1880: 56, 0.29‰). Patronym zum gleichlautenden Rufnamen. Dieser ist Koseform von *Albrecht*. Der Rufname *Albrecht* stammt aus ahd. *Adalberht* und ist gebildet mit ahd. *adal* 'edel, vornehm' und *bëraht* 'glänzend'. 💰 In Luxemburg kommt der Name nur in der südlichen Hälfte vor. In Deutschland bildet er mitunter einige großflächige Nester. 📖 GDB: 1867 *Apel*.

AREND ['a:Rənt] (2009: 158, 0.97‰; 1880: 291, 1.5‰). VARIANTE(N) *Arendt*. GLEICHE BASIS *Arens*. Patronym zum gleichlautenden Rufnamen. Dieser ist zerdehnte Form von *Arnd*, Kurzform von ↗*Arnold*. 💰 *Arend* findet sich besonders häufig in Luxemburg, im Moseldepartement, entlang der Mosel und im Raum Kassel. *Arendt* ist im Großherzogtum ebenfalls häufig, doch auch in Deutschland weit verbreitet. Die flektierte Form *Arens* begegnet am häufigsten in Luxemburg, in Westdeutschland sowie verstreut in Belgien. Zum Sprossvokal in *Arndt*, *Berndt* in Deutschland, siehe DFA 1, S. 718-725. 📖 RB (1388-1500): *Arent van Sierck* u.a.; *Arnolt van Beluis* = *Aarent van Belwis* (durchwegs Rufname). FSV: 1561 *Arnt*, *Arandts*. 1589 *Arrentz*. 1611 *Arendt*, *Arent*, *Arents*, *Arentz*. GDB: 1673 *Arend*. 1723 *Arends*. 1729 *Arens*. 1735 *Arentz* = *Arens* => 1761 *Arens*, 1780 *Arend*.

ARENDT (2009: 129, 0.79‰; 1880: 279, 1.44‰). ↗*Arend*.

ARENS ['a:Rəns] (2009: 39, 0.24‰; 1880: 76, 0.39‰). Flektiertes Patronym zu ↗*Arend*.

ARNOLD ['aRnolt] (2009: 9, 0.06‰; 1880: 4, 0.02‰). GLEICHE BASIS *Arnoldy*. Patronym zum gleichlautenden Rufnamen. Dieser stammt aus ahd. *Arnoald* und gehört zu ahd. *arn* 'Adler' und ahd. *waltan* 'walten, herrschen'. Siehe auch ↗*Arend*. 💰 *Arnold* streut im gesamten deutschsprachigen Gebiet, vereinzelt auch in Nordostfrankreich und in Belgien. Die lateinische Genitivform *Arnoldy* findet sich besonders in Luxemburg, entlang der Mosel, in der Eifel und um Lüttich. Die Variante *Arnoldi* kommt in Luxemburg kaum vor, streut am dichtesten im Saarland, am Niederrhein und im Raum München, doch ist in vielen Fällen Herkunft aus dem Italienischen anzunehmen. 📖 RB (1388-1500): *Arnolt* = *Arnoult*. *Arnolt van Beluis* = *Arent van Belwis* (durchwegs Rufname). FSV: 1611 *Arnoulds*. 1611 *Arnold*, *Arnolds*, *Arnolts*. GDB: 1691 *Arnold* => 1721 *Arnoldi*. 1719 *Arnoldy*.

ARNOLDY [aR'noldi:] (2009: 19, 0.12‰; 1880: 18, 0.09‰). Flektiertes Patronym (lateinischer Genitiv) zu ↗*Arnold*. 📖 GDB: 1719 *Arnoldy*. 1721 *Arnoldi*.

ASSA ['asa:] (2009: 29, 0.18‰; 1880: 43, 0.22‰). Möglicherweise entlehnt aus nl. *Asse*, *Assche*, Herkunftsnamen zu *Asse*, früher *Assche* (urk. u.a. *Asche*, *Ascha*, *Asca*) für eine Ortschaft in der gleichnamigen Gemeinde, Provinz Flämisch-Brabant (vgl. Debrabandere, S. 77 u. 335; Gysseling, S. 74). 💰 *Assa* begegnet fast ausschließlich in Luxemburg und zeigt die größte Dichte im Kanton Redingen. Von den potenziellen niederländischen Varianten ist *van Assche* in Flandern weit verbreitet, während sich das Vorkommen von *Vanassche* auf die Provinz Westflandern konzentriert. Eine französisierte Form *Dasque* ist, wenngleich selten, in der Provinz Flämisch-Brabant zu finden. ☞ In den genealogischen Quellen ist in einem Fall für *Assa* der Aliasname *Assem* belegt. Dieser erinnert an die niederländischen Familiennamen *Assem, Assum, van Assem, van Assum* (und weitere Varianten), Wohnstättennamen zu *Assum* (urk. *Assem*) für ein Dorf in der Gemeinde Uitgeest, Provinz Nordholland. 📖 GDB: 1729 *Assa* => 1759 *Assa* = *Asha*. 1732 *Assa* = *Assem*.

ASSELBORN [ˈasəlbɔʀn] (2009: 40, 0.25‰; 1880: 28, 0.14‰). Herkunftsname zu *Asselborn* (lb. *Asselbur*) für eine Ortschaft in der Gemeinde Wintger. 🌍 *Asselborn* kommt in Luxemburg, dem Areler Land sowie im Raum Trier vor. Eine Variante *Asselbur* findet sich nur einmal im Areler Land. ☞ In den genealogischen Datenbanken erscheint der Familienname einmal als *Asselbourg*. Diese Form ist hyperkorrekt zu lb. *Aasselbur* gebildet. 📖 RB (1388-1500): *Johan van Aisselborn* = *Johan van Asselboire* = *Johan van Asselboren* = *Johan van Asselborn* = *Johan van Asselbour* = *Johan van Assenburn*. FSV: 1611 *de Asselborn*. GDB: 1717 *Asselborn*. 1873 *Asselbourg*.

ATTEN [ˈatən] (2009: 32, 0.2‰; 1880: 83, 0.43‰). Flektiertes Patronym zu ↗*Otto*, mit Senkung *o* > lb. *a*.

AUDRIT (2009: 3, 0.02‰; 1880: 22, 0.11‰). Variante von ↗*Audry* mit hyperkorrekter Graphie mit *t* im Auslaut.

AUDRY [ˈodʀi:] (2009: 21, 0.13‰; 1880: 15, 0.08‰). VARIANTE(N) *Audrit*. Französisches Patronym zum gleichlautenden Rufnamen. Dieser ist entlehnt aus wfrk. *Aldarīk und beinhaltet germ. **alda-* 'alt' und **rīkja-* 'mächtig'. 📖 GDB: 1675 *Audrit*. 1794 *Audri* = *Audrit*. 1890 *Audry*.

AUGST [aukst] (2009: 3, 0.02‰; 1880: 5, 0.03‰). VARIANTE(N) *Aust*. Patronym zum gleichlautenden Rufnamen. Dieser ist regionalsprachliche Form von *August*. Zu Grunde liegt lat. *Augustus*, das zu lat. *augustus* 'ehrwürdig, erhaben' gehört. Vgl. auch ↗*Augustin* und ↗*Steines*, Etymologie 2. 📖 RB (1388-1500): *Augst* = *Aust* (Rufname). FSV: 1541 *Augst* (Rufname). 1611 *August*. GDB: 1683 *Augst*. 1747 *Aust*.

AUGUSTIN [ˈoːgystɛ̃:] (2009: 6, 0.04‰; 1880: 38, 0.2‰). Patronym zum gleichlautenden, meist deutschen Rufnamen. Dieser ist eine Erweiterung von *August* (frz. *Auguste*). Zu Grunde liegt lat. *Augustus*, das zu lat. *augustus* 'ehrwürdig' gehört. Vgl. auch ↗*Augst* und ↗*Steines*, Etymologie 2. 📖 RB (1388-1500): *Augustin* (Rufname). FSV: 1541 *Augustin* (Rufname). 1611 *Augustin*. GDB: 1640 *Augustin*.

AULNER [ˈaulnɐ] (2009: 14, 0.09‰; 1880: 84, 0.43‰). Berufsname zu mhd. *ûlner* 'Töpfer', zu mhd. *ûle* f. 'Topf'; entsprechend lb. *Aul* f. 'Schüssel, bauchiger irdener Topf, besonders zur Aufnahme von Teig, Konfekt'. Siehe auch ↗*Eilenbecker*, ↗*Eilert*. 🌍 Zum Verbreitungsgebiet von *Aulner* gehören vor allem der Süden Luxemburgs und das Moseldepartement. In Deutschland, besonders entlang der Mosel und des Rheins, erscheint *Auler*. ☞ In den historischen Belegen erscheint der Familienname auch mit Umlaut als *Eulener*, was bei Agensbildungen auf *-er(t)* nicht ungewöhnlich ist; entsprechend auch ↗*Eilert*. Die *n*-Erweiterung des Agenssuffixes geschah nach dem Vorbild von (in diesem Fall sinnverwandtem) *Hafner*. 📖 FSV: 1611 *Aulners, Eulener, Euleners*.

AUST [aust] (2009: 24, 0.15‰; 1880: 45, 0.23‰). ↗*Augst*.

B

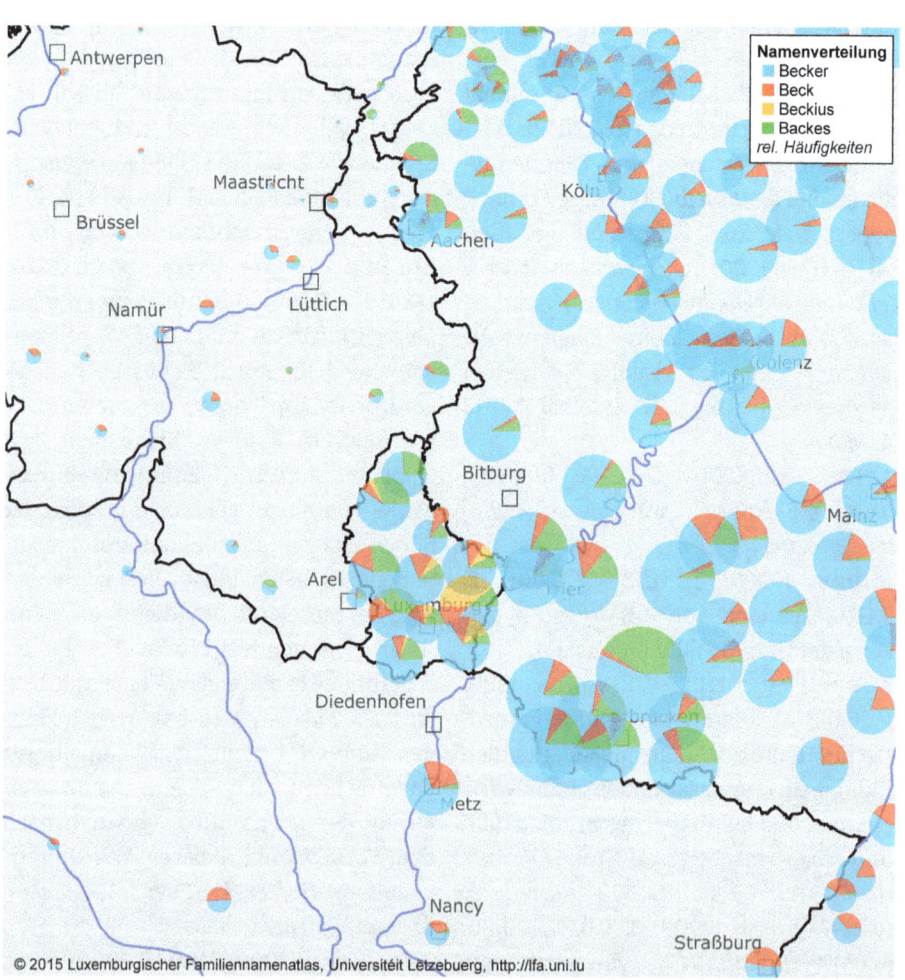

BAAKES (2009: 2, 0.01‰; 1880: 3, 0.02‰). ↗*Backes*.

BAARTZ (2009: 1, 0.01‰; 1880: 0). Variante von ↗*Bartz*, mit regionalsprachlicher Dehnung des Tonvokals.

BAATZ [baːts] (2009: 19, 0.12‰; 1880: 29, 0.15‰). 1. Patronym zum gleichlautenden Rufnamen. Dieser stammt aus ahd. *Bazzo* und ist Koseform von ahd. *Bado*, das zu as. *badu* 'Streit' gehört; siehe auch ↗*Patz*. 2. Übername zu mhd. *batze* m. 'kleine Münze der Stadt Bern mit deren Wappen'. 📖 Fsv: 1611 *Batz*. GDB: 1717 *Baatz*. 1750 *Batz* => 1780 *Baatz*.

BACH [baχ // baːχ] (2009: 72, 0.44‰; 1880: 150, 0.77‰). Wohnstättenname zu mhd. *bach* 'Bach'. ✹ Der Name zeigt in ganz Luxemburg und Deutschland eine lose Streuung, die auch nach Belgien und Frankreich hineinreicht. 📖 Fsv: 1611 *Bach*.

BACHE [baːʃ] (2009: 14, 0.09‰; 1880: 7, 0.04‰). Französischer Familienname, dessen erste Namenträger aus der noch im 19. Jh. wallonischsprachigen Ortschaft Soller (frz. *Sonlez*), Gemeinde Winseler stammen. Mehrere Etymologien kämen in Frage: 1. Wohnstättenname zu afrz. *bache* 'Wassergraben', mfrz. *bache* 'Pferdeschwämme, Tränke'. 2. Berufsübername zu a) mfrz. *bache* 'Behälter, Bottich'; b) mfrz. *bache*, nfrz. *bâche* 'Fischreuse'; c) nfrz. *bâche* 'Decke, Plane', d) nfrz. *bâche* 'Planke, Holzschindel', demnach wohl jeweils für den Hersteller. ☞ Für die unter Etymologie 1 bis 2b genannten Appellative ist lat. *bacca 'Wassergefäß, Gefäß' zu erschließen (vgl. REW, Nr. 862; FEW I, S. 199). Etymologisch schwierig sind dagegen nfrz. *bâche* 'Decke, Plane' (zu gall. *bascauda*?, eine Art Gefäß; vgl. FEW I, S. 267f) sowie nfrz. *bâche* 'Planke, Holzschindel' (zu wfrk. *balko? 'Balken'; vgl. FEW I, S. 215f). 📖 GDB: 1779 *Bache*.

BACK [bɑk] (2009: 212, 1.3‰; 1880: 195, 1.01‰). 1. Übername zu mhd. *backe* m. 'Backe, Kinnlade'. 2. Berufsübername zu a) mnd. *bake* 'Speckseite, Schinken' für den Fleischer. b) lb. *Back* m., eine Art Behälter, wie 'irdener oder hölzener Trog, Müll-, Kohlen-, Ascheneimer' für den Hersteller. ✹ Im Norden Luxemburgs ist der Name selten. Im Süden setzt er sich fort im Moseldepartement, im Westen im Areler Land und zeigt einzelne Streuungen auch im übrigen Belgien. In Deutschland ist er entlang des Rheins und des Mains am häufigsten. 📖 GDB: 1680 *Back*.

BACKES [ˈbɑkəs // ˈbaːkəs] (2009: 152, 0.93‰; 1880: 151, 0.78‰). VARIANTE(N) *Baakes*. Wohnstättenname zu mhd. *bachûs* 'Bäckerei', kontrahiert zu lb. *Bakes* 'Backhaus', ursprünglich 'Gemeindebackhaus'. ✹ *Backes* zeigt die größte Dichte in Luxemburg, dem Saarland, in Rheinland-Pfalz und am Niederrhein. Östlich und nördlich davon dominiert *Backhaus*. *Bakes* und *Baakes* sind insgesamt extrem selten. 📖 Fsv: 1611 *Backes*.

BADDE / BADDÉ [ˈbadeː] (2009: 14, 0.09‰; 1880: 3, 0.02‰). Durch Suffixwechsel aus *Badin* entstanden, wallonisches Patronym zum gleichlautenden Rufnamen. Diesem entspricht frz. *Baudin*, das eine Diminutivbildung auf -*in* zu *Baude* ist. Zu Grunde liegt eine Entlehnung aus wfrk. *Bald (= ahd. *Bald*), das zu germ. **balþa-* 'kühn' gehört. Vgl. auch ↗*Baudouin*. 📖 GDB: 1829 *Badin* => 1859 *Baddé*. 1897 *Badé*.

BADEN [ˈbaːdən] (2009: 17, 0.1‰; 1880: 35, 0.18‰). Herkunftsname zu einem gleichlautenden Toponym, am ehesten für die ehemalige Markgrafschaft Baden im heutigen Baden-Württemberg. Die Markgrafen von Baden besaßen seit dem Spätmittelalter zahlreiche Ländereien in Luxemburg. 📖 RB (1388-1500): *Hanntz Koche von Baden* = *Hantz van Baden*. Fsv: 1611 *Baden*. GDB: 1759 *Baden*.

BAECKER (2009: 3, 0.02‰; 1880: 7, 0.04‰). ↗*Becker*.

BALTASAR (2009: 1, 0.01‰; 1880: 3, 0.02‰). ↗*Balthasar*.

BALTES [ˈbaltəs] (2009: 22, 0.13‰; 1880: 39, 0.2‰). VARIANTE(N) *Baltus*. Patronym zum gleichlautenden Rufnamen. Dieser ist Kurzform von ↗*Balthasar*. 🜚 In Luxemburg erscheint *Baltes* in der südlichen Hälfte, an die sich in Frankreich das Moseldepartement anschließt. In Deutschland ist der Name ausgesprochen westlastig (Nordrhein-Westfalen, Rheinland-Pfalz und besonders Saarland). *Baltus* findet sich in Luxemburg fast nur im Kanton Diekirch und außerhalb des Großherzogtums besonders in Teilen Walloniens. 📖 Fsv: 1611 *Balthus*. GDB: 1675 *Baltes*. 1731 *Baltus*.

BALTHASAR [ˈbaltazaːʀ] (2009: 27, 0.17‰; 1880: 30, 0.15‰). VARIANTE(N) *Baltasar*, *Balthazar*. Patronym zum gleichlautenden Rufnamen. Dieser stammt, durch Vermittlung von griech. *Baltásar*, aus akkad. *Bel-scharra-usur* 'Gott [Baal] erhalte den König'. 🜚 Das Hauptverbreitungsgebiet von *Balthasar* ist Luxemburg mit der höchsten Konzentration im Kanton Vianden. In Deutschland begegnet der Name tendenziell im Westen, doch ist er insgesamt nicht breit gestreut. In Belgien ist er im Raum Lüttich zu finden. Die französische (und gleichzeitig niederländische) Form *Bathazar* ist in Luxemburg wenig vertreten, häufiger dagegen in Belgien. Extrem selten und nur auf Luxemburg und Deutschland beschränkt ist *Baltasar*. 📖 Fsv: 1541 *Baltassar* (Rufname). 1611 *Balthasar* (Rufname). 1656 *Baltasar*. GDB: 1805 *Balthasar*.

BALTHAZAR (2009: 3, 0.02‰; 1880: 6, 0.03‰). ↗*Balthasar*.

BALTUS (2009: 6, 0.04‰; 1880: 22, 0.11‰). Variante von ↗*Baltes* mit latinisierender Schreibung der Endung.

BAMBERG [ˈbambæʀɢ] (2009: 29, 0.18‰; 1880: 58, 0.3‰). Herkunfts- oder Wohnstättenname zu einem der im deutschen Sprachraum mehrfach auftretenden Toponyme *Bamberg*. Aus geografischer Sicht am naheliegendsten wäre *Bamberg*, heute *Altenbamberg*, für eine Ortschaft und Burgruine in der gleichnamigen Gemeinde, Landkreis Bad-Kreuznach, Rheinland-Pfalz. 🜚 Der Familienname bildet ein Nest bei Trier, welches zum Westen in Luxemburg ausdünnt und im Osten bis Schweich reicht. Zahlreiche weitere Nester in Deutschland. 📖 Fsv: 1611 *Bambergs*. GDB: 1725 *Bamberg*.

BARNICH [ˈbaʀniɕ] (2009: 29, 0.18‰; 1880: 70, 0.36‰). VARIANTE(N) *Barnig*. Herkunftsname zu *Barnich* (lb. *Barnech*) für ein Dorf in der Gemeinde Niederelter-Barnich, Provinz Luxemburg. 🜚 *Barnich* ist in Luxemburg und dem Areler Land, verstreut auch in der übrigen Provinz Luxemburg verbreitet. Das Vorkommen von *Barnig* ist auf Luxemburg beschränkt. 📖 Fsv: 1472 *Jehan Barnich*. 1656 *Barnich*. GDB: 1648 *Barnich*. 1736 *Barnig* = *Barnich*.

BARNIG (2009: 12, 0.07‰; 1880: 26, 0.13‰). ↗*Barnich*.

BART (2009: 2, 0.01‰; 1880: 7, 0.04‰). ↗*Barth*.

BARTEL (2009: 2, 0.01‰; 1880: 21, 0.11‰). ↗*Barthel*.

BARTELS (2009: 2, 0.01‰; 1880: 7,

0.04‰). ↗*Barthels*.

BARTEMES [ˈbaːʀtəməs] (2009: 1, 0.01‰; 1880: 0). VARIANTE(N) *Bartimes*. Regionalsprachlich kontrahierte Form von *Bartholomäus* (↗*Bartholome/Bartholomé*).

BARTEN [ˈbaːʀtən] (2009: 7, 0.04‰; 1880: 9, 0.05‰). Flektiertes Patronym zu ↗*Barth*, Etymologie 1. ⑤ *Barten* ist im Großherzogtum nur vereinzelt zu finden, ebenso in Deutschland, wo jedoch *Barthen* häufiger ist. 📖 GDB: 1734 *Barten*.

BARTH [baːʀt] (2009: 18, 0.11‰; 1880: 18, 0.09‰). VARIANTE(N) *Bart*. 1. Patronym zum gleichlautenden Rufnamen. Dieser ist Kurzform von *Bartholomäus* (↗*Bertemes*). In Einzelfällen dürfte dem Rufnamen eine ältere Etymologie, nämlich ahd. *Bardo* (zu ahd. *bart* 'Bart' oder *barta* 'Axt') zu Grunde liegen. Siehe auch ↗*Barten*, ↗*Bartz*. 2. Übername zu mhd. *bart* 'Bart' für den Bartträger. ⑤ *Barth* ist außer in Luxemburg, Lothringen und dem Elsass besonders häufig in ganz Deutschland sowie punktuell in Belgien zu finden. In der Schreibvariante *Bart* tritt der Name insgesamt extrem selten auf: vereinzelt in Luxemburg, Nord- und Ostfrankreich, Belgien, häufiger in Deutschland. 📖 RB (1388-1500): *Bart Scheffer* (Rufname). *Johan Bart van Feytz*. FSV: 1611 *Barth*. GDB: 1796 *Bart*. 1809 *Barth*.

BARTHEL [ˈbaːʀtəl] (2009: 124, 0.76‰; 1880: 227, 1.17‰). VARIANTE(N) *Bartel*. Patronym zum gleichlautenden Rufnamen. Dieser ist verkürzt aus *Bartholomäus* (↗*Bartholome/Bartholomé*).

BARTHELEMY [baʀˈtælǝmiː] (2009: 35, 0.21‰; 1880: 26, 0.13‰). VARIANTE(N) *Barthelmy*, *Bartholmy*. Französisches Patronym zum gleichlautenden Rufnamen. Dieser geht zurück auf lat. *Bartholomaeus*. Zu dessen Etymologie, siehe ↗*Bartholome/Bartholomé*. ⑤ *Barthelemy* (*Barthélemy*, *Barthélémy*) findet sich in Luxemburg, der Osten ausgenommen, sowie in Wallonien und ganz Frankreich. Sehr selten und ausschließlich luxemburgisch sind die germanisierten Varianten *Barthelmy* und *Bartholmy*. Außerhalb des Großherzogtums gelten auch französische Varianten mit *e* in der Erstsilbe. Diese lauten *Bertholomé* (vereinzelt in Wallonien), *Berthaumieu* (vereinzelt in Flandern) sowie *Berthome* (mit dem Hauptvorkommen im Département Vendée). ☞ In den historischen Quellen ist ein Wechsel zwischen deutschen, französischen und lateinischen Formen festzustellen, doch sind diese mitunter sprachlich mehrdeutig. 📖 RB (1388-1500): *Barolmy Keullenhenchis* = *Bartelm Keullenhenchin* = *Bartelmes Keullenhenchen* = *Bartelmus Kailhenchgen* = *Bartelmy Keullenhenchen* = *Barthelm Keullenhenchin* = *Barthelme Keullenchin* = *Barthelmes Keullenhenchgin* = *Bartholmeus Kellenhenchin* = *Bartolmes Keulhenchen* = *Bartolmy Kellenhenchin* = *Berthelmes Keullenhenchin*. FSV: 1611 *Bartholomy*. GDB: 1682 *Bartholmy* => 1709 *Bartholomy*. 1719 *Bartholmé* => 1759 *Bartholomeÿ* => 1780 *Bartholomeÿ* => 1805 *Barthelmy* = *Bartholmy*, 1808 *Barthelmy* = *Bartholmey* = *Bartholomé*, 1811 *Bartholomaÿ*, 1814 *Barthelmy* = *Bartholomÿ*, 1817 *Barthelmey* = *Bartholmey* = *Barthelmy*. 1754 *Barthélémy*. 1815 *Barthelmy* => 1831 *Barthelmay*.

BARTHELME / BARTHELMÉ (2009: 2, 0.01‰; 1880: 3, 0.02‰). Variante von ↗*Bartholome/Bartholomé*, mit Synkope der vorletzten Silbe und Abschwächung des Mittelvokals.

BARTHELMY (2009: 16, 0.1‰; 1880: 5, 0.03‰). ↗Barthelemy.
BARTHELS ['baːʀtəls] (2009: 17, 0.1‰; 1880: 20, 0.1‰). VARIANTE(N) Bartels. Flektiertes Patronym (starker Genitiv) zu ↗Barthel.
BARTHOLME / BARTHOLMÉ [baʀ'tolmeː] (2009: 29, 0.18‰; 1880: 24, 0.12‰). Variante von ↗Bartholome/Bartholomé, mit Synkope der vorletzten Silbe.
BARTHOLMY (2009: 9, 0.06‰; 1880: 32, 0.17‰). ↗Barthelemy.
BARTHOLOME / BARTHOLOMÉ [baːʀ'tolomeː] (2009: 7, 0.04‰; 1880: 17, 0.09‰). VARIANTE(N) Barthelme, Bartholme. GLEICHE BASIS Bartemes, Barthel, Barthels, Bartholomey, Bertemes.

Regionalsprachliche Variante von Bartholomäus. Zugrunde liegt aram. *Bar Tolmai* 'Sohn des Tolmai'. Siehe auch ↗Barth, ↗Barthelemy.

💫 *Bartholome* zeigt die höchste Frequenz in der Provinz Luxemburg und könnte dort somit auch dem Französischen zugeordnet werden. Außer im gleichnamigen Großherzogtum ist der Name punktuell mit kleineren Nestern in Deutschland, jedoch kaum in Frankreich anzutreffen.

Bartholme ist überwiegend luxemburgisch, kommt ansonsten sehr vereinzelt und nur in Deutschland vor. Extrem selten in Luxemburg, doch etwas häufiger im Moseldepartement und dem Elsass sowie in Deutschland, gilt *Barthelme*.

Weitere regionalsprachliche Formen sind *Bertemes*, *Bertimes*, *Bartimes*. Von diesen ist *Bertemes* in allen Kantonen Luxemburgs, besonders in der nördlichen Hälfte, vertreten. Außerhalb des Großherzogtums begegnet *Bertemes* u.a. vereinzelt in der gleichnamigen Nachbarprovinz sowie zwischen Aachen und Lüttich. *Bertimes* tritt punktuell in Belgien auf, während das Vorkommen von *Bartimes* auf das Großherzogtum beschränkt ist. Dasselbe gilt für die lateinische Genitivbildung *Bartholomey*.

Anders als im Luxemburger Norden überwiegen im Süden zweisilbige Kurzformen. Von diesen ist *Barthel* am frequentesten. Seltener gilt die flektierte Bildung *Barthels*, vereinzelt auch *Bartel*, *Bartels* sowie die Variante *Berthol*, die fast ausschließlich luxemburgisch ist. Außerhalb des Großherzogtums sind *Bart(h)el*, *Bart(h)els* besonders in Deutschland weit verbreitet, wobei in der nördlichen Hälfte die flektierten Formen überwiegen. *Barthel* ist auch häufig in Ostlothringen und dem Elsass anzutreffen.

☞ Als Rufname finden sich im LWB die Varianten *Baartel*, *Baartelemëis*, *Baartelemës*, *Baartleméis*, *Baartleméis*, *Baartlemës*, *Berthemes*. In den Rechnungsbüchern ist bei Personengleichheit ein Wechsel zwischen Formen mit *a* und solchen mit *e* in der Tonsilbe zu beobachten. Für das *e* bieten sich mehrere Erklärungsmöglichkeiten an: 1. Es stellt einen hypokoristischen Umlaut dar; 2. Es handelt sich um einen Sekundärumlaut, weshalb als unmittelbare Vorform *Barthilmes* anzusetzen wäre; 3. Es beruht auf Einfluss des Rufnamens *Berthelm* (mit ahd. *bëraht* 'glänzend' und *helm* 'Helm'). Die Sonderform mit *e* wurde auf jeden Fall für den sehr häufigen Luxemburger Familiennamen *Bertemes* bestimmend. Insgesamt ist festzustellen, dass die historischen Belege bei Personengleichheit sowie innerhalb von Generationen einen Wechsel zwischen deutschen, französischen und lateinischen Formen zeigen, doch können diese in Einzelfällen auch sprachlich mehrdeutig sein.

📖 RB (1388-1500): *Barelmy Koche = Bartel der Koch = Bartelmes der Knodeler Koche = Barthelmes Koch = Bartholmeus Koche fur den Knodelern = Bartholmus der Kaich = Bartholomes Koch vur den Knodeller = Bartholomeus Koch = Bertelmes Koche. Barolmy Keullenhenchis = Bartelm Keullenhenchin = Bartelmes Keullenhenchen = Bartelmus Kailhenchgen = Bartelmy Keullenhenchen = Barthelm Keullenhenchin = Barthelme Keullenchin = Barthelmes Keulhenchgin = Bartholmeus Kellenhenchin = Bartolmes Keulhenchen = Bartolmy Kellenhenchin = Berthelmes Keullenhenchin. Bartel dem Becker = Bartelgin der Becker = Barthelchin dem Becker. Bartel dem Vaßbender = Barthel Vasbender = Barthol Vasbender = Bartholmeus dem Vaßbender = Bartol Vasbender. Bartel Groißman = Bartelmeus Grosman = Barthelmeus Grosman = Bartholmeus Groißman = Bartholmüs Groisman = Bartholmus Groessman = Bartholmůs Groissman = Bartholomes Großman = Bartholomeß Großman = Bartholomeus Großman = Bartholomus Großman van der Veltz = Barthomus Groißman = Bartolomes Grosman van der Veltz* u.v.m. (durchwegs Rufname). Fsv: 1561 und 1611 *Bartels*. 1611 *Barthel, Barthels, Bartholomey*. 1611 *Bartemes*. 1656 *Barthell, Barthmes, Bartholomaeus, Bartholomé, Bartholomee, Bartholomeus*. GDB: 1653 *Barthels = Bartholomaÿ*. 1656 *Bertemes*. 1719 *Bartholmé* => 1759 *Bartholomeÿ* => 1780 *Bartholomeÿ* =>1805 *Barthelmy = Bartholmy*, 1808 *Barthelmy = Bartholomey = Bartholomé*, 1811 *Bartholomaÿ*, 1814 *Barthelmy = Barthelomÿ*, 1817 *Barthelmey = Bartholomey = Bartholmy*. 1720 *Barthel*. 1722 *Bartholomeÿ*. 1724 *Bartholomé*. 1815 *Barthelmy* => 1831 *Barthelmay*. 1816 *Bartholmey*. 1830 *Barthelmé*.

BARTHOLOMEY [baʀˈtoloməɪ] (2009: 21, 0.13‰; 1880: 17, 0.09‰). Flektiertes Patronym (lateinischer Genitiv) zu *Bartholomäus* (↗*Bartholome / Bartholomé*).

BARTIMES (2009: 8, 0.05‰; 1880: 11, 0.06‰). ↗*Bartemes*.

BARTZ [baːʀts] (2009: 41, 0.25‰; 1880: 97, 0.5‰). VARIANTE(N) *Baartz*. GLEICHE BASIS *Bartzen*. Patronym zum gleichlautenden Rufnamen. Dieser ist eine Bildung mit *z*-Suffix von ↗*Barth*, Etymologie 1. 🌐 *Bartz* ist in Luxemburg, dem Moseldepartement sowie in Deutschland breit gestreut. Eine Variante *Baartz* ist nur im Kanton Luxemburg zu finden und im Großherzogtum erst nach 1880 bezeugt. Die Genitivform *Bartzen* tritt inner- und außerhalb des Großherzogtums extrem selten auf. 📖 RB (1388-1500): *Bartz enclen = Thilman Bartz enclen. Her Bartz son*. Fsv: 1561 *Bartz*. 1656 *Barts, Bartzen, Bertzen*. GDB: 1711 *Bartzen*. 1726 *Bartz*.

BARTZEN [ˈbaːʀtsən] (2009: 4, 0.02‰; 1880: 9, 0.05‰). Flektiertes Patronym zu ↗*Bartz*.

BASSING [ˈbasɪŋ] (2009: 21, 0.13‰; 1880: 32, 0.17‰). 1. Germanisierte Form von frz. *Bassine*, Herkunfts- oder Wohnstättenname zu *Bassines* (wa. *Bassene*) für einen Weiler in der Gemeinde Havelange, Provinz Namur. 2. Germanisierte Form von oberit. *Pasino*, Übername (Diminutivbildung) zu oberit. *pase* 'Friede'. Vgl. auch die Familiennamen oberit. *Pase* (Übername), *Pasini* (flektiertes Patronym zu *Pasino*); entsprechend standardit. *Pace, Pacino, Pacini*. ☞ Der erste Beleg des Familiennamens in Luxemburg lautet *Bassin*. Er stammt aus dem Jahr 1656 und bezieht sich auf einen Namenträger aus der Stadt Luxemburg. Spätere Namenträger sind in Vianden erstmals als *Pasinus* registriert und stammen aus Chiavenna in der Lombardei (vgl. Wilhelm). Der Wechsel des Anlauts *P-* > *B-* bleibt jedoch auffällig. Dieser kann erst in Luxemburg stattgefunden haben und ist nicht lautgesetzlich. 📖 Fsv: 1656 *Bassin*. Gdb: 1677 *Bassin* (Italien) => 1704 *Bassing*, 1712 *Bassin*.

Bast [bɑst] (2009: 17, 0.1‰; 1880: 17, 0.09‰). Patronym zum gleichlautenden Rufnamen. Dieser ist regionalsprachliche Kurzform von *Sebastian*. Zur weiteren Etymologie, siehe ↗*Bastian*. Siehe auch ↗*Bestgen*. 📖 Gdb: 1763 *Bast*.

Bastendorf (2009: 2, 0.01‰; 1880: 38, 0.2‰). ↗*Bastendorff*.

Bastendorff ['bɑstəndɔʀf] (2009: 20, 0.12‰; 1880: 3, 0.02‰). Variante(n) *Bastendorf*. Herkunftsname zu *Bastendorf* (lb. *Baastenduerf*, *Baaschtenduerf*) für eine Ortschaft in der Gemeinde Tandel. 🕯 *Bastendorff* kommt ausschließlich in Luxemburg vor, dort besonders im Nordosten. *Bastendorf* begegnet ebenfalls im Großherzogtum sowie mit leichten Streuungen auch in Deutschland. 📖 Fsv: 1611 *de Bastendorff*. 1656 *Bastendorff*. Gdb: 1645 *Bastendorf*. 1889 *Bastendorf* => 1925 *Bastendorff*.

Bastian ['bɑstjaːn] (2009: 54, 0.33‰; 1880: 56, 0.29‰). Patronym zum gleichlautendem Rufnamen, der aus *Sebastian* verkürzt ist. Hierbei handelt es sich um eine Entlehnung aus lat. *Sebastiānus* 'aus Sebaste, einer Stadt in Kleinasien, Stammender'. Dem Namen der Stadt liegt griech. *sebastós* 'ehrwürdig, erhaben' zu Grunde. Siehe auch ↗*Bast*, ↗*Bastien*, ↗*Bestgen*. 🕯 *Bastian* findet sich überwiegend im Luxemburger Süden und im angrenzenden Deutschland. ☞ Der Rufname erscheint im LWB als *Baast*, *Banes*, *Bani*, *Basch*, *Bascht*, *Baschtian*, *Baschtjen*, *Bäschtjen*, *Bast*, *Basti*, *Bästjen*. 📖 Fsv: 1611 *Bastgen*, *Bastges*, *Bastgin*, *Bastian*. Gdb: 1780 *Bastgen*. 1590 *Bastian*. 1724 *Bastin* => 1751 *Bastian*.

Bastien ['bɑstjɛ̃ː] (2009: 4, 0.02‰; 1880: 14, 0.07‰). Variante(n) *Bastin*. Französisches Patronym zum gleichlautenden Rufnamen. Dieser ist verkürzt aus *Sébastien*. Zur weiteren Etymologie, siehe ↗*Bastian*. 🕯 *Bastien* begegnet selten in Luxemburg, jedoch recht häufig in Lothringen. Die regionalsprachliche Variante *Bastin* ist dagegen häufig in Luxemburg und Wallonien anzutreffen. Das Vorkommen der aus *Bastin* germanisierten Form *Basting* ist extrem niedrig und auf den Süden des Großherzogtums beschränkt. Zwar kommt dieser Name verstreut auch in Deutschland vor, doch liegt dort eine andere Etymologie zu Grunde. 📖 Fsv: 1656 *Bastien*, *Bastin*. Gdb: 1724 *Bastin* => 1751 *Bastian*. 1760 *Bastien*. 1808 *Basting*.

Bastin ['bɑstɛ̃ː] (2009: 22, 0.13‰; 1880: 14, 0.07‰). Regionalsprachliche, besonders wallonische Variante von ↗*Bastien*.

Basting (2009: 9, 0.06‰; 1880: 4, 0.02‰). Germanisierte Form von ↗*Bastin*.

Baudhuin (2009: 1, 0.01‰; 1880: 0). ↗*Baudouin*.

Baudoin (2009: 4, 0.02‰; 1880: 0). ↗*Baudouin*.

Baudouin ['boːdwɛ̃ː] (2009: 1, 0.01‰; 1880: 8, 0.04‰). Variante(n) *Baudhuin*, *Baudoin*, *Bodevin*. Französisches Patronym zum gleichlautenden Rufnamen. Dieser ist entlehnt aus wgerm.

Baldowin- (= ahd. *Baldowin*) und beinhaltet germ. **balþa-* 'kühn' (= ahd. *bald*) und germ. **weni-* 'Freund' (= ahd. *wini*). Siehe auch ⁊*Bodson* und ⁊*Badde*. 📖 GDB: 1700 *Bodeving*. 1702 *Bodwin* => 1733 *Bodewin* => 1773 *Bodevin*, 1777 *Boudewin*. 1767 *Baudoin*. 1767 *Bodeving* = *Bodevin* => 1796 *Bodeving*, 1804 *Bodevin*, 1808 *Bodwin*. 1773 *Bodevin*. 1785 *Bodvin*. 1817 *Baudevin*. 1840 *Bauduin*.

BAUDRY [ˈbodʀiː] (2009: 3, 0.02‰; 1880: 4, 0.02‰). ⁊*Bodry*.

BAUER [ˈbaʊɐ] (2009: 90, 0.55‰; 1880: 108, 0.56‰). VARIANTE(N) *Baur*. Berufs- oder Standesname zu mhd. *bûre* 'Bauer'. Siehe auch ⁊*Bausch*, Etymologie 2. 🔑 *Bauer* ist im gesamten germanophonen Kartierungsgebiet verbreitet und streut weit in den frankophonen Raum hinein. *Baur* ist insgesamt seltener und zeigt die größte Konzentration in Süddeutschland. 📖 Fsv: 1611 *Baursch*. 1611 *Baur*, *Baurs*. GDB: 1651 *Baur*. 1712 *Bauer*. 1721 *Baur* => 1792 *Bauer*.

BAULER [ˈbaʊlɐ] (2009: 80, 0.49‰; 1880: 110, 0.57‰). GLEICHE BASIS *Baulesch*. Herkunftsname zu *Bauler* für eine Ortschaft im Eifelkreis Bitburg-Prüm. 🔑 *Bauler* ist fast in ganz Luxemburg zu finden, ferner in der Eifel. Dasselbe gilt für die flektierte Form *Baulesch*, die jedoch insgesamt seltener ist. Eine Variante *Baulisch* ist dagegen ausschließlich luxemburgisch, dort überwiegend im Nordwesten. ☞ Die genealogischen Daten zeigen Vermischung mit ⁊*Bohler*. 📖 Fsv: 1561 *Buler*. 1611 *Bauler*. GDB: 1674 *Bauler*. 1708 *Baulesch*. 1720 *Bauler* => 1760 *Baulesch* => 1788 *Baulers*, 1790 *Bauler* = *Baulesch*, 1794 *Baulers* = *Baulesch*, 1799 *Baulesch*. 1751 *Boler* = *Bauler* => 1775 *Bohler*, 1781 *Bauler* = *Boler*, 1789 *Boler* = *Bohler*. 1802 *Baulesch* = *Baulisch* => 1839 *Baulesch*, 1846 *Baulisch* = *Baulesch*.

BAULESCH [ˈbaʊləʃ] (2009: 44, 0.27‰; 1880: 54, 0.28‰). VARIANTE(N) *Baulisch*. Flektiertes Patronym zu ⁊*Bauler*.

BAULISCH (2009: 24, 0.15‰; 1880: 13, 0.07‰). Lokalsprachliche (Nordwesten), d.h. nicht gemeinluxemburgische Variante von ⁊*Baulesch*.

BAUM [baʊm] (2009: 99, 0.61‰; 1880: 152, 0.78‰). GLEICHE BASIS *Bemtgen*. 1. Wohnstättenname zu mhd. *boum* 'Baum'. 2. Übername zum selben mhd. Appellativ für einen stattlichen Menschen. Vgl. auch ⁊*Bemchen*. 🔑 *Baum* ist in ganz Luxemburg und Deutschland verstreut. 📖 RB (1388-1500): *Baum* = *Baům* = *Baům dem Zaymerman* = *Baumme*. *Michel Baumß Son* = *Michel Boumß Son*. *Baum van Kaire*. GDB: 1704 *Baum*.

BAUMANN [ˈbaʊman] (2009: 42, 0.26‰; 1880: 45, 0.23‰). Berufsname zu mhd. *bûman* 'Ackermann, Bauer, Pächter eines Bauerngutes'. Vgl. lb. *Baumann* 'Pflüger'. 🔑 Der Name streut im ganzen germanophonen Kartierungsgebiet und auch weit in den Osten Frankreichs hinein. 📖 GDB: 1777 *Baumann*.

BAUR (2009: 15, 0.09‰; 1880: 23, 0.12‰). ⁊*Bauer*.

BAUS [baʊs] (2009: 21, 0.13‰; 1880: 9, 0.05‰). Übername zu mhd. *bûs* m. 'schwellende Fülle', wohl für einen Menschen mit einer Schwellung oder übertragen auf die gesamte Person nach dem äußeren Erscheinungsbild. Entsprechend gelten lb. *Baus* f. 'Schwellung durch Stoß oder Schlag, besonders am Kopf'; rhein. *Baus* m. 'kleiner Mensch'; vgl. auch ⁊*Baustert*. An der Basis von mhd. *bûs* steht wohl ein Substantiv mit der Grundbedeutung 'Aufgeblasenes'. Das Wort ist somit verwandt mit mhd. *bûsch*, vgl. ↗*Bausch*. 📖 GDB: 1681 *Baussen* => 1724 *Baus* => 1758 *Baussen*. 1688 *Baus*.

BAUSCH [bauʃ] (2009: 146, 0.89‰; 1880: 149, 0.77‰). 1. Übername zu mhd. *bûsch* 'Bausch, Wulst, Knüttel'. Vgl. auch ↗*Baus*, ↗*Baustert*. 2. Flektiertes Patronym zu ↗*Bauer*. Es handelt sich um eine Kontraktion aus *Bauesch < *Bauers*. Zum Lautlichen, vgl. auch ↗*Breisch*, Etymologie 2. 🜚 Der Name streut besonders im Raum Luxemburg, im Westen und Südwesten Deutschlands. 📖 FSV: 1611 *Baurs*, *Baursch*. 1656 *Bausch*.

BAUSTERT [ˈbaustɐt] (2009: 96, 0.59‰; 1880: 119, 0.61‰). 1. Herkunftsname zu *Baustert* für eine Ortschaft im Eifelkreis Bitburg-Prüm. 2. Übername zu lb. *Baustert* 'engbrüstiger Mensch; aufgeblasener Mensch'; rhein. *Baustert* 'dicker, kleiner Mensch'. Dies zum Verb nhd.-landsch. *bausten* 'vor Hoffart, vor Zorn rasen'. Siehe auch ↗*Baus*, ↗*Bausch*. 🜚 Kommt fast ausschließlich in Luxemburg vor. 📖 FSV: 1611 *Bausterts*. GDB: 1697 *Baustert*. 1756 *Bauschters*. 1826 *Bauschtert*.

BECK [bæk] (2009: 100, 0.61‰; 1880: 199, 1.03‰). GLEICHE BASIS *Beckes*, *Beckius*. Berufsname zu mhd. *becke* 'Bäcker'. Vgl. ↗*Becker*. 🜚 In ganz Luxemburg anzutreffen, in Deutschland besonders im Süden. Zwischen 1891 und 1915 kommt *Beck* als Familienname vor allem im Moseldepartement und Elsass vor. Der Name findet sich auch in ganz Belgien, überwiegend in Flandern, doch liegen da andere Etymologien zu Grunde (vgl. Debrabandere, S. 118). Das Vorkommen der latinisierten Form *Beckius* beschränkt sich auf Luxemburg, insbesondere die südliche Hälfte. Extrem selten und ebenso auf Luxemburg beschränkt ist die flektierte Bildung *Beckes*. ☞ Bereits ahd. gilt sowohl *becko* als auch *beckāri*, eine jüngere Variante mit aus dem Lateinischen entlehnten Agenssuffix *-āri*. Im Appellativschatz der oberdeutschen Mundarten ist die *er*-lose Form *Beck(e)* lebendig geblieben, die andererseits im Appellativschatz des Luxemburger Raumes nie dokumentiert ist. Bereits in den Rechnungsbüchern erscheint nämlich ausschließlich *Becker*. Dies spricht dafür, dass der Familienname *Beck* aus dem Oberdeutschen importiert ist. 📖 FSV: 1611 *Becken*. 1611 *Beck*. 1656 *Beckius*. GDB: 1720 *Beck*. 1755 *Beckius*. 1773 *Beckes*.

BECKER [ˈbækɐ] (2009: 496, 3.04‰; 1880: 543, 2.8‰). VARIANTE(N) *Baecker*, *Beckert*. GLEICHE BASIS *Beckers*. Berufsname zu mhd. *becke* 'Bäcker', entsprechend lb. *Bäcker*. Vgl. auch ↗*Beck*. 🜚 Der Name ist in ganz Luxemburg und Deutschland verbreitet, aber auch in Belgien und in Elsass-Lothringen häufig. Die Variante *Bäcker* existiert in Luxemburg nicht, sie ist auch in Deutschland weniger häufig und besonders im Ruhrgebiet, im Rhein-Maingebiet und im Saarland verbreitet. Die Varianten *Baecker* und *Beckert* sind in Deutschland breit, doch nicht flächendeckend gestreut. In Luxemburg sind beide sehr selten. Etwas häufiger in Luxemburg ist die flektierte Form *Beckers*. Außerhalb von Luxemburg zeigt diese die dichteste Verbreitung am Niederrhein und in Flandern. 📖 RB (1388-1500): *Becker*, *Beckergen*, *Beckers*. FSV: 1611 *Becker*, *Beckers*. GDB: 1669 *Becker*. 1729 *Beckers*. VZ: 1880 *Bäcker*, *Becker*, *Beckers*, *Beker*.

BECKERICH [ˈbækəʀiɕ] (2009: 9, 0.06‰; 1880: 16, 0.08‰). Herkunftsname zu *Beckerich* (lb. *Biekerech*) für eine Ortschaft in der gleichnamigen Gemeinde. 🕯 Der Name kommt heute nur noch in den Kantonen Diekirch und Redingen sowie im Areler Land vor. 📖 RB (1388-1500): *Van Beckerich*. FSV: 1656 *Beckrich*. GDB: 1701 *Beckerich*. 1729 *Beckerig*.

BECKERS [ˈbækəs] (2009: 8, 0.05‰; 1880: 1, 0.01‰). Flektiertes Patronym zu ↗*Becker*.

BECKERT (2009: 2, 0.01‰; 1880: 0). Variante von ↗*Becker* mit sekundärem *-t*.

BECKES [ˈbækəs] (2009: 1, 0.01‰; 1880: 5, 0.03‰). Flektiertes Patronym (Mischgenitiv) zu ↗*Beck*.

BECKIUS [ˈbækius] (2009: 64, 0.39‰; 1880: 0). Latinisierte Form von ↗*Beck*. 📖 GDB: um 1775 *Beckius*

BEFFORT [ˈbæfɔːʀ] (2009: 63, 0.39‰; 1880: 152, 0.78‰). VARIANTE(N) *Befort*. Herkunftsname zu *Befort* (lb. *Beefort*, frz. *Beaufort*) für eine Ortschaft in der gleichnamigen Gemeinde. 🕯 Der nur in Luxemburg vorkommende Name *Beffort* konzentriert sich, außer einem kleineren Nest im Kanton Clerf, in der südlichen Landeshälfte. Die Variante *Befort* ist im Großherzogtum weniger frequent, verteilt sich vor allem im Osten und im Norden. Außerhalb Luxemburgs ist diese Form in Deutschland in kleineren Nestern zu finden. 📖 RB (1388-1500): *Johan von Beffort*. FSV: 1561 *von Beffert*. 1656 *Beffort*. GDB: 1760 *Beffort*.

BEFORT (2009: 23, 0.14‰; 1880: 30, 0.15‰). ↗*Beffort*.

BEHM [beːm // beɪm] (2009: 22, 0.13‰; 1880: 44, 0.23‰). GLEICHE BASIS *Boehm*. Herkunfts- bzw. Übername zu mhd. *Bêheime* 'Böhme; aus Böhmen Stammender'. 🕯 Der Name ist in ganz Luxemburg verbreitet und zeigt in Deutschland eine lose Streuung mit dem größten Vorkommen im Norden und Nordosten. Weitaus häufiger in Deutschland ist jedoch die gerundete Form *Böhm* zu finden. 📖 GDB: 1725 *Behm*. 1748 *Boehm*. 1774 *Boehm* => 1801 *Behm*. 1774 *Boehm* => 1802 *Boem*.

BEHREND (2009: 1, 0.01‰; 1880: 6, 0.03‰). ↗*Berend*.

BEHRENS (2009: 2, 0.01‰; 1880: 18, 0.09‰). ↗*Berens*.

BEICHT [baɪçt] (2009: 17, 0.1‰; 1880: 28, 0.14‰). Übername zu mhd. *bîhte* 'Bekenntnis, besonders der Sünden, Beichte'. 📖 GDB: 1813 *Beicht*.

BEIDLER [ˈbaɪtlɐ] (2009: 18, 0.11‰; 1880: 16, 0.08‰). Berufsname zu mhd. *biutelære, biuteler* (mslfrk. *-d-*) 'Beutelmacher'. 🕯 Luxemburg, Moseldepartement. 📖 RB (1388-1500): *Peter Budeler = Peter Buedeler = Peter dem Budeller. Peter Budelerssen Eydem*. FSV: 1482 *Grette Budelers*. 1561 *Budlers*. GDB: 1758 *Beideller*. 1792 *Beideler*. 1808 *Beydeler* => 1834 *Beudeler*, 1843 *Beidler*.

BEISSEL [ˈbaɪsəl] (2009: 41, 0.25‰; 1880: 63, 0.33‰). Berufsübername zu nhd.-landsch. *Beißel* 'Keil, spaltendes Werkzeug, Stemmeisen', rhein. *Beissel* m. 'Meißel', möglicherweise für einen Steinmetz oder Wundarzt. 🕯 *Beissel* zeigt in Luxemburg die größte Dichte im Kanton Remich. Im Norden und Nordosten kommt der Name nicht vor. In Deutschland ist er am häufigsten am Mittel- und Niederrhein sowie im Raum Aachen anzutreffen. Etwas häufiger ist in Deutschland die Variante *Beißel* (mit der größten Dichte ebenfalls am Mittel- und Niederrhein). 📖 GDB: 1740 *Beissel*.

BELCHE [bælʃ] (2009: 16, 0.1‰; 1880: 28, 0.14‰). Entlehnt aus frz. *Belge*, Herkunfts- bzw. Übername zu frz. *belge* 'Belgier'. 🕯 *Belche* bildet ein Nest, das sich vom Westen Luxemburgs in das Areler Land und in die übrige Provinz Luxemburg erstreckt. Im restlichen Wallonien kommt eher *Belge* vor, das auch noch in der Volkszählung von 1880 vorkam. *Belsch* ist in der Westhälfte Deutschlands verstreut anzutreffen. 📖 GDB: 1725 *Belche*. 1727 *Belsch*. 1753 *Belche* => 1787 *Belge*. 1740 *Belsch* => 1770 *Belche*. Vz: 1880 *Belge*.

BELLION ['bæljã:] (2009: 25, 0.15‰; 1880: 38, 0.2‰). Unklar. Möglicherweise Herkunftsname zu *Bellion* für eine Ortschaft in der Bretagne oder zu einem homophonen verschollenen Ortsnamen nahe Luxemburg. 🌐 Der Name begegnet in der südlichen Hälfte Luxemburgs, um Saarbrücken, im Département Meurthe-et-Moselle sowie besonders in der westfranzösischen Region Pays de la Loire. 📖 GDB: 1833 *Bellion*. 1881 *Beljon*.

BEMTGEN ['be:mtɕən] (2009: 49, 0.3‰; 1880: 69, 0.36‰). 1. Wohnstättenname zu mhd. *böumchîn, Diminutivform von mhd. *boum* 'Baum', vgl. ↗*Baum*, Etymologie 1. 2. Übername zu einer Diminutivbildung von ↗*Baum*, Etymologie 2. 🌐 *Bemtgen* ist ausschließlich in Luxemburg verbreitet. Im Saarland sowie vereinzelt im Rheinland erscheint der Familienname in der standarddeutschen Version *Bäumchen*. Weitere regionalsprachliche Varianten sind dagegen *Bäumle* (Baden) sowie *Bäumel* (besonders Niederbayern, Oberpfalz). 📖 RB (1388-1500): *Beumchin dem Pyfer*. FSV: 1561 *Beumtges*. 1611 *Beumbges, Beumges*. GDB: 1811 *Bemtgen*.

BENTZ [bænts] (2009: 29, 0.18‰; 1880: 23, 0.12‰). VARIANTE(N) *Benz*. Patronym zum gleichlautenden Rufnamen. Dieser stammt aus ahd. *Benzo* und ist Koseform von ahd. *Benno*, einer Kurzform von *Bernhard*, vgl. ↗*Bernard*. 🌐 *Bentz* konzentriert sich in Luxemburg, der gleichnamigen Nachbarprovinz, Lothringen, dem Elsass, dem Saarland, der Pfalz und dem nördlichen Baden-Württemberg. Die Variante *Benz* ist in Luxemburg sehr selten und weitaus häufiger auf deutscher Seite zu finden. 📖 Fsv: 1611 *Bentz, Bentzen*.

BENZ (2009: 7, 0.04‰; 1880: 11, 0.06‰). ↗*Bentz*.

BERCHEM ['bæʀɕəm // 'biəɕəm] (2009: 136, 0.83‰; 1880: 207, 1.07‰). VARIANTE(N) *Birchem*. Herkunftsname zu *Berchem* (lb. *Bierchem*), Gemeinde Röser. 🌐 Das Hauptverbreitungsgebiet von *Berchem* ist Luxemburg. Auch im Rheinland ist der Name vereinzelt zu finden. Das Vorkommen der regionalsprachlichen Variante *Birchem* ist auf die Kantone Remich und Esch beschränkt. ☞ In den historischen Quellen kommt es zu Verwechslungen zwischen *Berchem* und a) *Bergem*, Herkunftsname zu *Bergem* (lb. *Biergem*) für eine Ortschaft in der Gemeinde Monnerich, b) *Birchem*, worin sich die Aussprache lb. *Bierchem* niederschlägt, und c) ↗*Birchen*. Speziell die Varianten mit *i* haben folgenden Ursprung: Von zwei Brüdern namens *Boergem* alias *Bergem* und namens *Bergem*, beide geboren in Bissen 1796 bzw. 1805, zog der erste nach Nachtmanderscheid und der zweite nach Nocher. Die Kinder des ersten Bruders hießen nunmehr *Birchen* alias *Birgem* sowie *Birchen* alias *Birchem*, das Kind des zweiten hieß *Birchem*. 📖 RB (1388-1500): *Hantz van Berchem = Hantzen van Beirchem. Thil van Bergem = Thill van Berchem. Thilman van Berchem*. FSV: 1444-1450 *de Berchem*. 1611 *de Berchem, von Berchem, Berchem*. GDB:

1719 *Berchem* => 1744 *Berchem* => 1774 *Berchem* (=> 1802 *Bergem*), 1778 *Bergem*. 1758 *Berchem* => 1788 *Bergem*, 1796 *Boergem* = *Bergem* (=> 1839 *Birchen* = *Birgem*, 1842 *Birchen* = *Birchem*), 1805 *Bergem* => 1840 *Birchem*. 1861 *Bierchem* = *Berchem*.
BEREND ['beːʀənt] (2009: 11, 0.07‰; 1880: 10, 0.05‰). VARIANTE(N) *Behrend*. GLEICHE BASIS *Berens*. Patronym zum gleichlautenden Rufnamen. Dieser ist zerdehnte Form von *Bernd* als Kurzform von *Bernhard*. ↗*Bernard*. 🕭 Das Hauptverbreitungsgebiet von *Berend* sind Luxemburg, mit Ausnahme des Westens und Nordwestens, das Moseldepartement, Saarland und der Hunsrück. Die Variante *Behrend* begegnet in Luxemburg nur gelegentlich (Süden, Südosten), findet sich dagegen überwiegend in Deutschland mit breiter, jedoch nicht flächendeckender Streuung. Von den Genitivbildungen ist in Luxemburg *Berens* am häufigsten. Außerhalb von Luxemburg ist sie besonders im Moseldepartement, im Westen Deutschlands sowie in Flandern anzutreffen. In Luxemburg ist *Berends* eine ungewöhnlichere Variante (nur im Westen), auch im übrigen Kartierungsgebiet nur vereinzelt (am frequentesten in Niedersachsen an der Grenze zu den Niederlanden). Ebenso selten in Luxemburg ist *Behrens* (nur im Zentrum), weitaus häufiger dagegen in Deutschland, besonders im Norden. Zum Sprossvokal in *Arndt*, *Berndt* in Deutschland, siehe DFA 1, S. 725. 📖 FSV: 1656 *Berendts*. GDB: 1689 *Berens*. 1694 *Berentz*. 1710 *Berents* => 1742 *Berents* = *Berens* => 1764 *Berens*. 1734 *Berends*. 1776 *Berns*. 1805 *Berens* => 1835 *Berentz* => 1876 *Berens*. 1823 *Berrens*. 1847 *Berend*. 1858 *Berrend*.
BERENDS (2009: 4, 0.02‰; 1880: 7, 0.04‰). ↗*Berens*.
BERENS ['beːʀəns] (2009: 48, 0.29‰; 1880: 140, 0.72‰). VARIANTE(N) *Behrens*, *Berends*. 1. Flektiertes Patronym zu ↗*Berend*. 2. Flektiertes Patronym (Mischgenitiv) zu einem Rufnamen, der aus ahd. *Bëro* stammt. Dieser entspricht dem Appellativ ahd. *bëro* 'Bär' oder ist Kurzform von Namen, die ursprünglich mit diesem Appellativ gebildet sind.
BERG [bæʀɢ] (2009: 121, 0.74‰; 1880: 205, 1.06‰). 1. Herkunftsname zu a) *Berg* (lb. *Bierg*) für je eine Ortschaft in den Gemeinden Colmar-Berg und Betzdorf; b) *Berg* (frz. *Berg-sur-Moselle*) für eine Gemeinde im Moseldepartement. 2. Wohnstättenname zu einem in Luxemburg mehrfach auftretenden gleichlautenden Flurnamen. 🕭 In ganz Luxemburg und Deutschland verbreitet. In Frankreich besonders im Moseldepartement und Unterelsass. Selten in Belgien. 📖 RB (1388-1500): *Hentgen am Berge van Eyche. Johan off dem Berge = Johan off dem Buckle. Johan van Berge*. FSV: 1561 *off dem Berich, uff dem Bergh, uffm Bergh, uff dem Berghe*. 1611 *Berg, Bergh*. 1656 *Berigh*. GDB: 1651 *Berg* => 1679 *Bergh*. 1684 *Bergs*. 1773 *Berghs*.
BERGER ['bæʀʒeː] (2009: 42, 0.26‰; 1880: 88, 0.45‰). 1. Personalisierter Herkunfts- oder Wohnstättenname zu einem im deutschen Sprachraum sehr häufig auftretenden Toponym, im Raum Luxemburg am ehesten zu *Berg* (lb. *Bierg*), heute *Kolmar-Berg* (lb. *Kolmer-Bierg*) für die gleichnamige Gemeinde. 2. Französischer Berufsname zu frz. *berger* 'Schäfer'. 🕭 *Berger* ist großflächig im gesamten Kartierungsgebiet zu finden. Im frankophonen Raum trifft jedoch überwiegend Etymologie 2 zu. 📖 RB (1388-1500): *Ber-*

ges Eydem. Gerhart Berger. Fsv: 1611 *Bergers.* GDB: 1742 *Berger.*

BERING [ˈbeːʀɪŋ] (2009: 2, 0.01‰; 1880: 0). GLEICHE BASIS *Beringer.* Herkunftsname zu einem im deutschen Sprachraum mehrfach auftretenden Toponym *Bering, Beringen, Behringen*; im Raum Luxemburg am ehesten zu *Bering* (lb. *Biereng*) für eine Ortschft in der Gemeinde Mersch. 📖 RB (1388-1500): *Bievenclesgin van Berryngen. Dederich van Berringen.* FSV: 1611 *Bering.* GDB: 1700 *Beringen.* 1707 *Beringer.* 1733 *Bering.* 1823 *Behringer.*

BERINGER [ˈbeːʀɪŋɐ] (2009: 18, 0.11‰; 1880: 159, 0.82‰). Personalisierte Form von ↗*Bering.*

BERMES [ˈbɛʀməs] (2009: 14, 0.09‰; 1880: 5, 0.03‰). Flektiertes Patronym zum einstigen Rufnamen *Bermann.* Dieser geht zurück auf ahd. *Berman* und beinhaltet ahd. *bëro* 'Bär' und *man* 'Mann, Kriegsmann'. 📖 GDB: 1728 *Bermes.* 1858 *Bermann.*

BERNA (2009: 19, 0.12‰; 1880: 10, 0.05‰). Wallonische Form von standardfrz. ↗*Bernard.*

BERNAR (2009: 13, 0.08‰; 1880: 12, 0.06‰). Schreibvariante von frz. ↗*Bernard.*

BERNARD [ˈbæʀnaːʀ] (2009: 156, 0.96‰; 1880: 208, 1.07‰). VARIANTE(N) *Berna, Bernar.* GLEICHE BASIS *Bernardy.* Patronym zum gleichlautenden Rufnamen. Dieser beinhaltet germ. **ber(a)nu-* 'Bär' und germ. *hardu-* 'hart; stark, tapfer, kühn' (vgl. ahd. *hart, herti* 'hart, kräftig, stark'). Der deutsche Name geht zurück auf ahd. *Ber(a)nhart,* der französische auf eine entsprechende westfränkische Form **Ber(a)nhard.* ⓢ *Bernard* ist in ganz Luxemburg, Frankreich und Belgien weit verbreitet. Auch in Deutschland ist der Name breit gestreut, doch ist dort *Bernhard* insgesamt dominanter. Im Großherzogtum ist *Bernhard* kaum anzutreffen, ebenso *Bernhardt.* Weniger frequent dort, aber ansonsten hauptsächlich in Belgien verbreitet ist *Bernar.* Die lateinisch flektierte Form *Bernardy* findet sich vor allem in Luxemburg, dem Moseldepartement, dem Saarland sowie besonders linksseitig entlang des Mittel- und Niederrheins. Eine speziell wallonische Variante *Berna* ist im Großherzogtum, dem Areler Land sowie im Oberelsass anzutreffen. In den Regionen mit Sprachkontakt wie Luxemburg ist die sprachliche Zuordnung von *Bernard* nur über die Aussprache, die entweder deutsch oder französisch ist, möglich. 📖 RB (1388-1500): *Beirnhart, Bernart, Bernhard, Bernhart, Bernhartt* (Rufname). FSV: 1611 *Bernharden.* 1611 *Bernard, Bernards, Bernardts, Bernhards, Bernhardts.* GDB: 1678 *Bernard* => 1714 *Berna.* 1702 *Bernardi.* 1705 *Bernardy.* 1771 *Bernardus.* 1772 *Bernharden.*

BERNARDY [bæʀˈnɑʀdiː] (2009: 27, 0.17‰; 1880: 70, 0.36‰). Flektiertes Patronym (lateinischer Genitiv) zu ↗*Bernard* (in deutscher Aussprache).

BERNS [bɛʀns] (2009: 29, 0.18‰; 1880: 21, 0.11‰). Flektiertes Patronym zu *Bern.* Dieser Rufname stammt aus ahd. *Bern* und gehört zu germ. **ber(a)nu* 'Bär'. ⓢ *Berns* findet sich in Luxemburg südlich der Sauer und kommt in Deutschland in hoher Konzentration am unteren Niederrhein vor. Sehr selten ist dort auch die einfache Form *Bern* zu finden. 📖 GDB: 1745 *Berns.*

BERSCHEID [ˈbeːʀʃaɪt] (2009: 68, 0.42‰; 1880: 54, 0.28‰). Herkunftsname zu *Berscheid* für eine Gemeinde im Eifelkreis Bitburg-Prüm. ⓢ Der Name kommt in Luxemburg besonders im Norden sowie in der Eifel vor. Vereinzelt auch im Rheinland, dem Saarland sowie dem Moseldepartement. 📖 Fsv: 1656 *Berscheider*. GDB: 1650 *Berscheid*. 1727 *Berscheit = Berschet*. 1761 *Berscheit = Berscheid = Berschet = Boerscheit*.

BERTEMES [ˈbɛːʀtəməs] (2009: 160, 0.98‰; 1880: 51, 0.26‰). VARIANTE(N) *Bartemes*. Regionalsprachlich (typisch luxemburgisch) kontrahierte Form von *Bartholomäus* (↗*Bartholome / Bartholomé*; siehe ebd. unter Weiterführende Diskussion zum auffälligen Tonvokal *e*). 📖 Fsv:

BERTHOLET [ˈbɛəʀtoːleː] (2009: 16, 0.1‰; 1880: 16, 0.08‰). Französisches Patronym zum gleichlautenden Rufnamen. Dieser ist eine Diminutivbildung auf *-et* von frz. *Berthauld*. Hierbei handelt es sich um eine Entlehnung aus wfrk. *Berhtwald* (= ahd. *Berhtwald*), mit germ. *berhta-* 'glänzend' und *waldaz* 'Walter, Herrscher'. 📖 Fsv: 1656 *Bertolet*. GDB: 1701 *Bertholet*. 1740 *Bertholet* => 1766 *Bertholé*. 1765 *Bertolé = Bertholet* => 1797 *Bertollé*. 1804 *Bertholet* => 1832 *Berthollé* => 1858 *Bertholet*.

BERTRAND [ˈbæʀtʀã:] (2009: 57, 0.35‰; 1880: 45, 0.23‰). VARIANTE(N) *Bertrang*. Patronym zum gleichlautenden französischen Rufnamen. Dieser beinhaltet ahd. *bëraht* 'glänzend' ahd. *rant* 'Schild'. 🌐 Das Verbreitungsgebiet von *Bertrand* erstreckt sich über ganz Frankreich und Wallonien und reicht über das Areler Land bis in den Süden und das Zentrum Luxemburgs. Vereinzelte Streuungen im Trierer Raum und Saarland. Weitere Vorkommen entlang des Rheins. *Bertrang* kommt hauptsächlich in Luxemburg vor und streut bis in das Bitburger Land und den Trierer Raum hinein. Das größte Nest in Deutschland liegt jedoch zwischen Lüttich und Aachen. 📖 GDB: 1690 *Bertrand*. 1723 *Bertrang*.

BERTRANG (2009: 18, 0.11‰; 1880: 95, 0.49‰). Germanisierte Form von ↗*Bertrand*.

BESCH [bæʃ] (2009: 76, 0.47‰; 1880: 188, 0.97‰). 1. Herkunftsname zu *Besch* für eine Ortschaft in der Gemeinde Perl, Landkreis Merzig-Wadern. 2. Wohnstättenname zu mhd. *busch* (mslfrk. *-ü*), 'Busch, Gesträuch; Büschel; Gehölz, Wald'; entsprechend das Appellativ lb. *Bësch*. 🌐 Vor allem im Süden Luxemburgs, dem Moseldepartement und dem Saarland. Leichte Streuung auch in der Pfalz sowie in Teilen Baden-Württembergs, doch ist in diesen Gebieten Konkurrenzetymologie wahrscheinlicher. ☞ Die genealogischen Daten zeigen mitunter einen Wechsel zwischen *Besch* und *Büsch*, ↗*Busch*. In diesen Fällen trifft auf *Besch* ausschließlich Etymologie 2 zu. Dabei schlägt sich in der Graphie mit ‹e›, wie in ↗*Bettel*, ↗*Peckels*, ↗*Pettinger* der luxemburgische Zentralvokal [ə] nieder. In der heutigen Aussprache des Familiennamens gilt jedoch durchwegs [æ]. 📖 RB (1388-1500): *Cleschin van Besch*. Fsv: 1561 *Besch*. GDB: 1670 *Besch*. 1674 *Besch = Busch*. 1720 *Büsch* => 1745 *Besch*, 1750 *Büsch*, 1754 *Busch*. 1789 *Besch* => 1818 *Baesch = Besch*.

BESENIUS (2009: 23, 0.14‰; 1880: 5, 0.03‰). ↗*Bisenius*.

BESTGEN [ˈbæstɕən] (2009: 8, 0.05‰; 1880: 31, 0.16‰). 1. Patronym zum gleichlautenden Rufnamen. Dieser ist eine Diminutivbildung von ↗*Bast*. 2. Deriviertes Patronym (Diminutivbildung) zum Rufnamen: 'Bast junior'. 📖 Fsv: 1656 *Best-*

ges. GDB: 1723 *Bestgen.* 1793 *Bestgen = Bestien.*

BETTEL [ˈbætəl // ˈbətəl] (2009: 15, 0.09‰; 1880: 22, 0.11‰). VARIANTE(N) *Boettel.* Herkunftsname zu *Bettel* (lb. *Bëttel*) für eine Ortschaft in der Gemeinde Fouhren. 🜚 *Bettel* und *Boettel* in Luxemburg südlich der Sauer und Areler Land. In der Eifel findet sich auch *Böttel.* ☞ Das im Tonvokal von *Bettel* erscheinende *e* steht für lb. *ë* und stammt aus mhd. *i* in geschlossener Silbe. Die ältesten Belege des Toponyms *Bettel* lauten: 1266 *Bythele*, 1321 *Bittilde*, 1456, 1480, 1490, 1505 *Bittel* (Meyers, S. 80). Auch der Familienname begegnet 1611 noch mit *i*, später dann durchwegs mit *e* und gelegentlich auch mit *oe*. Zur Graphie ‹e› für lb. [ə] bzw. [e], vgl. auch ↗*Besch*, ↗*Peckels*, ↗*Pettinger*. 📖 Fsv: 1611 *Bittels.* GDB: 1713 *Bettel.* 1839 *Bettel* => 1862 *Boettel.*

BETTENDORF (2009: 44, 0.27‰; 1880: 152, 0.78‰). ↗*Bettendorff.*

BETTENDORFF [ˈbætəndɔʀf] (2009: 59, 0.36‰; 1880: 19, 0.1‰). VARIANTE(N) *Bettendorf.* Herkunftsname zu *Bettendorf* (lb. *Bettenduerf*) für eine Ortschaft in der gleichnamigen Gemeinde. 🜚 *Bettendorff* und *Bettendorf* kommen hauptsächlich in Luxemburg vor. *Bettendorf* ist auch außerhalb des Großherzogtums verbreitet, etwa im Raum Trier, im Saarland, im Rheinland und in Baden-Württemberg. Doch sind dort Konkurrenzetymologien möglich. 📖 Fsv: 1611 *Bettendorff.* GDB: 1649 *Bettendorf.* 1728 *Bettendorf* => 1770 *Bettendorff.*

BETTINGEN [ˈbætɪŋən] (2009: 3, 0.02‰; 1880: 11, 0.06‰). GLEICHE BASIS *Bettinger.* Herkunftsname zu einem im deutschen Sprachraum mehrfach auftretenden Toponym, im Raum Luxemburg am ehesten zu a) *Bettingen*, heute *Bettingen-Mess* (lb. *Betten op der Mess*, frz. *Bettange-sur-Mess*) für eine Ortschaft in der Gemeinde Dippach; b) *Bettingen* für eine Gemeinde im Eifelkreis Bitburg-Prüm bzw. die einstige gleichnamige Herrschaft; c) *Bettingen* (frz. *Betting*) für eine Gemeinde im Moseldepartement; d) *Bettingen* für einen Ortsteil der Gemeinde Schmelz im Landkreis Saarlouis. 📖 RB (1388-1500): *Johan van Bettingen = Johan van Bettingin Rychter zu Luccemburg. Lorn Peter Pastoir zu Bettingen.* GDB: 1700 *Bettingen.* 1719 *Bettinger.*

BETTINGER [ˈbætɪŋɐ] (2009: 15, 0.09‰; 1880: 27, 0.14‰). Personalisierte Form von ↗*Bettingen.*

BETZ [bæts] (2009: 35, 0.21‰; 1880: 113, 0.58‰). GLEICHE BASIS *Betzen.* Patronym zum gleichlautenden Rufnamen. Dieser ist Koseform von Namen, die mit ahd. *bëraht* 'glänzend' oder *bëro* 'Bär' gebildet sind. 🜚 *Betz* gilt in Luxemburg südlich der Sauer, im Moseldepartement und Elsass sowie in weiten Teilen Deutschlands und punktuell in Belgien. *Betzen* findet sich in Luxemburg südlich der Sauer, in der Eifel und vereinzelt am Niederrhein. 📖 Fsv: 1656 *Betz.* GDB: 1661 *Betz.* 1776 *Betzen.*

BETZEN [ˈbætsən] (2009: 12, 0.07‰; 1880: 8, 0.04‰). Flektiertes Patronym zu ↗*Betz.*

BEVER [beːvɐ] (2009: 19, 0.12‰; 1880: 4, 0.02‰). Entrundete Form von ↗*Boewer.*

BICHEL (2009: 27, 0.17‰; 1880: 61, 0.31‰). Entrundete Form von ↗*Buchel / Büchel.*

BICHELER (2009: 14, 0.09‰; 1880: 52, 0.27‰). Entrundete und nicht synkopierte Variante von ↗*Buchler / Büchler.*

BICHLER (2009: 38, 0.23‰; 1880: 65,

0.34‰). Entrundete Form von ↗*Buchler / Büchler*.
BIDINGER ['biːdɪŋɐ] (2009: 23, 0.14‰; 1880: 28, 0.14‰). Personalisierter Herkunftsname a) *Bidingen* (frz. *Budange*) für eine Ortschaft der Gemeinde Homburg-Bidingen, Moseldepartement; b) *Bidingen* (frz. *Budange*) für eine Ortschaft der Gemeinde Fameck, Moseldepartement. ⓘ *Bidinger* begegnet vor allem im Süden Luxemburgs und im Moseldepartement, doch die größte Konzentration zeigt der Name auf deutscher Seite im Landkreis Trier-Saarburg. 📖 GDB: 1736 *Bidinger*. 1769 *Büdinger* => 1802 *Bidinger*. 1829 *Büdinger* => 1880 *Budinger*. 1860 *Biedinger*. Vz: 1880 *Biddinger, Bidinger, Biedinger*.
BIEL (2009: 19, 0.12‰; 1880: 4, 0.02‰). 1. Variante von ↗*Bichel*. 2. Herkunftsname zu *Biel* für einen Ortsteil des Stadtteils Bardenbach in der Gemeinde Wadern, Landkreis Merzig-Wadern.
BIER [biːɐ] (2009: 5, 0.03‰; 1880: 3, 0.02‰). GLEICHE BASIS *Biren*. 1. Berufsübername zu a) mhd. *bier* 'Bier' für den Bierbrauer oder -verkäufer, b) mhd. *bir* 'Birne' für den Verkäufer oder Züchter. 2. Übername zu den gleichen Appellativen nach der Vorliebe für das Getränk oder die Frucht. ⓘ *Bier* ist in Luxemburg, Lothringen, dem Elsass sowie in Deutschland weit verbreitet. Als flektierte Bildung erscheint überwiegend *Biren*, dessen Vorkommen sich auf das Großherzogtum und das Areler Land konzentriert. 📖 FSV: 1656 *Ḇier, Bieren*. GDB: 1721 *Bir*. 1730 *Biren* => 1758 *Bir = Birr = Byr = Biren*. 1759 *Bier = Biren* => 1791 *Bire*.
BIES (2009: 1, 0.01‰; 1880: 10, 0.05‰). ↗*Bis*.
BIESEN ['biːzən] (2009: 4, 0.02‰; 1880: 14, 0.07‰). Flektiertes Patronym zu ↗*Bies*.
BIEVER (2009: 59, 0.36‰; 1880: 74, 0.38‰). ↗*Biver*.
BIEWER (2009: 43, 0.26‰; 1880: 51, 0.26‰). ↗*Biver*.
BIEWERS ['biːvɐs] (2009: 9, 0.06‰; 1880: 0). VARIANTE(N) *Biewesch*. Flektiertes Patronym zu ↗*Biver*, Etymologie 2 = *Bivert* mit sekundärem -t.
BIEWESCH (2009: 4, 0.02‰; 1880: 12, 0.06‰). Regionalsprachliche Variante von ↗*Biewers*.
BILDGEN ['biltçən] (2009: 21, 0.13‰; 1880: 4, 0.02‰). VARIANTE(N) *Biltgen*. 1. Wohnstättenname zu einer Diminutivform von mhd. *bilede*, Nebenform von *bilde* 'Bild', wohl im Sinne von 'Heiligenbild', somit nach einem Hauszeichen; vgl. z.B. lb. *d'Veianer Bildchen*, wundertätige Muttergottesstatue in einer Kapelle auf der Anhöhe bei Burg Vianden (LWB). 2. Übername zu mhd. *büelechîn, Diminutivform von *buole* m. 'naher Verwandter, Geliebter, Liebhaber', *buole* f. 'Geliebte'. Siehe auch ↗*Schrobiltgen*. ☞ In den historischen Belegen ist in einem Fall der Wechsel von *Bilger* (= *Pilger*?) auf *Biltgen* zu beobachten. 📖 GDB: 1728 *Biltgen*. 1789 *Bilger = Biltgen* => 1817 *Biltgen = Bildgen*, 1819 *Bildgen*, 1825 *Bilgen = Bildgen*. 1849 *Bildchen = Biltgen*.
BILTGEN (2009: 12, 0.07‰; 1880: 9, 0.05‰). ↗*Bildgen*.
BINDELS ['bindəls] (2009: 31, 0.19‰; 1880: 11, 0.06‰). Flektiertes Patronym zu *Bündel*. Übername zu mhd. *Bündel* 'Bündel'. Vgl. die speziellen Bedeutungen z.B. in els. *Bündel* 'kleiner, dicker Mensch', pfälz. *Gastbündel* 'roher Mensch', rhein. *Bündel* 'u.a. Strohkopf, Dummkopf'. ⓘ *Bindels* findet sich in Lu-

xemburg südlich der Sauer und außerhalb des Großherzogtums besonders im Raum Aachen, vereinzelt dagegen in Wallonien. Die Nominativform *Bindel* kommt nur in Deutschland und nicht in Grenznähe zu Luxemburg vor. 📖 GDB: 1703 *Bündels*. 1780 *Bindels* => 1828 *Bindeler*.

BINGEN ['biŋən] (2009: 35, 0.21‰; 1880: 71, 0.37‰). Herkunftsname zu einem im deutschen Sprachraum mehrfach auftretenden Toponym, im Raum Luxemburg am ehesten zu *Bingen* (frz. *Bionville-sur-Nied*) für eine Gemeinde im Moseldepartement. 💰 Das Hauptverbreitungsgebiet des Namens liegt klar in Luxemburg. 📖 FSV: 1611 *Bingen*. GDB: 1658 *Bingen*.

BINSFELD ['binsfælt] (2009: 62, 0.38‰; 1880: 243, 1.25‰). Herkunftsname zu a) *Binsfeld* (lb. *Bënzelt*) für einen Ortsteil der Gemeinde Weiswampach; b) *Binsfeld* für eine Gemeinde im Landkreis Bernkastel-Wittlich. 💰 Das Hauptverbreitungsgebiet von *Binsfeld* liegt in Luxemburg, mit Streuung ins Areler Land und in den Trierer Raum. Auch vereinzelt im Rheinland. 📖 FSV: 1611 *de Binsfelt*. 1611 *Binssfelt*. GDB: 1662 *Binsfeld*.

BINTENER ['bintənɐ] (2009: 68, 0.42‰; 1880: 99, 0.51‰). VARIANTE(N) *Bintner*. Personalisierter Herkunftsname *Bünden* (heute *Graubünden, Bündner Land*) für einen Kanton in der Schweiz. 💰 *Bintener* kommt fast nur in Luxemburg vor, ebenso die synkopierte Variante *Bintner*, die sich besonders im Zentrum konzentriert. 📖 GDB: 1734 *Bintener*. 1793 *Bindener*. 1805 *Bintner*. 1829 *Bindner*.

BINTNER (2009: 54, 0.33‰; 1880: 78, 0.4‰). Synkopierte Form von ↗*Bintener*.

BINTZ [bints] (2009: 49, 0.3‰; 1880: 59, 0.3‰). VARIANTE(N) *Binz*. 1. Übername zu lb. *Binz, Bënz* m. 'kleines Exemplar einer Gattung; insbesondere kleiner Mensch, Zwerg', rhein. *Binz* m. 'kleiner Mensch'. 2. Wohnstättenname zu mhd. *binez* 'Binse'; wohl hierher der Luxemburger Flurname *op Bins* (Gemeinde Monnerich). 💰 *Bintz* ist überwiegend in Luxemburg, dem Moseldepartement und dem Unterelsass anzutreffen. Auf deutscher Seite erscheint der Name in der Graphie *Binz*, doch kommen da weitere Etymologien in Betracht. 📖 FSV: 1656 *Bins, Bintz*. GDB: 1798 *Bintz* => 1828 *Bins*.

BINZ (2009: 11, 0.07‰; 1880: 9, 0.05‰). ↗*Bintz*.

BIRCHEM (2009: 7, 0.04‰; 1880: 12, 0.06‰). Regionalsprachliche Variante von ↗*Berchem*.

BIRCHEN ['birçən] (2009: 37, 0.23‰; 1880: 33, 0.17‰). 1. Patronym zu einem Rufnamen, der mhd. als *Bürchin* erscheint (vgl. Socin, S. 6). Hierbei handelt es sich um eine Diminutivbildung zu einer Kurzform von ahd. *Burgart* (zu ahd. *burg* 'Burg' und *hart, herti* 'hart, kräftig, stark') bzw. anderen Namen mit *burg* im Erstglied. Siehe auch ↗*Birgen*, ↗*Birkel*, ↗*Burg*. 2. Eher unwahrscheinlich: Wohnstättenname zu dem in Luxemburg mehrfach auftretenden Flurnamen lb. *Bierchen*, Diminutivbildung zu lb. *Bur* 'Brunnen'. 💰 Der Name ist fast nur in Luxemburg anzutreffen. Eine eventuelle nicht derivierte Form *Burch* zu *Birchen* begegnet auf deutscher Seite entlang der Mosel. ☞ Etymologie 1 ist als wahrscheinlicher zu betrachten: 1. Der jeweilige Beleg in den Rechnungsbüchern (*Burchen*) und im Feuerstättenverzeichnis von 1561 und 1611 (*Birches*). 2. Der in den genealogischen Datenbanken zu beobachtende Wechsel mit Formen mit *g* und daher mit der potenziellen Variante ↗*Birgen*. 3.

Der ebenfalls in den genealogischen Datenbanken festzustellende Wechsel von *Birchel* auf *Birchen*. *Birchel* ist eine Variante mit Personennamensuffix *-el*, zu der im Feuerstättenverzeichnis von 1561 der Beleg *Burhels* gehört. 📖 RB (1388-1500): *Clais Burchin van Garnich*. FSV: 1561 und 1611 *Birches*. GDB: 1703 *Birchel* => 1742 *Birchen* = *Birgen*. 1714 *Birchen*. 1730 *Bursché* => 1753 *Birchen* (=> 1777 *Birchen* = *Birgen*, 1791 *Birgen* = *Birchen*), 1755 *Birgen* = *Bürchen*, 1779 *Bursché* = *Birgen* (=> 1807 *Birgen* = *Birchen*). 1818 *Birchen* = *Bürgen* => 1855 *Bürgen*, 1863 *Burgen* = *Birchen*. 1821 *Birgen* = *Bierchen*. 1827 *Birchen* = *Buergen* => 1858 *Bierchen*, 1864 *Burgen* = *Bierchen*.

BIRCKEL (2009: 4, 0.02‰; 1880: 42, 0.22‰). ↗*Birkel*.

BIRDEN [ˈbiːɐdən] (2009: 14, 0.09‰; 1880: 30, 0.15‰). Herkunftsname zu *Bürden* (lb. *Bierden*, frz. *Burden*) für eine Ortschaft in der Gemeinde Erpeldingen. 🌎 Fast nur in Luxemburg. Außerhalb des Großherzogtums vor allem im Département Meurthe-et-Moselle. 📖 GDB: 1782 *Birden*. 1791 *Birden* => 1822 *Bürden*.

BIREN [ˈbiːʀən] (2009: 52, 0.32‰; 1880: 101, 0.52‰). Flektiertes Patronym zu ↗*Bier*.

BIRGEN [ˈbiʀʒən] (2009: 30, 0.18‰; 1880: 44, 0.23‰). 1. Patronym zu einem Rufnamen, der mhd. als *Bürgin* erscheint (vgl. Socin, S. 6) und als ahd.-mfrk. *Burgīn zu erschließen ist. Dieser ist eine Diminutivbildung zu einer Kurzform von ahd. *Burghart*, das zu ahd. *burg* 'Burg' und *hart, herti* 'hart, kräftig, stark' gehört; vgl. auch ↗*Birchen*, ↗*Birkel*. 2. Flektiertes Patronym zu *Bürge*, Übername zu mhd. *bürge* 'der Sicherheit leistet, Bürge'. 🌎 Das Vorkommen des Namens beschränkt sich auf Luxemburg. ☞ Die genealogischen Daten zeigen des Öfteren einen Namenwechsel; siehe die entsprechenden Belege unter ↗*Birchen*. 📖 FSV: 1611 *Birges, Burgens*.

BIRKEL [ˈbiʀkəl // ˈbiəkəl] (2009: 18, 0.11‰; 1880: 36, 0.19‰). VARIANTE(N) *Birckel*. Patronym zum gleichlautenden Rufnamen. Dieser ist eine Ableitung auf mhd. *-elîn* zu *Burk*. Letzteres geht zurück auf ahd. *Burko*, einer Kurzformen von *Burkhart*, das zu ahd. *burg* 'Burg' und *hart, herti* 'hart, kräftig, stark' gehört. Vgl. auch ↗*Burkel*, ↗*Birchen*, ↗*Birgen*, ↗*Burg*. 📖 GDB: 1676 *Birkels*. 1697 *Birckels* => 1732 *Berckel*. 1713 *Bürckel*. 1729 *Birckel*. 1746 *Burgel* = *Birckels* => 1776 *Birckels* = *Bourkel*, 1788 *Burgel*. 1771 *Birckel* => 1809 *Birkel*.

BIRTZ [biʀts] (2009: 19, 0.12‰; 1880: 34, 0.18‰). Herkunftsname zu *Birtz* (lb. *Bierz*, frz. *Boeur*) für ein Dorf in der Gemeinde Houffalize, Provinz Luxemburg. 🌎 Nur in Luxemburg, überwiegend in der südlichen Hälfte. In Wallonien hat die französische Ortsbezeichnung den Familiennamen geliefert: *Boeur* verteilt sich in der ganzen Provinz Luxemburg, auch in der Provinz Lüttich. Vereinzelt in Wallonien gelten auch die Formen mit agglutinierter Präposition *Deboeur, Deboeure, Debeur*. 📖 GDB: 1655 *Birtz*.

BIS [biːs] (2009: 15, 0.09‰; 1880: 1, 0.01‰). VARIANTE(N) *Bies*. GLEICHE BASIS *Biesen*. 1. Berufsübername zu a) mhd. *biese* f., einer Nebenform von mhd. *binez* m.f. 'Binse' für den Binsenflechter; b) mhd. *bieze* 'weiße Rübe, Bete', wohl für den Anbauer. 2. Patronym zu einem einstigen gleichlautenden Rufnamen. Dieser geht zurück auf ahd. *Biso*, das zu ahd. *bisōn* 'sich vergnügen, umherstürmen, tollen' gehört. ☞ In den genealogischen Datenbanken ist ein Wechsel zwischen unflektierten und flektierten Formen zu beobachten. Bei jenen flektierten Formen, die in einer genealogischen Kette nicht mit den unflektierten wechseln, ist Konkurrenzetymologie zu ↗Bissen wahrscheinlicher. 📖 GDB: 1689 *Bisen* => 1707 *Bissen*. 1722 *Biss*. 1746 *Bis*. 1776 *Biss* => 1815 *Bis*. 1786 *Bis* => 1816 *Bissen*, 1818 *Biss*. 1789 *Bies*. 1802 *Biss* => 1826 *Bis* => 1854 *Biesen*, 1867 *Bissen*. 1845 *Bissen* => 1880 *Bis*.

BISDORF (2009: 2, 0.01‰; 1880: 14, 0.07‰). ↗*Bisdorff*.

BISDORFF ['bɪsdɔʁf] (2009: 44, 0.27‰; 1880: 60, 0.31‰). VARIANTE(N) *Bisdorf*. Herkunftsname zu *Biesdorf* für eine Gemeinde im Eifelkreis Bitburg-Prüm. 🌎 *Bisdorff* ist nur in Luxemburg und dem Moseldepartement verbreitet. *Bisdorf* ist im Großherzogtum selten, häufiger in der deutschen Nachbarregion, wo mitunter auch *Biesdorf* begegnet. 📖 GDB: 1705 *Bisdorf* => 1727 *Bistorff*. 1722 *Biesdorff*. 1728 *Biesdorf*. 1797 *Bisdorff*.

BISENIUS [biˈzeːnius] (2009: 74, 0.45‰; 1880: 104, 0.54‰). VARIANTE(N) *Besenius*. Latinisierte Form von ↗*Bissen*, Etymologie 1.

BISSEN [ˈbiːsən] (2009: 63, 0.39‰; 1880: 47, 0.24‰). GLEICHE BASIS *Bisenius*, *Bissener*. 1. Herkunftsname zu *Bissen* (lb. *Biissen*) für eine Ortschaft in der gleichnamigen Gemeinde. 2. In Einzelfällen: Flektiertes Patronym zu ↗*Bis*. 🌎 *Bissen* vor allem in Luxemburg und vereinzelt in der gleichnamigen Nachbarprovinz, jedoch ohne das Areler Land. *Bissener* ausschließlich in Luxemburg, besonders im Norden. Die latinisierte Bildung *Bisenius* überwiegend in der südlichen Hälfte Luxemburgs sowie in der Eifel und bei Trier. Die Variante *Besenius* nur in Luxemburg, besonders in den Kantonen Diekirch und Vianden. 📖 RB (1388-1500): *Bollart van Biessen* = *Bollert van Bissen*. *Clais van Bießen*. *Elsen von Biessen*. *Jongerman van Biissen* = *Jongerman van Bijssen* = *Jongerman van Byssen*. FSV: 1561 *Biesser*. 1611 *Biessen, Bissen*. GDB: 1676 *Bissen* = *Bisen*. 1703 *Besenius*. 1731 *Bissener*. 1733 *Bisenius*. 1799 *Bisenius* => 1826 *Besenius*. 1849 *Bisser*.

BISSENER [ˈbiːsəne] (2009: 17, 0.1‰; 1880: 68, 0.35‰). Personalisierte Form von ↗*Bissen*, Etymologie 1.

BIVER [ˈbiːvɐ] (2009: 164, 1‰; 1880: 293, 1.51‰). VARIANTE(N) *Biever, Biewer, Biwer*. 1. Herkunftsname zu a) *Biwer* für eine Ortschaft in der gleichnamigen Gemeinde; b) in Einzelfällen: *Biewer*, heute *Trier-Biewer*, für einen Stadtteil von Trier. 2. Berufsübername zu mhd. *biber* (mslfrk.. -v-) 'Biber' für den Biberjäger; vgl. auch ↗*Bivert*. 🌎 Die Schreibungen mit *v* zeigen ein klares Hauptverbreitungsgebiet: *Biver* in Luxemburg und dem Areler Land, *Biever* in Luxemburg südlich der Sauer. Jene mit *w* sind dagegen breiter gestreut: *Biwer*, *Biewer* in Luxemburg, der angrenzenden Region von Rheinland-Pfalz sowie im Saarland. Alle vier Formen sind vereinzelt auch in Ostlothringen anzutreffen. Varianten mit *b* (*Biber, Bieber*) sind im Großherzogtum praktisch nicht zu finden. 📖 FSV: 1656 *Biever*. GDB: 1668 *Biewer*. 1682 *Biwer*. 1735 *Biver*. 1741 *Biever* = *Biver*. 1780 *Bifer*. Vz: 1880 *Biever, Bievers, Biewer, Biewesch, Bifer, Biver, Bivesch, Biwer, Biwesch*.

BIVERT [ˈbiːvɐt] (2009: 1, 0.01‰; 1880: 0). GLEICHE BASIS *Biewers*. Variante von ↗*Biver*, Etymologie 2, mit sekundärem -t. 📖 FSV: 1656 *Bievers*. GDB: 1700 *Bivert* =

Biwesch. 1735 *Biwisch = Bivers.* 1738 *Bievert* => 1763 *Biver.* 1802 *Biwert.* Vz: 1880 *Bievers, Biewesch, Biweṣch.*
BIWER (2009: 79, 0.48‰; 1880: 321, 1.66‰). ↗*Biver.*
BLAIS (2009: 1, 0.01‰; 1880: 6, 0.03‰). ↗*Blaise.*
BLAISE [blɛːs] (2009: 27, 0.17‰; 1880: 61, 0.31‰). VARIANTE(N) *Blais.* Französisches Patronym zum gleichlautenden Rufnamen. Dieser stammt aus lat. *Blasius,* dessen Etymologie unklar ist. Siehe auch ↗*Blasius.* ⓢ *Blaise* erscheint etwas seltener in Luxemburg, dafür recht häufig in Wallonien und Lothringen. Noch seltener im Großherzogtum ist *Blais,* häufig jedoch im Westen Frankreichs. 📖 Fsv: 1611 *Blaise.* GDB: 1771 *Blees* => 1796 *Blaise,* 1804 *Blais.*
BLASCHET (2009: 1, 0.01‰; 1880: 0). ↗*Blaschette.*
BLASCHETTE [ˈblaːʃæt] (2009: 16, 0.1‰; 1880: 14, 0.07‰). VARIANTE(N) *Blaschet.* Herkunftsname zu frz. *Blaschette* (dt. *Blascheid,* lb. *Blaaschent*) für eine Ortschaft in der Gemeinde Lorentzweiler. 📖 RB (1388-1500): *Hantz van Blantscheit.* Fsv: 1611 *Blanscheid.* GDB: 1803 *Blachette.* 1805 *Blaschet.* 1825 *Blachet.* 1836 *Blaschette.* 1845 *Blaschett.*
BLASEN [ˈblaːzən] (2009: 43, 0.26‰; 1880: 15, 0.08‰). Flektiertes Patronym zum Rufnamen *Blas, Blase.* Dieser ist verkürzt aus ↗*Blasius.*
BLASIUS [ˈblaːzi̯us] (2009: 11, 0.07‰; 1880: 20, 0.1‰). GLEICHE BASIS *Blasen.* Patronym zum gleichlautenden Rufnamen. Dieser erscheint als lat. *Blasius,* dessen Etymologie unklar ist. Siehe auch ↗*Blees,* ↗*Blaise.* ⓢ Der Name streut in Luxemburg sowie im gesamten Westen Deutschlands. Die Genitivform *Blasen* ist überwiegend in Luxemburg und der Eifel verbreitet. ☞ Das LWB verzeichnet für den Rufnamen die luxemburgischen Formen *Bläs, Blasi, Blees, Blieschen.* 📖 Fsv: 1611 *Blaise, Blaisen, Blasius.* 1656 *Blaisius.* GDB: 1720 *Blasen, Blasius.*
BLAU [blaʊ] (2009: 33, 0.2‰; 1880: 107, 0.55‰). Übername zu mhd. *blâ, -wes* 'blau', in der Farbensymbolik 'treu', daher entweder in Bezug auf die blaue Kleidung oder die Treue eines Menschen. ⓢ Der Name findet sich in Luxemburg südlich der Sauer, dem Moseldepartement und weit verstreut in Deutschland. 📖 GDB: 1717 *Blau.* 1796 *Blauen.*
BLEES [bleːs] (2009: 4, 0.02‰; 1880: 21, 0.11‰). VARIANTE(N) *Bles.* Patronym zum gleichlautenden Rufnamen. Dieser ist verkürzt aus *Blesius,* einer umgelauteten Form von ↗*Blasius.* Siehe auch ↗*Bleser,* Etymologie 2. ⓢ *Blees* ist außer in Luxemburg insbesondere im Westen Deutschlands verstreut, während das Vorkommen von *Bles* überwiegend auf den Kanton Remich und das Moseldepartement beschränkt ist. *Blesius,* das 1880 im Großherzogtum noch belegt ist, begegnet heute vor allem im Raum bei Trier. 📖 Fsv: 1611 *Blesius, Blaise, Blaisen.* 1656 *Blaisius, Blees, Bles.* GDB: 1707 *Blees* => 1747 *Bles.* 1769 *Blaes = Blees.* 1771 *Blees* => 1796 *Blaise,* 1804 *Blais.*
BLEI (2009: 2, 0.01‰; 1880: 19, 0.1‰). ↗*Bley.*
BLES (2009: 1, 0.01‰; 1880: 6, 0.03‰). ↗*Blees.*
BLESER [ˈbleːzɐ] (2009: 35, 0.21‰; 1880: 42, 0.22‰). 1. Berufsname zu einer umgelauteten Variante von mhd. *blâsære* 'Bläser, Spieler eines Blasinstruments'. 2. Deriviertes Patronym zu ↗*Bles,* regionalsprachliche Variante von ↗*Blasius:* 'aus

der Familie von Bles Stammender'. ⑤ *Bleser* zeigt das größte Vorkommen in Luxemburg, auf deutscher Seite entlang der Mosel sowie im Rhein-Main-Gebiet. Von Koblenz rheinabwärts treten vermehrt die Varianten *Bläser* und *Blaeser* auf. In Süddeutschland inklusive dem Saarland gilt dagegen überwiegend die umlautlose Form *Blaser*. Doch kommt in Deutschland meist nur Etymologie 1 in Frage. 📖 GDB: 1725 *Bloeser*. 1731 *Blesert* = *Bleeser* => 1758 *Blesert*, 1760 *Bleeser*, 1769 *Blaeis*. 1762 *Bleser*. 1769 *Blaeis* = *Bleser* => 1801 *Blees*. 1782 *Blesert* => 1814 *Blaeser*. 1790 *Bleser* => 1818 *Bleser*, 1828 *Bloeser*.

BLEY [blaɪ] (2009: 69, 0.42‰; 1880: 48, 0.25‰). VARIANTE(N) *Blei*. Berufsübername zu a) mhd. *blî* 'Blei' für den Bleigießer; b) mhd. *bleie* f. 'Weißfisch, Brachse', übernommen aus dem Niederdeutschen. ⑤ *Bley* ist in ganz Luxemburg und Deutschland, sowie in Belgien besonders im Areler Land verstreut. *Blei* ist insgesamt weitaus seltener und nur im Großherzogtum und Deutschland anzutreffen. 📖 FSV: 1611 *Bley*.

BLITGEN [ˈblɪtɡən] (2009: 16, 0.1‰; 1880: 23, 0.12‰). Übername zu einer Diminutivform von mhd. *bluot*, Gen. *blüete* 'Blüte', z.B. für einen jungen, schönen Menschen. 📖 GDB: 1775 *Blitgen*. Bour, S. 22: 17./18. Jh. *Blütgen*.

BLOCK [blɔk] (2009: 47, 0.29‰; 1880: 59, 0.3‰). Übername zu mhd. *bloc*, Nebenform von *bloch* 'u.a. dickes Brett, Bohle', mnd. *block* 'u.a. Block, Klotz', nach dem Erscheinungsbild oder der Wesensart; vgl. 1b. *Plach* 'u.a. schwerer plumper Mensch', rhein. *Blockes* 'einfältiger Mensch'. ⑤ Überwiegend in der südlichen Hälfte Luxemburgs. In Deutschland überall verbreitet. 📖 GDB: 1725 *Block*.

BLOM (2009: 21, 0.13‰; 1880: 16, 0.08‰). Regionalsprachliche Variante von ↗*Blum*.

BLUM [bluːm] (2009: 55, 0.34‰; 1880: 81, 0.42‰). VARIANTE(N) *Blom*. 1. Berufsübername zu mhd. *bluome* 'Blume' für den Blumengärtner oder Gewürzhändler. 2. Übername zum Appellativ, etwa für den Blumenliebhaber, nach dem schönen Erscheinungsbild oder nach einem herausragenden Charakterzug. 3. Wohnstättenname nach einer Blume als Hauszeichen. ⑤ *Blum* kommt in ganz Luxemburg und Deutschland vor. In Frankreich besonders im Unter- und Oberelsass sowie im Moseldepartement. Das Hauptverbreitungsgebiet von *Blom* liegt außer in Luxemburg in den Niederlanden. 📖 FSV: 1561 *Blum*, *Blumbges*, *Blumches*, *Blumen*. 1611 *Blom*, *Blum*, *Blumches*. 1656 *Bloum*, *Blumges*. GDB: 1714 *Blom* => 1755 *Blum*.

BOCK [bɔk] (2009: 111, 0.68‰; 1880: 143, 0.74‰). 1. Übername zu mhd. *boc, -ckes* 'Bock'. 2. Wohnstättenname zu einem gleichlautenden, mehrfach in Luxemburg auftretenden Flurnamen *op dem Bock, um Bock*. ⑤ Luxemburg, Arrondissement Bastogne, Areler Land, Moseldepartement, ganz Deutschland. 📖 RB (1388-1500): *Hantz Bock dem Metzler = Hantz Bocke = Hantzen Bocken. Hantz Bocke Wiff = Hantze Bocks Wiff.* FSV: 1472 *Jacob Bock, Claus Bock, Mertin Bockx Diederichz Son.* 1541 *Johann Bockes Frauwe Wietwe.* 1589 *Jakob Bock.* 1611 *Bock, Bocken.* 1656 *Bocken.* GDB: 1670 *Bock.* 1731 *Bocks.*

BODE / BODÉ [ˈbodeː] (2009: 25, 0.15‰; 1880: 29, 0.15‰). Schreibvariante von frz. *Baudet*, Patronym zum gleichlautenden Rufnamen. Dieser ist eine Diminutivbildung auf *-et* von frz. *Baude*. Zur weiteren Etymologie, siehe ↗*Bodson*. 📖 GDB: 1735 *Bodet*. 1780 *Bodé*.

BODEN [ˈboːdən] (2009: 28, 0.17‰; 1880: 89, 0.46‰). Flektiertes Patronym zu einem Berufsnamen zu mhd. *bode* (mslfrk. *-d-*) 'Bote'. ⓢ Das Verbreitungsgebiet des Namens sind Luxemburg südlich der Sauer sowie weite Teile Flanderns und Deutschlands (besonders Nordrhein-Westfalen, Baden-Württemberg, Sachsen); doch ist in Deutschland vielfach mit Konkurrenzetymologie z.B. zu mhd. *bodem* 'Boden' zu rechnen. Die potenzielle Nominativform zu *Bode* 'Bote' ist in Deutschland weit verstreut, während Formen mit *t* (*Bote, Boten*) im gesamten Kartierungsgebiet kaum vorkommen. Bei den Formen mit *d* ist daher zumindest auf oberdeutschem Gebiet mhd. *bote* als Etymologie auszuschließen. 📖 RB (1388-1500): *(der) bodde, (der) bode, (des) boden* u.a. Fsv: 1656 *Boden*. GDB: 1711 *Boden*.

BODEVIN (2009: 11, 0.07‰; 1880: 48, 0.25‰). ↗*Baudouin*.

BODEVING (2009: 26, 0.16‰; 1880: 13, 0.07‰). Germanisierte Form von ↗*Bodevin*.

BODEWING (2009: 5, 0.03‰; 1880: 12, 0.06‰). Germanisierte Form von ↗*Bodevin*.

BODRI (2009: 5, 0.03‰; 1880: 0). ↗*Bodry*.

BODRY [ˈbodʀiː] (2009: 22, 0.13‰; 1880: 62, 0.32‰). VARIANTE(N) *Baudry, Bodri*. Französisches Patronym zum gleichlautenden Rufnamen. Dieser ist entlehnt aus wfrk. *Baldarīk und gehört zu germ. **balþa-* 'kühn' und *rīks 'Herrscher'. 📖 GDB: 1701 *Bodri*. 1731 *Bodry*. 1872 *Baudry*.

BODSON [ˈboːtsã:] (2009: 25, 0.15‰; 1880: 21, 0.11‰). Französisches Patronym zum gleichlautenden Rufnamen. Dieser ist eine hypokoristische Ableitung auf *-eçon* von frz. *Baude*. Hierbei handelt es sich um eine Entlehnung aus wgerm. **Balđa-*, dem der Rufname ahd. *Bald* entspricht. Zu Grunde liegt germ. **balþa-* 'kühn' (= ahd. *bald*). Vgl. auch ↗*Baudouin*, ↗*Bodé*. ⓢ *Bodson* findet sich überwiegend in Luxemburg und Wallonien. 📖 GDB: 1740 *Bodson*.

BOEHM [bøːm] (2009: 8, 0.05‰; 1880: 14, 0.07‰). Variante von ↗*Behm*, mit Rundung des Tonvokals.

BOENTGES [ˈbøːntɕəs] (2009: 24, 0.15‰; 1880: 40, 0.21‰). Flektiertes Patronym (starker Genitiv) zu *Boentgen zum einstigen gleichlautenden Rufnamen. Dieser ist eine Diminutivbildung von **Binn(e)*, das auf ahd. *Binno* zurückgeht. Die Etymologie des Rufnamens ist unklar, aber er ist z.B. verbaut im Toponym *Binningen*, das im deutschen Sprachraum mehrfach (u.a. in der Osteifel) auftritt. ☞ Die Aussprache mit [øː] des Familiennamens ist schreibungsbasiert. Eine lauthistorisch konsequente Aussprache ließe für das Luxemburgische [ˈbəntɕəs] erwarten. 📖 Fsv: 1541 *Beintges*. 1611 *Binges, Bintges*. GDB: 1690 *Boentges*. 1758 *Boentges* => 1788 *Boenges* = *Boentges*.

BOES [bøːs] (2009: 26, 0.16‰; 1880: 34, 0.18‰). Übername zu mhd. *bœse* 'böse, schlecht'. 📖 Fsv: 1561 *Boess, Boessges*. 1611 *Boesen, Boesges, Boess, Boes*. GDB: 1795 *Boes*. Vz: 1880 *Bœs, Bœsen, Bœser, Bœss*.

BOETTEL (2009: 9, 0.06‰; 1880: 0). Regionalsprachliche Variante von ↗*Bettel*, mit der Graphie ‹oe› für lb. [ə].

BOEVER [ˈbøːvɐ] (2009: 77, 0.47‰; 1880: 105, 0.54‰). VARIANTE(N) *Bever, Boewer*. Personalisierter Herkunftsname zu Böwen, lb. *Béiwen*, frz. *Bavigne*, Stauseegemeinde. ⚥ *Boever* kommt überwiegend in Luxemburg vor. Einzelne Streubelege finden sich in Wallonien. Weitaus seltener und fast nur auf Luxemburg beschränkt ist *Boewer*. Von den entrundeten Formen erscheint *Bever* in Luxemburg, Wallonien und im Ruhrgebiet, *Bewer* in Luxemburg sowie mit einzelnen Streuungen in Deutschland. Doch liegt in Deutschland eine andere Etymologie zu Grunde (z.B. im niederdeutschem Raum Übername zu mnd. *bever* 'Biber'). ☞ Im Gegenwartsluxemburgischen ist die Herkunftsbezeichnung, im Gegensatz zum Familiennamen, das auslautende *n* des Ortsnamens in die Ableitung übergegangen: *Béiwener* 'Einwohner aus Böwen'. Nur noch relikthaft finden sich *n*-lose Ableitungen, z.B. im Flurnamen lb. *Béiwerwee* in Harlingen, Stauseegemeinde. 📖 GDB: 1667 *Bewer*. 1669 *Boewer* => 1696 *Boewers*, 1704 *Bewers*, 1706 *Bovers*, 1714 *Bowers*. 1670 *Bever*. 1692 *Boever*. 1706 *Bevers*. 1717 *Bowers* => 1752 *Boevers*. 1741 *Boever* => 1771 *Bever*. 1772 *Bevers* => 1734 *Boever*. 1869 *Bewer* => 1899 *Bever*.

BOEWER (2009: 7, 0.04‰; 1880: 38, 0.2‰). ↗*Boever*.

BOFFERDING [ˈbofɐdɪŋ] (2009: 20, 0.12‰; 1880: 65, 0.34‰). Herkunftsname zu *Bofferdingen* (lb. *Bouferdeng*, *Boufer*, frz. *Bofferdange*) für eine Ortschaft in der Gemeinde Lorentzweiler. ⚥ Fast ausschließlich in Luxemburg, dort besonders in der südlichen Hälfte. 📖 RB (1388-1500): *Johan Schroder van Bufferdingen* = *Johann Schroeder von Buefferdingen. This van Boefferdingen. Wirt van Boufferdingen*. FSV: 1656 *Boufferdingen*. GDB: 1780 *Bofferding*.

BOHLER [ˈboːlɐ] (2009: 51, 0.31‰; 1880: 93, 0.48‰). 1. Herkunftsname zu *Boler* (heutige Langform: *Boler sous Breistroff*) für eine Ortschaft in der Gemeinde Groß-Breisdorf (lb. *Grouss-Breeschtref*, frz. *Breistroff-La-Grande*) im Moseldepartement. 2. Da das Toponym *Boler* vom gleichlautenden Hydronym (für einen linken Zufluss der Mosel) stammt, ist auch ein Wohnstättenname in Betracht zu ziehen. ⚥ Das Hauptverbreitungsgebiet des Namens sind Luxemburg, der Norden ausgenommen, das Moseldepartement und das Oberelsass. Wenige Streubelege sind auch in Deutschland zu finden. Ausschließlich in der Eifel erscheint eine Variante *Boler*. ☞ Die genealogischen Daten zeigen Vermischung mit ↗*Bauler*. 📖 FSV: 1656 *Boler*. GDB: 1721 *Boler*. 1751 *Boler* = *Bauler* => 1775 *Bohler*, 1781 *Bauler* = *Boler*, 1789 *Boler* = *Bohler*. VZ: 1880 *Bohler*, *Boler*.

BOHR [boːʀ] (2009: 14, 0.09‰; 1880: 14, 0.07‰). 1. Wohnstättenname zu einem Toponym mit mhd. *bôr* f. 'oberer Raum, Höhe'. 2. Übername zu mhd. *bôr* m. 'Trotz, Empörung'. ☞ Der Familienname erscheint in derselben Graphie *Bohr* bereits im Feuerstättenverzeichnis von 1656, doch gehört dieser, wie aus älteren Belegen hervorgeht, vielmehr zu ↗*Bour*. Aus jenen Belegen, die in den genealogischen Datenbanken zu finden sind, geht dagegen hervor, dass der erste Träger des Familiennamens aus dem Elsass stammt (*1732). Aus diesem Grund ist eine Kontinuität zu *Bohr* von 1656 bzw. ein Zusammenhang mit ↗*Bour* eher auszuschließen. 📖 GDB: 1732 *Bohr*.

BOLLENDORF (2009: 4, 0.02‰; 1880: 0). ↗*Bollendorff*.

BOLLENDORFF [ˈbolədɔʀf] (2009: 20, 0.12‰; 1880: 0). VARIANTE(N) *Bollendorf*,

Bollendroff. Herkunftsname zu *Bollendorf* für eine an der Grenze zum heutigen Luxemburg gelegene Ortschaft in der Eifel. 📖 RB (1388-1500): *Van Bollendorff, van Bullendorff, von Bollendorf*. FSV: 1656 *Bollendorff*. GDB: 1861 *Bollendorf*. Vz: 1880 *Bolendorff*.

BOLLENDROFF (2009: 1, 0.01‰; 1880: 0). ↗*Bollendorff*.

BOLMER ['bolmɐ] (2009: 18, 0.11‰; 1880: 0). Unklar. Möglicherweise Herkunftsname zu einem zu erschließenden Toponym **Bolcheim* im Raum Luxemburg. ☞ In den genealogischen Daten zeigt sich in einem Fall der Wechsel von *Bolmers* auf *Bolmeyers*, das sonst nie belegt ist. 📖 GDB: 1660 *Bolchemers* => 1680 *Bolchemers* = *Bolmer* (=> 1708 *Bohlemers* = *Bolmer*), 1690 *Bolmers* (=> 1721 *Bolmers*, 1723 *Bolmer* = *Pomans* = *An Bolmesch* (Hausname), 1725 *Bollmers*, 1730 *Bolmers* = *Bolmeyer*). 1704 *Bolmesch* = *Bolmer*. 1731 *Bolmers* => 1754 *Bolmesch*. 1757 *Bolmer* => 1780 *Bolmesch*. Vz: 1880 *Bolmer*.

BONERT ['boːnɛt // 'bonɛt] (2009: 32, 0.2‰; 1880: 38, 0.2‰). 1. Patronym zum alten deutschen Rufnamen *Bonhard*. Dieser erscheint im frühen Hochmittelalter im Pariser Raum romanisiert als *Bonard* (vgl. Förstemann 1, Sp. 327), für das sich wgerm. **Bonhard* erschließen ließe. Das Vorderglied entspricht am ehesten dem Personennamen kelt. *Bonus*, der jedoch nicht zu lat. *bonus* 'gut' gehört (vgl. Holder I, Sp. 488; anders: Kaufmann 1968, S. 67f). Das Hinterglied geht zurück auf germ. **hardu* 'hart, stark, tapfer; kühn' (woraus ahd. *hart, herti*, as. *hard*). 2. In Einzelfällen: Herkunftsname zu a) *Bonnert* (lb. *Bunnert*) für eine Ortschaft in der Gemeinde Arlon; b) *Bonerath* (urk. u.a. *Bonnert*) für eine Ortschaft und Gemeinde im Landkreis Trier-Saarburg. 🌞 *Bonert* in Luxemburg und im Raum Trier-Hunsrück, im letztgenannten Gebiet auch *Bonertz*. *Bonnert* vor allem im Areler Land, in der Provinz Lüttich, im Saarland, in der Pfalz sowie im Rhein-Main-Gebiet, im letztgenannten auch *Bonhard*. ☞ Der ursprünglich keltische Personenname *Bonus* lässt sich im Germanischen nur schwer fassen, doch er scheint auch in der Toponomastik des moselfränkischen Raumes seinen Niederschlag zu finden, nämlich in *Bonnert* und *Bonerath* für die bereits genannten Ortschaften. Diese beiden etymologisch identischen Toponyme ließen sich auf kelt. **Bonoratis* 'Umzäunung des Bonus' zurückführen, mit kelt. **ratis* wie beispielsweise in *Argentorate*, dem gallischen Namen für Straßburg (vgl. Holder II, Sp. 1075 u. 1077). Was dagegen den Familiennamen betrifft, so zeigen dessen historischen Belege mitunter Schwund des auslautenden *t*. Dieser ist einer Resegmentierung nach der Rücknahme der Flexion geschuldet, nachdem die flektierte Form *Bonertz* als *Boner* + *s* aufgefasst wurde (vgl. auch ↗*Leyder*, ↗*Wilwert*). Ferner scheint sich *Bonertz* nach Ausweis der Quellen mit *Bongard*, *Bongerd* (Wohnstättennamen zu lb. *Bongert* 'Baumgarten') vermischt zu haben. Denselben Fall der Namensverwechslung stellt Debrabandere für Kortrijk in Westflandern fest: 1418 *Arnekin Bogart* = 1424 *Aernout Boenaert*. (Debrabandere, S. 166). 📖 GDB: 1603 *Bonert* => 1630 *Bonnerts*. 1662 *Bonnert* = *Bohnert* = *Bonert*. 1690 *Bonnert* => 1722 *Boners* => 1752 *Bonner*. 1710 *Bonners*. 1732 *Bongartz* => 1763 *Bonert*. 1796 *Bonert* = *Bonertz*. 1797 *Bonert* => 1826 *Bonerd*. 1801 *Bonnert* = *Bonert*. Vz: 1880 *Bonnert, Bonnertz*.

BONIFAS [ˈbonifaːs] (2009: 29, 0.18‰; 1880: 76, 0.39‰). Germanisierende Schreibung für frz. *Boniface*, Patronym zum gleichlautenden Rufnamen. Dieser stammt aus mlat. *Bonifatius* 'der Gutes Geschick Verheißende', mit lat. *bonus* 'gut' und *fārī* 'verkünden, verheißen'. ⑤ Das Vorkommen von *Bonifas* beschränkt sich auf die südliche Hälfte Luxemburgs und die Eifel. Die französische Form *Boniface* findet sich erwartungsgemäß im frankophonen Raum, jedoch äußerst selten. Sehr niederfrequent und nur in Deutschland anzutreffen sind *Bonifacius*, *Bonifatius*. ⌸ GDB: 1680 *Bonifas*.

BONTEMPS [ˈbã:(n)tã:] (2009: 21, 0.13‰; 1880: 20, 0.1‰). Französischer Übername zu frz. *bon* 'gut' und *temps* 'Zeit; Wetter' für einen gutgelaunten, fröhlichen Menschen, oder in der Bedeutung von wa. *bon timps* 'Frühling' für eine im Frühling geborene Person. ⌸ GDB: 1705 *Bontemps*.

BORMANN [ˈbɔʀman] (2009: 37, 0.23‰; 1880: 46, 0.24‰). GLEICHE BASIS *Bormes*. Personalisierter Wohnstättenname auf -*mann* zu mhd. (md.) *born*, *burn*, mnd. *born* 'Brunnen'. ⑤ *Bormann* ist sehr häufig im Großherzogtum, besonders in der nördlichen Hälfte, ferner in der Eifel sowie in der nördlichen Hälfte Deutschlands zu finden, während *Bornmann* sich streifenartig durch Mitteldeutschland zieht. In Belgien begegnet der Name am häufigsten als *Bourmanne*. Als flektierte Formen gelten *Bormes* in Luxemburg und in der Eifel sowie *Bormans* in Flandern. ⌸ FSV: 1656 *Bourmans*. GDB: 1685 *Bourman*. 1698 *Bormann*. 1726 *Borman*. 1753 *Bormes*. 1772 *Borman* => 1802 *Bormann*. 1800 *Bormans* = *Bormes*. 1860 *Bourmes*.

BORMES [ˈbɔʀməs] (2009: 12, 0.07‰; 1880: 0). Flektiertes Patronym zu ↗*Bormann*.

BOS [boːs // bos] (2009: 14, 0.09‰; 1880: 10, 0.05‰). VARIANTE(N) *Boss*. 1. Übername zu a) lb. *Boss* m. 'Höcker; Schwellung, Geschwulst, Knoten, Beule', eine Entlehnung aus frz. *bosse* 'id'; b) mhd. *bôse*, Nebenform von *bœse* 'u.a. böse, schlecht'; c) mhd. *bôʒe* m. 'geringerer Knecht, Bube'. 2. Patronym zum gleichlautenden Rufnamen. Dieser stammt aus ahd. *Bōso*, das zu ahd. *bōsi* 'böse' gehört. ☞ In Walferdingen und Helmsingen begegnet *Boss* als Hausname. Eine Schreibung aus dem Jahr 1794/95 lautet *Boßens Hofhaus* (Bour, S. 22, 35-39). In den genealogischen Datenbanken ist in einem Fall ein Wechsel von ↗*Poos* auf *Bos* zu beobachten. ⌸ RB (1388-1500): *Johan bosse* = *Johan dem bosse* = *Johan der bosse*. FSV: 1561 *Boss*. 1611 *Boss*. GDB: 1841 *Boss*. 1863 *Poos* => 1885 *Bos*.

BOSS (2009: 5, 0.03‰; 1880: 13, 0.07‰). ↗*Bos*.

BOSSELER [ˈbosələ] (2009: 68, 0.42‰; 1880: 113, 0.58‰). VARIANTE(N) *Bossler*. Berufsname zu lb. *Bosseler* 'Kalfakter, Dienstbote für alle Arbeiten' (besonders im Süden; aus dem Lothringischen); 'derjenige, der kleinere Arbeiten verrichtet' (Hess 1970, S. 33; Mathieu, S. 17). ⑤ In Luxemburg erscheint der Name tendenziell mehr im Süden als im Norden. Außerhalb des Großherzogtums kommt er kaum vor. In Deutschland findet sich eher die Variante *Bossler*. Diese ist in Luxemburg äußerst selten. ☞ Der Begriff *Bosseler* gehört zu nhd. *bosseln* 'an einer kleinen Arbeit eifrig herummachen, basteln' und letztlich zu *bossen* 'schlagen', mhd. *bôʒen* 'schlagen, klopfen'. Vgl. auch das Kompositum nhd. *Bossel-Arbeit*

'Kleinarbeit', frnhd. *posselarbeit* 'geringe Nebenarbeit', mhd. *bôʒelarbeit* 'in Kleinigkeiten bestehende Arbeit, Arbeit für wenige Tage' (vgl. Kluge, S. 143). Das kurze *o* in nhd. *bossen, bosseln, Bosselarbeit* gegenüber dem langen *o* in mhd. *bôʒen, bôʒelarbeit* bleibt jedoch auffällig. Dabei liegt, zumal mhd. noch nicht belegt, wohl kaum alte Schwundstufe vor, sondern vielmehr expressive Kürzung. 📖 Fsv: 1611 *Bosselers*. 1656 *Bosselar*. GDB: 1738 *Bosseler*. 1813 *Bossler*.

Bossler (2009: 1, 0.01‰; 1880: 11, 0.06‰). Synkopierte Form von ↗*Bosseler*.

Bouché ['buʃeː] (2009: 23, 0.14‰; 1880: 45, 0.23‰). Französischer Familienname: 1. Schreibvariante von *Boucher*, Berufsname zu frz. *boucher* 'Metzger'. 2. Schreibvariante von *Bouchet*, Wohnstättenname zu afrz. *boscet* 'Gehölz'. 3. Übername zu afrz. *boché (aus lat. *bucca* 'Mund' und *-ātus*) 'mit auffälligem Mund versehen'. 📖 GDB: 1809 *Bouché*.

Bour [buːɐ] (2009: 58, 0.36‰; 1880: 156, 0.81‰). 1. Herkunftsname zu *Bour* (lb. *Bur*) für eine Ortschaft in der Gemeinde Tüntingen. 2. Wohnstättenname zu mhd. (md.) *burn, burne* 'Brunnen', entsprechend das Appellativ lb. *Bur* 'id'. 🌍 Der Name kommt vor allem in Luxemburg vor, nicht jedoch im Norden. Weitere Nester im Saarland und bei Lüttich, daneben vereinzelt in Deutschland. ☞ Die Belege *Boes* und *Burch* in den Rechnungsbüchern gehören zu ↗*Bous* und ↗*Burg*. Vgl. auch ↗*Bohr*. 📖 RB (1388-1500): *Boir Johan* = *Boir Johan van Straissen* = *Bor Johan* = *Born Johan* = *Bur jehan* = *Burch Johan*. *Bourch Johan van Birttringen* = *Burch Johan van Birtringen*. *Boire* = *Boure* = *Boirre* = *Bourre* = *Boir*; *Bor* = *Boire*; *Bore* = *Bour* = *Boes*; *Bour* = *Bore* = *Boure* = *Bor*. Fsv: 1561 *beym Born, Bor, Born, Borre, Bur, uff dem Bor*. 1611 *Bhor, Bor, Boren, Borens, Bores, Born, Bour, Bours*. 1656 *Bohr, Bourens, Bours*. GDB: 1710 *Bour*. 1731 *Bouren*.

Bourckel (2009: 6, 0.04‰; 1880: 21, 0.11‰). Französisierende Graphie für ↗*Burkel*.

Bourg [buɐɕ] (2009: 81, 0.5‰; 1880: 176, 0.91‰). Französische Graphie für ↗*Burg*.

Bourgeois ['buʁʒwaː] (2009: 16, 0.1‰; 1880: 21, 0.11‰). Französischer Übername zu mfrz. *bourgeois* 'freier, mit bestimmten Privilegien ausgestatteter Bewohner einer Stadt; Angehöriger des Bürgertums'. 📖 Fsv: 1656 *Bourgeois*. GDB: 1780 *Bourgeois*.

Bourggraf ['buɐɕgʁaːf] (2009: 2, 0.01‰; 1880: 8, 0.04‰). Variante von ↗*Burggraf*, in französisierender Schreibung.

Bourggraff (2009: 13, 0.08‰; 1880: 14, 0.07‰). ↗*Bourggraf*.

Bourgraf (2009: 3, 0.02‰; 1880: 5, 0.03‰). ↗*Bourggraf*.

Bourgraff (2009: 5, 0.03‰; 1880: 2, 0.01‰). ↗*Bourggraf*.

Bourkel ['buəkəl] (2009: 37, 0.23‰; 1880: 40, 0.21‰). Französisierende Graphie für ↗*Burkel*.

Bourquel (2009: 3, 0.02‰; 1880: 0). Französische Graphie für ↗*Burkel*.

Bous [buːs] (2009: 21, 0.13‰; 1880: 41, 0.21‰). Herkunftsname zu a) *Bous* (lb. *Bus*) für eine Ortschaft in der gleichnamigen Gemeinde; b) *Bous* für eine Gemeinde im Landkreis Saarlouis. 🌍 *Bous* ist überall im Großherzogtum verbreitet. In Deutschland zeigt der Name das größte Vorkommen im Landkreis Mayen-Koblenz, weshalb dort Konkurrenzetymologie wahrscheinlich ist. Die potenzielle Variante *Bus* findet sich in Luxemburg nur im gleichnamigen Kanton sowie in Deutschland nur vereinzelt, u.a. im Saarland und Rheinland-Pfalz. 📖 RB (1388-1500): *Heinrich van Boese = Heinrich van Bose. Peter Becker van Bois = Peter Becker van Boiß = Peter Becker von Bous*. Fsv: 1561 *Boyss*. 1589 *Bouss*. GDB: 1710 *Bous*. 1778 *Bouss*.

BOVÉ [ˈboːveː] (2009: 25, 0.15‰; 1880: 50, 0.26‰). Französischer (wallonischer) Übername zu mfrz. *bouvet, bovet* 'junger Ochse, junger Stier'. 📖 Fsv: 1611 *Bouvet*. GDB: 1734 *Bové*. 1820 *Bové* => 1838 *Bowé*.

BRAAS [bʀaːs] (2009: 35, 0.21‰; 1880: 70, 0.36‰). Variante(n) *Bras*. Übername zu mhd. *bras* m. 'Schmaus, Mahl', mnd. *bras* m. 'Lärm, Gepränge, Prasserei'. 🜚 *Braas* kommt überall im Großherzogtum vor und bildet ein Nest im Dreiländereck Rheinland-Pfalz, Nordrhein-Westfalen und Hessen. Doch sind außerhalb des Luxemburger Raumes Konkurrenzetymologien möglich. *Bras* ist in Luxemburg sehr selten, konzentriert sich jedoch im Areler Land. ☞ Für obgenante Etymologie, zumindest im Raum Luxemburg, spricht der in den genealogischen Datenbanken mehrfach dokumentierte Wechsel mit etymologisch verwandtem ↗*Brassel*. 📖 Fsv: 1561 *Brass*. GDB: 1660 *Braas*. 1682 *Brassel = Brasel = Braas* => 1710 *Brasels*, 1725 *Brassels*. 1693 *Brassel* => 1721 *Braas*. 1698 *Braas* => 1732 *Brassel*. 1714 *Braas = Brassels*. 1714 *Brassel* => 1752 *Bras* => 1790 *Braas*, 1792 *Brasse*, 1794 *Brass*. 1720 *Brassel* => 1749 *Bras*. 1720 *Brassel* => 1747 *Braas* (=> 1790 *Brasel*), 1749 *Bras*. 1736 *Braas = An Brassen* (Hausname). 1745 *Brassel = Brasseler* => 1773 *Brassel* => 1801 *Brasselle*.

BRACHMANN [ˈbʀaχman] (2009: 12, 0.07‰; 1880: 16, 0.08‰). Übername zu mhd. **brâchmâne* 'Brachmonat, Juni'. In den historischen Belegen ist ein Wechsel zwischen *Brachmann* und ↗*Brachmond* zu beobachten. 📖 GDB: 1662 *Brachmes*. 1717 *Brachmond = Brachman* => 1743 *Brachmond = Brachman = Brachmoth*, 1750 *Brachmond*, 1761 *Brachmann*. 1750 *Brachmann*.

BRACHMOND [ˈbʀaχmont] (2009: 27, 0.17‰; 1880: 11, 0.06‰). Übername zu mhd. *brâchmânôt* 'Brachmont, Juni'. In den historischen Belegen ist ein Wechsel zwischen *Brachmond* und ↗*Brachmann* zu beobachten. 📖 GDB: 1663 *Brachmond*. 1717 *Brachmond = Brachman* => 1743 *Brachmond = Brachman = Brachmoth*, 1750 *Brachmond*, 1761 *Brachmann*.

BRACK [bʀak] (2009: 17, 0.1‰; 1880: 6, 0.03‰). Berufsübername oder Übername zu mhd. *bracke* 'Spürhund, Bracke'. Vgl. auch ↗*Braquet*. 📖 GDB: 1723 *Brack*.

BRAM [bʀaːm] (2009: 20, 0.12‰; 1880: 42, 0.22‰). 1. Patronym zum gleichlautenden Rufnamen. Dieser ist Kurzform von *Abraham*. Zu Grunde liegt hebr. *'abrāhām* 'Vater der Menge'. 2. Wohnstättenname zu mhd. *brâme* m. 'Dornstrauch', mnd. *brâm* m. 'Brombeerstrauch'; siehe auch ↗*Bremer*. 📖 GDB: 1874 *Bram*.

BRANDEBOURG [ˈbʀandəbuɐ̯ɡ] (2009: 1, 0.01‰; 1880: 7, 0.04‰). Nicht personalisierte Form von ↗*Brandenbourger*, mit regionalsprachlicher *n*-Tilgung.

BRANDENBOURGER (2009: 15, 0.09‰; 1880: 81, 0.42‰). Variante von ↗*Brandenburger* in französisierender Schreibung.

BRANDENBURGER [ˈbʀandənbuɐ̯ɡɐ] (2009: 77, 0.47‰; 1880: 102, 0.53‰). Variante(n) *Brandenbourger*. Gleiche

BASIS *Brandebourg*. Personalisierter Herkunftsname zu *Brandenburg* (lb. *Branebuerg*, frz. *Brandenbourg*) für eine Ortschaft in der Gemeinde Tandel. ☞ Der Name zeigt, wie viele andere auch, die Verletzung der *n*-Regel des Luxemburgischen, wonach finale *-n* nicht realisiert werden, wenn das Wort danach nicht mir Vokal oder den Konsonanten *h, d, t* oder [ts] beginnt. In den historischen Belegen finden sich zahlreiche Formen, in denen die *n*-Regel beachtet wird (z.B. *Brandeburg*). Durch den Einfluss des Standarddeutschen bei der Namenfestlegung/-modifikation wurde die ursprünglich luxemburgische phonologische Regel also außer Kraft gesetzt. Ähnlich auch ↗*Regenwetter*, ↗*Siebenborn*, ↗*Prommenschenkel*, ↗*Hellenbrand*, ↗*Nurenberg*, ↗*Reifenberg*, ↗*Rosenfeld*, ↗*Deckenbrunnen*, ↗*Daubenfeld* und viele andere. ✋ *Brandenburger* ist in Luxemburg vor allem im Süden verbreitet. In Deutschland, wo Konkurrenzetymologien wahrscheinlicher sind, zeigt der Name einzelne großflächige Streuungen. *Brandenbourger* fast nur im Süden des Großherzogtums. Die nicht personalisierte Form *Brandebourg* vereinzelt in Luxemburg und Ostlothringen. 📖 RB (1388-1500): *Frouwen van Brandenbur. Johan van Brandenburch. Junffre Grette van Brandenburg = Jungfrau Grette van Brandeburg*. FSV: 1561 *Brandenburgs, Brandenburger*. 1611 *Brandenburg*. GDB: 1689 *Brandenbourg = Brandenburg*. 1700 *Brandenbourg = Brandebourg*. 1769 *Brandenbourger*. 1815 *Brandenburger*. VZ: 1880 *Brandebourg, Brandebourger, Brandeburg, Brandeburger, Brandenbourg, Brandenbourger, Brandenburg, Brandenburger, Braneburger, Branenburger*.

BRAQUET [ˈbʀakeː] (2009: 28, 0.17‰; 1880: 3, 0.02‰). Französischer Berufsübername auf *-et* zu frz. *braque* 'Bracke, Jagdhund, Spürhund', wohl für den Züchter. Vgl. auch ↗*Brack*. ✋ Der Name streut in Luxemburg und vereinzelt im Osten Walloniens. 📖 GDB: 1784 *Braquet*.

BRAS (2009: 2, 0.01‰; 1880: 7, 0.04‰). ↗*Braas*.

BRASSEL [ˈbʀasəl] (2009: 7, 0.04‰; 1880: 53, 0.27‰). Übername zu rhein. *Brassel* m., entweder in der Bedeutung 'Schmaus' oder 'Tumult, Lärm'. ☞ Die genealogischen Datenbanken zeigen sehr häufig den Wechsel mit etymologisch verwandtem ↗*Braas*. 📖 GDB: 1682 *Brassel = Brasel = Braas* => 1710 *Brasels*, 1725 *Brassels*. 1693 *Brassel* => 1721 *Braas*. 1698 *Braas* => 1732 *Brassel*. 1714 *Braas = Brassels*. 1714 *Brassel* => 1752 *Bras* => 1790 *Braas*, 1792 *Brasse*, 1794 *Brass*. 1720 *Brassel* => 1749 *Bras*. 1720 *Brassel* => 1747 *Braas* (=> 1790 *Brasel*), 1749 *Bras*. 1745 *Brassel = Brasseler* => 1773 *Brassel* => 1801 *Brasselle*.

BRASSEUR [ˈbʀasøʀ] (2009: 14, 0.09‰; 1880: 39, 0.2‰). Französischer Berufsname zu frz. *brasseur* 'Bierbrauer'. ☞ In den genealogischen Datenbanken ist einem Fall der Übergang von ↗*Breyer* auf *Brasseur* zu beobachten. 📖 FSV: 1656 *Brasseur*. GDB: 1730 *Brasseur*. 1742 *Breyer* => 1765 *Breyer*, 1772 *Brasseur*.

BRAUCH [bʀauχ] (2009: 18, 0.11‰; 1880: 33, 0.17‰). Übername zu frnhd. *brauch* 'Brauch', hier wohl im rechtlichen Sinne 'Nutznießung, Gebrauch; Gewohnheitsrecht u.a.' (vgl. DRW), demnach für eine Person, die bestimmte Gebrauchsrechte innehatte. 📖 FSV: 1611 *Brauchen*. GDB: 1768 *Brauch*.

BRAUN [bʀaun] (2009: 309, 1.89‰; 1880: 530, 2.74‰). Übername zu mhd.

brûn 'braun, dunkelfarbig' für einen Menschen mit brauner oder dunkler Haut- oder Haarfarbe, gelegentlich auch Augenfarbe oder Farbe der Kleidung. ⊛ Im gesamten Kartierungsgebiet ist die nicht apokopierte Form *Braun* gegenüber der apokopierten Form *Braune* weitaus häufiger. Letztere ist am meisten im östlichen Mitteldeutschland verbreitet, doch sie findet sich auch im Norden Luxemburgs. In Frankreich erscheint *Braun* am häufigsten im Unterelsass, in Belgien in der Provinz Lüttich. 📖 RB (1388-1500): *Brun*. Fsv: 1611 *Braun, Braunen, Brauns*. GDB: 1693 *Braun*. Vz: 1880 *Braun*.

BRAUSCH [bʀɑuʃ] (2009: 31, 0.19‰; 1880: 37, 0.19‰). Übername zu lb. *brausch* 'kraushaarig'. Vgl. auch rhein. *brauschen* 'aufbrausen in der Erregung, im Zorn'. ⊛ Das Vorkommen des Namens konzentriert sich auf die südliche Hälfte Luxemburgs, in Deutschland auf die angrenzende Moselregion bis Trier sowie das Saarland. 📖 Fsv: 1611 *Brausch*. 1656 *Brauschen*. GDB: 1736 *Brausch*.

BRECKLER [ˈbʀæklɐ] (2009: 13, 0.08‰; 1880: 9, 0.05‰). Übername auf *-er* zu einem Verb, das als pfälz. *bräckeln* 'Wild in Schlingen fangen' erscheint. Es ist eine Weiterbildung von pfälz. *bracken* 'wildern', lb. *bracken* 'mit Hunden jagen', das letztendlich zu mhd. *bracke* 'Spürhund' gehört. ☞ Die genealogischen Datenbanken zeigen Einmischung von *Brückler*, siehe ↗*Bruckler*. 📖 GDB: 1735 *Breckeler*. 1740 *Brückler = Breckler = Bräckler* => 1770 *Brückler*, 1794 *Bräckler*. 1756 *Brückler* => 1784 *Brückler = Brickeler = Breckler*, 1800 *Brückeler*. 1761 *Breckeler = Breckelesch*. 1776 *Brückeler = Berckel* => 1808 *Breckeler*, 1811 *Brückeler*, 1814 *Breckeler*, 1822 *Bräckeler = Berckels*. 1820 *Breckler*.

BREDEMUS (2009: 8, 0.05‰; 1880: 27, 0.14‰). ↗*Bredimus*.

BREDEN [ˈbʀeːdən] (2009: 18, 0.11‰; 1880: 51, 0.26‰). Wohnstättenname zu mhd. *breite, breiten* f. (mslfrk. *-d-*) 'Breite, breiter Teil', mnd. *brede, breide* f. 'breites Ackerstück; weite Fläche, Ebene' entsprechen. Das Appellativ findet sich in zahlreichen weiteren Luxemburger Flurnamen wie *Bredenfeld* (Reisdorf), *Bredenthal* (Oberwampach), *Bredent* (Bissen). ⊛ *Breden* begegnet in Luxemburg und in Deutschland besonders um Bremen, dort jedoch mit anderer Etymologie. Ein weiteres Nest tritt am Niederrhein und im niederländischen Gelderland auf. 📖 RB (1388-1500): *Breden van Arle*. Fsv: 1611 *Breiden*. 1656 *Breyden*. GDB: 1720 *Breden*. 1759 *Breid*.

BREDIMUS [ˈbʀeːdimus] (2009: 44, 0.27‰; 1880: 65, 0.34‰). VARIANTE(N) *Bredemus*. Herkunftsname zu *Bredimus* (lb. *Briedemes*) für eine der folgenden Ortschaften in der jeweils gleichnamigen Gemeinde: a) Stadbredimus (lb. *Stadbriedemes*); b) Waldbredimus (lb. *Waldbriedemes*). ⊛ Ausschließlich Luxemburg, besonders im Westen. 📖 RB (1388-1500): *Clais Thoullermans Eidem van Staedebredenisse. Clais van Bredenis = Clesgin van Brednys. Johan van Bredenyse*. Fsv: 1444-1450 *Le seiller de Bredemsse*. 1465 *Rijchart von Waltbredenis*. 1611 *Brednuss*. GDB: 1675 *Bredimus*. 1741 *Bredemes*. 1742 *Bredemus*. Vz: 1880 *Bredemes, Bredemus, Bredimes, Bredimus*.

BREIER [ˈbʀɑɪɐ] (2009: 4, 0.02‰; 1880: 34, 0.18‰). Entrundete Form von ↗*Breuer*.

BREISCH [ˈbʀɑɪʃ] (2009: 18, 0.11‰; 1880: 29, 0.15‰). 1. Wohnstättenname zu *Breusch* (elsäss. *Brisch*, frz. *Bruche*) für einen Fluss, der in den Vogesen entspringt und bei Straßburg in die Ill mündet. 2. Flektiertes Patronym zu ↗Breier < ↗Breuer. Es handelt sich um eine Kontraktion aus *Breiesch < *Breuesch < *Breuers. Zum Lautlichen, vgl. auch ↗Bausch, Etymologie 2. 📖 Fsv: 1656 Breysch. GDB: 1789 Breisch, Breusch.

BREISTROFF ['bʀaɪstʀɔf] (2009: 3, 0.02‰; 1880: 4, 0.02‰). GLEICHE BASIS Breistroffer. Herkunftsname zu mslfrk. Breistroff (dt. Breisdorf, lothr. [Grouss-] Breeschtref, frz. Breistroff-la-Grande) für eine Gemeinde im Moseldepartement. 📖 Fsv: 1611 Breussdorff. 1656 Brestorff.

BREISTROFFER ['bʀaɪstʀɔfɐ] (2009: 1, 0.01‰; 1880: 0). Personalisierte Form von ↗Breistroff.

BREMER ['bʀeːmɐ] (2009: 48, 0.29‰; 1880: 105, 0.54‰). Personalisierter Wohnstättenname zu mhd. brême f., Nebenform von brâme m. 'Dornstrauch'; entsprechend lb. Bréim, lok. Brimm (besonders Osten) f. 'Brombeerranke'. Außerdem ist das Appellativ in Luxemburg in diversen Flurnamen verbaut, u.a. an der Bréim, op der Bréim, vir der Bréimchen. Siehe auch ↗Bram, Etymologie 2. 🌐 Der Name ist in der südlichen Hälfte Luxemburgs anzutreffen. In Belgien zeigt er eine dünne, in Deutschland eine breite Streuung, doch sind da Konkurrenzetymologien möglich (z.B. Herkunftsname zu Bremen). 📖 Fsv: 1561 Bremers. GDB: 1729 Bremer.

BRENDEL ['bʀɛndəl] (2009: 18, 0.11‰; 1880: 28, 0.14‰). Patronym zum gleichlautenden Rufnamen. Dieser ist eine Diminutivbildung auf mhd. -lîn von Brand als Kurzform von Rufnamen mit -brand, oder er stammt direkt aus ahd. *Brentilo, *Brendilo, einer Diminutivbildung von ahd. Brando. Zu Grunde liegt in jedem Fall ahd. brant 'Brand', dichterisch auch 'Schwert, Schwertklinge'. 📖 GDB: 1813 Brendel.

BRESER ['bʀeːzɐ] (2009: 15, 0.09‰; 1880: 23, 0.12‰). Möglicherweise deriviertes Patronym zu *Bres < *Brös, das durch Umlaut und Kürzung aus ↗Brosius entstanden ist: 'aus der Familie von *Bres Stammender'. 📖 GDB: 1846 Breser.

BRETZ [bʀæts] (2009: 13, 0.08‰; 1880: 23, 0.12‰). Variante von ↗Britz mit regionalsprachlicher Senkung von i > e.

BREUER ['bʀɔɪɐ] (2009: 47, 0.29‰; 1880: 9, 0.05‰). GLEICHE BASIS Breier, Breyer. Berufsname zu mhd. briuwer 'Brauer' für den Bierbrauer. Siehe auch ↗Breisch, Etymologie 2. 🌐 Breuer begegnet in Luxemburg, der Südosten ausgenommen, dem Moseldepartement, verstreut in Belgien sowie in ganz Deutschland, dort mit einer besonders großen Dichte am Niederrhein. Breyer ist im Großherzogtum etwas seltener, jedoch im Moseldepartement, im Oberelsass, Saarland sowie in übrigen Teilen Süddeutschlands mitunter die häufigste Variante. Generell ungebräuchlich ist die Variante Breier. Bräuer, das in Luxemburg nicht vorkommt, erscheint am häufigsten im Osten Mitteldeutschlands. ☞ In den genealogischen Datenbanken ist in einem Fall der Übergang von Breyer auf ↗Brasseur zu beobachten. 📖 RB (1388-1500): Bierbruger, Bierbrüger, Birbruwer, Bruwermeister u.a. Fsv: 1561 Brauwer, Brauwers. 1611 Bierbrauwer, Brauer, Breuwer. GDB: 1676 Breuer. 1687 Breyer. 1742 Breyer => 1765 Breyer, 1772 Brasseur. 1754 Breyer => 1784 Breuer. 1772 Breyer => 1794 Breier.

BREYER ['bʀaɪɐ] (2009: 32, 0.2‰; 1880: 90, 0.46‰). Entrundete Form von ↗Breu-

er.

BRICHER (2009: 2, 0.01‰; 1880: 34, 0.18‰). Entrundete Form von ↗*Brucher / Brücher*.

BRIMAIRE [ˈbʀimɛːʀ] (2009: 10, 0.06‰; 1880: 8, 0.04‰). Französisierte Form von ↗*Brimeyer*.

BRIMEYER [ˈbʀimaiɐ] (2009: 23, 0.14‰; 1880: 63, 0.33‰). VARIANTE(N) *Brimaire, Brimmeyer*. Standesname zu frnhd. *brieffmeier, brieffmeyer* 'Meier auf Grund eines Meierbriefs' (DRW). ☞ Der Name konnte, wie aus den historischen Quellen hervorgeht, über *Briefmeyer > Briemeyer* zu *Brimer, Brimmer* kontrahiert werden, so wie z.B. das Toponym *Sivenburn* zu *Simmern*. Ferner konnte er französisierend ↗*Brimaire, Brumaire* geschrieben werden, wobei Letzteres wohl in Anlehnung an frz. *brumaire* für den Nebelmonat nach dem Republikanischen Kalender zu erklären ist. Bei *Briefmeyer* als Appellativ scheint es sich nach Ausweis des DRW um einen nur für Luxemburg typischen Fachbegriff zu handeln, da dieser nur in Luxemburger Quellen (16. und 17. Jh.) zu finden ist. 📖 Fsv: 1541 *Brieffmeiger*. 1561 *Brieff Meyer, Brieff Meyers*. 1611 *Briemeyers, Briemmers, Brieffmeyer, Brieffmeyers, Briefmayer, Briffmeyer*. GDB: 1740 *Brimeyer* => 1768 *Brymeyer*. 1746 *Brimaire* => 1774 *Brumaire = Brimmeier = Brimmeyer*, 1780 *Brimaire*, 1781 *Brimer, Brimeyer*. 1772 *Brimeyer* => 1798 *Brimeyer*, 1809 *Brimmer*.

BRIMMEYER (2009: 8, 0.05‰; 1880: 14, 0.07‰). ↗*Brimeyer*.

BRISBOIS [ˈbʀibwa] (2009: 15, 0.09‰; 1880: 27, 0.14‰). Französischer (wallonischer) Berufsname, der sich zusammensetzt aus frz. *briser* 'brechen' und *bois* 'Holz', demnach am ehesten für den Holzfäller. 📖 GDB: 1842 *Brisbois*. Germain-Herbillon, S. 203: 1180 *Johannes Brisbos, moine de Lobbes*.

BRITZ [bʀits] (2009: 46, 0.28‰; 1880: 47, 0.24‰). VARIANTE(N) *Bretz, Brix*. Patronym zum gleichlautenden Rufnamen. Dieser stammt aus lat. *Britius*, einer Nebenform von *Brictius*. Zu Grunde liegt ursprünglich wohl kelt. *brīgā* 'Kraft, Macht, Ansehen, Wert; kräftig, mächtig', das sich schon früh mit kelt. *brigā* 'Hügel, Burg' vermischen konnte. ✪ *Britz* ist überwiegend in Luxemburg, dem Saarland, Raum Trier und Koblenz verbreitet. Die Variante *Bretz* findet sich in Luxemburg und dem Unterelsass, ferner ebenfalls in Deutschland, wo sie im Wesentlichen im Norden und Westen an das Gebiet von *Britz* anschließt. Eine latinisierte Bildung *Britzius* begegnet auf deutscher Seite zwischen der rechten Seite der Mosel und dem Rhein. Eine weitere Variante *Brix* erscheint schließlich in der südlichen Hälfte Luxemburgs, dem Areler Land, Moseldepartement sowie mit einer losen Streuung in Deutschland. ☞ Der heilige *Brictius* (gestorben 444) war Bischof von Tours und Nachfolger des heiligen Martin. Französische Entsprechungen des Familiennamens sind u.a. *Brès, Brice, Briche, Bris, Brix, Brize* (Dauzat, S. 65; Germain-Herbillon, S. 200). 📖 Fsv: 1561 *Britz*. 1611 *Brictius, Britten, Brittius, Brittz, Britz*. GDB: 1637 *Britz*. 1720 *Bretz*. 1729 *Britz* => 1765 *Bretz (Britz)* => 1795 *Brez*, 1799 *Britz*. 1730 *Brix, Brixius*. 1763 *Britzen*.

BRIX (2009: 12, 0.07‰; 1880: 41, 0.21‰). Patronym zum gleichlautenden Rufnamen. Dieser stammt aus lat. *Brictius*. Genaueres, siehe unter ↗*Britz*.

BROSIUS (2009: 54, 0.33‰; 1880: 100, 0.52‰). Patronym zum gleichlautenden

Rufnamen, der aus ↗*Ambrosius* verkürzt ist.

BRUCH [bʀuχ] (2009: 45, 0.28‰; 1880: 75, 0.39‰). 1. Herkunftsname zu *Bruch* für je eine Ortschaft in der Gemeinde Biwer oder Böwingen/Attert. 2. Wohnstättenname zu einem Toponym mit mhd. *bruoch* n.m. 'Moorboden, Sumpf'. Siehe auch ↗*Brucher/Brücher*. ⓈZusammenhängend verbreitet im Areler Land, in der Südhälfte Luxemburgs, im Moseldepartement, im Hunsrück und im Saarland. ▯ RB (1388-1500): *Johan Brouch van Lelchen* = *Johan Brouche van Lelche* = *Johan Bruch*. *Johan van Brouch*. FSV: 1561 *Bruch*. 1611 *von Bruch*. 1656 *Brouch, Brouchs*. GDB: 1719 *Bruch*. 1746 *Bruch* => 1780 *Brouch*. VZ: 1880 *Brouch, Bruch*.

BRUCHER/BRÜCHER [ˈbʀyçɐ] (2009: 43, 0.26‰; 1880: 128, 0.66‰). VARIANTE(N) *Bricher, Bruecher*. 1. Personalisierter Herkunftsname zu *Bruch* für je eine Ortschaft in der Gemeinde Biwer oder Böwingen/Attert. 2. Personalisierter Wohnstättenname zu einem Toponym mit mhd. *bruoch* n.m. 'Moorboden, Sumpf'. Siehe auch ↗*Bruch*. ⓈZum Verbreitungsgebiet von *Brucher* – in Luxemburg und Frankreich als *Brücher* zu lesen – gehören Luxemburg, das Moseldepartement und in Deutschland insbesondere Teile Baden-Württembergs. *Brücher* begegnet im Areler Land sowie in einigen Regionen u.a. im westlichen Mitteldeutschland. Eine Schreibvariante *Bruecher* ist im Großherzogtum erst nach 1880 belegt und findet sich überwiegend in der nördlichen Hälfte, eine entrundete Form *Bricher* ausschließlich im Kanton Luxemburg. ▯ FSV: 1611 *Brücher*. 1656 *Brücher, Brüchers*. GDB: 1680 *Brücher*. 1733 *Brucher*. 1743 *Bricher*. 1774 *Brücher* => 1810 *Bricher*, 1815 *Brücher*. 1804 *Brucher* => 1826 *Brucher*, 1831 *Brücher*.

BRUCK/BRÜCK [bʀyk] (2009: 96, 0.59‰; 1880: 6, 0.03‰). VARIANTE(N) *Brueck*. GLEICHE BASIS *Brucker*. 1. Wohnstättenname zu mhd. *brücke* 'Brücke'. 2. Herkunftsname zu einem im deutschen Sprachraum häufig auftretenden Toponym *Brück, Bruck*. Ⓢ *Bruck* ist überwiegend in Luxemburg, dem Moseldepartement und vereinzelt am Niederrhein, *Brück* besonders in Westdeutschland verbreitet. *Brueck* nur punktuell, insbesondere in Luxemburg. *Brucker* in Luxemburg, Ostlothringen, dem Elsass (in den genannten Gebieten auch mit *ü* zu lesen) und weiten Teilen Süddeutschlands. *Brücker* vor allem an Mittel- und Niederrhein sowie im Saarland. ☞ In den genealogischen Datenbanken begegnet *Brück* mitunter als Aliasname von *Brücks* (↗*Bruck/Brücks*), das jedoch nur indirekt hierhergehört. ▯ RB (1388-1500): *Clais Vasbender off der Brücke* = *Clais Vosbender im Gronde uff der Brucken*. *Gerhart der Becker uff der Brucken*. *Jehan uff der Brucken* = *Johan uff der Bruecken* = *Johann Steymetz uff der Brucken* = *Johann uff der Bruecken*. FSV: 1561 *Bruck*. 1611 *Bruck, Brucker*. GDB: 1675 *Brück*. 1715 *Bruck*. 1726 *Bruck* => 1753 *Brück*. 1738 *Brück* => 1757 *Bruck*. 1808 *Brucker*.

BRUCKER [ˈbʀukɐ] (2009: 3, 0.02‰; 1880: 0). VARIANTE(N) *Bruecker*. Personalisierte Form von ↗*Bruck*.

BRUCKLER/BRÜCKLER [bʀyklɐ] (2009: 9, 0.06‰; 1880: 3, 0.02‰). VARIANTE(N) *Brueckler*. Personalisierter Wohnstättenname zu mhd. *brückelîn* 'kleine Brücke'. Aufgrund des *l*-haltigen Diminutivsuffixes scheint der Name aus dem Oberdeutschen zu stammen. Vgl. auch ↗*Brück*. ☞

Die genealogischen Datenbanken zeigen Einmischung von ↗*Breckler*. 📖 GDB: 1740 *Brückler* = *Breckler* = *Bräckler* => 1770 *Brückler*, 1794 *Bräckler*. 1756 *Brückler* => 1784 *Brückler* = = *Brickeler* = *Breckler*, 1800 *Brückeler*. 1776 *Brückeler* = *Berckel* => 1808 *Breckeler*, 1811 *Brückeler*, 1814 *Breckeler*, 1822 *Bräckeler* = *Berckels*. 1829 *Brückler* = *Bruckeler*. 1863 *Brückler* = *Brückeler*.

BRUCKS / BRÜCKS [bʀyks] (2009: 6, 0.04‰; 1880: 7, 0.04‰). VARIANTE(N) *Bruecks*. Herkunfts- oder Wohnstättenname zu einem einstigen Luxemburger Toponym *Brückes*, das noch in *Brückeshof* für einen Hof bei Arsdorf im Kanton Redingen (vgl. Rudolph I, Sp. 508) verbaut ist. ☞ Der erste Namenträger findet sich im Feuerstättenverzeichnis von 1656 und stammt aus dem von Arsdorf ca. 30 km entfernten Ort Hobscheid, was die oben genannte Etymologie recht wahrscheinlich macht. Spätere Namenbelege zeigen mitunter den Übergang zu *s*-losen Formen: *Brückes*, *Brücks* => *Brück*. Das dem Familiennamen zu Grunde zu legende Toponym *Brückes* beinhaltet sehr wahrscheinlich mhd. *brücke* 'Brücke'. Die genaue Funktion des Ausgangs -*es* bleibt jedoch erklärungsbedürftig. Ein Flurname *Brückes* m., *im Brückes* begegnet auch in der Stadt Bad Kreuznach in Rheinland-Pfalz. Ein weiterer Vergleich bietet sich an mit dem Toponym *Brüx* (in tschechischer Übersetzung *Most* 'Brücke') für eine Stadt in Böhmen. 📖 FSV: 1656 *Brückes*. GDB: 1678 *Bruckes*. 1719 *Bruckes* = *Brückes* => 1771 *Bruck*. 1737 *Brückes* => 1795 *Brücks*, 1797 *Brück* = *Brick*. 1788 *Brückes* = *Brück*. 1840 *Brücks* => 1870 *Brück*.

BRUECHER (2009: 5, 0.03‰; 1880: 0). ↗*Brucher / Brucher*.

BRUECK (2009: 9, 0.06‰; 1880: 214, 1.1‰). ↗*Bruck / Brück*.

BRUECKER (2009: 3, 0.02‰; 1880: 2, 0.01‰). Personalisierte Form von *Brück*, siehe ↗*Bruck*.

BRUECKLER (2009: 3, 0.02‰; 1880: 0). ↗*Bruckler*.

BRUECKS (2009: 2, 0.01‰; 1880: 0). ↗*Brucks / Brücks*.

BUCHEL / BÜCHEL [ˈbyçəl] (2009: 7, 0.04‰; 1880: 8, 0.04‰). VARIANTE(N) *Bichel*. Wohnstättenname zu mhd. *bühel* 'Bühel, Hügel'; entsprechend gelten lb. *Bill*, *Bichel*, jedoch nicht mehr im Appellativschatz, dafür sehr häufig in der Toponymie. Vgl. auch ↗*Biel*, ↗*Buchler*. ✍ *Buchel* sowie die entrundete Form *Bichel* kommen fast ausschließlich in Luxemburg vor, während *Büchel* in Deutschland weit verbreitet ist. 📖 RB (1388-1500): *Off dem Buchel*, *off dem Büchel*. FSV: 1561 *Büchel*, *Büchels*. 1611 *Büchel*. GDB: 1790 *Büchel*. 1845 *Bichel*.

BUCHHOLTZ [ˈbuːχholts] (2009: 26, 0.16‰; 1880: 50, 0.26‰). VARIANTE(N) *Buchholz*. Wohnstättenname zu *Buchholz* für ein in Luxemburg sehr oft auftretendes Toponym. ✍ *Buchholtz* ist in Luxemburg weitaus häufiger als *Buchholz*. Das umgekehrte Verhältnis zeigt sich in Deutschland, wo der Familienname natürlich auf andere gleichlautende Toponyme zurückgeht und auch Herkunftsname sein kann. 📖 GDB: 1752 *Buchholtz*. 1803 *Buchholtz* = *Buchholz*. 1878 *Buchhols* => 1908 *Buchholz*.

BUCHHOLZ (2009: 3, 0.02‰; 1880: 10, 0.05‰). ↗*Buchholtz*

BUCHLER / BÜCHLER [ˈbyçlɐ] (2009: 48, 0.29‰; 1880: 46, 0.24‰). VARIANTE(N) *Bicheler*, *Bichler*. Personalisierter Wohnstättenname zu mhd. *bühel* 'Bühel, Hügel'. Vgl. auch ⇗*Buchel*. ⓘ Das Hauptverbreitungsgebiet von *Buchler* sind Luxemburg, der Norden ausgenommen, ferner Lothringen und das Elsass. Auf deutscher Seite findet sich verstreut die Entsprechung *Büchler*. Die entrundete Form *Bichler* ist in Luxemburg, dem Moseldepartement sowie in weiten Teilen Deutschlands, besonders in Bayern, anzutreffen. Die nicht synkopierte Form *Bicheler* begegnet in Luxemburg und vereinzelt in Baden-Württemberg. ☞ 1880 erscheinen sowohl *Buchler* (42 Namenträger) als auch *Büchler* (46 Namenträger) sowie *Buchel* (8 Namenträger), jedoch nicht *Büchel*. Die umlautlose Form kommt ansonsten in den deutschsprachigen Quellen der frühen Neuzeit nicht vor und ist 1880 als französisch beeinflusste Schreibvariante von *Büchler, Büchel* zu interpretieren. 📖 FSV: 1444-1450 *Buchlers*. 1561 *Bücheler, Büchelers*. 1611 *Büchlers*. GDB: 1678 *Bicheler*. 1690 *Büchler*. 1703 *Bichler*. 1734 *Bücheler*. 1768 *Bücheler* => 1796 *Bicheler*. 1797 *Bicheler* => 1834 *Bichler*.

BÜCK / BUCK [byk] (2009: 20, 0.12‰; 1880: 17, 0.09‰). Patronym zum gleichlautenden Rufnamen. Dieser geht zurück auf **Bücki*, einer Koseform von *Buck*, das bereits ahd. als *Bucko* erscheint. Hierbei handelt es sich um eine kindersprachliche Angleichung aus ahd. *Burko*, einer Kurzformen von *Burkhart*, das zu ahd. *burg* 'Burg' und *hart, herti* 'hart, kräftig, stark' gehört. 📖 GDB: 1832 *Bück*.

BURCKEL (2009: 2, 0.01‰; 1880: 0). ⇗*Burkel*.

BURG [buʀɢ] (2009: 50, 0.31‰; 1880: 78, 0.4‰). VARIANTE(N) *Bourg*. 1. Herkunftsname zum häufigen Toponym *Burg*, im Raum Luxemburg am ehesten für eine Ortschaft im heutigen Eifelkreis Bitburg-Prüm. 2. Wohnstättenname zu mhd. *burc*, speziell in der Bedeutung 'Burg, Schloss', als Toponym etwa für die Burg in Burglinster (lb. *Buerglënster, an der Buerg*) in der Gemeinde Junglinster, oder für die heutige Burg Reuland in der gleichnamigen Gemeinde in der Provinz Lüttich. 3. Patronym zum gleichlautenden Rufnamen. Diese geht zurück auf ahd. *Burgo*, das ebenfalls zum Wort für Burg (ahd. *burg* 'Burg, Stadt') gehört. Vgl. auch ⇗*Birchen*, ⇗*Birgen*, ⇗*Birkel*, ⇗*Burkel*. ⓘ *Burg* findet sich besonders in Luxemburg, Ostlothringen, dem Elsass sowie im Westen und Südwesten Deutschlands. Speziell im Großherzogtum erscheint der Name häufiger in der französischen Graphie *Bourg*, ebenso in Ostlothringen und vereinzelt im übrigen Frankreich wie auch Wallonien. Doch gehört der Name auf frankophonem Gebiet überwiegend zu mfrz. *bourg* 'befestigter Ort' oder zu einem aus diesem Appellativ hervorgegangenen Toponym. ☞ Die Belege in den Rechnungsbüchern weisen einerseits auf das Toponym, andererseits auf den Rufnamen. Außerdem konnte dort der Name mit Formen vermischt werden, aus denen der Familienname ⇗*Bour* hervorgegangen ist. 📖 RB (1388-1500): *Boir Johan = Boir Johan van Straissen = Bor Johan = Born Johan = Bur jehan = Burch Johan. Bourch Johan van Birttringen = Burch Johan van Birtringen. Bourch Peter dem Fourmanne = Burch Petgin = Burg Petgen. Henneken dem Droischler nydent der Burch. Heufftman in der Burg. Johanne dem Peltzer vor der Burch. Karrer zu Hesperingen in der Borch*. FSV: 1561 *Burchs, zur Burch*. 1611 *Burgens, Burgh, Bourgen*. 1656 *Bourg*. GDB: 1686 *Burg*. 1710 *Bourg*.

BURGGRAF [ˈbuəçgʀaːf] (2009: 1, 0.01‰; 1880: 0). VARIANTE(N) *Bourggraf, Burggraff.* Amtsname zu mhd. *burcgrâve* 'Burgraf, Stadtrichter'. ⚜ *Burggraf* ist in Luxemburg selten, doch umso häufiger in Deutschland, besonders im Süden. *Burgraff* nur in Luxemburg. Sämtliche Schreibungen mit *ou* sind nur in Luxemburg zu finden, dort besonders im Nordosten. 📖 RB (1388-1500): *Borchgreff van Wolfelz. Bourggrafen van Elterne.* FSV: 1561 *Johan der Burgraff.* 1611 *Burgraeffin, Burgraff.* 1656 *Bourggraff.* GDB: 1668 *Burgraff* => 1702 *Bourggraff.* 1739 *Bourgraffe* => 1776 *Bourgraff.* 1766 *Bourgraff* => 1798 *Burggraff.* 1794 *Burgraf = Bourggraff.* 1812 *Bourggraff* => 1843 *Burggraf,* 1853 *Bourggraf.* 1864 *Bourgraf = Burggraf* => 1895 *Bourggraf.*

BURGGRAFF (2009: 7, 0.04‰; 1880: 0). ↗ *Burggraf.*

BURKEL [ˈbuʀkəl] (2009: 2, 0.01‰; 1880: 38, 0.2‰). VARIANTE(N) *Bourckel, Bourkel, Bourquel, Burckel.* Patronym zum gleichlautenden Rufnamen. Dieser ist eine Ableitung auf mhd. *-el* zu *Burk.* Zu dessen Etymologie, siehe ↗ *Birkel.* Vgl. auch ↗ *Birchen,* ↗ *Birgen,* ↗ *Birkel,* ↗ *Burg.* ⚜ *Burkel* ist in Luxemburg extrem selten und außerhalb des Großherzogtums fast nur in Oberfranken anzutreffen. Genauso selten in Luxemburg, doch dafür häufiger im Moseldepartement und im Elsass ist *Burckel.* Das Vorkommen einer weiteren Variante *Bourckel* beschränkt sich dagegen ausschließlich auf Luxemburg. In französischer bzw. französisierender Graphie erscheint der Name in Luxemburg häufiger als *Bourquel* bzw. *Bourkel.* 📖 GDB: 1700 *Burkels.* 1713 *Burckel.* 1718 *Burckels* => 1749 *Burckel.* 1729 *Bourquel.* 1744 *Burkel.* 1725 *Burkels* => 1857 *Burckel.* 1771 *Burckel* => 1804 *Bourkel* => 1830 *Burkel.* 1792 *Bourckel.* 1798 *Burckel* => 1835 *Burckeler = Bourkel* => 1862 *Burkel,* 1864 *Bourckel,* 1867 *Bourkel,* 1869 *Burckeler.*

BUSCH [buʃ] (2009: 15, 0.09‰; 1880: 19, 0.1‰). Wohnstättenname zu mhd. *busch* (mslfrk. *-ü-*) 'Busch, Gesträuch; Büschel; Gehölz, Wald'. ⚜ Das Appellativ lb. *Bësch,* dessen Bedeutung auf 'Wald, Busch' verengt wurde, stammt aus mhd.-mslfrk. *büsch* und zeigt Palatalisierung *u* > *ü* vor *sch.* Entsprechend lauten die historischen Belege des Familiennamens mitunter auch *Büsch,* aber auch *Besch,* d.h. mit ‹e› für den Zentralvokal lb. [ə]. Seit 1880 erscheint der Familienname nur noch als *Busch;* doch vgl. auch ↗ *Besch.* 📖 FSV: 1611 *Busch, Buschen.* GDB: 1674 *Besch = Busch.* 1720 *Büsch* => 1745 *Besch,* 1750 *Büsch,* 1754 *Busch.*

C

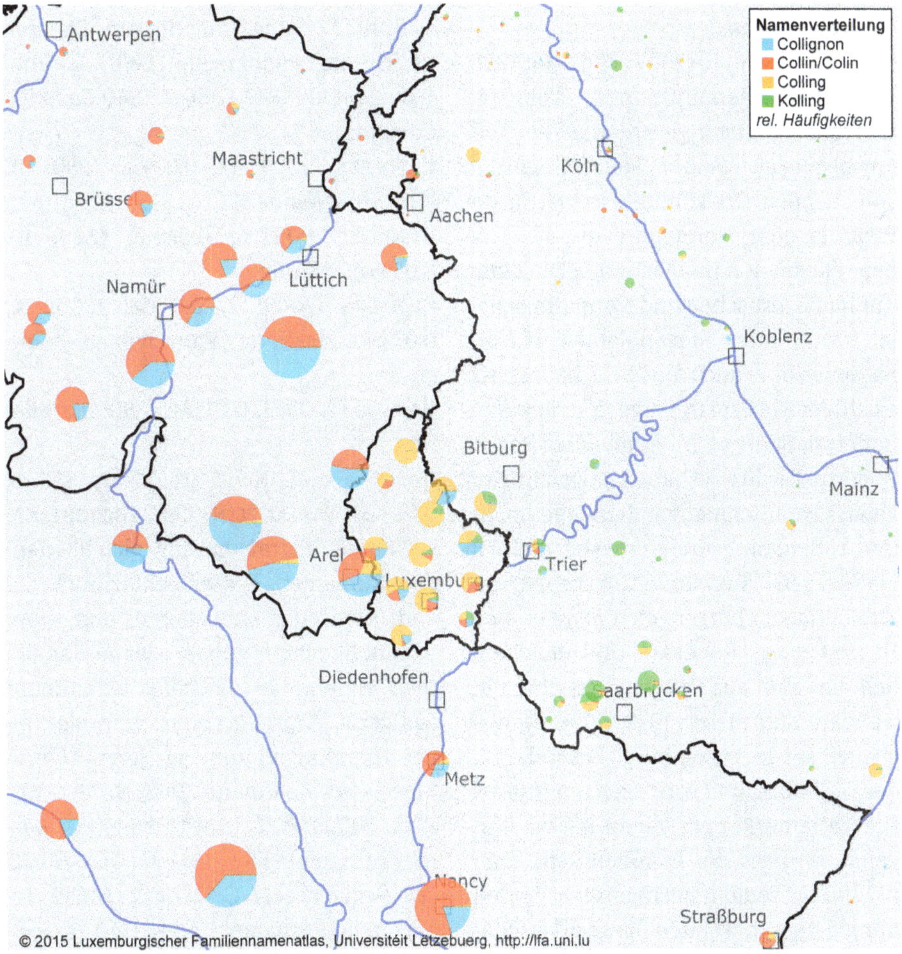
Namenverteilung
Collignon
Collin/Colin
Colling
Kolling
rel. Häufigkeiten
Antwerpen
Maastricht
Köln
Brüssel
Aachen
Lüttich
Namür
Koblenz
Bitburg
Mainz
Arel
Trier
Luxemburg
Diedenhofen
Saarbrücken
Metz
Nancy
Straßburg
© 2015 Luxemburgischer Familiennamenatlas, Universitéit Lëtzebuerg, http://lfa.uni.lu

CAHEN ['kaːən] (2009: 6, 0.04‰; 1880: 31, 0.16‰). Hebräisches Patronym zum Rufnamen hebr. *ha Kohen* 'Kohenite' (israelitischer Stammesname); vgl. auch ↗*Kahn*, ↗*Kohn*. 📖 GDB: 1771 *Cahen*. 1802 *Cahen* => 1840 *Kahen*, 1845 *Kahn*. 1806 *Cahn = Cahen* => 1842 *Cahn*, 1844 *Kahn*, 1858 *Cahen*.

CALMES (2009: 41, 0.25‰; 1880: 49, 0.25‰). Regionalsprachliche Variante von ↗*Kalmus*.

CALMUS (2009: 6, 0.04‰; 1880: 59, 0.3‰). ↗*Kalmus*.

CAMPILL ['kɑmpil] (2009: 17, 0.1‰; 1880: 31, 0.16‰). Herkunfts- oder Wohnstättenname zu einem gleichlautenden Toponym mit lat. *campus* 'Feld'. Einen entsprechenden Ort könnte es einst in der Pikardie oder Normandie gegeben haben, da von den französischen Dialekten nur im Pikardischen und Normannischen lat. *c* vor *a* nicht zu *ch* palatalisiert wird. Es kämen aber auch folgende, heute noch exisitierende Orte in Frage: a) *Campill* im Gadertal, Südtirol. b). *Kampill* bei Bozen, Südtirol. Beide Orte haben jedoch in Tirol kaum Familiennamen hervorgebracht, und außerdem befinden sie sich nicht im klassischen Auswanderungsgebiet der Tiroler Luxemburger. c). *Campile*, Dép. Haute-Corse, Korsika. Unwahrscheinlich: Entlehnt aus *Campbell*, irischer Einwanderername (Hess 1970, S. 34). 🌍 Ausschließlich in Luxemburg, besonders in der Südhälfte, und vereinzelt um Brüssel. Die Variante *Kampil* vereinzelt bei Tongeren. ☞ Dass der Familienname *Campill* im Luxemburgischen eine Entlehnung darstellt, ist auch daran erkennbar, dass das *a* trotz des *i* in der Folgesilbe keinen Umlaut zeigt. In antiken Quellen ist von einem Ort *Campilo in pago Arduennensi* die Rede (vgl. Holder, 1896-1907, I, Sp. 723). Hier wird der Ort mit *Champlon* in der Provinz Luxemburg, Arrondissement Marche-en-Famenne, canton de La Roche, identifiziert; vgl. auch Jespers, S. 186, doch findet sich da kein Hinweis auf den antiken Beleg. Dem Appellativ lat. *campus* entspricht das Lehnwort standardnhd. *Kampf* 'Wettstreit' < *'Kampffeld'. Die Semantik des Wortes in diversen Mundarten steht der ursprünglichen Bedeutung 'Feld' mitunter sehr nahe, so z. B. lb. *Kamp* m. 'mit Hecken, Bäumen umfriedete Landparzelle' (LWB). 📖 GDB: 1704 *Campill*. 1839 *Campill*. 1840 *Campil = Campin*.

CANNELS (2009: 12, 0.07‰; 1880: 31, 0.16‰). ↗*Kandels*.

CARIER (2009: 6, 0.04‰; 1880: 10, 0.05‰). ↗*Karier*.

CARIERS (2009: 2, 0.01‰; 1880: 14, 0.07‰). Flektiertes Patronym zu ↗*Carier*.

CARIUS (2009: 1, 0.01‰; 1880: 0). ↗*Karius*.

CARL [kaːʀl] (2009: 10, 0.06‰; 1880: 5, 0.03‰). VARIANTE(N) *Karl*. GLEICHE BASIS *Karels*. Patronym zum gleichlautenden Rufnamen. Dieser geht zurück auf ahd. *Karal*, das entweder zu ahd. *karal* 'Mann, Ehemann' gehört oder aus lat. *Carolus* entlehnt ist. Letzteres ist entlehnt aus germ. *Harja-la-* oder *Harj-ula-*, einer Diminutivbildung zu germ. *harja* 'Heer' (vgl. Kaufmann 1968, S. 78f). Vgl. auch ↗*Charles*. 📖 RB (1388-1500): *Karrel* (Rufname). Fsv: 1561 *Carluss Hanss eyn Betteler*. 1611 *Carl, Carles*. 1656 *Carel, Carell* (Rufnamen). GDB: 1740 *Karls* => 1769 *Carel*, 1786 *Carls = Carels*, 1793 *Karls*. 1749 *Karels* => 1779 *Karels = Carels*, 1782 *Charless*, 1794 *Karls = Carels*. 1777 *Carls*

= *Karels* => 1812 *Carels*, 1814 *Karls*. 1793 *Karls* => 1817 *Karels*. 1862 *Karl*. 1893 *Carl*.
CARPENTIER (2009: 5, 0.03‰; 1880: 1, 0.01‰). Nomannisch-pikardische Form von frz. ↗*Charpentier*.
CASEL (2009: 15, 0.09‰; 1880: 0). ↗*Kasel*.
CASPAR [ˈkɑspaːʀ] (2009: 5, 0.03‰; 1880: 4, 0.02‰). VARIANTE(N) *Kaspar*. Patronym zum gleichlautenden Rufnamen. Dieser ist entlehnt aus lat. *Caspar*. Zur weiteren Etymologie siehe ↗*Gaspar*. ⓢ *Caspar* ist in Luxemburg nur im Süden und außerhalb des Großherzogtums in Ostlothringen und dem Elsass verbreitet. *Kaspar* ist in der Mitte und Nordhälfte Luxemburgs und seltener im Moseldepartement sowie dem Elsass zu finden (1880 ist der Name nicht belegt). In Deutschland zeigen beide Formen eine breite Streuung, wobei jene mit *K*- jedoch häufiger ist. 📖 RB (1388-1500): *Caspar, Jaspar, Jaspair, Jasper* (durchwegs Rufname). Fsv: 1561 *Caspers*. 1561 *Caspars*. GDB: 1718 *Caspar*. 1761 *Caspars*. 1866 *Kaspar*.
CHAMPAGNE [ˈʃɑ̃mpaɲə // ˈʃɑ̃mpaɪn] (2009: 10, 0.06‰; 1880: 36, 0.19‰). VARIANTE(N) *Schampang*. Herkunftsname zu frz. *Champagne* für eine Region im nordöstlichen Frankreich. 📖 GDB: 1747 *Champagne*. 1851 *Schampagne*.
CHARLES [ʃɑʀl // ˈʃaːʀəl] (2009: 7, 0.04‰; 1880: 4, 0.02‰). VARIANTE(N) *Scharll*. GLEICHE BASIS *Scharle/Scharlé*. Französisches Patronym zum gleichlautenden Rufnamen. Dieser stammt aus lat. *Carolus*. Hierbei handelt es sich vermutlich um eine Entlehnung aus germ. *Harjala-* oder *Harj-ula-*, Diminutivbildung zu germ. *harja-* 'Heer' (vgl. Kaufmann 1968, S. 78f). Aus einer erst französischen Diminutivbildung auf *-et* stammt der Familienname ↗*Scharle/Scharlé*. Vgl. auch ↗*Carl*. 📖 GDB: 1672 *Charles* = *Shaarel* = *Scharel* => 1700 *Scharlé* = *Charl, Charle*, 1702 *Charles*, 1712 *Shaarel*, 1717 *Scharlé*. 1697 *Scharl* = *Scharlé* => 1727 *Scharl*, 1737 *Charl*. 1740 *Charles* => 1770 *Scharel*, 1776 *Scharles* = *Scharll*, 1785 *Scharle*.
CHARPANTIER (2009: 4, 0.02‰; 1880: 4, 0.02‰). ↗*Charpentier*.
CHARPENTIER [ʃaʀˈpɑ̃(n)tjeː] (2009: 24, 0.15‰; 1880: 62, 0.32‰). VARIANTE(N) *Carpentier, Charpantier, Scharpantgen*. Französischer Berufsname zu frz. *charpentier* 'Zimmermann'. In Luxemburg wird der Familienname auf der vorletzten Silbe betont: [ʃaʀˈpɑ̃(n)tjeː]. Eine weitere Stufe der Germanisierung zeigt die Variante ↗*Scharpantgen* [ʃaʀˈpantɕən] mit Denasalisierung des Tonvokals und Substitution des Ausgangs frz. [jeː] durch lb. [ɕən]. ⓢ Das Verbreitungsgebiet von *Charpentier* sind die südliche Hälfte Luxemburgs sowie das gesamte frankophone Kartierungsgebiet. Extrem selten und nur im Kanton Esch gilt die Variante *Charpantier*. Ausschließlich in der südlichen Hälfte Luxemburgs ist die germanisierte Form *Scharpantgen* zu finden, die jedoch erst nach 1880 belegt ist. Die speziell normannisch-pikardische Variante *Carpentier* ist vereinzelt in Luxemburg belegt und zeigt eine breite Streuung in Belgien und besonders in Nordfrankreich. 📖 Fsv: 1444-1450 *Charpentier*. 1611 *Charpentier*. GDB: 1713 *Charpantier*. 1777 *Carpantier*. 1802 *Carpentier*. 1843 *Charpentier* => 1873 *Scharpentier* = *Charpentier*. Vz: 1930 *Scharpantgen*.
CHENNAUX [ˈʃæno:] (2009: 15, 0.09‰; 1880: 32, 0.17‰). Französischer Wohnstättenname zu einem gleichlautenden

Flurnamen. Dieser ist eine Diminutivbildung (mit lat. *-ellu* oder *-uttu*) zu frz. *chêne* 'Eiche'. 📖 Fsv: 1656 *Chenot*. GDB: 1750 *Chennaux*.

CHLECQ [ʃlæk] (2009: 1, 0.01‰; 1880: 0). ↗*Schleck*.

CHRISNACH (2009: 19, 0.12‰; 1880: 28, 0.14‰). ↗*Christnach*.

CHRISTEN [ˈkʀistən] (2009: 32, 0.2‰; 1880: 20, 0.1‰). 1. Patronym zum gleichlautenden Rufnamen. Dieser ist regionalsprachliche Form von *Christian*, das aus dem Lateinischen entlehnt, dessen Basis jedoch griechischen Ursprungs ist: Lat. *Christiânus* 'zu Christus gehörend', mit *Christus* aus griech. *Christós* 'der Gesalbte'. 2. Flektiertes Patronym zu *Christ*. Dies ist regionalsprachliche Kurzform von *Christian*, die im Luxemburgischen als *Chrëscht* erscheint. 🌎 *Christen* erscheint im Süden und Osten Luxemburgs, im Osten Frankreichs und in weiten Teilen Deutschlands. Die Kurzform *Christ* ist in der südlichen Hälfte des Großherzogtums, in Ostfrankreich, Flandern und sehr häufig in Deutschland anzutreffen. ☞ In den Rechnungsbüchern erscheinen fast ausschließlich Diminutivbildungen der Kurzform, die zudem Metathese in der Tonsilbe zeigen: *kierstgin, kirstgen, kirstges, kirstgin, kirstiaens, kirstigen*. 📖 Fsv: 1611 *Christ, Christian*. GDB: 1729 *Christ*. 1791 *Christen*.

CHRISTNACH [ˈkʀistnax] (2009: 24, 0.15‰; 1880: 0). VARIANTE(N) *Chrisnach*. Herkunftsname zu *Christnach* (lb. *Krëschtnech*) für eine Ortschaft in der Gemeinde Waldbillig. 🌎 Sowohl *Christnach* als auch *Chrisnach* kommen, mit Ausnahme eines Nestes *Chrisnach* im Raum Antwerpen, ausschließlich in Luxemburg vor, dort mehrheitlich in der südlichen Hälfte. 📖 RB (1388-1500): *Niclais van Krussennach. Peter van Kruessenach*. GDB: 1731 *Christnach* => 1771 *Christenach*. 1777 *Chrisnach* = *Crusnach* => 1822 *Chrisnach* = *Christnach*. 1785 *Chrusnach* = *Chrisnach*. 1888 *Christnacher*. Vz: 1880 *Chrisnach, Christnacht, Kristnach*.

CHRISTOFFEL [ˈkʀistofəl] (2009: 2, 0.01‰; 1880: 8, 0.04‰). Flektiertes Patronym zum gleichlautenden Rufnamen. Dieser ist regionalsprachliche Form von ↗*Christoph* mit *l*-Suffix.

CHRISTOPH [ˈkʀistof] (2009: 3, 0.02‰; 1880: 9, 0.05‰). VARIANTE(N) *Christophe*. GLEICHE BASIS *Christoffel, Christophory*. Patronym zum gleichlautenden Rufnamen. Dieser stammt aus griech. *Christóphoros* 'Christusträger'. Die luxemburgischen Formen lauten *Krëschtaff, Krëschtaffel, Kristoff, Krëschtoff* (Echt. *Krëstoff*), *Staffel, Stoffel, Stëffelchen, Krëscht*. Siehe auch ↗*Stoffel*. 🌎 In Luxemburg kommt *Christoph* nur im Kanton Capellen vor, ist jedoch in Deutschland weit verbreitet. Die französische Form *Christophe* ist in Luxemburg weitaus häufiger als *Christoph* und zeigt außerhalb des Großherzogtums die größte Streuung in Wallonien und Ostfrankreich. Die lateinische Genitivbildung *Christophory* ist nur in der südlichen Hälfte Luxemburgs anzutreffen. Noch seltener ist *Christoffel* (nur im Kanton Esch), das sich in Deutschland im Saarland, in der Pfalz, entlang der Mosel und am Niederrhein konzentriert. 📖 Fsv: 1611 *Christoff, Christoffle, Christoffel*. 1656 *Christofle, Kristoffel*. GDB: 1700 *Christopff* => 1728 *Christophe* => 1792 *Christophel*. 1737 *Christoffel*. 1739 *Christophel* => 1779 *Christoph*. 1869 *Christophory*.

CHRISTOPHE (2009: 27, 0.17‰; 1880: 33, 0.17‰). Französische Schreibvariante von ↗*Christoph*.

CHRISTOPHORY [kʀisto'foːʀi] (2009: 25, 0.15‰; 1880: 27, 0.14‰). Flektiertes Patronym (lat. Genitiv) zu ↗*Christoph*.

CIGRAND (2009: 1, 0.01‰; 1880: 20, 0.1‰). ↗*Zigrand*.

CIGRANG (2009: 28, 0.17‰; 1880: 27, 0.14‰). Variante von ↗*Zigrand*, mit Velarisierung des Auslauts.

CLAES (2009: 7, 0.04‰; 1880: 2, 0.01‰). ↗*Clees*.

CLAIRE [klɛːʀ] (2009: 4, 0.02‰; 1880: 1, 0.01‰). VARIANTE(N) *Cler, Kleer, Kler*. GLEICHE BASIS *Kleren*. Französisches Metronym zum gleichlautenden Rufnamen. Dieser stammt aus lat. *Clāra*, dem das Adjektiv lat. *clārus* 'hell, leuchtend, klar, deutlich, berühmt' zu Grunde liegt. Die germanisierte Form lautet ↗*Kler*. ☞ In den genealogischen Datenbanken ist in einem Fall Einmischung von *Kleyer* festzustellen. Bei diesem Familiennamen, der historisch für Luxemburg mehrfach bezeugt ist und heute nur noch einen Träger hat, handelt es sich um einen Übernamen zu kontrahiertem mhd. *kleier < kleger* 'Kläger bei Gericht, Anklagender'. 📖 GDB: 1729 *Cleer*. 1746 *Klair* => 1774 *Klair*, 1776 *Kleyer*. 1749 *Klair* => 1779 *Kleren* = *Kler*, 1779 *Klair*. 1754 *Claire* = *Cleer*. 1757 *Claer* => 1788 *Klaer* => 1820 *Klaer*, 1824 *Klair*. 1759 *Cleren* => 1788 *Kleren* = *Klair*. 1761 *Kleer*. 1777 *Cleer* = *Clair*. 1822 *Cleer* = *Cler* => 1855 *Kler*. 1824 *Kleer* = *Cleer* => 1850 *Kler*. 1824 *Kleer* => 1858 *Kler*. 1887 *Klaerchen*. Vz: 1880 *Clair, Claire, Cleer, Cler, Cleren, Klærchen, Klair, Kleer, Kleeren, Kler, Kleren*.

CLASEN ['klaːzən] (2009: 13, 0.08‰; 1880: 48, 0.25‰). VARIANTE(N) *Classen, Klasen, Klassen*. Flektiertes Patronym zu *Clas*. Dieser Familienname, der heute in Luxemburg nicht mehr vorkommt, ist Variante von ↗*Clees*.

CLASSEN (2009: 28, 0.17‰; 1880: 56, 0.29‰). Variante von ↗*Clasen* und demnach ursprünglich mit Langvokal zu sprechen.

CLAUDE [kloːt] (2009: 43, 0.26‰; 1880: 37, 0.19‰). VARIANTE(N) *Glodt*. GLEICHE BASIS *Glaude, Glauden, Glod, Gloden*. Französisches Patronym zum gleichlautenden Rufnamen. Dieser stammt aus lat. *Claudius*, das auf einen römischen Geschlechternamen zurückgeht. Die Etymologie ist unklar. Siehe auch ↗*Glode / Glodé*. ✍ *Claude* kommt in Luxemburg und dem Areler Land häufig vor. Der Name ist in ganz Frankreich, besonders aber im südlichen Lothringen und in den Vogesen, verbreitet. In Belgien in ganz Wallonien, auch in Flandern. Die germanisierten Formen *Glod, Glodt, Glode* sowie die Genitivbildung *Gloden* sind fast ausschließlich im Großherzogtum anzutreffen. ☞ Im LWB erscheint der Rufname als *Claude, Glod, Glood, Gloot, Glot, Glued*. Als entsprechende flektierte Hausnamen sind *Glauden, Gloden, Glueden* verzeichnet. 📖 FSV: 1611 *Clauden, Glaud, Glaude, Glauden, Klaut*. GDB: 1699 *Glod*. 1739 *Glodt* => 1769 *Glaud*. 1753 *Claud*. 1760 *Claude* => 1764 *Gloden*.

CLAUS [klaʊs] (2009: 35, 0.21‰; 1880: 52, 0.27‰). VARIANTE(N) *Clause, Clauss*. Patronym aus dem gleichlautenden Rufnamen. Dieser ist eine Kurzform von *Nikolaus*. Siehe ↗*Clees*.

CLAUSE (2009: 2, 0.01‰; 1880: 1, 0.01‰). Variante von ↗*Claus* in französisierender Graphie.

CLAUSS (2009: 2, 0.01‰; 1880: 2, 0.01‰). ↗*Claus*.

CLEES ['kleːs] (2009: 103, 0.63‰; 1880:

177, 0,91‰). VARIANTE(N) *Claes, Klees.* GLEICHE BASIS *Clasen, Claus, Clesen, Cloos, Kleis, Klosen.*

Patronym zum gleichlautendem Rufnamen. Dieser ist Kurzform von *Nikolaus* oder einer entsprechenden französischen Variante. Der Rufname *Nikolaus* ist entlehnt aus griech. *Nikólaos*, das zu griech. *nīkē* f. 'Sieg' und *lāós* m. 'Volk' gehört. Vgl. auch ↗*Nicolas*, ↗*Loes*.

⑤ *Clees/Klees*: *Clees* ist ein typisch luxemburgischer Name, der vor allem im Norden des Großherzogtums vorkommt. In der Schreibvariante *Klees* ist er in Luxemburg kaum anzutreffen, häufiger dagegen auf deutscher Seite, besonders im Saarland sowie am Mittel- und Niederrhein.

Cloos/Kloos/Klos/Close/Clos/Clause: Fast so häufig wie *Clees* erscheint in Luxemburg *Cloos*, das sich besonders in der südlichen Hälfte konzentriert. Die Schreibvariante *Kloos* ist in Luxemburg unüblich, in Deutschland jedoch weit verbreitet. Weniger frequent in Luxemburg ist *Klos*, das außerhalb des Großherzogtums und innerhalb der Maas-Rhein-Region im Moseldepartement und Saarland am dichtesten verbreitet ist, doch auch in weiteren deutschen Regionen vorkommt. Mitunter ist jedoch mit Konkurrenzetymologie zu mhd. *klôʒ* 'Klumpe, Knolle' zu rechnen. *Close* (1880 durchwegs *Closé* geschrieben) findet sich vereinzelt im Südwesten Luxemburgs und in Belgien, vermehrt in der Provinz Lüttich. Extrem selten in Luxemburg gilt *Clos* (nur im Südwesten), etwas häufiger dagegen im Moseldepartement, Saarland, in der Pfalz sowie am Mittel-, weniger am Niederrhein. Nur vereinzelt in Luxemburg findet sich *Clause*, zu dessen Hauptverbreitungsgebiet Wallonien und Ostlothringen gehören. Die Schreibung *au* steht in diesen Fällen für (langes) geschlossenes *o*.

Claus/Clauss: *Claus* streut in Luxemburg, der äußerste Norden und Osten ausgenommen, in Ostlothringen, dem Elsass, weiten Teilen Deutschlands sowie Belgiens, besonders Flanderns. In der Schreibvariante *Clauss* begegnet der Name kaum in Luxemburg, häufiger dagegen im Moseldepartement, Elsass sowie innerhalb der Maas-Rhein-Region besonders am Niederrhein. Überall besteht jedoch Konkurrenzetymologie zu mhd. *klûse* 'Klause'. Ferner kann bei *Claus/Clauss* in französisch beeinflussten Kontaktgebieten *au* auch für *o* stehen.

Claes ist in Luxemburg ebenfalls ungewöhnlich. Das Hauptverbreitungsgebiet außerhalb Luxemburgs ist eindeutig Flandern, ferner auf deutscher Seite Niedersachsen und der Niederrhein. Dabei steht *ae* im Raum Flandern für langes *a*, im Raum Luxemburg jedoch für *ä*, während auf deutscher Seite, besonders am Niederrhein, beides möglich ist.

Kleis: Ist in Luxemburg äußerst dünn und auch in Deutschland nur lose gestreut.

Clesen: Die flektierte Bildung *Clesen* ist auf Luxemburg beschränkt und zeigt, ähnlich wie *Clees*, die größte Dichte im Norden.

Classen/Klasen/Clasen/Klassen: *Classen* streut in Luxemburg nur vereinzelt. Außerhalb des Großherzogtums ist der Name am häufigsten im Raum Aachen und am Niederrhein, ferner im Moseldepartement und Unterelsass anzutreffen. Noch seltener in Luxemburg sind *Klasen* (hauptsächlich im Norden), *Clasen* (überwiegend im Süden und Südosten) und *Klassen* (nur im Süden). In Deutschland streut *Klasen* vor allem im Westen, *Clasen* insbesondere im Norden, und *Klassen* zeigt die größte Dichte im Hunsrück, in der Eifel, am Niederrhein und in Niedersachsen. In Frankreich ist das Vorkommen von *Klasen* auf das Moseldepartement und Unterelsass beschränkt, jenes von *Klassen* auf das Moseldepartement, während *Clasen* in Frankreich überhaupt nicht vorkommt. *Klosen*: Ist kaum anzutreffen, in Luxemburg nur im Westen. Ebenso dünn gestreut ist der Name in Deutschland (Saarland, Raum Karlsruhe).

☞ Als Rufnamen bzw. heute fast nur noch in Hausnamen begegnen im Luxemburgischen folgende Kurzformen für Nikolaus: *Klas, Klos, Klees*. Die gängigste Form ist *Klees*, gefolgt von *Klos*, das auch in der Langform *Niklos* vorkommt. Sehr selten und fast nur noch in Hausnamen erscheint *Klas* (vgl. LWB). Die Rufnamen *Klees* und *Klos* haben häufig entsprechende Familiennamen, insbesondere in den Schreibungen *Clees, Cloos, Klees, Kloos* hervorgebracht, während *Klas* als Familienname nur noch flektiert vorkommt. Als Diminutivum gilt durchwegs *Kleeschen*, besonders in Bezug auf den heiligen Nikolaus.

Im Folgenden werden die Formen *Klas, Klos/Niklos, Klees* sowie das Diminutivum *Kleeschen* lauthistorisch beleuchtet. Lb. *Klas* stammt aus mhd. *Klaus*, das Kurzform von *Nikolaus* ist. Lb. *Klos* ist der Reflex von mhd. **Klâs* und Kurzform von lb. *Niklos*. Zu Grunde liegt eine Variante mhd. **Nikolâs*, die aus afrz. *Nicolas* entlehnt ist. Dabei muss das *a* von afrz. *Nicolas* lang gewesen sein. Es ist das Ergebnis der Kontraktion aus *au* in lat. *Nicolaus*, nachdem der Hiatus, im Gegensatz zu *Nicolá-us* > ↗*Niclou*, aufgegeben und aus chronologischen Gründen (12. Jh.) die Monophthongierung von *au* zu *o* – vgl. lat. *clausu* 'eingeschlossen' > afrz. *clos* – nicht mehr möglich war (vgl. Franke, S. 23). Für lb. *Klees* bieten sich vier Interpretationsmöglichkeiten an:

1. Mhd. *Kleis*, dessen *ei* im Luxemburgischen lautgesetzlich *ee* ergab (vgl. mhd. *weiȝ* > lb. *weess*). Mhd. *Kleis* wäre dann am ehesten entlehnt aus afrz. *Clais*, einer Kurzform von afrz. *Nicolais*, die u.a. auch den Familiennamen frz. ↗*Clesse* hervorgebracht hat. Afrz. *Nicolais* ist dabei ein sekundär gebildeter und volkssprachlich gewordener Subjektkasus zum Objektkasus *Nicolai*, dem ursprünglichen lateinischen Genitiv zu *Nicolaus* (vgl. Franke, S. 39).

2. Mhd. **Kläus*, das mit hypokoristischem Umlaut zu mhd. *Klaus* (> lb. *Klas*) gebildet ist.

3. Mhd. **Klæs*, das mit hypokoristischem Umlaut zu mhd. *Klâs* (> lb. *Klos*) gebildet ist. Doch wäre in diesem Fall die Aussprache lb. **Kléis* bzw. für das Diminutivum **Kléischen* zu erwarten (vgl. mhd. *blâsen, blæs(t)* > lb. *blosen, bléis*). Da eine Aussprache mit *éi* weder für den Ruf- noch für den Familiennamen vorliegt, wäre zusätzlich zum hypokoristischem Umlaut analoger Umlaut zu erwägen. Bezüglich des Vokalismus wäre *Klees/Clees* dann vergleichbar mit den Diminutivbildungen lb. *Scheefchen* (zu lb. *Schof* < mhd. *schâf*), lb. *Streess(el)chen* (zu lb. *Strooss* < mhd. *strâȝe*) und lb. *Dreetchen* neben lautgesetzlichem *Dréitchen* (zu lb. *Drot* < mhd. *drât*).

4. Eine vierte Möglichkeit bestünde schließlich darin, *Klees/Clees* mit hy-

pokoristischem und analogem Umlaut zu lb. *Klaas* zu interpretieren, und zwar nach dem Muster lb. *Dag/Deeg*.

Im Raum Luxemburg finden sich die frühesten Belege der Kurzformen aus *Nikolaus* in den Rechnungsbüchern der Stadt Luxemburg (1388-1500) sowie in diversen Feuerstättenverzeichnissen, die ab 1472 überliefert sind. In den Rechnungsbüchern ist die mit großem Abstand dominierende Form *Clais*. Dabei ist das *i* ein für das Mittelfränkische typische Dehnungszeichen. *Clais* ist somit als **Klâs* zu interpretieren, das in lb. *Klos* fortlebt. Die häufigste Diminutivform in den Rechnungsbüchern ist *Clesgin*. Diese scheint zu *Clais* gebildet zu sein und wäre daher als **Klæ(e)schîn* zu lesen, zeigt jedoch auf Grund des Nichtvorhandenseins der Aussprache **Kléischen* im Gegenwartsluxemburgischen keine lautgesetzliche Kontinuität. Im Gegensatz zu den Rechnungsbüchern ist in den ältesten Feuerstättenverzeichnissen als Kurzform überwiegend *Claus* überliefert, das somit von lb. *Klas* fortgesetzt wird. Als Diminutivbildung erscheint in den Feuerstättenverzeichnissen am häufigsten *Cleissigin*. Diese könnte durch Entrundung aus mhd. **Klöus(e)chîn*) entstanden sein und damit genau lb. *Kleeschen* entsprechen.

Zu den Familiennamen aus dem Rufnamen *Nikolaus* in Deutschland vgl. ausführlich Dräger.

📖 RB (1388-1500): *Claes, Clais, Claisgin, Claisman, Claiß, Claiss, Clas, Claux, Cleische, Cleischin, Cleisgen, Cleisges, Cleißgen, Cleißgin, Cleschin, Clesgen, Clesgin, Clesgyn, Clessgen, Cleßgen, Cleßgin* u.a. Fsv: 1541 *Cleissgenn*. 1611 *Claesen, Claesges, Claus*. 1656 *Claas, Clauss, Claussen,* *Clees, Kloes*. GDB: 1654 *Clesen*. 1666 *Classen*. 1670 *Cleess*. 1680 *Clos*. 1699 *Cleesen*. 1711 *Closen*. 1715 *Cloos*. 1720 *Clasen*. 1729 *Claus = Clos = Kloos* => 1758 *Claus* => 1787 *Claus*. 1730 *Clees* => 1760 *Kleÿs*. 1733 *Klees*. 1734 *Clesen = Clees* => 1766 *Clais* => 1797 *Clees*. 1742 *Class* => 1799 *Class = Claas* => 1825 *Class*. 1751 *Clesse* => 1781 *Clees*. 1753 *Clees* => 1789 *Kles*, 1796 *Klies*, 1799 *Klis*. 1754 *Cloes*. 1765 *Kleis*. 1769 *Cleesen* => 1795 *Clessen*, 1799 *Kleesen*. 1770 *Clees* => 1796 *Claes*. 1771 *Klaes = Clesen* => 1802 *Claes*. 1773 *Classen* => 1798 *Clossen*. 1775 *Clees* => 1812 *Klees*. 1775 *Clesges* => 1805 *Claesges*. 1779 *Cles*. 1795 *Kleesges*. 1796 *Klesges*. 1798 *Cleis* => 1838 *Kleis*. 1799 *Class* => 1826 *Claas*, 1833 *Clas*. 1804 *Clesen* => 1834 *Klesen*. 1804 *Klaes = Clees*. 1811 *Claes = Clees*. 1826 *Claas*. 1827 *Cles* => 1869 *Clees*. 1833 *Clas*. 1839 *Klesse*. 1871 *Close*. 1875 *Klees = Clees*. 1886 *Classe*.

CLEMANG (2009: 4, 0.02‰; 1880: 15, 0.08‰). Germanisierte Form von ↗*Clément*.

CLEMEN (2009: 19, 0.12‰; 1880: 79, 0.41‰). ↗*Clemen*.

CLEMENS ['kleːmæns] (2009: 79, 0.48‰; 1880: 181, 0.93‰). VARIANTE(N) *Clemes, Klemens*. Patronym zum gleichlautenden Rufnamen. Dieser stammt aus lat. *Clēmens* und gehört zum Appellativ *clēmens* 'milde, gnädig'. Eine aus dem Vulgärlateinischen stammende Form *Clemęnte* hat dagegen im Deutschen *Clement* ergeben und wurde für das Französische bestimmend; siehe ↗*Clement*. 💰 *Clemens* streut in Luxemburg, dem Moseldepartement, dem Areler Land, Teilen Belgiens außer dem äußersten Süden sowie in Deutschland besonders in den westlichen Bundesländern. Die seltenere Schreibvariante *Klemens* ist in Luxemburg und verstreut in Deutschland zu finden. Das Vorkommen der regionalsprachlichen Variante *Clemes* (1880 in Luxemburg nur als *Klemes* verzeichnet) ist auf den Süden Luxemburgs beschränkt. ☞ Zum Problem der sprachlichen Zuordnung von *Clement*, siehe ↗*Clement*. Etymologisch zweideutig ist dagegen ↗*Kleman*. 📖 RB (1388-1500): *Clement* = *Clementz*. FSV: 1561 *Clementz*. 1611 *Klemens*, *Clemens*. 1656 *Clementz*. GDB: 1657 *Clemens*. 1705 *Clemes* => 1735 *Klemes* = *Klemens*, 1754 *Clemens*. 1737 *Clementz*. 1772 *Klemens*.

CLEMENT / CLÉMENT [ˈkləmãː] (2009: 173, 1.06‰; 1880: 294, 1.52‰). VARIANTE(N) *Clemang*. Patronym zum gleichlautenden Rufnamen, der in Luxemburg heute überwiegend dem Französischen zuzuordnen ist. Er stammt aus vlat. *Clemente* < lat. *Clēmentem*, der Akkusativform von *Clēmens*. Zu Grunde liegt das Appellativ lat. *clēmens* 'milde, gnädig'. Vgl. auch ↗*Clemens*. ✪ *Clement* ist in Luxemburg der häufigste französische Name. Auch in Frankreich und Belgien ist er sehr weit verbreitet. In Deutschland ist er dagegen nur vereinzelt zu finden, bildet jedoch einige Nester, z.B. zwischen Stuttgart und Ulm, doch ist *Clement* in Deutschland, so wie *Klement*, dem Deutschen zuzuordnen. Selten und heute nur noch auf den Kanton Luxemburg beschränkt ist *Clemang*. ☞ Die untenstehenden Belege *Clement* (alias *Clementz*) aus den Rechnungsbüchern und *Clementen* aus dem Feuerstättenverzeichnis sind dem Deutschen zuzuordnen. In den genealogischen Daten dagegen kann *Clement* sowohl dem Deutschen als auch Französischen zugeordnet werden. Im heutigen Luxemburgischen gilt in jedem Fall eine französische Aussprache. Ein weiterer Name, ↗*Kleman*, ist dagegen etymologisch zweideutig. 📖 RB (1388-1500): *Clement* = *Clementz*. FSV: 1656 *Clement*, *Clementen*. GDB: 1670 *Clement*. 1690 *Clemang*. 1722 *Clemang* = *Clement*. 1771 *Clement* => 1799 *Cleman*.

CLEMES (2009: 6, 0.04‰; 1880: 5, 0.03‰). Regionalsprachliche Variante von ↗*Clemens*, mit lautgesetzlichem Schwund von nachtonigem *n* vor Konsonant.

CLER (2009: 4, 0.02‰; 1880: 4, 0.02‰). ↗*Claire*.

CLESEN [ˈkleːzən] (2009: 58, 0.36‰; 1880: 57, 0.29‰). Flektiertes Patronym zu ↗*Clees*.

CLESSE [klæs] (2009: 15, 0.09‰; 1880: 11, 0.06‰). Patronym zum gleichlautenden französischen Rufnamen. Dieser stammt aus afrz. *Clais*, einer Kurzform von afrz. *Nicolais*. Afrz. *Nicolais* ist dabei ein sekundär gebildeter und volkssprachlich gewordener Subjektkasus zum Objektkasus *Nicolai*, dem ursprünglichen lateinischen Genitiv zu *Nicolaus* (vgl. Franke, S. 39). ↗*Clees*. ✪ Der Name streut vereinzelt in Luxemburg, Belgien (besonders Wallonien) und in Lothringen. 📖 GDB: 1751 *Clesse* => 1781 *Clees*.

CLOOS [kloːs] (2009: 93, 0.57‰; 1880: 116, 0.6‰). VARIANTE(N) *Kloos*, *Klos*. Patronym zum gleichlautendem Rufnamen. Dieser stammt aus mhd. *Klâs*, einer Kurzform von *Nikolâs*. Siehe ↗*Clees*.

CLOSE / CLOSÉ [ˈkloːseː] (2009: 7, 0.04‰; 1880: 2, 0.01‰). Patronym zum gleichlautenden Rufnamen. Dieser ist regionalsprachliche Variante von ↗*Cloos* in französischer Schreibung.

CLOSTER [ˈklostɐ] (2009: 33, 0.2‰; 1880: 39, 0.2‰). 1. Wohnstättenname zu mhd.

klôster 'Kloster'. 2. Herkunftsname zu einem Ortsnamen *Kloster*, der im deutschen Sprachraum, u.a. in Rheinland-Pfalz, mehrfach auftritt. ✍ In Luxemburg und der gleichnamigen Nachbarprovinz begegnet der Name ausschließlich mit *C-*, im Moseldepartement ausschließlich und in Deutschland überwiegend mit *K-*. 📖 GDB: 1717 *Kloster*. 1723 *Closter*.

COLARD (2009: 1, 0.01‰; 1880: 2, 0.01‰). ↗*Collard*.

COLAS ['kolaːs] (2009: 19, 0.12‰; 1880: 16, 0.08‰). VARIANTE(N) *Colla, Collas*. Französisches Patronym zum gleichlautenden Rufnamen. Dieser ist Kurzform von ↗*Nicolas*. 📖 FSV: 1611 *Colas, Collas*. 1656 *Colas, Collas*. GDB: 1751 *Collas*. 1840 *Colas*. 1909 *Colla*.

COLBACH ['kolbaχ] (2009: 67, 0.41‰; 1880: 59, 0.3‰). VARIANTE(N) *Kolbach*. 1. Herkunftsname zu a) *Colpach*, heute *Obercolpach* und *Niedercolpach* (lb. *Uewerkolpech, Nidderkolpech*; frz. *Colpach-Haut, Colpach-Bas*) für eine Ortschaft in der Gemeinde Ell; b) einer Wüstung *Colbach* bei Hollenfels, Gemeinde Tüntingen (vgl. Hess 1970, S. 34 und bes. Trossen 1988, S. 117-118). 2. Wohnstättenname zu *Colpach* (lb. *Koulbich*), einem Bach, der bei Niedercolpach in die Attert mündet. ✍ *Colbach* und *Kolbach* kommen vor allem in Luxemburg vor, *Kolbach* vereinzelt auch in Deutschland. ☞ Die historischen Belege zeigen teilweise Verhärtung *b > p* wie ↗*Kirpach* und ↗*Lampach*, ↗*Limpach* sowie ↗*Lampert*. 📖 RB (1388-1500): *Coelpach, Colpach, Colpachs, Kolpach, Kolpache*. FSV: 1611 *Kolpachs*. 1656 *Colpach*. GDB: 1766 *Colpach* => 1797 *Colbach*, 1810 *Kolbach*.

COLBERT ['kolbɛːʀ] (2009: 4, 0.02‰; 1880: 3, 0.02‰). VARIANTE(N) *Kolber, Kolbert*. Französisches Patronym zum gleichlautenden Rufnamen. Dieser ist entlehnt aus wfrk. **Koloberht* (= *Colobert*, 8. Jh.). Das Erstglied ist möglicherweise germ. **kula-* 'Kohle' (vgl. ahd. *kolo*), das Zweitglied ist germ. **berhta-* 'glänzend' (vgl. ahd. *bëraht*). ☞ Die historischen Belege zeigen in einem Fall Wechsel von *Kalborn* über *Kalber* zu *Kolber*. 📖 GDB: 1752 *Kalborn* = *Kalber* => 1799 *Kalber* => 1831 *Kolber*, 1833 *Kalber*. 1762 *Kolber* = *Kolperts* => 1792 *Kolperts*. 1767 *Kolber*. 1771 *Colber*. 1833 *Kolber* => 1862 *Kolber*, 1863 *Colbert* = *Kolber, Kolbert*, 1873 *Kolbert* = *Kolber*.

COLBETT ['kolbæt] (2009: 23, 0.14‰; 1880: 2, 0.01‰). VARIANTE(N) *Colbette, Kolbet*. Herkunftsname zu *Colbet* (lb. *Kolwent*, frz. *Colbette*), Gemeinde Konsdorf. ✍ *Colbett* gilt ausschließlich in der südlichen Hälfte Luxemburgs, dort besonders im Kanton Grevenmacher, direkt südlich der namengebenden Ortschaft. Ausschließlich im letzteren Kanton ist auch *Colbette* zu finden. In der selteneren Graphie *Kolbet* erscheint der Name nur in den Kantonen Luxemburg und Esch, außerdem auf deutscher Seite im Bitburger Land. 📖 GDB: 1749 *Colbet*. 1804 *Colbet* => 1850 *Colbette*. 1806 *Kolbet*. 1918 *Colbett*.

COLBETTE (2009: 1, 0.01‰; 1880: 4, 0.02‰). Französische Form von ↗*Colbett*.

COLETTE (2009: 3, 0.02‰; 1880: 3, 0.02‰). ↗*Collette*.

COLIGNON (2009: 2, 0.01‰; 1880: 5, 0.03‰). ↗*Collignon*.

COLIN (2009: 14, 0.09‰; 1880: 0). ↗*Collin*.

COLINET (2009: 1, 0.01‰; 1880: 0). ↗*Collinet*.

COLJON ['kolʒãː] (2009: 15, 0.09‰; 1880:

10, 0.05‰). Germanisierte Form von frz. *Couillon*, eventuell Übername zu frz. *couillon* 'Hoden' (veraltet); hierzu veraltet lb. *Kujong, Kujhong, Couillon* 'feiger Mensch; Tölpel'. 📖 GDB: 1877 *Coljon*.
COLLA (2009: 1, 0.01‰; 1880: 2, 0.01‰). ↗*Colas*.
COLLARD ['kolaːʀ] (2009: 10, 0.06‰; 1880: 17, 0.09‰). VARIANTE(N) *Colard, Collart*. Französisches Patronym zum gleichlautenden Rufnamen. Dieser ist eine Ableitung auf *-ard* von *Colle*, einer Kurzform von ↗*Nicolas*. 📖 GDB: 1728 *Collard*. 1823 *Collart*. 1857 *Colard*.
COLLART (2009: 8, 0.05‰; 1880: 32, 0.17‰). ↗*Collard*.
COLLAS (2009: 2, 0.01‰; 1880: 0). ↗*Colas*.
COLLE / COLLÉ ['koleː] (2009: 32, 0.2‰; 1880: 42, 0.22‰). ↗*Collet*.
COLLES ['koləs] (2009: 18, 0.11‰; 1880: 17, 0.09‰). 1. Französisches Patronym zum gleichlautenden einstigen Rufnamen. Dieser ist Kurzform von *Nicoles*, einer altfranzösischen Variante ↗*Nicolas*. 2. Eventuell Übername zu rhein. *Kolles* 'unbeholfener, klobiger, roher Mensch'. 📖 RB (1388-1500): *Colles, Kolles*. FSV: 1541 *Colles, Kolles* (jeweils Ruf- und Beiname). 1611 *Coles, Colles*. GDB: 1748 *Colles*. 1751 *Kolles = Kölles*.
COLLET ['koleː] (2009: 13, 0.08‰; 1880: 3, 0.02‰). VARIANTE(N) *Colle/Collé*. Französisches Patronym zum gleichlautenden Rufnamen. Dieser ist eine hypokoristische Ableitung auf *-et* von *Colle*, einer Kurzform von ↗*Nicolas*. Siehe auch ↗*Collette*. ✱ *Collet* erscheint in Luxemburg häufiger in der Schreibvariante *Collé*. Ansonsten ist *Collet* im frankophonen Kartierungsgebiet sehr weit verbreitet und findet sich auf deutscher Seite besonders zwischen Mosel und Rhein. ☞ Die genealogischen Datenbanken zeigen den Wechsel zwischen *Collé* und ↗*Colling*. 📖 GDB: 1717 *Collé* => 1744 *Colling* = *Collé*, 1752 *Collé* = *Colling*. 1750 *Collet* = *Collé*.
COLLETTE ['kolæt] (2009: 22, 0.13‰; 1880: 12, 0.06‰). VARIANTE(N) *Colette*. Französisches Metronym zum gleichlautenden Rufnamen. Dieser ist eine hypokoristische Ableitung auf *-ette* von *Colle*, einer Kurzform von *Nicole*, das durch Movierung aus afrz. *Nicoles* (↗*Nicolas*) entstanden ist. Siehe auch ↗*Collet*. ✱ *Collette* zeigt die größte Streuung in Luxemburg und im östlichen Wallonien. Weitaus seltener ist die Schreibvariante *Colette* zu finden. 📖 GDB: 1777 *Collette*. 1830 *Colette*.
COLLIGNON ['koliɲãː] (2009: 24, 0.15‰; 1880: 76, 0.39‰). VARIANTE(N) *Colignon*. Französisches Patronym zum gleichlautenden Rufnamen. Dieser ist eine hypokoristische Ableitung auf *-ignon* von ↗*Collin*. ☞ Das seltene Diminutivsuffix *-gnon* scheint vorzugsweise an Ausgänge auf *-in* angehängt worden zu sein. Mit *Collignon* vergleichbare Bildungen im frankophonen Raum sind u.a. *Martignon* (zu ↗*Martin*), *Poincignon, Poinsignon, Poncignon, Ponsignon* (zu ↗*Poncin*) sowie *Pérignon* (zu *Périn*, Diminutivbildung von ↗*Pierre*). 📖 FSV: 1656 *Collignon*. GDB: 1716 *Collignon*. 1807 *Colignon*.
COLLIN ['kolɛ̃ː] (2009: 13, 0.08‰; 1880: 3, 0.02‰). VARIANTE(N) *Colin, Colling, Kolling*. Französisches Patronym zum gleichlautenden Rufnamen. Dieser ist eine hypokoristische Ableitung auf *-in* von *Colle*, einer Kurzform von ↗*Nicolas*. Siehe auch ↗*Collinet*, ↗*Collignon*. ✱ *Collin* ist in Luxemburg und dem gesamten frankopho-

nen Kartierungsgebiet zu finden, ebenso *Colin*. Von den germanisierten Formen sind *Colling* (Luxemburg sehr häufig, Areler Land, Bitburger Land) und *Kolling* (südliche Hälfte Luxemburgs, Saarland, Raum Trier und Bitburg) hervorzuheben. ☞ In den genealogischen Datenbanken ist der Wechsel zwischen *Collé* (↗*Colle*/*Collé*) und *Colling* festzustellen. 📖 RB (1388-1500): *Colin, Collin* u.a. (Rufname). Fsv: 1561 *Collin*. 1611 *Colin*. GDB: 1641 *Colling = Collin*. 1717 *Collé* => 1744 *Colling = Collé*, 1752 *Collé = Colling*. 1728 *Colin* => 1753 *Colling*. 1808 *Coling*. 1863 *Colin*. 1878 *Kolling = Colling*. Vz: 1880 *Coling, Collin, Colling, Kolling*.

COLLINET [ˈkolineː] (2009: 3, 0.02‰; 1880: 1, 0.01‰). VARIANTE(N) *Colinet*. Französisches Patronym zum gleichlautenden Rufnamen. Dieser ist eine hypokoristische Ableitung auf *-et* von ↗*Collin*. 📖 GDB: 1827 *Collinet*. 1867 *Collinet*. 1886 *Collinet*.

COLLING (2009: 142, 0.87‰; 1880: 218, 1.13‰). Germanisierte Form von frz. ↗*Collin*.

COLSON [ˈkolsã:] (2009: 6, 0.04‰; 1880: 8, 0.04‰). Französisches Patronym zum gleichlautenden Rufnamen. Dieser ist eine hypokoristische Ableitung auf *-eçon* von *Colle*, einer Kurzform von ↗*Nicolas*. 📖 GDB: 1763 *Colson*.

COMES [ˈkoːməs] (2009: 25, 0.15‰; 1880: 32, 0.17‰). VARIANTE(N) *Komes, Kommes*. Latinisierung des Familiennamens ↗*Graf*. ⓢ *Comes* findet sich in Luxemburg, im Südwesten der gleichnamigen Nachbarprovinz, auf deutscher Seite entlang des Moselabschnittes bis Koblenz sowie im Rheinland. *Komes* gilt nur vereinzelt in der südlichen Hälfte Luxemburgs, dem Saarland, entlang des Moselabschnitts bis Koblenz sowie am Niederrhein. Nur auf Luxemburg beschränkt findet sich stellenweise die Variante *Kommes*. 📖 Fsv: 1611 *Komes*. GDB: 1749 *Comes*. 1814 *Kommes*.

CONER (2009: 12, 0.07‰; 1880: 25, 0.13‰). ↗*Kohner*.

CONRAD [ˈkonʀaːt] (2009: 49, 0.3‰; 1880: 90, 0.46‰). VARIANTE(N) *Conrath, Conrot, Konrad, Konrath*. GLEICHE BASIS *Conrady, Kunnert*. Patronym zum gleichlautenden Rufnamen. Dieser geht zurück auf ahd. *Kuonrāt*, as. *Kōnrād* oder auf ahd. *Kunrāt*, as. *Kunrād*. Erstere Formen stammen aus germ. *Kōnirēd*, dessen Erstglied zu ahd. *kuoni*, as. *kōni* 'kühn' gehört. Zweitere gehen auf germ. *Kunirēd* zurück, und dessen Erstglied entspricht ahd., as. *kunni* 'Geschlecht' (vgl. ↗*Kinn*). Das Zweitglied ist in jedem Fall ahd. *rāt*, as. *rād* 'Rat'. Vgl. auch ↗*Conrardy*, ↗*Kurt*. ⓢ *Conrad* ist in Luxemburg, der gleichnamigen Nachbarprovinz, Lothringen, dem Elsass und in ganz Deutschland verbreitet. In den Schreibvarianten *Konrad, Konrath, Conrath* tritt der Name in Luxemburg nur gelegentlich auf. In Deutschland erscheint *Konrad* etwa gleich häufig wie *Conrad*; *Konrath* dagegen konzentriert sich besonders links des Mittelrheins; für *Conrath* finden sich Streubelege u.a. im selben Gebiet. Auf Luxemburg beschränkt und dort nur vereinzelt anzutreffen ist *Conroth*. Als regionalsprachliche, doch seltenere Formen in Luxemburg erscheinen *Kunnert* (fast ausschließlich in Luxemburg) und *Konert* (Luxemburg, ferner in Deutschland besonders in Niedersachsen). Niederfrequent in Luxemburg ist auch die latinisierte Genitivbildung *Conrady*, die eher auf deutscher Seite u.a. im Raum Bitburg, Rhein-Main-Gebiet und Ruhrgebiet begegnet. ☞ Die beiden etymologisch unterschiedlichen Rufnamen konnten schon früh miteinander vermischt werden. Im LWB erscheinen sie als *Kon, Konert, Kones, Konrod, Koun, Kounert, Kounes, Kouni, Kun, Kunnert, Kunni*. Die genealogischen Datenbanken zeigen den Wechsel zwischen *Konnert* und Formen, die zu ↗*Koeune* gehören. 📖 RB (1388-1500): *Coenrad, Coinrait, Conrad, Conrade* (Dat.), *Conrait, Coynrade* (Dat.), *Coynrait, Koynrait* (durchwegs Rufname). FSV: 1611 *Conrads, Conradts*. GDB: 1665 *Könersen = Koener* => 1695 *Koener*, 1698 *Konnert*, 1706 *Koener = Konnert*, 1709 *Köner = Koener*, 1715 *Koener = Köhn*. 1700 *Connert*. 1707 *Conrad*. 1707 *Conrath*. 1716 *Conrath*. 1734 *Connerath = Conrat* => 1803 *Conrath*, 1803 *Conrarth*, 1804 *Konnerath*, 1814 *Connerad*. 1736 *Kunert* => 1762 *Kunnert*. 1750 *Cunerods = Conrath*. 1755 *Cunnerot*. 1760 *Cunerat = Conrad* => 1783 *Conrad*. 1773 *Conrad = Connerath* => 1807 *Conrad*, 1819 *Connerath*. 1805 *Konert*. 1843 *Konrath*. 1882 *Konrad*.

CONRADY [kon'raːdi] (2009: 6, 0.04‰; 1880: 31, 0.16‰). Flektiertes Patronym (lateinischer Genitiv) zu ↗*Conrad*.

CONRARDY [kon'raːrdiː] (2009: 60, 0.37‰; 1880: 124, 0.64‰). Flektiertes Patronym zu *Conrard*. Dieser heute nicht mehr übliche und früher wohl nur regional verbreitete Rufname, gehört zu ↗*Conrad*, hat jedoch den Ausgang von Namen wie ↗*Bernard*, ↗*Richard* angenommen. 🌐 *Conrardy* kommt fast nur in Luxemburg und ferner versprengt in Wallonien vor. Die Nominativform *Conrard* erscheint ebenso vereinzelt in Wallonien, ferner in Lothringen, doch nicht in Luxemburg. 📖 FSV: 1656 *Conrard, Conrardths*. GDB: 1695 *Conrardy*. 1760 *Cunerat = Conrard* => 1783 *Conrard*. 1761 *Conrard*.

CONRATH (2009: 8, 0.05‰; 1880: 46, 0.24‰). ↗*Conrad*.

CONROT (2009: 1, 0.01‰; 1880: 5, 0.03‰). ↗*Conrad*.

CONSBRUCK (2009: 9, 0.06‰; 1880: 37, 0.19‰). ↗*Konsbruck*.

CONSDORF ['konsdɔrf] (2009: 5, 0.03‰; 1880: 17, 0.09‰). VARIANTE(N) *Konsdorf*. Herkunftsname zu *Consdorf* (lb. *Konsdref*) für eine Ortschaft in der gleichnamigen Gemeinde. Vgl. auch ↗*Konsbruck*. 📖 GDB: 1725 *Consdorff*. 1733 *Consdorf*. 1811 *Consdorff* => 1854 *Consdorf*.

CONSTHUM ['konstum] (2009: 3, 0.02‰; 1880: 2, 0.01‰). Herkunftsname zu *Consthum* (lb. *Konstem*), Kanton Clerf. Vgl. auch ↗*Konzem*. 📖 GDB: 1794 *Consthum* => 1824 *Constum* => 1852 *Konsthum = Consthum*.

CONTE / CONTÉ ['kã:(n)teː] (2009: 23, 0.14‰; 1880: 7, 0.04‰). 1. Herkunftsoder Wohnstättenname zu frz. *comté* 'Grafschaft'. 2. Herkunftsname zu einem Toponym *Comté*, etwa für eine Ortschaft in der Gemeinde Vielsalm, Provinz Luxemburg, oder für eine Gemeinde im Département Pas-de-Calais. 🌐 Streuung in Luxemburg sowie in Teilen des frankophonen Raumes. 📖 GDB: 1736 *Conté*. 1768 *Comté*. 1798 *Comté* => 1827 *Conté*.

CONTER ['kontɐ] (2009: 108, 0.66‰; 1880: 165, 0.85‰). VARIANTE(N) *Konter*. Herkunftsname zu *Contern* (lb. *Conter*) für eine Ortschaft in der gleichnamigen Gemeinde. 🌐 *Conter* überwiegend in Luxemburg, dem Areler Land und im Moseldepartement. Die Schreibvariante *Konter* ist in Luxemburg und dem Moseldepartement weitaus seltener, hingegen häufiger im Saarland und dem Hunsrück. 📖 RB

(1388-1500): *Clais van Conter* = *Clais van Conteren* = *Clais van Contteren* = *Claiß von Contren* = *Claiß von Konteren*. *Claisges van Konteren* = *Cleischin van Konterin* = *Cleschin van Contern* = *Cleschin van Kontern* = *Clesgin van Conteren*. *Clesges van Konterren des Alden* = *der alte Clais van Contern* = *der alte Conter* = *der olde Conter* u.a. Fsv: 1611 *Conter, de Contern*. 1656 *Conteren, de Conteren*. GDB: 1690 *Conter*. 1800 *Contern*. 1844 *Konter* => 1873 *Conter*.

CONZEM (2009: 1, 0.01‰; 1880: 7, 0.04‰). ↗*Konzem*.

CONZEMIUS [kon'tseːmi̯us] (2009: 46, 0.28‰; 1880: 83, 0.43‰). Latinisierte Form von ↗*Konzem*.

COOS (2009: 8, 0.05‰; 1880: 2, 0.01‰). ↗*Koos*.

CORDIER ['kɔʀdjeː] (2009: 23, 0.14‰; 1880: 21, 0.11‰). Französischer Berufsname zu *cordier* 'Seiler'. 📖 Fsv: 1611 *Cordier*. GDB: 1780 *Cordier*. 1801 *Cordié*.

CORNELIS [kɔʀ'neːlis] (2009: 3, 0.02‰; 1880: 0). Regionalsprachliche, doch heute insbesondere niederländische Form von ↗*Cornelius*, orthografisch mitunter zu *Cornélis, Cornélisse* französisiert.

CORNELIUS [kɔʀ'neːli̯us] (2009: 18, 0.11‰; 1880: 43, 0.22‰). VARIANTE(N) *Cornelis*. GLEICHE BASIS *Cornely*. Patronym zum gleichlautenden Rufnamen. Dieser ist lateinischen Ursprungs und geht zurück auf einen altrömischen Geschlechternamen mit unklarer Bedeutung. Vgl. auch ↗*Nilles*. 🌐 *Cornelius* erscheint in Luxemburg im Südwesten sowie in der Mitte auf der Höhe von Diekirch und Echternach. In Deutschland ist der Name breit gestreut, Einzelbelege zeigt er auch in Belgien. Die regionalsprachliche, doch heute insbesondere niederländische Variante *Cornelis* ist im Großherzogtum äußerst niederfrequent und zeigt dagegen eine große Dichte in Flandern. Die Genitivform *Cornely* kommt in Luxemburg nur im Südwesten vor. In Deutschland konzentriert sie sich entlang der Mosel und des Rheins, in Belgien in der Provinz Lüttich. 📖 RB (1388-1500): *Cornelis der Weber* (Rufname). Fsv: 1611 *Cornelius*. 1656 *Cornelis, Cornil*. GDB: 1697 *Corneli*. 1704 *Nilles* = *Nilis* => 1734 *Cornely* = *Niles*. 1729 *Cornely*. 1788 *Cornelius* = *Corneli*. 1817 *Corneille*. 1837 *Cornélis*.

CORNELY [kɔʀ'neːliː] (2009: 3, 0.02‰; 1880: 24, 0.12‰). Flektiertes Patronym (lateinischer Genitiv) zu ↗*Cornelius*.

CORRING ['kɔʀɪŋ] (2009: 5, 0.03‰; 1880: 40, 0.21‰). Germanisierte Form von frz.-wa. *Corin*. Hierbei handelt es sich um ein Patronym zu einem Rufnamen, der aus westfäm. *Korijn*, einer Variante von *Quirīnus* stammt. Zur Etymologie siehe ↗*Quirin*.

COSTER (2009: 4, 0.02‰; 1880: 49, 0.25‰). ↗*Koster*.

COURT ['kuʀt] (2009: 3, 0.02‰; 1880: 44, 0.23‰). Französisierende Graphie für ↗*Kurt*.

COURTE ['kuʀt] (2009: 11, 0.07‰; 1880: 16, 0.08‰). Französische Graphie für ↗*Kurt*.

COURTOIS ['kuʀtwaː] (2009: 31, 0.19‰; 1880: 16, 0.08‰). Übername zu frz. *courtois* 'höfisch'. 🌐 Das Verbreitungsgebiet von *Courtois* sind Luxemburg sowie ganz Wallonien und Frankreich. Die Schreibvariante *Courtoys* gilt dagegen nur im Südwesten Luxemburgs und in Wallonien. 📖 Fsv: 1656 *Courtoy*. GDB: 1741 *Courtois*. 1820 *Courtois* = *Courtoy* => 1864 *Courtoy*. 1867 *Courtois*.

COX (2009: 11, 0.07‰; 1880: 0). ↗*Kox*.

CRAVAT (2009: 3, 0.02‰; 1880: 23, 0.12‰). ↗Cravatte.
CRAVATTE [ˈkʁaːvɑt] (2009: 10, 0.06‰; 1880: 8, 0.04‰). VARIANTE(N) Cravat. GLEICHE BASIS Croat. Herkunfts- bzw. Übername zu frz.-regionalsprachlich cravate 'aus Kroatien stammend, kroatisch sprechend'. ⑤ Cravatte begegnet in der südlichen Hälfte Luxemburgs, häufiger jedoch in der gleichnamigen Nachbarprovinz, wo der Name die größte Verbreitung zeigt. Sehr selten sind die Schreibvarianten Cravat (Kanton Diekirch) und Cravate (Areler Land). Das Vorkommen der standardfranzösischen Form Croat konzentriert sich im Kanton Redingen. 📖 GDB: 1630 Croat. 1730 Cravatte = Cravath. 1738 Cravat = Kravat => 1759 Cravatte = Cravat = Croat. 1752 Croat => 1787 Cravatte. 1824 Cravatte => 1857 Cravatt.
CREMER (2009: 11, 0.07‰; 1880: 25, 0.13‰). ↗Kremer.
CREMERS (2009: 1, 0.01‰; 1880: 12, 0.06‰). ↗Kremers.
CREMMER (2009: 6, 0.04‰; 1880: 18, 0.09‰). ↗Kremmer.
CROAT [ˈkʁoaːt] (2009: 8, 0.05‰; 1880: 15, 0.08‰). Standardfranzösische Form von ↗Cravatte.
CROCHET [ˈkʁoʃeː] (2009: 15, 0.09‰; 1880: 5, 0.03‰). Französischer Übername zu crochet 'Haken'. 📖 GDB: 1756 Crochet.
CRUCHTEN [ˈkʁuːχtən] (2009: 32, 0.2‰; 1880: 31, 0.16‰). VARIANTE(N) Kruchten. Herkunftsname a) zu Kruchten (lb. Kruuchten, frz. Cruchten) für eine Ortschaft in der Gemeinde Nommern; b) Kruchten für eine Gemeinde im Eifelkreis Bitburg-Prüm. ⑤ Cruchten nur in Luxemburg (außer im Norden), Kruchten mehrheitlich im Raum zwischen Trier und Saarbrücken sowie im Areler Land. Die personalisierte Form Cruchter ist im Bitburger Raum am häufigsten. 📖 FSV: 1611 de Cruchten, Cruchten. GDB: 1679 Cruchten. 1708 Kruchten. 1764 Chrugten => 1790 Chruchten, 1794 Chrugten = Cruchten = Kruchten = Krugten. 1790 Crugten = Cruchten. 1798 Chrouchten.

D

Namenverteilung
Dionysius
Denis
Nies
Niesen
rel. Häufigkeiten
Antwerpen
Maastricht
Köln
Brüssel
Aachen
Lüttich
Namür
Koblenz
Bitburg
Mainz
Arel
Trier
Luxemburg
Diedenhofen
Saarbrücken
Metz
Nancy
Straßburg
© 2015 Luxemburgischer Familiennamenatlas, Universitéit Lëtzebuerg, http://lfa.uni.lu

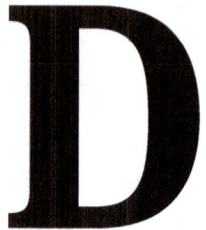

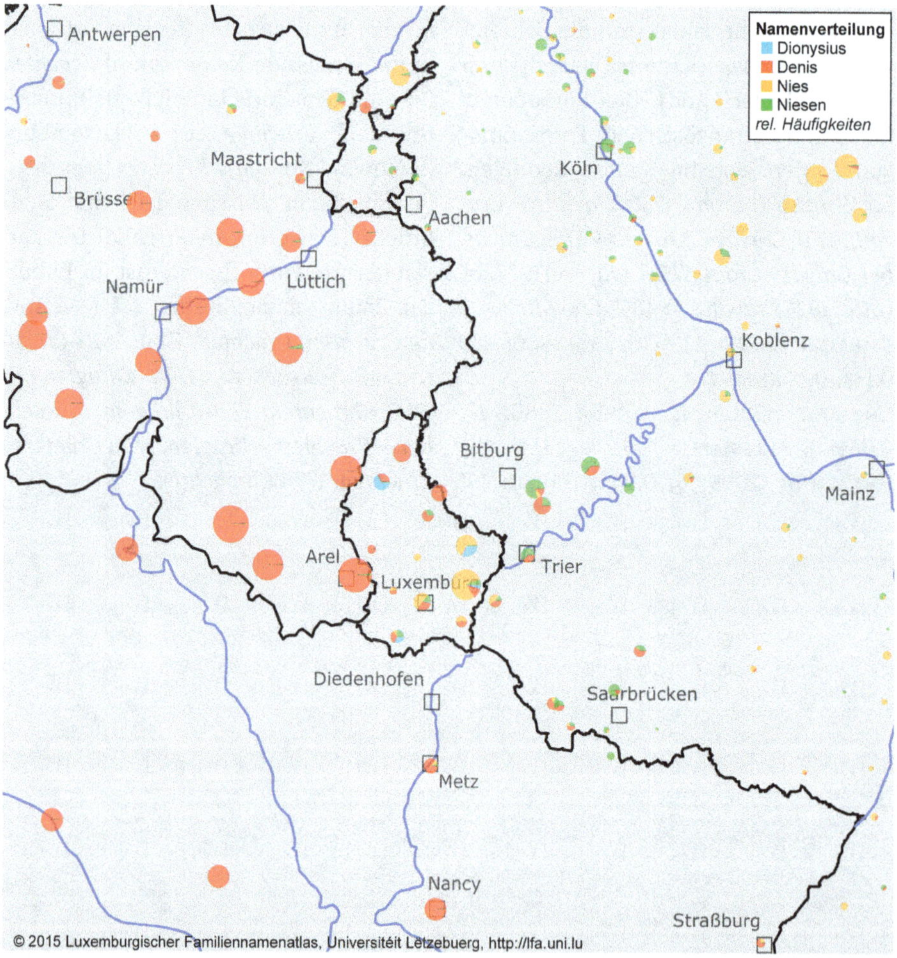

DAHLEM ['daːləm] (2009: 14, 0.09‰; 1880: 46, 0.24‰). Herkunftsname zu a) *Dahlem* (lb. *Duelem*) für eine Ortschaft in der Gemeinde Garnich; b) *Dahlheim* (lb. *Duelem*) für eine Ortschaft in der gleichnamigen Gemeinde; c) *Dahlem* für je eine Gemeinde im Eifelkreis Bitburg-Prüm und im Kreis Euskirchen, Nordrhein-Westfalen; d) *Dalem* für eine Gemeinde im Moseldepartement. 🌓 Luxemburg, Areler Land, Moseldepartement, Saarland. Überall entlang des Rheins. 📖 RB (1388-1500): *Hans van Dalhem. Peter van Dailhem = Peter van Daillem*. FSV: 1611 *de Dalhem*. 1656 *Dallem*. GDB: 1681 *Dahlem* => 1711 *Dahlem = Dahlheim*. 1725 *Dalem*. 1739 *Dahlem* => 1775 *Dahlm*, 1779 *Dalem*. 1767 *Dahlem* => 1794 *Dahlm*, 1803 *Dalem*, 1807 *Dalm*.

DAHM [daːm] (2009: 122, 0.75‰; 1880: 89, 0.46‰). GLEICHE BASIS *Dahmen*. Patronym zum gleichlautenden Rufnamen. Dieser ist regionalsprachliche Kurzform von ↗*Adam*. ☞ *Dahm* ist u.a. in Luxemburg, dem Moseldepartement, dem Saarland, Rheinland-Pfalz und Nordrhein-Westfalen weit verbreitet. Die Genitivform *Dahmen*, die in Luxemburg sehr selten ist, konzentriert sich besonders zwischen Aachen und dem Ruhrgebiet. 📖 Fsv: 1561 *Daem*. 1611 *Dhame, Damen, Dhamen*. GDB: 1686 *Dahm*. 1726 *Dam*. 1750 *Dame = Dahm = Daam*. 1772 *Dahmen*. 1796 *Damen*.

DAHMEN ['daːmən] (2009: 1, 0.01‰; 1880: 7, 0.04‰). Flektiertes Patronym zu ↗*Dahm*.

DALEIDEN ['daːlaɪdən] (2009: 71, 0.44‰; 1880: 38, 0.2‰). Herkunftsname zu *Daleiden* (lb. *Doleeden*) für eine Ortschaft im Eifelkreis Bitburg-Prüm. 🌓 Luxemburg, besonders im Osten. Vereinzelt im Areler Land und in der Eifel. 📖 FSV: 1611 *Daleiden*. 1656 *Dalleyden*. GDB: 1642 *Daleiden*. 1653 *Daleyden*. Vz: 1880 *Daleiden, Daleyden*.

DAMAN ['damã:] (2009: 38, 0.23‰; 1880: 41, 0.21‰). Patronym mit agglutinierter Präposition zum Rufnamen frz. *Amand*. Dieser ist entlehnt aus lat. *amandus* 'liebenswürdig, lieblich'. 🌓 *Daman* kommt überwiegend in Luxemburg und Flandern, jedoch weniger oft in Wallonien vor. In Flandern ist hingegen mit Konkurrenzetymologie zu nl. *amman* 'Amtsmann' zu rechnen. In Frankreich erscheinen *Amand* (am häufigsten im Département Nord), sehr selten auch *Amant* sowie *Damand* (vereinzelt im Moseldepartement). 📖 GDB: 1752 *Daman*. 1761 *Daman* => 1789 *Damang*.

DAMIT ['damit] (2009: 19, 0.12‰; 1880: 37, 0.19‰). Möglicherweise französisches Metronym, das sich aus frz. *dame* 'Dame' und dem Rufnamen *Ide* zusammensetzt (Germain-Herbillon, S. 282). Dieser ist entlehnt aus wfrk. *Īda, das zu an. *iþ* 'Werk, Tätigkeit' gehört. ☞ Die Belege in den genealogischen Datenbanken lassen mitunter eine falsche Selektion (*de + ami*) erkennen. Eine weitere mögliche Komposition mit frz. *dame* ist der in Wallonien auftretende Familienname *Damoutte*. Nach Germain-Herbillon (S. 282 u. 770) stammt dieser aus *dame Ode* (mit *Ode* aus germ. **auda-* 'Besitz'). 📖 GDB: 1720 *Damit = D'Amis*. 1724 *D'Amithe*. 1731 *Damid*. 1818 *Damite*. Germain-Herbillon: 1444 *Damide le Mère sa femme*. 1582 *Damide fille de Thomas Gilon*.

DAMY ['dami:] (2009: 15, 0.09‰; 1880: 17, 0.09‰). Möglicherweise aphärierte Form von ↗*Adamy*. 📖 GDB: 1802 *Damy*. 1823 *Dami*.

DASBOURG (2009: 13, 0.08‰; 1880: 18, 0.09‰). Variante von ↗Dasburg, in französisierender Schreibung.

DASBURG [daːsbuɐç] (2009: 1, 0.01‰; 1880: 13, 0.07‰). VARIANTE(N) Dasbourg, Dosbourg. Herkunftsname zu Dasburg (lb. Doosber) für eine Ortsgemeinde im Eifelkreis Biburg-Prüm. 📖 RB (1388-1500): Peter Schroder van Daißburg = Peter van Daißberch = Peter van Daißberch der Schroder = Peter van Daißburch der Schroder. FSV: 1656 Dassbourg. GDB: 1710 Dasbourg. 1767 Dasburg. 1768 Dosburg => Dasburg.

DAUBENFELD [ˈdaʊbənfælt] (2009: 43, 0.26‰; 1880: 79, 0.41‰). Wohnstättenname zu einem gleichnamigen ehemaligen Hofnamen. Dieser befand sich westlich der Stadt Luxemburg, heute Belair (vgl. Pauly 1992, S. 166, 203, 271). ✶ Nahezu ausschließlich in Luxemburg verbreitet. 📖 RB (1388-1500): Gyndt uff Dubenvelt = Gyndt uft Dufenvelt. FSV: 1561 uff Duvenfeldtt. 1611 uff Daubenfelt. 1656 Daubenfelt. GDB: 1682 Daubenfeld.

DAUPHIN [ˈdofɛ̃ː] (2009: 32, 0.2‰; 1880: 63, 0.33‰). VARIANTE(N) Doffing, Dofing. Übername zu frz. dauphin 'Delphin'. ✶ Das Verbreitungsgebiet des Namens ist Luxemburg, Wallonien und weite Teile Frankreichs. Die germanisierte Form Doffing erscheint weniger häufig, überwiegend im Süden Luxemburgs. Noch seltener ist Dofing (nur im Kanton Esch). ☞ Popularität dürfte der Übername durch den Grafen Guiges IV. von Albon († 1142) erhalten haben. Dieser hieß Dauphin mit Beinamen, da auf seinem Wappen ein gekrümmter Delphin dargestellt war. Der Beiname ging auf die Grafschaft Dauphiné (im Südosten Frankreichs) über, und auch die Herren der Grafschaft führten Dauphin als Titel. Ab der Mitte des 14. Jhs. wurde mit Dauphin speziell der Thronfolger bezeichnet. 📖 GDB: 1719 Doffing. 1729 Dauphin => 1759 Dauphin, 1766 Doffing = Dauphin. 1733 Dauphin => 1761 Dauphing. 1733 Dauphin => 1763 Dauffing. 1741 Doffing => 1777 Dofing. Vz: 1880 Dauffing, Daufing, Dauphin, Doffeng, Doffing, Dofing.

DAVID [ˈdaːvit] (2009: 38, 0.23‰; 1880: 18, 0.09‰). Patronym zum gleichlautenden Rufnamen. Dieser ist hebräischen Ursprungs. Die genaue Bedeutung ist unklar. Erwogen werden 'Geliebter, Liebender; Verbinder, Vereiniger; Vatersbruder'. ✶ Der Name findet sich im gesamten Kartierungsgebiet. 📖 GDB: 1730 David.

DAX [daks] (2009: 43, 0.26‰; 1880: 55, 0.28‰). 1. Berufsübername zu mhd. dahs 'Dachs', wohl für den Dachsjäger. 2. Wohnstättenname nach einem Dachs als Hauszeichen. ✶ Nur in der südlichen Hälfte Luxemburgs, in der Eifel und seltener im Rheinland verbreitet. 📖 FSV: 1469 Ulrich Dachs. 1656 Dachsen. GDB: 1722 Daxe => 1755 Dacks = Dax.

DECHMANN [ˈdæçman] (2009: 19, 0.12‰; 1880: 28, 0.14‰). Möglicherweise mit -mann aus Dechan verdeutlicht, Amtsname zu mhd. dechan 'Dekan' für einen Vorgesetzten in einem kirchlichen oder weltlichen Amt. 📖 GDB: 1779 Dechmann. 1812 Dechman.

DECKENBRUNNEN [ˈdækənbʀunən] (2009: 26, 0.16‰; 1880: 0). Satzname Deck den Brunnen! Hierbei handelt es sich möglicherweise um einen Übernamen für eine Person, die dafür zuständig war, an bestimmten Zeiten den öffentlichen Brunnen zuzudecken, damit beispielsweise keine Kinder hineinfallen. Vgl. die Sprichwörter Deck den Brunnen zu – bevor das Kind hinein fällt! oder *Den Brunnen zudecken, wenn das Kind schon reingefallen ist.* ☞ 1880 ist der Familienname in der heutigen Schreibweise nicht verzeichnet, wenngleich er bereits vorher so belegt ist. Jedoch scheint er importiert zu sein, woher ist jedoch unklar, da er heute außerhalb Luxemburgs nicht zu finden ist. Für einen Import spricht jedenfalls Folgendes: 1. Satznamen in Familiennamen sind ansonsten für Luxemburg untypisch. 2. Die ersten Träger des Namens in Luxemburg finden sich erst ab dem 18. Jh. 3. Statt des Zweitgliedes *-brunnen* (*-bronnen*, *-bronn*) wäre für Luxemburg *-born* zu erwarten. 📖 GDB: 1700 *Deckenbronen* => 1729 *Deckdenbronnen* = *Deckenbrunnen* => 1754 *Deckdebronnen*, 1758 *Deckdenbronnen*, 1761 *Deckdenbronen*, 1765 *Deckenbrunnen*, 1772 *Deckenbronn*, 1774 *Deckdebronn*. 1804 *Deckenbrunden* = *Deckenbrunnen*. Vz: 1880 *Deckdbrunnen*, *Deckelbrunnen*, *Deckenbranden*, *Deckenbrunn*, *Decktebrunnen*.

DECKER ['dækɐ] (2009: 197, 1.21‰; 1880: 474, 2.45‰). Berufsname zu mhd. *decker* 'Dachdecker'. 👁 Der Name ist in ganz Deutschland zu finden, jedoch konzentriert er sich stärker im Westen, auch in Luxemburg und im Areler Land. In direkter Nähe zu Luxemburg ist *Decker* vor allem im Saarland stark vertreten, im Bitburger Land und in der Eifel kommt der Name kaum vor. *Decker* ist in Luxemburg und Saarland weitaus häufiger anzutreffen als *Zimmermann*. Die flektierte Bildung *Deckers* kommt nur vereinzelt. Ihr Hauptverbreitungsgebiet liegt am Niederrhein und in Flandern. ☞ In den Rechnungsbüchern der Stadt Luxemburg ist am häufigsten von *Leiendecker* und seltener von *Schaufendecker* die Rede. Beide Begriffe sind als *Läendecker*, *Läer* und *Schauwendecker* auch im Luxemburgischen geläufig. Als Familienname kommen diese heute nicht mehr vor. *Leiendecker*, *Leyendecker* und *Leier*, *Leyer* finden sich dagegen noch häufig in Deutschland. 📖 RB (1388-1500): *Decker, (der) Decker*. FSV: 1611 *Deckers*.

DEGRAND ['dəgʁɑ̃:] (2009: 24, 0.15‰; 1880: 31, 0.16‰). Französischer Übername zu frz. *grand* 'groß' mit agglutiniertem niederländischem Artikel. Vgl. auch ↗*Legrand*. ☞ Bei *De* im Erstglied handelt es sich nicht um die französische Präposition, da das Zweitglied artikellos gebildet ist – für das Französische wäre daher *Dugrand* zu erwarten. Der Familienname *Degrand* stellt vielmehr eine Teilübersetzung von frz. *Le Grand* dar, indem zwar der Artikel, doch nicht das Substantiv übersetzt wurde. Dies beweist eine französisch-niederländische Gleichung in Westflandern aus dem Jahr 1351: *Iehans li Grans = Jan de Grant*. Ebenso aus Westflandern stammt ein Beleg aus dem 1397: *van Janne den Grand* (vgl. Germain-Herbillon, S. 858). 📖 GDB: 1732 *Degrand*.

DEISCHTER ['daɪʃtɐ] (2009: 23, 0.14‰; 1880: 0). Variante von ↗*Deister*, mit lokalsprachlichem Wandel *s > sch*.

DEISTER ['daɪstɐ] (2009: 5, 0.03‰; 1880: 10, 0.05‰). VARIANTE(N) *Deischter*. Übername zu mhd. *duster* 'finster, düster', entsprechend lb. *däischter*. Zum Vokalismus vgl. Kluge, S. 225. 📖 GDB: 1687 *Deuster*. 1722 *Deister*. 1772 *Deuster* => 1812 *Deischter*.

DEITZ [daɪts] (2009: 28, 0.17‰; 1880: 65, 0.34‰). Herkunftsname zu a) *Deutz* für einen heutigen Kölner Stadtteil; b) *Deitz* (tschech. *Dyjice*) für ein Dorf in Böhmen. 👁 *Deitz* begegnet vor allem in Luxemburg und dem Moseldepartement, die potenzielle Gleichung *Deutz* besonders oft im Raum Köln und Aachen. 📖 GDB: 1707 *Deitz*. 1760 *Deutz*.

DELL [dæl] (2009: 22, 0.13‰; 1880: 77, 0.4‰). Wohnstättenname zu mhd. *telle* (mslfrk. *t-*) 'Schlucht', nd. *delle* 'Vertiefung, Senkung des Bodens, Niederung'. Vgl. rhein. *Delle*, *Dälle* 'Bodensenkung, Vertiefung', pfälz. *Delle* 'Vertiefung'. Vgl. auch ↗*Deltgen*. 📖 Fsv: 1611 *Dellen*. GDB: 1755 *Dell*. 1762 *Dellen*.

DELLERÉ ['dælərɛ:] (2009: 25, 0.15‰; 1880: 49, 0.25‰). VARIANTE(N) *Delree*, *Delrez*. Herkunftsname zu einer der drei folgenden Ortschaftsnamen in Wallonien: a) *Rhée*, wa. *èl Rèye*, Gemeinde Wasseiges, Provinz Lüttich; b) *La Reid*, wa. *èl Ré*, Gemeinde Theux, Provinz Lüttich; c) *Le Rez*, wa. *èl Rèz*, Gemeinde Sivry-Rance, Provinz Hennegau (vgl. Germain-Herbillon, S. 331; Debrabandere, S. 397). 📖 GDB: 1726 *Delleré*.

DELREE (2009: 2, 0.01‰; 1880: 0). ↗*Delleré*.

DELREZ (2009: 1, 0.01‰; 1880: 0). ↗*Delleré*.

DELTGEN ['dæltɕən] (2009: 26, 0.16‰; 1880: 41, 0.21‰). Übername zu einer Diminutivbildung zu einem Substantiv *Dell* (vgl. Brechenmacher 1, S. 287). Dem Substantiv entspricht etymologisch mhd. *telle* f. 'Schlucht', ferner u.a. rhein. *Dälle* 'flache Bodensenkung im Gelände von kleinem Umfange; Talmulde; Schlucht, Hohlweg', pfälz. *Dell* 'flache, talartige Vertiefung im Gelände; andere flache Vertiefungen', darunter 'Loch im Kopf', lothr. *Dell* 'Vertiefung jeder Art, Beule; Einsenkung im Boden', sowie, mit sekundärem -*t*, lb. *Delt* 'Tälchen, Vertiefung'; vgl. auch ↗*Dell*. Im Übernamen liegt somit am ehesten die metaphorische Bedeutung von 'Loch im Kopf' vor. ✸ Fast ausschließlich in Luxemburg, dort mehrheitlich in der westlichen Hälfte. ☞ Einige wenige historische Konkurrenzbelege des Namens zeigen *u, ü, i*, ebenfalls sehr wenige *oe*. In diese scheint ein mit *Dell* semantisch verwandtes Wort eingeblendet worden zu sein, das im Rheinischen als Adjektiv *düll* 'schwindelig, verdreht, leichtsinnig' sowie als Substantiv *Düll* 'sehr dummer Mensch' erscheint. Vgl. auch das Appellativ lb. *Dëlpes* 'Dummkopf, Tölpel', den frühen, doch nicht zu *Deltgen* gehörigen Beleg 1415 *Ludewich Dulchins Son* (Oster 1950a, S. 14) sowie den Familiennamen *Düll* in Deutschland (Brechenmacher 1, S. 359). 📖 GDB: 1553 *Delges*, *Deltgen*. 1654 *Dulges*. 1715 *Doeltges*. 1718 *Dülges*. 1750 *Deltges*. 1783 *Delgen*.

DELVAUX ['dælvo:] (2009: 41, 0.25‰; 1880: 37, 0.19‰). Wohnstättenname zu wa. *vau* m. 'Tal', mit Agglutinierung der Präposition und des Artikels. ✸ Das Verbreitungsgebiet von *Delvaux* liegt klar in Luxemburg und Wallonien. Im Westen Walloniens tritt vermehrt die Variante *Delval* auf, die in der nordfranzösischen Grenzregion nahezu ausschließlich ist und sich mit *Delaval* abwechselt. 📖 Fsv: 1656 *Delwaulx*. GDB: 1700 *Delvaux* = *Delveau*. 1743 *Delva*. 1809 *Delveaux*. 1830 *Dellvaux*.

DEMUTH ['de:mu:t] (2009: 103, 0.63‰; 1880: 248, 1.28‰). 1. Übername zu mhd. *diemüete, diemuot*, mnd. *dêmôt* 'Demut, Milde, Bescheidenheit'. 2. Metronym zum gleichlautenden einstigen Rufnamen. Dieser stammt aus ahd. *Diotmuot* (entsprechend wfrk. *Theudemōd*), das zu ahd. *diot* 'Volk' und *muot* 'Seele, Geist' gehört (vgl. Kaufmann 1968, S. 357). ❧ Besonders in Luxemburg, dem Moseldepartement sowie in ganz Deutschland verbreitet, doch auf deutscher Seite kaum in Grenznähe zu Luxemburg. ⌨ Fsv: 1611 *Demuth*. GDB: 1692 *Demuth*. 1859 *Demüth*.

DENGLER [ˈdæŋlɐ] (2009: 21, 0.13‰; 1880: 57, 0.29‰). Berufsname zu mhd. *tengeler* (mslfrk. *d-*) 'Hämmerer', Agensbildung zu mhd. *dengelen* (mslfrk. *t-*) 'klopfen, hämmern, die Sense durch Klopfen schärfen', demnach für den Handwerker, der die Sense durch Klopfen schärft. ⌨ GDB: 1659 *Dengeler* => 1694 *Dengler* = *Dengeler* => 1736 *Dengeler*. 1742 *Dengler* => 1775 *Dengler*, 1780 *Dengeler*.

DENIS [ˈdəniː] (2009: 29, 0.18‰; 1880: 16, 0.08‰). Meist französisches Patronym zum gleichlautenden Rufnamen. Dieser stammt aus lat. *Dionysius*. Zur weiteren Etymologie, siehe ↗*Dionysius*. ❧ Der Name kommt vor allem im frankophonem Kartierungsgebiet vor, mit deutlicher Streuung nach Luxemburg. ⌨ GDB: 1695 *Denis*.

DENTZER [ˈdæntsɐ] (2009: 32, 0.2‰; 1880: 37, 0.19‰). 1. Herkunftsname zu *Denzen* für eine Ortschaft im Hunsrück (heute Stadtteil der Gemeinde Kirchberg). 2. Übername zu mhd. *tenzer* (mslfrk. *t-*) 'Tänzer'. ❧ In der Graphie *Dentzer* erscheint der Name fast nur in Luxemburg. Auf deutscher Seite, besonders im Hunsrück, gilt *Denzer*, was für Etymologie 1 spricht. Außerhalb dieses Gebietes in Deutschland gelten *Dänzer* sowie *Tänzer, Tanzer, Tenzer, Täntzer*; und diese Formen gehören zu Etymologie 2. ⌨ Fsv: 1561 *Dentzers*. GDB: 1645 *Dentzer*.

DEPREZ [ˈdəpʁeː] (2009: 21, 0.13‰; 1880: 5, 0.03‰). Französischer Wohnstättenname mit agglutinierter Präposition zu frz. *pré* 'Wiese, Weide'. ⌨ GDB: 1742 *Deprez*.

DERNEDEN [dɛʁˈneːdən] (2009: 17, 0.1‰; 1880: 37, 0.19‰). VARIANTE(N) *Dernoeden*. Niederländischer Wohnstättenname zu mnl. *daer, dare* 'da' und *nêden* 'unten' (nnl. *dar* und *beneden*), demnach 'da unten wohnend'. ☞ Dem Familiennamen entspricht in Teilen des niederdeutschen Sprachraums *Dernedden, Darnedden* (zu mnd. *nedden* 'unten, unterhalb'), heute überwiegend *Dernedde, Darnedde*. Ebenso findet sich dort *Derboven, Darboven* (zu mnd. *boven* 'oben, oberhalb'), während in Maastricht historisch *Darachter* (zu mnd. und mnl. *achter* 'hinten') bezeugt ist (vgl. Zoder; Bahlow, S. 118). ⌨ GDB: 1682 *Dernoeden*. 1837 *Dernoeden* => 1874 *Derneden*.

DERNOEDEN (2009: 4, 0.02‰; 1880: 19, 0.1‰). ↗*Derneden*.

DETAIL / DÉTAIL [ˈdeːtaj] (2009: 16, 0.1‰; 1880: 11, 0.06‰). Französischer Wohnstättenname mit agglutinierter Präposition zu einem im französischen Sprachraum öfter auftretenden Toponym *Taille* 'Kahlschlag oder dgl.'. Vgl. z.B. *Les Tailles* im Arrondissement Bastogne (vgl. Germain-Herbillon, S. 362; Debrabandere, S. 411). ⌨ GDB: 1699 *Detaille*. 1828 *Detail*.

DEUTSCH [dɔɪtʃ] (2009: 41, 0.25‰; 1880: 71, 0.37‰). Herkunfts- bzw. Übername zu mhd. *diütisch* 'deutsch, deutschsprachig'. Vgl auch die französische Form des Ethnonyms ↗*Lallemand*. ❧ Der Name zeigt in Luxemburg, Deutschland sowie im Elsass und in Lothringen eine lose Streuung. ⌨ Fsv: 1611 *Deutsch*.

DEVAQUET [dəˈvakeː] (2009: 14, 0.09‰; 1880: 8, 0.04‰). Pikardisches, mit agglutinierter Präposition *de* deriviertes Patronym zu *Vaquet*, Berufsübername mit Diminutivsuffix *-et* zu pik. *vaque* 'Kuh', demnach für den Halter von Kühen oder den Hirten. 🕭 Der Familienname kommt heute nur noch in Luxemburg vor. Im 19. Jh. finden sich noch einige Träger im Norden Frankreichs. 📖 GDB: 1873 *Devaquet*.

Deville / Devillé ['dəvile:] (2009: 19, 0.12‰; 1880: 23, 0.12‰). Variante(n) *Devillers*. Französischer (wallonischer) Herkunftsname mit agglutinierter Präposition zu einem Toponym *Villers*, das in großer Zahl besonders in Wallonien auftritt. 📖 GDB: 1731 *Devillé*. 1746 *Devillers*.

Devillers (2009: 1, 0.01‰; 1880: 1, 0.01‰). ↗*Devillé*.

Deviscour (2009: 4, 0.02‰; 1880: 2, 0.01‰). ↗*Deviscour*.

Deviscourt [də'visku:ʀ] (2009: 1, 0.01‰; 1880: 0). Variante(n) *Deviscour*. Variante von ↗*Wiscourt*, mit agglutinierter Präposition.

De Waha [de'va:ha: // də'va:ha:] (2009: 30, 0.18‰; 1880: 37, 0.19‰). Französischer Herkunftsname mit agglutinierter Präposition zu *Waha* für eine Ortschaft in der Gemeinde Marche-en-Famenne, Provinz Luxemburg. 🕭 *De Waha* ausschließlich in Luxemburg, doch nicht im Norden, sowie vereinzelt bei Lüttich. Die präpositionslose Variante *Waha* sehr vereinzelt in Luxemburg und der gleichnamigen Nachbarprovinz. 📖 GDB: 1688 *De Waha*.

Dhur (2009: 37, 0.23‰; 1880: 26, 0.13‰). ↗*Duhr*.

Dichter ['diçtɐ] (2009: 41, 0.25‰; 1880: 36, 0.19‰). 1. Personalisierter Wohnstättenname zu lothr. *Dicht* f. 'Vertiefung, Tal, Bodeneinsenkung'. 2. Übername zu a) mhd. *diehter* n. 'Enkel'; b) mhd. *tihter* (mslfrk. *d-*) 'Verfasser, Dichter'. 🕭 Das Verbreitungsgebiet des Namens ist ausgesprochen regional und liegt hauptsächlich in Luxemburg und dem Bitburger Land. 📖 GDB: 1687 *Dichter*.

Dickes ['dikəs] (2009: 18, 0.11‰; 1880: 52, 0.27‰). 1. Übername zu rhein. *Dickes* 'schwerfälliger, dicker Mensch', pfälz. Koseform für einen pausbackigen Jungen. 2. Verkürzung aus *Dickhaus* ähnlich wie bei *Backhaus* > ↗*Backes*. 3. Eher unwahrscheinlich: Patronym zum gleichlautenden Rufnamen. Dieser ist luxemburgische Kurzform von *Benedikt* (vgl. LWB), dem das Appellativ lat. *benedictus* 'gepriesen, gesegnet' zu Grunde liegt. ☞ Zu dem im Fall von Etymologie 1 vorliegenden Suffix *-es*, siehe weiterführende Diskussion unter ↗*Friederes*. 📖 FSV: 1541 *Dickess Elsa*. GDB: 1745 *Dickes*.

Diderich (2009: 22, 0.13‰; 1880: 42, 0.22‰). ↗*Diederich*.

Diderrich (2009: 19, 0.12‰; 1880: 42, 0.22‰). ↗*Diederich*.

Didier ['didje:] (2009: 76, 0.47‰; 1880: 198, 1.02‰). Patronym zum gleichlautenden französischen Rufnamen. Dieser stammt aus lat. *Dēsīderius* und gehört zu lat. *dēsīderium* 'Sehnsucht, Wunsch'. 🕭 In Frankreich ist der Name mittelhäufig und überall verbreitet, bes. in den Vogesen (Rang 11 im Departement Vosges) und in Lothringen (Rang 30). *Didier* ist in Wallonien großflächig verbreitet, besonders in Lüttich, Brüssel und im Hennegau. Im Areler Land und in Luxemburg hat der Name eine leicht höhere Frequenz als in Wallonien, die Kontinuität mit dem Areler Land zeigt sich in Luxemburg durch eine erhöhte Konzentration im Westen. 📖 RB (1388-1500): *Desiderii, Desiderio, Desiderius, Didier*. GDB: 1682 *Didier*.

Didling ['didlɪŋ] (2009: 4, 0.02‰;

1880: 3, 0.02‰). Synkopierte Form von ↗*Diedeling*.

DIDLINGER ['dɪdlɪŋɐ] (2009: 2, 0.01‰; 1880: 5, 0.03‰). Personalisierte Form von ↗*Diedeling*.

DIEDELING ['didəlɪŋ] (2009: 1, 0.01‰; 1880: 0). VARIANTE(N) *Didling, Diedling*. GLEICHE BASIS *Didlinger*. Herkunftsname zu lb. *Diddeleng* (dt. *Düdelingen*, frz. *Dudelange*) für eine Ortschaft in der gleichnamigen Gemeinde. 📖 RB (1388-1500): *Bartel Paiffeyer van Dudelingen* = *Bartel von Dudelingen. Sadeler van Dudelingin.* FSV: 1541 *Dudlinger. Johann vonn Dudlingenn.* 1611 *de Diedlingen, Düdlinger, Düdlingen.* GDB: 1705 *Dideling.* 1742 *Didelling.* 1769 *Diedeling.* 1793 *Diedling.* 1846 *Didlinger.* VZ: 1880 *Dideling, Diedelinger, Dudling*.

DIEDENHOFEN ['diːdənhoːfən] (2009: 12, 0.07‰; 1880: 2, 0.01‰). Herkunftsname zu *Diedenhofen* (lb. *Diddenuewen*, frz. *Thionville*) für eine Stadt im Moseldepartement. 📖 RB (1388-1500): *Clesgin van Dydenhoven. Diederich dem Munch zu den Ausgustineren zu Diedenhoffen. Johan van Diedenhoffen. Lampricht von Diedenhouen. Richart van Dijdenhouen.* FSV: 1472 *Jehan van Diedenhoven.* 1541 *von Diedenhoben.* GDB: 1703 *Diedenhoven*.

DIEDERICH ['didəʀiɕ] (2009: 317, 1.94‰; 1880: 378, 1.95‰). VARIANTE(N) *Diderich, Diderrich, Diedrich.* Patronym zum gleichlautenden Rufnamen. Dieser stammt aus ahd. *Dieterīh* (mslfrk. -*d*-) mit germ. *þeudō 'Volk' (vgl. ahd. *diot*) und germ. *rīkja- 'mächtig' (vgl. ahd. *rīhhi* 'reich, mächtig'). Siehe auch ↗*Dietz*, ↗*Dirkes*, ↗*Ditsch*, ↗*Dittgen*, ↗*Thiery*. 🌿 Die häufigste Form im Großherzogtum ist *Diederich*, gefolgt von *Diderich*, *Diderrich* und *Diedrich*. In Deutschland ist mit Abstand *Dietrich* am frequentesten, gefolgt von *Diedrich, Diederich, Dieterich*. Zum Hauptverbreitungsgebiet von *Diderich* gehören die südliche Hälfte Luxemburgs und das Areler Land, aber auch einige Regionen Deutschlands, besonders der Großraum Ruhrgebiet, während *Diderrich* ausschließlich in Luxemburg vorkommt. Zum Fugenvokal in Patronymen aus *Dietrich* in Deutschland, siehe DFA 1, S. 708-717. ☞ Als Rufname verzeichnet das LWB *Déidrech*, als Hausname *an Déideres, Déidesch, Déidresch, Déidersch*. Zur althochdeutschen Form des Rufnamens gilt Folgendes anzumerken: Der in der Mittelsilbe befindliche Vokal von ahd. *Dieterīh*, der in anderen altdeutschen Varianten seltener als *a, i,* sowie in Latinisierungen besonders als *o* erscheint (vgl. Förstemann 1, Sp. 1145-1148), setzt nicht den Fugenvokal aus germanischer Zeit fort, da dieser nach langer Silbe lautgesetzlich geschwunden ist (daher die altdeutschen Varianten *Diedrīh, Dietrīh, Diotrīh, Thiedrīh, Thietrīh, Thiotrīh* u.a.). Der Mittelsilbenvokal in den dreisilbigen Formen erklärt sich vielmehr als Einschubvokal, der gerne vor einer mit *l* oder *r* anlautenden Folgesilbe zu Tage tritt (vgl. Kaufmann 1965, S. 195). 📖 RB (1388-1500): *Dederich, Diederich, Diederisch, Dyderich* u.a. FSV: 1611 *Diedrich, Diedrichs.* 1656 *Diederich, Diederichs.* GDB: 1680 *Diederich.* 1681 *Didrich.* 1732 *Didrig.* 1772 *Diederich.* VZ: 1880 *Didrich, Diederich, Diederichs, Diedrich*.

DIEDLING ['diːdlɪŋ] (2009: 2, 0.01‰; 1880: 48, 0.25‰). Synkopierte Form von ↗*Diedeling*.

DIEDRICH ['didʀiɕ] (2009: 14, 0.09‰; 1880: 103, 0.53‰). Fugenvokallose Variante von ↗*Diederich*.

DIENER ['diːnɐ] (2009: 27, 0.17‰; 1880: 9, 0.05‰). Berufsname zu mhd. *diener* 'Diener' für einen Bediensteten oder Beamten. 🌍 *Diener* zeigt in Luxemburg das größte Vorkommen im Kanton Vianden. Außerhalb des Großherzogtums ist der Name im Moseldepartement, Elsass und in weiten Teilen Deutschlands zu finden. 📖 RB (1388-1500): *diener*. GDB: 1690 *Diener* => 1726 *Doener*. 1740 *Diener* => 1768 *Doeners* = *Diener*, 1781 *Dieners* = *Diener*. 1800 *Doener* => 1826 *Diener*.

DIESBURG (2009: 1, 0.01‰; 1880: 5, 0.03‰). ↗*Dieschburg*.

DIESCHBOURG ['diːʃbuɐɕ] (2009: 28, 0.17‰; 1880: 65, 0.34‰). Französisierende Graphie von ↗*Dieschburg*.

DIESCHBURG [diːʃbuɐɕ] (2009: 4, 0.02‰; 1880: 31, 0.16‰). VARIANTE(N) *Diesburg*, *Dieschbourg*. Wohnstättenname zu *Diesburg* für einen Hof in Bollendorf im Eifelkreis Bitburg-Prüm. 🌍 *Dieschburg* findet sich heute sehr selten, war jedoch in der Volkszählung von 1880 noch deutlich häufiger vertreten. Die französisierende Variante *Dieschbourg* kommt ausschließlich in Luxemburg vor, besonders zwischen Echternach und Grevenmacher. 📖 GDB: 1703 *Diesbourg*. 1712 *Dieschbourg*. 1765 *Diesbourg* = *Dischbourg*. 1778 *Diesburg*.

DIETZ [diːts] (2009: 9, 0.06‰; 1880: 20, 0.1‰). Patronym zum gleichlautenden Rufnamen. Dieser geht zurück auf ahd. *Diozo*, *Diezo* und ist Koseform von Namen, die mit ahd. *diot* 'Volk' gebildet sind. Siehe auch ↗*Diederich*, ↗*Dirkes*, ↗*Ditsch*, ↗*Dittgen*. 🌍 *Dietz* ist in Luxemburg nur in der südlichen Hälfte anzutreffen. In Deutschland ist der Name breit gestreut und weitaus häufiger. Daneben findet sich hier, besonders im Saarland und in Rheinland-Pfalz, die flektierte Bildung *Dietzen*, die im Großherzogtum nur noch historisch bezeugt ist. 📖 FSV: 1611 *Dietze*, *Dietz*. 1656 *Dietzen*. GDB: 1680 *Dietz*. 1707 *Dietzen*. Vz: 1880 *Dietz*, *Ditz*.

DIFFERDANGE ['difɐdãːʒ] (2009: 1, 0.01‰; 1880: 2, 0.01‰). Französische Form von ↗*Differding*.

DIFFERDING ['difɐdɪŋ] (2009: 21, 0.13‰; 1880: 65, 0.34‰). VARIANTE(N) *Differdange*. Herkunftsname zu *Differdingen* (lb. *Déifferdeng*, frz. *Differdange*) für eine Ortschft in der gleichnamigen Gemeinde. 🌍 *Differding* und *Differdange* begegnen fast ausschließlich in Luxemburg und im Areler Land, wobei *Differdange* vor allem in letzterem Gebiet auftritt und dort die dominierende Form ist. 📖 RB (1388-1500): *Bour Johan van Dieferdingen* = *Bour Johan van Dieffordingen*. *Cleschins des Schroders van Dyuerdingen*. *Dieffordingers Clais*. *Dieffordingin dem Steynmetze*. *Johan van Dieffordingen der Becker* = *Johan van Differdingen der Becker*. FSV: 1611 *Differdingen*. GDB: 1680 *Differding*. 1691 *Differding* => 1730 *Differdingen*. 1747 *Differdange*.

DIMER (2009: 1, 0.01‰; 1880: 0). ↗*Dimmer*.

DIMMER ['dimɐ] (2009: 56, 0.34‰; 1880: 31, 0.16‰). VARIANTE(N) *Dimer*. Patronym zum gleichlautenden Rufnamen. Dieser ist regionalsprachliche, z.B. pfälzische Variante von *Dietmar*. Zu Grunde liegt ahd. *Diotmār*, das ahd. *diot* 'Volk' und *māri* 'bekannt, berühmt, angesehen' beinhaltet. 🌍 Das Hauptverbreitungsgebiet von *Dimmer* sind der Osten Luxemburgs und das Bitburger Land. *Diemer* ist dagegen außer im Ruhrgebiet überwiegend in der südlichen Hälfte Deutschlands anzutreffen und streut besonders in der Pfalz, in Südhessen, dem nördlichen Baden-Württemberg und in Unterfranken. Auch im Elsass, besonders dem Unterelsass, sowie im Moseldepartement kommt der Name vor. ☞ Neben Aussprachen mit kurzem *i* gelten für den Familiennamen solche mit langem *i*, die sich in Luxemburg praktisch nur noch in historischen Schreibungen *Dimer, Diemer* niederschlagen. Auch ein entsprechender Hausname in Halsdorf *an Dimesch* wird mit langem *i* gesprochen. Dieses *i* hört sich so an, als ob ihm jenes mhd. kurze *i* (oder *ü*) in offener Silbe zu Grunde liegen würde, das in einem Streifen des westmoselfränkischen Sprachgebiets (im Osten Luxemburgs sowie auf deutscher Seite an der Mosel, im Raum Bitburg, Prüm, Trier, Wittlich) als langes *i*, doch zentral- und westluxemburgisch als kurzes *i* erscheint: *Himel* vs. *Himmel*. Der Rufname *Dietmar* hat jedoch mhd. *ie*, und daher wäre für das Luxemburgische lautgesetzlich **Déimer* zu erwarten: vgl. den Rufnamen *Déidrech* (< *Diederich*) sowie entsprechende Hausnamen *an Déideres, Déide(r)sch, Déidresch* im LWB. Dieser Befund spricht dafür, dass der Familienname *Diemer* nicht in Luxemburg entstanden ist, sondern aus einem Sprachgebiet importiert wurde, in dem der Diphthong mhd. *ie* wie mhd. *i* in offener Silbe als Monophthong erscheint. In Betracht käme beispielsweise das Pfälzische, zumal das Pfälzische Wörterbuch *Diemer* als Rufname anführt, daneben *Dietrich*, für das die Aussprache *dīdrix̌* notiert wird. ⌑ GDB: 1727 *Dimmer*. 1740 *Diemer*. 1779 *Dimer*.

DIONYSIUS [djoˈniːzjus] (2009: 12, 0.07‰; 1880: 8, 0.04‰). Patronym zum gleichlautenden Rufnamen. Dieser stammt, durch lateinische Vermittlung, aus griech. *Dionýsios* 'der dem Gott Dionysos Geweihte'. Siehe auch ↗*Nies*, ↗*Denis*. ✧ Der Name kommt fast nur in Luxemburg vor. ⌑ FSV: 1656 *Dionisius*. GDB: 1723 *Dionisy*. 1835 *Denisius* = *Dionysius*.

DIRCKES (2009: 6, 0.04‰; 1880: 3, 0.02‰). ↗*Dirkes*.

DIRKES [ˈdiʀkəs] (2009: 15, 0.09‰; 1880: 18, 0.09‰). VARIANTE(N) *Dirckes*. Flektiertes Patronym (Mischgenitiv) zum Rufnamen *Dirk*. Dieser ist eine niederdeutsche und rheinische Koseform von ↗*Diederich*. ⌑ GDB: 1719 *Dirkes* => 1762 *Dierckes*. 1744 *Dirkes* => 1733 *Dirikes*, 1781 *Dirckes*. 1786 *Dirkes* => 1820 *Dierkes*. 1854 *Dierkens*.

DISEVISCOURT (2009: 7, 0.04‰; 1880: 0). ↗*Disiviscour*.

DISEWISCOURT (2009: 6, 0.04‰; 1880: 0). ↗*Disiviscour*.

DISIVISCOUR [diziˈviskuːʀ] (2009: 19, 0.12‰; 1880: 12, 0.06‰). VARIANTE(N) *Diseviscourt, Disewiscourt, Diswiscour*. Herkunftsname mit agglutinierter Präposition zu *Séviscourt* (wa. *Sivisçoû, Zviscoûrt*) für ein Dorf der Gemeinde Libramont-Chevigny, Provinz Luxemburg. ☞ In den genealogischen Datenbanken finden sich Belege des Typs *De Wiscour, Wiscourt* u.ä. Diese zeigen, wie die modernen Formen ↗*Deviscour*, ↗*Deviscourt*, ↗*Wiscour*, ↗*Wiscourt*, eine Reinterpretation des Familiennamens als Herkunftsname zu *Viscourt* für eine Örtlichkeit der Gemeinde Walcourt, Provinz Namur. An die genannten Bildungen konnte sich andererseits der (heute nicht mehr geläufige) Familienname *Wicourt*, Herkunftsname zu *Wicourt* für eine Örtlichkeit der Gemeinde Bastogne, Provinz Luxemburg, anlehnen: 1615 *Wicourt* => 1645

Pierra => 1673 *Pierra = De Wiscour*, 1674 *De Wiscourt*, 1677 *De Wicourt = Pira*, 1679 *Vicour*, 1682 *Wicour*. 📖 GDB: 1638 *Desviscour* => 1665 *De Wiscour = Deviscour* => 1690 *Desviscour* (=> 1715 *Des Viscour = Deviscour* => 1739 *Des Viscour* => 1778 *Disviscour*, 1780 *Desviscour*, 1782 *Wiscour*, 1786 *Diseviscourt*, 1789 *Viscourt*, 1794 *Deswiscourt*), 1695 Desviscour, 1697 *Disviscour* (=> 1725 *Deviscour*, 1726 *Viscour = Deviscour*, 1728 *Disviscour = Deviscour*, 1731 *Deviscour*, 1733 *Discour = Diseviscour*, 1741 *Viscour* [=> 1772 *Deviscour* => 1802 *Deviscour* => 1834 *Diviscour*]). 1816 *Diseviscour* => 1844 *Disiviscour*.

DISWISCOUR [dis'visku:ʀ] (2009: 1, 0.01‰; 1880: 19, 0.1‰). ↗*Disiviscour*.

DITSCH [ditʃ] (2009: 5, 0.03‰; 1880: 36, 0.19‰). Patronym zum gleichlautenden Rufnamen. Dieser ist eine mit dem Suffix -*sch* gebildete Koseform von Namen mit ahd. *diot* 'Volk'. Siehe auch ↗*Diederich*, ↗*Dietz*, ↗*Dirkes*, ↗*Dittgen*. ☞ Zur Genese und Entwicklung des Suffixes -*sch*, siehe ↗*Fritsch*. Zum Ausgang -*sch* in weiteren Namen, vgl. ↗*Fautsch*, ↗*Kunsch/Künsch*, ↗*Loutsch*. 📖 GDB: 1831 *Ditsch*.

DITTGEN ['ditçən] (2009: 3, 0.02‰; 1880: 0). 1. Patronym zum (einstigen) gleichlautenden Rufnamen. Dieser ist eine Diminutivbildung von *Ditt*, das aus ↗*Diederich* verkürzt ist oder direkt auf ahd. *Dioto*, zu ahd. *diot* 'Volk', zurückgeht. 2. Deriviertes Patronym (Diminutivbildung) zur Kurzform: 'Ditt junior'. Siehe auch ↗*Diederich*, ↗*Dietz*, ↗*Dirkes*, ↗*Ditsch*. ⓛ In Luxemburg nur im Minette. Häufiger im Saarland und Moseldepartement. ☞ Auch als Hausname belegt: z.B. *an Dittges* in Walferdingen (Bour, S. 45). Das LWB verzeichnet die Rufnamenvarianten *Ditt, Ditz, Dittchen*, die dort jedoch zu *Theodor* gestellt werden. 📖 Fsv: 1611 *Diedgen, Diedges, Dietgen, Dietges*. GDB: 1720 *Dietges*. Vz: 1880 *Ditgens*.

DOCKENDORF ['dokəndɔʀf] (2009: 15, 0.09‰; 1880: 0). VARIANTE(N) *Dockendorff*. Herkunftsname zum gleichlautenden Toponym für eine Gemeinde im Eifelkreis Bitburg-Prüm. 📖 GDB: 1730 *Dockendorf*. 1835 *Dockendorf = Dokendorf*.

DOCKENDORFF (2009: 1, 0.01‰; 1880: 12, 0.06‰). ↗*Dockendorf*.

DOEMER ['dø:mɐ] (2009: 17, 0.1‰; 1880: 18, 0.09‰). 1. Personalisierter Wohnstättenname zu mhd. *tuom* (mslfrk. *d-*) 'bischöfliche Kirche, Stiftskirche, Dom'. 2. Übername zu rhein. *dömen, dömeln* 'langsam, unbeholfen gehen, arbeiten, sein', *Dömes, Dömert* 'langsamer, unbeholfener Mensch'. 📖 GDB: 1797 *Doemer*. Vz: 1880 *Dœmer, Dœmmer*.

DOFFING (2009: 11, 0.07‰; 1880: 14, 0.07‰). Germanisierte Form von ↗*Dauphin*.

DOFING (2009: 3, 0.02‰; 1880: 7, 0.04‰). Germanisierte Form von ↗*Dauphin*.

DOMINICY [domi'nisi:] (2009: 20, 0.12‰; 1880: 32, 0.17‰). Flektiertes Patronym (lateinischer Genitiv) zum Rufnamen *Dominicus*. Dieser ist lateinischen Ursprungs und entspricht dem Adjektiv lat. *dominicus* 'zum Herrn gehörig', einer Ableitung von *dominus* 'Herr'. 📖 Fsv: 1611 *Dominicus*. GDB: 1732 *Dominicy*.

DONCKEL (2009: 9, 0.06‰; 1880: 22, 0.11‰). ↗*Dunkel*.

DONDELINGER ['dondəlɪŋɐ] (2009: 109, 0.67‰; 1880: 314, 1.62‰). VARIANTE(N) *Dondlinger*. Personalisierter Herkunftsname zu *Dondelingen* (lb. *Dondel*, frz. *Dondelange*) für eine Ortschaft in der Gemeinde Kehlen. ⓛ *Dondelinger* mehrheitlich in Luxemburg, doch kaum im Norden. Leichte Streuung in den Westen ins Areler Land sowie in den Osten in den Landkreis Bitburg-Prüm und nach Trier. *Dondlinger* nur im Großherzogtum. 📖 RB (1388-1500): *Jehan van Dondelinge = Johann van Dondelingen*. FSV: 1611 *von Donlingen, Donlinger*. 1656 *Dondlingen, Dondlinger*. GDB: 1652 *Donlinger*. 1667 *Dondelinger* => 1695 *Donlinger*. 1690 *Dondling* => 1739 *Dondelinger*. 1715 *Dondlinger* => 1745 *Dondelinger*.

DONDLINGER ['dondlɪŋɐ] (2009: 39, 0.24‰; 1880: 157, 0.81‰). Variante von ↗*Dondelinger*, mit Synkope des Nachtonvokals.

DONVEN ['donvən] (2009: 46, 0.28‰; 1880: 39, 0.2‰). Herkunftsname zum gleichlautenden Toponym, heute *Niederdonven* (lb. *Nidderdonwen*) für ein Dorf in der Gemeinde Flaxweiler. ⓢ Besonders im Süden Luxemburgs. 📖 RB (1388-1500): *Meiger van Dondfen. Peter van Donvan*. FSV: 1656 *Donfen, Donven*. GDB: 1718 *Donven*.

DOSBOURG [doːsbuɐɕ] (2009: 3, 0.02‰; 1880: 0). Regionalsprachliche Variante von ↗*Dasburg*, mit Verdumpfung *a > o*.

DOSTERT ['dostɐt] (2009: 153, 0.94‰; 1880: 223, 1.15‰). Übername zu rhein. *Dostert* 'einer der dostert', Agensbildung zu rhein. *dostern* 'übereifrig sein, sich überstürzen u.a.'. Im Südhessischen gilt neben dem Verb *dostern, doschtern* das Substantiv *Dosterer* 'unsicher gehender alter Mann; ruheloser, unsteter Mensch' (ShessWB). ⓢ Luxemburg, Moseldepartement sowie in Deutschland besonders der Moselabschnitt bis Trier. ☞ Der Aussprache des Familiennamens *Dostert* mit kurzem *o* in Luxemburg steht in der angrenzenden Region auf deutscher Seite, z.B. in Wawern an der Saar, die Aussprache mit langem geschlossenem *o* gegenüber. Dieses lange geschlossene *o* entspricht im letzteren Gebiet dem *o* wie im Wort für *rosten*, während die Wörter für *Lust* und *Brust* mit kurzem *o* gesprochen werden. Dies bedeutet, dass für *Dostert* von einem mhd. kurzen *o* auszugehen ist und dass der Name in Luxemburg eine Leseaussprache angenommen hat, da eine lauthistorisch konsequente Aussprache lb. **Daschtert* lauten müsste (vgl. lb. *raschten* 'rosten'). Mögliche Anknüpfungen zum zu Grunde liegenden Verb rhein. *dostern* sind das Adjektiv *dösig* 'schläfrig benommen' sowie das Verb *dösen* 'halb schlafen', die beide aus dem Niederdeutschen stammen (vgl. Kluge, S. 2131). Vor den beschriebenen lauthistorischen Hintergründen wird folgende Etymologie hinfällig: Marc Trossen (1988, S. 122) sieht als Ausgangspunkt des Familiennamens den Dosterthof oder Dosterterhof in der Gemeinde Berdorf. Doch die lokale Aussprache *op Doustert* für den Hof spricht gegen einen Zusammenhang mit dem Appellativ rhein. *Dostert*, weil in der lokalen Mundart *ou* für mhd. *uo* steht, während hingegen mhd. *ô* kurzes oder langes *u* ergeben hat: vgl. mhd. *bluot > Blout*, mhd. *bruoder > Brouder* vs. mhd. *ôsteren > Usteren*, mhd. *grôʒ > gruuss*. Mit einigem Vorbehalt erwägt Trossen im Hofnamen *Dostert* eine Ableitung von *Dosbach*, in lokaler Aussprache *Dousbach*, dem Namen für den in Hofnähe befindlichen Bach. In der Tat ist aufgrund des gleichen Vokalismus zwischen *Doustert* und *Dousbach* ein (noch näher zu untersuchender) Zusammenhang zwischen Hof- und Bachname sehr naheliegend, doch eine Verbindung mit dem Familiennamen *Dostert* ist aufgrund des (auch historisch) ungleichen Tonvokals nicht möglich. 📖 GDB: 1677 *Dostert*.

DRAUDEN [ˈdʀɑʊdən] (2009: 4, 0.02‰; 1880: 20, 0.1‰). Flektiertes Patro- oder Metronym zu ↗*Draut*.

DRAUT [dʀɑʊt] (2009: 22, 0.13‰; 1880: 40, 0.21‰). VARIANTE(N) *Drauth*. GLEICHE BASIS *Drauden*. Patro- oder Metronym zum gleichlautenden Rufnamen. Dieser stammt aus ahd. *Drūdo* oder *Drūda* und beinhaltet germ. **þrūþi* 'Kraft, Stärke'. 📖 GDB: 1635 *Drauden*. 1674 *Draudt*. 1683 *Drauden* => 1718 *Draut*. 1700 *Draud*. 1716 *Draut*.

DRAUTH (2009: 3, 0.02‰; 1880: 6, 0.03‰). ↗*Draut*.

DUBOIS [ˈdybwa // ˈdybwaː] (2009: 21, 0.13‰; 1880: 0). Wohnstättenname mit agglutinierter Präposition und agglutiniertem Artikel zu frz. *bois* 'Wald'. 🌐 *Dubois* findet sich überwiegend im Süden Luxemburgs und dem Areler Land. Sehr frequenter Name in ganz Wallonien (steht dort auf Rang 1) und Frankreich. Vereinzelt auch bei Trier, in der Pfalz, am Rhein sowie im Ruhrgebiet. ☞ Aus genealogischen Quellen geht hervor, dass im romanisch-germanischen Kontaktgebiet der Familienname *Dubois* mitunter das Ergebnis einer fehlerhaften Übersetzung des deutschen Familiennamens *Holzmacher* darstellt (vgl. Muller, C. 2014a, S. 127f). 📖 GDB: 1741 *Dubois*.

DUCHSCHER [ˈduʃɐ] (2009: 5, 0.03‰; 1880: 5, 0.03‰). Kontrahierte Variante von ↗*Duchscherer*.

DUCHSCHERER [ˈduʃəʀɐ] (2009: 4, 0.02‰; 1880: 2, 0.01‰). VARIANTE(N) *Duchscher, Duscherer*. Berufsname für mhd. *tuochschërer* (mslfrk. *d-*) 'Tuchscherer'. Siehe auch ↗*Scheer*. 📖 RB (1388-1500): *Doechscherer. Doichscherrer = Doichscherer = Douchscherrer. Duch Scherrer. Duchscherer = Scherer*. FSV: 1611 *Dochscherer*. GDB: 1783 *Duchscherer* => *Duchscher*. 1813 *Duchscher*. 1827 *Ducherer*. VZ: 1880 *Duscher, Ducherer*.

DUHR / DÜHR [dyːɐ] (2009: 68, 0.42‰; 1880: 51, 0.26‰). VARIANTE(N) *Dhur*. GLEICHE BASIS *Duren*. Übername zu mhd. *dürre, durre* 'dürre, trocken, mager', möglicherweise für einen mageren Menschen. 🌐 Zum Hauptverbreitungsgebiet von *Duhr* gehören Luxemburg, mit Konzentration in der südlichen Hälfte, und das Moseldepartement. Jedoch kann außerhalb Deutschlands *Duhr* von *Dühr*, das dort nicht vorkommt, nicht unterschieden werden. In Deutschland findet sich *Duhr* besonders entlang der Mosel sowie am Mittel- und Niederrhein. *Dhur* konzentriert sich besonders im Norden des Großherzogtums und in der Deutschsprachigen Gemeinschaft. Ansonsten ist in Belgien der Name inklusive Varianten insgesamt selten. Die flektierte Bildung *Duren* ist überwiegend in der südlichen Hälfte Luxemburgs anzutreffen. ☞ 1880 hat *Duhr* 74 und *Dühr* 51 Namenträger, während *Dhur* mit 26 und *Duren* mit 58 Namenträgern nur ohne Umlaut vorkommen. Im Luxemburgischen ist das Wort für 'dürr' durchwegs mit Umlaut bezeugt (*ja*-Stamm): *dir*. Doch das Rheinische kennt auch Formen ohne Umlaut (*u*-Stamm). Im Lothringischen gilt nur *durr*, auch in Bezug auf eine Person im Sinne von 'mager'. Ähnlich dominieren im Elsässischen die Formen mit *u*, doch sind diese nicht ausschließlich. Im Straßburger Bürgerbuch (1440-1530) erscheinen die Beinamen *Düre, Duer, Tur, Dyr* (vgl. Erpelding 1988b, der sich ausführlich mit dem Familiennamen *Duhr* beschäftigt, ohne sich jedoch auf eine Etymologie festlegen zu können). 📖 Fsv: 1561 und 1611 *Durren*. 1611 *Dur, Durre*. GDB: 1610 *Duhr*. 1617 *Dhur*. 1748 *Duren*. 1763 *Duhren*. 1765 *Dhür* => 1795 *Dhur*. 1785 *Duhr* => 1811 *Dühr*. 1820 *Duhr* => 1856 *Dur*. 1848 *Dür* => 1778 *Duhr*.

DUMMONG [ˈdymɔŋ] (2009: 7, 0.04‰; 1880: 4, 0.02‰). ↗*Dumong*.

DUMONG [ˈdymɔŋ] (2009: 19, 0.12‰; 1880: 19, 0.1‰). Germanisierte Form von ↗*Dumont*.

DUMONT [ˈdymã:] (2009: 77, 0.47‰; 1880: 161, 0.83‰). VARIANTE(N) *Dumong*. Französischer Wohnstättenname zu frz. *mont* 'Berg' mit Agglutinierung der Präposition und des Artikels. 🌐 *Dumont* ist in Luxemburg sowie im gesamten frankophonen Kartierungsgebiet verbreitet. In Deutschland streut der Name im Saarland, ferner u.a. entlang des Ober- und Niederrheins. Die germanisierte Form *Dumong* gilt nur in Luxemburg, ebenso *Dummong*, das vereinzelt im Süden des Landes anzutreffen ist. 📖 Fsv: 1656 *Dumont*. GDB: 1640 *Dumong* => 1670 *Dumont* = *Dumond* => 1701 *Dumond*. 1728 *Dumont*. 1732 *Dumong*. 1766 *Dumong* => 1796 *Dumont* = *Dumong* = an *Dumongs* (Hausname) => 1882 *Dumong* = *Dumont*. 1797 *Dumon* = *Dumont*.

DUNKEL [ˈduŋkəl] (2009: 22, 0.13‰; 1880: 32, 0.17‰). VARIANTE(N) *Donckel*. Übername zu mhd. *tunkel* (mslfrk. *d-*) 'dunkel, trübe', z.B. für einen Menschen mit dunkler Haut- oder Haarfarbe. 📖 GDB: 1731 *Donckel*. 1743 *Dunkel* => 1770 *Dunckel*. 1747 *Dunckel*.

DUPONG [ˈdypɔŋ] (2009: 20, 0.12‰; 1880: 10, 0.05‰). Germanisierte Form von ↗*Dupont*.

DUPONT [ˈdypã:] (2009: 95, 0.58‰; 1880: 203, 1.05‰). VARIANTE(N) *Dupong*. Französischer Wohnstättenname zu frz. *pont* 'Brücke', mit Agglutinierung des Artikels und der Präposition. 🌐 In Luxemburg ist der Name überall anzutreffen, in Deutschland seltener in Rheinland-Pfalz und im Saarland. Sehr häufiger Name in Frankreich und Wallonien. Die germanisierte Variante *Dupong* vor allem in Luxemburg, auch in der belgischen Provinz Hennegau. 📖 GDB: 1641 *Dupont*. 1700 *Dupong*. 1742 *Dupont* => 1787 *Dupond*. 1754 *Dupon*. 1814 *Duppong*.

DUPREL [ˈdypʀæl] (2009: 19, 0.12‰; 1880: 6, 0.03‰). Französischer Wohnstättenname (mit Agglutinierung der Präposition und des Artikels) zu afrz. *praël* 'kleine Wiese; Innenhof' (= nfrz. *préau*). 📖 GDB: 1737 *Duprel*.

DURBACH [ˈduʀbax] (2009: 19, 0.12‰; 1880: 34, 0.18‰). Wohnstättenname zu einem gleichnamigen Hydronym im Areler Land. Der Durbach "entspringt zu Bardenburg und ergießt sich in die Eisch" (Warker, S. 103). 📖 GDB: 1633 *Durbach*.

DUREN [ˈdy:ʀən // ˈdu:ʀən] (2009: 12, 0.07‰; 1880: 58, 0.3‰). Flektiertes Patronym zu ↗*Duhr*.

DURY [ˈdyʀi: // ˈduʀi:] (2009: 20, 0.12‰; 1880: 26, 0.13‰). Wohnstättenname zu wa. *ri* 'Bach', mit Agglutination der Präposition und des Artikels. 📖 GDB: 1727 *Dury*.

DUSCHERER [ˈduʃəʀe] (2009: 2, 0.01‰; 1880: 5, 0.03‰). Kontrahierte Variante von ↗*Duchscherer*.

E

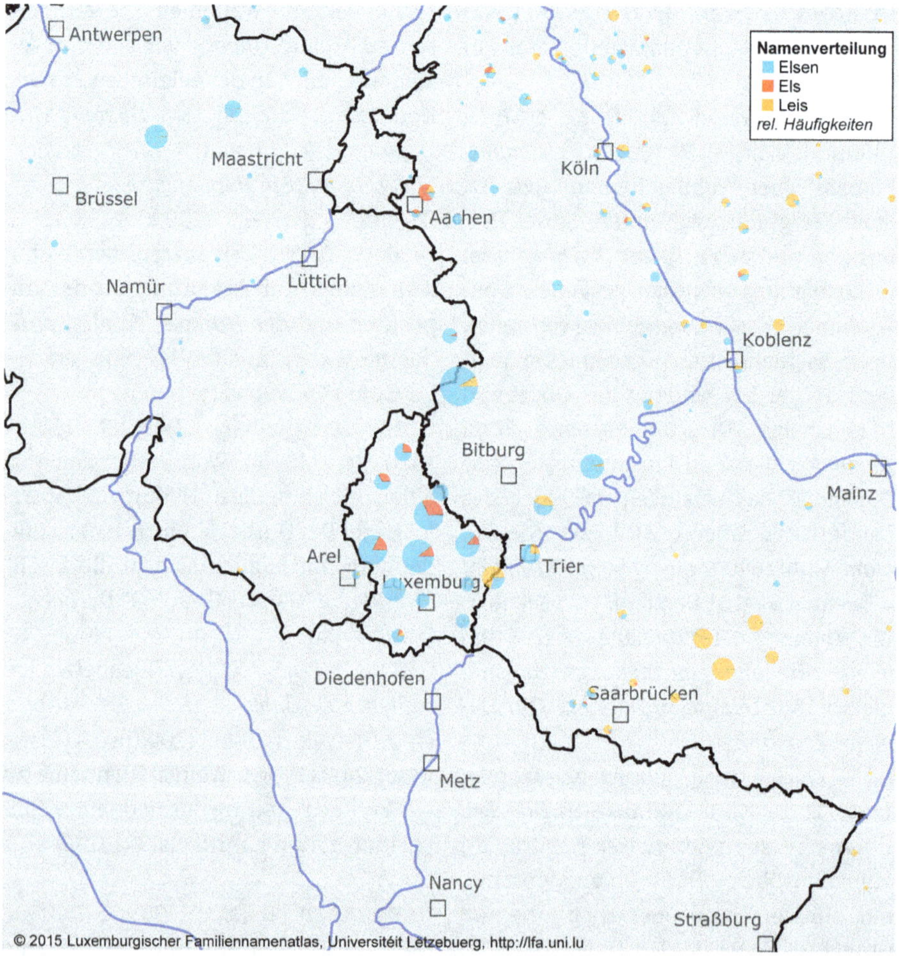
Namenverteilung
Elsen
Els
Leis
rel. Häufigkeiten
Antwerpen
Maastricht
Brüssel
Köln
Aachen
Namür
Lüttich
Koblenz
Bitburg
Mainz
Arel
Trier
Luxemburg
Diedenhofen
Saarbrücken
Metz
Nancy
Straßburg
© 2015 Luxemburgischer Familiennamenatlas, Universitéit Lëtzebuerg, http://lfa.uni.lu

EBERHARD [ˈeːbəhaːʀt] (2009: 27, 0.17‰; 1880: 19, 0.1‰). VARIANTE(N) *Eberhardt*. Patronym zum gleichlautenden Rufnamen. Dieser geht zurück auf ahd. *Eburhart* und beinhaltet ahd. *ebur* und *hart, herti* 'hart, kräftig, stark'. Siehe auch ↗*Ewert*. ⓢ *Eberhard* zeigt das größere Vorkommen in Luxemburg sowie im Süden und Südwesten Deutschlands, die Schreibvariante *Eberhardt* im Rest Deutschlands sowie in Ostlothringen und dem Elsass. ☞ Die französische Entsprechung von *Eberhard* lautet ↗*Evrard*. Die Formen *Everard*, ↗*Ewerard* sind dagegen sprachlich sowohl dem regionalen Deutschen als auch dem Französischen zuzuordnen, wobei im letzteren Fall *Ewerard* die deutsche Schreibweise des französischen Namens repräsentieren würde. 📖 RB (1388-1500): *Eberhard, Efferard, Efferart*. FSV: 1472 *Meister Everhart*. 1611 *Everards, Everard*. 1656 *Eberhardt, Eberhardts*. GDB: 1743 *Eberhard*. 1749 *Everard* => 1785 *Ewerard*. 1805 *Everard* => 1836 *Ewerart*.

EBERHARDT (2009: 8, 0.05‰; 1880: 7, 0.04‰). ↗*Eberhard*.

EBERT (2009: 2, 0.01‰; 1880: 1, 0.01‰). ↗*Ewert*.

ECK [æk] (2009: 11, 0.07‰; 1880: 17, 0.09‰). GLEICHE BASIS *Ecker*. Wohnstättenname zu mhd. *ecke* 'Ecke, Kante, Winkel'. ⓢ *Eck* ist in Luxemburg selten, häufiger in Ostlothringen und dem Elsass. *Ecker* ist überall in Luxemburg zu finden, seltener dagegen im Moseldepartement und dem Elsass. In Deutschland sind sowohl *Eck* als auch *Ecker* weit verbreitet. 📖 GDB: 1715 *Eckers*. 1820 *Ecker*. VZ: 1880 *Eck*.

ECKER [ˈækɐ] (2009: 51, 0.31‰; 1880: 48, 0.25‰). Personalisierte Form von ↗*Eck*.

EHLINGER [ˈeːlɪŋɐ] (2009: 32, 0.2‰; 1880: 69, 0.36‰). Personaliserter Herkunftsname zu *Ehlingen* (lb. *Éileng*, frz. *Ehlange*), Gemeinde Reckingen. ⓢ Der Name ist hauptsächlich in Luxemburg, Südlothringen und dem Oberelsass verbreitet. 📖 GDB: 1734 *Elinger*. 1770 *Ehlinger*.

EHMANN [ˈeːman] (2009: 22, 0.13‰; 1880: 11, 0.06‰). Übername zu mhd. *êman* 'Ehemann'. Das Wort beinhaltet mhd. *êwe, ê*, das ursprünglich 'Sitte, Recht' bedeutet und erst im Mittelhochdeutschen speziell auch die Ehe bezeichnet. 📖 GDB: 1800 *Ehmans*. 1868 *Ehmann*.

EICH [aɪɕ] (2009: 23, 0.14‰; 1880: 21, 0.11‰). 1. Herkunftsname zu *Eich* (lb. *Eech*) für einen Stadtteil der Gemeinde Luxemburg. 2. Wohnstättenname zu einem Flurnamen mit mhd. *eich* 'Eiche'. Siehe auch ↗*Eicher*, Etymologie 2. ⓢ Luxemburg, Moseldepartement, Elsass. In Deutschland vor allem im Westen und Süden. 📖 RB (1388-1500): *Wilhelm Steynmetz van Eich = Wilhem Steynmetzer van Eyche = Wilhem van Eiche = Willem van Eych dem Steimetz* u.v.m. FSV: 1611 *von Eich, zu der Eich*. 1656 *Eych, zu der Eych*. GDB: 1729 *Eich* => 1773 *Eicher*.

EICHER [ˈaɪɕɐ] (2009: 66, 0.4‰; 1880: 118, 0.61‰). GLEICHE BASIS *Eichers*. 1. Variante von ↗*Eichhorn*, mit regionalsprachlicher Abschwächung der Zweitsilbe und Schwund des auslautenden *-n*. 2. Personalisierte Form von ↗*Eich*. 3. Amtsname zu mhd. *îcher* m. 'Eicher, Visierer'. 📖 FSV: 1611 *Eicher, Eichers*. 1656 *Eychers*. GDB: 1653 *Eicher* => 1682 *Eicher = Eichers*, 1684 *Eychorn*, 1689 *Eicher = Eichhorn*, 1692 *Eyschorn*. 1677 *Eichhorn = Eychers*. 1692 *Euchorn* => 1722 *Eicher* => 1745 *Eycher*, 1758 *Eichhorn*. 1698 *Eichers* => 1726

Eicher. 1710 *Eichers* => 1741 *Eichorn.* 1720 *Eichhorn* = *Eicher.* 1729 *Eich* => 1773 *Eicher.* 1750 *Eicher* => 1794 *Eichorn.*
EICHERS [ˈɑɪꞔes] (2009: 3, 0.02‰; 1880: 0). Flektiertes Patronym zu ↗*Eicher.*
EICHHORN [ˈɑɪꞔhɔʀn] (2009: 8, 0.05‰; 1880: 55, 0.28‰). 1. Übername zu mhd. *eichorn* m. 'Eichhorn'. 2. Wohnstättenname nach einem Eichhorn als Hauszeichen. Siehe auch ↗*Eicher*, Etymologie 1. 📖 Fsv: 1656 *Eychorn.* GDB: 1653 *Eicher* => 1682 *Eicher* = *Eichers*, 1684 *Eychorn*, 1689 *Eicher* = *Eichhorn*, 1692 *Eyschorn.* 1677 *Eichhorn* = *Eychers.* 1692 *Euchorn* => 1722 *Eicher* => 1745 *Eycher*, 1758 *Eichhorn.* 1710 *Eichers* => 1741 *Eichorn.* 1720 *Eichhorn* = *Eicher.* 1750 *Eicher* => 1794 *Eichorn.* 1792 *Eichorn* => 1823 *Eichhorn.*
EIDEN [ˈɑɪdən] (2009: 2, 0.01‰; 1880: 11, 0.06‰). Flektiertes Patronym zu ↗*Eydt.*
EIFES (2009: 13, 0.08‰; 1880: 20, 0.1‰). ↗*Eiffes.*
EIFFES [ˈɑɪfəs] (2009: 51, 0.31‰; 1880: 63, 0.33‰). VARIANTE(N) *Eifes.* GLEICHE BASIS *Eufers.* Möglicherweise flektiertes Patronym (Mischgenitiv) zu einem einstigen Rufnamen *Eiwe.* Diesem entspräche ahd. *Ivo* (als *Īwo* zu lesen), das letztlich zu ahd. *īwa* 'Eibe' gehören könnte. 🍀 Sowohl *Eiffes* als auch *Eifes* sind ausschließlich in Luxemburg verbreitet. ☞ In den genealogischen Datenbanken finden sich hyperkorrekte Graphien mit ‹eu› für ‹ei›. Ebenso hyperkorrekt ist die heutige Graphie mit ‹f›, ‹ff›. Für das Luxemburgische wäre nämlich lautgesetzlich *Eiwes* zu erwarten, doch ist diese Form immerhin mehrfach historisch belegt (auch als *Eives*). Des Weiteren zeigen die genealogischen Datenbanken den Übergang von flektierten zu derivierten Formen, die ihrerseits wiederum flektiert sind: *Eiwers, Euffers, Eufers, Euwers.* 📖 RB (1388-1500): *Yffen Heynne van Sevenborn.* FSV: 1561 *Ifes.* GDB: 1691 *Eiffes* => 1721 *Eiwes* => 1767 *Eiwes* => 1795 *Euwers* = *Eiwers*, 1797 *Eufers.* 1734 *Eifes* => 1764 *Eiffes.* 1758 *Eufes* => 1794 *Euffes.* 1759 *Eives* => 1789 *Eiffes.* 1767 *Eiffes* => 1809 *Euffes.* 1781 *Eufes* => 1809 *Euves*, 1813 *Eiffes.* 1889 *Euffers.*
EILENBECKER [ˈɑɪlənbæke] (2009: 14, 0.09‰; 1880: 48, 0.25‰). Berufsname zu mhd. *ûle* f. 'Topf' und mhd. *becker* 'Becker' für den Töpfer; entsprechend das luxemburgische Appellativ, jedoch ohne Umlaut, *Aulebäcker.* Siehe auch ↗*Aulner*, ↗*Eilert.* 🍀 Der Name kommt ausschließlich in Luxemburg vor. 📖 GDB: 1747 *Eilbenbecker.* 1827 *Eilenbecker* => 1856 *Eulenbecker.*
EILERT [ˈɑɪlɐt] (2009: 2, 0.01‰; 1880: 0). Berufsname auf *-ert* zu mhd. *ûle* f. 'Topf'. Siehe auch ↗*Aulner*, ↗*Eilenbecker.* 🍀 *Eilert* begegnet extrem selten im Großherzogtum, bildet dagegen in Deutschland teilweise größere Nester, doch kaum in Grenznähe zu Luxemburg. 📖 GDB: 1768 *Eyller.* 1845 *Eilert.*
EINSWEILER [ˈɑɪnsvɑɪlɐ] (2009: 17, 0.1‰; 1880: 42, 0.22‰). Herkunftsname zu einem einstigen gleichlautenden Toponym, das nach der Herkunft der ersten Namenträger am ehesten im Westen Luxemburgs oder im Areler Land zu suchen ist. Kaum zu *Insweiler* (frz. *Insviller*) für eine Gemeinde im Moseldepartement. 🍀 Luxemburg, Areler Land. 📖 GDB: 1706 *Einsweiler.*
EISCHEN [ˈɑɪʃən // ˈæːɪʃən] (2009: 77, 0.47‰; 1880: 359, 1.85‰). VARIANTE(N) *Eyschen.* Herkunftsname zu *Eischen* (lb. *Äischen*) für eine Ortschaft in der Gemeine Hobscheid. 🍀 *Eischen* in Luxemburg und dem Areler Land, die Variante *Ey-*

schen ebenso, doch im Areler Land sehr selten. 📖 RB (1388-1500): *Van Eischen, van Ische, van Ischen, van Ysche, van Yschen.* FSV: 1656 *Eyschen.* GDB: 1694 *Eischen = Eyschen.*

EISEN ['ɑizən] (2009: 17, 0.1‰; 1880: 12, 0.06‰). 1. Flektiertes Patronym zu *Eis*, Rufname. Dieser stammt aus ahd. *Īso* und ist Kurzform von Namen mit ahd. *īsan* 'Eisen', das namenrhythmisch zu *īs* verkürzt wurde (vgl. Kaufmann 1968, S. 217). 2. Berufsübername zu mhd. *îsen* 'Eisen' für einen Schmied oder Eisenhändler. 3. Übername zum gleichen Appellativ, möglicherweise aufgrund eines eisernen, beständigen Charakterzuges. 📖 GDB: 1750 *Eisen.*

ELCHEROTH ['ælçəʀoːt] (2009: 35, 0.21‰; 1880: 0). VARIANTE(N) *Eltgeroth.* Herkunftsname zu *Elcheroth* (lb. *Gehaanselchert, Elchert,* frz. *Nobressart*) für eine Ortschaft in der Gemeinde Attert, Areler Land. ✤ *Elcheroth* kommt ausschließlich in Luxemburg vor. Viel seltener begegnet eine Variante *Eltgeroth*, und zwar im Westen Luxemburgs sowie in der gleichnamigen belgischen Nachbarprovinz. 1880 erscheint der Familienname nur in den Graphien *Elcherot* und *Elchroth.* 📖 FSV: 1472 *Pauweltz van Elcherait.* GDB: 1664 *Elchert* => 1695 *Elcheroth* => 1726 *Elgerath.* 1719 *Elchreroth = Elcherodt.* 1730 *Elgeroth.* 1739 *Elcherath.* 1747 *Elcherat.* 1747 *Elcheroth* => *Elgerad, Eltgerath.* Vz: 1880 *Elcherot, Elchroth.*

ELS [æls] (2009: 15, 0.09‰; 1880: 21, 0.11‰). VARIANTE(N) *Eltz.* 1. Metronym zum einstigen gleichlautenden Rufnamen. Dieser ist verkürzt aus *Elsbeth*, das auf Grund der Erstbetonung aus *Elisabeth* kontrahiert ist. Zu Grunde liegt hebr. *Elischeba*, das mehrere Bedeutun-gen hat, u.a. 'Gottes Schwur'. Siehe auch ↗*Elsen*, ↗*Leis*. 2. Herkunftsname zu einem Toponym, im Raum Luxemburg am ehesten zu *Eltz* (lb. *Elz*) für eine Ortschaft in der Gemeine Redingen. 3. Wohnstättenname zu *Elz* für je ein Fließgewässer in Luxemburg (Zufluss der Sauer bei Ettelbrück) und in der Eifel bzw. bei Letzterem nach der gleichnamigen Burg. ✤ *Els* überwiegend in Luxemburg, besonders in der nördlichen Hälfte. *Elz* im Südosten Luxemburgs, im Areler Land, auf deutscher Seite mit dem größten Vorkommen in Rheinland-Pfalz. *Eltz* in der Mitte des Großherzogtums, auf deutscher Seite u.a. in Rheinland-Pfalz mit einigen Nestern. 📖 RB (1388-1500): *Elsen van Echternach* (Rufname). FSV: 1541 *Elss* (Rufname). 1561 *Elssen, Elsen.* GDB: 1630 *Elsen.* 1756 *Eltz* => 1795 *Els.*

ELSEN ['ælzən] (2009: 121, 0.74‰; 1880: 186, 0.96‰). Flektiertes Metronym zum Rufnamen *Else*. Hierbei handelt es sich um eine Kurzform von *Elsbeth*, die auf Grund der Erstbetonung aus *Elisabeth* kontrahiert ist. Zur Etymologie, siehe ↗*Els*, Etymologie 1. Vgl. auch ↗*Leis*. ✤ *Elsen* zeigt die größte Dichte in Luxemburg und in der Eifel, ferner u.a. entlang der Mosel und des Rheins, im Raum Saarbrücken sowie im östlichen Flandern. Doch sind außerhalb des Großherzogtums Konkurrenzetymologien möglich (z.B. Herkunftsname zu einem gleichlautenden Ortsnamen in Nordrhein-Westfalen). ☞ Das LWB verzeichnet für den Rufnamen eine Reihe von Varianten: *Elis, Leis, Leiséi, Leisi, Liiss, Lis, Lisa, Lisebett* (auch abschätzig), *Liséi, Liseléi, Lisett, Lisi, Liss, Lissbett, Lissbettchen.* 📖 RB (1388-1500): *Elsen van Echternach* (Rufname). FSV: 1541 *Elss* (Rufname). 1561 *Els-*

sen, Elsen. GDB: 1630 Elsen. 1756 Eltz => 1795 Els.
ELTER ['ælte] (2009: 18, 0.11‰; 1880: 68, 0.35‰). Herkunftsname zu Elter (heute Niederelter, lb. Nidderelter, frz. Autelbas) für eine Ortschaft in der Gemeinde Arlon. 🌐 Westen, Südwesten Luxemburgs und Moseldepartement. Auch in Deutschland mit einzelnen Streuungen, doch kommen andere Etymologien in Betracht. 📖 RB (1388-1500): Bourggrafen van Elterne. Goubel Her zu Elter Ritter = Ritter Gobel von Elter, Her. FSV: 1611 Elter. GDB: 1699 Elter.
ELTGEROTH (2009: 2, 0.01‰; 1880: 11, 0.06‰). ↗Elcheroth.
ELTZ (2009: 3, 0.02‰; 1880: 11, 0.06‰). ↗Els.
ELVINGER ['ælvɪŋɐ] (2009: 24, 0.15‰; 1880: 19, 0.1‰). Personalisierter Herkunftsname zu a) Elvingen (lb. Elveng, frz. Elvange) für eine Ortschaft in der Gemeinde Schengen; b) Elvingen (lb. Ielwen, frz. Elvange) für eine Ortschaft in der Gemeinde Beckerich. 🌐 Ausschließlich in Luxemburg, besonders im Zentrum. 📖 RB (1388-1500): Fipel van Eylffingen = Phijpel van Elffingen = Phippel van Elffingin. FSV: 1611 Elvingen. GDB: 1713 Oelvinger => 1743 Elwinger. 1714 Elvinger.
EMERING ['eːmərɪŋ] (2009: 24, 0.15‰; 1880: 36, 0.19‰). GLEICHE BASIS Emeringer. Herkunftsname zu Emeringen (lb. Éimereng, frz. Emerange) für eine Ortschaft in der Gemeinde Schengen. 🌐 Das Vokommen von Emering sowie der personalisierten Formen Emeringer, Emringer beschränkt sich auf Luxemburg, besonders den südlichen Teil. 📖 FSV: 1561 Oemeringers. 1656 Oemeringen, Oemringen, von Oemringen. GDB: 1723 Emering. 1783 Emeringer. 1791 Emeringer => 1817 Emringer.

1797 Emmeringer. 1817 Emmering.
EMERINGER ['eːməRɪŋɐ] (2009: 41, 0.25‰; 1880: 63, 0.33‰). VARIANTE(N) Emringer. Personalisierte Form von ↗Emering.
EMRINGER ['eːmRɪŋɐ] (2009: 7, 0.04‰; 1880: 4, 0.02‰). Synkopierte Form von ↗Emeringer.
ENDERS ['ændɐs] (2009: 34, 0.21‰; 1880: 10, 0.05‰). VARIANTE(N) Endres. Patronym zum gleichlautenden Rufnamen. Dieser ist regionalsprachliche Variante von Andreas. ↗André. 🌐 In Luxemburg zeigt Enders das größte Vorkommen im Kanton Clerf. In Deutschland streut er am dichtesten im mitteldeutschen Raum. Endres ist seltener in Luxemburg und am häufigsten in Rheinland-Pfalz und im Saarland. 📖 RB (1388-1500): Enderessen, Enderijs, Enderis, Enderiß, Endreiß, Endres, Endreß, Endreus, Endrijs, Endris. FSV: 1611 Endris. 1656 Endres, Endress. GDB: 1656 André => 1703 Endres => 1733 Endres. 1667 Enders. 1752 André. 1766 Endres => 1796 Enderes => 1838 Enderes, 1841 Enders.
ENDRES ['ændRəs] (2009: 12, 0.07‰; 1880: 19, 0.1‰). Synkopierte Form von ↗Enders.
ENGEL ['æŋəl] (2009: 205, 1.26‰; 1880: 358, 1.85‰). GLEICHE BASIS Engels. 1. Patronym zum gleichlautenden Rufnamen. Dieser geht entweder direkt zurück auf ahd. Engilo oder ist Kurzform von Namen, die mit Engel- (Engelbrecht, Engelhard) beginnen. Zu Grunde liegt in jedem Fall der germanische Stammensname der Angeln (lat. Angli, Anglii), der jedoch bereits sehr früh als wgerm. *angila- (> ahd., as. engil) verstanden wurde. 2. Übername zu mhd. engel 'Engel'. 🌐 Der Name ist in Luxemburg tendenziell im Süden und in

der Mitte weiter verbreitet als im Norden. In Deutschland ist er fast gleichmäßig überall verteilt. Auch in Belgien, besonders um Brüssel und um Lüttich, sowie in Frankreich, besonders im Nordosten, finden sich einige Streubelege. Die Genitivbildung *Engels* ist insgesamt seltener, konzentriert sich in Luxemburg tendenziell im Süden, in Deutschland besonders entlang des Rheins ab Koblenz sowie in Flandern. 📖 RB (1388-1500): E*ngel* (Rufname). FSV: 1611 *Engeln, Engels*. 1656 *Engel, Engelen, Engell*.

ENGELDINGER [ˈæŋəldɪŋɐ] (2009: 20, 0.12‰; 1880: 49, 0.25‰). Personalisierter Herkunftsname zu einem einstigen Toponym *Engeldingen*. Hierbei handelt es sich um eine Vorform von *Hagendingen* (frz. *Hagondange*) für eine Ortschaft in der gleichnamigen Gemeinde im Moseldepartement. ⓢ Das Verbreitungsgebiet von *Engeldinger* umfasst Luxemburg, das Moseldepartement und das Saarland. Ein kleineres Nest befindet sich bei Celle. Ansonsten ist der Name in Deutschland sehr selten. ☞ Der Ortsname *Engeldingen* stammt aus älterem *Ingeldingen* und zeigt die moselfränkische Senkung von ahd. kurzem *i* in geschlossener Silbe. Dokumentiert ist auch die Variante *Angeldingen* (mit Senkung von ahd. $i_2 > a$). Nach dem Dreißigjährigen Krieg wurde der Ort Hagendingen französischsprachig. Mit dem Verschwinden des Deutschtums dürfte auch der ursprünglich deutsche Ortsname in Vergessenheit geraten sein und durch *Hagendingen* abgelöst worden sein. Weiterführende Literatur: http://infolux.uni.lu/engeldingen. 📖 GDB: 1785 *Engelding*, 1838 *Engeldinger*.

ENGELS [ˈæŋəls] (2009: 28, 0.17‰; 1880: 52, 0.27‰). Flektiertes Patronym zu ↗*Engel*.

ENGLEBERT [ˈɑ̃:(ŋ)gləbɛːʀ] (2009: 14, 0.09‰; 1880: 3, 0.02‰). Französisches Patronym zum gleichlautenden Rufnamen. Dieser ist entlehnt aus wfrk. **Angilberht, *Engilberht* oder entsprechend ahd. *Engilberaht*. Es handelt sich um eine Bildung mit dem Stammesnamen germ. **angil-* und dem Adjektiv germ. **berhta-* 'glänzend'. Das Erstglied wurde jedoch bereits sehr früh als wgerm. **angila-* (> ahd., as. *engil*) verstanden. 📖 GDB: 1792 *Englebert*.

ENSCH [ænʃ] (2009: 45, 0.28‰; 1880: 173, 0.89‰). Herkunftsname zu *Ensch* für eine Gemeinde im Landkreis Trier-Saarburg. ⓢ Der Name ist in Luxemburg, dem Areler Land sowie im Raum Trier am häufigsten. 📖 GDB: 1665 *Ensch*.

ENTRINGER [ˈæntʀɪŋɐ] (2009: 78, 0.48‰; 1880: 178, 0.92‰). Personalisierter Herkunftsname zu *Entringen* (lb. *Entrengen*, frz. *Entrange*) für eine Ortschaft im Moseldepartement. ⓢ Der Name ist in der südlichen Hälfte Luxemburgs, vor allem im Südosten, sowie im Moseldepartement verbreitet. In Deutschland finden sich wenige Streubelege in Baden-Württemberg, doch liegt dort das Toponym *Entringen* für eine Ortschaft im Landkreis Tübingen zu Grunde. 📖 RB (1388-1500): *Pastor van Enttringen*. GDB: 1712 *Entringer*.

ERNST [ɛʀnst] (2009: 41, 0.25‰; 1880: 34, 0.18‰). GLEICHE BASIS *Ernster*. Patronym zum gleichlautenden Rufnamen. Dieser gehört zu ahd. *ernust* 'Ernst, Eifer; Kampf, Sorge'. ⓢ Der Name streut im gesamten germanophonen Kartierungsgebiet, inklusive Elsass und Lothringen. 📖 GDB: 1726 *Ernst*.

ERNSTER [ˈɛʀnstɐ] (2009: 69, 0.42‰;

1880: 123, 0.63‰). Herkunftsname zu *Ernster* (lb. *Iernster*) für eine Ortschaft in der Gemeinde Niederanven. ⓢ Luxemburg, vereinzelt im Areler Land und bei Trier. 📖 Fsv: 1611 *de Erenster*. 1656 *Erenster*. GDB: 1704 *Ernster*. 1776 *Ernster* => 1811 *Ernzter*.

ERNZEN [ˈɛʀntsən] (2009: 27, 0.17‰; 1880: 85, 0.44‰). GLEICHE BASIS *Ernzer*. Herkunftsname zu a) *Ernzen* (lb. *Iernzen*) für eine Ortschaft in der Gemeinde Fels; b) *Ernzen* für eine Ortschaft im Eifelkreis Bitburg-Prüm. ⓢ *Ernzen* sowie die personalisierte Form *Ernzer* sind nur in Luxemburg und vereinzelt in der Eifel verbreitet. ☞ Die historischen Belege in den genealogischen Datenbanken zeigen in einem Fall Vermischung mit ↗*Ahrend* und ↗*Ernst*. 📖 Fsv: 1656 *Ernsen*. GDB: 1679 *Erntzen*, 1715 *Ernzen*. 1767 *Ernser* => 1815 *Erntzer*. 1773 *Erntzen* = *Ernzen* = *Erentz* = *Arensen* = *Ernst*. 1798 *Ernsen*. 1814 *Erntzen* = *Ernzen*.

ERNZER [ˈɛʀntsɐ] (2009: 40, 0.25‰; 1880: 26, 0.13‰). Personalisierter Form von ↗*Ernzen*.

ERPELDING [ˈiəpəlden // ɛʀpəldɪŋ] (2009: 170, 1.04‰; 1880: 327, 1.69‰). Herkunftsname zu *Erpeldingen* (lb. *Ierpeldeng*, frz. *Erpeldange*) für eine gleichnamige Ortschaft in a) der Gemeinde Erpeldingen, b) der Gemeinde Eschweiler, c) der Gemeinde Bous. ⓢ *Erpelding* fast nur in Luxemburg, dem Areler Land und in Ostlothringen, die personalisierte Form *Erpeldinger* fast nur im Moseldepartement. 📖 RB (1388-1500): *Van Erpeldingen, van Erppelingen*. Fsv: 1656 *Erpeldingen*. GDB: 1690 *Erpeldingen*. 1734 *Erpeldange*. 1736 *Erpelding*. 1780 *Erpeldinger*. Vz: 1880 *Erpelding, Erpeldingen*.

ERSFELD [ˈɛʀsfælt] (2009: 29, 0.18‰; 1880: 0). Herkunftsname zu *Ersfeld* für eine Ortschaft im Westerwald, Rheinland-Pfalz. ⓢ In Luxemburg ist der Name hauptsächlich in der nördlichen Hälfte verbreitet. In Deutschland zeigt er die stärkste Konzentration um Bonn. 📖 GDB: 1806 *Ersfeld*.

ESCH [æʃ] (2009: 56, 0.34‰; 1880: 115, 0.59‰). GLEICHE BASIS *Escher*. 1. Herkunftsname zu a) *Esch an der Alzette* (lb. *Esch/Uelzecht*, frz. *Esch-sur-Alzette*) oder b) *Esch an der Sauer* (lb. *Esch/Sauer/Esch am Lach*, frz. *Esch-sur-Sûre*) für je eine Gemeinde in Luxemburg; c) *Metzeresch* (frz. *Metzeresche*) für eine Gemeinde im Moseldepartement. 2. Wohnstättenname zu a) *Burg-Esch* (frz. *Bourg-Esch*) für ein Schloss bei Schwerdorff im Moseldepartement; b) *Esch* für einen Nebenfluss der Mosel in Lothringen; c) mhd. *esche* 'Esche'; d) mhd. *eʒʒisch* m. 'Saatfeld'. ⓢ Weit verbreitet in Luxemburg. In Deutschland besonders in Rheinland-Pfalz, in Frankreich besonders im Moseldepartement. Die personalisierte Form *Escher* vereinzelt in der südlichen Hälfte des Großherzogtums, im Elsass sowie in weiten Teilen Deutschlands. ☞ Die genealogischen Datenbanken zeigen den Übergang von *Esch* zu *Eschdorf*, Herkunftsname zum gleichlautenden Toponym (lb. *Eschduerf*) für eine Ortschaft in der Gemeinde Esch-Sauer. 📖 RB (1388-1500): *Clais van Esch off der Suren. Johan van Esch = Johan van Esche = Johann von Esche* u.v.m. Fsv: 1656 *Esch*. GDB: 1692 *Esch*. 1700 *Esch* => 1730 *Escher*. 1728 *Escher* => 1756 *Eschdorf*. 1742 *Eschesch*.

ESCHER [ˈæʃɐ] (2009: 4, 0.02‰; 1880: 0). Personalisierte Form von ↗*Esch*.

ESPEN [ˈæspən] (2009: 44, 0.27‰; 1880: 30, 0.15‰). Wohnstättenname zu mhd.

espe, Nebenform von *aspe* 'Espe'. Vgl. z. B. den Flurnamen lb. *an den Espen* in Steinsel. 🛈 Der Familienname kommt im Süden Luxemburgs vor, streut bis in das Areler Land im Westen, im Osten bis in das Saargau. In Deutschland gibt es ein weiteres, kleineres Nest in Thüringen.

ESTGEN [ˈæstɕən] (2009: 14, 0.09‰; 1880: 16, 0.08‰). Germanisierte Form von wa. *Estien(n)e*, dem frz. ↗*Etienne* entspricht. 📖 Fsv: 1656 *Estienne*. GDB: 1751 *Estgen* > 1782 *Etgen*. 1765 *Estgen*. Vz: 1880 *Eschtgen, Estgen, Estgien*.

ETGEN [ˈeːtɕən // ˈətɕən] (2009: 8, 0.05‰; 1880: 24, 0.12‰). Germanisierte Form von frz. ↗*Etienne*. Vgl. auch ↗*Estgen*.

ETIENNE / ÉTIENNE [ˈeːtjæn] (2009: 16, 0.1‰; 1880: 22, 0.11‰). GLEICHE BASIS *Etgen*. Französisches Patronym zum gleichlautenden Rufnamen. Dieser ist entlehnt aus griech. *Stéphanos*, das zu griech. *stéphanos* 'Kranz, Krone' gehört. Die germanisierte Entsprechung lautet ↗*Etgen*. Siehe auch ↗*Estgen*. 📖 GDB: 1751 *Estgen* > 1782 *Etgen*. 1719 *Etgen*. 1762 *Ethien* = *Etgen*. 1828 *Etienne*. Vz: 1880 *Etienne, Etienne*.

EUFERS [ˈɔɪfɐs] (2009: 3, 0.02‰; 1880: 15, 0.08‰). Flektiertes Patronym, entstanden durch Umbildung aus *Eiwes* (↗*Eiffes*): 'Sohn oder Tochter des aus der Familie des *Eiwe Stammenden'.

EULER [ˈɔɪlɐ] (2009: 2, 0.01‰; 1880: 0). Berufsname zu einer umgelauteten Variante von mhd. *ûle* 'Topf' für den Töpfer. ↗*Aulner*. ☞ Vgl. Aulner, Eilert

EVEN (2009: 99, 0.61‰; 1880: 222, 1.15‰). ↗*Ewen*.

EVERAD [ˈeːvəraːd] (2009: 19, 0.12‰; 1880: 0). Wallonische Form von ↗*Everard*.

EVERARD [ˈeːvəraːʀ] (2009: 28, 0.17‰; 1880: 0). VARIANTE(N) *Everad, Evrard, Ewerard, Ewrard*. Patronym zum gleichlautenden, meist französischen Rufnamen. Dieser ist entlehnt aus wfrk. *Eburhard* und gehört zu germ.*ebura-* 'Eber' und *hardu-* 'hart'. Speziell in Luxemburg kann der Name in Einzelfällen auch dem regionalen Deutschen zugeordnet werden (siehe weiterführende Diskussion unter ↗*Eberhard*). 🛈 *Everard* ist fast ausschließlich in Luxemburg und ferner leicht verstreut in Wallonien anzutreffen. *Evrard* findet sich außer im Großherzogtum breit verstreut in Wallonien und in der nördlichen Hälfte Frankreichs. Eine in germanisierende Schreibweise erscheinende Variante *Ewrard* ist dagegen sehr vereinzelt im Kanton Esch und in der Eifel zu finden. Das Vorkommen einer entsprechenden germanisierenden Schreibvariante *Ewerard* beschränkt sich dagegen auf die Kantone Luxemburg und Esch. Speziell dem Wallonischen entstammen *Everad* sowie die kontrahierte und in germanisierender Schreibweise erscheinende Variante *Ewrad*, die beide nur für Luxemburg belegt sind. 📖 Fsv: 1656 *Everard*. GDB: 1749 *Everard* => 1785 *Ewerard*. 1779 *Evrard* => 1809 *Ewrard*. 1805 *Everard* => 1836 *Ewerart*.

EVERS [ˈeːvɐs] (2009: 15, 0.09‰; 1880: 12, 0.06‰). ↗*Ewertz*.

EVERTS [ˈeːvɐts] (2009: 2, 0.01‰; 1880: 4, 0.02‰). ↗*Ewertz*.

EVRARD [ˈeːvʀaːʀ] (2009: 17, 0.1‰; 1880: 30, 0.15‰). Synkopierte Form von ↗*Everard*.

EWEN [ˈeːvən // ˈeɪvən] (2009: 102, 0.62‰; 1880: 112, 0.58‰). VARIANTE(N) *Even*. Flektiertes Metronym zu *Eva*. Dieser aus der Bibel übernommene Rufname ist etymologisch nicht sicher geklärt. Am ehesten gehört er zu aram. *chewyā* 'Schlange'. ⚥ *Ewen* ist besonders in Luxemburg und dem Saarland zu finden, ferner entlang des Rheins. Die Variante *Even* verteilt sich in einem weit gestreuten Gebiet, das sich durch den Norden Frankreichs, Luxemburg und den Norden Deutschlands zieht. 📖 Fsv: 1561 *Euen, Even*. GDB: 1650 *Even*. 1685 *Ewen*.

EWERARD (2009: 5, 0.03‰; 1880: 11, 0.06‰). Germanisierende Schreibweise für frz. ↗*Everard* oder regionalsprachliche deutsche Form von ↗*Eberhard*.

EWERS (2009: 9, 0.06‰; 1880: 22, 0.11‰). ↗*Ewertz*.

EWERT ['eːvɐt] (2009: 69, 0.42‰; 1880: 90, 0.46‰). VARIANTE(N) *Ebert*. GLEICHE BASIS *Ewertz*. Patronym zum einstigen gleichlautenden Rufnamen. Dieser ist eine kontrahierte Form von ↗*Eberhard*. ⚥ Das Hauptverbreitungsgebiet von *Ewert* liegt in Luxemburg sowie im Nordosten Deutschlands. Im Rest der Bundesrepublik dominiert die Variante *Ebert*. Von den flektierten Formen ist in Luxemburg *Ewertz* am häufigsten, gefolgt von *Evers, Ewers, Everts*. Außerhalb des Großherzogtums zeigen diese die größte Streuung in folgenden Regionen: *Ewertz* auf deutscher Seite besonders zwischen Mosel und Rhein sowie im Ruhrgebiet. *Evers* überwiegend in der westlichen und nördlichen Hälfte Deutschlands. *Ewers* in Nordrhein-Westfalen, Niedersachsen und Schleswig-Holstein. *Everts* vereinzelt im Ruhrgebiet. 📖 GDB: 1669 *Ewertz*. 1686 *Ewert*. 1700 *Ewers*. 1726 *Ewerts*. 1735 *Everts* => 1775 *Ewerts*, 1776 *Ewertz*, 1779 *Ewert*. 1742 *Evert*. 1843 *Ebertz*. 1850 *Ebert*.

EWERTZ ['eːvets] (2009: 19, 0.12‰; 1880: 21, 0.11‰). VARIANTE(N) *Evers, Everts, Ewers*. Flektiertes Patronym zu ↗*Ewert*.

EWRAD (2009: 1, 0.01‰; 1880: 0). Synkopierte Form von ↗*Everad*.

EWRARD (2009: 2, 0.01‰; 1880: 0). Synkopierte Form von ↗*Everard*.

EYDT [aɪt] (2009: 17, 0.1‰; 1880: 33, 0.17‰). GLEICHE BASIS *Eiden*. 1. Übername zu a) mhd. *eit* 'Eid', vermutlich für eine Person, die einen Eid geschworen hat; b) mhd. *eide* 'Mutter'. 2. Berufsübername zu mhd. *eide* 'Egge' für den Hersteller oder Bauer. 3. Patronym zum gleichlautenden einstigen Rufnamen. Dieser geht zurück auf ahd. *Eido* und beinhaltet ahd. *eid* 'Eid'. 📖 RB (1388-1500): 1611 *Eiden, Eyden*. 1656 *Eydt*. GDB: 1693 *Eydt*. 1712 *Eyden*. 1760 *Eydt* => 1782 *Eidt*.

EYSCHEN (2009: 35, 0.21‰; 1880: 62, 0.32‰). ↗*Eischen*.

F

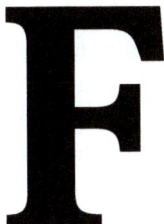

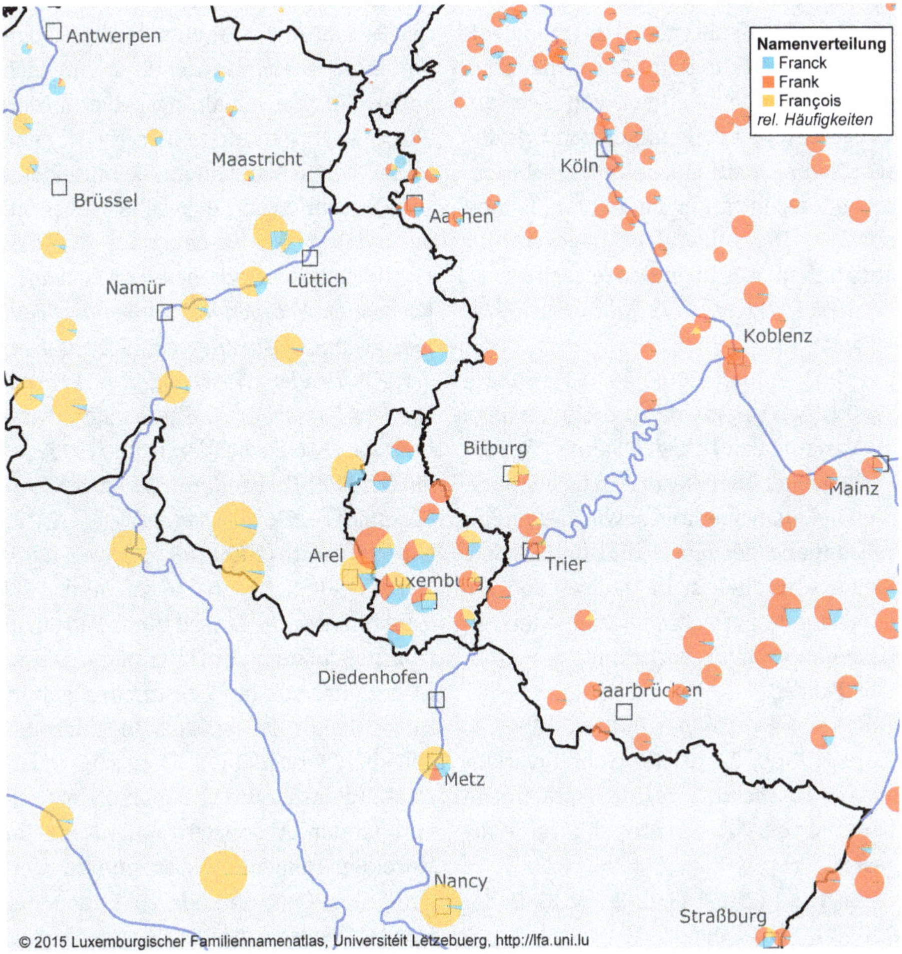
Namenverteilung
Franck
Frank
François
rel. Häufigkeiten
Antwerpen
Maastricht
Brüssel
Köln
Aachen
Namür
Lüttich
Koblenz
Bitburg
Mainz
Arel
Trier
Luxemburg
Diedenhofen
Saarbrücken
Metz
Nancy
Straßburg
© 2015 Luxemburgischer Familiennamenatlas, Universitéit Lëtzebuerg, http://lfa.uni.lu

FABER ['faːbɐ] (2009: 454, 2.78‰; 1880: 763, 3.94‰). Latinisierte Form von ↗Schmit. 🕭 Die größte Dichte zeigt der Name in Luxemburg und im Moseldepartement. In Deutschland bildet er mitunter großflächige Nester. In Belgien finden sich mehrere Streubelege. 📖 Fsv: 1656 Faber. Vz: 1880 Fabery, Fabre.

FAERBER (2009: 1, 0.01‰; 1880: 2, 0.01‰). ↗Ferber.

FALTZ [falts] (2009: 41, 0.25‰; 1880: 22, 0.11‰). Berufsübername zu mhd. valz 'Falz; Schwertklinge u.a.', demnach am ehesten für den Fertiger von Schwertklingen. 🕭 Das Vorkommen von Faltz beschränkt sich auf Luxemburg mit besonderer Konzentration im Kanton Echternach. In Deutschland ist dagegen Falz anzutreffen, das überall lose gestreut ist. 📖 GDB: 1738 Faltz. 1779 Faltz => 1816 Fals = Faltz.

FANDEL ['fandəl] (2009: 49, 0.3‰; 1880: 22, 0.11‰). Übername zu rhein. Fahndel als Variante von Fähndel 'Fahne'. 🕭 Fandel begegnet überwiegend in Luxemburg, der Eifel, dem Saarland sowie u.a. vereinzelt entlang der Mosel und des Rheins. Weiter verbreitet ist in Deutschland die umgelautete Form Fendel, die jedoch in Luxemburg nicht vorkommt. 📖 GDB: 1748 Fandel.

FASBENDER ['fasbændɐ] (2009: 5, 0.03‰; 1880: 2, 0.01‰). Schreibvariante von Fassbender, regionalsprachliche Variante von ↗Fassbinder, d.h. mit e für gesenktes i (i_2).

FASBINDER (2009: 13, 0.08‰; 1880: 34, 0.18‰). ↗Fassbinder.

FASSBENDER (2009: 13, 0.08‰; 1880: 0). ↗Fassbinder.

FASSBINDER ['fasbindɐ] (2009: 17, 0.1‰; 1880: 18, 0.09‰). VARIANTE(N) Fasbender, Fasbinder, Fassbender. Berufsname zu mhd. vaʒbinder 'Fassbinder, Büttner'. ☞ Statt -binder erscheint in den frühesten Belegen durchwegs -bender. Zu Grunde liegt demnach i_2 (= gesenktes i). Dabei scheint vor i in der übernächsten Silbe (ahd. bindāri) die weitere Senkung, die im Westmoselfränkischen bis zu a geführt hat, verhindert worden zu sein. Entsprechend lautet das Appellativ lb. Bënner und nicht *Banner, doch ist dieses nur in der Bedeutung 'Garbenbinder' bezeugt. Varianten von Fassbinder mit e sind auch außerhalb des Spaltungsgebietes von ahd. i weit verbreitet. In diesen Fällen findet lediglich allgemein die mitteldeutsche Senkung von i in geschlossener Silbe zu e ihren Niederschlag. 📖 RB (1388-1500): Fasbender, Fassbender, Faßbender, Vasbender, Vassbender, Vaßbender. Fsv: 1541 Johann Fassbendergen. 1561 Fassbender, Fassbenders, Vassbender. 1611 Faassbender, Faessbender, Fassbender, Fassbenders. 1656 Fasbender. GDB: 1739 Fassbinder. 1740 Fasbender. 1826 Fasbinder = Fassbinder. 1836 Fassbender.

FAUST [faʊst] (2009: 28, 0.17‰; 1880: 6, 0.03‰). 1. Übername zu mhd. vûst 'Faust'. 2. Nur in Einzelfällen: Patronym zum gleichlautenden Rufnamen. Dieser ist entlehnt aus lat. Faustus und gehört zum Adjektiv lat. faustus 'beglückend, glücklich, gesegnet'. 🕭 Faust zeigt in Luxemburg das größte Vorkommen im Kanton Vianden. Ansonsten ist der Name im Moseldepartement, Elsass und in weiten Teilen Deutschlands zu finden. 📖 Fsv: 1611 Faust. GDB: 1832 Faust. Vz: 1880 Fauscht.

FAUTSCH [faʊtʃ] (2009: 66, 0.4‰; 1880: 93, 0.48‰). Berufsübername zu lb. Faut 'Vogt' mit Kosenamensuffix -(t)sch. Das

Appellativ lb. *Faut* erscheint auch in deutschen Dialekten, z.B. dem Pfälzischen, und stammt aus einer Variante von mhd. *voget, vogt, voit* 'Rechtsbeistand, Verteidiger, Fürsprecher; Vormund; Schirmherr, Beschützer'. ⊙ Der Name kommt fast ausschließlich in Luxemburg und hier mehrheitlich im Norden vor. In Deutschland erscheint dagegen *Fautz* mit dem Schwarzwald als Kerngebiet. Seltener ist *Vautz* (besonders um Mannheim und am Niederrhein). Die potenziellen Grundformen *Faut, Fauth, Vaut, Vauth* sind allesamt in Deutschland anzutreffen, wo sie mitunter größere Nester bilden. Darüber hinaus ist *Faut* auch in Belgien weit verbreitet. ☞ Das Kosenamensuffix *-(t)sch* ist eine Variante von *-z* und ansonsten eher typisch für den ostmitteldeutschen sowie alemannischen Sprachraum. Zum Ausgang *-sch* in weiteren Namen, vgl. ↗*Ditsch*, ↗*Fritsch*, ↗*Kunsch/Künsch*, ↗*Loutsch*. 📖 RB (1388-1500): *Voigt, Voigts, Voit, Voitz* u.a. FsV: 1541 *Vogts*. GDB: 1615 *Fautsch*. 1646 *Fautsch* => 1684 *Fauschen*. 1717 *Fautschen*.

FEDERMEYER [ˈfeːdəmɑɪə] (2009: 19, 0.12‰; 1880: 41, 0.21‰). Standesname zu mhd. *vēder* 'Feder, Schreibfeder' und *meier* 'Meier, Oberbauer', demnach für einen Meier, der wohl gleichzeitig als Federhändler tätig war oder als Schreiber fungierte. ☞ Der Familienname ist lexikalisch auffällig und steht in Luxemburg isoliert da, obwohl er erst spät bezeugt ist. Bezüglich seiner Bildungsweise ließe er sich mit *Federschmid* (Raum Stuttgart-Reutlingen) und *Federschmidt* (Mittelfranken) vergleichen. 📖 GDB: 1782 *Federmeyer*.

FEDERSPIEL [ˈfeːdəʃpiːl] (2009: 69, 0.42‰; 1880: 193, 1‰). VARIANTE(N) *Federspil*. Berufsübername zu mhd. *vēderspil* 'zur Vogelbeize abgerichteter Vogel, Falke, Sperber, Habicht' für den Falkner. Vgl. mhd. *vēderspiler* 'Falkner'. ⊙ Das Hauptverbreitungsgebiet des Namens sind Luxemburg, das Moseldepartement, Oberelsass und das Saarland. Weitaus seltener ist *Federspil* (überwiegend im Süden Luxemburgs). 📖 FsV: 1611 *Federspiel*.

FEDERSPIL (2009: 7, 0.04‰; 1880: 5, 0.03‰). ↗*Federspiel*.

FEHLEN [ˈfeːlən] (2009: 30, 0.18‰; 1880: 90, 0.46‰). Herkunftsname zu lb. *Feelen* (dt. *Feulen*) für eine Ortschaft in der gleichnamigen Gemeinde. Siehe auch ↗*Feilen*, Etymologie 1. ⊙ *Fehlen* kommt hauptsächlich im Süden Luxemburgs vor und sehr vereinzelt in Deutschland. Eine aus *Feulen* entrundete Form *Feilen* begegnet vereinzelt ebenfalls in der südlichen Hälfte des Großherzogtums, ferner im Moseldepartement, dem Saarland und häuft sich besonders auf der deutschen Seite entlang der Mosel. Im übrigen Deutschland zeigt *Feilen* nur Streubelege, doch ist in diesen Fällen Konkurrenzetymologie wahrscheinlicher (z.B. flektiertes Patronym zu ↗*Feil*, Etymologie 1c). 📖 RB (1388-1500): *Fuellen der Metzeller = Johan Fullen dem Metzeler = Johan Fullen der Metzeler = Johan Fullen Metzeler = Johan Fuller dem Metzeller = Johann Fuellen Metzeller. Jehan Fuelin = Jehan van Fuelin = Jehan van Fuellin = Johan Feuille = Johan Feulen = Johan Feulle = Johan Feullen = Johan Fullen = Johan Fuller = Johan van Feulen = Johan van Feullen = Johan van Fouelen = Johan van Fuellen = Johann Feullen = Johann Fuellen = Johann Fůellen = Johann van Feullen = Johann von Feullen. Johan van Feülle der*

Seger = Johan van Feůllen der Seger = Johan van Fouelen. Wilhem van Veule. Fsv: 1561 *Foillen, Feylen*. 1611 *Feyllen*. GDB: 1659 *Feulen = Feilen* => 1698 *Feulen*. 1689 *Fehlen*. 1733 *Feylen* => 1758 *Feilen*.

FEIDER [ˈfaɪdɐ] (2009: 27, 0.17‰; 1880: 34, 0.18‰). ↗*Feyder*.

FEIDERT [ˈfaɪdɐt] (2009: 12, 0.07‰; 1880: 1, 0.01‰). Mit *-t* erweiterte Variante von ↗*Feyder*.

FEIDT [faɪt] (2009: 62, 0.38‰; 1880: 111, 0.57‰). VARIANTE(N) *Feit, Feith, Feydt, Veit*. GLEICHE BASIS *Feitz*. Patronym zum gleichlautenden Rufnamen. Dieser stammt aus *Vitus*, das durch lat. *Vītus* vermittelt wurde und zu thrakisch *bītus* 'aus Bithynien' gestellt wird. ◻ RB (1388-1500): *Fietgin*. Fsv: 1561 *Vyett*. 1611 *Veiten, Veitges, Veith*. GDB: 1690 *Feid* => 1722 *Feyt*. 1723 *Feydt*. 1747 *Feidt*. 1755 *Feidt* => 1795 *Feit*. 1777 *Feidt* => 1807 *Feid*. 1795 *Feydts*. 1821 *Feyden*. 1871 *Feitz*.

FEIEREISEN [ˈfaɪɐʀaɪzən] (2009: 74, 0.45‰; 1880: 128, 0.66‰). VARIANTE(N) *Feuereisen, Feyereisen*. Berufsübername zu mhd. *viurîsen* 'Feuereisen' für den Hersteller und Verkäufer von Feuereisen, also Spezialeisen zum Feuerschlagen. ⓢ *Feiereisen* gilt fast ausschließlich in Luxemburg, *Feyereisen* außer in Luxemburg häufiger in Belgien, besonders im Areler Land. *Feuereisen* ist insgesamt selten und erscheint ausschließlich in Deutschland, besonders im Raum Trier und Saarbrücken. ◻ Fsv: 1656 *Feureysens*. GDB: 1695 *Feiereisen*. 1830 *Feyereisen*.

FEIERSTEIN [ˈfaɪɐʃtaɪn] (2009: 18, 0.11‰; 1880: 31, 0.16‰). VARIANTE(N) *Feuerstein, Feyerstein*. Berufsübername zu mhd. *viurstein* 'Feuerstein' für den Hersteller bzw. Verkäufer. ◻ GDB: 1705 *Feuerstein*. 1811 *Feierstein*. 1821 *Feyerstein*.

FEIL [faɪl] (2009: 20, 0.12‰; 1880: 21, 0.11‰). 1. Übername zu a) mhd. *vîol* m. 'Veilchen' für den Blumenfreund; b) mnd. *feile* f. 'Kopftuch, Schleier, Mantel' wohl für den Träger; c) mhd. *veil* 'feil, käuflich', mnd. *feil* 'fehler-, mangelhaft, schlecht'; siehe auch ↗*Feilen*, Etymologie 2. 2. Berufsübername zu mhd. *vîle* 'Feile' für den Hersteller. 3. Herkunftsname zu *Feil*, heute *Feilbingert*, für eine Ortsgemeinde im Landkreis Bad-Kreuznach, Rheinland-Pfalz. ⓢ Luxemburg südlich der Sauer, Moseldepartement, Unterelsass. In Deutschland besonders im Süden verstreut, mit dem größten Vorkommen in Baden-Württemberg. ◻ Fsv: 1561 *Feyll*. 1656 *Feiltges*. GDB: 1783 *Feil*. 1809 *Feill*.

FEILEN [ˈfaɪlən] (2009: 12, 0.07‰; 1880: 5, 0.03‰). 1. Entrundet aus *Feulen*, Herkunftsname zu *Feulen* (lb. *Feelen*) für eine Ortschaft in der gleichnamigen Gemeinde; siehe ↗*Fehlen*. 2. Flektiertes Patronym zu ↗*Feil*, Etymologie 1c: Übername zu mhd. *veil* 'feil, käuflich', mnd. *feil* 'fehler-, mangelhaft, schlecht'. ◻ Fsv: 1561 *Feylen*. 1611 *Feyllen*. GDB: 1659 *Feulen = Feilen* => 1698 *Feulen*. 1733 *Feylen* => 1758 *Feilen*.

FEINEN [ˈfaɪnən] (2009: 29, 0.18‰; 1880: 7, 0.04‰). 1. Herkunftsname zu lb.-lokalma. *Veinen*, gemeinlb. *Veianen*, dt. *Vianden* für eine Ortschaft in der gleichnamigen Gemeinde. 2. Flektiertes Patronym/Metronym (schwacher Genitiv) zu *Fein*. Dieser Name, der heute in Luxemburg nicht mehr vorkommt, ist a) Übername zu mhd. *fîn, vîn* 'fein, schön'; b) Kurzform eines Rufnamens auf *-phin, -phine* wie *Seraphin/Seraphine* oder *Josephine*. Ersteres stammt aus hebr. *śerāpîm* zu hebr. *śārap* 'brennen'. Zweiteres ist die weibliche Form von *Joseph*, das auf hebr. *yōsep* 'hinweggenommen hat Jahwe meine [Rahels] Schmach' oder 'Jahwe möge [noch einen Sohn] dazugeben' zurückgeht. ☞ Der Name ist in Luxemburg häufiger in der nördlichen als in der südlichen Hälfte anzutreffen, in Deutschland vereinzelt zwischen Mosel und unterem Mittelrhein. ☞ Für Etymologie 1 spräche die Tatsache, dass die ersten Namenträger alle aus dem größeren Umkreis (bis zu 20 Kilometern) von Vianden stammen (Affler, Hosingen, Übereisenbach) und *Feinen* als Familienname nur regional verbreitet ist. 📖 GDB: 1752 *Feinen* = *Feynen*. 1783 *Fein*.

FEIPEL [ˈfaɪpəl] (2009: 43, 0.26‰; 1880: 106, 0.55‰). VARIANTE(N) *Feippel*. Patronym zum gleichlautenden Rufnamen. Dieser ist regionalsprachliche Form von ↗*Philipp*, entsprechend lb. *Fäipel*. ☞ Das Vorkommen von *Feipel* beschränkt sich auf die südliche Hälfte Luxemburgs und das Moseldepartement. 📖 RB (1388-1500): *Filips* = *Flijpp* = *Flijps* = *Phelips* = *Philips* = *Phillieps*. *Fipel, Flijp, Peuppel, Phijpel, Phippel, Phyppel*. FSV: 1611 *Veippel*. GDB: 1630 *Feypel*. 1686 *Feypels*. 1694 *Feypels* => 1720 *Feypel*. 1753 *Feipel*. 1778 *Feypelt*. 1852 *Feypel* => o.D. *Feipel*.

FEIPPEL (2009: 1, 0.01‰; 1880: 0). ↗*Feipel*.

FEIT (2009: 7, 0.04‰; 1880: 11, 0.06‰). ↗*Feidt*.

FEITELER [ˈfaɪtələ] (2009: 2, 0.01‰; 1880: 0). GLEICHE BASIS *Feitler*. Herkunftsname zu *Feiteler* (dt. auch *Feitweiler*, lb. *Fäteler*, frz. *Fauvillers*, wa. *Faiviè*) für eine Gemeinde in der Provinz Luxemburg. 📖 RB (1388-1500): *Clais van Feytwijler* = *Clais van Feytwyller*. FSV: 1589 *Henrich Fetweiller*. GDB: 1710 *Feiteler* => 1740 *Feitelers* => 1766 *Feiteler*, 1772 *Feteler* = *Feiteler*. 1711 *Feitler*.

FEITH (2009: 2, 0.01‰; 1880: 22, 0.11‰). ↗*Feidt*.

FEITLER [ˈfaɪtlɐ] (2009: 18, 0.11‰; 1880: 24, 0.12‰). Synkopierte Form von ↗*Feiteler*.

FEITZ [faɪts] (2009: 10, 0.06‰; 1880: 13, 0.07‰). Patronym zum gleichlautenden Rufnamen. Dieser ist Koseform von ↗*Feidt*.

FELDGEN (2009: 1, 0.01‰; 1880: 0). ↗*Feltgen*.

FELGEN [ˈfælzən] (2009: 31, 0.19‰; 1880: 37, 0.19‰). 1. Variante von ↗*Feltgen*. 2. Berufsübername zu mhd. *vëlge* 'Felge', entsprechend lb. *Felge, Felgen*, für den Hersteller. 3. Wohnstättenname zu rhein. *Felge* f. 'Brache'. ☞ Das Vorkommen des Namens ist auf Luxemburg beschränkt. 📖 GDB: 1818 *Felgen*.

FELLENS [ˈfæləns] (2009: 28, 0.17‰; 1880: 25, 0.13‰). Herkunftsname zu *Veldenz*, Gemeinde im Landkreis Bernkastel-Wittlich, Rheinland-Pfalz. ☞ *Fellens* kommt nur in Luxemburg vor und zeigt die größte Dichte im Kanton Clerf. Auf deutscher Seite, und zwar verstreut im Umkreis von Veldenz, finden sich *Fellenz, Feldens, Feldenz, Veldenz* sowie *Fellenzer, Vellenzer, Feldenzer, Veldenzer*. 📖 FSV: 1656 *Fellens*. GDB: 1724 *Fellens* => 1754 *Fellentz* => 1782 *Fellentz*. 1784 *Felentz*. 1786 *Fellens*. 1797 *Foelentz*.

FELLER [ˈfælɐ] (2009: 136, 0.83‰; 1880: 280, 1.45‰). 1. Personalisierter Herkunftsname zu *Fell*, heute *Fell an der Mosel*, Landkreis Trier-Saarburg. 2. In Einzelfällen: Berufsname auf *-er* zu mhd. *vël, -lles* 'Fell' für den Fellhändler. ☞ In Luxemburg und im Areler Land sowie im Hunsrück stark verbreitet. Kleineres Nest im Saarland, dort begegnet aber viel häufiger *Fell*. ☞ Die genealogischen Daten zeigen den Wechsel von *Feller* auf die etymologisch nicht verwandten Formen *Foeller*, *Füller* (Berufsübernamen zu einer umgelauteten Variante von *vuller* 'Walker') und ↗*Feiler*. 📖 RB (1388-1500): *Ludewich van Velle*. FSV: 1611 *Feller*. 1656 *Fellers*. GDB: 1669 *Fellers*. 1690 *Feller*. 1779 *Feller* => 1813 *Füller*, 1817 *Feller* = *Foeller*, 1824 *Foeller* = *Feiler*.

FELTEN [ˈfæltən] (2009: 205, 1.26‰; 1880: 233, 1.2‰). VARIANTE(N) *Feltes*. Regionalsprachliche, kontrahierte Form von ↗*Valentin*.

FELTES [ˈfæltəs] (2009: 66, 0.4‰; 1880: 124, 0.64‰). Flektiertes Patronym zu ↗*Felten*.

FELTGEN [ˈfæltɡən] (2009: 69, 0.42‰; 1880: 143, 0.74‰). VARIANTE(N) *Feldgen*. 1. Patronym zum einstigen gleichlautenden Rufnamen. Dieser ist eine Diminutivbildung von ↗*Felten*. 2. Deriviertes Patronym (Diminutivbildung) zum Rufnamen: 'Felten junior'. 3. In Einzelfällen: Wohnstättenname zu einem in Luxemburg mehrfach auftretenden Toponym *Feldchen*, lb. *Fieldchen* (Bad Mondorf, Bettemburg, Fels). Siehe auch ↗*Felgen*. ⓢ *Feltgen* ist überwiegend in Luxemburg, *Feldgen* um Köln verbreitet. Die zum Rufnamen flektierten Formen *Feltges*, *Feldges* sind in Luxemburg nur noch historisch bezeugt. Erstere findet sich vereinzelt auf der deutschen Seite der Mosel, zweitere zusätzlich entlang des Rheins von Koblenz abwärts. 📖 FSV: 1611 *Feldges*, *Feltges* (Rufname). GDB: 1715 *Feltges*. 1770 *Feltgen*.

FELTUS [ˈfæltus] (2009: 29, 0.18‰; 1880: 6, 0.03‰). Halblatinisierte Form von ↗*Feltes*.

FELTZ [fælts] (2009: 42, 0.26‰; 1880: 14, 0.07‰). VARIANTE(N) *Felz*. 1. Herkunftsname zu a) *Fels* (lb. *Fiels*, frz. *Larochette*) für eine Ortschaft in der gleichnamigen Luxemburger Gemeinde; b) *Fels* (heute nur noch frz. *Laroche-en-Ardenne*) für eine Ortschaft und Gemeinde in der Provinz Luxemburg; vgl. ↗*Laroche*, Etymologie 1. 2. Wohnstättenname zu mhd. *vels* 'Fels'. Vgl. auch ↗*Hollenfeltz*. ⓢ *Feltz* kommt besonders im Moseldepartement, dem Süden Luxemburgs und im Areler Land vor, vereinzelt auch in Wallonien sowie im Westen Deutschlands. Die Schreibvariante *Felz* findet sich heute kaum noch in Luxemburg, konzentriert sich jedoch im Raum Trier. 📖 RB (1388-1500): *Van der Feltz* = *van der Veltz* = *von der Veltz*. *Van der Veiltz* = *van der Veltze*. *Van der Veltz* = *van der Veiltz* = *van der Veyltz*. *Van der Vieltz* = *vann der Vieltze* = *von der Veltze* = *von der Vieltz* u.a. FSV: 1611 *in der Feltz*. GDB: 1732 *Feltz*. 1754 *Veltz*. 1822 *Felz*. 1822 *Feltz* = *Fels*. 1863 *Fells*. VZ: 1880 *Fels*, *Feltz*, *Felz*.

FELZ (2009: 1, 0.01‰; 1880: 20, 0.1‰). ↗*Feltz*.

FERBER [ˈfɛʀbɐ] (2009: 33, 0.2‰; 1880: 19, 0.1‰). VARIANTE(N) *Faerber*. Berufsname zu mhd. *verwære*, *verwer* 'Färber, Maler'. ⓢ *Ferber* findet sich in ganz Luxemburg, darüber hinaus in Lothringen, dem Elsass und verstreut in ganz Deutschland. Die Variante *Faerber* ist in Luxemburg sehr selten und konzentriert sich am Niederrhein. 📖 RB (1388-1500): *Ferber*, *Ferffer*, *Ferver*, *Verber*, *Verwer*. FSV: 1611 *Ferber*. 1656 *Ferbers*. GDB: 1725 *Ferber* => 1755 *Ferbisch*.

FERRING [ˈfæʀɪŋ] (2009: 42, 0.26‰; 1880: 56, 0.29‰). 1. Herkunftsname zu a) einem einstigen Toponym *Feringen* bei Ettelbrück, das noch im Flurnamen *Fe-*

ringerbrück fortlebt (vgl. Trossen 1988, S. 124); b) *Feringen* (lothr. *Fereng(en)*, frz. *Férange*) für eine Ortschaft in der Gemeinde Ebersweiler im Moseldepartement. 2. Germanisierte Form von frz. *Ferrain, Ferrin, Ferain, Ferin,* Herkunftsnamen zu a) *Ferrain* für ein ehemaliges Viertel in der Grafschaft Lille, Département du Nord; b) *Ferrin* für einen Weiler der Teilgemeinde Offagne in der Provinz Luxemburg (vgl. Trossen 1988); c) *Férin* für eine Ortschaft und Gemeinde im Département du Nord. ⓢ Zum Hauptverbreitungsgebiet von *Ferring* gehören der Luxemburger Osten und der Raum Trier. Dies spricht am ehesten für Etymologie 1a), wobei die Variante *Fering* nur sehr selten auftritt. Die französischen und von den deutschen allenfalls unabhängigen Formen *Ferrain, Ferain, Ferrin, Ferin* konzentrieren sich alle in der belgischen Provinz Hennegau. 📖 GDB: 1750 *Fering*. 1755 *Ferring*.

FERRON [ˈfɛʁɑ̃ː] (2009: 19, 0.12‰; 1880: 64, 0.33‰). Französischer Berufsname zu mfrz. *ferron* 'Schmied, Eisenhändler'. 📖 GDB: 1697 *Ferrong* => 1723 *Ferron*, 1740 *Ferrong*.

FETT [fæt] (2009: 4, 0.02‰; 1880: 14, 0.07‰). GLEICHE BASIS *Fettes*. 1. Übername zu mhd. *vet* 'fett, feist'. 2. Berufsübername zum selben Wort für den Fetthändler. ⓢ *Fett* ist in Luxemburg nur vereinzelt und vor allem in der südlichen Hälfte anzutreffen, während der Name in Deutschland breit gestreut ist. Noch ungewöhnlicher in Luxemburg ist die flektierte Bildung *Fetten* (nur im Kanton Clerf), die dagegen am Niederrhein eine besonders große Dichte zeigt. Das Hauptverbreitungsgebiet von *Fettes* ist dagegen die südliche Hälfte Luxemburgs. Streubelege finden sich u.a. im Saarland, am Niederrhein und versprengte Belege in Belgien. 📖 GDB: 1639 *Fetten*. 1645 *Feth*. 1709 *Fett*. 1710 *Fettes*. 1709 *Fett* => 1743 *Feth*. 1743 *Fettes* => 1772 *Fetter*.

FETTES [ˈfætəs] (2009: 41, 0.25‰; 1880: 54, 0.28‰). Flektiertes Patronym (Mischgenitiv) zu ↗*Fett*. 📖 GDB: 1639 *Fetten*. 1645 *Feth*. 1700 *Feteler*. 1709 *Fett* => 1743 *Feth* => 1772 *Fett*. 1710 *Fettes*. 1717 *Fetler*. 1743 *Fettes* => 1772 *Fetter*. 1835 *Fettes* => 1867 *Fetter*. 1842 *Fetsch*. 1854 *Fetzer*. 1872 *Fetz*.

FEUEREISEN (2009: 1, 0.01‰; 1880: 3, 0.02‰). ↗*Feiereisen*.

FEUERSTEIN (2009: 1, 0.01‰; 1880: 1, 0.01‰). ↗*Feierstein*.

FEY [faɪ] (2009: 11, 0.07‰; 1880: 16, 0.08‰). GLEICHE BASIS *Feyen*. Metronym zum gleichlautenden Rufnamen. Dieser ist regionalsprachliche Kurzform von *Sophia*, das griechischen Ursprungs ist und zu griech. *sophía* 'Weisheit' gehört. 📖 GDB: 1798 *Feyen*. 1827 *Fey*.

FEYDER [ˈfaɪdɐ] (2009: 69, 0.42‰; 1880: 102, 0.53‰). VARIANTE(N) *Feider, Feidert, Veyder*. GLEICHE BASIS *Veiders*. 1. Personalisierter Herkunftsname zu einem Ortsnamen *Sankt Veith*. Am ehesten in Frage käme dt.-regionalsprachlich *Sankt Veith* (lb. *Sankt Väith*, standarddt. *Sankt Vith*, frz. *Saint Vith*) für die gleichnamige Gemeinde in der Provinz Lüttich. 2. Deriviertes Patronym zu ↗*Feidt*: 'aus der Familie oder dem Haus des Veit Stammender'. ⓢ *Feyder* kommt überwiegend in Luxemburg vor, die Variante *Feider* darüber hinaus u.a. besonders in der Eifel und im Ruhrgebiet. Ausschließlich auf das Großherzogtum beschränkt sind *Veyder* und *Feidert*. Eine flektierte, doch seltene Bildung *Veiders* begegnet überwiegend im Norden Luxemburgs sowie in der

Provinz Lüttich. 📖 RB (1388-1500): *Johan van Sente Vit. Meiger van Sent Vijt. Mockart van Sint Vijt. Thijs van Sant Vyt.* FSV: 1656 *Feyders.* GDB: 1670 *Feyder.* 1728 *Feider.* 1828 *Feidert.* 1874 *Feidert = Feider.*
FEYDT (2009: 6, 0.04‰; 1880: 36, 0.19‰). ↗*Feidt.*
FEYEN [ˈfɑɪən] (2009: 14, 0.09‰; 1880: 30, 0.15‰). Flektiertes Patronym zu ↗*Fey.*
FEYEREISEN (2009: 44, 0.27‰; 1880: 96, 0.5‰). ↗*Feiereisen.*
FEYERSTEIN (2009: 12, 0.07‰; 1880: 8, 0.04‰). ↗*Feierstein.*
FIDELER (2009: 1, 0.01‰; 1880: 6, 0.03‰). ↗*Fiedler.*
FIDLER (2009: 6, 0.04‰; 1880: 7, 0.04‰). ↗*Fiedler.*
FIEDLER [ˈfiːtlɐ] (2009: 36, 0.22‰; 1880: 96, 0.5‰). VARIANTE(N) *Fideler, Fidler.* Berufsname mhd. *videlære* 'Fiedler, Geiger', entsprechend lb. *Fid(d)eler.* ⓢ *Fiedler* ist in der südlichen Hälfte Luxemburgs und überall in Deutschland verbreitet. Die Variante *Fiedeler* kommt nur in Deutschland vor und ist insgesamt niederfrequent. Dünn gestreut, sowohl in Luxemburg als auch außerhalb, sind *Fidler* und *Fideler.* 📖 GDB: 1731 *Fideler* => 1780 *Fidler.* 1781 *Fideler.* 1785 *Fiedler.* 1792 *Fiedeler.*
FILBIG [ˈfilbiɕ] (2009: 16, 0.1‰; 1880: 23, 0.12‰). Wohl Übername zu einem zu erschließenden *-ig*-Adjektiv zu mhd. *vilwe, velwe* f. 'fahle Farbe', *velwen* 'fahl machen, entfärben'. Es könnte demnach Benennung nach der Hautfarbe vorliegen. ☞ Die ersten Namenträger in Luxemburg stammen aus Nördingen (Erpelding, STATEC, S. 53). Außerhalb des Großherzogtums zeigt der Name das größte Vorkommen im Raum Würzburg. Möglicherweise besteht ein etymologischer Zusammenhang mit *Filbing*, das im Moseldepartement und *Filbinger*, das im Landkreis Tirschenreuth in der Oberpfalz zu finden ist. Nach Hess 1970, S. 38 stammt der Familienname *Filbig* "aus Vilbig im Taunus". Es ist allerdings unklar, ob Hess damit einen Familiennamen oder ein Toponym meint. Ein entsprechendes Toponym ist jedenfalls nicht auffindbar. 📖 GDB: 1749 *Filbig.*
FINCK (2009: 15, 0.09‰; 1880: 31, 0.16‰). ↗*Fink.*
FINK [fiŋk] (2009: 15, 0.09‰; 1880: 60, 0.31‰). VARIANTE(N) *Finck.* Berufsübername zu mhd. *vinke* 'Fink', eventuell für den Vogelsteller. ☞ Die genealogischen Datenbanken zeigen in einem Fall den Wechsel von *Foncken* auf *Finck*; siehe ↗*Funck.* 📖 GDB: 1698 *Finck.* 1719 *Foncken* => 1761 *Finck.* 1836 *Finck* => 1880 *Fink.* 1851 *Fincken.*
FISCH [fiʃ] (2009: 117, 0.72‰; 1880: 223, 1.15‰). 1. Berufsübername zu mhd. *visch* 'Fisch' für den Fischer oder Fischhändler. 2. Herkunftsname zur Ortschaft *Fisch* bei Saarburg, Rheinland-Pfalz. ⓢ Der Name findet sich vor allem in Luxemburg sowie in diversen Regionen Deutschlands, u.a. im Saarland und in der Eifel. 📖 FSV: 1611 *Fisch.*
FISCHBACH [ˈfiʃbax] (2009: 143, 0.88‰; 1880: 275, 1.42‰). 1. Herkunftsname zu a) *Fischbach* (lb. *Fëschbech*) in der gleichnamigen Gemeinde; b) *Fischbach* (lb. *Fëschbech*), Gemeinde Heinerscheid; c) *Fischbach*, mehrfach in Deutschland, u.a. in der Eifel. 2. Wohnstättenname zu *Fischbach*, mehrfach als Flurname in Luxemburg, z.B. bei Schrassig, Gemeinde Schüttringen. ⓢ Das Verbreitungsgebiet von *Fischbach* deckt ganz Luxemburg ab,

reicht im Westen bis ins Areler Land und im Osten bis in den Raum Trier und Bitburg hinein. Der Name ist auch im Saarland sowie entlang des Rheins zu finden. Im übrigen Deutschland ist er weit verstreut. 📖 RB (1388-1500): *Van Vischbach, van Vischpach, van Vispach, van Vyschbach, van Vyspach.* Fsv: 1589 *Fisbach.* 1656 *Fischbach.* GDB: 1708 *Fischbach.*
FISCHER ['fiʃɐ] (2009: 208, 1.27‰; 1880: 253, 1.31‰). GLEICHE BASIS *Fisch*. Berufsname zu mhd. *vischære*, *vischer* 'Fischer'. ❍ Der Name kommt in Deutschland und Luxemburg flächendeckend vor und streut weit nach Belgien und Frankreich hinein. 📖 RB (1388-1500): V*ischer*, V*yscher.* Fsv: 1611 *Fischer, Fischers.* 1656 *Fischer.* GDB: 1698 *Fischer.* Vz: 1880 *Fischer.*
FIXEMER ['fiksəmɐ] (2009: 10, 0.06‰; 1880: 35, 0.18‰). VARIANTE(N) *Fixmer*. Personalisierter Herkunftsname zu *Fixem* (lothr. *Féxem*) für eine Gemeinde im Moseldepartement. ☞ *Fixemer* in Luxemburg und dem Saarland. *Fixmer* fast ausschließlich in Luxemburg. 📖 GDB: 1745 *Fixmer.* 1886 *Fixemer.*
FIXMER ['fiksmɐ] (2009: 22, 0.13‰; 1880: 36, 0.19‰). Synkopierte Form von ↗*Fixemer.*
FLAMAND (2009: 4, 0.02‰; 1880: 0). ↗*Flammant.*
FLAMANT (2009: 2, 0.01‰; 1880: 0). ↗*Flammant.*
FLAMENT (2009: 2, 0.01‰; 1880: 0). ↗*Flammant.*
FLAMMAND (2009: 1, 0.01‰; 1880: 8, 0.04‰). ↗*Flammant.*
FLAMMANG ['flamaŋ] (2009: 261, 1.6‰; 1880: 540, 2.79‰). Germanisierte Form von ↗*Flammant.*
FLAMMANN (2009: 4, 0.02‰; 1880: 0).

Germanisierte Form von ↗*Flammant* mit Anlehnung an *-mann.*
FLAMMANT ['flamã:] (2009: 27, 0.17‰; 1880: 15, 0.08‰). VARIANTE(N) *Flamand, Flamant, Flament, Flammand, Flammann.* GLEICHE BASIS *Flammang.* Französischer Herkunfts- bzw. Übername zu frz. *flamand* 'aus Flandern stammend, flämisch sprechend'. ❍ Die entlehnte Form *Flammang* kommt hauptsächlich in Luxemburg vor, dort allerdings nicht im Norden, mit einer Streuung in Wallonien und ins Moseldepartement. Die Variante *Flamang* ist nicht luxemburgisch, sondern tritt ausschließlich in Belgien in der Provinz Hennegau sowie in Flandern auf. *Flamant* und *Flamand* sind in ganz Wallonien und Nordfrankreich verbreitet, wobei im Areler Land die Variante *Flamant* deutlich dominiert, während im Rest von Wallonien Variante mit *-d* die häufigere ist. *Flaman* ist sehr selten, vereinzelt im Areler Land, bei Lüttich und im Rheinland. Die Varianten mit doppeltem *m* kommen in Belgien nicht vor. *Flammant* begegnet ausschließlich in Luxemburg und weniger in Frankreich (Moseldepartement, aber auch Norden), *Flammand* im Moseldepartement sowie in Luxemburg. *Flammann* ausschließlich in Luxemburg, dem Moseldepartement und Rheinland-Pfalz. Zwischen Löwen und Sint-Truiden findet sich jeweils ein Nest mit *Flaming* und *Flamaing*; diesen Varianten liegt die wallonische Form *Flamind* zu Grunde. 📖 GDB: 1685 *Flammand* => 1710 *Flammang.* 1687 *Flammand* => 1715 *Flammang* => 1742 *Flammand.* 1744 *Flaman* => 1765 *Flamman.* 1761 *Flammang* => 1800 *Flammangt.*
FLENER ['fle:nɐ] (2009: 30, 0.18‰; 1880: 38, 0.2‰). ↗*Floener.*

FLESCH [flæʃ] (2009: 36, 0.22‰; 1880: 30, 0.15‰). Berufsübername zu mhd. *vlesche*, Nebenform von *vlasche* 'Flasche', für den Hersteller von Flaschen aus Holz oder Metall. Vgl. entsprechend lb. *Fläsch* 'Flasche'. 🌟 Das Hauptverbreitungsgebiet des Namens sind Luxemburg, der Niederrhein, das westliche Mitteldeutschland, das Moseldepartement, das Elsass und Baden. 📖 Fsv: 1611 *Flesgin*. 1656 *Flesch*.

FLICK [flik] (2009: 49, 0.3‰; 1880: 69, 0.36‰). Übername zu mhd. *vlücke* 'flügge', im übertragenen Sinne für einen lebhaften Menschen. 🌟 Hohe Konzentration im Norden Luxemburgs sowie insgesamt im Westen Deutschlands. 📖 RB (1388-1500): *Flucken Johan van Straissen* = *Fluck van Straissen*. Fsv: 1561 *Flück, Flucken, Flücken*. GDB: 1698 *Flick*. 1739 *Fluck* => 1770 *Flick*.

FLIES [fliːs] (2009: 27, 0.17‰; 1880: 56, 0.29‰). Wohnstättenname zu mhd. *vlieȝ* 'Fluss, Strömung'. 🌟 Das Vorkommen des Namens ist weitestgehend auf Luxemburg beschränkt. 📖 Fsv: 1656 *Fliessen*. GDB: 1745 *Flies*.

FLOENER / FLÖNER [ˈfløːnɐ] (2009: 24, 0.15‰; 1880: 25, 0.13‰). VARIANTE(N) *Flener*. Übername zu mhd. *vlœhenen, vlœhen* 'flüchten, durch Flucht entfernen, in Sicherheit bringen' (Lexer), nhd. *flöhnen* 'bewegliches Gut flüchten, d.h. in Sicherheit bringen' (DRW). 🌟 Der Name kommt fast nur in Luxemburg und etwas häufiger im Areler Land vor. Dasselbe gilt für die seltenere Form *Floener*, die auch in der übrigen Provinz Luxemburg anzutreffen ist. ☞ Beim Flöhnen dürfte es sich in der Regel um eine einmalige Tätigkeit gehandelt haben. Der Familienname *Flener* wäre somit ein Beispiel dafür, dass ein einmaliges Ereignis als Benennungsmotiv ausreichte. Es scheint sich um einen Einwanderernamen zu handeln, da erst ab dem 18. Jh. in Luxemburg bezeugt. Doch kommt der Name außerhalb von Luxemburg kaum vor, weshalb sein Ursprungsgebiet unklar bleibt. 📖 GDB: 1754 *Floener*. 1805 *Flehner*. 1855 *Flener*.

FLOERCHINGER / FLÖRCHINGER [ˈflœʁɕɪŋɐ] (2009: 6, 0.04‰; 1880: 11, 0.06‰). Personalisierter Herkunftsname zu *Flörchingen* (mslfrk. *Fléischengen*, frz. *Florange*) für eine Gemeinde im Moseldepartement. 📖 RB (1388-1500): *Florcher van Tzessingen* = *Florchinger van Tzessingen*.

FOETZ [føːts] (2009: 22, 0.13‰; 1880: 18, 0.09‰). Herkunftsname zu *Fötz* (lb. *Féiz*, frz. *Foetz*) für eine Ortschaft in der Gemeinde Monnerich. 🌟 Der Name kommt nur im Moseldepartement und in Luxemburg vor, dort besonders im Süden. 📖 Fsv: 1611 *Feetz*. GDB: 1750 *Foetz*.

FOHL [foːl] (2009: 46, 0.28‰; 1880: 75, 0.39‰). Übername zu mhd. *vole, vol* 'junges Pferd, Fohlen'. 🌟 Der Name gilt fast ausschließlich in Luxemburg, der Norden und Nordwesten ausgenommen. In Deutschland, besonders entlang des Mittel- und Niederrheins sowie im Raum Stuttgart, ist dagegen *Vohl* anzutreffen. ☞ Die historischen Belege zeigen in einem Fall Einblendung von ↗*Vogel*. Der Grund für diese Einblendung bzw. Verwechslung ist, dass in einzelnen östlichen Mundarten des Luxemburgischen *Fohlen* und *Vogel* fast homophon geworden sind: vgl. gemeinlb. *Fuel* 'Fohlen' vs. *Vull* 'Vogel', jedoch ostlb. *Fuel* 'Fohlen' vs. *Vuël* (mit langem *u*) neben *Vugel* 'Vogel'. 📖 Fsv: 1561 *Foillen*. 1611 *Folen*. 1656 *Fohll*. GDB: 1688 *Fohlen*. 1749 *Fohl*. 1785

Fohl = *Vogel* => 1814 *Vohl*, 1818 *Fohl*, 1821 *Fogel*, 1825 *Vogel*.

FOLMAR (2009: 1, 0.01‰; 1880: 0). ↗*Folmer*.

FOLMER [ˈfɔlmɐ] (2009: 15, 0.09‰; 1880: 0). VARIANTE(N) *Folmar*. 1. Durch Assimilation aus *Volkmar* entstanden, Patronym zum gleichlautenden Rufnamen. Dieser geht zurück auf ahd. *Folkmār* und beinhaltet ahd. *folk* 'Haufe, Kriegsschar, Volk' und *māri* 'bekannt, berühmt, angesehen'. 2. Kontrahierte Form von *Vollmeier*, Standesname für einen Meier, der im Gegensatz zum Halbmeier ein ganzes Bauerngut besitzt. 📖 FSV: 1611 *Volmers*. GDB: 1796 *Folmer* = *Folmar*. VZ: 1880 *Follmer*.

FOLSCHEID [ˈfɔlʃaɪt] (2009: 22, 0.13‰; 1880: 27, 0.14‰). VARIANTE(N) *Folschette*. Herkunftsname zu *Folscheid* (lb. *Foulscht*, frz. *Folschette*) für eine Ortschaft in der Gemeinde Rambruch. ⓢ *Folscheid* und die französisierte Variante *Folschette* sind nahezu ausschließlich in der Südhälfte Luxemburgs belegt. 📖 FSV: 1611 *Folscheidt*. 1656 *Folscheydt*. GDB: 1736 *Folschet*. 1814 *Folschette*. VZ: 1880 *Folschett*.

FOLSCHETTE [ˈfɔlʃæt] (2009: 44, 0.27‰; 1880: 0). Französisierte Form von ↗*Folscheid*.

FONCK (2009: 98, 0.6‰; 1880: 191, 0.99‰). Regionalsprachliche Form von ↗*Funck*.

FONK (2009: 3, 0.02‰; 1880: 37, 0.19‰). ↗*Fonck*.

FOURNEL (2009: 13, 0.08‰; 1880: 5, 0.03‰). ↗*Fournelle*.

FOURNELLE [ˈfuʀnæl] (2009: 36, 0.22‰; 1880: 87, 0.45‰). VARIANTE(N) *Fournel*. 1. Berufsübername zu afrz. *fornel, fournel* 'Ofen' (mit *-el* aus lat. *-ālis*) für den Metallschmelzer, Kalkbrenner oder ggf. für den Bäcker. 2. Wohnstättenname zu einem Flurnamen, dem derselbe altfranzösische Begriff zu Grunde liegt. ⓢ Das Vorkommen von *Fournelle* beschränkt sich weitestgehend auf Luxemburg. Speziell im Süden Luxemburg ist daneben *Fournel* zu finden, das auch in Frankreich und Belgien weit verbreitet ist. 📖 GDB: 1877 *Fournelle*.

FOUSS [fuːs] (2009: 2, 0.01‰; 1880: 0). Luxemburgische Variante von ↗*Fuchs*, demnach mit Assimilation *chs* > *ss* und in französisierender Schreibung.

FOX [foks] (2009: 18, 0.11‰; 1880: 75, 0.39‰). Variante von ↗*Fuchs* mit Senkung *u* > *o*.

FOXIUS [ˈfoksius] (2009: 5, 0.03‰; 1880: 3, 0.02‰). Latinisierte Form von ↗*Fox*.

FRANCARD (2009: 1, 0.01‰; 1880: 3, 0.02‰). ↗*Frankard*.

FRANCK [fʀaŋk] (2009: 109, 0.67‰; 1880: 257, 1.33‰). VARIANTE(N) *Francq*, *Frank*. GLEICHE BASIS *Franken*. 1. Patronym zum gleichlautenden Rufnamen. Dieser stammt aus ahd. *Franko*, das germ. **franka-* 'mutig' beinhaltet. 2. Personalisierter Herkunftsname aus mhd. *franke* 'Franke, aus Franken Stammender'. 3. Übername zu spätmittelhochdeutsch *franc* 'frei'. Siehe auch ↗*Frankard*. ⓢ *Franck* ist in ganz Luxemburg zu finden. In östlicher Richtung besteht jedoch kein direkter Anschluss zum Verbreitungsgebiet in der Pfalz oder dem Rheinland, denn die Eifel, der Hunsrück und teilweise das Saarland haben nur *Frank*. Letzteres ist die häufigere Form in Deutschland, während sich in Luxemburg beide Schreibungen die Waage halten. In Wallonien und Flandern hingegen kommt fast ausschließlich *Franck* vor, in Frankreich wiederum beide Formen, besonders im Moseldepartement. Eine weitere Variante *Francq* begegnet vor allem auf pikardischem Gebiet (Hennegau, Nordfrankreich). Eine flektierte Bildung *Franken* ist vereinzelt in Luxemburg anzutreffen und häuft sich besonders am Niederrhein. 📖 RB (1388-1500): *Hans Francke. Johanne Francken van Echtternachen.* FSV: 1656 *Franck, Francken, Francq, Frank, Franken.* GDB: 1654 *Franck.* 1660 *Francken* => 1720 *Franck.* 1684 *Franck* = *Francken.* 1758 *Frank.* 1861 *Frank* = *Franck.*

FRANCKART (2009: 2, 0.01‰; 1880: 6, 0.03‰). ↗*Frankard.*

FRANÇOIS / FRANCOIS [ˈfʀɑ̃ːswaː] (2009: 57, 0.35‰; 1880: 193, 1‰). Patronym zum gleichlautenden frz. Rufnamen. Dieser stammt aus *Franciscus*, einer Latinisierung von it. *Francesco* 'kleiner Franzose'. Siehe auch ↗*Frantz*, ↗*Franziskus*. ✹ Der Name konzentriert sich in der südlichen Hälfte Luxemburgs, dem Raum Bitburg sowie in ganz Frankreich und Belgien. 📖 RB (1388-1500): *Franssoy* (Rufname). GDB: 1687 *Francois.* 1774 *Fransois.* 1799 *François.*

FRANCQ [ˈfʀɑ̃ː(ŋ)k] (2009: 1, 0.01‰; 1880: 5, 0.03‰). Französisierte Form von ↗*Franck.*

FRANK (2009: 96, 0.59‰; 1880: 199, 1.03‰). ↗*Franck.*

FRANKARD [ˈfʀɑ̃ː(ŋ)kaːʀ] (2009: 4, 0.02‰; 1880: 4, 0.02‰). Französisches Patronym zum gleichlautenden französischen Rufnamen. Dieser ist entlehnt aus wfrk. **Frankhard*, mit germ. **franka-* 'mutig' (woraus der Name der Franken) und germ. **hardu* 'stark, tapfer, kühn'. Siehe auch ↗*Franck*. ✹ *Frankard* kommt nur in Luxemburg und vereinzelt in Wallonien vor, im letzteren Gebiet auch *Frankar, Frankart, Franckart*. Das Vorkommen einer weiteren Variante, *Francart*, ist ebenfalls äußerst gering und auf Luxemburg und die gleichnamige Nachbarprovinz beschränkt. Die insgesamt häufigste Form ist *Francard* (Wallonien, Département Champagne). 📖 GDB: 1735 *Franckart.* 1790 *Francart.* 1800 *Franckart* = *Franquart.* 1815 *Franckar.* 1817 *Franckard.* 1844 *Frankar.* 1849 *Frankart.* 1894 *Frankard.*

FRANKEN [ˈfʀɑŋkən] (2009: 2, 0.01‰; 1880: 1, 0.01‰). Flektiertes Patronym zu ↗*Franck.*

FRANTZ [fʀɑnts] (2009: 64, 0.39‰; 1880: 84, 0.43‰). VARIANTE(N) *Franz.* GLEICHE BASIS *Frantzen, Frentz.* Patronym zum gleichlautenden Rufnamen. Dieser ist Kurzform von ↗*Franziskus.* Siehe auch ↗*Francois*. ✹ *Frantz* kommt besonders in Luxemburg, Lothringen, dem Elsass sowie im Saarland vor. In Deutschland dominiert die Form *Franz*, die dort überall verbreitet ist. Flektiertes *Frantzen, Franzen* gilt überwiegend in Luxemburg, am Niederrhein sowie im Raum Lüttich und Aachen. Die Variante mit hypokoristischem Umlaut *Frentz* konzentriert sich im Süden Luxemburgs, dem Areler Land und Moseldepartement. In Deutschland begegnet diese überwiegend in der Graphie *Frenz*, doch kommen dort weitere bzw. andere Etymologien in Betracht. ☞ Der Vorname *Franziskus* hat im Luxemburgischen zahlreiche Ausprägungen hervorgebracht. Das LWB verzeichnet *Fras, Fraassi, Fros, Froossi, Fraassel, Frasel, Francis, François, Fränz, Fränzel, Fränzchen, Fränzelchen, Fränzi, Fränzeli, Frän, Frin, Frinni, Frinz, Frunn, Frunnes, Frunni, Frunsel, Frunzel.* 📖 RB (1388-1500): *Clais Fran(t)z* = *Clais Fran(t)zen. Frantz* = *Frentzgen. Frantzkin Behemmer*

= *Frentzken Behemmer* = *Frentzkins des Behemmers*. *Frentzges* = *Frentzgin*. Fsv: 1561 *Frantzes*. 1611 *Frantz, Frantzen, Franzen*. 1656 *Frans, Frentz*. GDB: 1719 *Frantz*. 1884 *Franssen*.
FRANTZEN [ˈfʀɑntsən] (2009: 56, 0.34‰; 1880: 82, 0.42‰). VARIANTE(N) *Franzen*. Flektiertes Patronym zu ↗*Frantz*.
FRANZ (2009: 2, 0.01‰; 1880: 50, 0.26‰). ↗*Frantz*.
FRANZEN (2009: 47, 0.29‰; 1880: 118, 0.61‰). ↗*Frantzen*.
FRANZISKUS [ˈfʀɑntsiskus] (2009: 6, 0.04‰; 1880: 24, 0.12‰). Patronym zum gleichlautenden Rufnamen. Dieser stammt aus *Franciscus*, einer Latinisierung von it. *Francesco* 'kleiner Franzose'. Siehe auch ↗*Francois*, ↗*Frantz*. GDB: 1741 *Franciskus*. 1850 *Franziskus*.
FRASCHT [fʀɑʃt] (2009: 6, 0.04‰; 1880: 8, 0.04‰). Variante von ↗*Frost*, mit Senkung *o > a* und Wandel *s > sch*.
FRAST [fʀɑst] (2009: 13, 0.08‰; 1880: 30, 0.15‰). Variante von ↗*Frost*, mit Senkung *o > a*.
FREDERES (2009: 14, 0.09‰; 1880: 26, 0.13‰). Variante von ↗*Friederes*, mit Senkung *i > e*.
FREICHEL [ˈfʀɑɪɕəl] (2009: 34, 0.21‰; 1880: 22, 0.11‰). Unklar. Fest steht, dass auf der Grundlage von außerluxemburgischen Vergleichen der Name unmittelbar auf *Freuchel* zurückzugehen scheint. Hierbei handelt es sich möglicherweise um eine Diminutivbildung zu einem heute nur noch selten und außerhalb des Großherzogtums vorkommenden Familiennamen *Freuche*. Dieser wäre Übername zu a) einem zu erschließenden femininen Substantiv mhd. *vröuwiche < ahd. *frouwihha, Femininbildung zu ahd. *frō* m. 'Herr' (< germ. *fraujōn*), der der alt-

deutsche Personenname *Frowecha* (Förstemann 1, Sp. 517) sowie das Appellativ lb. *Frääch* f. 'alte Herrenbäurin' entsprechen; b) einem zu erschließenden maskulinen Substantiv mhd. *vröuwiche (oder *vrewiche) < ahd. *frouwihho (oder *frewihho). Es fände Anschluss an ahd. *frō* 'froh' (< germ. *frawa-*) und wäre somit nach dem Muster ahd. *alt* 'alt' → *altih* → *altihho* 'der Alte, Greis' (vgl. Krahe/Meid III, S. 213) gebildet. 🔖 *Freichel* zeigt insgesamt das größte Vorkommen im Kanton Clerf und findet sich außerhalb des Großherzogtums fast nur im Saarland. Komplementär zu *Freichel* gilt *Freichels* nördlich von Luxemburg und vereinzelt am Niederrhein. Die potenziellen Gleichungen *Früchel, Frychel* treten vereinzelt in Deutschland auf. Ebenso selten sind in Deutschland die vergleichbaren Formen *Freichmann, Freick, Freikmann, Freuchen, Freuches, Freuck, Freuken, Freukes, Fröchling* zu finden. ☞ Weitere mit *Freuchel* vergleichbare, aber nur noch historisch belegte Familiennamen sind *Freuchlinger* und *Freichlinger*, die ihren Ursprung in Böhmen zu haben scheinen (vgl. Faber, S. 187; Meißner, S. 317). Sie erinnern an ein in altdeutscher Zeit belegtes, doch nicht lokalisierbares Toponym *Frouchilinchouun* (Förstemann 2, Sp. 533). GDB: 1721 *Freichel* = *Pfeifers* = *Reichel* => 1754 *Reichel*. 1732 *Freichels*. 1745 *Freicheltz*. 1762 *Freichels* = *Freickel*. 1764 *Freichels* => 1791 *Freichel*. 1875 *Freichels* = *Freichelt*.
FREILINGER [ˈfʀɑɪlɪŋɐ] (2009: 35, 0.21‰; 1880: 88, 0.45‰). VARIANTE(N) *Freylinger*. Personalisierte Form von ↗*Freyling*.
FREIMANN (2009: 14, 0.09‰; 1880: 34, 0.18‰). ↗*Freymann*.
FREIS [fʀɑɪs] (2009: 17, 0.1‰; 1880: 0).

Übername zu mhd. *vreis* 'Gefahr und Verderben bringend, grausam, schrecklich'. 📖 GDB: 1836 *Freyss* => 1865 *Freyss*, 1866 *Freys*, 1871 *Freysz*. 1840 *Freis*. Vz: 1880 *Freiss*.

FRENTZ [fʀænts] (2009: 5, 0.03‰; 1880: 19, 0.1‰). Variante von ↗*Frantz* mit hypokoristischem Umlaut.

FRERES / FRÈRES [ˈfʀɛːʀəs // ˈfʀeːʀəs] (2009: 50, 0.31‰; 1880: 101, 0.52‰). 1. Herkunftsname zu frz. *Frères* (wa. *Frère*, fläm. *Vreren*) für eine Teilgemeinde der Stadt Tongeren in der belgischen Provinz Limburg. 2. Übername zu frz. *frère* 'Bruder, Klosterbruder'. ⑤ *Frères* ist überwiegend in Luxemburg, der Eifel und Wallonien verbreitet. Die potenzielle Variante *Frère* ist jedoch in Belgien häufiger und insbesondere auch in der nördlichen Hälfte Frankreichs zu finden. ☞ In den genealogischen Datenbanken tritt einmal der Aliasname *Frerich* auf. An Einfluss der gleichlautenden niederdeutsch-friesischen Kurzform von *Frederich* für ↗*Friederich* ist dabei wohl nicht zu denken. 📖 GDB: 1650 *Frères* = *Frere* = *Frerich*.

FREYLING [ˈfʀɑɪlɪŋ] (2009: 1, 0.01‰; 1880: 5, 0.03‰). GLEICHE BASIS *Freilinger*. Herkunftsname zu *Freilingen* (lb. *Frällen*, frz. *Freylange*) für ein Dorf in der Gemeinde Arlon. ⑤ *Freyling* ist ein überaus seltener Familienname, der nur in Luxemburg und im Arrondissement Bastogne begegnet. Häufiger sind die personalisierten Formen *Freilinger* und *Freylinger*, die beide hauptsächlich im Großherzogtum und im Areler Land verbreitet sind. 📖 Fsv: 1472 *Nyckel van Frilingen*. 1611 *Freylinger*. GDB: 1706 *Freiling* => 1752 *Freylinger*. 1707 *Freyling* = *Fraylingen* => 1754 *Frellen*. 1748 *Freilinger*.

FREYLINGER (2009: 19, 0.12‰; 1880: 33, 0.17‰). ↗*Freilinger*.

FREYMANN [ˈfʀɑɪmɑn] (2009: 27, 0.17‰; 1880: 52, 0.27‰). VARIANTE(N) *Freimann*. Standesname zu mhd. *vrîman* 'freier Mann, nicht leibeigener Knecht; Scharfrichter'. 📖 GDB: 1665 *Freymann*. 1727 *Freyman* => 1757 *Freymann*. Vz: 1880 *Freimann*, *Freyman*, *Freymann*.

FRIDEN (2009: 20, 0.12‰; 1880: 45, 0.23‰). ↗*Frieden*.

FRIDERES (2009: 7, 0.04‰; 1880: 11, 0.06‰). ↗*Friederes*.

FRIDERICH (2009: 2, 0.01‰; 1880: 25, 0.13‰). ↗*Friederich*.

FRIEDEN [ˈfʀiːdən] (2009: 63, 0.39‰; 1880: 104, 0.54‰). VARIANTE(N) *Friden*. Flektiertes Patronym zum einstigen Rufnamen *Fried(e)*. Dieser stammt aus ahd. *Frido*, das zu ahd. *fridu* 'Schutz vor Waffengewalt, Friede' gehört. Siehe auch ↗*Friedgen*, ↗*Fritz*, ↗*Fritsch*, ↗*Friederich*. ⑤ Zum Hauptverbreitungsgebiet von *Frieden* gehören die südliche Hälfte Luxemburgs, besonders der Südosten. Noch deutlicher im Süden des Großherzogtums konzentriert sich das Vorkommen der selteneren Variante *Friden*. Außerhalb des Großherzogtums kommen die Namen kaum vor. 📖 Fsv: 1611 *Frieden*. GDB: 1717 *Frieden*. 1855 *Friden*.

FRIEDERES [ˈfʀiːdəʀəs] (2009: 14, 0.09‰; 1880: 20, 0.1‰). VARIANTE(N) *Frederes*, *Frideres*, *Frieders*. Durch "Suffixwechsel" entstandene Variante von ↗*Friederich*. ☞ Der Übergang von *Friederich* auf *Friederes*, ↗*Frederes* ist in einem Fall in den genealogischen Datenbanken belegt. Der Grund für den Wechsel des Ausgangs von *-ich* (dem lb. *-ech* entspricht; vgl. den Rufnamen lb. *Fridderech*) auf *-es* ist unklar, genauso wie die etymologische Herkunft von -es. Es fällt jedoch auf, dass dieser sekundäre Ausgang -es außer bei *Friederes*, ↗*Frederes* noch in den Familiennamen †*Meyres* (↗*Meyrer*), ↗*Roderes* (↗*Roderich*) sowie im Hausnamen lb. *an Déideres* (↗*Diederich*) vorkommt, also nur in Namen mit *-rich* (> lb. *-rech*) im Zweitglied. Einerseits könnte hier die Vorstellung von halblatinisierten, doch für Luxemburg nie belegten Bildungen *Friederus*, *Roderus*, *Diederus* mitgeschwungen haben, andererseits scheint dem Ausgang -es die Funktion eines Leitsuffixes, das aus dem regionalsprachlichen Appellativschatz übernommen wurde, zuzukommen. Dies wird in personenbezogenen Substantiven mit (tendenziell) pejorativer Bedeutung besonders deutlich: z.B. *Dauder(es)* m. 'dummer Schwätzer; unordentlicher, nachlässiger, unbesonnener Mensch; Zauderer'; *Ladder(e)s* 'läppischer, nachlässiger Mensch, Flegel', *Wudder(e)s* 'lebhafter, unruhiger Mensch'; entsprechend auch in Familiennamen aus Übernamen wie ↗*Dickes*, ↗*Lickes*, ↗*Mirkes*. 📖 GDB: 1763 *Friederes* => 1787 *Frederes*, 1794 *Frideres*, 1799 *Friederes*. 1766 *Friederich* => 1800 *Friederes* = *Frederes*. 1773 *Frederes*.

FRIEDERICH ['fʀidəʀiç] (2009: 48, 0.29‰; 1880: 55, 0.28‰). VARIANTE(N) *Friderich*, *Friedrich*. GLEICHE BASIS *Friederichs*, *Friederici*, *Friedrichs*. Patronym zum gleichlautenden Rufnamen. Dieser stammt aus ahd. *Fridurīh* und gehört zu ahd. *fridu* 'Schutz vor Waffengewalt, Friede' und germ. **rīkja-* 'mächtig' (vgl. ahd. *rīhhi* 'reich, mächtig'). ✤ *Friederich* ist in der südlichen Hälfte Luxemburgs, in Lothringen, dem Elsass und vereinzelt in Deutschland verbreitet. Die synkopierte Variante *Friedrich* ist im Großherzogtum kaum anzutreffen, häufiger jedoch in Lothringen und dem Elsass, sehr häufig dagegen in Deutschland. Insgesamt sehr vereinzelt gilt *Friderich*: Luxemburg, Ostlothringen, Unterelsass, in Deutschland v.a. Baden-Württemberg. Als Genitivbildungen erscheinen *Friedrichs*: weniger in Luxemburg, in Deutschland indes sehr häufig; *Friederichs*: niederfrequent in Luxemburg, ebenso in Deutschland; *Friederici*: nur teilweise in Luxemburg, in Deutschland v.a. im Ruhrgebiet. ☞ Als Rufnamen verzeichnet das LWB *Fréiz* (als Hausname), *Frid*, *Fridchen*, *Fridderech*, *Früdchen*, *Fritz*, *Fritzchen*, *Fruttes*. Ferner ist in den genealogischen Datenbanken in einem Fall der Übergang von *Friederich* auf ↗*Friederes*, ↗*Frederes* festzustellen; siehe weiterführende Diskussion unter ↗*Friederes*. 📖 RB (1388-1500): *Frederich*, *Friderich*, *Fridrich*, *Fridderich*, *Friedderich*, *Friederich*, *Frijderich*, *Fryderich*. FSV: 1611 *Friedrich*, *Friedrichs*. GDB: 1700 *Friderici* => 1730 *Friederici*. 1766 *Friederich* => 1800 *Friederes* = *Frederes*. 1759 *Friederich*. 1762 *Fridericy*.

FRIEDERICHS ['fʀidəʀiçs] (2009: 8, 0.05‰; 1880: 0). Flektiertes Patronym zu ↗*Friederich*.

FRIEDERICI [fʀidə'ʀisi:] (2009: 6, 0.04‰; 1880: 5, 0.03‰). Flektiertes Patronym (lateinischer Genitiv) zu ↗*Friederich*.

FRIEDERS ['fʀidɐs] (2009: 4, 0.02‰; 1880: 5, 0.03‰). Variante von ↗*Friederes*, mit Synkope des Vokals der Letztsilbe.

FRIEDGEN ['fʀi:tçən] (2009: 13, 0.08‰; 1880: 17, 0.09‰). 1. Patronym zum einstigen gleichlautenden Rufnamen. Dieser ist eine Diminutivbildung von **Fried(e)* (↗*Frieden*). 2. Deriviertes Patro- oder Metronym (Diminutivbildung) zum Rufnamen: 'Fried(e) junior'. ⓢ Der Name begegnet überwiegend in der Südhälfte Luxemburgs. Außerhalb des Großherzogtums ist er kaum zu finden. 📖 RB (1388-1500): *Frederich dem Portener* = *Frederich der Portener* = *Frederich Portener* = *Freitgin* = *Freitgin dem Portener* = *Fretgen dem Portener* = *Fretgin dem Portener* = *Fridderiche dem Portener* = *Friderich Portener* = *Frietgen Portener* = *Frijtgin dem Portener*. Fsv: 1561 *Frytges*. 1611 *Friedgen, Friedges, Friedtges*. GDB: 1667 *Fridges*. 1717 *Friedgen*. 1728 *Friedges* = *Fritges*.

FRIEDRICH (2009: 48, 0.29‰; 1880: 105, 0.54‰). Nicht synkopierte Form von ↗*Friederich*.

FRIEDRICHS [ˈfʁiːdʁiçs] (2009: 1, 0.01‰; 1880: 1, 0.01‰). Flektiertes Patronym zu ↗*Friedrich*.

FRIES [fʁiːs] (2009: 41, 0.25‰; 1880: 0). 1. Patronym zum gleichlautenden Rufnamen. Dieser stammt aus ahd. *Friaso, Frieso*, das mit dem Stammesnamen der Friesen verwandt sein dürfte. 2. Berufsname zu mhd. *vriese* m. 'Damm-, Schlammarbeiter', entsprechend pfälz. *Friese* m. 'Wasserbauarbeiter'. 3. Herkunftsname zu mhd. *vriese* 'Friese, aus Friesland Stammender'. ⓢ *Fries* ist in der südlichen Hälfte Luxemburgs, dem Areler Land, Moseldepartement, Elsass sowie in Deutschland besonders im Westen, dann im Süden, weniger im Norden, verbreitet. Speziell in Luxemburg ist der Name 1880 nur in der Graphie *Friess* belegt. Diese Variante findet sich in Ostlothringen, dem Elsass und in Teilen Süddeutschlands. 📖 Fsv: 1611 *Friess*. GDB: 1825 *Fries*.

FRIESEISEN [ˈfʁiːzaɪzən] (2009: 23, 0.14‰; 1880: 20, 0.1‰). Berufsübername zu nhd.-landsch. *Frieseisen*, bestehend aus (z.B. rhein., pfälz., els.) *frie-*

sen 'Gräben auf einem Feld ziehen u.Ä.', und *Eisen*, demnach für den Grabenarbeiter oder den Hersteller des Arbeitsgeräts. Das zu erschließende Kompositum **Frieseisen* ist wohl ein Synonym mit rhein. und pfälz. *Friesenbeil*, für das im PfWb die Bedeutung 'hellebardenähnliches Beil zum Durchschneiden des Rasens bei der Arbeit an Bewässerungsgräben' angegeben wird. 📖 GDB: 1686 *Frieseisen*.

FRISCH [fʁɪʃ] (2009: 142, 0.87‰; 1880: 306, 1.58‰). Übername zu mhd. *vrisch* 'frisch, neu, jung, munter, rüstig, keck'. ⓢ Luxemburg, Areler Land, Moseldepartement, Deutschland. Keine besonders auffällige Verbreitung. 📖 Fsv: 1611 *Frisch*.

FRISING [ˈfʁiːzɪŋ] (2009: 83, 0.51‰; 1880: 71, 0.37‰). Herkunftsname zu *Frisingen* (lb. *Fréiseng*, frz. *Frisange*) für eine Ortschaft in der gleichnamigen Gemeinde. ⓢ Das Vorkommen des Namens beschränkt sich auf Luxemburg. 📖 RB (1388-1500): *Van Freissingen* = *van Friessingen* = *van Frijessingen* = *van Frijsingen* = *van Frijssingen* = *van Frissingen. Von Frisingen*. GDB: 1676 *Frising*. 1730 *Frisinger*. 1734 *Frising* => 1766 *Frisen* = *Frising* => 1797 *Frising*, 1800 *Frissin*.

FRITSCH [fʁɪtʃ] (2009: 46, 0.28‰; 1880: 13, 0.07‰). Patronym zum gleichlautenden Rufnamen. Dieser ist eine mit dem Suffix *-sch* gebildete Koseform mit ahd. *fridu* 'Schutz vor Waffengewalt, Friede'. Vgl. auch ↗*Fritz*, ↗*Frieden*, ↗*Friederich*. ⓢ *Fritsch* kommt in Luxemburg besonders in der südlichen Hälfte vor. In Deutschland erscheint der Name nahezu flächendeckend, in Belgien nur vereinzelt, in Frankreich dagegen häufig im Osten, besonders im Elsass, gefolgt von Lothringen. ☞ Das Kosenamensuffix *-sch(e)* ist aus dem im Althochdeutschen seltenen Suffix *-(i)so/-(i)sa*, einem Konkurrenzsuffix zu häufigerem *-(i)zo/-(i)za*, hervorgegangen. Dabei konnte ahd. *s* speziell nach namenauslautendem *t* oder *d* mhd. *sch* ergeben (vgl. auch im Appellativschatz ahd. *britissa* > mhd. *britze, brütsche* > nhd. *Pritsche*). Erst nachdem ahd. *s* die Lautstufe mhd. *sch* erreicht hatte, scheint das Suffix seine Produktivität entfaltet zu haben und auch an solche Namen angehängt worden zu sein, die im Auslaut keinen alveolaren Verschlusslaut hatten, z.B. ↗*Kunsch/Künsch*. Einzelmundartlich konnte dabei speziell zwischen alveolarem Nasal oder *l* und alveolarem oder palatoalveolarem Frikativ ein *t* eingeschoben werden, daher z.B. ↗*Kuntsch*. 📖 RB (1388-1500): 1611 *Fritsch*.

FRITZ [fʀits] (2009: 28, 0.17‰; 1880: 50, 0.26‰). Patronym zum gleichlautenden Rufnamen. Dieser stammt aus ahd. *Frizzo* und ist Koseform von Namen, die mit ahd. *fridu* 'Schutz vor Waffengewalt, Friede' gebildet sind. Vgl. auch ↗*Fritsch*, ↗*Frieden*, ↗*Friederich*. 🌐 *Fritz* kommt in Luxemburg jeweils nur im äußersten Südosten, Südwesten und Norden vor. In Deutschland ist der Name großflächig verteilt, in Belgien nur vereinzelt. In Frankreich dagegen reicht seine Verbreitung weit in den Osten hinein. 📖 Fsv: 1611 *Frietz, Fritzen*.

FROST [fʀost] (2009: 21, 0.13‰; 1880: 13, 0.07‰). VARIANTE(N) *Frascht, Frast*. Übername zu mhd. *vrost* 'Kälte, Frost'; entsprechend lb. *Frascht*, lok. *Frast* 'Frost'. In den historischen Belegen ist der Wechsel von lb. *Frast* zu schriftdeutschem *Frost* zu erkennen. 🌐 *Frost* streut in Luxemburg, dem Arrondissement Bastogne sowie in ganz Deutschland. Als regionalsprachlich-luxemburgische Varianten begegnen *Frast* in den Kantonen Esch/Alzette und Remich sowie *Frascht* in den Kantonen Luxemburg und Diekirch. 📖 GDB: 1744 *Frast*. 1777 *Frast* => 1808 *Frost*.

FUCHS [fuks] (2009: 36, 0.22‰; 1880: 4, 0.02‰). VARIANTE(N) *Fouss, Fox, Fux, Voss*. GLEICHE BASIS *Vossen*. 1. Übername zu mhd. *vuhs* 'Fuchs', eventuell für einen rothaarigen oder schlauen Menschen; entsprechend das Appellativ lb. *Fuuss*. 2. Berufsübername zum Appellativ für den Fuchsjäger oder Kürschner, der Fuchspelze verarbeitete. 🌐 *Fuchs* ist im gesamten germanophonen Kartierungsgebiet sehr weit verbreitet und daher nicht weiter auffällig. Regionaltypisch, besonders für Luxemburg, ist dagegen *Fux*, ebenso *Fox*, das jedoch in Deutschland großflächiger streut als *Fux*. Insgesamt sehr selten ist *Fochs*, das in Saarburg ein Nest bildet. Die Variante *Voss*, die besonders häufig in Deutschland anzutreffen ist, gilt zwar heute auch für Luxemburg, doch ist sie hier rezent, d.h. erst nach 1880 belegt. Letzteres gilt auch für *Vossen*, das sich außerhalb des Großherzogtums am Niederrhein und in östlichen Flandern ballt. Speziell für die Maas-Rhein-Region sind ferner folgende, insgesamt seltene Varianten zu nennen: *Fuxius* (Saarland), *Foxius* (Luxemburg, Deutschsprachige Gemeinschaft), *Fouss* (Luxemburg und gleichnamige Nachbarprovinz), *Fousse* (Ostlothringen). 📖 Fsv: 1561 *Fouss*. 1611 *Fouchs, Fouchsen, Fouss, Fousse, Foussen, Fox, Fux*. GDB: 1655 *Fox*. 1690 *Fous*. 1733 *Fohss*. 1735 *Fochs = Fox*. 1735 *Focks*. 1740 *Foux*. 1740 *Foxius = Fuxius*. 1754 *Fox*

=> 1781 *Fux*, 1793 *Fox*. 1772 *Fux* => 1802 *Fouss* => 1839 *Fous*. 1775 *Foxius* = *Fichs*. 1826 *Fousse*. 1840 *Fuhs*. 1869 *Fuchs*.

FUNCK [fuŋk] (2009: 65, 0.4‰; 1880: 172, 0.89‰). VARIANTE(N) *Fonck, Fonk, Funk*. 1. Berufsübername zu mhd. *vunke* 'Funke' für den Schmied, der im Gegensatz zum Kaltschmied mit dem Feuer arbeitete. 2. Übername zu mhd. *vunke* 'Funke'. ⓢ *Funck* in Luxemburg und dem Moseldepartement, in Deutschland besonders am Niederrhein und im Rhein-Maingebiet. *Fonck* vor allem in Luxemburg und dem Areler Land, aber vereinzelt auch im übrigen Wallonien. *Funk* ist im Deutschland am häufigsten und kommt in Luxemburg an dritter Stelle nach *Fonck* und *Funck*. *Fonk* ist insgesamt am seltensten. ☞ Die genealogischen Datenbanken zeigen in je einem Fall den Wechsel von *Foncken* auf ↗*Finck* sowie von *Funck* alias *Fonck* auf *Fanck*. 📖 FSV: 1561 *Foncken*. 1611 *Fonck, Foncken, Funck, Funcken*. GDB: 1659 *Funcken*. 1681 *Fonck*. 1686 *Funcken* => 1715 *Funcker* => 1739 *Funck* = *Fonck* => 1761 *Funck*, 1763 *Fonck*, 1778 *Fanck*. 1717 *Fonck* = *Funck*. 1719 *Foncken* => 1761 *Finck*. 1751 *Fonk*. 1691 *Funck*. 1708 *Funk*. 1852 *Fonk* = *Fonck*. 1873 *Funken*.

FUNK (2009: 46, 0.28‰; 1880: 49, 0.25‰). ↗*Funck*.

FUSENIG [ˈfuzənɪɕ // ˈfuːzənɪɕ] (2009: 28, 0.17‰; 1880: 16, 0.08‰). Herkunftsname zu *Fusenich* für einen Ortsteil der Gemeinde Trierweiler, Landkreis Trier-Saarburg. ⓢ *Fusenig* ist in Luxemburg besonders im Westen verbreitet. Weitere Streugebiete sind das Moseldepartement und das westliche Saarland. Die größte Konzentration zeigt der Name im Raum Trier, wo sehr vereinzelt auch *Fusenich* zu finden ist. 📖 GDB: 1740 *Fusenig*.

FUX (2009: 20, 0.12‰; 1880: 0). ↗*Fuchs*.

G

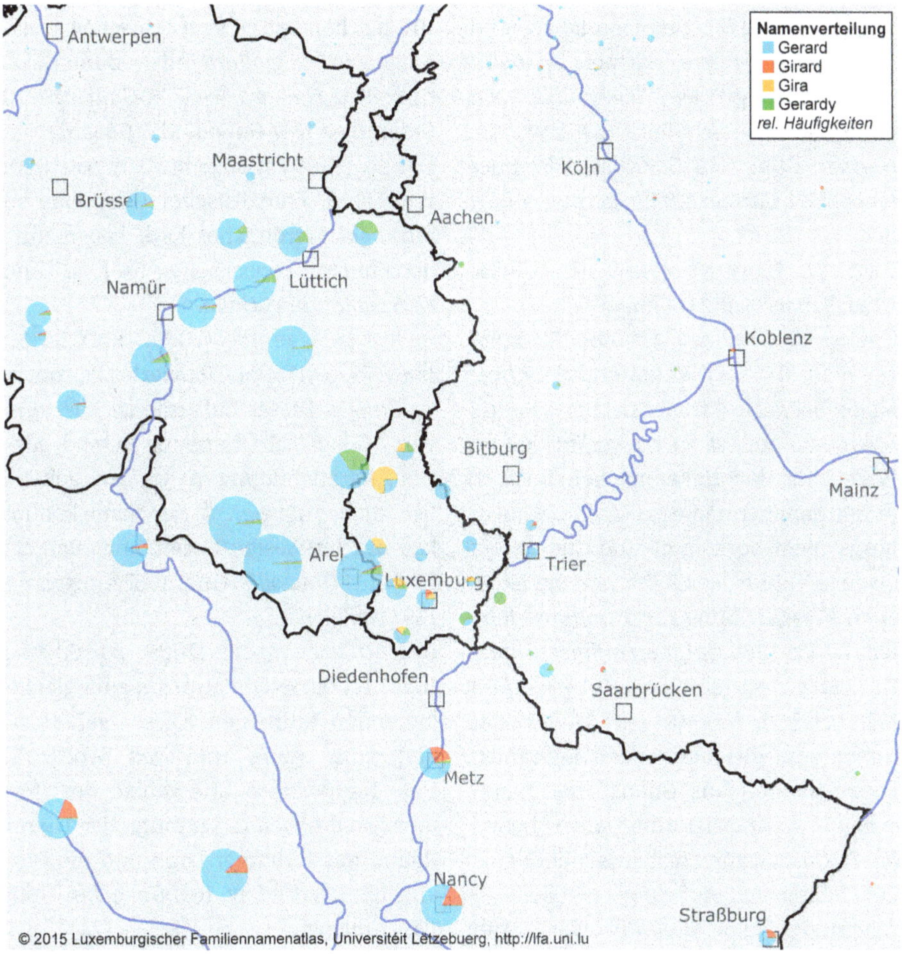
Namenverteilung
Gerard
Girard
Gira
Gerardy
rel. Häufigkeiten
Antwerpen
Maastricht
Köln
Brüssel
Aachen
Lüttich
Namür
Koblenz
Bitburg
Mainz
Arel
Trier
Luxemburg
Diedenhofen
Saarbrücken
Metz
Nancy
Straßburg
© 2015 Luxemburgischer Familiennamenatlas, Universitéit Lëtzebuerg, http://lfa.uni.lu

GAASCH [gaːʃ] (2009: 64, 0.39‰; 1880: 205, 1.06‰). Herkunftsname zu lb. *Gaasch* (dt. *Garsch*, frz. *Garche*) für einen Ortsteil in der Gemeinde Diedenhofen, Moseldepartement. 🕭 Der Name kommt fast nur in Luxemburg vor, dort besonders in der südlichen Hälfte. In Frankreich besonders im Moseldepartement. 📖 Fsv: 1611 *Garsch, Garscher*. GDB: 1660 *Gaasch*.

GAERTNER ['gɛʀtnɐ] (2009: 19, 0.12‰; 1880: 34, 0.18‰). Berufsname zu mhd. *gartenære, gartnære* 'Gärtner; Weingärtner', frnhd. *gertner* 'Ackerbürger, der ohne Vieh wirtschaftet'. 📖 Fsv: 1611 *Gartner*. GDB: 1749 *Gaertner*. 1787 *Gaertener*. 1821 *Gärtner*. 1831 *Gaertner = Gärtner*.

GAFFINE / GAFFINÉ (2009: 7, 0.04‰; 1880: 9, 0.05‰). ↗*Gaffinet*.

GAFFINET ['gafineː] (2009: 17, 0.1‰; 1880: 13, 0.07‰). VARIANTE(N) *Gaffine*. Möglicherweise französischer Berufsübername auf -*et* zu frz. *gaffin* 'kleiner Haken' für den Hakenmacher. Doch da dieser Familienname außerhalb Luxemburgs nicht vorkommt und zudem erst ab der 2. Hälfte des 19. Jhs. bezeugt ist, ist auch Verschreibung für ↗*Goffinet* denkbar. 📖 Vz: 1880 *Gaffiné, Gaffinet, Gaffné*.

GALES ['gaːləs] (2009: 68, 0.42‰; 1880: 191, 0.99‰). VARIANTE(N) *Galles*. Patronym zum gleichlautenden Rufnamen. Dieser stammt aus *Gallus*, das lateinischen Ursprungs ist und 'Gallier' bedeutet. 🕭 *Gales* kommt fast ausschließlich in Luxemburg vor. Auf deutscher Seite erscheint der Name als *Gallus*. Ferner gibt es eine dritte Variante *Galles*, die jedoch insgesamt sehr selten ist. ☞ Die Schreibung mit einfachem *l* gibt einen Hinweis auf die luxemburgische Dehnung von *a*. 📖 Fsv: 1611 *Gallus*. 1656 *Gallas*. GDB: 1690 *Galles* => 1729 *Gallus*. 1755 *Gales*.

GALGON (2009: 4, 0.02‰; 1880: 4, 0.02‰). Germanisierte Form von ↗*Gallion*.

GALLES (2009: 2, 0.01‰; 1880: 52, 0.27‰). ↗*Gales*.

GALLION ['galjãː] (2009: 20, 0.12‰; 1880: 16, 0.08‰). VARIANTE(N) *Galgon*. Französisches Patronym, das durch Suffixwechsel aus ↗*Gaillard* entstanden ist. Hierbei handelt es sich um einen Übernamen zu frz. *gaillard* 'fidel, munter'. 📖 GDB: 1752 *Galliard* => 1778 *Gallion*. 1779 *Galliard* => 1817 *Galion*. 1851 *Galgong*.

GALLO ['galoː] (2009: 14, 0.09‰; 1880: 1, 0.01‰). Französischer Übername zu mfrz. *galet* 'fröhlicher Kerl, Lebemann', doch mit Suffixwechsel -*et* > -*ot*. 📖 GDB: 1795 *Gallot*. 1845 *Gallo*.

GANGLER ['gaŋlɐ] (2009: 8, 0.05‰; 1880: 79, 0.41‰). 1. Deriviertes Patronym zu *Gangel*. Dieser Rufname ist Kurzform von ↗*Gangolf*. 2. Übername zu mhd. *gangeln*, Iterativbildung zu *gangen* 'gehen'. Vgl. auch ↗*Gengler*. 🕭 Der Name kommt fast nur im Westen Luxemburgs vor. 📖 Fsv: 1611 *Gangollfs*. GDB: 1667 *Gangels* => 1697 *Gangler*.

GANGOLF ['gaŋgolf] (2009: 20, 0.12‰; 1880: 10, 0.05‰). Patronym zum gleichlautenden Rufnamen. Dieser gehört zu ahd. *gang* 'Gang' und *wolf* 'Wolf'. 🕭 Das Hauptverbreitungsgebiet des Namens sind neben Luxemburg, der Trierer Raum, das Bitburger Land und die Provinz Lüttich. 📖 Fsv: 1611 *Gangollfs*. GDB: 1703 *Gangolf*.

GANS [gans] (2009: 3, 0.02‰; 1880: 1, 0.01‰). GLEICHE BASIS *Gansen*. 1. Berufsübername zu mhd. *gans* 'Gans' oder *ganze* 'Gänserich' für den Gänsezüchter,

-händler, -hüter. 2. Übername zu denselben mhd. Appellativa. 💰 *Gans* ist in Luxemburg sehr selten und nur im Südwesten anzutreffen und ist in Deutschland überall lose gestreut. *Gansen* erscheint überwiegend in Luxemburg und im westlichen Mitteldeutschland. Sowohl bei *Gans* als auch *Gansen* sind in Deutschland zusätzliche Etymologien (z.B. Patronym zum Rufnamen *Jans*) möglich. 📖 GDB: 1730 *Ganz*. 1740 *Gansen*. 1773 *Ganz* => 1814 *Gans*.

GANSEN ['gɑnzən] (2009: 41, 0.25‰; 1880: 31, 0.16‰). GLEICHE BASIS *Gans*. Flektiertes Patronym zu ↗*Gans*.

GANTREL ['gɑ̃:(n)tʀæl] (2009: 17, 0.1‰; 1880: 13, 0.07‰). Französischer Berufsübername zu afrz. *ganterel*, Synonym von *gantelet* 'Handschuh der Ritterrüstung', demnach für den Hersteller. 📖 GBD: LU: 1736 *Gantrelle*.

GARNICH ['gɑʀnɪɕ] (2009: 8, 0.05‰; 1880: 41, 0.21‰). Herkunftsname zu *Garnich* (lb. *Garnech*, *Garnich*) für eine Ortschaft in der gleichnamigen Gemeinde. 💰 Das Vorkommen des Namens ist in Luxemburg auf die südliche Hälfte beschränkt. Außerhalb des Großherzogtums kommt er kaum vor. 📖 RB (1388-1500): *Johan van Gairnich = Johan van Gairnych = Johan van Garnich*. FSV: 1611 *de Garnich*. GDB: 1788 *Garnich*.

GARSON ['gɑʀsɑ̃:] (2009: 27, 0.17‰; 1880: 0). Französischer Standesname zu mfrz. *garçon* 'Diener, Knecht'. ☞ In den genealogischen Datenbanken zeigt sich der Wechsel zwischen Formen, die zu *Garson* und solchen, die zu ↗*Gerson* gehören. 1880 ist der Name nur in der germanisierten Form *Garsong* verzeichnet. 📖 GDB: 1751 *Gerson* => 1794 *Garcon = Gerson*, 1797 *Gerson*, 1800 *Garson = Gerson, Gersong*, 1803 *Garson = Gercong*. 1781 *Garson*. Vz: 1880 *Garsong*.

GARY ['gɑ:ʀi:] (2009: 15, 0.09‰; 1880: 12, 0.06‰). Französisches (wallonisches) Patronym zum gleichlautenden Rufnamen. Dieser ist entlehnt aus wfrk. **Waririk*, **Weririk*. Das Erstglied entspricht dem Personennamenstamm wgerm. *Wara-, Wari-*, der aus wgerm. **warana-, *warina-* verkürzt ist und beispielsweise in Komposita wie ahd. *Warald, Werald* erscheint (vgl. Kaufmann 1968, S. 389); zur Bedeutung von **warana-, *warina-*, vgl. ↗*Werner*, ↗*Warnier*. Das Zweitglied ist germ. **rīks* 'Herrscher'. 📖 GDB: 1736 *Gary*.

GASPAR ['gɑspɑ:ʀ] (2009: 51, 0.31‰; 1880: 146, 0.75‰). VARIANTE(N) *Gaspard*. GLEICHE BASIS *Gasper, Gaspers*. Französisches Patronym zum gleichlautenden Rufnamen. Dieser geht, über Vermittlung durch das Okzitanische oder Italienische, zurück auf romanisch *Gaspar*, einer Parallelform von *Caspar*. 💰 *Gaspar* ist, außer im Großherzogtum, u.a. besonders in Wallonien und im Großraum Paris verbreitet. Die grafische Variante *Gaspard* ist auf frankophonem Gebiet häufiger, in Luxemburg seltener zu finden. Das Verbreitungsgebiet der Entlehnung *Gasper* liegt in Luxemburg und auf deutscher Seite im Saarland sowie entlang der Mosel und des Mittel- und Niederrheins. Von den flektierten Bildungen zeigt *Gaspers* (das jedoch 1880 in Luxemburg nicht belegt ist) fast die gleiche Streuung, während das Vorkommen von *Gaspesch* auf den Kanton Esch beschränkt ist. ☞ Die genaue Etymologie und Lautgeschichte des Namens, der sich auf einen der drei Heiligen Könige bezieht, sind unklar bzw. umstritten. Es scheint festzustehen, dass er in den jeweiligen Bibelsprachen und in auf diesen basierenden Übersetzungen bereits früh diverse Reinterpretationen erfahren hat. Als ursprüngliche Etymologien stehen u.a. zur Diskussion: a) mittelpersisch *ganǰwar* 'Schatzmeister'; b) chaldäisch *gizbar* 'Schatzmeister', das mit dem o.g. mittelpersischen Begriff etymologisch verwandt sein dürfte (Entlehnung?); c) altarmenisch *Gastaphar*, übersetzt aus altpersisch *Gondophernes, Gondophares* oder *Gudapharasa*, dem avestisch *Vindafarnah* 'möge er Ruhm finden' entspricht. Erklärungsbedürftig bleibt auch die Parallelform *Caspar, Kaspar* auf Grund des Anlautes *C-, K-*. Es wäre denkbar, dass, trotz fehlender Überlieferung, bereits im Altiranischen (Avestischen oder Mittelpersischen) der Name alternativ als **Kăsabar-* 'Schalen-, Gefäßträger' aufgefasst wurde. Das erste Element wäre demnach, wie dt. *Kar*, ein Lehnwort, das assyrisch als *kâsu* 'Schale', arabisch *ka's*, aram. *kāsā'*, hebr. *kōs* 'Becher' erscheint (vgl. Kluge, S. 473). Das zweite Element entspräche altindinsch *-baráḥ*, 'tragend, bringend', avestisch *-barō*, armenisch *-vor*, griech. *-phóros* (vgl. IEW, S. 128); vgl. auch griech. *Christophóros* 'Christusträger', *Leukophóros* 'Lichtträger'. Siehe auch ⌐*Caspar*. Fsv: 1656 *Gaspars*. GDB: 1670 *Gaspar = Gaspesch* => 1697 *Gaspersch = Gaspars*. 1757 *Gaspars* => 1795 *Gaspech*, 1799 *Gaspes = Gaspesch*, 1805 *Gaspers*. 1776 *Gaspar* => 1797 *Gasper*. 1781 *Gaspard = Gaspar*. 1790 *Gaspart = Caspard*. 1863 *Gaspisch = Gaspech*.

GASPARD [ˈgɑspaːʀ] (2009: 23, 0.14‰; 1880: 60, 0.31‰). Variante von ⌐*Gaspar*, mit volksetymologischer Anlehnung des Ausgangs an die zahlreichen Personennamen auf *-ard*.

GASPER [ˈgɑspɐ] (2009: 4, 0.02‰; 1880: 0). Germanisierte Form von ⌐*Gaspar*.

GASPERS [ˈgɑspɐs] (2009: 7, 0.04‰; 1880: 0). VARIANTE(N) *Gaspesch*. Flektiertes Patronym (schwacher Genitiv) zu ⌐*Gasper*.

GASPESCH [ˈgɑspəʃ] (2009: 4, 0.02‰; 1880: 9, 0.05‰). Regionalsprachliche Form von ⌐*Gaspers*.

GAUL [gɑʊl] (2009: 34, 0.21‰; 1880: 35, 0.18‰). Übername zu mhd. *gûl* 'Eber; Ungeheuer; Gaul'. ⓘ *Gaul* ist in Luxemburg besonders im Norden vertreten, darüber hinaus im Areler Land. In Deutschland ist der Name breit gestreut, doch nicht in Grenznähe zu Luxemburg. Fsv: 1656 *Gaul*. GDB: 1742 *Gaul*.

GAUTHIER [ˈgoːtjeː] (2009: 16, 0.1‰; 1880: 0). Französisches Patronym zum gleichlautenden Rufnamen. Zur Etymologie siehe ⌐*Wathier*. GDB: 1857 *Gauthier*. 1851 *Gautier*.

GEDEN [ˈgeːdən] (2009: 1, 0.01‰; 1880: 13, 0.07‰). Flektiertes Patronym zu einem einstigen Rufnamen **Gede < *Göde*. Dieser ist Kurzform von ⌐*Goedert*. Siehe auch ⌐*Goedgen*. Fsv: 1611 *Goeden*. GDB: 1742 Goeden. 1764 *Geden*. 1804 *Goeden* => 1833 *Geden*.

GEDGEN [ˈgeːtɕən] (2009: 4, 0.02‰; 1880: 0). Entrundete Form von ⌐*Goedgen*.

GEHL [geːl] (2009: 6, 0.04‰; 1880: 6, 0.03‰). 1. Übername zu mhd. *gel, -wes* 'gelb'. 2. Metronym zu *Gehle*, niederdeutsche Kurzform von *Gertrud*. Dieser Rufname geht auf as. *Gerdrūd* zurück und gehört zu germ. **gaiza-* > as. *gēr* 'Speer' und germ. **þrūþi* 'Kraft, Stärke' (vgl. ae. *þrȳþ* 'Macht, Stärke, Kraft, Ruhm'). Fsv: 1611 *Gelen*. GDB: 1703 *Gehlen*. 1841 *Gehl*.

GEHLEN [ˈgeːlən] (2009: 25, 0.15‰; 1880: 91, 0.47‰). GLEICHE BASIS *Gehl*. Flektier-

tes Patronym zu ↗*Gehl*.
GEHLHAUSEN (2009: 1, 0.01‰; 1880: 5, 0.03‰). ↗*Gelhausen*.
GEHREND (2009: 3, 0.02‰; 1880: 0). ↗*Gerend*.
GEHRES [ˈgeːRəs] (2009: 5, 0.03‰; 1880: 1, 0.01‰). Variante von ↗*Goerres*, mit Entrundung und Dehnung des Tonvokals.
GEIB [gaɪp] (2009: 25, 0.15‰; 1880: 41, 0.21‰). GLEICHE BASIS *Geiben*. 1. Patronym zu einem einstigen gleichlautenden Rufnamen. Für diesen lässt sich ahd. **Gewjo* oder **Gouwjo* erschließen, das zu ahd. *gewi*, *gouwi* n. 'Gau' gehört (vgl. Kaufmann 1968, S. 142f). 2. Übername zu mhd. *giwen* 'das Maul aufreißen, gähnen', nhd.-landsch. *geuen*, *geuwen*. ⚜ In Luxemburg kommt der Name vor allem im Zentrum und im Süden vor. In Deutschland erscheint er großflächig im Raum Trier, dem Saarland und besonders in der Pfalz. Die nicht entrundete Form *Geub* ist überwiegend im Raum Bonn zu finden. Die flektierte Bildung *Geiben* konzentriert sich auf das Großherzogtum bzw. hauptsächlich auf dessen Norden. 📖 FSV: 1656 *Geyben*. GDB: 1727 *Geuben* => 1788 *Geiben*. 1767 *Geib*. 1793 *Geib* => 1808 *Geub* => 1842 *Geib*.
GEIBEN [ˈgaɪbən] (2009: 54, 0.33‰; 1880: 48, 0.25‰). Flektiertes Patronym zu ↗*Geib*.
GEIMER [ˈgaɪmɐ] (2009: 41, 0.25‰; 1880: 112, 0.58‰). Berufsübername zu lb. und rhein. *Geimer*, eventuell für den Gewürzhändler. Dabei ist *Geimer* auf eine Sonderform von mhd. *gingebere*, *ingewer*, *ingwer* zurückzuführen. Vgl. auch ↗*Giver*. ⚜ Das Verbreitungsgebiet von *Geimer* sind Luxemburg (Südhälfte), das Areler Land, auf deutscher Seite besonders die linksrheinische Region, aber auch der äußerste Nordosten von Rheinland-Pfalz sowie der Niederrhein. 📖 FSV: 1611 *Geymer*, *Geymmer*. GDB: 1721 *Geimer*. 1784 *Geimer* => 1814 *Geymer*.
GEISEN [ˈgaɪzən] (2009: 48, 0.29‰; 1880: 41, 0.21‰). Flektiertes Patronym zu *Geis*. Dieser heute nicht mehr gebräuchliche Rufname stammt aus ahd. *Gīso* und ist Kurzform von Namen, die mit ahd. *gīsal* 'Geisel; Bürge, Unterpfand' gebildet sind. ⚜ Der Name begegnet in Luxemburg, Lothringen, dem Elsass sowie in Deutschland. Dort zeigt er die dichteste Streuung um Koblenz und ist auch ansonsten besonders entlang des Mittel- und Niederrheins anzutreffen. 📖 FSV: 1611 *Geisen*. 1656 *Geissen*. GDB: 1755 *Geisen* => 1796 *Geissen* => 1825 *Geisen*.
GELHAUSEN [ˈgɛlhaʊzən] (2009: 69, 0.42‰; 1880: 89, 0.46‰). VARIANTE(N) *Gehlhausen*. Herkunftsname zu a) einem verschollenen Toponym *Gelhausen* oder *Gehlhausen*, möglicherweise im Raum Luxemburg; b) eventuell auch zu *Geilhausen* für eine Ortschaft im Rhein-Sieg-Kreis (Nordrhein-Westfalen); c) kaum jedoch zu *Gelnhausen* für eine Stadt in Osthessen. ⚜ *Gelhausen* ist zum einen in Luxemburg und dem Moseldepartement dicht verbreitet; zum anderen in Deutschland im Grenzgebiet nordöstliches Rheinland-Pfalz-südöstliches Nordrhein-Westfalen. In der letztgenannten deutschen Region ist, wenngleich seltener, die Schreibvariante *Gehlhausen* sowie die Form *Geilhausen* zu finden. Deshalb gehört in diesen Fällen *Gelhausen*, *Gehlhausen* mit hoher Wahrscheinlichkeit wie *Geilhausen* zum Toponym *Geilhausen* für eine Ortschaft im Rhein-Sieg-Kreis (Nordrhein-Westfalen). 📖 FSV: 1656 *Gelhausen*. GDB: 1710

Gelhausen. 1808 *Gellhausen* => 1850 *Gellhausen* = *Gehlhausen*, 1853 *Gellhausen* = *Gelhausen.*

GENGLER [ˈgæŋlɐ] (2009: 171, 1.05‰; 1880: 336, 1.73‰). Berufsname zu mhd. *gengelære* 'Wanderer', wohl für den ambulanten Händler oder Boten. Entsprechend das Appellativ lb. *Gängeler* 'Hausierer'. ⓢ Der Name konzentriert sich stark in Luxemburg und im Areler Land. 📖 GDB: 1667 *Gengler.* 1751 *Gengeler.*

GENSON [ˈʒɑ̃ːsɑ̃ː] (2009: 16, 0.1‰; 1880: 19, 0.1‰). Französisches Patronym zum gleichlautenden Rufnamen. Dieser ist eine hypokoristische Ableitung auf *-eçon* von ↗*Jean.* 📖 GDB: 1748 *Genson.*

GEORG [ʒɔʀʃ] (2009: 38, 0.23‰; 1880: 30, 0.15‰). GLEICHE BASIS *Georgen, Gerges, Goergen.* Patronym zum gleichlautenden Rufnamen. Dieser stammt, über Vermittlung von lat. *Georgius,* aus griech. *Geōrgios* und gehört zu griech. *geōrgós* 'Landmann, Bauer'. Siehe auch ↗*Georges.* ⓢ Zum Verbreitungsgebiet von *Georg* gehören Luxemburg, Ostlothringen, das Elsass sowie in Deutschland besonders der Westen. Typisch für das Großherzogtum und das Moseldepartement ist die flektierte Form *Goergen.* Dieser entspricht auf deutscher Seite *Görgen,* das besonders im Saarland, in Rheinland-Pfalz und Nordrhein-Westfalen vorkommt. Die entrundete Variante *Gergen* ist im Saarland und im Département Meurthe et Moselle am frequentesten, seltener in Luxemburg. Das Vorkommen der Mischgenitivform *Gerges* beschränkt sich dagegen auf die südliche Hälfte des Großherzogtums. Insgesamt extrem selten ist *Georgen* (Luxemburg, Areler Land). ☞ Die Form *George* in den historischen Quellen lässt sich sowohl dem Französischen als auch dem Deutschen zuordnen. Sprachlich zweideutig ist auch *Georges,* denn hierbei könnte es sich genauso um eine flektierte Form (Mischgenitiv) von dt. *Georg* handeln. 📖 RB (1388-1500): *George, Goergen, Goirge, Gorg, Gorge, Gorgen, Joerge, Joergen, Joirge, Jorg, Jorge, Jorgen.* FSV: 1561 *Georgen, Goergeners.* 1611 *George, Georgen.* 1656 *George, Georgen, Goergen, Goerich, Goerigh, Goerigs.* GDB: 1687 *Goergen* => 1722 *Goergen* = *Görges* => 1752 *Goergen,* 1757 *Gergen.* 1711 *Gergen.* 1737 *Georg* => 1767 *Goerg.* 1740 *Gerges* => 1783 *Goerges.* 1758 *Goerges.* 1766 *Goerge.* 1796 *Joerg.* 1833 *Joerg* => 1873 *Jörg.*

GEORGE [ʒɔʀʃ] (2009: 6, 0.04‰; 1880: 41, 0.21‰). ↗*Georges.*

GEORGEN [ˈʒɔʀʒən] (2009: 1, 0.01‰; 1880: 2, 0.01‰). Flektiertes Patronym zu ↗*Georg.*

GEORGES [ʒɔʀʃ] (2009: 110, 0.67‰; 1880: 114, 0.59‰). VARIANTE(N) *George.* Französisches Patronym zum gleichlautenden Rufnamen. Zur weiteren Etymologie, siehe ↗*Georg.* ⓢ *Georges* erscheint überwiegend in Luxemburg, Wallonien und Frankreich. Eine Variante *George* tritt in Luxemburg nur vereinzelt auf und findet sich außerhalb des Großherzogtums im Osten Frankreichs, Teilen Walloniens und überall verstreut in Deutschland. Im letzteren Gebiet ist der Name überwiegend dem Deutschen zuzuordnen. ☞ Einzelne historische Belege sind sprachlich zweideutig, siehe weiterführende Diskussion unter ↗*Georg.* 📖 RB (1388-1500): *George, Schurchgen, Schurchgin.* FSV: 1611 *George.* 1656 *Georges.* GDB: 1761 *Georges* => 1801 *George,* 1807 *Georges.* 1770 *George* => 1804 *Gorges,* 1805 *Georges,* 1809 *George.*

GERARD [ˈʒeːʀaːʀ // ˈʒɛʀaːʀ] (2009: 75,

0.46‰; 1880: 72, 0.37‰). VARIANTE(N) *Gira, Girard.* GLEICHE BASIS *Gerardy.* Patronym zum gleichlautenden Rufnamen. Dieser beinhaltet germ. **gaiza-* 'Speer' (> ahd. *gēr*) und germ. *hardu-* 'hart' (ahd. *hart, herti* 'hart, kräftig, stark'). Der deutsche Name geht zurück auf ahd. *Gērhart*, der französische auf eine entsprechende westfränkische Form **Gērhard*. Eine französisch-regionalsprachliche Form lautet ↗*Girard*, eine speziell wallonische ↗*Gira*. Vgl. auch ↗*Gerend*. ⓢ *Gerard* kommt in Luxemburg vor allem im Südwesten vor, die Verbreitung bildet hier ein Kontinuum mit dem Areler Land. In der Provinz Luxemburg ist *Gérard* der zweithäufigste Name. In Frankreich gehört er zu den 100 häufigsten Namen und kommt vor allem im Nordosten vor, während im Zentrum und im Westen vor allem *Girard* auftritt. Auf deutscher Seite ist *Gerhard* mit Abstand die häufigste Variante, daneben gilt im Ruhrgebiet, im Raum Trier und besonders im Saarland *Gerard*. Die Kurzform *Gira* ist überwiegend im Großherzogtum (besonders im Westen) und dem Moseldepartement belegt, *Géra* in Wallonien und vereinzelt in Deutschland. Die lateinische Genitivform *Gerardy* tritt in Luxemburg und Wallonien auf. 📖 RB (1388-1500): *Geirart, Geirhart, Gerard, Gerart, Gerhard, Gerhardin, Gerhart, Geyrart, Gierhart, Girart, Gyrart.* Fsv: 1561 *Gerhardts.* 1611 *Gerard, Gerards.* 1656 *Gerardts.* GDB: 1715 *Gérard* => 1742 *Girard.* 1746 *Gérard* => 1779 *Gira = Gyra = Schira = Girard.*

GERARDY [ʒeˈʀɑʀdiː] (2009: 9, 0.06‰; 1880: 5, 0.03‰). Flektiertes Patronym (lateinischer Genitiv) zu ↗*Gerard*.

GEREND [ˈgeːʀənt // ˈgeɪəʀənt] (2009: 7, 0.04‰; 1880: 11, 0.06‰). VARIANTE(N) *Gehrend, Goerend.* GLEICHE BASIS *Goerens.* Patronym zum gleichlautenden Rufnamen. Dieser ist zerdehnte Form von *Gernd(t), Gernt(h)*, das aus einer Langform mit ahd. *gēr* 'Speer' kontrahiert ist. Als zugrunde liegende Rufnamen kommen in Frage *Gernand* (mit ahd. *nand* 'wagemutig, kühn') oder *Gernot* (mit ahd. *nōt* 'Not; Bedrängnis im Kampf'). Vgl. auch ↗*Gierens*. ⓢ *Gerend* ist ausschließlich in Luxemburg verbreitet und gehört zu den niederfrequenten Namen. Noch seltener und ebenso auf Luxemburg beschränkt ist *Gehrend*. Die häufigste Variante in Luxemburg ist *Goerend*, die zudem im Areler Land anzutreffen ist. Von den flektierten Bildungen ist *Goerens* am häufigsten (Luxemburg und vereinzelt Wallonien). ☞ 1. Neben dem Familiennamen, dessen luxemburgische Aussprache *Géierend* lautet und somit mhd. langes *e* voraussetzt, existiert im Luxemburgischen laut LWB der Rufname *Gierend*. Dieser ist, wie der Familienname, zwar ebenso durch Zerdehnung aus *Gernd(t), Gernt(h)* entstanden, doch ist in diesem Fall mhd. kurzes *e* vorauszusetzen. Es handelt sich somit um kontrahierte Formen aus *Gernhard*, d.h. mit ahd. *gërni* 'eifrig, bedacht, aufmerksam' im Erstglied. 2. In den genealogischen Datenbanken ist eine Vermischung zwischen *Gerend*, ↗*Gierens*, ↗*Goerres* und jeweiligen Varianten zu beobachten. 📖 Fsv: 1611 *Gorentz.* GDB: 1662 *Goerens.* 1711 *Girens* => 1749 *Goeres* => 1772 *Gerens.* 1718 *Gerens.* 1732 *Gehrens.* 1736 *Girents* => 1765 *Goerend.* 1740 *Goerens* => 1770 *Goerentz.* 1743 *Girrens* => 1782 *Gierentz.* 1759 *Girres* => 1789 *Girres (Gerens)* => 1818 *Girrens.* 1766 *Goerends.* 1772 *Giretz* => 1802 *Gieretz (Gierens)* => 1827 *Girrens.* 1773 *Goerens* =>

1803 *Gerenz* => 1836 *Goeres*. 1774 *Goeres*. 1819 *Goerens* => 1846 *Gierens (Goerens)*. 1821 *Girres*. 1823 *Gerens*. 1831 *Girens*. 1837 *Gierentz*. 1839 *Gierens*.

GERGEN [ˈgæʀʣən] (2009: 8, 0.05‰; 1880: 49, 0.25‰). Entrundete Form von ↗*Goergen*.

GERGES [ˈgæʀʣəs] (2009: 36, 0.22‰; 1880: 14, 0.07‰). Entrundete Form von †*Goerges*, flektiertes Patronym (Mischgenitiv) zu ↗*Goerg*.

GERSON [ˈʒæʀsɑ̃ː] (2009: 29, 0.18‰; 1880: 58, 0.3‰). Französisches (wallonisches) Patronym zum gleichlautenden Rufnamen. Dieser ist eine hypokoristische Ableitung auf -*eçon* von einem Namen, der mit frz. *Ger-*, *Gér-* < germ. **gaiza-* 'Speer' gebildet ist; vgl. ↗*Gerard*. ⓘ Der Name zeigt im Großherzogtum die größte Dichte im Kanton Wiltz. Außerhalb von Luxemburg findet er sich besonders in der gleichnamigen Nachbarprovinz sowie mit wenigen Streuungen in Deutschland. ☞ In den historischen Quellen ist ein Wechsel zwischen *Garcon* (↗*Garson*) und *Gerchon* (regionalsprachlich für *Gerson*) zu beobachten: 1345 *Johannis Garcon* = 1348 *Jo. Gerchon* (vgl. Germain-Herbillon, S. 453). Zu weiteren Beispielen für den Namenwechsel, siehe unten. 📖 GDB: 1713 *Gerson*. 1751 *Gerson* => 1794 *Garcon* = *Gerson*, 1797 *Gerson*, 1800 *Garson* = *Gerson*, *Gersong*, 1803 *Garson* = *Gercong*. Germain-Herbillon, S.463: 1733 *Walramus Josephus filius Gregorii Gerson*.

GEYER [ˈgaɪɐ] (2009: 16, 0.1‰; 1880: 10, 0.05‰). 1. Personalisierter Wohnstättenname zu mhd. *göu, gou, geu, -wes* 'Gegend, Landschaft, Gau'; entsprechend lb. *Ga* 'Gau, Bezirk'. 2. Übername zu mhd. *gîr* 'Geier'. 📖 FSV: 1611 *Geuber*. 1656 *Geuwer*. GDB: 1794 *Geyer*.

GIERENS [ˈgiːʀəns] (2009: 8, 0.05‰; 1880: 6, 0.03‰). VARIANTE(N) *Gierenz*, *Girrens*. Flektiertes Patronym zu *Gierend*. Dieser Rufname ist zerdehnte Form von *Girnd(t)*, *Girnt(h)*, das aus einer Langform mit ahd. *giri* (Nebenform von *gër*) 'begierig' kontrahiert ist. In Frage kämen *Girnand* (mit ahd. *nand* 'wagemutig, kühn') oder *Girnot* (mit ahd. *nôt* 'Not; Bedrängnis im Kampf'). ⓘ *Gierens* zeigt in Luxemburg das größte Vorkommen im Kanton Vianden, außerhalb von Luxemburg in der Eifel und am Niederrhein. Insgesamt ist der Name jedoch wenig verbreitet; ebenso selten sind die Varianten *Girrens* und *Gierenz* (beide Norden Luxemburgs, Eifel). Die Nominativform *Gierend* findet sich nur außerhalb Luxemburgs, besonders im Saarland, das eindeutig das Hauptverbreitungsgebiet ist. ☞ 1. In den genealogischen Datenbanken ist eine Vermischung zwischen *Gierens*, ↗*Gerend*, ↗*Goerres* und jeweiligen Varianten zu beobachten. 2. Speziell die Formen *Girrens*, *Girrenz* könnten aufgrund der Schreibung einen Hinweis darauf geben, dass sie im Nordösling ihren Ursprung haben, zumal dort der Tonvokal in zerdehnten Formen auch sonst kurz erscheint: vgl. gemeinlb. *Hir/Hiren*; *Stir/Stiren*, *Zwir* vs. Nordösling *Hirren*, *Stirren*, *Zwirren* (mhd. *hirn, stirn, zwirn*). 📖 GDB: 1711 *Girens* => 1749 *Goeres* => 1772 *Gerens*. 1736 *Girents* => 1765 *Goerend*. 1743 *Girrens* => 1782 *Gierentz*. 1759 *Girres* => 1789 *Girres (Gerens)* => 1818 *Girrens*. 1772 *Giretz* => 1802 *Gieretz (Gierens)* => 1827 *Girrens*. 1819 *Goerens* => 1846 *Gierens (Goerens)*. 1831 *Girens*. 1837 *Gierentz*. 1839 *Gierens*.

GIERENZ (2009: 12, 0.07‰; 1880: 0).

⊅*Gierens*.
GIERES [ˈgiːʀəs] (2009: 29, 0.18‰; 1880: 28, 0.14‰). Variante von ⊅*Girres*, mit Dehnung des Stammvokals.
GIERRES (2009: 1, 0.01‰; 1880: 0). ⊅*Gieres*.
GILBERT [ʒilbɛːʀ] (2009: 4, 0.02‰; 1880: 11, 0.06‰). GLEICHE BASIS *Gilbertz*. Patronym zum gleichlautenden, meist französischen Rufnamen. Dieser geht zurück auf wfrk. *Gīsilberht, entsprechend der deutsche Rufname auf ahd. *Gīsilberaht*. Das Erstglied *Gīsil-*, das zu *Gil-* kontrahiert wurde und dessen Tonvokal einer (expressiven?) Kürzung unterlag, ist etymologisch umstritten. Am ehesten ist es mit langobardisch *gīsil* 'Pfeilschaft' (ablautend zu germ. **gaiza-* 'Speer') zu verknüpfen, aus semantischen Gründen kaum mit ahd. *gīsal* 'Geisel' (vgl. Kaufmann 1965, S. 292f; ders. 1968, S. 147f). Das Zweitglied ist germ. **berhta-* 'glänzend' (ahd. *bëraht*). ⚥ *Gilbert* ist eher auf frankophonem Areal anzutreffen. Die flektierte Form *Gilbertz* gilt nur in Luxemburg. 1880 erscheint diese häufig in der Graphie *Gilberts*. 📖 RB (1388-1500): *Gilbert*. *Gilbrecht Schouffs dez Richters Scheffen*. GDB: 1750 *Gilberts* = *Gilbertz*. 1819 *Gilbert*.
GILBERTZ [ˈʒilbɐts // ˈgilbɐts] (2009: 52, 0.32‰; 1880: 15, 0.08‰). Flektiertes Patronym zu ⊅*Gilbert*.
GILL [gil] (2009: 2, 0.01‰; 1880: 17, 0.09‰). Variante von ⊅*Gilles*, die durch Apokope des Ausgangs *-es* entstanden ist.
GILLE / GILLÉ [ˈʒileː] (2009: 10, 0.06‰; 1880: 3, 0.02‰). Schreibvariante von ⊅*Gillet*.
GILLEN [ˈgilən] (2009: 159, 0.97‰; 1880: 259, 1.34‰). VARIANTE(N) *Guillen*. Flektiertes Patronym zu ⊅*Gill*.
GILLES [ˈgiləs] (2009: 23, 0.14‰; 1880: 24, 0.12‰). VARIANTE(N) *Gill*, *Gils*. GLEICHE BASIS *Gillen*. Patronym zum gleichlautenden Rufnamen. Dieser stammt aus *Gilius*, *Aegilius* (in deutscher Schreibweise *Ägilius*), das sind Gelehrtenlatinisierungen von afrz. *Giles*. Zur weiteren Etymologie, siehe ⊅*Schiltz*. Vgl. auch ⊅*Gillessen*. ⚥ *Gilles* gehört in Luxemburg zu den eher selteneren Familiennamen, findet sich jedoch häufig in Westdeutschland, besonders nördlich der Mosel, sowie im frankophonen Raum, doch ist der Name dort dem Französischen zuzuordnen, und er wurde ins Westmitteldeutsche als ⊅*Schiltz* entlehnt. Die synkopierte Form *Gils* ist im Großherzogtum weniger verbreitet als *Gilles*, dafür fast ausschließlich luxemburgisch (nördliche Hälfte). Weniger häufig sind in Luxemburg *Gill* und *Gille*. Ersteres findet sich überwiegend im germanophonen Kartierungsgebiet, zweiteres auch in Nord- und Ostfrankreich und könnte dort auch als *Gillé* und damit als Schreibvariante von ⊅*Gillet* interpretiert werden. Das Hauptverbreitungsgebiet der flektierten Bildung *Gillen* liegt in Luxemburg. ☞ Als Rufname ist *Gilles* bereits in den Rechnungsbüchern bezeugt und wechselt dort häufig mit Formen mit *Sch-*, die somit dem Französischen zuzuordnen sind; siehe ⊅*Schiltz* sowie ebd. auch weiterführende Diskussion. 📖 RB (1388-1500): *Gieles*. *Gielles* = *Gieltz* = *Gillen* = *Gilles* = *Gillijs* = *Gillis* = *Gyles*. *Gielles* = *Gilles* = *Gyllis*. *Gieltz*. *Gielz* = *Gijltz*. *Gijlle* = *Gille*. *Gile* = *Gilen*. *Gilken* = *Gilkin* = *Gilles* = *Giltz* = *Gylbin* = *Schiltz*. *Gilles* = *Gillis* = *Gylles*. *Gylkin*. *Jiltz*. FSV: 1611 *Gilles*. 1656 *Gillen*. GDB: 1758 *Gill*. 1782 *Giltz* => 1817 *Gils*. 1846 *Guill*

=> 1886 *Gill.* 1874 *Gils* => 1898 *Schiltz.*
GILLESSEN [ˈgiləsən] (2009: 1, 0.01‰; 1880: 3, 0.02‰). VARIANTE(N) *Gillissen.* Deriviertes Patronym auf *-son* zu ↗*Gilles*: 'Gilles Sohn'. ☞ *Gillessen* sowie *Gillisen* sind keine typischen Luxemburger Familiennamen. Deren Verbreitungsgebiet liegt klar am Niederrhein, besonders zwischen Aachen und Krefeld. 📖 GDB: 1778 *Gillessen.* 1857 *Gillesen* => 1887 *Gillessen.* 1883 *Gillessen* = *Gillissen.*
GILLET [ˈʒileː] (2009: 24, 0.15‰; 1880: 37, 0.19‰). VARIANTE(N) *Gille.* Französisches Patronym zum gleichlautenden Rufnamen. Dieser ist eine hypokoristische Ableitung auf *-et* von *Gilles*, das in Luxemburg germanisiert als ↗*Schiltz* erscheint. Vgl. auch ↗*Gille*, ↗*Gilson*. ⓢ *Gillet* ist im Westen Luxemburgs sowie vereinzelt im Saarland und am Niederrhein anzutreffen, flächendeckend dagegen in Wallonien und Frankreich. Die Schreibvariante *Gillé* begegnet vereinzelt im Großherzogtum sowie im frankophonen Raum. Ebenda, doch nicht in Luxemburg, ist die Dimunitivbildung *Gillot* weit verbreitet. Auf deutscher Seite, besonders im Saarland, findet sich die germanisierte Form *Schillo.* Nur vereinzelt erscheint diese dort auch als *Gillo.* 📖 GDB: 1690 *Gillet.* 1788 *Gillé* = *Gillet.*
GILLISSEN (2009: 2, 0.01‰; 1880: 0). ↗*Gillessen.*
GILS [ʒils // gils] (2009: 15, 0.09‰; 1880: 18, 0.09‰). Variante von ↗*Gilles*, die durch Synkope des Nachtonvokals entstanden ist.
GILSON [ˈʒilsɑ̃ː] (2009: 79, 0.48‰; 1880: 116, 0.6‰). Französisches Patronym zum gleichlautenden Rufnamen. Dieser ist eine hypokoristische Ableitung auf *-eçon* von *Gilles*, das in Luxemburg germanisiert als ↗*Schiltz* erscheint. Vgl. auch ↗*Gillet.* ⓢ Der Name gilt besonders vermehrt in Luxemburg, Belgien sowie im Norden und Osten Frankreichs. Vereinzelt findet er sich auch am Niederrhein, doch ist da Konkurrenzetymologie zu *Gillessen* 'Gilles Sohn' wahrscheinlich, das wiederum in Luxemburg kaum vorkommt. 📖 GDB: 1659 *Gilson.* 1880 *Schilson.*
GINDT [gint] (2009: 48, 0.29‰; 1880: 74, 0.38‰). Entrundete Form von *Günt, Patronym zum gleichlautenden Rufnamen. Dieser stammt aus ahd. *Gundo* und beinhaltet ahd. *gund* f. 'Kampf'. Siehe auch ↗*Ginter*. ⓢ *Gindt* erscheint fast ausschließlich an den Rändern Luxemburgs mit Ausnahme des Nordens und Nordostens sowie im Moseldepartement. Außerhalb des Großherzogtums sind nur Formen mit *u*, somit weder mit *ü* noch mit *i*, anzutreffen. 📖 RB (1388-1500): *Gyndt uff Dubenvelt* (Rufname). FSV: 1561 *Gynnthen.* 1611 *Gind, Ginten.* GDB: 1747 *Gindt.*
GINTER [ˈgintɐ] (2009: 20, 0.12‰; 1880: 25, 0.13‰). Entrundete Form von *Günther* (↗*Gunther/Günther*).
GIRA [ˈʒiʀaː] (2009: 24, 0.15‰; 1880: 34, 0.18‰). Wallonische Variante *Djirâ* von ↗*Gerard.*
GIRARD [ˈʒiːʀaːʀ] (2009: 6, 0.04‰; 1880: 1, 0.01‰). Französisch-regionalsprachliche Variante von ↗*Gerard.*
GIRRENS (2009: 10, 0.06‰; 1880: 5, 0.03‰). ↗*Gierens.*
GIRRES [ˈgiʀəs] (2009: 7, 0.04‰; 1880: 61, 0.31‰). VARIANTE(N) *Gieres.* Patronym zum gleichlautenden Rufnamen. Dieser stammt, durch Entrundung des Tonvokals, aus *Gürres.* Dabei handelt es sich um eine regionalsprachliche Kurzform von ↗*Gregorius*, die durch Umlaut

des Tonvokals *o* zu *ö* (*Göries*) und dessen Hebung zu *ü* entstanden ist. Weiteres, siehe unter ↗*Goerres*.

GIRSCH [giʀʃ] (2009: 5, 0.03‰; 1880: 8, 0.04‰). GLEICHE BASIS *Guirsch*. Herkunftsname zu *Girsch* (lb. *Güsch*, frz. *Guirsch*, wa. *Guiyisch*) für ein Dorf in der Gemeinde Arlon. 🕏 *Girsch* tritt in Luxemburg auf, im Département Meurthe-et-Moselle und auffallend oft in Deutschland, doch nicht in Grenznähe zum Großherzogtum. Aus diesem Grund ist der Name in Deutschland anderer Herkunft. Die französische Entsprechung *Guirsch* begegnet in Luxemburg und Belgien sowie seltener im Moseldepartement und ist insgesamt häufiger als *Girsch*. Eine französisierte Variante *Guirche* kommt am häufigsten im Areler Land vor und nur vereinzelt in Luxemburg. 📖 GDB: 1769 *Girsch* = *Guirsch*. 1779 *Guischer*. 1833 *Guisch* => 1862 *Guirsch*, 1864 *Gisch*.

GIRST [giʀst] (2009: 16, 0.1‰; 1880: 17, 0.09‰). Herkunftsname zu *Girst* (lb. *Gischt*) für eine Ortschaft in der Gemeinde Rosport. 📖 RB (1388-1500): *Clais Kierchenman van Gierst*. GDB: 1716 *Girst* = *Girscht*.

GITZINGER [ˈgitsiŋɐ] (2009: 14, 0.09‰; 1880: 8, 0.04‰). Personalisierter Herkunftsname zu *Gitzingen*, heute *Götzingen* (lb. *Gëtzen*, frz. *Goetzange*), Gemeinde *Körich*. Die jüngere Form des Familiennamens lautet ↗*Goetzinger*. 📖 RB (1388-1500): *Johan Schriuer van Gitzingen* = *Johan van Gietzingen dem Schriber* = *Johan van Gytzingen dem Schriber* = *Johan van Gytzingin dem Schriber*. FSV: 1611 *Gitzingen*, *Gitzinger*. 1656 *Gitzinger*. GDB: 1763 *Gitzinger*.

GIVER [ˈgiːvɐ] (2009: 15, 0.09‰; 1880: 21, 0.11‰). VARIANTE(N) *Giwer*. 1. Berufsübername zu rhein. *Giwer*, Nebenform von *Ingwer*, für den Gewürzhändler. Vgl. auch ↗*Geimer*. 2. Übername auf -*er* zu mhd. *giwen*, Nebenform von *gëwen*, 'das Mal aufreißen, gähnen', entsprechend rhein. *giwen* 'id'. 📖 GDB: 1743 *Giver* => 1773 *Giwer* = *Giever*. 1846 *Giver* = *Giwer* => 1875 *Giewer*, 1883 *Giver*.

GIWER (2009: 4, 0.02‰; 1880: 4, 0.02‰). ↗*Giver*.

GLAESENER (2009: 36, 0.22‰; 1880: 129, 0.67‰). ↗*Glesener*.

GLAUDE [gloːt] (2009: 1, 0.01‰; 1880: 1, 0.01‰). Germanisierte Form von ↗*Claude*.

GLAUDEN [ˈgloːdən] (2009: 1, 0.01‰; 1880: 16, 0.08‰). Flektiertes Patronym zu ↗*Glaude*.

GLEIS [glaɪs] (2009: 36, 0.22‰; 1880: 46, 0.24‰). 1. Übername zu mhd. *glîʒ* 'glänzend', eventuell für einen glänzenden, schönen Menschen. 2. Wohnstättenname zu mhd. *geleis* f. 'betretener Weg'. 🕏 In Luxemburg zeigt der Name das größte Vorkommen im Kanton Vianden. In Deutschland ist er dünn gestreut. Auch *Gleiß*, *Gleiss* sind in Deutschland insgesamt nicht besonders häufig. 📖 GDB: 1715 *Gleis*.

GLESENER [ˈgleːzənɐ // ˈgliəzənɐ] (2009: 88, 0.54‰; 1880: 229, 1.18‰). VARIANTE(N) *Glaesener*, *Glesner*, *Gloesener*. Berufsname zu einer umgelauteten und *n*-haltigen Variante von mhd. *glaser* 'Glaser'. 🕏 *Glesener* findet sich fast ausschließlich in Luxemburg und im Areler Land, vereinzelt im übrigen Wallonien. Niederfrequenter und noch deutlicher auf Luxemburg beschränkt ist *Glaesener*, das in Deutschland überwiegend als *Gläsener* erscheint. Noch seltener in Luxemburg ist *Gloesener*, häufiger dagegen in Belgien. Die umlautlose Form *Glasener* begegnet nur sehr punktuell zwischen Aachen und Köln. ☞ Gegenüber mhd. *glaser* zeigt **glesenære* Umlaut und Resegmentierung des Suffixes auf der Grundlage von Ableitungen zu *n*-Stämmen wie ↗*Wagener*, ↗*Wegener* oder *Hafener, Häfener*. Allerdings ist eine Form *Gliesener* im Appellativschatz des Luxemburgischen nicht mehr greifbar. Das LWB kennt nur *Glaser* und *Gläsermécher* (Nordösling). In Luxemburg selbst haben diese Appellativa keine Familiennamen hervorgebracht, dürften daher nicht besonders alt sein und den ursprünglichen Begriff *Gliesener* verdrängt haben. Speziell in der Namenvariante *Gloesener* ist die Schreibung ‹oe› hyperkorrekt für lb. *ie*. 📖 RB (1388-1500): *Gleissener, Gleissenner, Glesener, Glesenner, Glessener, Glessenner, Glessner*. FSV: 1611 *Glaesser, Glaeseners, Glaesener, Glaessener, Glessener*. 1656 *Glasener, Glasner, Gloeseners*. GDB: 1660 *Glesner* => 1686 *Glaesener*. 1711 *Glaesener* = *Glösener* => 1745 *Glesner*. 1715 *Glesener* => 1746 *Glesner*. 1772 *Gloesener* => 1807 *Glesener* => 1833 *Gloesener* = *Glesner* => 1863 *Glesner*. 1865 *Glesener*.

GLESNER [ˈgleːsnɐ] (2009: 3, 0.02‰; 1880: 7, 0.04‰). Synkopierte Form von ↗*Glesener*.

GLOD [gloːt] (2009: 93, 0.57‰; 1880: 64, 0.33‰). Germanisierte Form von ↗*Claude*.

GLODE / GLODÉ [ˈgloːdeː] (2009: 20, 0.12‰; 1880: 35, 0.18‰). Germanisierte Form von frz. *Claudet*, Patronym. Dieses ist eine hypokoristische Ableitung auf -*et* von ↗*Claude*. ⓢ *Glodé* kommt fast ausschließlich im Großherzogtum vor, besonders im Westen. Außerhalb Luxemburgs tritt der Name einige wenige Male in der gleichnamigen Nachbarprovinz auf. *Claudet* ist in Frankreich fast nur in der Region Franche-Compté belegt. 📖 GDB: 1686 *Glodé*. 1751 *Glodé* => 1782 *Glaude*, 1785 *Claude*.

GLODEN [ˈgloːdən] (2009: 76, 0.47‰; 1880: 179, 0.92‰). Flektiertes Patronym zu ↗*Glod*.

GLODT (2009: 93, 0.57‰; 1880: 164, 0.85‰). ↗*Glod*.

GLOESENER [ˈgløːzənɐ] (2009: 23, 0.14‰; 1880: 35, 0.18‰). Variante von ↗*Glesener* mit hyperkorrekter Graphie mit ‹oe› für lb. [iə].

GODAR (2009: 17, 0.1‰; 1880: 43, 0.22‰). ↗*Godart*.

GODART [ˈgodaːʀ] (2009: 67, 0.41‰; 1880: 47, 0.24‰). VARIANTE(N) *Godar*. Französisches Patronym zum gleichlautenden Rufnamen. Dieser stammt aus wfrk. **Godhard* und gehört zu as. *god*, ahd. *got* 'Gott' und as. *hard* 'hart, kühn', ahd. *hart, herti* 'hart, kräftig, stark'. ⓢ *Godart* kommt in Luxemburg mehrheitlich in der südlichen Hälfte vor. In Deutschland findet sich der Name kaum, dafür sehr häufig in Belgien. Im Areler Land gilt jedoch überwiegend *Godard*, das auch die dominante Form in Frankreich ist, während es dagegen 1880 in Luxemburg noch nicht vorkommt. Die Variante *Godar* begegnet hauptsächlich auf Luxemburger Gebiet, der Norden und Nordwesten ausgenommen. ☞ In den historischen Belegen ist eine Abgrenzung zu ↗*Goedert* nicht immer möglich. 📖 RB (1388-1500): *Godart, Godartz* u. a. FSV: 1656 *Godarts, Goderts, Godtges*. GDB: 1720 *Godart*.

GOEBBELS [ˈgøbəls] (2009: 13, 0.08‰; 1880: 0). Flektiertes Patronym zu ↗*Goebel*.

GOEBEL [ˈgøːbəl] (2009: 72, 0.44‰;

1880: 115, 0.59‰). GLEICHE BASIS *Goebbels*. Patronym zum gleichlautenden Rufnamen. Dieser ist eine Bildung mit *l*-Suffix zu *Göb(e)* als Kurzform von *Godebert*. Das zweite Element des Rufnamens *Godebert* gehört zu ahd. *bëraht* 'glänzend', das erste wahrscheinlich zu mhd. *got(t)e*, *göt(t)e* 'Patenkind'. ☉ *Goebel* ist im germanophonen Kartierungsgebiet weit verbreitet und streut ins frankophone Wallonien hinein. Die flektierte Bildung *Goebbels* erscheint besonders im mittleren Westen Luxemburgs sowie zwischen Aachen und Köln. Dort ist auch das Hauptverbreitungsgebiet von *Goebels*, das heute in Luxemburg nicht mehr vorkommt. 📖 FSV: 1561 *Goebbels*. 1611 *Goebel*, *Goebels*. GDB: 1659 *Göbbels*. 1663 *Goebels* => 1691 *Gebel*. 1672 *Goebel*. 1682 *Goebeltges*. 1748 *Goebbels*.

GOEDERS ['gøːdəs] (2009: 22, 0.13‰; 1880: 30, 0.15‰). Variante von ↗*Goedertz* mit Vereinfachung *-rts > -rs*.

GOEDERT ['gøːdɐt] (2009: 230, 1.41‰; 1880: 432, 2.23‰). VARIANTE(N) *Goeders*. GLEICHE BASIS *Goedertz*. Patronym zum gleichlautenden Rufnamen, der zu ahd. *Gotahar (mslfrk. -d-) mit ahd. *got* 'Gott' und ahd. *hart*, *herti* 'hart, kräftig, stark' gehört. ☉ Der Name erscheint fast nur im Großherzogtum, im Moseldepartement und teilweise in der Provinz Luxemburg. In Deutschland, besonders entlang der Mosel und des Rheins, gilt *Gödert*. Die Variante *Göttert* kommt nur in Deutschland vor und bildet dort mehrere Nester, u.a. im Saarland, im Rhein-Main-Gebiet sowie im Ruhrgebiet. Als flektierte Form begegnet *Goeders* besonders in Luxemburg (der Süden fast ausgenommen) und in der Provinz Lüttich, ferner *Goedertz* nur vereinzelt und ausschließlich im Zentrum des Großherzogtums. ☞ Bei ahd. *Gotahart* muss von einer Variante mit Kompositionsvokal *-i-* (*Goti-*) ausgegangen werden, wie sie z.B. in ahd. *Gotifrid* vorliegt, dessen Zweitglied ahd. *fridu* 'Friede' ist. Der Kompositionsvokal *-i-* steht dabei zu älterem *a* in einem althochdeutschen Ablautverhältnis, ist somit sekundär, jedoch für den Umlaut in *Goedert* vorauszusetzen (zum Kompositionsvokal *-i-*, vgl. auch ↗*Heuard*). In den Rechnungsbüchern ist eine Vermischung mit *Godefart* festzustellen, dessen Zweitglied ahd. *fart* 'Reise' entspricht, vgl. ↗*Goffin*. Auch ist eine Abgrenzung zwischen *Goedert* und ↗*Godart* nicht immer möglich. Spätere historische Quellen zeigen einen Wechsel mit *Goedges*, das ist eine flektiere Bildung zu ↗*Goedgen*, und dies wiederum eine Diminutivbildung zur Kurzform *Göde, siehe ↗*Geden*. Belege mit fehlendem *-t* (*Goeders*, *Goedesch*) sind dagegen durch Resegmentierung von *Goeders* < *Goedertz* als *Goeder + s* entstanden. 📖 RB (1388-1500): *Godartz*. *Godart* = *Godefart* = *Goedart*. *Godefart* = *Godfart* = *Goedfart* = *Goidfart*. FSV: 1466 *Goedvart*. 1611 *Goeders*, *Goedert*, *Goederts*. 1656 *Godarts*, *Goderts*, *Goedarts*, *Goedert*, *Goederts*. GDB: 1651 *Goeders*. 1729 *Gedert* => 1734 *Goedges*. 1735 *Goedert* => 1780 *Goeder*. 1737 *Gedert* => 1767 *Goedert*. 1752 *Goeder*. 1814 *Goedesch* => 1846 *Goeder*.

GOEDERTZ ['gøːdəts] (2009: 2, 0.01‰; 1880: 6, 0.03‰). Flektiertes Patronym zu ↗*Goedert*.

GOEDGEN ['gœtçən] (2009: 1, 0.01‰; 1880: 25, 0.13‰). VARIANTE(N) *Gedgen*. Patronym zu einem einstigen gleichlautenden Rufnamen oder deriviertes Patronym (Diminutivbildung) zu einem ehemaligen Rufnamen *Goede. Dieser ist

Kurzform von ↗*Goedert*. Siehe auch ↗*Geden*. 📖 Fsv: 1611 *Goedtgen*. GDB: 1725 *Goetges*. 1729 *Gedert* => 1734 *Goedges*. 1733 *Gedges*. 1764 *Goedgen*. 1843 *Goetgen* => 1879 *Gedgen*.

GOELFF [gølf] (2009: 17, 0.1‰; 1880: 38, 0.2‰). Herkunftsname zu lb. *Gëllef* (auch lb. *Gelf*, *Gielef*, dt. *Gelf*, frz. *Guelf* oder *Jovillancourt*) für eine Ortschaft der Gemeinde Ibingen in der Provinz Luxemburg. Siehe auch ↗*Guelff*. 📖 GDB: 1725 *Gelff*. 1806 *Goelff*. 1810 *Gelf*. 1834 *Goelf*.

GOEREND [ˈgøːʀənt] (2009: 27, 0.17‰; 1880: 45, 0.23‰). Variante von ↗*Gerend*, mit hyperkorrekter Schreibung ‹oe› für lb. [ei].

GOERENS [ˈgøːʀəns] (2009: 71, 0.44‰; 1880: 158, 0.82‰). Flektiertes Patronym zu ↗*Goerend*, mit Vereinfachung des Ausgangs -ends > -ens.

GOERES [ˈgøːʀəs] (2009: 34, 0.21‰; 1880: 22, 0.11‰). Variante von ↗*Goerres*, mit Dehnung des Tonvokals.

GOERGEN [ˈgœʀʒən] (2009: 249, 1.53‰; 1880: 383, 1.98‰). VARIANTE(N) *Gergen*. Flektiertes Patronym zu †*Goerg*, regionalsprachliche Variante von ↗*Georg*.

GOERRES [ˈgøʀəs] (2009: 13, 0.08‰; 1880: 5, 0.03‰). VARIANTE(N) *Gehres*, *Goeres*. GLEICHE BASIS *Girres*. Patronym zum gleichlautenden Rufnamen. Dieser ist regionalsprachliche Kurzform von ↗*Gregorius*, die durch Umlaut des Tonvokals o zu ö (*Göries) entstanden ist. ✸ Das Hauptverbreitungsgebiet von *Goerres* liegt in der südlichen Hälfte Luxemburgs sowie außerhalb des Großherzogtums u.a im Raum Lüttich, Aachen, Köln, Koblenz; jenes von *Goeres* in Luxemburg und am Niederrhein. Daneben begegnen in Deutschland diverse Formen mit ö wie *Göhren*, *Gören*, *Görens*, *Göres*, *Göries*, doch insbesondere *Görres*. Die entrundete Variante *Gehres* ist in Luxemburg sehr selten und außerhalb des Großherzogtums besonders im Hunsrück verbreitet (daneben sind in Deutschland vereinzelt auch *Gerres* und *Geres* zu finden). Das Vorkommen der aus *Gürres entrundeten Variante *Girres* konzentriert sich eindeutig auf Luxemburg, jenes von *Gieres* zusätzlich auf den Niederrhein. ☞ 1. Der Rufname *Gregorius* erscheint im Luxemburgischen als *Girres* (< *Gürres) und ergab ferner die Hausnamen *Gires* (< *Girres < *Gürres) und *Gieres* (< *Görres; ist daher mit dem homographen Familiennamen nicht identisch; vgl. jedoch LWB, wo *Gires*, *Gieres* irrtümlicherweise zu *Gerhard* gestellt werden. 2. In den historischen Quellen ist eine Vermischung zwischen *Goerres*, ↗*Gerend*, ↗*Gierens* und jeweiligen Varianten zu beobachten. 📖 GDB: 1700 *Geres*. 1711 *Girens* => 1749 *Goeres* => 1772 *Gerens*, 1774 *Goeres*. 1720 *Goeres*. 1734 *Girres* => 1759 *Girres*, 1771 *Gieres*. 1759 *Girres* => 1789 *Girres* = *Gerens* => 1818 *Girrens*. 1766 *Gieres* => 1796 *Girres*. 1770 *Gierres*. 1773 *Goerens* => 1803 *Gerenz* => 1836 *Goeres*. 1811 *Goeres* => 1841 *Goerres*. 1821 *Girres*. 1822 *Goeres* => 1856 *Gehres*. 1823 *Gerens*. 1840 *Gierres* => 1881 *Girres*.

GOETZ [gøts] (2009: 16, 0.1‰; 1880: 1, 0.01‰). Patronym zum gleichlautenden Rufnamen. Dieser ist Kurzform mit z-Suffix und hypokoristischem Umlaut von *Gottfried* < ahd. *Gotafrid*, mit ahd. *got* 'Gott' und *fridu* 'Friede'. Dieselbe Bildungsweise wie der Familienname hat das Appellativ nhd. *Götze*, das auf mhd. *götze* 'gottesdienstliche Bildsäule' zurückgeht. 📖 GDB: 1784 *Goetz*.

GOETZINGER [ˈgøtsɪŋɐ] (2009: 55,

0.34‰; 1880: 141, 0.73‰). Personalisierter Herkunftsname zu *Götzingen* (lb. *Gëtzen*) für eine Ortschaft in der Gemeinde Körich. Eine archaischere Form des Familiennamens ist ↗*Gitzinger*. ⓘ Der Name kommt nur in Luxemburg vor, insbesondere in der südlichen Hälfte. 📖 GDB: 1803 *Goetzinger*. 1851 *Goetzinger* => 1885 *Goetzinger*, 1896 *Götzinger*.

GOFFIN [ˈgofẽː] (2009: 3, 0.02‰; 1880: 1, 0.01‰). Französisches (wallonisches) Patronym zum gleichlautenden ehemaligen Rufnamen. Dieser ist eine hypokoristische Ableitung von *Goffe*, das am ehesten eine Kurzform von *Goffard* darstellt. Hierbei handelt es sich um eine Entlehnung aus wfrk. *Godafard, das mit germ. *guda- 'Gott' und *fardi 'Fahrt' gebildet ist. Eine Diminutivform von *Goffin* ist ↗*Goffinet*. 📖 GDB: 1753 *Goffin*. Germain-Herbillon, S. 476: 1449 *Goffin Brochart*. 1472 *Goffin Mathy*. 1472 *le petit Goffin*. 1522 *Gofin de Ronet*.

GOFFINET [ˈgofineː] (2009: 23, 0.14‰; 1880: 22, 0.11‰). Französisches (wallonisches) Patronym zum gleichlautenden ehemaligen Rufnamen. Dieser ist eine hypokoristische Ableitung von ↗*Goffin*. Vgl. auch ↗*Gaffinet*. 📖 GDB: 1754 *Goffinet*. 1780 *Goffiné*. 1832 *Goffinet* => 1861 *Goffiné*. Germain-Herbillon, S. 476: 1371 *Goffinet de Velreu*. 1472 *Goffinet Estienne*.

GOLDSCHMIDT (2009: 3, 0.02‰; 1880: 10, 0.05‰). ↗*Goldschmit*.

GOLDSCHMIT [ˈgoltʃmit] (2009: 44, 0.27‰; 1880: 128, 0.66‰). VARIANTE(N) *Goldschmidt*. Berufsname zu mhd. *goltsmit* 'Goldschmied'. ⓘ In der Schreibung *Goldschmit* kommt der Familienname nur in Luxemburg vor. Die im Großherzogtum weitaus seltenere Variante *Goldschmidt* ist dagegen in Deutschland von allen Varianten die häufigste. 📖 RB (1388-1500): *Goltsmit, Goltsmydt, Goltsmyt, Goltzsmyt* u.a. FSV: 1611 *Goltschmidt*. 1656 *Goltschmidt*. GDB: 1677 *Goldschmit*. 1689 *Goldschmidt* => 1716 *Goldschmit*.

GONDERINGER [ˈgondəʀɪŋɐ] (2009: 14, 0.09‰; 1880: 14, 0.07‰). VARIANTE(N) *Gondringer*. Personalisierte Form von ↗*Gonnering*.

GONDRINGER [ˈgondʀɪŋɐ] (2009: 4, 0.02‰; 1880: 15, 0.08‰). Variante von ↗*Gonderinger*, mit Synkope des Nachtonvokals.

GONNER [ˈgonɐ] (2009: 34, 0.21‰; 1880: 98, 0.51‰). Übername zu mhd. *gunner*, *gunder*, Nebenformen von *günner* 'Gönner, Freund, Anhänger'. Vgl. lb. *gonnen*, *gënnen* 'gönnen', *Gonn* 'Gunst, Entgegenkommen'. ⓘ *Gonner* gilt fast nur in Luxemburg südlich der Sauer. In Deutschland sind dagegen einige wenige Streubelege von *Gonder*, *Gonnert*, *Gondert* zu finden. 📖 FSV: 1561 und 1611 *Gonders*. GDB: 1661 *Gonders* => 1707 *Gonner*.

GONNERING [ˈgonɐʀɪŋ] (2009: 3, 0.02‰; 1880: 10, 0.05‰). GLEICHE BASIS *Gonderinger*. Herkunftsname zu *Gonderingen* (lb. *Gonnereng*, frz. *Gonderange*) für eine Ortschaft in der Gemeinde Junglinster. 📖 RB (1388-1500): *Clais van Gonderingen = Clais van Gůnderingen*. FSV: 1611 *de Gondringen*. 1656 *Gondringen*. GDB: 1716 *Gonderinger*. 1719 *Gondringen*. 1759 *Gondring*. 1819 *Gondringer = Gonnering*.

GOUBER [ˈguːbɐ] (2009: 15, 0.09‰; 1880: 11, 0.06‰). Graphische, nur in Luxemburg anzutreffende Variante von frz. *Goubert*, Patronym zum gleichlautenden Rufnamen. Dieser stammt, wie die häufigere Variante *Gobert*, aus wfrk. *Godoberht, das zu ahd. *got* 'Gott' und *bëraht* 'glänzend' gehört. 📖 GDB: 1848 *Gouber*.

Gouden ['gəʊdən] (2009: 14, 0.09‰; 1880: 22, 0.11‰). Regionalsprachliche Variante zu ↗Gudden. Die Schreibung mit <ou> verweist auf diphthongische Aussprache, wie sie sich im Osten Luxemburgs findet.

Graas [ʀɑːs] (2009: 70, 0.43‰; 1880: 101, 0.52‰). Variante(n) Gras. Gleiche Basis Grasges. Übername zu mhd. graʒ 'wütend, zornig'. Vgl. auch nhd.-landsch. graß 'u.a. fürchterlich, abscheulich, schrecklich'. ⓢ Graas findet sich überwiegend in Luxemburg und verstreut in Wallonien; Gras in der südlichen Hälfte Luxemburgs und lose verstreut im übrigen Kartierungsgebiet, doch sind hier Konkurrenzetymologien (z.B. im frankophonen Raum u.a. zu frz. gras 'feist') möglich. Die derivierte und flektierte Bildung Grasges gilt ausschließlich in Luxemburg. ☞ Die Schreibung mit aa gibt einen Hinweis auf die Volkaldehnung im Luxemburgischen. 📖 Fsv: 1561 Grass. Gdb: 1665 Graas. 1719 Grasges. 1725 Graas => 1759 Gras => 1783 Graas, 1785 Gras.

Graf [ʀɑːf] (2009: 86, 0.53‰; 1880: 73, 0.38‰). Variante(n) Graff. Amtsname oder Übername zu mhd. grâve 'königlicher Gerichtsvorsitzer, Graf'; entsprechend lb. Grof 'Graf'. Siehe auch ↗Groff, Etymologie 2. ⓢ Graf ist in Luxemburg und Deutschland überall verbreitet, dichter im Süden Deutschlands. Graff verteilt sich im Großherzogtum sowie dem Areler Land, in Lothringen und dem Elsass. In der Bundesrepublik kommt der Name zwar überall, aber nur selten vor. ☞ Die historischen Quellen zeigen mitunter Vermischung von Graf mit ↗Groff, Etymologie 1. 📖 RB (1388-1500): Graff, Grauen, Graven, Greffe, Greffen, Greiff, Greue u.a. Fsv: 1611 Graven, Grefen, Greff. Gdb: 1698 Graff. 1710 Graaff. 1715 Graf. 1717 Graaf. 1727 Graff => 1754 Graaf => 1783 Graaff, 1785 Graff. 1743 Grooff => 1773 Graaff, 1811 Groff = Graff. 1750 Groven => 1779 Groben, 1780 Graven.

Graff (2009: 30, 0.18‰; 1880: 115, 0.59‰). ↗Graf.

Graffe / Graffé ['ʀɑfeː] (2009: 39, 0.24‰; 1880: 27, 0.14‰). Französischer Übername, möglicherweise als Diminutivbildung auf -et zu afrz. grafe, graffe m.f. 'Stilett, kleiner Dolch'. ⓢ Der Name ist nur in Luxemburg verbreitet. Die potenzielle Variante frz. Graffet ist insgesamt sehr selten und zeigt das größte Vorkommen im Département Calvados, Region Basse-Normandie. 📖 Gdb: 1822 Grafé. 1853 Graffé.

Grandjean ['ʀɑ̃ːʒɑ̃ː] (2009: 14, 0.09‰; 1880: 16, 0.08‰). Französischer Übername zu frz. grand 'groß' und dem Rufnamen ↗Jean. 📖 Fsv: 1611 Grand Jean. 1656 Grand Jean. Gdb: 1790 Grandjean.

Gras (2009: 23, 0.14‰; 1880: 26, 0.13‰). ↗Graas.

Grasges ['ʀɑːsjəs // 'ʀɑːsʒəs] (2009: 11, 0.07‰; 1880: 0). Flektiertes Patronym zu *Grasgen. Dieser Name, der heute in Luxemburg nicht mehr vorkommt, ist eine pejorisierende Diminutivbildung zu Gras. ↗Graas. ☞ Zur Verbreitung und den historischen Belegen, siehe ↗Graas. Doch vgl. auch ↗Grisius.

Gratia ['ʀɑtɪ̯ɑː] (2009: 19, 0.12‰; 1880: 66, 0.34‰). Metronym zum gleichlautenden Rufnamen. Dieser ist entlehnt aus lat. Grātia, das zu lat. grātia 'Anmut, Huld, Gnade' gehört. 📖 Gdb: 1744 Gratia.

Graul [ʀɑʊl] (2009: 21, 0.13‰; 1880: 29, 0.15‰). Übername zu mhd. griuwel (md. grûwel) 'Schrecken, Grauen, Gräuel'. Vgl. entsprechend lb. *Graul, Grauel* m. 'Abscheu, Eckel; große Furcht'. 📖 GDB: 1771 *Graul*.

GREGOIRE / GRÉGOIRE [ˈgʀegwaːʀ] (2009: 28, 0.17‰; 1880: 9, 0.05‰). Französisches Patronym zum gleichlautenden Rufnamen. Dieser stammt aus lat. *Gregorius*, das aus dem Griechischen entlehnt wurde. Zu Grunde liegt griech. γρηγορέω 'wachen, auf der Hut sein'. Vgl. auch ↗*Gregorius*, ↗*Goeres*. 🜚 Der Name kommt in Luxemburg, von Belgien besonders im wallonischen Teil, sowie in ganz Frankreich und kaum in Deutschland vor. 📖 GDB: 1725 *Gregoire*.

GREGORIUS [gʀeˈgoːri̯us] (2009: 31, 0.19‰; 1880: 42, 0.22‰). Patronym zum gleichlautenden Rufnamen. Dieser ist entlehnt aus lat. *Gregorius*, das seinerseits aus dem Griechischen entlehnt wurde. Vgl. auch ↗*Goeres*, ↗*Grégoire*. 🜚 Das Hauptverbreitungsgebiet des Namens sind Luxemburg und Westdeutschland. 📖 GDB: 1796 *Gregorius*.

GREIN [gʀaɪn] (2009: 23, 0.14‰; 1880: 35, 0.18‰). Übername zu mhd. *grîn* m. 'lautes Geschrei, Gewieher'. 📖 Fsv: 1561 *Greyn*. 1611 *Grein, Greins*. GDB: 1700 *Greyn*. 1720 *Grein*.

GREIS [gʀaɪs] (2009: 35, 0.21‰; 1880: 54, 0.28‰). Übername zu mhd. *grîs* 'grau, greis', eventuell für einen grauhaarigen bzw. alten Menschen. Siehe auch ↗*Grisius*. 🜚 *Greis* kommt in Luxemburg nur in der südlichen Hälfte vor. In Deutschland ist der Name breit gestreut, doch kaum im Norden. 📖 RB (1388-1500): *Grijs. Peter Gris der Metzeler*. Fsv: 1611 *Greissen*. GDB: 1681 *Greis*. 1730 *Greisen*. 1744 *Grais* => 1802 *Greis*.

GREISCH [gʀaɪʃ] (2009: 91, 0.56‰; 1880: 125, 0.65‰). GLEICHE BASIS *Greischer*. Herkunftsname zu *Greisch* (lb. *Gräisch*) für eine Ortschaft in der Gemeinde Simmern. 🜚 Fast ausschließlich in Luxemburg. *Greischer* besonders in der östlichen Hälfte Luxemburgs. ☞ Die genealogischen Datenbanken zeigen in einem Fall eine Gleichsetzung von *Greisch* und *Kreusch*. Letzterer Name ist heute besonders um Trier verbreitet, *Kreuscher* dagegen im Hunsrück. Dort ist auch ein Flurname *Kreuschersmühle* (Gemeinde Uhler) zu finden. 📖 RB (1388-1500): *Theums van Grisch*. Fsv: 1541 *Grisch*. 1589 *Greisch*. 1611 *Greischen*. 1656 *Greisch, Greysch*. GDB: 1664 *Greisch = Kreusch*. 1684 *Greischer*.

GREISCHER [ˈgʀaɪʃɐ] (2009: 34, 0.21‰; 1880: 33, 0.17‰). Personalisierte Form von ↗*Greisch*.

GREIVELDANGE (2009: 1, 0.01‰; 1880: 0). Französische Form von ↗*Greivelding*.

GREIVELDING [ˈgʀaɪvəldɪŋ] (2009: 3, 0.02‰; 1880: 36, 0.19‰). VARIANTE(N) *Greiveldange, Greiwelding*. GLEICHE BASIS *Greiveldinger*. Herkunftsname zu *Greiveldingen* (lb. *Greiweldeng(en)*, frz. *Greiveldange*) für eine Ortschaft in der Gemeinde Stadtbredimus. 🜚 *Greivelding* ist in der südlichen Hälfte Luxemburgs verbreitet, doch insgesamt sehr selten. Ebenso nur vereinzelt erscheinen *Greiwelding* und *Greiveldange*. Am häufigsten findet sich die personalisierte Form *Greiveldinger*, doch beschränkt sich deren Vorkommen überwiegend auf die südliche Hälfte des Großherzogtums. 📖 RB (1388-1500): *Clais van Griffeldingen = Clais van Grijffeldingen = Claux van Greffeldingen. Thijs van Gryfeldingen*. Fsv: 1656 *Greifeldingen*. GDB: 1735 *Greiweldinger* => 1770 *Greivelding*. 1755 *Greiveldinger*. 1784 *Greiwelding*.

GREIVELDINGER [ˈgʀaɪvəldɪŋɐ]

(2009: 39, 0.24‰; 1880: 120, 0.62‰). Variante(n) *Greiweldinger.* Personalisierte Form von ↗*Greivelding.*
Greiwelding (2009: 2, 0.01‰; 1880: 0). ↗*Greivelding.*
Greiweldinger (2009: 1, 0.01‰; 1880: 33, 0.17‰). ↗*Greiveldinger.*
Gremling [ˈgʀæmlɪŋ] (2009: 19, 0.12‰; 1880: 17, 0.09‰). Herkunftsname zu *Gremelingen,* ältere Bezeichnung für *Greimelingen* (lb. *Gréimel,* frz. *Grumelange,* älter: *Gremelange*) für ein Dorf in der Gemeinde Martelingen, Areler Land. ⟡ Luxemburg, Areler Land. 📖 Gdb: 1757 *Gremling.*
Greten (2009: 4, 0.02‰; 1880: 14, 0.07‰). ↗*Grethen.*
Grethen [ˈgʀeːtən // ˈgʀeɪtən] (2009: 148, 0.91‰; 1880: 232, 1.2‰). Variante(n) *Greten.* Flektiertes Metronym zu *Grethe.* Dieser Rufname ist Kurzform von *Margarete,* das aus lat. *margarīta* 'Perle', entlehnt ist, und dieses aus gleichbedeutend griech. *margarítēs.* Vgl. ↗*Margue.* ⟡ *Grethen* erscheint fast ausschließlich in Luxemburg, im Moseldepartement, um Lüttich und mit Einzelbelegen in der Eifel und entlang der Mosel; *Greten* besonders im Südwesten Luxemburgs und in Deutschland besonders in Niedersachsen. 📖 Fsv: 1611 *Grethen, Margrethen.*
Gretsch [gʀætʃ] (2009: 26, 0.16‰; 1880: 39, 0.2‰). 1. Übername zu lb. *gretschen* 'mit den Zähnen knirschen (auch als Zeichen der Wut)'. 2. Wohnstättenname zu einem gleichlautenden Flurnamen, z.B. *An der Gretsch* (Lorenzweiler). ⟡ In Luxemburg zeigt *Gretsch* das größte Vorkommen in den Kantonen Grevenmacher und Remich. Vereinzelt streut der Name in der östlichen Hälfte Mitteldeutschlands, doch sind da andere Etymologien möglich. 📖 Gdb: 1722 *Gretsch.*

Gricius (2009: 7, 0.04‰; 1880: 6, 0.03‰). ↗*Grisius.*
Gries [gʀiːs] (2009: 18, 0.11‰; 1880: 30, 0.15‰). Variante(n) *Kries.* Wohnstättenname zu mhd. *grieʒ* 'Sandkorn, Sand, Kiessand; sandiges Ufer'. ⟡ *Gries* ist in Luxemburg südlich der Sauer und in Deutschland vielerorts zu finden. Das Vorkommen der regionalsprachlichen Variante *Kries* konzentriert sich auf Luxemburg südlich der Sauer, das Moseldepartement, den Raum Saarbrücken, Kaiserslautern sowie auf einzelne Punkte entlang des Rheins. 📖 Fsv: 1611 *Griess.* Gdb: 1703 *Kriss* => 1756 *Kries* = *Kriess* => 1785 *Kries.* 1787 *Gries.*
Grisius [ˈgʀiːzi̯us] (2009: 44, 0.27‰; 1880: 37, 0.19‰). Variante(n) *Gricius, Grissius.* Latinisierte Form von ↗*Greis.* ⟡ *Grisius* ist außer in Luxemburg im Département Meurthe-et-Moselle und vereinzelt in Belgien verbreitet. Extrem selten und auf das Großherzogtum beschränkt sind *Gricius* und *Grissius.* ☞ In den historischen Quellen ist in einem Fall ein Wechsel von ↗*Grasges,* das wohl zu mhd. *graʒ* 'wütend, zornig' gehört, zu *Grisius* zu beobachten. Dabei handelt es sich wohl vermutlich um eine Fehlübersetzung von *Grasges,* indem *Grisius* offenbar mit dem Substantiv *Griesgram* < mhd. *grisgram* 'Zähneknirschen' in Verbindung gebracht wurde. 📖 Gdb: 1733 *Grasges* (*Gritius, Crutius*) => 1771 *Grisius* => 1797 *Grisius,* 1801 *Gricius,* 1808 *Grissius.* 1776 *Grissius* => 1814 *Gritius.* 1792 *Grisius.* 1843 *Grisges.*
Grissius (2009: 3, 0.02‰; 1880: 8, 0.04‰). ↗*Grisius.*
Groben [ˈgʀoːbən] (2009: 26, 0.16‰; 1880: 2, 0.01‰). Variante(n) *Growen.* Flektiertes Patronym zu *Grob,* ↗*Groff,*

Etymologie 1. 🕭 *Groben* findet sich in Luxemburg südlich der Sauer, in der Vulkaneifel, vereinzelt im Saarland und Rhein-Main-Gebiet. Die regionalsprachliche Variante *Growen* tritt dagegen nur im Großherzogtum auf, besonders in der nördlichen Hälfte. Die Nominativform *Grob* ist in Luxemburg nur noch historisch bezeugt. Sie findet sich sehr häufig in Deutschland und punktuell auch in Lothringen (Moseldepartement, Vogesen). ☞ In den historischen Belegen treten Vermischungen zwischen *Groben* und der Genitivform von ↗*Graf* zu Tage. 📖 Fsv: 1656 *Grob*. GDB: 1750 *Groven* => 1779 *Groben*, 1780 *Graven*. 1764 *Groffen* => 1794 *Groben* = *Groffen* => 1826 *Groffen*, 1831 *Grofen* = *Groven* => 1851 *Groven*, 1854 *Grofen*, 1855 *Growen*. 1766 *Groben*. 1881 *Grob*.

GROBER [ˈgʀoːbɐ] (2009: 15, 0.09‰; 1880: 19, 0.1‰). 1. Deriviertes Patronym zu *Grob*: 'Aus der Familie des Groben Stammender'. 2. Flektierter Übername zu mhd. *grop*, *-bes*; zur Bedeutung von *grop*, siehe ↗*Groff*. 3. Regionalsprachliche Variante von ↗*Gruber*. 🕭 *Grober* kommt fast nur in Luxemburg vor, und da überwiegend im Norden. 📖 GDB: 1631 *Growers*. 1689 *Grober*. 1735 *Grovers*.

GROF (2009: 11, 0.07‰; 1880: 35, 0.18‰). ↗*Groff*.

GROFF [gʀof] (2009: 29, 0.18‰; 1880: 115, 0.59‰). VARIANTE(N) *Grof*. 1. Übername zu mhd. *grop*, *-bes* (mslfrk. *-f*, *-v-*) 'an Masse groß, dick, stark'; entsprechend lb. *graff* 'grob'. Siehe auch ↗*Groben*. 2. Variante von ↗*Graf*, mit regionalsprachlicher Verdumpfung von mhd. *â*; entsprechend das Appellativ lb. *Grof*. 🕭 Das Vorkommen von *Groff* beschränkt sich auf die südliche Hälfte Luxemburgs und das Elsass. Seltener und ebenfalls nur in der südlichen Hälfte des Großherzogtums, dagegen etwas häufiger in Deutschland, ist *Grof* zu finden. ☞ In den historischen Belegen finden sich Schreibungen mit *aa*, *oo*. Diese weisen ausschließlich auf Etymologie 2. Aber auch sonst ist eine Vermischung zwischen ↗*Groben* und *Graven*, das ebenfalls ausschließlich zu ↗*Graf* gehört, zu beobachten. 📖 GDB: 1725 *Grof*. 1730 *Grooff* => 1858 *Groff* = *Groof*. 1743 *Grooff* => 1773 *Graaff*, 1811 *Groff* = *Graff*. 1734 *Groof*. 1750 *Groven* => 1779 *Groben*, 1780 *Graven*. 1753 *Groff*. 1764 *Groffen* => 1794 *Groben* = *Groffen* => 1826 *Groffen*, 1831 *Grofen* = *Groven* => 1851 *Groven*, 1854 *Grofen*, 1855 *Growen*.

GROMMES [ˈgʀomǝs] (2009: 25, 0.15‰; 1880: 10, 0.05‰). 1. Patronym zum gleichlautenden Rufnamen. Dieser ist regionalsprachliche Kurzform von *Hieronymus*. Zu Grunde liegt griech. *Hierónymos*, mit griech. *hierós* 'heilig, geweiht' und *ónoma* 'Name'. 2. Eventuell flektiertes Patronym zu *Grommen. Dies ist verschliffene Form von *Grundmann*, personalisierter Wohnstättenname auf *-mann* zu mhd. *grunt* 'Grund, Boden'. In diesem Fall wäre *Grommes* gut vergleichbar mit dem selteneren Luxemburger Familiennamen *Grommesch*, der eine verschliffene Form von *Grundmeiers* darstellen könnte. 🕭 *Grommes* zeigt in Luxemburg die größte Dichte im Kanton Wiltz und kommt im Süden kaum vor. Weitere Belege finden sich in der Provinz Lüttich, auf deutscher Seite vereinzelt links und rechts der Mosel, ferner im Ruhrgebiet und um Stuttgart. In Deutschland erscheint am Niederrhein die potenzielle Variante *Grundmanns*. 📖 GDB: 1786 *Grommes*.

GROND [gʀont] (2009: 4, 0.02‰; 1880: 7, 0.04‰). Variante von ↗*Grund*, mit Sen-

kung *u* > *o*.
GROOS [gʀoːs] (2009: 11, 0.07‰; 1880: 89, 0.46‰). ↗Gross.
GROS [gʀos] (2009: 26, 0.16‰; 1880: 36, 0.19‰). 1. Schreibvariante von ↗Gross. 2. Besonders auf frankophonem Gebiet: Französischer Übername zu frz. *gros* 'dick'.
GROSBER ['gʀosbɐ] (2009: 18, 0.11‰; 1880: 8, 0.04‰). Möglicherweise Wohnstättenname zu einem Toponym lb. *Groussber* < **Großborn*, d.h. mit mhd. (md.) *burn, burne* 'Brunnen'. Vgl. den Flurnamen *Um Groussbur* in der Gemeinde Schüttringen. 📖 GDB: 1726 *Grosber*.
GROSBUSCH ['gʀoːsbuʃ] (2009: 20, 0.12‰; 1880: 13, 0.07‰). Wohnstättenname zu einem gleichlautenden Flurnamen. Dieser enthält das Adjektiv *groß* und *Busch* (= lb. *Bësch* < *Büsch*). Letzteres im Sinne von 'Gebüsch, Wald'. 📖 GDB: 1710 *Grosbusch*. 1738 *Grosbüsch*.
GROSS [gʀos] (2009: 31, 0.19‰; 1880: 36, 0.19‰). VARIANTE(N) *Groos, Gros*. Übername zu mhd. *grôʒ* 'groß'. 🔮 *Gross* ist in ganz Deutschland sowie im Elsass und in Lothringen verbreitet, wobei die Verbreitung auch weiter in den Osten Frankreichs und nach Belgien hineinreicht. *Gros* ist in Luxemburg südlich der Sauer und besonders in ganz Frankreich zu finden, doch gehört der Name auf frankophonem Gebiet überwiegend zu frz. *gros* 'dick'. In der Maas-Rhein-Region gilt *Groos* in der südlichen Hälfte Luxemburgs und in der gleichnamigen belgischen Nachbarprovinz. 📖 RB (1388-1500): *Groos, Gros, Gross*. FSV: 1611 *Grossen, Gross*. GDB: 1650 *Gross*. 1715 *Groos*. 1765 *Gros*. 1819 *Groos* = *Gross* = *Gros* => 1854 *Groos*. 1860 *Gros*.
GROTZ [gʀots] (2009: 22, 0.13‰; 1880: 38, 0.2‰). Übername zu a) mhd. und nhd.-landsch. *grotzen* 'rülpsen, aufstoßen', rhein. *grotzen* 'nörgeln', entsprechend auch pfälz. *grotzelen* 'nörgeln', lb. *grotzelen* 'Vorwürfe machen'; b) rhein. *Grotz, Grutz* 'im Wachstum zurückgebliebener Mensch', schwäb. *Grotz* 'kleiner Kerl'; c) els. *grozen* 'nach Schimmel oder trockenem Moder riechen', pfälz. *groozen* 'schimmeln, modern', rhein. *grozen* 'schimmeln'. 🔮 Der Name ist auf Luxemburg beschränkt und kommt teilweise noch in Süddeutschland vor, doch gibt es zu diesem Areal keine räumliche Verbindung, sodass dort von einer anderen Etymologie auszugehen ist. ☞ Das Verb *grotzen* 'sich räuspern' ist onomatopoetischen Ursprungs. Das Substantiv *Grutz, Grutsch* gehört zu mhd. *grutzer, grutsch* 'Hamster' und bezeichnet somit ursprünglich etwas Kleines. Bei *grozen, groozen* 'nach Schimmel riechen' handelt es sich dagegen um Nebenformen von *grauzen* und demnach letztendlich um Bildungen zu mhd. *grâ, -wes* 'grau'. Identisch gebildet, doch semantisch verschieden, ist das Verb lb. *grozen* 'grauen, dämmern'. In den historischen Belegen des Familiennamens finden sich auch Formen mit *oo*, die somit auf Etymologie c) weisen würden. Außerdem scheint der Name mit ↗*Graas* und ↗*Groos* vermischt worden zu sein. 📖 GDB: 1714 *Groths* => 1744 *Grotz*, 1752 *Grootz*, 1761 *Graas* = *Groos*. 1716 *Grotz*. 1800 *Grotius* = *Grotzius* => 1833 *Grotius*, 1835 *Grotzius*.
GROWEN ['gʀoːvən] (2009: 6, 0.04‰; 1880: 3, 0.02‰). Regionalsprachliche Variante von ↗*Groben*.
GRUBER ['gʀuːbɐ] (2009: 25, 0.15‰; 1880: 138, 0.71‰). Personalisierter Wohnstättenname zu mhd. *gruobe* 'Gru-

be, Steingrube, Steinbruch'. Vgl. auch ↗*Grober*. ⓢ *Gruber* begegnet in Luxemburg mit Ausnahme des Nordens und Westens, in Ostlothringen, dem Elsass sowie weit verstreut in Deutschland, besonders im Süden. 📖 GDB: 1751 *Gruber*.
GRUENEISEN (2009: 9, 0.06‰; 1880: 0). ↗*Gruneisen*.
GRUEN / GRÜN (2009: 32, 0.2‰; 1880: 0). ↗*Grun/Grün*.
GRUND [gʀunt] (2009: 11, 0.07‰; 1880: 45, 0.23‰). VARIANTE(N) *Grond*. Wohnstätten- oder Herkunftsname zu einem auch im Raum Luxemburg häufig auftretenden Toponym mit mhd. *grunt* 'Niederung, Talgrund', beispielsweise zu *Grund* (lb. *Gronn*) für einen Stadtteil von Luxemburg. ⓢ *Grund* ist in der südlichen Hälfte Luxemburgs sowie überall in Deutschland verbreitet. *Grond* in Luxemburg; in Deutschland besonders im Rheinland. 📖 RB (1388-1500): *Clais Schroder in dem Gronde. Jacob dem Seyller im Gronde = Jacob Seyller im Grond. Swertzgen jn dem Gronde = Swertzgin jm Gronde* u.v.m. GDB: 1715 *Grund*. 1785 *Grond*.
GRUENEISEN / GRÜNEISEN [ˈgʀyːnaɪzən] (2009: 18, 0.11‰; 1880: 17, 0.09‰). Möglicherweise Berufsübername zu einem Kompositum mit mhd. *grüene* 'grün' und *îsen* 'Eisen', demnach einerseits für den Händler oder Bearbeiter von frischem, "grünem" Eisen, andererseits für den jungen Schmied, der soeben die Lehre abgeschlossen hat (vgl. Rät. NB III/2, S. 625). ☞ Der Name scheint aus der Schweiz importiert zu sein, da sich dort heute die meisten Namenträger finden. Semantisch ließe er sich mit *Frischeisen* vergleichen, dessen Hauptverbreitungsgebiet Kehlheim in Niederbayern liegt. Zwischen Stuttgart und Reutlingen ist dagegen, allerdings selten, der Familienname *Brauneisen* anzutreffen, um Ludwigsburg, doch noch seltener, *Weisseisen*. 📖 GDB: 1818 *Grüneisen*.
GRUN / GRÜN [gʀyːn] (2009: 50, 0.31‰; 1880: 89, 0.46‰). VARIANTE(N) *Gruen*. 1. Übername zu mhd. *grüene* 'grün' als Farbbezeichnung, d.h. in Bezug auf die Kleidung sowie im übertragenen Sinne in Bezug auf den Charakter ('frisch, heiter') oder das Alter ('unerfahren'). 2. Wohnstättenname zu mhd. *grüene* f. 'grünes Feld, grüner Wald; Rodung, Lichtung'. ⓢ Zum Hauptverbreitungsgebiet von *Grun*, das in frankophon beeinflussten Gebieten für *Grün* steht, gehören die südliche Hälfte Luxemburgs und das Moseldepartement. *Grün* ist in Deutschland überall verteilt, besonders im Westen. Typisch und ausschließlich luxemburgisch ist die Schreibvariante *Gruen*. 📖 FSV: 1611 *Grün, Gruentges, Gruntgen*. 1656 *Grün, Grünen*. GDB: 1714 *Grün*. 1823 *Gruen* => 1806 *Gruen*, 1811 *Grün*.
GUDEN [ˈguːdən // ˈgudən] (2009: 19, 0.12‰; 1880: 31, 0.16‰). Flektiertes Patronym zu ↗*Guth*.
GUDENKAUF (2009: 2, 0.01‰; 1880: 34, 0.18‰). ↗*Gutenkauf*.
GUELF (2009: 1, 0.01‰; 1880: 11, 0.06‰). ↗*Guelff*.
GUELFF [gælf] (2009: 15, 0.09‰; 1880: 2, 0.01‰). VARIANTE(N) *Guelf*. Französischer Herkunftsname zu *Guelf* (auch *Jovillancourt*) für eine Ortschaft der Gemeinde Ibingen in der Provinz Luxemburg. Siehe auch ↗*Goelff*. 📖 GDB: 1706 *Guelff*.
GUILLAUME [ˈgiːjoːm] (2009: 29, 0.18‰; 1880: 36, 0.19‰). Französisches Patronym zum gleichlautenden Rufnamen. Dieser ist entlehnt aus germ. *Wilihelm-

mit germ. *wiljōn 'Wille' und *helmaz 'Helm'. Vgl. auch ↗Wilhelm. ⓢ Zum Verbreitungsgebiet von *Guillaume* gehören Luxemburg südlich der Sauer, von Belgien besonders der wallonische Teil sowie ganz Frankreich. In Deutschland ist der Name nur vereinzelt zu finden. 📖 RB (1388-1500): *Gielgam, Gilgam, Gilgyme* u.a. (regermanisierte Formen). Fsv: 1611 *Guillaume*. GDB: 1655 *Guillaume*. 1703 *Guillaume*.

GUILLEN [ˈgilən] (2009: 2, 0.01‰; 1880: 0). Französisierende Graphie für ↗*Gillen*.

GUIRCHE (2009: 2, 0.01‰; 1880: 0). ↗*Guirsch*.

GUIRSCH [giːʃ] (2009: 17, 0.1‰; 1880: 64, 0.33‰). VARIANTE(N) *Guirche*. Französische Entsprechung von ↗*Girsch*.

GUNTHER / GÜNTHER [ˈgyntɐ] (2009: 2, 0.01‰; 1880: 2, 0.01‰). VARIANTE(N) *Ginter*. Patronym zum gleichlautenden Rufnamen. Dieser stammt aus ahd. *Guntheri*, das zu ahd. *gund* f. 'Kampf' und *heri* m.n. 'Kriegsschar, Heer' gehört. Siehe auch ↗*Gindt*. ⓢ *Gunther*, das in Luxemburg, Wallonien und Frankreich für *Günther* steht, gehört in Luxemburg zu den sehr seltenen Namen. Häufiger ist er im Moseldepartement und Elsass. In Deutschland, kommt *Günther* kaum vor. Die entrundete Form *Ginter* ist im Großherzogtum und in Deutschland und darüber hinaus in Wallonien sowie im Oberelsass sehr lose gestreut und insgesamt frequenter als *Gunther*. 📖 GDB: 1771 *Ginter*. 1845 *Günther*.

GUTENKAUF [ˈguːtənkɑʊf // ˈgudəkaːf] (2009: 17, 0.1‰; 1880: 23, 0.12‰). VARIANTE(N) *Gudenkauf*. Berufsübername zu mhd. *guot* 'gut' und *kouf* 'Kauf' für einen Kaufmann oder Krämer, bei dem man einen guten Kauf tätigen konnte. 📖 GDB: 1675 *Gutenkauf*. Vz 1880: *Goudenkauf, Gudenkauf, Gutenkauf*.

GUTH [guːt] (2009: 24, 0.15‰; 1880: 22, 0.11‰). VARIANTE(N) *Gutt*. GLEICHE BASIS *Guden*. Übername zu mhd. *guot* 'tüchtig, brav, gut'. ⓢ Neben weiträumiger Streuung findet sich *Guth* hauptsächlich im Norden Luxemburgs, in Südwestdeutschland und im Elsass. Die Variante *Gutt* ist sehr selten in Luxemburg und streut stärker in Norddeutschland. Flektiertes *Gouden* ist erwartungsgemäß fast nur im luxemburgischen Osten anzutreffen. 📖 Fsv: 1561 *Guddenn, Gutten*. 1611 *Gud, Gut, Gutt, Gutten*. 1656 *Guden*. GDB: 1695 *Guden*. 1710 *Guth*. 1721 *Gouden*. 1792 *Guden* => 1821 *Gudden*, 1823 *Guden*. 1871 *Gut* = *Guth* => 1894 *Gut*, 1899 *Guth*, 1902 *Gutt*.

GUTT (2009: 1, 0.01‰; 1880: 10, 0.05‰). ↗*Guth*.

H

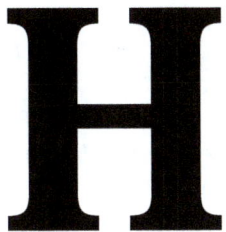

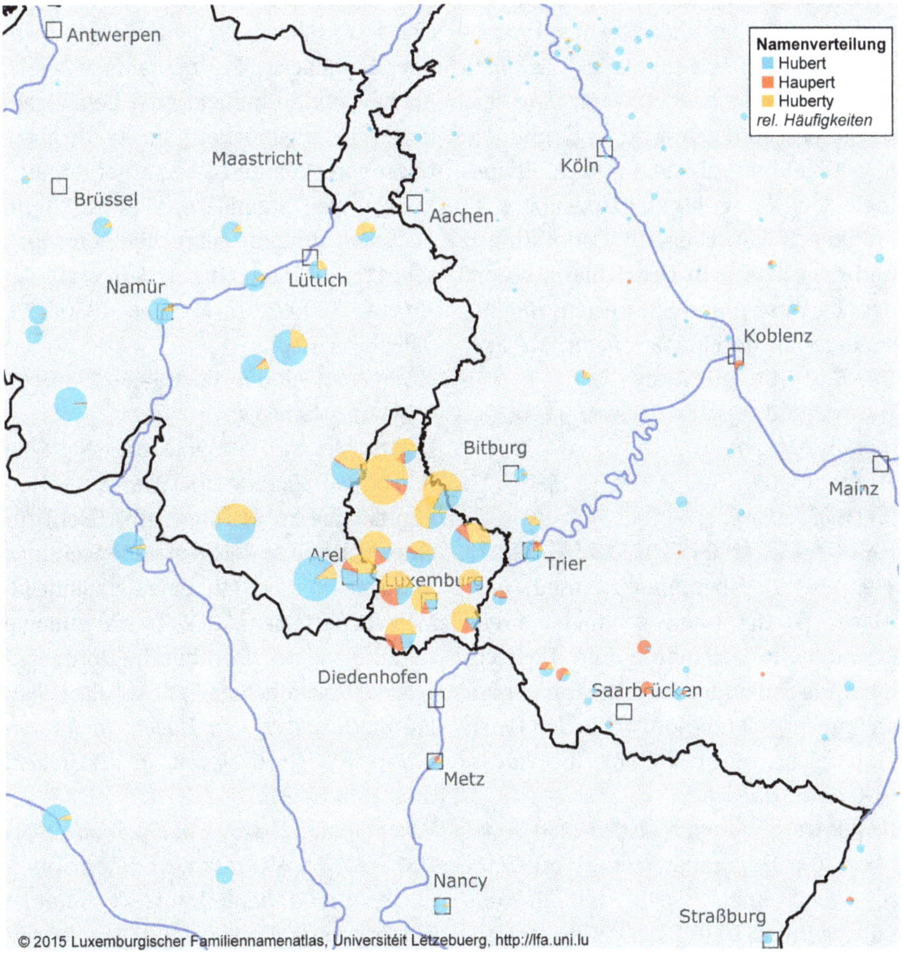

Namenverteilung
Hubert
Haupert
Huberty
rel. Häufigkeiten
Antwerpen
Maastricht
Brüssel
Köln
Aachen
Lüttich
Namür
Koblenz
Bitburg
Mainz
Arel
Trier
Luxemburg
Diedenhofen
Saarbrücken
Metz
Nancy
Straßburg
© 2015 Luxemburgischer Familiennamenatlas, Universitéit Lëtzebuerg, http://lfa.uni.lu

HAAG [haːk] (2009: 87, 0.53‰; 1880: 133, 0.69‰). 1. Herkunftsname zu einem der zahlreichen gleichlautenden Toponyme im deutschen Sprachraum, z.B. für eine Ortschaft im Landkreis Bernkastel-Wittlich, Rheinland-Pfalz. 2. Wohnstättenname zu mhd. *hac, -ges* m.n. 'Dorngesträuch, Gebüsch; Einfriedung, Hag'; entsprechend lb. *Ho* f. 'Hecke, Hag'. 3. Patronym zum einstigen gleichlautenden Rufnamen. Dieser stammt aus ahd. *Hago*, das entweder zu ahd. *hag* m. 'Umzäunung, umzäuntes Grundstück', as. *hago* m. 'Einfriedung' oder zu germ. **hag-* 'bequem, passend, geschickt' (vgl. nhd. *behagen*) gehört. Vgl. auch ⁊*Heck*, Etymologie 3. ✹ *Haag* in ganz Luxemburg, in Frankreich vor allem in Ostlothringen und dem Elsass. In Deutschland besonders im Westen und Südwesten. *Hag* besonders im Moseldepartement. ▯ Fsv: 1611 *Hag*. GDB: 1671 *Haag*.

HAAGEN (2009: 13, 0.08‰; 1880: 20, 0.1‰). ⁊*Hagen*.

HAAN (2009: 52, 0.32‰; 1880: 23, 0.12‰). ⁊*Hahn*.

HAAS [haːs] (2009: 205, 1.26‰; 1880: 339, 1.75‰). Übername zu mhd. *hase* 'Hase'. ✹ Der Name zeigt eine breite Streuung in Luxemburg und Deutschland. Die Streuung reicht ins frankophone Sprachgebiet, besonders in den Osten Frankreichs, hinein. ▯ Fsv: 1611 *Haass*. 1656 *Haas, Haasen*.

HABSCHEID [ˈhapʃaɪt] (2009: 12, 0.07‰; 1880: 0). Herkunftsname a) zu *Habscheid* für eine Ortschaft im Eifelkreis Bitburg-Prüm; b) in Einzelfällen zu *Hobscheid* (lb. *Habscht*) für eine Ortschaft in der gleichnamigen Gemeinde. ✹ Überwiegend im Norden Luxemburgs und in der Eifel. ☞ Die historischen Belege zeigen einen Wechsel mit Formen, die zu ⁊*Hobscheid* gehören; siehe dort weiterführende Diskussion. ▯ RB (1388-1500): *Johan Hapscheit der Wagener. Pastore van Habscheit. Peter van Habscheit = Peter van Hoppscheyt = Peter von Hopscheit* u.a. Fsv: 1561 *Hapscheits*. GDB: 1657 *Hobscheid = Habscheid* => 1690 *Hobscheid*. 1743 *Habscheid*.

HACK [hɑk] (2009: 17, 0.1‰; 1880: 81, 0.42‰). 1. Berufsübername zu mhd. *hacke* 'Axt, Hacke', z.B. für den Fleisch- oder Holzhacker. 2. Übername zu pfälz. *hacken* 'u.a. in heftiger oder beleidigender Weise ansprechen; stockend, abgehackt sprechen und lesen'; hierher auch lb. *hackelen* 'stammeln, stottern', lothr. *hackelen* 'stottern, gebrochen sprechen'. ▯ Fsv: 1561 *Hack*. GDB: 1715 *Hack*.

HAECK (2009: 17, 0.1‰; 1880: 15, 0.08‰). ⁊*Heck*.

HAENTGES (2009: 16, 0.1‰; 1880: 47, 0.24‰). ⁊*Hentges*.

HAGEN [ˈhaːɡən] (2009: 14, 0.09‰; 1880: 8, 0.04‰). VARIANTE(N) *Haagen*. 1. Herkunftsname zu a) *Hagen* (lb. *Hoen*) für eine Ortschaft in der Gemeinde Steinfort; b) *Hagen* (lb. *Hoen*) für eine Gemeinde im Moseldepartement. 2. Wohnstättenname zu mhd. *hagen* 'Dornbusch, Dorn; eingefriedeter umhegter Ort'. ▯ RB (1388-1500): *Henchgen van Hagen. Johan van Hagen*. Fsv: 1656 *Hagen. In der Hagen*. GDB: 1616 *Hagen*.

HAHN [haːn] (2009: 66, 0.4‰; 1880: 118, 0.61‰). VARIANTE(N) *Haan*. Übername zu mhd. *hane* 'Hahn'. ✹ *Hahn* ist in Luxemburg, Deutschland, dem Moseldepartement und Elsass gut vertreten. *Haan* findet sich überwiegend in Luxemburg. In Belgien zeigen sowohl *Hahn* als auch *Haan* eine dünne Streuung. ▯ Fsv:

1611 *Han, Hanen*. 1656 *Hahnen*. GDB: 1674 *Haan*. 1693 *Hahn*. 1783 *Hahn* => 1813 *Han*.
HALER [ˈhaːlɐ] (2009: 14, 0.09‰; 1880: 49, 0.25‰). Variante von ↗*Haller*, mit regionalsprachlicher Dehnung des Tonvokals.
HALL [hɑl] (2009: 24, 0.15‰; 1880: 31, 0.16‰). Wohnstättenname zu mhd. *halle* 'Halle'. Seit dem 14. Jh. existierte beispielsweise eine Getreidehalle in der Stadt Luxemburg (vgl. Lascombes, S. 144). Siehe auch ↗*Haller*, Etymologie 2. ⓕ In Luxemburg überwiegend im Süden. In Deutschland, wo Konkurrenzetymologien möglich sind, breite Streuung, besonders in der westlichen Landeshälfte. ▭ RB (1388-1500): *Hennekin hinder der Hallen. Peter dem Sadeler vor der Hallen*. Fsv: 1561 *Hallen*. 1656 *Hall*. GDB: 1830 *Hall*.
HALLER [ˈhɑlɐ] (2009: 22, 0.13‰; 1880: 44, 0.23‰). VARIANTE(N) *Haler*. 1. Herkunftsname zu *Haller* (lb. *Haler*) für eine Ortschaft in der Gemeinde Waldbillig. 2. Personalisierte Form von ↗*Hall*. ⓕ Der Name konzentriert sich in der Südhälfte Luxemburgs. In Deutschland auf Grund zahlreicher Ortschaften *Halle* oder *Hall* überall verbreitet, besonders im Süden und im Ruhrgebiet. In Frankreich im gesamten Nordosten. Im Großherzogtum ist auch die regionalsprachliche Form *Haler* anzutreffen. ▭ Fsv: 1561 *Haller*. 1611 *Hallers*. 1656 *von Haller*. GDB: 1725 *Haller* => 1777 *Haler* => 1800 *Haller*. 1727 *Haler* => 1768 *Haller*.
HALSDORF [ˈhalsdɔʁf // ˈhaːlsdɔʁf] (2009: 63, 0.39‰; 1880: 15, 0.08‰). Herkunftsname zu a) *Halsdorf* für eine Gemeinde im Eifelkreis Bitburg-Prüm; b) *Halsdorf* (mslfrk. *Hoolstroff*, frz. *Halstroff*) für eine Gemeinde im Moseldepartement. ⓕ Der Name kommt fast nur in Luxemburg vor, doch nicht im Norden und Westen. Vereinzelt auch bei Trier und in der Eifel. ▭ GDB: 1713 *Halsdorf*. 1840 *Halsdorff* = *Halsdorf*.
HAMELING (2009: 4, 0.02‰; 1880: 0). Nicht synkopierte Form von ↗*Hamling*.
HAMELIUS [hɑˈmeːli̯us] (2009: 5, 0.03‰; 1880: 17, 0.09‰). VARIANTE(N) *Hamilius*. Latinisierte Form von ↗*Hameling*.
HAMEN [ˈhaːmən] (2009: 57, 0.35‰; 1880: 112, 0.58‰). Flektiertes Patronym (schwacher Genitiv) zum alten deutschen Rufnamen *Hamo* (↗*Hames*).
HAMER [ˈhaːmɐ] (2009: 27, 0.17‰; 1880: 12, 0.06‰). 1. Deriviertes Patronym zum alten deutschen Rufnamen *Hamo*: 'aus der Familie von Hamo Stammender'; siehe ↗*Hames*. 2. Berufsübername zu mhd. *hamer* 'Hammer' für den Hammerschmied. 3. Wohnstättenname zum gleichen Appellativ, doch in der Bedeutung 'Hammerwerk, Hammermühle'. Siehe auch ↗*Hammer*. ⓕ *Hamer* bündelt sich ohne direkte Verbindung in Luxemburg mit der gleichnamigen Nachbarprovinz, dem Ruhrgebiet sowie in Holstein. ☞ Die genealogischen Datenbanken zeigen den Wechsel zwischen derivierten (*Hamer, Hammer*) und flektierten Formen (*Hames, Hammes*). In diesen Fällen kommt nur Etymologie 1 in Betracht. Die Graphien mit Doppel-*m* sind dabei insofern auffällig, als sie mit der gegenwärtigen luxemburgischen Aussprache mit gedehntem Tonvokal nicht korrelieren. Möglicherweise liegt Einfluss der etymologisch nicht durchwegs identischen Familiennamen ↗*Hammer*, ↗*Hammes* vor. ▭ GDB: 1720 *Hamer*. 1760 *Hamer* = *Hames* => 1787 *Hammer*, 1794 *Hamer*. 1798 *Hammes* = *Hammer*. 1851 *Hammer*

=> 1884 *Hamer*.
HAMES [ˈhaːməs] (2009: 96, 0.59‰; 1880: 232, 1.2‰). VARIANTE(N) *Hamus*. GLEICHE BASIS *Hamen*. Flektiertes Patronym (Mischgenitiv) zum alten deutschen Rufnamen *Hamo*. Dieser gehört zu got. *hamōn* 'bedecken, kleiden'. Siehe auch ↗*Hamling*. ⓢ *Hames* vor allem in Luxemburg, dem Areler Land, Département Meurthe-et-Moselle, vereinzelt in der Eifel und Provinz Lüttich. *Hamen* fast ausschließlich in Luxemburg und Ostlothringen. ☞ Die genealogischen Datenbanken zeigen den Wechsel zwischen flektierten (auf *-es*) und derivierten Formen (auf *-er*), doch kann *Hammes* (↗*Hammes*) auch zweideutig sein. Siehe auch weiterführende Diskussion unter ↗*Hamer*, ↗*Hammer*. 📖 FSV: 1561 *Hamen* (Rufname). 1611 *Hames*, 1656 *Hamus*. GDB: 1647 *Hames*. 1684 *Hamen*. 1760 *Hamer* = *Hames* => 1787 *Hammer*, 1794 *Hamer*. 1798 *Hammes* = *Hammer*.

HAMILIUS [haˈmiːlius] (2009: 14, 0.09‰; 1880: 23, 0.12‰). ↗*Hamelius*.

HAMLING [ˈhamlɪŋ] (2009: 6, 0.04‰; 1880: 18, 0.09‰). VARIANTE(N) *Hameling*. GLEICHE BASIS *Hamelius*. Germanisierte Form von frz. *Hamelin*. Hierbei handelt es sich vermutlich um einen einstigen Rufnamen, der aus ostgerm. *Hamilēn entlehnt ist, das am ehesten zu got. *hamōn* 'bedecken' gehört. Im Althochdeutschen erscheint der Rufname als *Hemilo* < wgerm. *Hamilōn, d.h. erwartungsgemäß mit der Stammbildung wgerm. *-ōn* für ostgerm. *-ēn*. Vgl. auch ↗*Hames*, ↗*Hamer*. ☞ Ostgerm. *Hamilēn vs. wgerm. *Hamilōn ließe sich bezüglich der Stammbildung vergleichen mit got. *Wulfila* (< ostgerm. *Wulfilēn), *Attila* (< ostgerm. *Attilēn) vs. ahd. *Wulfilo* (< wgerm. *Wulfilōn), *Ezzilo* (< wgerm. *Attilōn). Das jeweilige Grundwort ist germ. *wulfaz* 'Wolf' und germ. *attēn/*attōn 'Vater (kindersprachlich)'. 📖 GDB: 1680 *Hameling* => 1718 *Hamelin*, 1731 *Hamelius*. 1718 *Hamelin* => 1752 *Hameling* = *Hamling*. 1731 *Hamelius* => 1763 *Hameling*. 1796 *Hamilius*. 1819 *Hameling* = *Hemmling*.

HAMM [ham] (2009: 8, 0.05‰; 1880: 3, 0.02‰). 1. Herkunftsname zu a) *Ham* (Langform: *Ham unter Varsberg*, frz. *Ham-sous-Varsberg*) für eine Ortschaft im Moseldepartement; b) *Hamm* für einen Stadtteil von Luxemburg oder eine Ortschaft in der Eifel. 2. Wohnstättenname zu lb. *Hamm* m. 'Gemarkung innerhalb einer großen Flußschleife', rhein. *Hamm* m. 'inselartiges eingeschlossenes Terrain u.ä.; Bergabhang mit Weinbergen'; pfälz. *Hamm* m. 'grasiger Abhang, Flußufer'. Siehe auch ↗*Hammer*, Etymologie 2. 📖 RB (1388-1500): *Jouffre van Haemme*. GDB: 1741 *Hamm*. 1761 *Ham*.

HAMMER [ˈhamɐ] (2009: 19, 0.12‰; 1880: 23, 0.12‰). 1. Variante von ↗*Hamer*, Etymologie 2 und 3. 2. Personalisierte Form von ↗*Hamm*. ⓢ Der Name findet sich in ganz Luxemburg, Deutschland und Ostlothringen. ☞ Die genealogischen Datenbanken zeigen den Wechsel von *Hammer* zu *Hemmerges* (flektiertes Patronym zu *Hemmergen), was in diesem Fall für einen Berufsübernamen (zu mhd. *hamer* 'Hammer') oder einen personalisierten Herkunfts- oder Wohnstättennamen spricht. Zum Wechsel zwischen flektierten und derivierten Formen sowie zwischen solchen mit einfachem und doppeltem *m*, siehe weiterführende Diskussion unter ↗*Hamer*. 📖 GDB: 1718 *Hammer* = *Hemmerges* => 1760 *Hemerges*. 1760 *Hamer* = *Hames* => 1787 *Hammer*, 1794 *Ha-*

mer. 1798 *Hammes* = *Hammer*. 1851 *Hammer* => 1884 *Hamer*.

HAMMES [ˈhaməs] (2009: 20, 0.12‰; 1880: 27, 0.14‰). Flektiertes Patronym zum einstigen Rufnamen *Hammen* < *Hammann*. Dieser ist aus *Hannmann* (mit *Hann* als Kurzform von ↗*Johannes*) kontrahiert. ☞ In den genealogischen Datenbanken begegnet einmal ↗*Hammer* als Aliasname, was auf eine Verwechslung mit ↗*Hamer* (siehe auch ↗*Hames*) hindeutet. 📖 Fsv: 1561 *Hamman* (Rufname), *Hammes*. 1611 *Hamman, Hammen* (durchwegs Rufname), *Hammes*. GDB: 1798 *Hammes* = *Hammer*.

HAMUS (2009: 6, 0.04‰; 1880: 40, 0.21‰). Latinisierende Variante von ↗*Hames*.

HANFF [hanf] (2009: 25, 0.15‰; 1880: 23, 0.12‰). Berufsübername zu mhd. *hanef* 'Hanf' für den Hanfbauer oder -händler. 📖 GDB: 1737 *Hanff*.

HANNES [ˈhanəs] (2009: 1, 0.01‰; 1880: 17, 0.09‰). Patronym zum gleichlautenden Rufnamen. Dieser ist Kurzform von ↗*Johannes*. 📖 Fsv: 1656 *Hannes*.

HANS [hans] (2009: 9, 0.06‰; 1880: 4, 0.02‰). GLEICHE BASIS *Hansen*. Patronym zum gleichlautenden Rufnamen. Dieser ist Kurzform von ↗*Johanns*. Siehe auch ↗*Hannes*, ↗*Hansel*, ↗*Hens*, ↗*Hennes*, ↗*Hensel*, ↗*Hensgen*, ↗*Jans*. 🌍 *Hans* ist in Deutschland und Luxemburg weit verteilt und streut nach Wallonien sowie in den Osten Frankreichs hinein. Die Genitivbildung *Hansen* begegnet im Großherzogtum in hoher Konzentration, ebenso in weiten Teilen Deutschlands. Auch in Wallonien, dem Elsass und in Lothringen ist diese Form anzutreffen. *Hantz* und *Hantzen* kommen dagegen nur außerhalb Luxemburgs vor. 📖 RB (1388-1500): *Hans, Hantz, Hantzen* u.a. Fsv: 1561 *Hans, Hansen, Hanssen*. 1611 *Hans, Hansen, Hanss, Hanssen*. 1656 *Hansses*. GDB: 1663 *Hens* => 1690 *Hansen*. 1666 *Hentzen*. 1747 *Henzen*.

HANSEL [ˈhanzəl] (2009: 32, 0.2‰; 1880: 81, 0.42‰). Patronym zum gleichlautenden Rufnamen oder deriviertes Patronym zu ↗*Hans*. In beiden Fällen handelt es sich um eine Diminutivbildung mit dem Suffix mhd. *-el(în)*. Siehe auch ↗*Hensel*. 🌍 *Hansel* konzentriert sich in Luxemburg im Südwesten sowie in Belgien im Areler Land und zeigt eine dünne Streuung in Deutschland. 📖 GDB: 1786 *Hansel*.

HANSEN [ˈhanzən] (2009: 370, 2.27‰; 1880: 731, 3.77‰). Flektiertes Patronym zu *Hans*, Kurzform von ↗*Johannes*.

HANTEN [ˈhantən] (2009: 18, 0.11‰; 1880: 29, 0.15‰). Flektiertes Metronym zu rhein. *Hant*, regionalsprachliche Variante von *Johanna*. Laut RhWB gilt diese für Merzig, Saarburg, Trier und Bitburg. Der Rufname *Johanna* ist movierte Form von ↗*Johannes*. 📖 GDB: 1717 *Hanten*.

HARDT [haːʀt] (2009: 35, 0.21‰; 1880: 43, 0.22‰). VARIANTE(N) *Hart*. 1. Wohnstättenname zu mhd. *hart* m. 'fester Sandboden; Trift, Weidetrift', *hart* m.f.n. 'Wald'. Letzterem entspricht lb. *Haart* f. 'waldiger Höhenzug', das im Großherzogtum häufig als Flurname in Erscheinung tritt. 2. Patronym zum einstigen gleichlautenden Rufnamen. Dieser ist entweder Kurzform von Rufnamen, die mit ahd. *hart, herti* 'hart, kräftig, stark' gebildet sind, oder er geht direkt zurück auf ahd. **Harto* < **Hardwōn*, das auf der Grundlage des etymologisch verwandten *u*-Stammes germ. **hardu-* gebildet ist. Siehe auch ↗*Hertgen*. 3. Übername zu mhd. *hart* 'tapfer, standhaft'.

🜚 Der Name *Hardt* ist in ganz Deutschland verbreitet, mit besonderer Konzentration entlang des Rheins. Die Nester im Saarland und in der Eifel gehen über Trier bis nach Luxemburg hinein, wo der Name mehrheitlich im Osten und im Zentrum auftritt. Die Schreibvariante *Hart* ist nicht nur in Luxemburg, sondern auch in Deutschland seltener zu finden. 📖 Fsv: 1611 *Hart*. GDB: 1832 *Hardt* => 1874 *Hart*.

HARI (2009: 4, 0.02‰; 1880: 16, 0.08‰). ↗*Hary*.

HARLES [ˈhaːʀləs] (2009: 35, 0.21‰; 1880: 54, 0.28‰). Übername zu mhd. *harliʒ* m. 'Hornisse', entsprechend lb. *Harles* f. (lok. Süden). 🜚 *Harles* ist ein typischer Luxemburger Name und zeigt das größte Vorkommen im Kanton Mersch. 📖 GDB: 1712 *Harles*.

HARPES [ˈhaʀpəs] (2009: 36, 0.22‰; 1880: 67, 0.35‰). Möglicherweise flektiertes Patronym (Mischgenitiv) zu einem einstigen Rufnamen, der zu as. *harpa*, ahd. *harpha* 'Harfe' gehört (vgl. Kaufmann 1968, S. 176). 🜚 Der Name begegnet nur in Luxemburg und dort überwiegend in der westlichen Hälfte. ☞ Für einen einstigen Rufnamen wgerm. *Harpo gibt es nur indirekte Belege in der Toponymie, z.B. *Harpendorf*, *Harpenfeld*, *Harpstedt* < *Harpenstede* (alle drei in Niedersachsen), *Harpfetsham* < *Harpholtisheim* (Oberbayern) (vgl. Kaufmann, 1968, S. 176). 📖 GDB: 1708 *Harpes*.

HARSCH [haʀʃ] (2009: 41, 0.25‰; 1880: 60, 0.31‰). Übername zu a) mhd. *harsch* m. 'Haufen, Schar, Kriegshaufen', am ehesten für den Angehörigen einer militärischen Einheit; b) mnd. *harsch* 'rau'. 🜚 In Luxemburg begegnet der Name am häufigsten in der südlichen Hälfte. Das größte Nest liegt im Südwesten Deutschlands. 📖 GDB: 1714 *Harsch*.

HART (2009: 2, 0.01‰; 1880: 20, 0.1‰). ↗*Hardt*.

HARTERT [ˈhaʀtɐt] (2009: 20, 0.12‰; 1880: 46, 0.24‰). Patronym zum gleichlautenden Rufnamen. Dieser stammt aus ahd. *Hartarāt* (*Hardarād*) und beinhaltet ahd. *hart, herti* 'hart, kräftig, stark' und *rāt* 'Rat'. ☞ Das inlautende *t* in *Hartert* spricht für oberdeutsche Herkunft (wohl bereits des zu Grunde liegenden Rufnamens, da als Familienname früh belegt). 📖 Fsv: 1541 *Hartart*. 1611 *Hartard*, *Hartards*. GDB: 1809 *Hartert*.

HARTMAN (2009: 1, 0.01‰; 1880: 12, 0.06‰). ↗*Hartmann*.

HARTMANN [ˈhaʀtman] (2009: 43, 0.26‰; 1880: 73, 0.38‰). VARIANTE(N) *Hartman*. Patronym zum gleichlautenden Rufnamen. Dieser gehört zu ahd. *hart, herti* 'hart, kräftig, stark' und *man* 'Mann, Kriegsmann'. 🜚 *Hartmann* kommt in Luxemburg, doch nicht nördlich der Sauer, vor. In Deutschland zeigt der Name eine breite Streuung, die sich im Osten Frankreichs mit abnehmender Dichte fortsetzt. In Belgien ist *Hartmann* weniger verbreitet. Etwas häufiger ist dort *Hartman*, das in Luxemburg extrem selten (nur im Zentrum) und auch in Deutschland und Frankreich kaum vorzufinden ist. 📖 Fsv: 1611 *Hartman*. 1656 *Hartman*, *Hartmans*. GDB: 1695 *Hartmann*.

HARTZ [haʀts] (2009: 24, 0.15‰; 1880: 106, 0.55‰). 1. Patronym zum gleichlautenden Rufnamen. Dieser ist Koseform von ↗*Hardt*, Etymologie 2. 2. Berufsübername zu mhd. *harz* 'Harz' für den Harzsammler. 3. Für Luxemburg eher unwahrscheinlich: Herkunftsname zu *Harz* für ein Gebirge in Niedersachsen, Thüringen und Sachsen-Anhalt. 📖 Fsv: 1656 *Hartz*.

GDB: 1730 *Hartz*.

HARY [ˈhaːʀiː] (2009: 62, 0.38‰; 1880: 85, 0.44‰). VARIANTE(N) *Hari*. Französisches Patronym zum gleichlautenden Rufnamen. Dieser ist entlehnt aus got. **Haririk* (= ahd. *Herirīh*) und gehört zu got. *harjis* m. 'Heer, Menge' (= ahd. *heri* 'Kriegsschar, Heer') und **reiks* 'mächtig, vornehm' (vgl. ahd. *rīhhi* 'reich, mächtig, hoch'). ⓢ Zum Hauptverbreitungsgebiet von *Hary* gehören Luxemburg, das Saarland, der Lütticher Raum und Nordfrankreich, besonders das Département Nord. Die Variante *Hari* ist insgesamt sehr selten, in Frankreich am häufigsten im Unterelsass. Ferner finden sich insbesondere im frankophonen Raum Varianten mit e (u.a. *Héry, Herry*), die auf wfrk. **Herirīk* (mit Primärumlaut) zurückgehen. ☞ In den genealogischen Quellen ist ein Wechsel zwischen *Hary* und ↗*Henry*, ↗*Ury* zu beobachten. 📖 GDB: 1685 *Hary*. 1738 *Hary* => 1765 *Ury*. 1764 *Henri* => 1801 *Henry* => 1829 *Hary*, 1833 *Henry*. 1812 *Hari*.

HASTERT [ˈhastət] (2009: 41, 0.25‰; 1880: 101, 0.52‰). 1. Herkunftsname zu lb. *Ha(a)stert* (neben *Haassel, Haasselt, Haster, Ha(a)lsdërf*, dt. *Hagelsdorf*) für eine Ortschaft in der Gemeinde Biwer. 2. Variante von ↗*Hostert*, Etymologie 2, mit luxemburgischer Senkung o > a. ⓢ Das Hauptverbreitungsgebiet von *Hastert* befindet sich in Luxemburg, dort besonders im luxemburgisch-deutschen Grenzgebiet bei Echternach. 📖 FSV: 1656 *Hastert*. GDB: 1723 *Hastert*.

HAU [haʊ] (2009: 24, 0.15‰; 1880: 22, 0.11‰). Wohnstättenname zu mhd. *hou* m. 'Holzhieb, Hiebabteilung eines Waldes', einem Fachausdruck aus der Forstwirtschaft. Vgl. z.B. die Flurnamen lb. *am Hau* (Friesingen, Niederanven), *am alen Hau* (Roeser, Sassenheim), *gebrannten Hau* (Steinsel), *Hof Hau* (bei Wittlich). ⓢ Der Name konzentriert sich in der Grenzregion zwischen Luxemburg und Rheinland-Pfalz. Weitere Nester besonders im Westen Deutschlands. ☞ In den genealogischen Datenbanken manifestiert sich in einem Fall der Wechsel von *Hau* zu ↗*Hopp*. Zwischen den beiden Namen besteht kein etymologischer Zusammenhang. 📖 FSV: 1611 *Hauver, Hauw, Hauwes, Haw*. GDB: 1670 *Hau* => 1700 *Hopp*. 1737 *Hau = Hauer*.

HAUFFELS [ˈhaʊfəls] (2009: 13, 0.08‰; 1880: 18, 0.09‰). Wahrscheinlich Herkunftsname zu einem einstigen Toponym dt. **Haufels* (heute nur noch lb. *Haufelescht*, lokallb. *Houfelescht*, frz. *Houffalize*, wa. *Oufalijhe*) für eine Gemeinde in der Provinz Luxemburg. ⓢ Südliche Hälfte Luxemburgs. ☞ Das zu erschließende Toponym **Haufels* < *Huffalis* (so in den Rechnungsbüchern) entspricht lauthistorisch den französischen sowie luxemburgischen Formen. Die außerhalb der Rechnungsbücher historisch belegten deutschen Formen des Toponyms lauten dagegen *Hochfels, Hohenfels*, zeigen somit Einblendung des Adjektivs *hoch* (vgl. Jespers, S. 332). 📖 RB (1388-1500): *Johan Urbaen van Huffalis*. GDB: 1777 *Hauffels*. 1816 *Haufels*.

HAUPERT [ˈhaʊpət] (2009: 62, 0.38‰; 1880: 101, 0.52‰). Patronym zum gleichlautenden Rufnamen. Dieser ist regionalsprachliche Variante von ↗*Hubert*.

HAUPESCH [ˈhaʊpəʃ] (2009: 2, 0.01‰; 1880: 5, 0.03‰). Flektiertes Patronym zu ↗*Haupert*, mit regionalsprachlicher Entwicklung *-erts* > **-ers* > *-esch*.

HAUSEMER [ˈhaʊzəmə] (2009: 31, 0.19‰; 1880: 75, 0.39‰). Standesname, der aus *Hausenmeier* kontrahiert ist. Die Zuordnung des ersten Bestandteils ist schwierig und verweist möglicherweise auf das Schloss Hausen in Rehlingen im Landkreis Saarlouis. Der zweite Bestandteil entspricht mhd. *mei(g)er* 'Meier, Oberbauer, Großbauer' (↗*Meyer*). ⓢ Luxemburg und Areler Land, sehr vereinzelt im Elsass. ☞ In den genealogischen Datenbanken findet sich einmal als Aliasname *Hansemeyer*. Dieser ist wohl als Verschreibung für *Hausemeyer* zu interpretieren. 📖 GDB: 1745 *Hausemer = Hansemeyer*. 1825 *Hausemer = Haussmer*. 1827 *Hausemer = Haussemer*.

HAUSTGEN [ˈhaʊstɕən] (2009: 2, 0.01‰; 1880: 12, 0.06‰). Patronym zu einem einstigen gleichlautenden Rufnamen oder deriviertes Patronym (Diminutivbildung) zu einem ehemaligen Rufnamen **Hause*. Dieser stammt aus ahd. *Hūso*, das letztlich zu ahd. *hûs* 'Haus' gehören dürfte (vgl. Kaufmann 1968, S. 210); vgl. auch das Appellativ ahd. *gihūso* 'Hausgenosse, Mitbewohner, Vertrauter'. ⓢ Ausschließlich Luxemburg. 📖 RB (1388-1500): *Huschin. Husgin dem Vaßbender. Hußges Clais van Straissen. Johan Husgün*. FSV: 1482 *Huysgin*. 1561 *Hustgens*. GDB: 1722 *Hauschtges*. 1732 *Haustgen*. 1740 *Haustges*. 1741 *Haustgen = Haastgen = Hanstgen*.

HAVE / HAVÉ [ˈhaːvə] (2009: 20, 0.12‰; 1880: 13, 0.07‰). Schreibvariante von *Havet*, französischer Berufsübername zu mfrz. *havet* 'Haken', wohl für den Hersteller. 📖 GDB: 1847 *Havet*. 1868 *Hawet*. VZ: 1880 *Havé*.

HAVELANGE [ˈhavəlɑ̃ːʃ] (2009: 5, 0.03‰; 1880: 1, 0.01‰). Französischer Herkunftsname zu *Havelange* (wa. *Havlondje*, dt. *Havelingen*) für eine Gemeinde in der Provinz Namur. 📖 GDB: 1664 *Havelange*.

HAYARD (2009: 2, 0.01‰; 1880: 11, 0.06‰). ↗*Heyard*.

HAYARDT (2009: 1, 0.01‰; 1880: 0). Entrundete Form von ↗*Heuard*.

HECK [hæk] (2009: 97, 0.59‰; 1880: 81, 0.42‰). VARIANTE(N) *Haeck*. 1. Wohnstättenname zu mhd. *heck, hecke, hegge* 'Hecke'. 2. Herkunftsname zu einem gleichlautenden, im deutschen Sprachraum mehrfach auftretenden Toponym. 3. Patronym zum gleichlautenden einstigen Rufnamen. Dieser geht zurück auf ahd. *Hecko* (< wgerm. **Haggjo*), das entweder zu ahd. *hag* m. 'Umzäunung, umzäuntes Grundstück', as. *hago* m. 'Einfriedung' oder zu germ. **hag-* 'bequem, passend, geschickt' (vgl. nhd. *behagen*) gehört. Vgl. auch ↗*Haag*, Etymologie 3. ⓢ *Heck* in Luxemburg, Elsass-Lothringen sowie in Deutschland mit besonderer Konzentration im Westen. *Haeck* nur in Luxemburg und besonders im westlichen Flandern, doch gehört dort der Name zu nl. *Haack*, dem eine andere Etymologie zu Grunde liegt (vgl. Debrabandere, S. 630). Potenzielle flektierte Patronyme im Mischgenitiv (*Heckens, Heckes*) zu Etymologie 3 sind am untersten Niederrhein anzutreffen. 📖 RB (1388-1500): *Heynen Hecke*. FSV: 1561 *Hecken, Heckes*. 1611 *Heck, Hecken, Heckes*. GDB: 1695 *Heck*. 1731 *Haeck*. 1778 *Haeck* => 1806 *Heck*.

HEGER [ˈheːʑɐ] (2009: 15, 0.09‰; 1880: 12, 0.06‰). 1. Amts- bzw. Standesname zu a) mhd. *heger* 'Hüter, Aufseher eines Geheges'. 2. Personalisierter Wohnstättenname zu mhd. *hege* f., Nebenform von *hage* f., *hagen* m. 'Dornbusch, Dorn; eingefriedeter, umhegter Ort'. 3. Personalisierter Herkunftsname zu a) *Hagen* (lb.

Hoen) für eine Ortschaft in der Gemeinde Steinfort; b) *Hagen* (lb. *Hoen*) für eine Gemeinde im Moseldepartement. 🌍 In Luxemburg begegnet der Name besonders im Osten. Ansonsten überall in Deutschland verbreitet, jedoch kaum im Hunsrück und in der Eifel. Außerhalb des Großherzogtums sind andere bzw. weitere Etymologien möglich. 📖 GDB: 1725 *Heger*. 1755 *Heger* => 1787 *Hoecher*, 1797 *Hoeger*. 1765 *Heger* => 1801 *Haeger*.

HEIAR [ˈhaɪaːʀ] (2009: 7, 0.04‰; 1880: 17, 0.09‰). VARIANTE(N) *Heyar*. Entrundete Variante von ↗*Heuard*, mit Verlust des auslautenden -*d* möglicherweise in Anlehnung an *Heier* < *Heuer* (↗*Heuertz*).

HEIDERSCHEID [ˈhaɪdəʃaɪt] (2009: 70, 0.43‰; 1880: 178, 0.92‰). VARIANTE(N) *Heiderscheidt*. Herkunftsname zu *Heiderscheid* (lb. *Heischent*) für eine Ortschaft in der Gemeinde Esch-Sauer. 🌍 *Heiderscheid* nur im Kanton Clerf und im Arrondissement Bastogne. *Heiderscheidt* überall in Luxemburg und dem Areler Land. Beide Varianten vereinzelt auch sonst in der Provinz Luxemburg. 📖 RB (1388-1500): *Huderscheit*. *Van Huderscheit* = *van Hüderscheit* = *von Huderscheit*. *Van Huederschijt*. FSV: 1541 *Huderschit*. GDB: 1680 *Heiderscheid*. 1808 *Heuderscheid* => 1842 *Heiderscheid*.

HEIDERSCHEIDT (2009: 1, 0.01‰; 1880: 16, 0.08‰). ↗*Heiderscheid*.

HEIERS [ˈhaɪɐs] (2009: 3, 0.02‰; 1880: 0). Entrundete Form von ↗*Heuertz*.

HEILES [ˈhaɪləs] (2009: 18, 0.11‰; 1880: 20, 0.1‰). Flektiertes Patronym (Mischgenitiv) zu einem ehemaligen Rufnamen *Heil*, *Heile*. Dieser stammt aus ahd. *Heilo* und beinhaltet ahd. *heil* 'gesund, unversehrt, heil'. 📖 Fsv: 1656 *Heyl*, *Heylins*. GDB: 1780 *Heyles*. 1809 *Heiles*.

HEIM [haɪm] (2009: 14, 0.09‰; 1880: 14, 0.07‰). Patronym zum gleichlautenden Rufnamen. Dieser geht zurück auf ahd. *Heimo* mit ahd. *heim* 'Heim, Haus' bzw. entsprechende Kurzformen von ↗*Heinrich* und anderer Rufnamen mit ahd. *heim*. ☞ In den historischen Belegen finden sich etliche Namenwechsel zwischen Vollformen und Kurzformen (*Heimen*, ↗*Heinrich*) und zwischen *n*- und *m*-haltigen Formen (*Heim*, ↗*Hein*), sodass auch hier nicht klar zwischen ursprünglich auf ahd. *heim* bzw. *hagan* zurückgehenden Formen unterschieden werden kann, vgl. ↗*Heinrich*. Zweideutig sind *Heimes*, *Heymes*, die flektiertes Patronym (Mischgenitiv) zum Rufnamen *Heim* oder flektiertes Patronym zu *Heimann* (mit ahd. *heim* und *man* 'Mann, Kriegsmann') sein können. 📖 RB (1388-1500): *Heimen*. *Heinrich* = *Heymen*. FSV: 1561 *Heymes*. 1656 *Heimen*, *Heymmen*. GDB: 1770 *Heimes*. 1866 *Heim* => 1896 *Hein*. 1848 *Heymes*.

HEIN [haɪn] (2009: 55, 0.34‰; 1880: 100, 0.52‰). GLEICHE BASIS *Heinen*. Dieser geht zurück auf entweder ahd. *Hagano* mit ahd. *hagan* m. 'Dornstrauch; umhegter Bezirk' oder anderer Namen mit ahd. *hagan* oder ist Kurzform von ↗*Heinrich* 🌍 Zum Verbreitungsgebiet von *Hein* gehören Luxemburg südlich der Sauer, das Moseldepartement sowie weite Teile Deutschlands. *Heinen* zeigt die größte Verbreitung in Luxemburg, im Raum Saarbrücken, dem Rhein-Main-Gebiet und entlang des Rheins ab Koblenz; *Heynen* in Luxemburg, im Areler Land, im Moseldepartement am Niederrhein und in Flandern. *Hengen* konzentriert sich eindeutig auf das Großherzogtum und bildet ein kleineres Nest in der

Südpfalz. ☞ In den historischen Belegen findet sich ein Namenwechsel zwischen *n*- und *m*-haltigen Formen, so dass nicht klar zwischen ursprünglich auf ahd. *hagan* bzw. *heim* zurückzuführenden Formen unterschieden werden kann, vgl. auch ↗*Heim*, ↗*Heinrich*. Auf Grund der phonologischen Ähnlichkeit ist in den Rechnungsbüchern zudem der Wechsel zwischen *Heine* und *Henne* (↗*Henn*) sowie zwischen Diminutivbildungen von *Heine* und *Hentzgen* (↗*Hensgen*), *Henche*, *Henchin*, *Henchgin*, *Hentgen* (↗*Hentgen*) sowie der Vollform ↗*Heinrich* zu finden. In den zahlreichen Formen mit -*ng*- (*Hengen*, *Hengin*) in den Rechnungsbüchern steht ⟨g⟩ i.d.R. für *ch*; sie stellen somit Varianten von ↗*Hentgen* dar und gehören nicht zu heutigem ↗*Hengen*, der regionalsprachlichen Form von ↗*Heinen*. Schwierig wird die Zuordnung von *Hengen* in späteren Quellen. Der Beleg ↗*Hengesch* in den Feuerstättenverzeichnissen von 1656 ist ein sicheres frühes Indiz für die Velarisierung von *n* zu *ŋ*, da er mit ↗*Heinisch* gleichzusetzen ist. Andererseits steht in derselben Quelle die Graphie ⟨g⟩ im Beleg *Heinges* wohl noch für *ch*, denn dieser ist mit großer Wahrscheinlichkeit als *Heinches* < *Heinchens* (flektierte Bildung zu *Heinchen*) zu lesen. 📖 RB (1388-1500): *Geillis Heyn* = *Gielles Hentzgen* = *Gielles Heynchgen* = *Giellis Heynnen* = *Gilles Hentgen* = *Gillis Henchgin* = *Gillis Heynne*. *Heinchge von Martelingen* = *Heinrich von Marttelingen* = *Henrich van Martelingen* = *Heymen van Marttelingen* = *Heyn van Martelingen* = *Heynchen van Martelingen* = *Heynchgin van Martelingen* = *Heynen van Martlingen* = *Heynnen von Martelingen*. *Hein* = *Heinen* = *Heyn* = *Heyne* = *Heynen* = *Heynne*. *Heine* = *Henne*. *Heinghin* = *Henche* = *Henchin* = *Henneken* = *Henrich*. *Henchgin* = *Heyne* = *Hentgin* = *Heyntges* = *Heynrich*. Fsv: 1611 *Heintgen, Heinen, Heintges, Hengen* (falls nicht zu ↗*Hentgen*), *Hengesch. Heynen*. 1656 *Hein, Heinges*. GDB: 1588 *Hengen* => 1629 *Hengen* = *Heinen*. 1617 *Heinen*. 1647 *Heintges*. 1673 *Heynen*. 1719 *Heines*. 1772 *Hein*.

HEINEN [ˈhaɪnən] (2009: 213, 1.31‰; 1880: 414, 2.14‰). VARIANTE(N) *Hengen, Heynen*. Flektiertes Patronym zu ↗*Hein*.

HEINERICY [haɪnəˈʀisiː] (2009: 4, 0.02‰; 1880: 15, 0.08‰). Variante mit Sprossvokal von ↗*Heinricy*.

HEINESCH [ˈhaɪnəʃ] (2009: 11, 0.07‰; 1880: 21, 0.11‰). VARIANTE(N) *Heinisch*. GLEICHE BASIS *Hengers*. Flektiertes Patronym zu *Heiner* mit regionalsprachlicher Entwicklung -*ers* > -*esch*. Der Rufname *Heiner* stammt aus ahd. *Haginer* (vgl. Förstemann, S. 719). Das Erstglied *hagin*- ist ahd. *hagan* m. 'Dornstrauch; umhegter Bezirk'. Das Zweitglied -*er* stammt möglicherweise aus germ. **warja*-, entweder in der Bedeutung 'Verteidiger' (vgl. ahd. *werien* 'wehren') oder 'Bewohner' (vgl. ahd. *burg-eri* 'Stadtbewohner'). Schon früh konnte der Name volksetymologisch mit ↗*Heinrich* in Verbindung gebracht werden. Vgl. auch ↗*Hinger*. 🌐 *Heinesch* gilt im Süden Luxemburgs und vereinzelt in Belgien. *Heinisch* findet sich im Großherzogtum südlich der Sauer und überall verstreut in Deutschland. Doch liegt da meist eine andere Etymologie vor (sorbische Koseform von *Heinrich*). Das Vorkommen von *Hengesch* ist überwiegend auf Luxemburg beschränkt (an den Rändern), jenes von *Hengers* ausschließlich auf dem Südosten des Großherzogtums. 📖 Fsv: 1611 *Heyners*. 1656 *Hen-*

gesch. GDB: 1705 *Heinesch* => 1748 *Heinisch*. 1727 *Hengers* = *Hengen* = *Hentgen* = *Hingen* = *Hinger* => 1757 *Hinger*. 1761 *Hengers* => 1795 *Hengesch* => 1826 *Hengescht*.
HEINISCH (2009: 30, 0.18‰; 1880: 34, 0.18‰). Variante von ↗*Heinesch* mit lokalsprachlicher Entwicklung -*esch* > -*isch*.
HEINRICH ['haɪnʀɪç] (2009: 21, 0.13‰; 1880: 28, 0.14‰). GLEICHE BASIS *Heinrichs, Heinricy, Henricy*. Patronym zum gleichlautenden Rufnamen. Dieser stammt aus ahd. *Heim(i)rīh* bzw. ahd. *Haganrīh*. Je nachdem entspricht das Erstglied ahd. *heim* 'Haus' oder ahd. *hagan* m. 'Dornstrauch; umhegter Bezirk'. Das Zweitglied ist in jedem Fall germ. **rīkja-* 'mächtig' (vgl. ahd. *rīhhi* 'reich, mächtig'). Vgl. ↗*Hein*, ↗*Heinisch*, ↗*Hendriks*, ↗*Hennico*, ↗*Henkes*, ↗*Henry*. ⓢ *Heinrich* streut in Luxemburg tendenziell an den Rändern, in ganz Deutschland, vereinzelt auch in Belgien und Frankreich, dort besonders im Elsass. Die flektierte Bildung *Heinrichs* zeigt die größte Dichte in Deutschland im Raum zwischen Aachen und Rhein. Die lateinischen Genitivbildungen *Heinricy* und *Heinericy* kommen sehr selten und fast ausschließlich im Großherzogtum vor, *Henricy* in Luxemburg, dem Areler Land sowie sehr vereinzelt in Deutschland. ☞ Bereits im 8. Jh. ist im Rufnamen *Heinrich* der Wandel m > n (*Heimrīh* > *Heinrīh*) festzustellen, so dass heute kaum mehr auf ahd. *heim* bzw. *hagan* zurückgehende Formen unterschieden werden können, zumal bereits Förstemann (1, Sp. 719) vermutet, dass ahd. *Heimrīh* auch durch Anlehnung an ahd. *Haganrīh* entstehen konnte. Auch in den Rechnungsbüchern zeigt sich der Wechsel von n- und m-haltigen Formen beim gleichen Namenträger sowie zwischen der Vollform *Heinrich*, der Kurzform *Heyn* (↗*Hein*), der entsprechenden Diminutivbildung *Heynchen*, der Kurzform *Heym* (↗*Heim*) und Formen, die zu ursprünglich zu ↗*Hentgen* gehören. Nach Kaufmann (1968, S. 167) ging der Wandel m > n vom Westfränkischen aus und fand unter romanischem Einfluss statt, denn der Rufname "war bei den Westfranken nicht unbeliebt, während seine Beliebtheit bei den Deutschen erst mit König Heinrich I. (919-36) beginnt. Erst durch seinen Namen wird die Namensform *Haim-*, *Heim-rich* endgültig verdrängt." 📖 RB (1388-1500): *Heinchge* = *Heinrich* = *Henrich* = *Heymen* = *Heyn* = *Heynchen* = *Heynchgin* = *Heynen* = *Heynnen*. *Heinrichs*. *Henchgin* = *Heyne* = *Hentgin* = *Heyntges* = *Heynrich*. *Heyn* = *Heynrich*. *Heynrichs* u.a. FSV: 1611 *Heinrich, Heinrichs*. GDB: 1669 *Henrici*. 1763 *Heinricy*. 1763 *Henrici* => 1798 *Heynerici*, 1800 *Henricy*.
HEINRICHS ['haɪnʀɪçs] (2009: 7, 0.04‰; 1880: 1, 0.01‰). Flektiertes Patronym zu ↗*Heinrich*.
HEINRICY [haɪn'ʀɪsi:] (2009: 9, 0.06‰; 1880: 21, 0.11‰). VARIANTE(N) *Heinricy*. Flektiertes Patronym (lateinischer Genitiv) zu ↗*Heinrich*.
HEINS (2009: 1, 0.01‰; 1880: 9, 0.05‰). ↗*Heintz*.
HEINTZ [haɪnts] (2009: 102, 0.62‰; 1880: 246, 1.27‰). VARIANTE(N) *Heins, Heinz*. Patronym zum gleichlautenden Rufnamen, einer Koseform von ↗*Hein*. ⓢ *Heintz* ist in Luxemburg häufiger als *Heinz*. In Deutschland überwiegt *Heinz* mit großem Abstand. Die meisten Belege für *Heintz* finden sich im Saarland und in der Pfalz. Von den flektierten Formen

gilt in Luxemburg ausschließlich *Heintzen*, in Deutschland überwiegend *Heinzen*. 📖 RB (1388-1500): *Heintz, Heintzen, Heyntz, Heyntzen*. FSV: 1611 *Heintz, Heintzen*. 1656 *Heins, Heinss, Heinzen*. GDB: 1677 *Heintz* => 1707 *Heintzen*. 1680 *Heinzen*. 1684 *Heins*. 1731 *Heins* => 1766 *Heins*, 1775 *Heinz*, 1778 *Heintz*. 1756 *Heyns*.
HEINZ (2009: 55, 0.34‰; 1880: 26, 0.13‰). ↗*Heintz*.
HEIRAND (2009: 8, 0.05‰; 1880: 0). ↗*Heirendt*.
HEIRANDT (2009: 6, 0.04‰; 1880: 0). ↗*Heirendt*.
HEIREND (2009: 3, 0.02‰; 1880: 18, 0.09‰). ↗*Heirendt*.
HEIRENDT [ˈhaɪʀænt] (2009: 23, 0.14‰; 1880: 14, 0.07‰). VARIANTE(N) *Heirand, Heirandt, Heirend*. GLEICHE BASIS *Heirens*. Wohl Patronym zu einem einstigen Rufnamen, der als **Heurant* zu erschließen ist. Er ließe sich zurückführen auf ein Kompositum ahd. **Hīurant*, das zu ahd. *hīwo* 'Gatte', *hīwa* 'Gattin' (vgl. nhd. *Heirat*) und ahd. *rant* 'Schild' gehört. 🍀 Alle Varianten begegnen fast nur in Luxemburg, *Heirend(t)* in der Süd-, *Heirens* eher in der Nordhälfte. *Heirand* und *Heirandt* sind ebenso auf das Großherzogtum beschränkt. ☞ Die genealogischen Datenbanken zeigen einen Wechsel zwischen *Heirens* und ↗*Heuertz*. 📖 GDB: 1710 *Heurens*. 1717 *Heuertz* => 1753 *Heurens*. 1736 *Heirendt*. 1741 *Heyrens*. 1748 *Heyrand*. 1754 *Heurend*. 1766 *Heirens*. 1797 *Heurendt*. 1817 *Heirend*. 1851 *Heirand* => 1875 *Heurand*. 1854 *Heyrendt*. 1854 *Heyrens* => 1884 *Heirens*. 1883 *Heyrand*.
HEIRENS [ˈhaɪʀəns] (2009: 43, 0.26‰; 1880: 30, 0.15‰). VARIANTE(N) *Heirentz*. Flektiertes Patronym (starker Genitiv) zu ↗*Heirendt*.

HEIRENTZ (2009: 1, 0.01‰; 1880: 0). ↗*Heirens*.
HEISBOURG [ˈhaɪsbuəɕ // ˈhaɪsbuːʀ] (2009: 24, 0.15‰; 1880: 21, 0.11‰). VARIANTE(N) *Heisburg*. Entrundete Form von ↗*Heusbourg*.
HEISBURG (2009: 1, 0.01‰; 1880: 0). ↗*Heisbourg*.
HEISCHBOURG [ˈhaɪʃbuəɕ // ˈhaɪʃbuːʀ] (2009: 27, 0.17‰; 1880: 16, 0.08‰). Entrundete Form von ↗*Heusbourg*, mit regionalsprachlicher Entwicklung *s* > *sch*.
HEISCHLING [ˈhaɪʃlɪŋ] (2009: 4, 0.02‰; 1880: 25, 0.13‰). Entrundete Form von ↗*Heuschling*.
HEITZ [haɪts] (2009: 22, 0.13‰; 1880: 3, 0.02‰). Durch Entrundung aus *Heutz* entstanden. Patronym zum gleichlautenden Rufnamen. Dieser geht wohl zurück auf ahd. *Hugizo*, einer Koseform von Namen, die mit ahd. *hugu* 'Gedanke, Verstand, Geist, Sinn' gebildet sind; vgl. ↗*Hubert*. 📖 RB (1388-1500): *Hutzin*. FSV: 1561 *Heutz*. 1611 *Heyds*. 1656 *Heydts*. GDB: 1675 *Heitz*.
HELBACH [ˈhælbax] (2009: 19, 0.12‰; 1880: 13, 0.07‰). Vermutlich Wohnstättenname zu einem Flurnamen. Diesem könnte lb. *Helbich* für eine Flur in der Ortschaft Wilwerwiltz (Gemeinde Kiischpelt) entsprechen. Zu Grunde liegt mhd. *helle* 'Hölle' und 'Bach'. 📖 GDB: 1829 *Helbach*. 1894 *Hellbach*.
HELLENBRAND [ˈhælənbʀant] (2009: 21, 0.13‰; 1880: 24, 0.12‰). VARIANTE(N) *Hellenbrandt*. Übername zu mhd. *hellebrant* 'der das Höllenfeuer nährt; Höllenbrand, Fegefeuer', mnd. *hellebrant* 'Höllenbrand'. Vgl. auch rhein. *Höllenbrand* 'wer die Hölle verdient hat; ein großer Sünder'; els. *Höllenbrand* 'Bösewicht, der zur Hölle verdammt ist'. 📖 GDB: 1862

Hellenbrand.
HELLENBRANDT (2009: 1, 0.01‰; 1880: 8, 0.04‰). ↗*Hellenbrand.*
HELLER [ˈhælɐ] (2009: 9, 0.06‰; 1880: 14, 0.07‰). GLEICHE BASIS *Hellers*. 1. Personalisierter Wohnstättenname zu mhd. *helle* 'Unterwelt, Hölle'. Speziell in Flurnamen gilt *Hölle* als Bezeichnung für ein tief gelegenes Gelände oder eine enge, wilde Gegend, vgl. z.B. lb. *an der Hell* (Leudelingen), lb. *Hellepull* (Luxemburg-Stadt). Doch konnte sich das Wort in frühneuhochdeutscher Zeit semantisch auch an *Halle* annähern. Der Begriff *Helle* ist beispielsweise überliefert für eine Halle, wohl Getreidehalle, die sich ab der Mitte des 14. Jahrhunderts in Luxemburg-Stadt befand und 1554 einem Brand zum Opfer fiel (vgl. Beck, S. 30). ⓘ *Heller* kommt in Luxemburg nur in der südlichen Hälfte vor, ist in Deutschland jedoch weit verstreut, doch sind dort weitere Konkurrenzetymologien möglich. Streubelege finden sich auch in Frankreich, besonders im Osten, und in Belgien. Die flektierte Bildung *Hellers* ist fast ausschließlich auf den Süden Luxemburgs beschränkt. 📖 RB (1388-1500): *Gielles der Jonge hinder der Hellen, Hantzen Knecht in der Hellen, Michel bij der alder Hellen* u.a. FSV: 1611 *(an der) Hellen, Hellen, Hellers*. 1656 *Heller, Hellers*. GDB: 1838 *Hellesch*.
HELLERS [ˈhælɐs] (2009: 64, 0.39‰; 1880: 93, 0.48‰). Flektiertes Patronym zu ↗*Heller*.
HEMES [ˈheːməs] (2009: 16, 0.1‰; 1880: 75, 0.39‰). Variante von ↗*Heymes*, mit regionalsprachlicher Monophthongierung *ei > e*.
HEMMEN [ˈhæmən] (2009: 48, 0.29‰; 1880: 115, 0.59‰). Flektiertes Patronym (schwacher Genitiv) zum einstigen Rufnamen *Hemme*. Dieser stammt aus ahd. *Hemmo* und ist Nebenform mit unorganischem *H*- von *Emmo* (Kaufmann 1968, S. 171), das möglicherweise unter dem Einfluss von *Heimo* (vgl. ↗*Heymes*) angefügt wurde. Der Rufname ahd. *Emmo* beinhaltet germ. *ermana-, *irmina-* 'groß, weit, allumfassend; erhaben'. ⓘ Fast ausschließlich im Luxemburger Süden anzutreffen. 📖 FSV: 1611 *Hemmes*. GDB: 1660 *Hemmen*.
HEMMER [ˈhæmɐ] (2009: 75, 0.46‰; 1880: 213, 1.1‰). Personalisierter Herkunfts- oder Wohnstättenname zu einem der Toponyme *Hamm, Hamme, Hammen, Hemm, Hemme, Hemmen, Hemmer, Hemmern*; im Raum Luxemburg am ehesten zu *Hamm* für a) einen Stadtteil der Gemeinde Luxemburg; b) eine Ortschaft im Eifelkreis Bitburg-Prüm; c) einen Stadtteil von Konz im Landkreis Trier-Saarburg; d) einen Ortsteil von Taben-Roth im im Landkreis Trier-Saarburg; e) eine Ortschaft im Moseldepartement, später unterteilt in Niederhamm, Oberhamm (frz. *Basse-Ham, Haute-Ham*). ⓘ Die größte Verbreitung zeigt der Name in Luxemburg, Ostlothringen, dem Saarland, der Pfalz sowie im Ruhrgebiet. 📖 RB (1388-1500): *Jouffre van Haemme*. FSV: 1611 *Hemmers, Hemmer*. GDB: 1686 *Hemmer*. 1695 *Hemmers = Hemmer*.
HEMMERLING [ˈhæmɐlɪŋ] (2009: 18, 0.11‰; 1880: 10, 0.05‰). 1. Berufsübername zu nhd. *Hämmerling*, einer Ableitung auf -*ling* zu mhd., mnd. *hamer* 'Hammer', demnach für den Schmied, aber auch als Beiname für den Henker oder Scharfrichter (vgl. DWB, DRW). 2. Übername zum gleichen Appellativ, doch als Beiname für einen bösen Geist, einen Kobold oder ein Gespenst (vgl. DWB). 📖

GDB: 1876 *Hemmerling*.
HENCKES (2009: 10, 0.06‰; 1880: 17, 0.09‰). ⁊*Henkes*.
HENDEL [ˈhændəl] (2009: 21, 0.13‰; 1880: 52, 0.27‰). Tiroler Einwanderername (vgl. Hess 1970, S. 41 u. 60). Ursprünglich Berufsname zu oberdt. *Hödel* 'Händler, Getreidehändler', später noch in Tirol über *Hedl* in *Hendl* umbenannt (wohl aufgrund der semantischen Nähe zu *Handel*). Vgl. auch das Verb oberdt. *hödeln* 'Kleinhandel treiben', mhd. (oberdt.) *hodeln* 'handeln' (vgl. Finsterwalder, S. 325; Lexer). Letztendlich handelt es sich um Ableitungen zu einem Substantiv nhd.-landsch. *Hodel* m. 'Lumpen', vgl. auch bei Luther *Hoddel*, *Höddel* (DWB). 📖 GDB: 1719 *Hendel*.
HENDRIKS [ˈhændʀiks] (2009: 22, 0.13‰; 1880: 1, 0.01‰). Niederdeutsches oder niederländisches flektiertes Patronym zu *Hendrik*. Die standardhochdeutsche Entsprechung lautet ⁊*Heinrich*. 📖 GDB: 1849 *Hendricks*. 1854 *Hendrick*. 1889 *Hendrickx*. 1889 *Hendriks*.
HENGEL [ˈhæŋəl] (2009: 45, 0.28‰; 1880: 66, 0.34‰). GLEICHE BASIS *Hengels*. 1. Patronym zum gleichlautenden Rufnamen. Dieser ist regionalsprachliche (luxemburgische) Diminutivbildung von *Heng*, dem außerluxemburgisch *Hein(d)(e)l* entspricht. ⁊*Hein*. 2. Übername zu mhd. *hengel* 'Hängendes'. 3. Berufsübername zu demselben mhd. Appellativ, doch mit der Bedeutung von a) 'am abgeschnittenen Rebholz hängende Trauben' für den Winzer. Im Frühneuhochdeutschen ist *hengel* an der Mosel auch für ein Maß für Trauben belegt (vgl. DRW); b) lb. *Hängel* f., Variante von *Hänk* f. 'Tragriemen der Hotte' für den Hersteller. 4. Wohnstättenname zu einem gleichlautenden Flurnamen, vgl. *am Hengel* (Bettemburg). 🌐 Zum Verbreitungsgebiet von *Hengel* gehören der Süden, Südosten und Norden Luxemburgs sowie das Moseldepartement. In Deutschland findet der Name u.a. Anschluss im Raum Trier. Einzelne Streuungen finden sich im Raum Stuttgart. Doch ist für das nichtluxemburgische Sprachgebiet Etymologie 1 auszuschließen. Die Gentivform *Hengels* konzentriert sich im Westen und Norden des Großherzogtums sowie in der Schneifel. 📖 FsV: 1561 *Hengels*. GDB: 1779 *Hengel*. 1873 *Hengels*.
HENGELS [ˈhæŋəls] (2009: 11, 0.07‰; 1880: 0). Flektiertes Patronym (starker Genitiv) zu ⁊*Hengel*.
HENGEN [ˈhæŋən] (2009: 109, 0.67‰; 1880: 176, 0.91‰). Luxemburgische Form von ⁊*Heinen*. Vgl. auch ⁊*Neuhengen*.
HENGERS [ˈhæŋɐs] (2009: 3, 0.02‰; 1880: 6, 0.03‰). VARIANTE(N) *Hengesch*. Regionalsprachliche Form von *Heiners* mit Velarisierung von *n*; siehe ⁊*Heinesch*.
HENGESCH [ˈhæŋəʃ] (2009: 36, 0.22‰; 1880: 84, 0.43‰). Variante von ⁊*Hengers* mit Assimilierung -*ers* > -*esch*.
HENKES [ˈhæŋkəs] (2009: 19, 0.12‰; 1880: 55, 0.28‰). VARIANTE(N) *Henckes*. Flektiertes Patronym zu *Henken* < *Henneken*, Rufname aus as. *Hennikīn*. Dieser ist eine Diminutivbildung zu ahd. *Henno*, das letztendlich auch dem Familiennamen ⁊*Henn* zu Grunde liegt. Vgl. auch ⁊*Hennico*. 🌐 Überwiegend in Luxemburg und dem deutschen Grenzgebiet. 📖 RB (1388-1500): *Henchen*, *Henchin*, *Hencken*, *Henckin*, *Henicken*, *Henkin*, *Hennecken*, *Henneken*, *Hennekin* u.a. FsV: 1417 *Henkin* (Rufname). 1444-1450 *Henchin* (Rufname), *Henckin* (Rufname). 1561 *Henckin* (Rufname), *Henckes*, *Henckiss*,

Henckyss. 1611 *Henckin.* 1656 *Henckies.* GDB: 1647 *Heintges* => 1679 *Henckes.* 1844 *Henkes.*

HENN [hæn] (2009: 7, 0.04‰; 1880: 12, 0.06‰). Patronym zum gleichlautenden Rufnamen. Dieser stammt aus ahd. *Henno*, das vermutlich ein Nomen agentis auf germ. *-jōn* zu germ. **hanōn*, ahd. *hano* 'Hahn' darstellt (vgl. Kaufmann 1968, S. 171f). Volksetymologisch konnte der Name bereits früh mit ↗*Hans* in Verbindung gebracht werden. Vgl. auch ↗*Hentgen*, ↗*Henkes*, ↗*Hennico*. ✋ Zum Hauptverbreitungsgebiet von *Henn* gehören die südliche Hälfte Luxemburgs, Ostlothringen, das Unterelsass sowie weite Teile Deutschlands, besonders der Westen. Die Genitivbildung *Hennen* konzentriert sich im westlichen Mitteldeutschland, besonders entlang der Mosel, im Ruhrgebiet und ferner in der Deutschsprachigen Gemeinschaft. ☞ Die Rechnungsbücher zeigen oft den Wechsel zwischen *Henne* und *Heine*, das zu ↗*Hein* gehört. 📖 RB (1388-1500): *Heine Lode* = *Henne Lode. Heinen Johan van Straissen* = *Hengins Jehan* = *Hennen Johan van Straissen* u.a. FSV: 1561 *Hennen.* GDB: 1727 *Henn.* 1746 *Hennen.*

HENNES [ˈhænəs] (2009: 15, 0.09‰; 1880: 45, 0.23‰). Patronym zum gleichlautenden Rufnamen. Dieser ist Kurzform von ↗*Johannes* mit hypokoristischem Umlaut. Siehe auch ↗*Hens*, ↗*Hensel*, ↗*Hensgen*. ✋ Zum Hauptverbreitungsgebiet von *Hennes* gehören die südliche Hälfte Luxemburgs, das Saarland, Rheinland-Pfalz, Nordrhein-Westfalen und der Raum Lüttich. 📖 FSV: 1561 *Henniss.* 1611 *Hennes.* GDB: 1635 *Hennes.*

HENNICO [ˈhæniko:] (2009: 21, 0.13‰; 1880: 29, 0.15‰). VARIANTE(N) *Hennicot*. Wallonisches Patronym zum gleichlautenden Rufnamen. Für diesen kommen am ehesten folgende zwei Etymologien in Frage: a) Er stammt ursprünglich aus mnl. *Hennekîn* (vgl. ↗*Henkes*), hat jedoch im Zuge der Romanisierung einen Suffixwechsel *-în* > *-ot* durchgemacht; b) Er ist eine hypokoristische Ableitung auf *-icot* zu wa. *Henne*. Hierbei handelt es sich nach Germain-Herbillon (S. 517 u. 519) um eine Kurzform von frz. ↗*Henry*. 📖 GDB: 1651 *Hennico.* 1653 *Henneco.* 1727 *Hennico* = *Hengen* = *Hennekug* = *Hennekuch* => 1755 *Hennicot.*

HENNICOT (2009: 10, 0.06‰; 1880: 8, 0.04‰). ↗*Hennico.*

HENRI (2009: 2, 0.01‰; 1880: 4, 0.02‰). ↗*Henry.*

HENRICY [hænˈʀisi:] (2009: 5, 0.03‰; 1880: 19, 0.1‰). Latinisierte Form von ↗*Heinrichs.*

HENRION [ˈhɑ̃:ʀiɑ̃:] (2009: 13, 0.08‰; 1880: 23, 0.12‰). Französisches Patronym mit Augmentativsuffix *-on* zu ↗*Henry*. 📖 FSV: 1611 *Henrion.* GDB: 1692 *Henrion.*

HENRY [ˈhɑ̃:ʀi:] (2009: 11, 0.07‰; 1880: 2, 0.01‰). VARIANTE(N) *Henri*. Französisches Patronym zum gleichlautenden Rufnamen. Siehe auch ↗*Heinrich*. ☞ Die wallonische Entsprechung des Rufnamens lautet *Hinri*. Die genealogischen Quellen zeigen den Wechsel von ↗*Henry* zu ↗*Hary*. 📖 FSV: 1611 *Henry* (Rufname). GDB: 1764 *Henri* => 1801 *Henry* => 1829 *Hary*, 1833 *Henry.*

HENS [hæns] (2009: 5, 0.03‰; 1880: 19, 0.1‰). VARIANTE(N) *Hentz*. GLEICHE BASIS *Hensen*. Patronym zum gleichlautenden Rufnamen. Dieser ist Kurzform von ↗*Hans* mit hypokoristischem Umlaut. Siehe auch ↗*Hennes*, ↗*Hensel*, ↗*Hensgen*. ✋ *Hens* begegnet insbesondere in der nördlichen Hälfte Luxemburgs, in Nordrhein-Westfalen und Flandern. Die Variante *Hentz* ist innerhalb wie außerhalb des Großherzogtums kaum anzutreffen. Sehr niederfrequent und nur auf den Süden des Großherzogtums beschränkt ist *Hensen*, dessen Hauptverbreitungsgebiet in Nordrhein-Westfalen liegt. Ebenso selten ist *Hentzen* (überwiegend südliche Hälfte Luxemburgs und Moseldepartement). 📖 Fsv: 1611 *Henz*. 1656 *Hensen, Henses, Hentz*. GDB: 1655 *Hens*. 1663 *Hens* => 1690 *Hansen*. 1666 *Hentzen*. 1747 *Henzen*.

HENSCHEN (2009: 5, 0.03‰; 1880: 13, 0.07‰). ↗*Hensgen*.

HENSEL [ˈhænzəl] (2009: 17, 0.1‰; 1880: 31, 0.16‰). Patronym zum gleichlautenden Rufnamen oder deriviertes Patronym zu ↗*Hans* oder ↗*Hens*. In jedem Fall handelt es sich um eine umlauthaltige Diminutivbildung mit dem Suffix mhd. *-elîn*. Siehe auch ↗*Hansel*. 🌐 *Hensel* kommt nur in der südlichen Hälfte Luxemburgs vor. In Deutschland ist *Hensel* sehr häufig, *Hänsel* etwas seltener. ☞ Die Rechnungsbücher zeigen den Wechsel zwischen *Heintzelin*, das zu ↗*Heintz* gehört, und *Henzelin*. 📖 RB (1388-1500): *Heintzelin dem Pafeyer = Henzelin der Pafeyer. Henßelin van Widerstorff*. Fsv: 1561 *Hensels, Hentzlss*. GDB: 1871 *Hensel*.

HENSEN [ˈhænzən] (2009: 6, 0.04‰; 1880: 13, 0.07‰). VARIANTE(N) *Hentzen*. Flektiertes Patronym zu ↗*Hens*.

HENSGEN [ˈhænsjən] (2009: 11, 0.07‰; 1880: 12, 0.06‰). VARIANTE(N) *Henschen*. Patronym zum gleichlautenden Rufnamen oder deriviertes Patronym zu ↗*Hans* oder ↗*Hens*. In jedem Fall handelt es sich um eine umlauthaltige Diminutivbildung mit dem Suffix mhd. *-echîn*. Siehe auch ↗*Hansel*. 🌐 *Hensgen* dominiert in Luxemburg, *Henschen* in Deutschland, doch sind beide Varianten im gesamten Kartierungsgebiet dünn gesät. ☞ In den genealogischen Datenbanken ist für *Hensgen* einmal der Aliasname ↗*Hentgen* belegt. Doch bereits in den Rechnungsbüchern sind weitere Namenwechsel zu beobachten (siehe weiterführende Diskussion unter ↗*Hein*). 📖 RB (1388-1500): *Geillis Heyn = Gielles Hentzgen = Gielles Heynchgen = Giellis Heynnen = Gilles Hentgen = Gillis Henchgin = Gillis Heynne*. Fsv: 1611 *Henssgen*. 1656 *Hensgen*. GDB: 1736 *Henschen*. 1831 *Hensgen = Hentgen*.

HENTGEN [ˈhæntɕən] (2009: 10, 0.06‰; 1880: 58, 0.3‰). GLEICHE BASIS *Hentges*. 1. Patronym zum (einstigen) gleichlautenden Rufnamen. Dieser ist eine Diminutivbildung von ↗*Henn*. 2. Deriviertes Patronym (Diminutivbildung) zum Rufnamen: 'Henn junior'. 🌐 *Hentgen* ist äußerst rar und fast nur in Luxemburg anzutreffen. Die Genitivbildung *Hentges* ist dagegen häufiger: Luxemburg, Moseldepartement, Saarland, Eifel, Rheinland. Selten und fast nur auf das Großherzogtum beschränkt ist die Schreibvariante *Haentges*. ☞ In den Rechnungsbüchern konnte auf Grund der phonologischen Ähnlichkeit *Hentgen* mit *Hentzgen* (↗*Hensgen*) und *Heynchgen*, das zu ↗*Hein* bzw. ↗*Heinrich* gehört, wechseln. Auch findet sich ein Wechsel zwischen *Hentgen* und der nicht hochdeutschen Entsprechung *Henneken* (↗*Henkes*). Die Aliasformen *Hengen, Hengin* gehören ebenso hierher und sind nicht mit dem heutigen Familiennamen ↗*Hengen* gleichzusetzen, der eine erst später entstandene regionalsprachliche Variante von

⌐*Heinen* mit luxemburgischer Velarisierung von *n* darstellt. Zu guter Letzt sind 1877 *Hengten* sowie 1880 die Genitivbildungen *Hengtes, Hentgtes* belegt. Hierbei handelt es sich um wohl um Verschreibungen *-gten* für *-tgen* und *-gtes* für *-tges*, so wie bei *Schingten* für ⌐*Schintgen* und *Mengtes* für *Mentges* (⌐*Mentgen*). 📖 RB (1388-1500): *Geillis Heyn = Gielles Hentzgen = Gielles Heynchgen = Geillis Heynnen = Gilles Hentgen = Gillis Henchgin = Gillis Heynne. Heinghin = Henche = Henchin = Henneken = Henrich. Heinren = Heinrich = Henchgen = Henneke = Henneken = Hennekin. Henchen = Henchges = Henchgin = Hengen = Hengin = Hentgen = Hentgin. Hentgin = Hentgyn. Henchgin = Heyne = Hentgin = Heyntges = Heynrich*. Fsv: 1656 *Hengen* (falls nicht identisch mit ⌐*Hengen*). *Hentges*. GDB: 1741 *Haentges*. 1759 *Hentgen*. 1877 *Hengtgen*. Vz: 1880 *Hengtes, Hentgen, Hentges, Hentgtes*.

HENTGES [ˈhæntɕəs] (2009: 56, 0.34‰; 1880: 127, 0.66‰). VARIANTE(N) *Haentges*. Flektiertes Patronym (starker Genitiv) zu ⌐*Hentgen*.

HENTZ (2009: 6, 0.04‰; 1880: 8, 0.04‰). ⌐*Hens*.

HENTZEN (2009: 14, 0.09‰; 1880: 23, 0.12‰). ⌐*Hensen*.

HERBER [ˈhæʁbɐ] (2009: 39, 0.24‰; 1880: 80, 0.41‰). Herkunftsname zu *Herber*, heute *Herborn* (lb. *Hierber*) für eine Ortschaft in der Gemeinde Mompach. ⓘ Das Verbreitungsgebiet von *Herber* deckt die Südhälfte Luxemburgs, den Raum Trier sowie das Saarland ab. 📖 RB (1388-1500): *Thijs van Herberen*. Fsv: 1656 *Herberen*. GDB: 1715 *Herber*.

HERMAN (2009: 33, 0.2‰; 1880: 25, 0.13‰). ⌐*Hermann*.

HERMANN [ˈhɛːɐman] (2009: 53, 0.32‰; 1880: 125, 0.65‰). VARIANTE(N) *Herman, Herrmann*. GLEICHE BASIS *Hermes*. Patronym zum gleichlautenden Rufnamen. Dieser gehört zu ahd. *heri* 'Kriegsschar, Herr' und *man* 'Mann, Kriegsmann'. ⓘ *Hermann* gilt besonders für Luxemburg, Deutschland und die germanophonen Gebiete Belgiens. *Herrmann* ist in Luxemburg weniger frequent, in Deutschland jedoch mehr als doppelt so häufig wie *Hermann*. *Herman* ist in Luxemburg noch seltener, in Deutschland nur vereinzelt, dominiert jedoch in Belgien mit Ausnahme der deutschsprachigen Region um Ostbelgien. Die Genitivform *Hermes* findet sich außer in Luxemburg besonders in Rheinland-Pfalz, Nordrhein-Westfalen und Niedersachsen. 📖 RB (1388-1500): *Herman* u. a. (Rufname) Fsv: 1561 *Hermes*. 1611 *Herman, Hermans, Hermen*. GDB: 1656 *Hermes*.

HERMES [ˈhɛʁməs] (2009: 169, 1.04‰; 1880: 140, 0.72‰). 1. Flektiertes Patronym zu ⌐*Hermann*. 2. Patronym zum gleichlautenden Rufnamen. Dieser ist speziell luxemburgisch und Kurzform von *Hieronymus*. Als weitere Varianten des Rufnamens im Luxemburgischen begegnen *Hiermes, Hummes* sowie *J(h)ërem, J(h)irem*, die aus frz. *Jérôme* entlehnt sind.

HERR [hɛːɐ] (2009: 18, 0.11‰; 1880: 37, 0.19‰). GLEICHE BASIS *Herren*. Übername zu mhd. *hêrre, herre* 'Herr, Grund- und Lehensherr, Geistlicher'. 📖 Fsv: 1611 *Herrn*. GDB: 1700 *Herren*. 1709 *Heer = Herr* => 1737 *Herr = Heer*.

HERREN [ˈhæʁən] (2009: 3, 0.02‰; 1880: 7, 0.04‰). Flektiertes Patronym zu ⌐*Herr*.

HERRMANN (2009: 38, 0.23‰; 1880: 5, 0.03‰). ⌐*Hermann*.

HERSCHBACH ['hɛrʃbaχ] (2009: 22, 0.13‰; 1880: 1, 0.01‰). Herkunftsname zu *Herschbach* für eine der zwei gleichnamigen Ortschaften in Rheinland-Pfalz (Landkreise Ahrweiler und Westerwald). Aus dem erstgenannten Landkreis, nämlich aus der Ortschaft Niederzissen, stammt der erste Namenträger in Luxemburg. 🜚 In Luxemburg besonders im Zentrum und im Osten, anschließend an das Nest im deutschen Islek. In Deutschland konzentriert sich der Name besonders am Rhein zwischen Köln und Koblenz. 📖 GDB: 1779 *Herschbach*.

HERTGES ['hɛrtɕəs] (2009: 23, 0.14‰; 1880: 43, 0.22‰). Flektiertes Patronym (starker Genitiv) zu *Hertgen* und dies: 1. Patronym zum (einstigen) gleichlautenden Rufnamen. Dieser ist eine Diminutivbildung von *Hert*, vgl. ahd. *Herto* zu ahd. *herti* 'hart, kräftg, stark'. 2. Deriviertes Patronym (Diminutivbildung) zum letztgenannten Rufnamen: 'Hert junior'. Siehe auch ↗Hardt, Etymologie 2. 3. Übername zu einer Diminutivbildung des entsprechenden mittelhochdeutschen Adjektivs *herte* 'hart, grob, rauh'. 📖 FSV: 1611 *Hertges*. 1656 *Hertgen*. GDB: 1680 *Hertges*.

HESS [hæs] (2009: 31, 0.19‰; 1880: 115, 0.59‰). VARIANTE(N) *Hesse*. 1. Patronym zu einem einstigen Rufnamen *Hesse*. Dieser stammt aus ahd. *Hesso*, der zum Volksnamen der Hessen gehört. 2. Personalisierter Herkunftsname zu *Hessen* für eine Region in Deutschland. 3. Französischer Herkunftsname zu *Hesse* (dt. *Hessen*) für eine Gemeinde im Moseldepartement. 🜚 *Hess* ist in Luxemburg etwas häufiger als *Hesse*. Im benachbarten Ostlothringen ist es umgekehrt. Mit Blick auf das gesamte Kartierungsgebiet zeigt sich bei den beiden Formen ein Nord-Süd-Gefälle: *Hess* eher im Süden, *Hesse* eher im Norden. 📖 RB (1388-1500): *Hesse von der Veilz*. *Peter Hesse*. FSV: 1561 *Hesse*. 1561 *Hessen*. 1611 *Hess*. GDB: 1709 *Hess*. 1732 *Hesse*.

HESSE (2009: 19, 0.12‰; 1880: 27, 0.14‰). ↗*Hess*.

HETTINGER ['hætɪŋɐ] (2009: 15, 0.09‰; 1880: 24, 0.12‰). Personalisierter Herkunftsname zu *Hettingen* (mslfrk. *Hettengen*, frz. *Hettange*) für die heutige Gemeinde Großhettingen (mslfrk. *Grouss-Hettengen*, frz. *Hettange-Grande*) im Moseldepartement. 📖 FSV: 1611 *Hettinger*. GDB: 1699 *Hettinger*. 1734 *Hetting*.

HETTO ['hæto:] (2009: 11, 0.07‰; 1880: 18, 0.09‰). Germanisierte Schreibform von frz. *Hetteaux*, Wohnstättenname zu einem gleichlautenden Toponym, das am ehesten in Lothringen zu verorten ist. Ein Flurname *Les Hetteaux* (a. 1753 *Les Hateaux*; a. 1768 *Les Haitteaux*) begegnet in der Gemeinde Arrentès-de-Corcieux im Département Vosges (Marichal, S. 229). Hierbei handelt es sich wahrscheinlich um eine Diminutivbildung zu lothr. (vogesisch) *héte*, Nebenform von *heute* f. 'Hütte, ärmliches Haus, Baracke' (Zéliqzon, S. 335 u. 337). Die standardfranzösische Entsprechung wäre somit *hutte* 'Hütte' bzw. die Diminutivbildung *hutteau* 'kleine Hütte'. ☞ In den genealogischen Datenbanken findet sich einmal der (etymologisch nicht verwandte) Aliasname *Hottua*. 📖 GDB: 1723 *Hettaux* => 1753 *Hetto* = *Hottua*. 1740 *Hetteaux*.

HEUARD ['hoɪaːʀ] (2009: 2, 0.01‰; 1880: 32, 0.17‰). VARIANTE(N) *Hayard, Hayardt, Heyard, Heyardt, Heyart*. GLEICHE BASIS *Heiar*. Patronym zum einstigen gleichlautenden Rufnamen aus ahd. *Huguard*, das zu ahd. *hugu* m. 'Gedanke, Verstand,

Geist, Sinn' und ahd. *wart* m. 'Hüter, Wächter' gehört. Siehe auch ↗*Heuertz*, Etymologie 1, sowie ↗*Heiar*. 💡 *Heuard* ist heute nur noch im Kanton Kapellen zu finden und somit insgesamt extrem selten. Ähnliches gilt für die entrundeten Varianten *Hayard, Hayardt, Heyard, Heyardt, Heyart*. Von diesen tritt *Hayard* vereinzelt auch in Wallonien auf, was in diesem Fall eine Konkurrenzetymologie zu einem Toponym *Hayard*, das in der Gemeinde Aywaille, Provinz Lüttich zu verorten ist, wahrscheinlich macht (vgl. Germain-Herbillon, S. 515). 📖 Auffällig an *Heuard* ist der umgelautete Diphthong *eu*. Dieser ließe sich evtl. über eine ahd. Nebenform **Hugiwart* mit Stammvokal *-i* am Erstglied erklären; allerdings würde in der heutigen Form dann standarddt. Lautung vorliegen. Möglicherweise ist der Umlaut auch unter Einfluss von *Heuer*, einem Berufsnamen zu mhd. *houwer*, *höuwer* 'Hauer, Holzfäller, Erzhauer im Bergwerk, Rebhauer' (↗*Heuertz*) entstanden. Unter diesem Einfluss (insbesondere der entrundeten Variante *Heier*) können auch die *-d* bzw. *-t*-losen Varianten ↗*Heiar*, ↗*Heyar* stehen, vgl. auch die zahlreichen Namenwechsel in den historischen Belegen. 📖 RB (1388-1500): *Huart von Arle = Huywart van Arle. Huwart der Smyt = Huwert der Smyt* (durchwegs Rufname). Fsv: 1561 *Heuwertt*. 1611 *Heuart, Heuwart, Heuwert*. GDB: 1627 *Heuert*. 1683 *Heuardt*. 1692 *Heyart* => 1732 *Hayard* = *Heyard* => 1762 *Haiard* = *Hayard*. 1759 *Heiers* => 1791 *Hayard*. 1710 *Heuard* => 1750 *Heuard* = *Heyard*, 1766 *Hayard*. 1737 *Heyar*. 1739 *Heuers* = *Heyart*. 1741 *Heyart* => 1777 *Heuart*. 1750 *Hayart*. 1798 *Heiard* = *Hayard*. 1775 *Heyert*. 1797 *Heyer* => 1839 *Heier*. 1813 *Heuard* => *Heiar*. 1845 *Heiar* => 1875 *Heiard* => 1905 *Heyard*. 1871 *Heiardt*.

HEUERTZ [ˈhɔɪɐts] (2009: 59, 0.36‰; 1880: 96, 0.5‰). VARIANTE(N) *Heiers*. 1. Flektiertes Patronym zu ↗*Heuard*. 2. Flektiertes Patronym zu *Heuer*, Berufsname zu mhd. *höuwer*, einer md. umgelauteten Nebenform von mhd. *houwer* 'Hauer, Holzfäller, Erzhauer im Bergwerk, Rebhauer'. Siehe auch ↗*Heiar*. 💡 *Heuertz* ist im Großherzogtum überall sowie auch im Areler Land verbreitet. Die entrundete Form *Heiers* ist nur im Kanton Luxemburg zu finden. 📖 Fsv: 1561 *Heuwertz, Heyartz*. 1611 *Heiers, Heuwerts, Heyers*. GDB: 1670 *Heurz* => 1717 *Heuertz*. 1673 *Hewertz*. 1687 *Heuers*. 1710 *Heyertz* = *Hewers* => 1759 *Heiers* => 1789 *Hayertz*, 1791 *Hayard*, 1792 *Heiertz*, 1804 *Heuertz*. 1739 *Heuers* = *Heyart*. 1797 *Heyer* => 1839 *Heier*.

HEUSBOURG [ˈhɔɪsbuɐç] (2009: 44, 0.27‰; 1880: 10, 0.05‰). VARIANTE(N) *Heusburg*. GLEICHE BASIS *Heisbourg, Heischbourg*. Herkunfts- oder Wohnstättenname zu einem einstigen Toponym *Heusburg*, das am ehesten im Norden des heutigen Großherzogtums zu verorten ist. 💡 Das Vorkommen des Namens und seiner Varianten ist überwiegend auf das heutige Großherzogtum beschränkt: *Heusbourg* zeigt die größte Dichte im Norden, während die Schreibvariante *Heusburg* insgesamt sehr selten ist. Letzteres gilt ebenso für die entrundete Variante *Heisburg* (nur im Südosten). Von den übrigen entrundeten Varianten tritt *Heuschbourg* am häufigsten auf und konzentriert sich besonders auf die nördlichen Kantone, während *Heisbourg* außer im Kanton Wiltz besonders im Süden und Südwesten anzutreffen ist. 📖 Joseph Hess (1970,

S. 40) sieht in *Heusburg* einen Herkunftsnamen zum Hofnamen *Heisburg* (lb. *Heesber*) in der Gemeinde Bous. Doch ist diese Etymologie unwahrscheinlich. Die ersten Träger des Familiennamens treten ab dem 18. Jh. in Erscheinung und stammen alle aus den nördlichen Kantonen (Clerf, dann Wiltz, Diekirch). Aber auch sprachlich scheint *Heusburg* nicht zu *Heisburg* zu passen. *Heusburg* hat wohl mhd. *iu*, *Heisburg* dagegen mhd. *ei*, denn dieses Toponym geht zurück auf **Heinsburg* < **Heinsberg*: 1444-1450 *Heinsberch Scure (Heynsborchschure)* (Oster 1950a, S. 25). Möglicherweise ebenfalls hierher gehört ein Beleg *Her van Heintzberch = Here van Heyntzberch* in den Rechnungsbüchern. GDB: 1721 *Heisburg = Heisbourg* => 1754 *Heisburg* => 1788 *Heisbourg*, 1795 *Heusburg* (=> 1832 *Heusbourg*), 1799 *Heuschburg*. 1740 *Heisburg = Heisberg*. 1746 *Heischbourg*. => 1776 *Heischburg*. Vz: 1880 *Heischburg, Heuschburg*.

HEUSBURG (2009: 2, 0.01‰; 1880: 7, 0.04‰). ↗*Heusbourg*.

HEUSCHLING ['hoɪʃlɪŋ] (2009: 45, 0.28‰; 1880: 44, 0.23‰). VARIANTE(N) *Heischling*. Herkunftsname zu *Heischlingen* (lb. *Häischel*, frz. *Heinsch*) für eine Ortschaft in der Gemeinde Arlon. *Heuschling* kommt vor allem in Luxemburg vor, dort besonders in der südlichen Landeshälfte, die Verbreitung dünnt sich im Areler Land aus. Die seltene und entrundete Form *Heischling* ist auf den Kanton Remich beschränkt. RB (1388-1500): *Peter Heusselinger*. FSV: 1541 *Peters Frauwe vonn Heusslingen*. GDB: 1734 *Heuschling*. 1805 *Heuschling = Heischling*.

HEYAR ['haɪaːʀ] (2009: 6, 0.04‰; 1880: 0). ↗*Heiar*.

HEYARD ['haɪaːʀ] (2009: 9, 0.06‰; 1880: 40, 0.21‰). Entrundete Form von ↗*Heuard*.

HEYARDT ['haɪaːʀ] (2009: 6, 0.04‰; 1880: 7, 0.04‰). Entrundete Form von ↗*Heuard*.

HEYART ['haɪaːʀ] (2009: 17, 0.1‰; 1880: 26, 0.13‰). Entrundete Form von ↗*Heuard*.

HEYMES ['haɪməs] (2009: 8, 0.05‰; 1880: 20, 0.1‰). VARIANTE(N) *Hemes*. Flektiertes Patronym (Mischgenitiv) zum Rufnamen ↗*Heim*. In der Variante ↗*Hemes* schlägt sich die regionalsprachliche Diphthongierung *ei > e* nieder. Vgl. auch ↗*Hemmen*. RB (1388-1500): *Heimen* (Dativ), *Henrich = Heymen* (Dativ). FSV: 1561 *Heymes*. 1611 *Hemen*. GDB: 1699 *Hemes*. 1798 *Heimes*. 1818 *Heymes*.

HEYNEN ['haɪnən] (2009: 33, 0.2‰; 1880: 54, 0.28‰). ↗*Heinen*.

HIENTGEN (2009: 8, 0.05‰; 1880: 11, 0.06‰). ↗*Hintgen*.

HILBERT ['hɪlbɐt] (2009: 108, 0.66‰; 1880: 183, 0.94‰). Patronym zum gleichlautenden Rufnamen. Dieser geht zurück auf ahd. (md.) *Hildberht < Hildiberht* und gehört zu ahd. *hilt(j)a* 'Kampf' und ahd. *bëraht* 'glänzend'. Vgl. auch ↗*Hippert*. Luxemburg, Areler Land, Ostlothringen, Elsass, verstreut in Deutschland, doch nicht nahe Luxemburg. ☞ Die genealogischen Daten zeigen einmal den Wechsel von etymologisch verwandtem ↗*Hilger* auf *Hilbert*. FSV: 1611 *Hilbert, Hilperts*. 1656 *Hilbertz*. GDB: 1679 *Hilger* => 1706 *Hilbert*.

HILD [hɪlt] (2009: 13, 0.08‰; 1880: 1, 0.01‰). VARIANTE(N) *Hilt*. Patro- oder Metronym zum gleichlautenden Rufnamen. Dieser ist eine Kurzform von Rufnamen wie *Hildebrand, Hildegard*, die mit ahd. *hilt(j)a* f. 'Kampf' gebildet sind, oder er stammt direkt aus ahd. *Hildo* m., *Hilda* f., die zum selben althochdeutschen Appellativ gehören. Siehe auch ↗*Hildgen*. 📖 GDB: 1699 *Hilt*. 1703 *Hildt*. 1710 *Hyldt*. 1842 *Hild*.

HILDGEN ['hiltɕən] (2009: 19, 0.12‰; 1880: 44, 0.23‰). VARIANTE(N) *Hiltgen*. GLEICHE BASIS *Hoeltgen*. 1. Patro- oder Metronym zum (einstigen) gleichlautenden Rufnamen. Dieser ist eine Diminutivbildung von *Hild* m. oder *Hilde* f. (↗*Hild*). 2. Deriviertes Patro- oder Metronym (Diminutivbildung) zu den Rufnamen: 'Hild oder Hilde junior'. 📖 FSV: 1561 *Hyltges*. GDB: 1690 *Hoeltges* => 1718 *Hoeltges*, 1729 *Hoeltgen*. 1714 *Hiltges* => 1750 *Hiltgen*, 1760 *Hiltges*. 1715 *Hiltgen*. 1823 *Hildgen*.

HILGER ['hilʑɐ] (2009: 133, 0.81‰; 1880: 223, 1.15‰). GLEICHE BASIS *Hilgers*. Patronym zum gleichlautenden Rufnamen. Dieser stammt aus ahd. (md.) *Hildigēr* und gehört zu ahd. *hilt(j)a* 'Kampf' und *gēr* 'Speer'. Vgl. auch ↗*Hilgert*. 🌐 *Hilger* in Luxemburg und dem Moseldepartement, in Deutschland besonders an Mittel- und Niederrhein sowie in Oberbayern. *Hilgers* überwiegend im Norden Luxemburgs, der Deutschsprachigen Gemeinschaft und in Deutschland in starker Konzentration am Niederrhein. ☞ Die genealogischen Datenbank zeigen einmal den Wechsel von ↗*Hilger* auf etymologisch verwandtem ↗*Hilbert*. 📖 FSV: 1611 *Hilgers*. 1656 *Hilger*. GDB: 1679 *Hilger* => 1706 *Hilbert*. 1779 *Hilgers* = *Heiliers* = *Heilligers* = *Hilger*.

HILGERS ['hilʑɐs] (2009: 7, 0.04‰; 1880: 0). Flektiertes Patronym zu ↗*Hilger*.

HILGERT ['hilʑɐt] (2009: 35, 0.21‰; 1880: 16, 0.08‰). 1. Metronym zum gleichlautenden einstigen Rufnamen. Dieser stammt aus ahd. (md.) *Hildigard* und gehört zu ahd. *hilt(j)a* 'Kampf' und *gart* 'Garten, Umhegung, Kreis'. 2. Variante von ↗*Hilger* mit sekundärem *-t*. 🌐 Luxemburg, Moseldepartement und weite Teile Deutschlands. 📖 FSV: 1611 *Hilgerts*. GDB: 1699 *Hilgert*.

HILT (2009: 2, 0.01‰; 1880: 0). ↗*Hild*.

HILTGEN (2009: 14, 0.09‰; 1880: 72, 0.37‰). ↗*Hildgen*.

HINGER ['hiŋɐ] (2009: 23, 0.14‰; 1880: 31, 0.16‰). 1. Patronym zum gleichlautenden, heute nicht mehr gebräuchlichen Rufnamen. Dieser ist kontrahiert aus *Hüniger*. Das Erstglied entspricht am ehesten ahd. *Hun* 'Hunne', das nur in der Pluralform *Huni* bezeugt ist; das Zweitglied ist ahd. *gēr* 'Speer'. 2. Herkunftsname zu *Hünger* für eine Ortschaft in Nordrhein-Westfalen. ☞ In den genealogischen Datenbanken ist ein Wechsel zwischen *Hinger* und *Henger* und entsprechenden flektierten Bildungen zu beobachten. In derartigen Belegen mit *e* findet die regionalsprachliche Senkung von *i* zu geschlossenem *e* vor Velarkonsonant ihren Niederschlag. Dadurch kam es bei der Genitivbildung *Hengesch* < *Hengers* < *Hingers* zu einem grafischen Zusammenfall mit ↗*Hengesch* < ↗*Hengers* < *Heiners*. In der weiteren Folge konnte *Henger* mit ↗*Hengen*, *Heinels* (beides zu ↗*Hein*) und ↗*Hentgen* (zu ↗*Henn*) vermischt werden. 📖 GDB: 1700 *Hünger* => 1727 *Hinger*. 1705 *Hinger*. 1727 *Hengers* = *Hengen* = *Hentgen* = *Hingen* = *Hinger* => 1757 *Hinger* = *Hengesch*, 1761 *Hengers*, 1763 *Hengers* = *Heinels*.

HINTGEN ['hintɕən] (2009: 14, 0.09‰; 1880: 81, 0.42‰). VARIANTE(N) *Hientgen*. Übername zu einer Diminutivbildung von mhd. *hunt* 'Hund, Jagdhund'.

☞ In den genealogischen Datenbanken erscheint einmal ein Wechsel zu *Henckes* (↗*Henkes*) und zweimal zu *Hunniger*, das ansonsten nicht vorkommt. Außerdem findet in Belegen mit *oe*, *e* (*Hoentges*, *Hentges*, *Henges*) die luxemburgische Aussprache [ə] des Tonvokals ihren Niederschlag. 📖 Fsv: 1656 *Hüntges*. GDB: 1655 *Huntges* => 1677 *Hontges*, 1679 *Hoentges*, 1680 *Huntges*. 1658 *Huntges* = *Hountges* => 1684 *Hunges* = *Henges*, *Huntges* => 1716 *Hunges* => 1746 *Hunges*, 1748 *Hintges*, 1755 *Henckes*. 1677 *Hontges* => 1701 *Huntges* => 1730 *Hunniger*. 1710 *Hintges* = *Hentges*. 1748 *Hintges* => 1790 *Hingen*. 1695 *Hintges*. 1723 *Hintgen*, *Huntgen*. 1791 *Hientgen*.

HIPP [hip] (2009: 16, 0.1‰; 1880: 14, 0.07‰). 1. Patronym zum gleichlautenden einstigen Rufnamen. Dieser stammt aus ahd. *Hippo* und ist Koseform von Namen, die mit ahd. *hilt(j)a* 'Kampf' (wie *Hildibert*, *Hildibald*) gebildet sind (vgl. Kaufmann 1968, S. 184). Sekundär dürfte der Rufname auch als Kurzform von ↗*Hubert* verstanden worden sein (vgl. Brechenmacher 1, S. 721). 2. Berufsübername zu a) mhd. *hipe* 'Hippe, Waffel, zusammengerollter, oblatförmiger Kuchen' für den Bäcker oder Verkäufer; b) frnhd. *hippe* 'Sichelmesser' für den Hersteller oder Gärtner. ☞ Nach Ausweis der genealogischen Datenbanken stammen die ersten Luxemburger Namenträger aus Bayern. 📖 GDB: 1761 *Hipp*.

HIPPERT [ˈhipɐt] (2009: 43, 0.26‰; 1880: 99, 0.51‰). GLEICHE BASIS *Hippertchen*. 1. Patronym zum einstigen gleichlautenden Rufnamen. Dieser ist eine inlautverschärfte Variante von ↗*Hilbert* < ahd. *Hildberht*, woraus bereits ahd. die Koseform *Hippo* (vgl. Kaufmann 1968, S. 184). 2. Berufsname zu frnhd. *Hippe* f. 'Sichelmesser' für den Hersteller. 3. Übername zu lb. *Hippert* 'langer Mensch', rhein. *Hippert* 'u.a. langer, magerer Mensch'. ☞ Das Hauptverbreitungsgebiet von *Hippert* liegt in der südlichen und südöstlichen Hälfte Luxemburgs sowie in Ostlothringen. In Deutschland ist der Name nur vereinzelt und dünn gestreut (u.a. im Ruhrgebiet und Saarland). Die derivierte Bildung *Hippertchen* ist seltener und begegnet fast ausschließlich in Luxemburg (südliche Hälfte). ☞ Das Appellativ lb. *Hippert* bedeutet neben 'langer Mensch' auch 'Heuschrecke'. Es handelt sich um eine Agensbildung zu mhd. *hupfen*, *hüpfen* (mslfrk. *-pp-*) 'hüpfen'. Lautgesetzlich wäre also eigentlich lb. *Hëppert zu erwarten; doch vgl. immerhin lb. *hippen* 'hüpfen, hinken' neben *hëppen*. 📖 GDB: 1700 *Hippert*. 1705 *Hippesch*. 1712 *Hippert* => 1742 *Hypper*. 1777 *Hippertgen*.

HIPPERTCHEN [ˈhipɐtçən] (2009: 15, 0.09‰; 1880: 9, 0.05‰). 1. Patronym zum gleichlautenden einstigen Rufnamen oder deriviertes Patronym zu ↗*Hippert*, Etymologie 1. 2. Berufsname zu einer Diminutivform von ↗*Hippert*, Etymologie 2. 3. Übername zu einer Diminutivform von ↗*Hippert*, Etymologie 3.

HIRSCH (2009: 28, 0.17‰; 1880: 83, 0.43‰). ↗*Hirtz*.

HIRT [hiʀt] (2009: 18, 0.11‰; 1880: 23, 0.12‰). VARIANTE(N) *Hirtt*. Berufsname zu mhd. *hirt*, *hirte* 'Hirte'. ☞ In der Schreibvariante *Hirtt*, die typisch für Luxemburg ist, erscheint der Name erst nach 1880. 📖 RB (1388-1500): *Henneken des hirden sone*. Fsv: 1656 *Hirdt*. GDB: 1733 *Hirt*. 1743 *Hirten*. Vz: 1880 *Hirt*. 1930 *Hirrt*, *Hirt*, *Hirth*, *Hirtt*.

HIRTT (2009: 22, 0.13‰; 1880: 0). ↗*Hirt*.

HIRTZ [hiʀts] (2009: 47, 0.29‰; 1880: 85, 0.44‰). VARIANTE(N) *Hirsch*. 1. Übername zu mhd. *hirʒ* 'Hirsch'. 2. Berufsübername zum Appellativ für den Jäger. 3. Wohnstättenname nach einem Hirsch als Hauszeichen. 💬 Zum Verbreitungsgebiet von *Hirtz* gehören Luxemburg, Lothringen, das Elsass sowie in Deutschland das Saarland und u.a. die Region zwischen Aachen und das Rheinland. Es gibt nur wenige Belege mit einfachem *z*. Diese sind überwiegend rechts des Rheins anzutreffen. *Hirsch* ist in Luxemburg seltener als *Hirtz*, zeigt jedoch in Deutschland eine breite Streuung, die sich in Lothringen sowie im Elsass fortsetzt und vereinzelt auch in Flandern vorzufinden ist. ☞ Im Appellativschatz des Luxemburgischen gelten sowohl Formen mit *z* (*Harz, Hiirz*) als auch solche mit *sch* (*Hirsch, Hiersch, Hërsch*). Jene mit *z* kommen zunehmend außer Gebrauch. 📖 FSV: 1656 *Hirtz, Hyrtz*. GDB: 1642 *Hirtz*. 1685 *Hirsch*. 1730 *Hirsch* => 1759 *Hirtz*. 1744 *Hirtzen*.

HOBSCHEID ['hopʃɑɪt] (2009: 9, 0.06‰; 1880: 29, 0.15‰). VARIANTE(N) *Hobscheidt, Hobscheit*. Herkunftsname zu *Hobscheid* (lb. *Habscht*) für eine Ortschaft in der gleichnamigen Gemeinde. 💬 *Hobscheid* in Luxemburg und dem Areler Land. *Hobscheidt* und *Hobscheit* nur im Kanton Esch. ☞ Es finden sich auch historische Belege mit *a* in der Tonsilbe (*Habscheid, Habscheit*). Diese Belege sind grundsätzlich zweideutig, denn sie zeigen einerseits den Niederschlag der Senkung mhd. *o* > lb. *a*, andererseits gehören sie zu ↗*Habscheid*. Eindeutig zusammen gehören *Hobscheid* und *Habscheid* nur dann, wenn sich beide Namen auf denselben Namenträger bzw. dieselbe Familie beziehen. 📖 RB (1388-1500): *Hopscheit der Krouger. Peter van Habscheit = Peter van Hoppscheyt = Peter von Hopscheit* u.a. FSV: 1465 *Peter von Hobscheit, Wagener*. GDB: 1657 *Hobscheid = Habscheid* => 1690 *Hobscheid*. 1786 *Hobschette*. 1789 *Hobscheidt*. 1859 *Hobscheit*.

HOBSCHEIDT (2009: 1, 0.01‰; 1880: 8, 0.04‰). ↗*Hobscheid*.

HOBSCHEIT (2009: 5, 0.03‰; 1880: 0). ↗*Hobscheid*.

HOELTGEN ['hœltɕən] (2009: 19, 0.12‰; 1880: 45, 0.23‰). Regionalsprachliche Variante von ↗*Hildgen* mit der Graphie ‹oe› für lb. [ə].

HOESER ['hoːzɐ] (2009: 15, 0.09‰; 1880: 7, 0.04‰). Möglicherweise Berufsname zu mhd. *hose* 'Hose, Strumpf' für den Fertiger von Hosen oder Strümpfen. 📖 GDB: 1721 *Hoeser*.

HOFFELD (2009: 18, 0.11‰; 1880: 0). ↗*Hoffelt*.

HOFFELT ['hofəlt] (2009: 23, 0.14‰; 1880: 38, 0.2‰). VARIANTE(N) *Hoffeld*. Herkunftsname zu *Hoffelt* (lb. *Houfelt*) für eine Ortschaft in der Gemeinde Wintger. 💬 *Hoffelt* begegnet vor allem im Südwesten Luxemburgs und im Areler Land. Die Schreibvariante *Hoffeld* (1880 für Luxemburg nicht verzeichnet) ist dagegen im Südosten des Großherzogtums mit dem angrenzenden Saargau sowie um Merzig anzutreffen. 📖 RB (1388-1500): *Peter van Houffelt des Metzelers = Peter vom Hoffelt*. FSV: 1656 *Houffelt*. GDB: 1730 *Hofelt*. 1732 *Hoffelt*. 1872 *Hoffeld*.

HOFFMAN (2009: 3, 0.02‰; 1880: 94, 0.49‰). ↗*Hoffmann*.

HOFFMANN ['hofmɑn] (2009: 1017, 6.23‰; 1880: 1517, 7.83‰). VARIANTE(N) *Hoffman, Hofman, Hofmann*. Standesname zu mhd. *hoveman* 'Diener am Hofe eines Fürsten; der zu einem Hofe gehörige, ein Gehöft bewohnende Bauer'. ⓢ *Hoffmann* findet sich flächendeckend in ganz Deutschland und Luxemburg sowie verstreut in Belgien und Frankreich, gefolgt von der selteneren Variante *Hofmann*. Zum Hauptverbreitungsgebiet von *Hoffman* gehören das Areler Land sowie das übrige Wallonien. *Hofman* kommt dagegen besonders in Flandern vor. Zur Kürzenanzeige in Namen mit *Hof* in Deutschland, siehe DFA 1, S. 642-653. ☞ Dem Begriff mhd. *hoveman* entspricht lb. *Huefmann*, doch wurde die Bedeutung auf 'Pächter' verengt. Vgl. u.a. auch lothr. *Hofmann* 'Pächter', 'Besitzer eines Hofgutes', pfälz. *Hofmann* 'Besitzer eines Bauernhofes, eines Gutes', 'Hofpächter'. 📖 RB (1388-1500): *Clais Hoffman van Dommeldingen. Hoiffmans Clais. Johan Hoeffmans Eidem*. FSV: 1561 *Hoffman, Hoffmans*. GDB: 1660 *Hoffmann = Hoffman*. 1747 *Hoffmann* => 1784 *Hofmann*. 1874 *Hofman*. 1894 *Hofmans*. VZ: 1880 *Hofman, Hofmann, Hoffman, Hoffmann*.

HOFMAN (2009: 1, 0.01‰; 1880: 5, 0.03‰). ↗*Hoffmann*.

HOFMANN (2009: 6, 0.04‰; 1880: 7, 0.04‰). ↗*Hoffmann*.

HOLCHER [ˈhɔlɕɐ] (2009: 18, 0.11‰; 1880: 9, 0.05‰). Übername auf *-er* zu rhein. *holchen* 'lahmgehen', *hulchen* 'unbeholfen, krummfüßig, lahm, schleppend gehen'. 📖 GDB: 1899 *Holcher*.

HOLFELTZ [ˈhɔlfælts] (2009: 6, 0.04‰; 1880: 0). Kontraktion von ↗*Hollenfeltz*.

HOLLENFELTZ [ˈhɔlənfælts] (2009: 2, 0.01‰; 1880: 11, 0.06‰). VARIANTE(N) *Holfeltz*. 1. Herkunftsname zu *Hollenfels* (lb. *Huelmes*) für eine Ortschaft in der Gemeinde Tünting. 2. Wohnstättenname zur dortigen Burg (lb. *Buerg Huelmes*), auf die der Name der Ortschaft zurückgeht. Siehe auch ↗*Feltz*. 📖 FSV: 1464 *Johan von Hoilveltz*. GDB: 1717 *Holfeltz*. 1730 *Hollenfels*. 1743 *Hollenfeltz*.

HOLLERECH (2009: 1, 0.01‰; 1880: 0). ↗*Hollerich*.

HOLLERICH [ˈhɔləʀiɕ] (2009: 29, 0.18‰; 1880: 33, 0.17‰). VARIANTE(N) *Hollerech*. Herkunftsname zu *Hollerich* (lb. *Hollerech*) für einen Stadtteil der Gemeinde Luxemburg. ⓢ Überwiegend in Luxemburg und dem Areler Land. 📖 RB (1388-1500): *Gobel van Holderchingin. Holderichs Peter. Jehan van Holderchin = Johan Holderchen =Johan van Holderchen = Johan van Holderichen = Johan van Holdrichen = Johan von Hollderichen. Niclais van Holderchgin = Niclais van Holdrichgin = Niclaux van Holderchin*. GDB: 1736 *Hollerich*. VZ: 1880 *Holerich, Hollerich*.

HOLPER [ˈhɔlpɐ] (2009: 19, 0.12‰; 1880: 16, 0.08‰). Übername zu rhein. *Holperer* 'einer, der alles über sich ergehen lässt; hastiger Arbeiter'; *Holpert* 'stolpernder, grober Mensch'. Hierbei handelt es sich um Agensbildungen zum Verb *holpern*. 📖 FSV: 1656 *Holpper*. GDB: 1835 *Holper*.

HOLTZ [hɔlts] (2009: 34, 0.21‰; 1880: 49, 0.25‰). VARIANTE(N) *Holz*. Wohnstättenname zu mhd. *holz* 'Wald, Gehölz'. ⓢ *Holtz* begegnet in Luxemburg mit der größten Dichte im Kanton Wiltz, ferner in Ostlothringen und im Elsass sowie mit einer dünnen Streuung in Deutschland. Die Variante *Holz* ist in Luxemburg seltener und kommt außerdem noch im Moseldepartement und Unterelsass vor, wo jedoch ebenfalls *Holtz* häufiger ist. In Deutschland ist es umgekehrt: *Holz* ist fast überall vorherrschend. 📖 FSV: 1611 *Holtz*. GDB: 1729 *Holtz*.

HOLTZEM (2009: 14, 0.09‰; 1880: 8, 0.04‰). ↗*Holzem*.

HOLZ (2009: 13, 0.08‰; 1880: 38, 0.2‰). ↗*Holtz*.

HOLZEM [ˈholtsəm] (2009: 14, 0.09‰; 1880: 9, 0.05‰). VARIANTE(N) *Holtzem*. Herkunftsname zu a) *Holzem* für eine Ortschaft in der Gemeinde Mamer; b) †*Holzem*, heute lb. *Holztem* (dt. *Holzthum*) für eine Ortschaft in der Gemeinde Parc Hosingen; c) lb. *Holzem* (dt. *Holsthum*) für eine Gemeinde im Eifelkreis Bitburg-Prüm. ⑤ *Holzem* streut in Luxemburg, besonders im Süden und dem Areler Land. Ein weiteres Nest begegnet im Rheinland, was auf Konkurrenzetymologien hindeuten könnte. *Holtzem* begegnet ebenfalls überwiegend im Süden des Großherzogtums und im Areler Land, vereinzelt auch in Flandern. ☞ Zu Etymologie b), siehe weiterführende Diskussion unter ↗*Konzem*. 📖 RB (1388-1500): *Bourpeter van Holtzem*. GDB: 1695 *Holtzemer*. 1719 *Holzemer*. 1760 *Holzem*. 1796 *Holtzheimer* = *Holzheimer*. 1801 *Holtzem*.

HOMMEL [ˈhoməl] (2009: 44, 0.27‰; 1880: 62, 0.32‰). VARIANTE(N) *Hummel*. Übername zu mhd. *humbel*, *hummel* 'Hummel'. ⑤ *Hommel* begegnet in Luxemburg, dem Areler Land sowie im Moseldepartement und Elsass und geht in der deutschen Nachbarregion in *Hummel* über, das jedoch auch im Areler Land, in ganz Lothringen und im Elsass zu finden ist. Erst am Rhein taucht wieder vermehrt *Hommel* auf. Außerhalb des Luxemburger Raumes ist auch an Konkurrenzetymologien zu denken. 📖 GDB: 1725 *Humel*. 1730 *Hommel*. 1899 *Hummel*.

HOPP [hop] (2009: 41, 0.25‰; 1880: 60, 0.31‰). VARIANTE(N) *Hoppe*. 1. Berufsübername zu mhd. *hopfe* (mslfrk. -*pp*-), z.B. für den Hopfenbauer oder -händler. 2. Übername zu mhd. -*hopfe* (mslfrk. -*pp*-), das nur in *witehopfe* 'Widehopf' vorkommt. 3. Patronym zum gleichlautenden Rufnamen. Dieser ist Kurzform von *Hoppert* (< *Huppert*), einer regionalsprachlichen Variante von ↗*Hubert*. ⑤ *Hopp* ist in Luxemburg, Ostlothringen, im Unterelsass und in ganz Deutschland verbreitet; ebenso die potenzielle Variante *Hoppe*, die jedoch im Großherzogtum extrem selten, dafür in ganz Belgien lose verstreut ist. ☞ In den genealogischen Datenbanken ist *Hopp* in einem Fall durch einen Wechsel aus ↗*Hau* entstanden. Ein etymologischer Zusammenhang zwischen den beiden Namen ist nicht ersichtlich. 📖 GDB: 1670 *Hau* => 1700 *Hopp*. 1692 *Hoppers* => 1727 *Huberti*. 1758 *Hopes*.

HOPPE (2009: 1, 0.01‰; 1880: 11, 0.06‰). ↗*Hopp*, Etymologe 1 und 2.

HORNICK [ˈhɔʀnik] (2009: 30, 0.18‰; 1880: 32, 0.17‰). Berufsname zu tschech. *horník* 'Bergarbeiter'. ⑤ Das Vorkommen von *Hornick* beschränkt sich überwiegend auf Luxemburg südlich der Sauer und das Areler Land. In Deutschland ist dagegen weit verstreut die Variante *Hornik* anzutreffen. Seltener in Deutschland sind dagegen *Hornek* und *Horneck*, *Hornecker*, Letzteres auch im Unterelsass. 📖 GDB: 1725 *Hornick*. 1762 *Horneck*.

HORPER [ˈhɔʀpɐ] (2009: 15, 0.09‰; 1880: 14, 0.07‰). Herkunftsname zu *Horpert*, regionalsprachliche Nebenform von *Horperath*, für eine Ortschaft in der Vulkaneifel. ⑤ *Horper* begegnet in der Eifel und im Norden des Großherzogtums sowie vereinzelt in dessen Süden und bei Trier. ☞ Die für den Familiennamen anzusetzende Ortsnamenvariante *Horper zeigt gegenüber *Horpert* Unterdrückung des auslautenden Konsonanten, wie er

z.B. auch in lb. *Betzder* < *Betzdorf* zu finden ist. 📖 GDB: 1712 *Horper* = *Horpesch*.
HOSCH [hoʃ] (2009: 16, 0.1‰; 1880: 50, 0.26‰). Übername zu mhd. *hosche* m. 'Spott', *hoschen* 'spotten, verspotten'. 📖 GDB: 1749 *Hosch*. 1810 *Hosche*.
HOSCHEID [ˈhoʃɑɪt] (2009: 29, 0.18‰; 1880: 90, 0.46‰). VARIANTE(N) *Hoscheit, Hoschet, Hoschette, Houschette*. Herkunftsname zu *Hoscheid* (lb. *Houschent*, lokal *Huschent*) für eine Ortschaft in der gleichnamigen Gemeinde. 🌐 *Hoscheid* in Luxemburg und vereinzelt im Rheinland. *Hoscheit* ebenso nur vereinzelt, doch mit deutlicherer Konzentration auf Luxemburg. Insgesamt selten und ausschließlich luxemburgisch sind die Formen *Hoschet, Hoschette, Houschette*; außerluxemburgisch dagegen *Houscheid, Houscheidt* (Arrondissement Bastogne, Sankt Vith). 📖 RB (1388-1500): *Barbellen Johan van Houscheit*. GDB: 1664 *Houscheid* = *Houscheidt*. 1688 *Hoschetter*. 1697 *Hoscheid* = *Huschet*. 1705 *Hoschet*. 1734 *Hoscheit* => 1764 *Hochett* => 1791 *Hochette*, 1795 *Hoscheid*, 1797 *Houcheit* = *Hoschett* (=> 1824 *Houscheit*). 1738 *Houchette*. 1749 *Houschet* = *Houschette* => 1779 *Hoschette*, 1781 *Hoscheidt*, 1784 *Hoscheit*. 1850 *Huschett* = *Hoschette*.
HOSCHEIT (2009: 15, 0.09‰; 1880: 9, 0.05‰). ↗*Hoscheid*.
HOSCHET [ˈhoʃæt] (2009: 10, 0.06‰; 1880: 14, 0.07‰). Variante von ↗*Hoscheid* mit regionalsprachlicher Abschwächung der Zweitsilbe.
HOSCHETTE [ˈhoʃæt] (2009: 11, 0.07‰; 1880: 29, 0.15‰). Französisierende Graphie für ↗*Hoschet*.
HOSINGER [ˈhoːzɪŋɐ] (2009: 13, 0.08‰; 1880: 30, 0.15‰). Personalisierter Herkunftsname zu *Hosingen* (lb. *Housen*) für eine Ortschaft in der gleichnamigen Gemeinde. 🌐 Der Name begegnet nur im Zentrum und im Norden Luxemburgs. 📖 RB (1388-1500): *Johan von Hoechsich. Thijs van Hoissich* = *Thijs van Hossich*. FSV: 1656 *Hossingers*. GDB: 1677 *Hosinger*. 1715 *Hosing*.
HOSS [hos] (2009: 52, 0.32‰; 1880: 171, 0.88‰). 1. Patronym zum gleichlautenden Rufnamen. Dieser ist Variante von ↗*Huss* mit regionalsprachlicher Senkung *u* > *o*. 2. Übername zu a) mhd. *hussen* und demnach ebenfalls Variante von ↗*Huss*; b) mhd. *hossen, hoʒʒen* 'schnell laufen'; *hotzen* 'schaukeln, in Bewegung setzen'; vgl. nhd.-landsch. (bair. und schwäb.) *hossen* 'schüttern, sich stark bewegen', pfälz. *hossen* 'schaukeln'. 🌐 Der Name ist insbesondere in Luxemburg, Baden-Württemberg, Hessen sowie am Mittel- und Niederrhein zu finden. 📖 FSV: 1611 *Hoss, Hossen*. GDB: 1736 *Hoss*.
HOSTERT [ˈhostɐt] (2009: 25, 0.15‰; 1880: 91, 0.47‰). 1. Herkunftsname zu *Hostert* (lb. *Hueschtert*) für eine der gleichnamigen Ortschaften in den Gemeinden Rambruch und Niederanven. 2. Wohnstättenname zu rhein. *Hostert* 'hochgelegenes, am Walde gelegenes Ackerland; sanft ansteigendes Wiesenstück an einem Bach', 'zugedecktes, wenigstens aber von zwei Seiten offenes Gebäude; ärmliche Behausung'; siehe auch ↗*Hastert*, Etymologie 2. 🌐 Die größte Konzentration von *Hostert* liegt in der Eifel, in Luxemburg kommt der Name aber besonders in der südlichen Hälfte vor. Auch im Moseldepartement, Areler Land, Raum Trier, in der südlichen Provinz Lüttich, vereinzelt im Ruhrgebiet. ☞ Das Luxemburger Toponym *Hostert*, lb. *Hueschtert* sowie das Appellativ rhein. *Hostert*

gehören etymologisch zusammen und gehen zurück auf mhd. *hovestat, hofstat* f. 'Grund und Boden, worauf ein Hof mit den dazu gehörigen Gebäuden steht oder stehen könnte' (vgl. Lexer; DRW). In Luxemburger Quellen des frühen Mittelalters erscheint der Begriff u.a. als *Hobstadtt, Hobstatt, Hoestart, Hoestert, Hoistart, Hostert, Hostertt* (vgl. Oster 1950b, S. 50). 📖 Fsv: 1561 *Hostartt*. GDB: 1730 *Hostert*. 1778 *Hosters* => 1823 *Hostert*.

HOTTUA [ˈhotuwaː] (2009: 18, 0.11‰; 1880: 21, 0.11‰). Germanisierte Form von frz. *Hottois*, personalisierter Herkunftsname zu frz. *Hotte* (wa. *Hote*, lb. *Hatten*, dt. *Hotten*) für eine Ortschaft der Gemeinde Feitweiler (lb. *Fäteler*, frz. *Fauvillers*, wa. *Faiviè*) in der Provinz Luxemburg. ⓢ *Hottua* erscheint nur in Luxemburg, dagegen *Hotua* in der gleichnamigen Nachbarprovinz. In Wallonien sowie ferner im Département Nord begegnet *Hottois*, doch ist hier auch an Konkurrenzetymologien zu denken: z.B. zu einem Toponym *au hottois*, das 1399 in Limal, Wallonisch-Brabant, bezeugt ist (Germain-Herbillon, S. 541). ☞ In den genealogischen Datenbanken wird für das Jahr 1667 als erster und einziger Beleg einer genealogischen Kette *Houton* angegeben. Hierbei handelt es sich um einen ex-post-Eintrag aus dem Jahr 1709 (briefliche Mitteilung von Claude Lanners; vgl. auch http://lannersnet.lu). Der Eintragende dürfte dabei an einen Herkunftsnamen zu wa. *Houton*, frz. *Hotton*, für eine Gemeinde in der Nähe von Marche-en-Famenne gedacht haben. Alle späteren Belege dieser Kette sind dagegen durchwegs dem Typ *Hottua* zuzuordnen. 📖 RB (1388-1500): *Johan van Hotten*. GDB: 1667 *Houton* => 1693 *Hottois*. 1700 *Hottois* => 1731 *Hottua*, 1733 *Houtois* = *Haddua*. 1744 *Hottua* => 1768 *Hautois*. 1787 *Hottua* => 1814 *Hottois*. Vz: 1880 *Hottoi, Hottois*.

HOUDREMONT [ˈhudʀəmãː] (2009: 19, 0.12‰; 1880: 46, 0.24‰). Herkunftsname zu *Houdremont* (wa. *Hodrémont*, lok. *Odrémont*) für ein Dorf in der Gemeinde Gedinne, Provinz Namur. ⓢ Der Name kommt in Luxemburg sowie in Belgien zwischen Charleroi und Mons vor. 📖 GDB: 1740 *Hodrimong* => 1765 *Houdremont*.

HOURSCHT [huʀʃt] (2009: 15, 0.09‰; 1880: 32, 0.17‰). Regionalsprachliche Variante von ↗*Hurst*, mit französisierender Graphie ‹ou› für ‹u›.

HOUSCHETTE [ˈhuʃæt] (2009: 5, 0.03‰; 1880: 3, 0.02‰). Französisierende Graphie für lb.-lokalsprachlich *Huscheid*, ↗*Hoscheid*.

HOUSS [hus] (2009: 10, 0.06‰; 1880: 5, 0.03‰). Variante von ↗*Huss*, in französisierender Schreibung.

HOUSSE [hus] (2009: 9, 0.06‰; 1880: 38, 0.2‰). Variante von ↗*Huss*, in französisierender Schreibung.

HOUTSCH [hutʃ] (2009: 17, 0.1‰; 1880: 7, 0.04‰). Französisierende Schreibung für ↗*Hutsch*.

HUBER [ˈhuːbɐ] (2009: 32, 0.2‰; 1880: 46, 0.24‰). Berufsname zu mhd. *huober* (*huobener, huobner*) 'Inhaber einer Hube, Erblehenbauer'. Eine Hube bezeichnete ein Stück Land von einem gewissen Maße oder einen Hofteil. ⓢ Der Name ist in Luxemburg nur in der südlichen Hälfte anzutreffen, ferner vereinzelt in Ostfrankreich, Paris, Flandern sowie überall in Deutschland, besonders im Süden. 📖 GDB: 1761 *Huber*.

HUBERT [ˈhybɛːʀ] (2009: 87, 0.53‰; 1880: 129, 0.67‰). VARIANTE(N) *Haupert*,

Huppert. GLEICHE BASIS *Haupesch, Huberty, Huppertz.* Patronym zum gleichlautenden Rufnamen aus ahd. **Huguberaht.* Dieser gehört zu ahd. *hugu-* m. 'Gedanke, Verstand, Geist, Sinn' und *bëraht* 'glänzend'. Siehe auch ↗*Heuard,* ↗*Huet.*

💲 *Hubert* ist sowohl im germanophonen als auch frankophonen Kartierungsgebiet breit gestreut. Da die Schreibweise des Namens im Französischen identisch ist, kann er in Luxemburg nur aufgrund der Aussprache zumindest aus synchroner Sicht dem Französischen zugeordnet werden. Zu den Hauptverbreitungsgebieten der regionalsprachlich deutschen Form *Haupert* gehören Luxemburg, besonders der westliche und südwestliche Rand, sowie das Moseldepartement, das Saarland und in Rheinland-Pfalz der Raum Saarburg.

Im Areler Land, Moseldepartement und in Teilen Deutschlands, u.a. im Saarland, erscheint die geminierte Variante *Huppert.* Im Großherzogtum ist diese Variante niederfrequent. Als Genitivbildungen zu den regionalsprachlichen Formen erscheinen *Haupesch* (äußerst selten und nur in Luxemburg), *Haupers* (wenige Belege um Trier), sowie *Huppertz* (vereinzelt in Luxemburg, Wallonien, doch besonders zwischen Aachen und dem Niederrhein). Die latinisierte Genitivform *Huberty* konzentriert sich in Luxemburg, im Moseldepartement, in Rheinland-Pfalz besonders entlang der Mosel sowie im östlichen Wallonien. Nur vereinzelt und auf Deutschland beschränkt ist *Huberti* (u.a. Trier, Niederrhein). Ebenfalls überwiegend im Raum Trier und am Niederrhein sind *Hubertz* und, extrem selten, *Huberts* anzutreffen.

☞ Ahd. **Huguberaht* hat im Luxemburgischen und Deutschen zahlreiche Varianten hervorgebracht. Speziell regionalsprachlich sind *Haupert* und *Huppert.* Die unterschiedlichen Vokal- und Konsonantenqualitäten bzw. -quantitäten könnten lautgesetzlich über eine unterschiedliche zeitliche Abfolge von *g*-Schwund und Synkopen verschiedener Nebentonvokale erklärt werden. In der in den genealogischen Daten belegten Variante *Hoppert* zeigt sich zudem Senkung *u* > *o*.

Die Luxemburger Aussprache [ˈhybɛːʀ] für *Hubert* zeigt im Gegensatz zum Standardfranzösischen den Initialakzent und den Erhalt des anlautenden *H*-. Doch ist Letzteres auch in den französischen Nachbarmundarten anzutreffen, da in diesen die Aussprache [hybɛːʀ] gilt. Der Aussprache mit *H*- ist somit kein spezifisch luxemburgisches Phänomen, durchaus jedoch, neben der Initialbetonung, die häufig anzutreffende Vokalisierung frz. [ɛːʀ] > [ɛə].

📖 RB (1388-1500): *Houprecht van Kerß* (Rufname). FSV: 1611 *Hubert, Hubertz.* 1656 *Hauperts.* GDB: 1645 *Huppers* = *Huberty* => 1665 *Huppers,* 1680 *Huberty.* 1684 *Haupers.* 1692 *Hoppers* => 1722 *Hoppers,* 1727 *Huberti.* 1697 *Huppers* => 1720 *Huberty.* 1728 *Hoppers* => 1758 *Hoppers,* 1772 *Hoppesch.* 1734 *Huppers.* 1748 *Huppert.* 1750 *Haupert.* 1834 *Huppertz.*

HUBERTY [huˈbɛrtiː] (2009: 218, 1.34‰). 1880: 510, 2.63‰). Flektiertes Patronym (lateinischer Genitiv) zu ↗*Hubert* (in deutscher Aussprache).

HUBSCH / HÜBSCH [hypʃ] (2009: 36, 0.22‰; 1880: 46, 0.24‰). Übername zu mhd. *hübesch, hövesch* 'zu einem Hofe gehörend; hofgemäß, fein gebildet und gesittet; unterhaltend'. 💲 Der Name ist in Luxemburg, Deutschland sowie im Moseldepartement und Unterelsass verbreitet, wobei er im Großherzogtum und Frankreich überwiegend als *Hubsch* begegnet. 📖 GDB: 1755 *Huebsch*. 1767 *Hübsch*.

HUET [ˈhyːeː] (2009: 16, 0.1‰; 1880: 0). Französisches Patronym zum gleichlautenden Rufnamen. Dieser ist eine Diminutivbildung von frz. *Hu, Hue*, ehemaliger Subjektkasus von *Huon* < *Hugon*. Hierbei handelt es sich um eine Entlehnung aus wfrk. *Hūgo*, das, mit expressiver Dehnung des Tonvokals (vgl. Kaufmann 1968, S. 205), zu ahd. *hugu* 'Gedanke, Verstand, Geist, Sinn' gehört. Vgl. auch ↗*Hubert*. 📖 GDB: 1841 *Huet*.

HUMBERT [ˈhɛ̃(m)bɛːʀ] (2009: 37, 0.23‰; 1880: 3, 0.02‰). Patronym zum gleichlautenden Rufnamen aus ahd. *Hunberaht*. Dieser beinhaltet germ. **hun-* 'Tierjunges (besonders vom Bären)' und germ. **berhta-* 'glänzend'. 🌐 *Humbert* ist außer in Luxemburg und dem Areler Land in ganz Ostfrankreich verstreut. 📖 GDB: 1750 *Humbert*.

HUMMEL [ˈhuməl] (2009: 2, 0.01‰; 1880: 0). Standarddeutsche Variante von ↗*Hommel*, mit unterbliebener Senkung *u* > *o*.

HUPPERT (2009: 1, 0.01‰; 1880: 0). Regionalsprachliche Variante von ↗*Hubert*.

HUPPERTZ [ˈhupɐts] (2009: 12, 0.07‰; 1880: 2, 0.01‰). Flektiertes Patronym zu ↗*Huppert*.

HURST [huʀst] (2009: 6, 0.04‰; 1880: 1, 0.01‰). VARIANTE(N) *Hourscht*. Wohnstättenname zu mhd. *hurst* f. 'Gesträuch, Hecke, Dickicht'. ☞ Die genealogischen Datenbanken zeigen gelegentlich Einblendung von *Houschet(te)*, einer französisierten Form des Toponyms *Ho-scheid* (lb. *Houschent, Houscht*). 📖 GDB: 1670 *Hurst*. 1705 *Hourscht* = *Hourst* => 1735 *Houst*, 1746 *Houschet* = *Houschette* = *Hurst*. 1763 *Hurst* => 1790 *Hurst*, 1793 *Hourscht*. 1869 *Hourscht* => 1901 *Hurscht*.

HURT [huʀt] (2009: 57, 0.35‰; 1880: 92, 0.47‰). VARIANTE(N) *Hurth*. Wohnstättenname zu mhd. *hurt* f. 'Flechtwerk von Reisern, Hürde', im Raum Luxemburg möglicherweise konkret zu *Hurt* (lb. *Huert*) für einen Flurnamen im Areler Land, der im Toponym *Esch auf der Hurt* (lb. *Esch op der Huert*, frz. *Aix-sur-Cloie*, wa. *Yache-so-Cloye*) für eine Ortschaft in der Gemeinde Ibingen verbaut ist. 🌐 *Hurt* begegnet besonders in Luxemburg, in Deutschland im Rheinland, aber auch in der Operpfalz. In Frankreich taucht der Name u.a. im Unterelsass und im Département Meurthe-et-Moselle auf. Das Verbreitungsgebiet von *Hurth* deckt sich größtenteils mit jenem von *Hurt*, nur reicht es weiter in den Osten Deutschlands hinein. 📖 Fsv: 1611 *Hurth*. GDB: 1677 *Hurth*. 1848 *Hurt* =>1878 *Hurth*. 1862 *Hurt* => 1891 *Hourt*.

HURTH (2009: 3, 0.02‰; 1880: 8, 0.04‰). ↗*Hurt*.

HUSS [hus] (2009: 82, 0.5‰; 1880: 217, 1.12‰). VARIANTE(N) *Houss, Housse*. 1. Patronym zum gleichlautenden einstigen Rufnamen. Dieser stammt aus ahd. *Husso*, einer Bildung mit Konsonantengemination und damit einhergehender Vokalkürzung zu ahd. *Hūso*, das zu ahd. *hūs* 'Haus' gehört (vgl. Kaufmann 1968, S. 191). 2. Übername zu mhd. *hussen* 'sich schnell bewegen, rennen; hetzen, reizen'. Vgl. auch ↗*Hoss*. 🌐 Zum Verbreitungsgebiet von *Huss* gehören Luxemburg, das Moseldepartement, das Elsass und in Deutschland vor allem Baden-

Württemberg. Die Varianten *Houss* und *Housse* sind selten und überwiegend in Luxemburg zu finden. 📖 Fsv: 1541 *Hussen*. Gdb: 1715 *Huss*. 1744 *Houss* => 1772 *Huss*. 1799 *Hus* => 1825 *Huss*.

Hut [huːt // hut] (2009: 18, 0.11‰; 1880: 0). Variante(n) *Huth*. 🛈 Berufsübername zu a) mhd. *huot* 'Hut, Mütze, Helm, schützender Überzug'; b) mhd. *huot*, *huote* f. 'Aufsicht, Bewachung, Behütung, Fürsorge' für den Wächter. 📖 Rb (1388-1500): *Cleschin Hut. Wilhem Hut*. Gdb: 1724 *Hut* => 1747 *Huth*. 1807 *Houth* = *Hut*. Vz: 1880 *Houth*, *Huth*.

Huth (2009: 3, 0.02‰; 1880: 5, 0.03‰). ↗*Hut*.

Hutmacher [ˈhuːtmaχɐ] (2009: 31, 0.19‰; 1880: 11, 0.06‰). Berufsname zu mhd. *huotmacher* 'Hutmacher'. 🛈 Die Hauptverbreitungsgebiete sind Luxemburg (das Ösling ausgenommen), Nordrhein-Westfalen und das Rhein-Main-Gebiet. 📖 Rb (1388-1500): *Hoedmecher, Hudemecher, Hudenmecher, Huedenmecher, Huedemecher*. Fsv: 1611 *Hudenmacher, Hudtmacher, Hutmacher, Huttmacher, Huttmachers*. Gdb: 1743 *Hutmacher*.

Hutsch [hutʃ] (2009: 4, 0.02‰; 1880: 5, 0.03‰). Variante(n) *Houtsch*. 1. Wohnstättenname zu lb. *Hutsch* f. 'baufällige Hütte', pfälz. *Hutsche, Hütsche* 'altes Haus'. 2. Übername zu lb. *Hutsch* f. 'alte Frau', rhein. *Hutsch* m. 'zimperlicher, empfindlicher Mensch'. 📖 Gdb: 1772 *Hutsch*.

I J

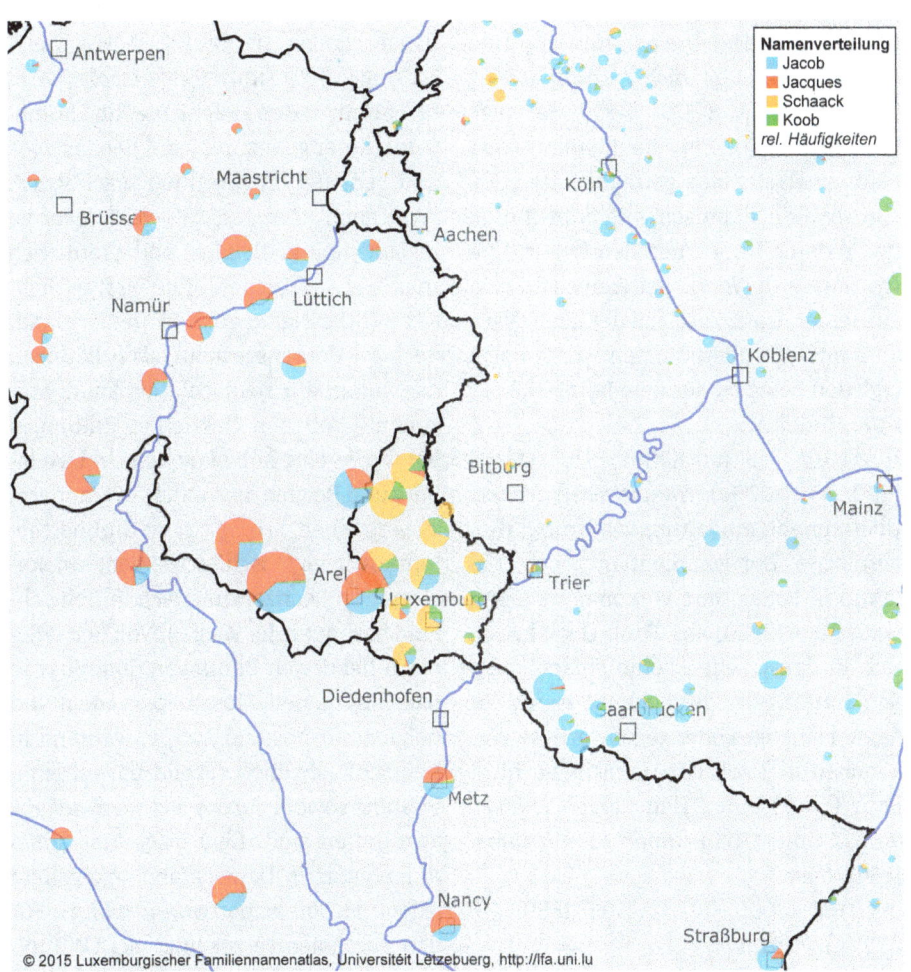

IHRY [ˈiːʀiː] (2009: 29, 0.18‰; 1880: 31, 0.16‰). Herkunftsname zu *Iré-le-Sec* für eine Gemeinde im Département Meuse, Lothringen. 🕉 Das Vorkommen des Namens beschränkt sich auf Luxemburg, das Département Meurthe-et-Moselle und das Moseldepartement. ☞ Der Familienname *Ihry* ist erst ab 1746 in Luxemburg belegt, was um so mehr für einen Einwanderernamen sprechen könnte. Die Belege des Ortsnamens *Iré-le-Sec* lauten u.a.: 1096 *Ureia*; 1402 *Yray* und *Yrai-la-Sèche*; 1571 *Irey*; 1607 *Iry-le-Sec*; 1656 *Yvré-le-Secq*; 1700 *Ires-le-Sec* (vgl. Liénard, S. 113). Der Familienname *Ihry* kann einerseits eine germanisierte Form von *Iré* und demnach mit Substitution frz. *-é* durch lb. *-i* darstellen (wie z.B. in frz. *idée* > lb. *Iddi*), andererseits direkt aus einer französisch-dialektalen Variante mit *-y/-i* übernommen worden sein (vgl. den Beleg *Iry* aus dem Jahr 1607). 📖 GDB: 1746 *Ihry*.

IRRTHUM [ˈiʀtum] (2009: 18, 0.11‰; 1880: 43, 0.22‰). VARIANTE(N) *Irthum*. Übername zu mhd. *irretuom* 'Irrung, Hindernis'. ☞ Der Familienname, der heute nur in Luxemburg vorkommt, stammt nach Bour (S. 20) aus Tirol. Doch lassen sich in den Quellen keine entsprechenden Hinweise finden, ebenso wenig für dessen einstiges oder gegenwärtiges Vorkommen in Tirol. Für Helmsingen führt Bour (S. 57) einen Hausnamen *Irthums* an. 📖 GDB: 1705 *Irrtumb*. 1839 *Irrthum*. 1856 *Irthum*.

IRTHUM (2009: 19, 0.12‰; 1880: 25, 0.13‰). ↗*Irrthum*.

JAANS [jaːns // ʒaːns] (2009: 10, 0.06‰; 1880: 66, 0.34‰). VARIANTE(N) *Jaas*, *Jahns*. Regionalsprachliche Form von ↗*Jans*, mit Dehnung des Tonvokals.

JAAQUES [ʒaːk] (2009: 4, 0.02‰; 1880: 7, 0.04‰). Partiell germanisierte Graphie von ↗*Jacques*, d.h. mit Längenanzeige des Tonvokals.

JAAS [ʒaːs] (2009: 29, 0.18‰; 1880: 20, 0.1‰). Regionalsprachliche Variante von ↗*Jaans*, mit Schwund von *n* wie z.B. in lb. *äis* 'uns' < *üns*, *kees* 'keinmmal' < *keins*.

JACK [ʒak] (2009: 3, 0.02‰; 1880: 1, 0.01‰). Germanisierte Graphie für frz. ↗*Jacques*.

JACOB [ˈʒaːkop] (2009: 32, 0.2‰; 1880: 34, 0.18‰). GLEICHE BASIS *Jacobs*, *Jacoby*. Patronym zum gleichlautenden Rufnamen. Dieser geht zurück auf hebr. *ja'aqov* und bedeutet 'Er [Gott] möge schützen'. Siehe auch ↗*Jacques*, ↗*Koob*. 🕉 *Jacob* ist in Luxemburg, Belgien und Frankreich sehr weit verbreitet. Eine große Dichte zeigt der Name auch in Deutschland, doch ist dort insgesamt *Jakob* häufiger, das außerhalb Deutschlands kaum vorkommt. Von den flektierten Bildungen hat *Jacobs* eine hohe Frequenz in Luxemburg und Belgien, besonders in Flandern, zu verbuchen. *Jakobs* gilt im Großherzogtum sowie im Moseldepartement nur vereinzelt und konzentriert sich in Deutschland besonders im Westen. Von den lateinisch flektierten Bildungen dominiert in Luxemburg, dem Moseldepartement und Belgien mit Abstand *Jacoby*, während in Deutschland, überwiegend im mittleren Westen, sowohl *Jacoby* als auch *Jakoby* anzutreffen sind. Eine insgesamt höhere Frequenz in Deutschland verzeichnet jedoch *Jacobi*, gefolgt von *Jakobi*. ☞ Für den Rufnamen verzeichnet das LWB folgende Formen: *Jakob*, *Jäp*, *Japp*, *Jäpp*, *Jappes*, *Jeep*, *Jokel*, *Jokob*, *Jhäck*, *Jhak*, *Jhakob*, *Jhäk*, *Jhakeli*, *Jhaki*, *Jheek*, *Jhekchen*, *Jhekelchen*, *Jhekeli*, *Jhekes*, *Jheki*, *Jhok*, *Jhoke-*

li, Jhokes, Jhoki, Keeb, Kob, Kobes, Kobus.
📖 RB (1388-1500): *Bernart Jacops Son in Paffendall. Joist Jacobs des Buymeisters = Joist Jacop Buemeister = Joist Jacop Buymeister*. Fsv: 1611 *Jacob, Jacobs, Jaepges*. 1656 *Jacob, Jacobi, Jacobs, Jaecks*. GDB: 1617 *Jakoby*. 1653 *Jacobs*. 1665 *Jacoby*. 1724 *Jacobi*. 1740 *Jacob*. 1767 *Jakobs*. 1802 *Jakobi*. Vz: 1880 *Jakob*.

JACOBS [ˈʒaːkops] (2009: 106, 0.65‰; 1880: 47, 0.24‰). VARIANTE(N) *Jakobs*. Flektiertes Patronym zu ↗*Jacob*.

JACOBY [ʒaˈkoːbiː] (2009: 221, 1.35‰; 1880: 303, 1.56‰). VARIANTE(N) *Jakobi, Jakoby*. Flektiertes Patronym (lateinischer Genitiv) zu ↗*Jacob*.

JACQUE / JACQUÉ [ˈʒakeː] (2009: 13, 0.08‰; 1880: 130, 0.67‰). ↗*Jacquet*.

JACQUES [ʒak] (2009: 18, 0.11‰; 1880: 38, 0.2‰). VARIANTE(N) *Jaaques, Jack*. GLEICHE BASIS *Jacquet, Schaack*. Französisches Patronym zum gleichlautenden Rufnamen. Zu dessen Etymologie, siehe ↗*Jacob*. ⓘ *Jacques* findet sich im Westen Luxemburgs sowie in ganz Frankreich und Belgien mit Ausnahme des Nordens von Flandern. Die germanisierte Form *Schaack* konzentriert sich sehr stark auf Luxemburg, wo sich im Westen die gleichnamige Nachbarprovinz und im Süden das Moseldepartement anschließen. Auch in Deutschland ist der Name mitunter mit kleineren Nestern anzutreffen, doch sind da andere Etymologien wahrscheinlicher, ebenso bei *Schaak*, das heute nur noch vereinzelt in Deutschland streut. Die französische Diminutivbildung *Jacquet* ist in Luxemburg besonders für den Norden und außerhalb Luxemburgs für weite Teile Frankreichs und Belgiens belegt. Die Schreibvariante *Jacqué* begegnet vereinzelt in der südlichen Hälfte Luxemburgs und ist außerhalb des Großherzogtums ebenso niederfrequent. ☞ In den genealogischen Datenbanken ist der Wechsel von *Jacqué* auf ↗*Jacoby* belegt. 📖 Fsv: 1611 *Jac* (Rufname). 1656 *Jacque, Jacques* (beides Rufnamen), *Jacquet, Jaecks*. GDB: 1650 *Schaack*. 1707 *Jacqué* => 1735 *Jacoby*. 1708 *Schaack* => 1738 *Schaack = Jacque* => 1769 *Schack = Schaack*; 1741 *Schaack = Jacqué* => 1769 *Jaaque = Jaaques*; 1749 *Jacqué = Schaack* => 1774 *Jaacque* => 1804 *Jaaques*, 1808 *Jacques* => 1838 *Jaaques*. 1763 *Schaack* => 1798 *Jaac = Schaack*. 1747 *Jacquet*. 1766 *Schack*. 1810 *Schaack = Jaaques* => 1841 *Jacques*, 1842 *Jaaques = Jacques*. 1848 *Schaack* => 1885 *Schaak*. Vz: 1880: *Jack, Jacques, Jacquet, Schaac, Schaack, Schaak, Schack*.

JACQUET [ˈʒakeː] (2009: 11, 0.07‰; 1880: 11, 0.06‰). VARIANTE(N) *Jacque/Jacqué*. Französisches Patronym zum gleichlautenden Rufnamen oder deriviertes Patronym zu ↗*Jacques*.

JAEGER [ˈʒɛːgɐ] (2009: 63, 0.39‰; 1880: 125, 0.65‰). VARIANTE(N) *Jager, Jeger*. Berufsname zu mhd. *jegere, jeger* 'Jäger', wohl im Dienste adeliger Herren. ⓘ *Jaeger* ist in Luxemburg und Deutschland breit gestreut. Vereinzelte Streuungen finden sich auch in Ostfrankreich und Belgien. Das Vorkommen von *Jeger* beschränkt sich auf den Kanton Remich und den angrenzenden Landkreis Trier-Saarburg. *Jäger* kommt in Luxemburg nicht vor und ist dafür in Deutschland am häufigsten. Die umlautlose Variante *Jager* ist im Großherzogtum eher selten und gilt besonders im Moseldepartement sowie im Saarland, ferner u.a. im Rhein-Main-Gebiet und im Rheinland. 📖 RB (1388-1500): *Genyn Jeger = Jennyn*

Jegger. Jegers Petgen van Merren. Johan Jegersson. Fsv: 1472 *Jehan der Jeger. Dez Jegers Eydem.* 1561 und 1611 *Jegers.* 1611 *Jägers.* 1656 *Jäger.* GDB: 1700 *Jäger.* 1712 *Jagers.* 1718 *Jaeger.* 1767 *Jager.* 1813 *Jaeger* => 1843 *Jager.* 1880 *Jaeger* => 1906 *Jäger.*
JAGER ['ʑaːgɐ] (2009: 15, 0.09‰; 1880: 39, 0.2‰). Berufsname zu mhd. *jagære* 'Jäger', einer umlautlosen Variante von mhd. *jegere, jeger*; siehe ↗*Jaeger*.
JAHNS (2009: 1, 0.01‰; 1880: 0). ↗*Jaans*.
JAKOBI (2009: 2, 0.01‰; 1880: 0). ↗*Jacoby*.
JAKOBS (2009: 7, 0.04‰; 1880: 13, 0.07‰). ↗*Jacobs*.
JAKOBY (2009: 14, 0.09‰; 1880: 69, 0.36‰). ↗*Jacoby*.
JANDER [ʑandɐ] (2009: 20, 0.12‰; 1880: 16, 0.08‰). Polnisches Patronym zu einer polnischen Ableitung von *Andreas*. Zur Etymologie dieses Rufnamens, siehe ↗*Andre*. GDB: 1852 *Jander*.
JANES ['ʑaːnəs] (2009: 3, 0.02‰; 1880: 7, 0.04‰). Patronym zum gleichlautenden Rufnamen. Dieser ist Kurzform von ↗*Johannes*. Siehe auch ↗*Jans*, ↗*Jonas*, ↗*Jones*. 🌎 *Janes* konzentriert sich im Westen Luxemburgs, dem Areler Land, Saarland und Moseldepartement. GDB: 1692 *Janes* => 1716 *Jonas*, 1737 *Jones*.
JANS [jaːns] (2009: 61, 0.37‰; 1880: 100, 0.52‰). GLEICHE BASIS *Jaans, Jansen*. Patronym zum gleichlautenden Rufnamen. Dieser ist Kurzform von ↗*Johanns*. Siehe auch ↗*Janes*, ↗*Jonas*, ↗*Jones*. 🌎 *Jans* konzentriert sich in Luxemburg vor allem im Norden, außerhalb des Großherzogtums dagegen in Flandern, zwischen Aachen und Köln, in Schleswig-Holstein sowie in Schwaben. *Jaans* kommt nur in Luxemburg (südliche Hälfte) vor, *Jahns* vielerorts in Deutschland (besonders in der nördlichen Hälfte), doch ist diese Variante auch für Luxemburg mehrfach historisch belegt. *Jaas* ist ausschließlich luxemburgisch und findet sich vereinzelt auch im Areler Land. Die flektierte Bildung *Jansen* ist in Luxemburg nicht besonders häufig, begegnet jedoch in sehr hoher Konzentration in Deutschland im Grenzgebiet zur Niederlande sowie in Flandern; vgl. auch ↗*Janssen*. ☞ Das LWB vermerkt für den Rufnamen *Johann* folgende Varianten: *Jan, Jann, Jänn, Jännchen, Jännes, Janni, Jänni, Jones*. GDB: 1678 *Jaas*. 1685 *Jahns*. 1724 *Jans*. 1730 *Jahns* => 1764 *Jans* => 1794 *Jaans*. 1750 *Jaans* = *Jahns* => 1768 *Jahns*, 1780 *Jaans*. 1762 *Johans* = *Jaas* => 1795 *Joans*, 1797 *Johans*, 1798 *Jaans*. 1784 *Jans* = *Jaans* => 1828 *Jans*, 1833 *Jaans*. 1797 *Johans* = *Jaans* => 1823 *Jaans* => 1842 *Jaans*, 1863 *Jans*. 1804 *Jansen*. 1829 *Johans* = *Jans* => 1881 *Jans*, 1853 *Johans*, 1860 *Jaas*. 1844 *Janns* = *Jaans, Jahns, Jans*.
JANSEN ['jansən] (2009: 16, 0.1‰; 1880: 19, 0.1‰). Flektiertes Patronym zu ↗*Jans*.
JANSSEN ['jansən] (2009: 30, 0.18‰; 1880: 0). Komponiertes Patronym zu ↗*Jan*: 'Jans Sohn', mit *Jan* als regionalsprachliche Kurzform von ↗*Johann*. 🌎 *Janssen* ist in Luxemburg erst nach 1930 bezeugt. Außerhalb des Großherzogtums ist diese Form, ähnlich wie ↗*Jansen*, auf deutscher Seite im Grenzgebiet zur Niederlande sowie in Flandern verbreitet. Doch insgesamt ist *Janssen* seltener als *Jansen*.
JEAN [ʒɑ̃ː] (2009: 10, 0.06‰; 1880: 3, 0.02‰). GLEICHE BASIS *Schanen*. Französisches Patronym zum gleichlautenden Rufnamen. Dieser stammt, über griechisch-lateinische Vermittlung, aus hebr. *yōḥānān* 'Jahwe hat Gnade erwiesen'. Siehe auch ↗*Genson*, ↗*Johannes*.

🖊 *Jean* gehört in Luxemburg zu den selteneren Namen und ist jedoch im frankophonen Kartierungsgebiet weit verbreitet. Die zur germanisierten Form †*Schan* gebildete Genitivform *Schanen* erscheint dagegen besonders in der Südhälfte Luxemburgs und streut in das Moseldepartement, Saarland sowie in den Hunsrück hinein. 📖 RB (1388-1500): *Schain, Schan, Schanne, Schannen, Schentgen* (durchwegs Rufname). FSV: 1561 *Schan* (Rufname). 1611 *Jannen, Jeans, Schan, Schannen*. 1656 *Schanen*. GDB: 1687 *Schanen* => 1712 *Schan*. VZ: 1880 *Schaan, Schaanen*.

JEGEN [ˈʑeːɡən] (2009: 18, 0.11‰; 1880: 11, 0.06‰). Herkunftsname zu *Gegen*, heute *Nieders-, Obersgegen*, in der Islecker Aussprache [jeːʑən], für je einen Ortsteil der Gemeinde Körperich im Eifelkreis Bitburg-Prüm. 📖 GDB: 1733 *Jegen = Gegen*. 1774 *Jegen*.

JEGER (2009: 2, 0.01‰; 1880: 0). ↗*Jaeger*.

JEITZ [ˈʑaɪts] (2009: 60, 0.37‰; 1880: 90, 0.46‰). Entrundet aus *Jeutz*, Herkunftsname zu *Jeutz* (mslfrk. *Jäiz*, frz. *Yutz*) für eine Gemeinde im Moseldepartement. 🖊 Der Name begegnet fast nur in Luxemburg sowie im Areler Land, doch kaum im Norden. 📖 FSV: 1656 *Jeutzen*. GDB: 1705 *Jeitz = Jeutz*.

JEMMENG (2009: 2, 0.01‰; 1880: 0). ↗*Jemming*.

JEMMING [ˈʑæmɪŋ] (2009: 44, 0.27‰; 1880: 27, 0.14‰). VARIANTE(N) *Jemmeng*. Germanisierte Form von frz. *Gemenne*, Herkunftsname zum gleichlautenden Toponym für eine Ortschaft in der Gemeinde Natoye, Provinz Namur. 🖊 Der Name kommt nur in Luxemburg vor. 📖 GDB: 1780 *Jemming*. 1844 *Jemming = Gemming*. 1886 *Jemmeng*. VZ: 1880 *Gemming, Gemming*.

JENN [ʑæn] (2009: 8, 0.05‰; 1880: 6, 0.03‰). Patronym zum gleichlautenden Rufnamen. Dieser ist Kurzform von *Johann* (↗*Johannes*) mit hypokoristischem Umlaut. Siehe auch ↗*Jentgen*. 🖊 *Jenn* ist im gesamten Kartierungsgebiet sehr selten anzutreffen: Süden Luxemburgs, Oberelsass, Rheinland. 📖 RB (1388-1500): *Gennyn, Jennyn* u.a. FSV: 1611 *Jennen*. GDB: 1865 *Jenn*.

JENTGEN [ˈʑæntçən] (2009: 35, 0.21‰; 1880: 89, 0.46‰). GLEICHE BASIS *Jentges*. 1. Patronym zum (einstigen) gleichlautenden Rufnamen. Dieser ist eine Diminutivbildung von ↗*Jenn*. 2. Deriviertes Patronym (Diminutivbildung) zum Rufnamen: 'Jenn junior'. 🖊 Das Vorkommen von *Jentgen* beschränkt sich überwiegend auf die südliche Hälfte des Großherzogtums. Häufiger begegnet die Genitivform *Jentges*: Luxemburg, Areler Land, Niederrhein. 📖 FSV: 1611 *Jentgen, Jentges*. GDB: 1662 *Jentges*. 1802 *Jaentgen* => 1823 *Jentgen*.

JENTGES [ˈʑæntçəs] (2009: 16, 0.1‰; 1880: 37, 0.19‰). Flektiertes Patronym (starker Genitiv) zu ↗*Jentgen*.

JOACHIM [ˈjoːaχiːm] (2009: 33, 0.2‰; 1880: 26, 0.13‰). VARIANTE(N) *Juchem*. GLEICHE BASIS *Juchemes, Juchems, Juchmes*. Patronym zum gleichlautenden Rufnamen. Dieser stammt aus hebr. *yōyākīm* 'Jahwe möge aufrichten'. 🖊 *Joachim* streut überall im germanophonen Kartierungsgebiet und lose auch im angrenzendem frankophonen Raum. Die regionalsprachliche Form *Juchem* ist in Luxemburg südlich der Sauer sowie in Deutschland besonders entlang des Rheins und der Mosel zu finden. Als ursprüngliche Latinisierungen gelten *Juchemes* <

Juchemus (fast ausschließlich im Großherzogtum) sowie *Juchmes* (überwiegend im Norden Luxemburgs und in der Nordeifel). Als Genitivform erscheint *Juchems* (auf deutscher Seite links der Mosel sowie zwischen Aachen und dem Niederrhein). 📖 Fsv: 1611 *Joachims, Joachim.* GDB: 1702 *Juchem.* 1730 *Joachim.* 1737 *Juchem* => 1772 *Juchum.* 1753 *Juchmes.* 1794 *Juchemes.*

JODOCY [ˈʑoˑdoːsiː] (2009: 17, 0.1‰; 1880: 3, 0.02‰). Flektiertes Patronym (lateinischer Genitiv) zu *Jodocus*; zur weiteren Etymologie, siehe ↗*Jost*. 📖 GDB: 1668 *Jodocy*.

JOHANN (2009: 11, 0.07‰; 1880: 29, 0.15‰). ↗*Johannes*.

JOHANNES [joːˈhanəs] (2009: 1, 0.01‰; 1880: 17, 0.09‰). VARIANTE(N) *Johann, Johanns*. GLEICHE BASIS *Johannsen*. Patronym zum gleichlautenden Rufnamen. Dieser stammt, über griechisch-lateinische Vermittlung, aus hebr. *yōḥānān* 'Jahwe hat Gnade erwiesen'. Siehe auch ↗*Hannes*, ↗*Hant*, ↗*Hennes*, ↗*Hensel*, ↗*Hensgen*, ↗*Jans*, ↗*Janssen*, ↗*Jean*. ⦿ *Johannes* ist kein typischer Luxemburger Familienname, dieser lautet vielmehr *Johanns*. Er konzentriert sich fast ausschließlich in der Nordhälfte des Großherzogtums und kommt im übrigen Kartierungsgebiet kaum vor. Seltener in Luxemburg ist die Variante *Johann*, die, wie *Johannes*, in Deutschland sehr häufig auftritt. Die flektierte Bildung *Johannsen* ist in Luxemburg kaum vertreten. ☞ In den genealogischen Datenbanken ist gelegentlich ein Wechsel zwischen *Johans* und ↗*Jans*, doch nie zwischen *Johans* und ↗*Hans* oder *Jans* und *Hans* zu beobachten. 📖 RB (1388-1500): *Jehan, Johan, Johann, Johannes, Johennessen* u.a. Fsv: 1611 *Johansen, Johentges, Johans.* 1656 *Johannes.* GDB: 1762 *Johans = Jaas* => 1795 *Joans,* 1797 *Johans,* 1798 *Jaans.* 1797 *Johans = Jaans* => 1823 *Jaans* => 1842 *Jaans,* 1863 *Jans.* 1829 *Johans = Jans* => 1881 *Jans,* 1853 *Johans,* 1860 *Jaas.*

JOHANNS [ˈjoːhans] (2009: 83, 0.51‰; 1880: 24, 0.12‰). Regionalsprachliche, typisch luxemburgische Variante von ↗*Johannes*.

JOHANNSEN [ˈjoːhansən] (2009: 2, 0.01‰; 1880: 5, 0.03‰). Flektiertes Patronym zu ↗*Johannes*.

JONAS [ˈʑoːnaːs] (2009: 15, 0.09‰; 1880: 34, 0.18‰). Patronym zum gleichlautenden Rufnamen. Dieser stammt aus dem gleichlautenden hebräischen Rufnamen, der zu hebr. *jōnā* 'Taube' gehört. In Luxemburg konnte der Name bereits früh mit ↗*Jones*, einer regionalsprachlichen Variante von ↗*Janes*, lautlich zusammenfallen. ⦿ *Jonas* ist in Luxemburg, dem Moseldepartement, vereinzelt in Belgien sowie in ganz Deutschland verbreitet. 📖 Fsv: 1561 und 1611 *Jonas.* GDB: 1678 *Jonas.* 1692 *Janes* => 1716 *Jonas,* 1737 *Jones.*

JONES [ˈʑoːnəs] (2009: 27, 0.17‰; 1880: 12, 0.06‰). Regionalsprachliche Variante von ↗*Janes* oder ↗*Jonas*. ⦿ *Jones* ist in der südlichen Hälfte Luxemburgs anzutreffen, zeigt aber auch außerhalb des Großherzogtums eine breite Streuung. 📖 GDB: 1692 *Janes* => 1716 *Jonas,* 1737 *Jones.*

JONGEN [ˈjoŋən] (2009: 2, 0.01‰; 1880: 0). Variante von ↗*Jungen*, mit regionalsprachlicher Senkung *u > o*.

JONK [joŋk] (2009: 10, 0.06‰; 1880: 0). Variante von ↗*Jung*, mit regionalsprachlicher Senkung *u > o* und Auslautverhärtung.

JONKER (2009: 4, 0.02‰; 1880: 0). Variante von ↗*Juncker*, mit regionalsprachlicher Senkung *u* > *o*.

JOST [ʣost] (2009: 89, 0.55‰; 1880: 148, 0.76‰). Patronym zum gleichlautenden Rufnamen. Dieser ist entlehnt aus afrz. *Josse* und zeigt im Deutschen den Antritt von *-t* im Auslaut. Afrz. *Josse* stammt aus bretonisch *Judoc* (latinisiert: *Jodōcus, Judocus*) < kelt. **Judācos* und gehört letztendlich zu kelt. **judo-, *juda-* 'Kampf' (vgl. Holder II, Sp. 85). In Gelehrtenkreisen konnte der Name an griech. *iodokós* 'Pfeile bergend' angelehnt werden. Vgl. auch ↗*Jodocy*. ✪ *Jost* ist Luxemburg, Lothringen, dem Elsass sowie in Deutschland (besonders im Westen) verbreitet. Nur in Deutschland, jedoch seltener, ist *Joost* anzutreffen, vorzugsweise im Norden. *Josse* ist in Frankreich (besonders in der nördlichen Hälfte) und in Belgien sehr häufig. ☞ Im Luxemburgischen erscheint der Rufname als *Jouscht* (Ostrand: *Just*), entsprechend der Hausname *a Jouschten*. 📖 RB (1388-1500): *Joest, Joist, Jost, Jostgin*. FSV: 1611 *Joist, Joisten*. 1656 *Joest, Jost*. GDB: 1722 *Joost* => 1751 *Jost*.

JUCHEM [ˈʣuχəm] (2009: 27, 0.17‰; 1880: 37, 0.19‰). Patronym zum gleichlautenden Rufnamen. Dieser ist eine regionalsprachliche Form von ↗*Joachim*.

JUCHEMES [ˈʣuχəməs] (2009: 10, 0.06‰; 1880: 0). Aus **Juchemus* entstanden, einer Latinisierung von ↗*Juchem*.

JUCHEMS [ˈʣuχəms] (2009: 2, 0.01‰; 1880: 16, 0.08‰). Flektiertes Patronym zu ↗*Juchem*.

JUCHMES [ˈʣuχməs] (2009: 3, 0.02‰; 1880: 0). Durch Synkope des Vokals der Mittelsilbe aus ↗*Juchemes* < **Juchemus*, einer Latinisierung von ↗*Juchem*, entstanden.

JUNCK [juŋk // ʣuŋk] (2009: 32, 0.2‰; 1880: 100, 0.52‰). VARIANTE(N) *Junk*. Variante von ↗*Jung*, mit Auslautverhärtung.

JUNCKER [ˈʣuŋke] (2009: 35, 0.21‰; 1880: 167, 0.86‰). VARIANTE(N) *Junker*. Standes- oder Übername zu mhd. *juncherre* 'junger Herr, junger (noch nicht Ritter gewordener) Adliger, Junker, Edelknabe; Novize in einem Kloster'. ✪ *Juncker* ist in der südlichen Hälfte des Großherzogtums, in Ostlothringen und dem Elsass verbreitet. *Junker* in ganz Luxemburg, Deutschland, Ostlothringen und dem Elsass. Eine im Großherzogtum seltene Form lautet *Jonker*. Deren Hauptverbreitungsgebiet liegt heute in den Niederlanden. 📖 RB (1388-1500): *Bernhart van Luccemborgh, Juncker = Bernhart van Luccemburg, Joncker = Bernhart van Luccemburg, Junckhere. Joincker Giltze van Koriche = Joncker Giltz van Koerich. Joncher van Rodemacheren = Joncker van Rodemacher = Jonckern van Rodemachern = Jonker van Rodemachern = Juncker von Rodemacher = Junker van Rodemacker*. FSV: 1561 und 1611 *Juncker*. 1611 *Joncker*. 1656 *Junckers, Jonckers*. GDB: 1625 *Juncker*. 1668 *Juncker* => 1710 *Junker*. 1717 *Juncker* => 1754 *Junckers*. 1787 *Jonkers*.

JUNG [ʣuŋ] (2009: 218, 1.34‰; 1880: 359, 1.85‰). VARIANTE(N) *Jonk*. GLEICHE BASIS *Junck, Jungen*. Übername zu mhd. *junc* 'jung' für einen jungen Menschen. ✪ Die Varianten des Namens im Kartierungsgebiet sind *Jung, Junk, Junck, Jong, Jonk, Jonck. Jung* ist insgesamt die mit Abstand häufigste Form, auch in Luxemburg. Dieser folgen in Luxemburg *Junck, Junk, Jonk*. In Deutschland ist *Junk* die zweithäufigste Form. Sie findet sich hauptsächlich in Grenznähe zum Großherzogtum entlang der Mosel. Von den Varianten mit *o* ist *Jonk* die häufigste in Luxemburg, *Jong* in Deutschland, besonders in Grenznähe zu den Niederlanden, und *Jonck* in Belgien, besonders in der Provinz Limburg. Von den flektierten Formen begegnen *Jungen* besonders im Raum Luxemburg und Westdeutschland, *Jongen* in der südlichen Hälfte des Großherzogtums, dem Areler Land sowie in der niederländischen Provinz Limburg. ☞ Die Varianten mit *-k, -ck* zeigen Auslautverhärtung, jene mit *o* die westmitteldeutsche Senkung von mhd. *u > o*. 📖 FSV: 1611 *Jonchs, Jonges, Jung*. 1656 *Junck*. GDB: 1672 *Jung*. 1730 *Junck*. 1799 *Jongen*. 1804 *Junch*. 1812 *Jungs*. 1864 *Junck* = 1891 *Junk*.

JUNGBLUT [juŋbluːt] (2009: 38, 0.23‰; 1880: 95, 0.49‰). VARIANTE(N) *Jungbluth*. Übername zu mhd. *junc* 'jung' und *bluot* 'Blut', wohl für einen jung aussehenden, vitalen Menschen. ⓢ Zum Verbreitungsgebiet von *Jungblut* gehören die südliche Hälfte Luxemburgs, das Moseldepartement sowie von Deutschland insbesondere das Gebiet zwischen Mosel und oberem Mittelrhein. Ähnlich streut die Variante *Jungbluth*: im Süden des Großherzogtums, im Areler Land, zwischen Mosel und oberem Mittelrhein sowie darüber v.a. von Koblenz rheinabwärts. 📖 FSV: 1611 *Jungbludt*. 1656 *Jungblout*. GDB: 1709 *Jungbluth* => 1739 *Junckblut*.

JUNGBLUTH (2009: 12, 0.07‰; 1880: 34, 0.18‰). ↗*Jungblut*.

JUNGELS [ˈjuŋəls] (2009: 39, 0.24‰; 1880: 84, 0.43‰). Flektiertes Patronym zum einstigen gleichlautenden Rufnamen *Jungel*. Er stammt aus ahd. **Jungulo* oder **Jungilo*, einer Diminutivbildung zum Personennamen ahd. *Jungo*, der letztlich zu ahd. *jung* 'jung' gehört. ⓢ Zum Verbreitungsgebiet von *Jungel* gehören Luxemburg und die angrenzenden Gebiete. Die Form *Jüngels* taucht fast nur im Bitburger Land auf, *Jüngel* bildet hingegen in Deutschland mehrere Nester. 📖 GDB: 1660 *Jungels*. 1735 *Jung* => 1770 *Jungels*.

JUNGEN [ˈjuŋən] (2009: 12, 0.07‰; 1880: 52, 0.27‰). VARIANTE(N) *Jongen*. Flektiertes Patronym zu ↗*Jung*.

JUNGERS [ʑuŋɛs] (2009: 65, 0.4‰; 1880: 179, 0.92‰). Flektiertes Patronym zu *Junger*. Dies ist a) Übername zu mhd. *junger* 'Jünger, Schüler, Lehrling; Novize in einem Kloster; Jüngling'; b) deriviertes Patronym zu mhd. *junc* 'jung': 'aus der Familie des Jungen Stammender'; c) flektierter Übername (Nom.Sg.st.) zum gleichen Adjektiv. ⓢ Der Name findet sich fast ausschließlich in Luxemburg, dort überwiegend in der südlichen Hälfte, sowie verstreut in Belgien, besonders um Lüttich und Brüssel. 📖 FSV: 1611 *Junger, Jungers*. GDB: 1634 *Jungers*. 1735 *Junger*. VZ: 1880 *Jungertz*.

JUNIO [ˈʒuːnjoː] (2009: 18, 0.11‰; 1880: 19, 0.1‰). Germanisierende Schreibung für frz. (wa.) *Juniaux*, Übername. Dieser ist eine hypokoristische Ableitung auf *-ellu* zu ↗*Junius*, einer Latinisierung von frz. ↗*Lejeune*. ☞ Neben *Juiniaux* erscheint heute in Wallonien *Jusniaux* (mit hyperkorrektem *s*), ferner finden sich *Jeuniau, Jeuniaux, Jeunieau, Jeunieaux* sowie *Joniau, Joniaux*, die im Vokalismus des Grundwortes *Jeun-* bzw. *Jon-* Einfluss von standardfrz. *jeune* bzw. wa. *djône* zeigen (vgl. Germain-Herbillon, S. 566, 569, 574). Doch sind all diese Formen in Wallonien insgesamt selten. In Luxemburg ist *Junio* erst im 19. Jh. belegt. 📖 GDB: 1906 *Junio*.

JUNIUS [ˈʒuːnjus] (2009: 9, 0.06‰; 1880: 10, 0.05‰). GLEICHE BASIS *Junio*. Aus einer latinisierten Form für Jung 'der Junge, der Jüngere' (vgl. Debrabandere, S. 758). Übername für einen jüngeren Menschen. Vgl. auch ↗Junio. 📖 GDB: 1842 *Junius*.

JUNK (2009: 22, 0.13‰; 1880: 51, 0.26‰). ↗*Junck*.

JUNKER (2009: 57, 0.35‰; 1880: 0). ↗*Juncker*.

JUSTE [ʒyst] (2009: 1, 0.01‰; 1880: 9, 0.05‰). GLEICHE BASIS *Justen*. Patronym zum gleichlautenden deutschen oder französischen Rufnamen. Dieser stammt aus lat. *Justus* und gehört zu lat. *justus* 'gerecht, rechtschaffen, redlich'. 📖 GDB: 1763 *Justen*. 1769 *Just*. 1772 *Juste* => 1797 *Juste*, 1810 *Justen*. 1788 Just => 1828 *Juste* = *Just*.

JUSTEN [ˈʒystən] (2009: 19, 0.12‰; 1880: 8, 0.04‰). Flektiertes Patronym zu *Just*. Siehe ↗*Juste*.

K

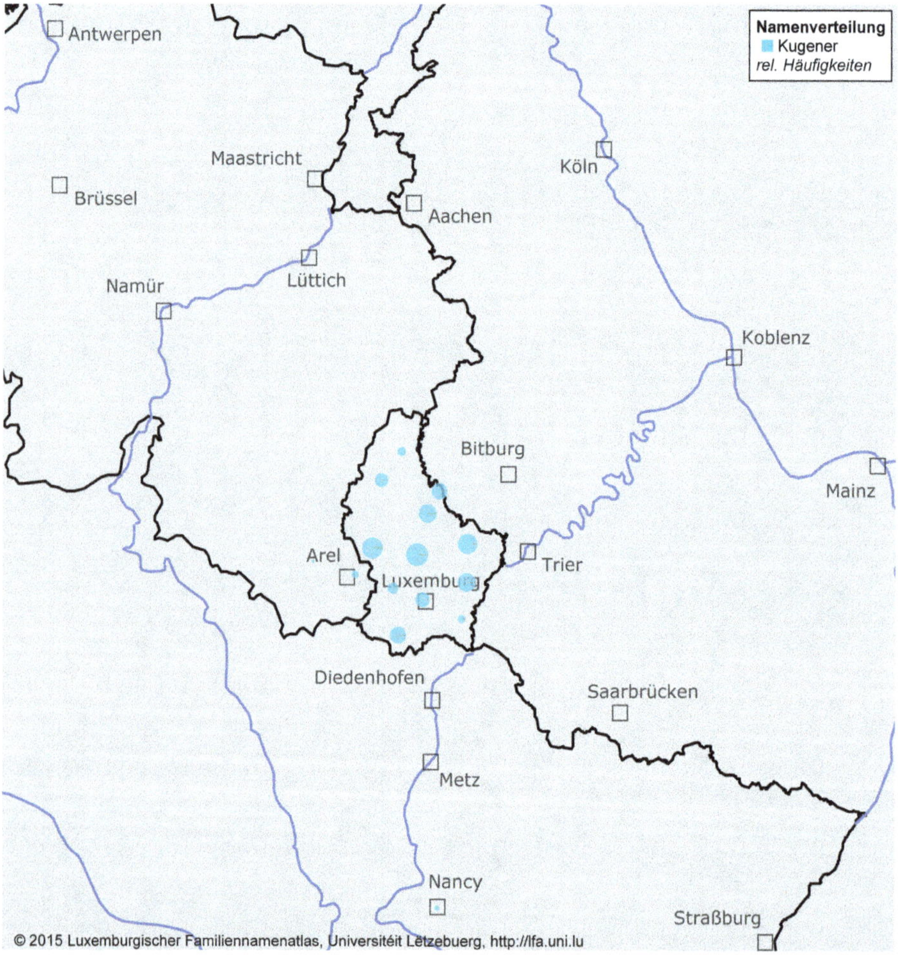
Namenverteilung
Kugener
rel. Häufigkeiten
Antwerpen
Maastricht
Köln
Brüssel
Aachen
Lüttich
Namür
Koblenz
Bitburg
Mainz
Arel
Trier
Luxemburg
Diedenhofen
Saarbrücken
Metz
Nancy
Straßburg
© 2015 Luxemburgischer Familiennamenatlas, Universitéit Lëtzebuerg, http://lfa.uni.lu

KAEIFFER (2009: 1, 0.01‰; 1880: 7, 0.04‰). ↗*Keiffer*.

KAEMMER (2009: 3, 0.02‰; 1880: 8, 0.04‰). ↗*Kemmer*.

KAES [kɛːs] (2009: 24, 0.15‰; 1880: 8, 0.04‰). 1. Berufsübername zu mhd. *kæse* 'Käse'. 2. Germanisierende Schreibweise für frz. *Caise, Caisse*, Patronym zum gleichlautenden Rufnamen. Dieser ist Kurzform von *Nicaise*, das auf lat. *Nicasius* zurückgeht. Zur weiteren Etymologie, siehe ↗*Kass*. 📖 Fsv: 1611 *Koes*. 1656 *Kaess*. GDB: 1696 *Koes* => 1730 *Kees* => 1766 *Kaes*, 1777 *Kaies* = *Kaes*, 1780 *Kaes* = *Kais* (=> 1799 *Kaeis* = *Kais*, 1805 *Kais* = *Kaeis*). 1771 *Kässe* => 1810 *Kaes*.

KAHLEN [ˈkaːlən] (2009: 15, 0.09‰; 1880: 27, 0.14‰). Flektiertes Patronym zu *Kahl*, Übername zu mhd. *kalt* 'kalt' (lb. *kal*), kaum zu mhd. *kal, -wes* 'kahlköpfig' (lb. *kuel*), da die frühesten Belege Doppel-*l* aufweisen. ☞ Im Feuerstättenverzeichnis von 1656 sowie in späteren Quellen ist der Familienname als *Kallen* verzeichnet. Für die bereits im 17. Jh. erfolge Assimilation *-ld-* > *-ll-* zeugt der ebenso in den Feuerstättenverzeichnissen belegte Familienname *Kallenborn* (1611), *Kallenbouren* (1656), Wohnstättenname zum häufigen Flurnamen *Kaldenborn* (lb. *Kalebuer*). 📖 Fsv: 1656 *Kallen*. GDB: 1731 *Kallen*. 1766 *Kallen* => 1794 *Kahlen*, 1804 *Kahlen*, 1810 *Kalen*.

KAHN [kaːn] (2009: 16, 0.1‰; 1880: 105, 0.54‰). 1. Germanisierte Form von ↗*Cahen*. 2. Berufsübername zu mhd. *kan*, mnd. *kan, kane* 'Kahn' für den Kahnfahrer. 📖 GDB: 1725 *Kahn*. 1771 *Cahen*. 1802 *Cahen* => 1840 *Kahen*, 1845 *Kahn*. 1806 *Cahn* = *Cahen* => 1842 *Cahn*, 1844 *Kahn*, 1858 *Cahen*.

KAIFFER (2009: 10, 0.06‰; 1880: 16, 0.08‰). ↗*Keiffer*.

KAIL (2009: 15, 0.09‰; 1880: 29, 0.15‰). ↗*Kayl*.

KAILS [kaɪls] (2009: 17, 0.1‰; 1880: 22, 0.11‰). Flektiertes Patronym zu ↗*Keil*.

KAISER (2009: 89, 0.55‰; 1880: 245, 1.26‰). ↗*Kayser*.

KALBUSCH [ˈkaːlbuʃ] (2009: 21, 0.13‰; 1880: 11, 0.06‰). Ursprünglich flektiertes Patronym *Kalbesch* < *Kalbers* zu *Kalber*, Herkunftsname zu lb. *Kaalber* (dt. *Kalborn*) für eine Ortschaft in der Gemeinde Clerf. Aufgrund der Homophonie von *Kalbesch* mit lb. *kal* 'kalt' und *Bësch* < *Büsch* 'Busch, Wald' konnte der Familienname als lb. *Kalbësch*, d.h. "Kaltbusch, Kaltwald" reinterpretiert und dementsprechend *Kalbusch* (mit *u* für *ü*) zunächst geschrieben sowie später auch gesprochen werden. Dieselbe Entwicklung findet sicha auch bei ↗*Nosbusch*. 📖 GDB: 1660 *Kalbers*. 1690 *Kalborn* => 1717 *Kalborn* = *Kalber*, *Kalbers* => 1747 *Kalborn* = *Kalbusch*, 1752 *Kalborn* = *Kalber*, 1758 *Calbersch* = *Kalbusch*. 1712 *Kalbusch* = *Kalbers*. 1756 *Kalbersch* => 1803 *Kalbusch*. 1767 *Kalbesch*. Vz: 1880 *Kalber*, *Kalbersch*, *Kalbusch*, *Kaltbusch*.

KALMES [ˈkɑlməs] (2009: 61, 0.37‰; 1880: 43, 0.22‰). Regionalsprachliche Variante von ↗*Kalmus*.

KALMUS [ˈkɑlmus] (2009: 17, 0.1‰; 1880: 53, 0.27‰). VARIANTE(N) *Calmes, Calmus, Kalmes*. Herkunftsname zu *Calmus* (lb. *Kaalmes*, frz. *Calmus*) für eine Ortschaft in der Gemeinde Säul. ⓢ *Kalmus* ist überwiegend in der südlichen Hälfte Luxemburgs anzutreffen. Die im Großherzogtum dominierende Variante ist jedoch *Kalmes*, die auch im Areler Land, dem Moseldepartement, dem Saarland sowie in Teilen von Rheinland-Pfalz streut. Von den weiteren Varianten tritt *Calmus* insgesamt am seltensten auf (fast nur im Kanton Luxemburg), während *Calmes* großzügiger verbreitet ist (Luxemburg, der Norden ausgenommen, Areler Land, Ostlothringen, Saarland). 📖 Fsv: 1656 *Calmes, Calmuss*. GDB: 1690 *Kalmes*. 1698 *Calmes*. 1731 *Calmes* => 1760 *Calmus*. 1753 *Kalmus*. 1760 *Calmus*.

KANDEL ['kɑndəl] (2009: 25, 0.15‰; 1880: 42, 0.22‰). GLEICHE BASIS *Kandels*. Berufsübername zu mhd. *kanel, kannel, kandel* 'Kanal, Röhre, Rinne'. Vgl. entsprechend lb. *Kundel, Kondel, Kuendel, Kaandel, Koandel* 'Dachrinne, Dachtraufe'. ☞ *Kandel* ist in Luxemburg nur in der Südhälfte verbreitet, in Deutschland streut der Name nur vereinzelt. Auch findet er sich im Unterelsass. Die flektierte Bildung *Kandels* erscheint heute in Luxemburg besonders in der nördlichen Hälfte sowie auf deutscher Seite überwiegend in der Schneeeifel. Seltener ist der Name im letzteren Gebiet auch in der Schreibvariante *Candels* anzutreffen. Eine weitere Variante *Cannels* gilt wiederum für Luxemburg und zeigt die größte Verbreitung im Kanton Clerf. 📖 GDB: 1713 *Kandel*. 1772 *Cannels*. 1802 *Cannels* => 1867 *Kannels*, 1869 *Cannels*. 1777 *Kandel* => 1808 *Kandel*, 1810 *Candel*. 1859 *Kandels*. Vz: 1880 *Candel, Candels, Cannels, Kandel, Kannels*.

KANDELS ['kɑndəls] (2009: 10, 0.06‰; 1880: 0). VARIANTE(N) *Cannels*. Flektiertes Patronym zu ↗*Kandel*.

KARELS ['kaːɾəls] (2009: 18, 0.11‰; 1880: 22, 0.11‰). Flektiertes Patronym zu *Karel*, siehe ↗*Carl*.

KARGER ['kaːʁɐ] (2009: 45, 0.28‰; 1880: 12, 0.06‰). VARIANTE(N) *Kariger*. Umlautlose Variante von ↗*Kerger*.

KARIER ['kɑʁjeː] (2009: 51, 0.31‰; 1880: 24, 0.12‰). VARIANTE(N) *Carier*. GLEICHE BASIS *Cariers*. 1. Variante von ↗*Kariger*. 2. Berufsname zu frz. *carrier* 'Steinbrucharbeiter'. ☞ *Karier* ist nur im Großherzogtum zu finden und zeigt die größte Verbreitung nördlich der Sauer. Seltener erscheint der Name in der Schreibvariante *Carier* (Luxemburg, äußerster Westen Walloniens). Eine Form *Carrier* begegnet in Belgien, besonders um Lüttich, sowie weit verteilt in Frankreich, besonders im Süden, und diese gehört überwiegend zu Etymologie 2. Extrem vereinzelt ist schließlich eine Genitivform *Cariers* anzutreffen (Luxemburg, Deutschland). 📖 In der Dokumentation des Familiennamens ist wie bei ↗*Kerger* mitunter eine Vermischung mit ↗*Karius* zu beobachten. 📖 GDB: 1705 *Karier* = *Kahriger*. 1717 *Karijer*. 1724 *Carrigers* = *Karyus* => 1752 *Carrigers*, 1753 *Karier* = *Kariers*, 1755 *Karrier* = *Karichers*, 1758 *Karger* = *Karier*, 1760 *Kargers* = *Kargus*, 1763 *Kariger*, 1769 *Karyus* = *Karius*. 1749 *Kairhier* => 1779 *Karier* = *Kairhier* = *Kariger* = *Kerger* => 1822 *Kerger*. 1753 *Karier* = *Kariers*. 1755 *Karrier* = *Karichers*. 1761 *Kaerger* = *Kariger* => 1791 *Kaerger* = *Kerger*, 1800 *Karier*, 1810 *Kerger* = *Kariger*. 1799 *Carger* = *Carier* => 1839 *Carger* = *Cariers*, 1849 *Carrier*. 1813 *Cariers* => 1867 *Kariger*.

KARIGER ['kaːʁɪʒɐ] (2009: 21, 0.13‰; 1880: 31, 0.16‰). Nicht synkopierte Variante von ↗*Karger*.

KARIUS ['kaːʁius] (2009: 5, 0.03‰; 1880: 6, 0.03‰). VARIANTE(N) *Carius*. Patronym zum gleichlautenden einstigen Rufnamen. Dieser ist regionalsprachliche Kurzform von *Eucharius*, das wohl griech. *eu-* 'gut' und *cháris* f. 'Anmut, Gunst', *chará* f. 'Freude' beinhaltet. Eucharius war nach alten Quellen der erste Bischof von Trier und lebte in der Mitte des 3. Jhs. Die einstige Popularität dieses Rufnamens schlägt sich in dem besonders im Trierer Raum verbreiteten Familiennamen *Karges* nieder. Außerhalb des Trierer Raumes ist auch an verkürztes *Maccarius* zu denken, das zu griech. *mákar* 'selig' gehört. ☞ Die genealogischen Datenbanken zeigen Vermischung mit ↗*Karier* und ↗*Kerger*. 📖 Fsv: 1611 *Carius*. GDB: 1661 *Carges*. 1724 *Carrigers* = *Karyus* => 1752 *Carrigers*, 1753 *Karier* = *Kariers*, 1755 *Karrier* = *Karichers*, 1758 *Karger* = *Karier*, 1760 *Kargers* = *Kargus*, 1763 *Kariger*, 1769 *Karyus* = *Karius*.1880 *Carius*.

KARL (2009: 1, 0.01‰; 1880: 4, 0.02‰). ↗*Carl*.

KARP [kaʀp] (2009: 14, 0.09‰; 1880: 39, 0.2‰). GLEICHE BASIS *Karpen*. 1. Berufsübername zu mhd. (mslfrk. -*p*-) *karpfe* 'Karpfen' für den Fischhändler. 2. Patronym zu *Karp*, Kurzform von *Polykarp*. Zu Grunde liegt griech. *polýs* 'viel' und *karpós* 'Frucht'. 📖 Fsv: 1611 *Karpen*. GDB: 1697 *Karp* => 1734 *Carpe*. 1708 *Karp* => 1757 *Karb*. 1738 *Carpen*. 1748 *Carp*. 1784 *Karpen*.

KARPEN [ˈkaʀpən] (2009: 18, 0.11‰; 1880: 11, 0.06‰). GLEICHE BASIS *Karp*. Flektiertes Patronym zu ↗*Karp*.

KARTHEISER [kaʀˈtaɪzɐ] (2009: 38, 0.23‰; 1880: 27, 0.14‰). Entrundete Form von *Karthäuser*: 1. Personalisierter Herkunftsname zu *Karthaus* für einen Stadtteil von Konz, Landkreis Trier-Saarburg. 2. Übername zu mhd. *karthiuser* 'Karthäusermönch'. 🍀 In Luxemburg, bei Trier und im Saarland. Im Raum Trier dominiert aber *Karthäuser*, ebenso bei Sankt Vith in der Deutschsprachigen Gemeinschaft. 📖 GDB: 1702 *Kartheiser*. 1763 *Karteiser*. 1789 *Kartheyser*. 1808 *Kartheuser* => 1842 *Kartheiser*. 1882 *Karthäuser*.

KASEL [ˈkaːzəl] (2009: 69, 0.42‰; 1880: 151, 0.78‰). VARIANTE(N) *Casel*. Herkunftsname zu *Kasel* (mslfrk. *Kosel*) für eine Gemeinde im Landkreis Trier-Saarburg. 🍀 *Kasel* begegnet vor allem in Luxemburg (dort besonders zwischen Mersch und Ettelbrück) sowie in Deutschland entlang der Mosel; vereinzelt auch im Saarland, im Rheinland und im übrigen Deutschland. Die minderfrequente Schreibvariante *Casel* kommt vor allem im Osten des Großherzogtums, entlang der Mosel in Deutschland sowie im Areler Land vor. 📖 GDB: 1665 *Casel*. 1683 *Kasel*. 1748 *Kasel* => 1778 *Kassel* => 1806 *Casel*.

KASPAR (2009: 13, 0.08‰; 1880: 0). ↗*Caspar*.

KASS [kɑs] (2009: 101, 0.62‰; 1880: 149, 0.77‰). Patronym zum gleichlautenden Rufnamen. Dieser ist Kurzform von *Nicasius*, das zu griech. *nīkē* f. 'Sieg' gehört. Siehe auch ↗*Koos*, Etymologie 1, ↗*Kaes*, Etymologie 2. 🍀 Das Vorkommen von *Kass* beschränkt sich überwiegend auf Luxemburg. In Deutschland streut der Name nur vereinzelt, am dichtesten am Niederrhein, doch sind in Deutschland weitere bzw. andere Konkurrenzetymologien möglich. 📖 Fsv: 1656 *Cas, Kahs*. GDB: 1644 *Kass*. 1700 *Kaas* = *Kass*. 1737 *Kass* => 1769 *Cahs*. 1731 *Koss* = *Kass*. 1745 *Kass* => 1781 *Kasse*. 1753 *Kass* => 1780 *Cass*, 1784 *Kaas* (=> 1819 *Caas*). 1770 *Kass* => 1799 *Kaas* => 1829 *Kasse* => 1863 *Kas* => 1896 *Kass*. 1775 *Kass* => 1808 *Cas*. 1802 *Kass* => 1847 *Kas*. 1809 *Kass* => 1839 *Kaasse*. 1809 *Kasse* = *Casse*.

KAUFFMAN (2009: 9, 0.06‰; 1880: 37, 0.19‰). ↗*Kauffmann*.

KAUFFMANN ['kaʊfman] (2009: 114, 0.7‰; 1880: 193, 1‰). VARIANTE(N) *Kauffman, Kaufman, Kaufmann*. Berufsname zu mhd. *koufman* 'Kaufmann, Verkäufer, Käufer'. ⓘ *Kauffmann* ist in Luxemburg häufiger als *Kaufmann* und streut weit nach Frankreich hinein, wo *Kauffmann* ebenfalls gegenüber *Kaufmann* dominiert. In Deutschland ist es umgekehrt, denn *Kaufmann* ist mit großem Abstand am häufigsten. Insgesamt selten und am ehesten typisch für Belgien sind *Kauffman* und *Kaufman*. 📖 RB (1388-1500): *Kauffman, Kouffman*.

KAUFMAN (2009: 2, 0.01‰; 1880: 36, 0.19‰). ↗*Kauffmann*.

KAUFMANN (2009: 57, 0.35‰; 1880: 147, 0.76‰). ↗*Kauffmann*.

KAUTEN (2009: 3, 0.02‰; 1880: 0). ↗*Kauthen*.

KAUTH [kaʊt] (2009: 20, 0.12‰; 1880: 52, 0.27‰). GLEICHE BASIS *Kauthen*. 1. Wohnstättenname zu mhd. *kûte* f. 'Grube, Loch', entsprechend lb. †*Kaut* 'Grube, Wühlloch' (LWB). 2. Berufsübername zu mhd. *kût* m. 'Tausch', entsprechend lb. †*Kaut* 'id', lb. *kauten* 'Tauschhandel betreiben; vertauschen' (LWB) für den Tauschhändler. 3. Berufsübername zu mhd. (md.) *kûte* f. 'Flachs in einer gewissen Form und Menge' für den Flachshändler. 📖 FSV: 1611 *Kaut, Kauth*. GDB: 1645 *Kauten*. 1651 *Kauth*. 1686 *Kauthen*. 1692 *Kauthen* = *Cauten* => 1731 *Kauthen* => 1754 *Kaut*. 1697 *Kautte*. 1727 *Kautte* => 1761 *Kauth*. 1788 *Kauten*.

KAUTHEN ['kaʊten] (2009: 9, 0.06‰; 1880: 5, 0.03‰). VARIANTE(N) *Kauten*. 1. Wohnstättenname (erstarrter Dativ) zu mhd. *kûte* f. 'Grube, Loch'; siehe ↗*Kauth*, Etymologie 1. 2. Flektierte Form von ↗*Kauth*, Etymologie 2 und 3.

KAYL [kaɪl // keːl] (2009: 48, 0.29‰; 1880: 119, 0.61‰). VARIANTE(N) *Kail*. GLEICHE BASIS *Kayler*. Herkunftsname zu *Kayl* (lb. *Keel, Käl*, frz. *Kayl*) für eine Luxemburger Gemeinde. ⓘ Überwiegend im Luxemburger Süden, also in der Nähe des Ursprungsortes, zu finden. 📖 RB (1388-1500): *Bartel van Keil = Bartel van Keille = Bartel van Keylle = Bartel von Keile = Bartel von Keille = Barthel van Keill*. FSV: 1561 *Keyll*. 1611 *Keil, von Keil*. GDB: 1723 *Kail*. 1727 *Kayl*. 1812 *Kayl* => 1842 *Kehl*.

KAYLER ['kaɪlɐ] (2009: 1, 0.01‰; 1880: 10, 0.05‰). Personalisierte Form von ↗*Kayl*.

KAYSER ['kaɪzɐ] (2009: 340, 2.08‰; 1880: 628, 3.24‰). VARIANTE(N) *Kaiser, Keiser, Keisser, Keyser*. Übername zu mhd. *keiser* 'Kaiser'. ⓘ Die vorherrschende Form in Luxemburg ist *Kayser*, gefolgt von *Kaiser*. In Deutschland und dem Moseldepartement ist es umgekehrt, während im Elsass beide Formen sich die Waage halten. Insgesamt sind *Keiser* und *Keyser* in allen Ländern dünn gestreut. Extrem selten und nur auf das Großherzogtum beschränkt ist *Keisser*. 📖 FSV: 1611 *Keiser, Keyser, Keysers, Keysser*. GDB: 1665 *Kayser*. 1667 *Kaysers*. 1677 *Keiser*. 1700 *Keyser*. 1714 *Kaiser*. 1717 *Keysers*. Vz: 1880 *Kaiser, Kayser, Keiser, Keyser*.

KEIFFER ['kaɪfɐ] (2009: 24, 0.15‰; 1880: 67, 0.35‰). VARIANTE(N) *Kaeiffer, Kaiffer*. Berufsname zu mhd. *koufer, keufer* 'der kauft oder verkauft'. ☞ In den genealogischen Datenbanken finden sich etliche Namenwechsel von *Keiffer* (und Varianten) zu ↗*Kieffer*, so dass von einer weitgehenden Durchmischung gesprochen werden kann. 📖 RB (1388-1500): *Hantze Keuffer*. FSV: 1656 *Keuffers*. GDB: 1676

Keuffer = Kieffer. 1683 *Keffers = Kieffer.* 1685 *Keiffers.* 1686 *Keuffers.* 1690 *Keyffers.* 1715 *Keiffer.* 1717 *Keyffers* => 1754 *Keuwers,* 1756 *Kieffer = Keyffers* (=> 1777 *Kieffer = Kaeffer*). 1744 *Kaiffer.* 1759 *Keiffertz.* 1787 *Keiffer = Kieffer.* 1797 *Keyffers* => 1833 *Keuffers.* 1826 *Keifer.*

KEIL [kaɪl] (2009: 5, 0.03‰; 1880: 2, 0.01‰). GLEICHE BASIS *Kails.* Übername zu a) mhd. *kiuwel* m. 'Kiefer, Kinnbacken'; b) mhd. *kîl* 'Keil, Pflock', frnhd. *keil* 'Grobian'. 📖 GDB: 1707 *Keuls.* 1741 *Kaiels* => 1768 *Kayls.* 1743 *Keil.* 1749 *Kails.* 1776 *Keils.* 1818 *Kails* => 1850 *Kayls.* 1831 *Kayls* => 1864 *Kails.*

KEIP [kaɪp] (2009: 5, 0.03‰; 1880: 32, 0.17‰). Entrundete Form von ↗*Keup.*

KEIPES [ˈkaɪpəs] (2009: 26, 0.16‰; 1880: 44, 0.23‰). Flektiertes Patronym (Mischgenitiv) zu ↗*Keip.*

KEISER (2009: 56, 0.34‰; 1880: 45, 0.23‰). ↗*Kayser.*

KEISSER (2009: 1, 0.01‰; 1880: 0). ↗*Kayser.*

KELLEN [ˈkælən] (2009: 15, 0.09‰; 1880: 118, 0.61‰). Herkunftsname zu *Kellen < Kelden* (< lat. *Callidovilla*), heute *Kehlen* (lb. *Kielen*) für eine Luxemburger Gemeinde (vgl. Meyers, S. 113). 📖 RB (1388-1500): *Clais van Kelden. Peter Jutz van Kellen. Clais van Kellen = Kellen Clais.* FSV: 1446-1447 *Clesgin dit clein Meister de Kelden.* 1611 *de Khelen.* GDB: 1680 *Kellen.*

KELLER [ˈkælɐ] (2009: 59, 0.36‰; 1880: 56, 0.29‰). 1. Berufsname zu mhd. *këllære, këller* 'Kellner, Kellermeister; herrschaftlicher Steuerbeamter, Verwalter', Variante von mhd. *këlnære,* siehe ↗*Kellner.* 2. Wohnstättenname zu mhd. *këllære, këller,* doch in der Bedeutung 'Keller', im engeren Sinn 'auf einem Keller gelegener Hof oder Hof, auf dem Naturalleistungen eingekellert oder gelagert werden'. ✹ Der Name kommt im gesamten germanophonen Kartierungsgebiet vor. Auch streut er weit ins frankophone Wallonien und in den Osten Frankreichs hinein. Ferner bildet er ein Nest im Raum Paris. 📖 FSV: 1611 *Keller.* 1656 *Kellers.* GDB: 1760 *Kesseler* => 1805 *Kellesch.*

KELLNER [ˈkælnɐ] (2009: 17, 0.1‰; 1880: 43, 0.22‰). Berufsname zu mhd. *këlnære* 'Kellner, Kellermeister; herrschaftlicher Steuerbeamter, Verwalter', Variante von mhd. *këllære, këllære;* siehe ↗*Keller,* Etymologie 1. ✹ Der Name streut im gesamten germanophonen Kartierungsgebiet. In der Provinz Luxemburg ist vereinzelt die Schreibvariante *Kelner* anzutreffen. 📖 RB (1388-1500): *Kelner. Peters des Kelleners.* FSV: 1611 *Kelners.* GDB: 1789 *Kelner* => 1842 *Kellner.*

KELSEN [ˈkaɪzən] (2009: 15, 0.09‰; 1880: 62, 0.32‰). Herkunftsname zu *Kelsen* für einen Ortsteil der Gemeinde Merzkirchen im Landkreis Trier-Saarburg. 📖 GDB: 1690 *Kelsen.*

KEMMER [ˈkæmɐ] (2009: 27, 0.17‰; 1880: 28, 0.14‰). VARIANTE(N) *Kaemmer.* Berufsname zu a) mhd. *kemmer* 'Wollkämmer', vielleicht auch für den Hersteller von Kämmen; b) mnd. *kemmer* 'Kämmerer, der die Kammer, das Rechnungswesen eines Fürsten oder einer Bürgerschaft unter sich hat'. ✹ Das Vorkommen von *Kemmer* in Luxemburg beschränkt sich auf die südliche Hälfte. In Deutschland ist der Name vor allem im Westen und Südwesten zu finden. 📖 FSV: 1561 und 1611 *Kemmer.* 1611 *Kemmers.* GDB: 1700 *Kemmer.*

KEMP [kæmp] (2009: 94, 0.58‰; 1880: 264, 1.36‰). Berufsname zu mhd. *kempfe* (mslfrk.-*p*-) 'Kämpfer, für den gerichtlichen Zweikampf gemieteter Berufskämpfer'. ⓢ *Kemp* ist besonders in Luxemburg, dem Areler Land sowie am Niederrhein verbreitet. ☞ In den genealogischen Datenbanken finden sich auch Diminutivbildungen, die jedoch Vermischung mit ↗*Koemptgen* zeigen. 📖 RB (1388-1500): *Hans Kempen Eydem. Jehan Keimpgin = Johan Kemchgin = Johan Kempgin = Johan Kemptgen = Johan Keymchin = Johan Keympchin. Kempen Tzymmerman = Kempin = Kemppen. Kemppen Sone dem Tzymmermanne. Thilman Kemppen Sone.* FSV: 1561 *Kempen, Kempff, Kempffen.* 1611 *Kempen, Kempes.* 1656 *Kemp, Kempges.* GDB: 1707 *Kempen.* 1712 *Kempges.* 1723 *Kemp.* 1737 *Kempgen* => 1767 *Kempgen = Koemtgen,* 1785 *Kemtgen = Kömtgen.* 1773 *Kempgen = Koemptgen.*

KERG [kæʁɕ] (2009: 5, 0.03‰; 1880: 34, 0.18‰). Herkunftsname zu lb. *Käerch* (dt. *Koerich*) für eine Ortschaft in der gleichnamigen Gemeinde. 📖 GDB: 1848 *Kerg.*

KERGEN [ˈkæʁʒən] (2009: 9, 0.06‰; 1880: 19, 0.1‰). Schreibvariante von ↗*Kerschen.*

KERGER [kæʁʒɐ] (2009: 69, 0.42‰; 1880: 15, 0.08‰). GLEICHE BASIS *Karger.* Berufsname zu mhd. *karrecher, karricher, kercher* 'Karrenmann', einer Agensbildung zu mhd. *karrech, karrich,* auch *karig* 'Karren'. Siehe auch ↗*Karier,* Etymologie 1.

ⓢ Das Hauptverbreitungsgebiet von *Kerger* liegt in Luxemburg, genauer: im Westen, und es besteht eine Kontinuität zu Belgien. Zwar kommt der Name auch in Deutschland vor, doch nicht in Grenznähe zum Großherzogtum. Außerdem ist seine relative Häufigkeit in Deutschland im Vergleich zu jener in Luxemburg weitaus niedriger. Zu *Kerger* in Deutschland stellen *Kärger* und *Kaerger,* die ausschließlich dort verbreitet sind, Schreibvarianten dar. Am häufigsten im Kartierungsgebiet begegnet *Karger,* doch in Luxemburg selbst ist dieser Name weniger frequent als *Kerger.* Eine nicht synkopierte Variante *Kariger* gilt außer in Luxemburg und dem anschließenden Areler Land besonders im Raum Lüttich sowie mit kleineren Nestern auch in Deutschland.

☞ In den historischen Belegen für Luxemburg tritt häufiger ein Wechsel zwischen Formen mit *g* und *ch*, in manchen Fällen auch zwischen solchen mit und ohne Umlaut zu Tage. Zugrunde liegt die allgemein im Mfrk. gültige frikativische Aussprache v.a. für auslautentes und intervokalisches *g,* wodurch es zu einer häufigen Austauschbarkeit von ‹g› und ‹ch› kommt.

Speziell die Rechnungsbücher zeigen zudem den Wechsel mit den semantisch identischen Beinamen *Karrer* (zu mhd. *karre* 'Karren') und *Fuhrmann,* dem Herkunftsnamen *Karer, Karen* (zu mhd. *Kare, Karen = Korn,* heute *Niederkorn,* wobei die betreffenden Namenträger in der Tat ursprünglich aus Niederkorn stammen; vgl. Pauly 1992, S. 337-343) sowie mit den Berufsübernamen *Karchin, Karchgin* (Diminutivbildungen) und *Karg.* Darüber hinaus konnte durch eine *j*-ähnliche Aussprache von *Kariger* die Variante ↗*Karier* entstehen, die ihrerseits mit *Carrier,* ↗*Carier* und zudem mit ↗*Karius* vermischt werden konnte.

📖 RB (1388-1500): *Clais dem Fourman = Clais dem Kaircher = Clais dem Kairer = Clais dem Karicher = Clais dem Karrer = Clais der Karrer = Clais Kairchgen*

= *Clais Kairchgin* = *Clais Kairchin* = *Clais Karchen* = *Clais Karcher* = *Clais Karchin* = *Clais Karen* = *Clais Karer* = *Clais Karicher* = *Clais Karrer*. *Kairger van Mameren* = *Karg van Mamer* = *Karger van Mamer* = *Kerger van Mamer*. *Clais Kairchgen van Nyder Kair* = *Claiß Kairchin van Nyderkair*. *Lenhart Karcher* = *Leynhart Foirman* = *Leynhart Kairchger* = *Leynhart Karcher* = *Leynhart Karchger* = *Leynhart Karger*. Fsv: 1561 *Karchers*. 1611 *Karcher, Karchers, Karcheur*. GDB: 1705 *Karier* = *Kahriger*. 1710 *Karger*. 1710 *Kariger* = *Cariger*. 1712 *Kerger*. 1717 *Karijer*. 1724 *Carrigers* = *Karyus* => 1752 *Carrigers*, 1753 *Karier* = *Kariers*, 1755 *Karrier* = *Karichers*, 1758 *Karger* = *Karier*, 1760 *Kargers* = *Kargus*, 1763 *Kariger*, 1769 *Karyus* = *Karius*. 1727 *Kericher*. 1733 *Kariger* => 1760 *Käriger*. 1745 *Keriger* = *Kerger*. 1749 *Kairhier* => 1779 *Karier* = *Kairhier* = *Kariger* = *Kerger* => 1822 *Kerger*. 1753 *Karier* = *Kariers*. 1755 *Karrier* = *Karichers*. 1758 *Karcher*. 1761 *Kaerger* = *Kariger* => 1791 *Kaerger* = *Kerger*, 1800 *Karier*, 1810 *Kerger* = *Kariger*. 1773 *Koeriger* = *Kerger*. 1782 *Kariger* => 1821 *Karicher*. 1799 *Carger* = *Carier* => 1839 *Carger* = *Cariers*, 1849 *Carrier*. 1806 *Kariger* = *Karger*. 1813 *Cariers* => 1867 *Kariger*.

KERSCH [kæʀʃ] (2009: 41, 0.25‰; 1880: 64, 0.33‰). Herkunftsname zu *Kersch* für einen Ortsteil der Gemeinde Ralingen, Landkreis Trier-Saarburg. 🜚 Der Name *Kersch* ist in direkter Umgebung des namensstiftenden Ortes zu finden. Die Nester im Süden Deutschlands beziehen sich eher auf bair. *Kersche* 'Kirsche'. ☞ Die genealogischen Datenbanken zeigen den (etymologisch nicht begründeten) Wechsel von *Kersch* zu ↗*Kirsch*. 📖 Fsv: 1611 *Kersch*. GDB: 1700 *Kersch*. 1743 *Kersch* => 1786 *Kirsch*.

KERSCHEN [ˈkæʀʃən] (2009: 87, 0.53‰; 1880: 119, 0.61‰). VARIANTE(N) *Kergen*. Herkunftsname zu *Kerschen*, heute *Niederkerschen* (lb. *Nidderkäerjeng*, frz. *Bascharage*), für eine Ortschaft in der gleichnamigen Gemeinde. Vgl. auch ↗*Kerschenmeyer*. 🜚 Der Name kommt vor allem im Südwesten Luxemburgs vor, vereinzelt auch in Deutschland und bei Lüttich. ☞ In den historischen Belegen mit *g* findet die luxemburgische Aussprache mit [ʒ] ihren Niederschlag. Dieses [ʒ], das in der älteren luxemburgischen Orthografie als ⟨jh⟩ und in der neueren ⟨j⟩ als erscheint, ist lautgesetzlich aus mhd. *s* zwischen *r* und Vokal hervorgegangen: mhd. *Kërsen* > lb. *Käerjen* > *Käerjeng*. 📖 RB (1388-1500): *Van Keirssen, van Kerß, van Kersse, van Kerssen, van Kerßen, van Kersß, van Kersßen, van Nederkerssen, van Niderkerssen, van Nyederkerssen, van Overkerssen*. Fsv: 1444-1450 *Mathijs de Kersen*. 1472 *Jehan van Kersse*. 1611 *Kersen, Kerssen*. GDB: 1591 *Kerschen*. 1734 *Kergen*. 1740 *Kergen* => 1775 *Kerschen* => 1811 *Kergen*. 1804 *Kergen* = *Kerschen*.

KERSCHENMEYER [ˈkɛʀʃənmaɪʀ] (2009: 17, 0.1‰; 1880: 4, 0.02‰). Herkunftsname zu einem Kompositum mit dem Toponym *Kerschen*, heute *Niederkerschen* (lb. *Nidderkäerjeng*, frz. *Bascharage*) für die gleichnamige Gemeinde im Kanton Cappellen und mhd. *meier* 'Meier, Oberbauer', demnach für einen Meier, der aus Kerschen stammte. ☞ Eher unwahrscheinlich ist dagegen folgende Etymologie: Berufsname zu einem Kompositum mit mhd. *kërse* 'Kirsche' und *meier* 'Meier, Oberbauer', demnach für einen Meier, der gleichzeitig als Kirschgärtner tätig war. Dem Appellativ für Kirsche entspricht nämlich lb. *Kiischt*, und dieses stammt wie stnhd. *Kirsche* aus mhd. *kirse*, einer Nebenform von mhd. *kërse*. Auf der Grundlage von mhd. *kirse* wäre somit für Luxemburg ein Kompositum **Kirschenmeyer* zu erwarten. Auch kann der Familienname kaum importiert sein, da er außerhalb des Großherzogtums nicht vorkommt. Der früheste Beleg stammt aus Oberkerschen. Auch der Beleg *Kergenmayer* spricht aufgrund des *g* für den Herkunftsnamen (vgl. weiterführende Diskussion unter ↗*Kerschen*). 📖 GDB: 1723 *Kerschenmeyer* (Oberkerschen). 1740 *Kergenmayer = Kerschenmeyer*. 1803 *Kerschenmayer*. 1850 *Kerschemeyer*.

KERTZ [kæʀts] (2009: 16, 0.1‰; 1880: 24, 0.12‰). 1. Wohnstättenname zu mhd. *kerze* 'Kerze' nach einer Kerze als Hauszeichen. 2. Berufsübername zum selben mhd. Appellativ für den Kerzenmacher. 📖 FsV: 1541 *Claus zur Kertzen*. 161 *Kertziss*. 1611 *Kertzen, Kertzens*. GDB: 1823 *Kertz*.

KESSELER [ˈkæsəlɐ] (2009: 35, 0.21‰; 1880: 132, 0.68‰). VARIANTE(N) *Kessler*. Berufsname zu mhd. *keʒʒelære, keʒʒeler* 'Kessel-, Kupferschmied', entsprechend lb. *Kesseler* 'Kesselflicker, Klempner'. ⓈⓈ *Kesseler* findet sich überwiegend in Luxemburg mit dem größten Vorkommen im Kanton Vianden; ferner in der Provinz Lüttich, im Areler Land, in Ostlothringen sowie in Deutschland auf der linken Seite der Mosel, im Norden von Rheinland-Pfalz und in Nordrhein-Westfalen. Die synkopierte Variante *Kessler* ist in Luxemburg weitaus seltener, dominiert dagegen mit großem Abstand in Ostfrankreich und Deutschland. 📖 RB (1388-1500): *Kesselar, Kesselare, Kesseler, Kesselers, Kessell, Kesseller, Kessellers, Kesslers*. FsV: 1561 *Kessler*. 1611 *Kesseler, Kesselers*. GDB: 1737 *Kesseler* => 1775 *Kessler*.

KESSLER (2009: 25, 0.15‰; 1880: 15, 0.08‰). ↗*Kesseler*.

KETTEL [ˈkætəl] (2009: 47, 0.29‰; 1880: 26, 0.13‰). GLEICHE BASIS *Kettels*. Wohl Berufsübername zu nhd. (md.) *Kettel* f. 'u.a. kleine Kette, zur Verschließung von Fensterläden und Türen, besonders Gartentüren, Zauntüren, Stalltüren und Ähnlichem' für den Hersteller. ⓈⓈ Zum Hauptverbreitungsgebiet von *Kettel* gehören Luxemburg, der Norden ausgenommen. In Deutschland streut der Name nur vereinzelt, u.a. zwischen Mosel, Mittel- und Niederrhein. Die flektierte Form *Kettels* begegnet sehr vereinzelt im Großherzogtum (besonders im Norden, ferner am südlichen Rand) sowie ebenfalls sehr vereinzelt in Belgien. Doch ist dort Konkurrenzetymologie zu nl. *ketel* 'Kessel', Berufsübername für den Kesselmacher möglich. 📖 FsV: 1656 *Kettels*. GDB: 1637 *Kettels*. 1731 *Kettel*.

KETTELS [ˈkætəls] (2009: 13, 0.08‰; 1880: 28, 0.14‰). Flektiertes Patronym zu ↗*Kettel*.

KETTENHOFEN [ˈkætənhoːfən] (2009: 5, 0.03‰; 1880: 2, 0.01‰). Herkunftsname zu *Kettenhofen* (lb. *Kettenuewen*, frz. *Cattenom*) für eine Gemeinde im Moseldepartement. ☞ Der ältere deutsche Name für Kettenhofen lautet *Kettenheim*. Diese bildete die Grundlage für frz. *Cattenom*. Als Familienname begegnet *Kettenheim* auch im Spätmittelalter. Weiterführende Literatur: http://infolux.uni.lu/cattenom. 📖 RB (1388-1500): *Adam zu Kettenhem. Gylles van Kettenhem. Thijs de Kettenhem*. FsV: 1656 *Kettenhoffen*. GDB: 1827 *Kettenhofen*.

KETTENMEYER [ˈkætənmaɪɐ] (2009: 16,

0.1‰; 1880: 63, 0.33‰). Berufsname zu einem Kompositum mit mhd. *ketene* 'Kette' und *meier* 'Meier, Oberbauer', demnach für einen Meier, der gleichzeitig als Kettenschmied (frnhd. *ketener*) tätig war. ☞ 1880 haben *Kettemeyer* und *Kettenmeyer* gleich viel Namenträger (63). 1930 finden sich nur noch Varianten mit *n*, das heißt, jene ohne *n* dürften zwischenzeitlich an die Standardsprache angepasst worden sein. 📖 RB (1388-1500): *Der Kettenmeiger van Straissen*. Fsv: 1561 *Kettenmers, Ketten Meyers*. 1611 *Kettenmeyers*. GDB: 1689 *Kettenmayers*. 1718 *Kettenmayer*. 1724 *Kettenmeyer*. 1724 *Kettenmeyers*. Vz: 1880 *Kettemeyer, Kettenmeyer*. 1930 *Kettenmayer, Kettenmeyer*.

KETTER ['kætɐ] (2009: 25, 0.15‰; 1880: 96, 0.5‰). Übername zu rhein. *Ketter* 'Ketzer, Nörgler, Taugenichts'. ✺ In Luxemburg begegnet der Name überwiegend im Westen. Streubelege auch in Deutschland, besonders in Hessen, doch sind außerhalb des Großherzogtum Konkurrenzetymologien möglich. 📖 Fsv: 1561 und 1611 *Ketter*. 1611 *Ketters*. GDB: 1725 *Ketter*. 1755 *Ketter = Ketteren*. 1783 *Kettert*.

KETTMANN ['kætmɑn] (2009: 42, 0.26‰; 1880: 11, 0.06‰). Möglicherweise Wohnstättenname auf -*mann* zu rhein. *Ket* f. 'alte Hütte', Nebenform von *Kite* f 'altes baufälliges Haus'. Vgl. auch nl. *keet* f. 'Schuppen, Bude, Hütte, Baracke'. ✺ Die höchste Dichte zeigt der Name in Luxemburg. In Deutschland findet er sich verstreut u.a. in Nordrhein-Westfalen, Sachsen-Anhalt und Brandenburg. 📖 GDB: 1690 *Kettmann*.

KEUP [kɔɪp] (2009: 29, 0.18‰; 1880: 74, 0.38‰). VARIANTE(N) *Keip*. GLEICHE BASIS *Keipes*. Übername zu lb. *käipen*, auch *kaupen* 'treten (vom Federvieh)'. Das lb. Verb gehört zu nhd.-landsch. *keupen, kaupen* 'umkippen', *keupeln, kaupeln* 'u.a. schwanken, taumeln, einen Purzelbaum schlagen'. ✺ *Keup* kommt in Luxemburg besonders im Norden und außerhalb des Großherzogtums kaum vor. *Keip* findet sich in Luxemburg, doch sehr selten, im Moseldepartement, sowie am häufigsten in Deutschland, besonders am Mittel- und Niederrhein. Das Vorkommen von *Keipes* ist auf Luxemburg beschränkt. 📖 GDB: 1555 *Keipes*. 1725 *Keup* => 1764 *Keip*. 1730 *Keip* => 1759 *Keup*. 1793 *Keip* => 1823 *Keipen*.

KEYSER (2009: 9, 0.06‰; 1880: 41, 0.21‰). ↗*Kayser*.

KIEFER (2009: 45, 0.28‰; 1880: 81, 0.42‰). ↗*Kieffer*.

KIEFFER ['ki:fɐ // keɪfɐ] (2009: 496, 3.04‰; 1880: 871, 4.5‰). VARIANTE(N) *Kiefer, Kiffer*. GLEICHE BASIS *Kuffer*. Berufsname zu mhd. *küefer* 'Böttcher', Agensbildung zu mhd. *kuofe* f. 'großer Bottich, besonders für Wein und Salz'. ✺ *Kieffer* ist die dominierende Form in Luxemburg, aber auch in Lothringen und dem Elsass. In der deutschen Nachbarregion gilt überwiegend *Kiefer*. Die umlautlose Variante *Kuffer* findet sich fast nur im Großherzogtum sowie in Deutschland besonders häufig in Bayern, hier auch mit einem *f* geschrieben. Sehr selten in Luxemburg und ebenso in Deutschland ist *Kiffer*, häufiger dagegen in Ostlothringen. ☞ Dem Appellatitv mhd. *küefer* entspricht lb. *Kéifer*. Neben *Kieffer* und *Kiefer* existiert in Luxemburg als weitere Variante der Familienname *Kuffer*, dem eine umlautlose Variante von mhd. *küefer* zu Grunde liegt. Dagegen kommt im Appellativschatz des Luxemburgischen eine entsprechende umlautlose Variante *Koufer nicht vor. Während in den historischen Belegen Kuffer in archaischer oder französisch beeinflusster Graphie für Küffer stehen kann, weist die heutige Form Kuffer auf Grund der Aussprache mit u auf einen Import hin. In Frage käme am ehesten der bairische oder ostfränkische Sprachraum, da dort die umlautlosen Varianten als Familiennamen besonders häufig sind und auch dem Appellativschatz angehören. In den Rechnungsbüchern kommt der Begriff Küfer nicht vor. Stattdessen ist Vaßbender verzeichnet. In den genealogischen Daten erscheint der Berufsname häufig auch latinisiert als ↗Wietor, wobei zudem in Einzelfällen ein Wechsel von Wietor auf ↗Victor zu beobachten ist. Darüber hinaus erscheint Kieffer als Aliasname von ↗Keiffer. 📖 FSV: 1561 Koeffer, Koeffers, Kuffer. 1589 Kueffer. 1611 Kueffer, Kueffers. GDB: 1655 Kuffer. 1685 Küffer => 1715 Wietor = Vietor, 1716 Vietoris = Wietor. 1729 Kieffer = Kiffer => 1780 Koeffer. 1741 Küffer => 1774 Kieffer, 1779 Küffer (=> 1807 Kuffer, 1808 Küffer = Kiefer, 1811 Kieffer). 1755 Wietor = Vietor = Victor = Kuffer => 1779 Wietor = Vietor = Küffer. 1767 Kieffer => 1790 Küffer, 1792 Kueffer, 1795 Kieffer. 1810 Wietor = Vietor => 1850 Wictor = Vietor. Vz: 1880 Kiefer, Kieffer, Kufer, Kuffer.

KIES [kiːs] (2009: 35, 0.21‰; 1880: 114, 0.59‰). Wohnstättenname zu mhd. kis 'Kies; Erz', entsprechend das Appellativ lb. Kass, Kiss (Ostrand) 'Kies'. 🌿 Kies zeigt außer in Luxemburg das größte Vorkommen im nördlichen Baden-Württemberg. ☞ Die genealogischen Datenbanken zeigen den Wechsel mit Kissen, Koesch und Küs. Die Etymologie der Aliasnamen Kissen und Koesch, von denen Koesch heute in Luxemburg als Kaesch, Kesch erscheint, ist unklar. Im Aliasnamen Küs kann dagegen hyperkorrekte Graphie ⟨ü⟩ für ⟨i⟩ vorliegen. 📖 GDB: 1690 Kies. 1705 Kissen => 1743 Koesch => 1771 Kies => 1798 Küs.

KIESCH (2009: 10, 0.06‰; 1880: 22, 0.11‰). Regionalsprachliche Variante von ↗Kirsch mit Assimilation rs > sch und Dehnung des Tonvokals.

KIFFER (2009: 8, 0.05‰; 1880: 8, 0.04‰). ↗Kieffer.

KIHN [kiːn] (2009: 16, 0.1‰; 1880: 34, 0.18‰). 1. Übername zu mhd. küene 'kühn, kampflustig'. 2. Patronym zum einstigen gleichlautenden Rufnamen. Für diesen ließe sich ahd. *Kuonjo erschließen, eine Bildung auf der Grundlage des ahd. ja-Stammes kuoni, dem das o.g. Adjektiv mhd. küene entspricht. Siehe auch ↗Koener, ↗Koeune, ↗Kohn, ↗Kunsch/Künsch. 🌿 Kihn und Kühn sind fast komplementär verteilt: In Luxemburg und dem Moseldepartement kommt ausschließlich Kihn vor, außerhalb des Großherzogtums fast ausschließlich Kühn. ☞ In den genealogischen Datenbanken ist ein häufiger Wechsel zwischen etymologisch verwandten Formen und solchen, die zu ↗Kinn gehören, belegt. 📖 GDB: 1680 Konen = Könen = Kinnen = Kinn = Kionen => 1710 Kienen, 1722 Kinn = Könen => 1763 Kinn = Kinnen => 1794 Kinnen = Kinn, 1796 Kinn = Kionen, 1798 Künen = Kinn = Kinen = Kinnen => 1824 Kinn, 1828 Kinen, 1830 Kinnen = Kinn, 1834 Kien. 1715 Kinn => 1748 Kihn = Künen = Kuhn = Kinn. 1730 Kühn. 1739 Kihn. 1747 Kienen = Kinn. 1796 Kienen = Kinnen.

KILL [kil] (2009: 56, 0.34‰; 1880: 126, 0.65‰). 1. Wohnstättenname zu Kyll für einen Fluss in der südlichen Eifel. 2.

Übername zu rhein. *Kill* 'Geizhals, eigennütziger Mensch'. ⓈDer Name begegnet besonders in Luxemburg, dem Moseldepartement, in der Eifel, aber u.a. auch in übrigen Teilen von Rheinland-Pfalz sowie in Nordrhein-Westfalen. 📖 Fsv: 1611 *Killen*. GDB: 1677 *Kyllen* => 1707 *Kyl*, 1712 *Kyhl*, 1726 *Kilen*. 1730 *Kill*. 1837 *Kyll*. 1866 *Kihl*.

KIMMEL [ˈkiməl] (2009: 28, 0.17‰; 1880: 52, 0.27‰). GLEICHE BASIS *Kimmels, Kimmen, Kimmes*. Berufsübername zu mhd. *kümel*, Nebenform von *kumin* 'Kümmel', für den Gewürzhändler. Eine weitere, umgelautete Nebenform ließe sich für den Familiennamen *Kimmen* erschließen; siehe ↗*Kimmes*. ⓈKimmel streut in Luxemburg, Ostlothringen, dem Unterelsass sowie in Deutschland besonders in der südlichen Hälfte, doch kaum in Grenznähe zum Großherzogtum. Etwas häufiger ist in Deutschland die nicht entrundete Form *Kümmel* anzutreffen. *Kimmes* ist in Luxemburg und vereinzelt in Wallonien verbreitet und bildet in Deutschland ein kleines Nest im Raum Mainz. Die entsprechende Nominativform *Kimmen* findet sich insgesamt extrem selten und in Luxemburg nur im Kanton Remich. ☞ Die Hauptform für Kümmel im Appellativschatz des Luxemburgischen ist *Kimmel*. Seltene Varianten sind *Kimmer, Kimm(chen), Kinn, Ki* sowie Formen, die mit *G-* anlauten. 📖 GDB: 1700 *Kimmes*. 1737 *Kimes* = *Kimmes* => 1791 *Kimes*, 1794 *Kimmen*, 1795 *Kimmes*, 1810 *Kymen*. 1779 *Kimmel*. 1794 *Kimmen*. 1819 *Kimmes* => 1852 *Kimmel*.

KIMMELS [ˈkiməls] (2009: 1, 0.01‰; 1880: 0). Flektiertes Patronym zu ↗*Kimmel*.

KIMMEN [ˈkimən] (2009: 3, 0.02‰; 1880: 0). ↗*Kimmel*.

KIMMES [ˈkiməs] (2009: 32, 0.2‰; 1880: 121, 0.62‰). Flektiertes Patronym zu ↗*Kimmen*.

KINN [kin] (2009: 32, 0.2‰; 1880: 48, 0.25‰). GLEICHE BASIS *Kinnen*. Patronym zum gleichlautenden Rufnamen. Dieser stammt aus *Künn(e)* < ahd. *Kunnjo* und beinhaltet ahd. *kunni* 'Geschlecht, Sippe'. Siehe auch ↗*Conrad*, ↗*Kinsch*, ↗*Kintgen*, ↗*Kintzelé*, ↗*Konz*, ↗*Kunsch/Künsch*. ⓈKinn konzentriert sich vor allem in Luxemburg und im deutschen Grenzraum; die Genitivbildung *Kinnen* ebenso und darüber hinaus am Niederrhein. ☞ Die genealogischen Datenbanken zeigen den Wechsel zwischen *Kinn* und Formen, die zu ahd. *kuoni* 'kühn' (↗*Kohn*, ↗*Kuhn*, ↗*Kihn*, ↗*Koeune*) gehören. 📖 GDB: 1680 *Konen* = *Könen* = *Kinnen* = *Kinn* = *Kionen* => 1710 *Kienen*, 1722 *Kinn* = *Könen* => 1763 *Kinn* = *Kinnen* => 1794 *Kinnen* = *Kinn*, 1796 *Kinn* = *Kionen*, 1798 *Künen* = *Kinn* = *Kinen* = *Kinnen* => 1824 *Kinn*, 1828 *Kinen*, 1830 *Kinnen* = *Kinn*, 1834 *Kien*. 1715 *Kinn* => 1748 *Kihn* = *Künen* = *Kuhn* = *Kinn*. 1746 *Künnen*. 1747 *Kienen* = *Kinn*. 1796 *Kienen* = *Kinnen*.

KINNEN [ˈkinən] (2009: 80, 0.49‰; 1880: 158, 0.82‰). Flektiertes Patronym zu ↗*Kinn*.

KINSCH [kinʃ] (2009: 36, 0.22‰; 1880: 13, 0.07‰). Entrundete Variante von *Künsch* (↗*Kunsch/Künsch*).

KINTGEN [ˈkintɕən] (2009: 2, 0.01‰; 1880: 40, 0.21‰). GLEICHE BASIS *Koentges*. 1. Patronym zum einstigen gleichlautenden Rufnamen. Dieser stammt aus *Küntgen* und ist eine Diminutivbildung von *Künn(e)* (↗*Kinn*). 2. Deriviertes Patronym (Diminutivbildung) zum Rufnamen: 'Künn(e) junior'. ⓈDas Vorkommen des Namen ist auf Luxemburg beschränkt. In- und außerhalb des Großherzogtums nur vereinzelt ist die Genitivform *Koentges* (mit der Graphie ‹oe› für lb. *ë*) zu finden. ☞ Belege des Typs *Koentgen*, *Koentges* finden sich bereits in den Rechnungsbüchern bzw. frühen Feuerstättenverzeichnissen. Doch gehören sie nicht hierher, sondern zu ↗*Koeune* oder ↗*Kohn* (siehe ebenda weiterführende Diskussion), da im 16. Jh. die Graphie ‹oe› noch nicht für lb. [ə] verwendet wird. 📖 RB (1388-1500): *Cuntgen dem Waltfurster* = *Kuntgen dem Furster*. Fsv: 1444-1450 *Cuntgin Spengler* (Rufname). 1561 *Quntges*. 1656 *Cuntges*. GDB: 1664 *Küntgen* => 1694 *Kuntgen* => 1725 *Kintgen*. 1668 *Kundgen*. 1788 *Koentges* => 1824 *Kintges*, 1828 *Kienges* = *Kintges* = *Kintgen*. 1840 *Küntges*.

KINTZELE / KINTZELÉ [ˈkintsəle:] (2009: 36, 0.22‰; 1880: 100, 0.52‰). Variante(n) *Kintzle*. Französisierende Schreibweise für *Kintzele*, Patronym zum gleichlautenden Rufnamen. Dieser ist eine süddeutsche Diminutivbildung zu *Kunz*, und dies wiederum Koseform von *Künn(e)* > ↗*Kinn*. Tiroler Einwanderername. ⓛ Das Vorkommen von *Kintzelé* beschränkt sich ausschließlich auf Luxemburg, ebenso jenes der weitaus selteneren Variante *Kintzlé*. 📖 GDB: 1741 *Kintzelé* => 1771 *Kuntzlé* = *Kintzelé* => 1818 *Kintzelé* => 1849 *Kintzlé* = *Kintzelé*. Vz: 1880 *Kintzelé*, *Kintzlé*.

KINTZIGER [ˈkintsiɣɐ] (2009: 22, 0.13‰; 1880: 12, 0.06‰). Variante von ↗*Kuntziger/Küntziger*, mit Entrundung des Tonvokals.

KINTZINGER [ˈkintsɪŋɐ] (2009: 17, 0.1‰; 1880: 28, 0.14‰). Variante von ↗*Kuntziger/Küntziger*, mit Entrundung des Tonvokals und Ersatz des Ausgangs *-iger* durch *-inger*.

KINTZLE / KINTZLÉ [ˈkintsle:] (2009: 4, 0.02‰; 1880: 27, 0.14‰). ↗*Kintzele*.

KINZINGER (2009: 3, 0.02‰; 1880: 7, 0.04‰). ↗*Kintziger*.

KIPCHEN [ˈkipçən] (2009: 9, 0.06‰; 1880: 7, 0.04‰). ↗*Kipgen*.

KIPGEN [ˈkipçən] (2009: 20, 0.12‰; 1880: 62, 0.32‰). Variante(n) *Kipchen*. Berufsübername zu einer Diminutivbildung von nhd.-landsch. *Kiepe* 'Korb, Sack, Tasche, Hut', wohl für den Hersteller. Das Appellativ ist überwiegend mittel- und niederdeutsch und erscheint im 15. Jh. als *kype*, *kipe* (vgl. DWB). Im Luxemburgischen erscheint es als *Kipp* 'Küpe, Färberbottich'. 📖 GDB: 1701 *Kipgen*. 1830 *Kiepgen*. 1838 *Kipgen* => 1868 *Kipchen*.

KIPS [kips // ki:ps] (2009: 21, 0.13‰; 1880: 8, 0.04‰). Möglicherweise Berufsübername zu nhd.-landsch. *Kips* m., ein Fachbegriff aus der Gerberei: 'ostindische kleine Rindshäute (von jungen Rindern), die über England eingeführt werden' (DWB); demnach für den Händler oder Gerber. Vgl. auch mnl. *kip*, *kijp*, mnd. *kip* 'Bündel aus Häuten oder Flachs'. 📖 GDB: 1779 *Kips*.

KIRCH [kiʀç] (2009: 37, 0.23‰; 1880: 83, 0.43‰). Wohnstättenname zu mhd. *kirche* 'Kirche', entsprechend lb. *Kierch*. Sie auch ↗*Kirchen*, ↗*Kirchens*. ⓛ Zum Hauptverbreitungsgebiet des Namens gehören Luxemburg, Ostlothringen, das Unterelsass sowie das westliche Mitteldeutschland. 📖 Fsv: 1561 *Kyrch*. 1611 *Kirch*. GDB: 1669 *Kirch*.

KIRCHEN [ˈkiʀçən] (2009: 51, 0.31‰; 1880: 114, 0.59‰). 1. Herkunftsname am ehesten zu *Kirchen* als alte Bezeichnung für die heutige Ortschaft Niederbesslingen, Gemeinde Ulflingen. Der luxemburgische Name für die Ortschaft lautet heute noch *Kierchen*. 2. Wohnstättenname (erstarrter Dativ) zu mhd. *kirche* 'Kirche'. Siehe auch ↗*Kirch*, ↗*Kirchens*. 🕭 Der Name ist besonders im Raum Luxemburg-Trier verbreitet. Verstreut ist er auch im übrigen Rheinland-Pfalz sowie im Saarland zu finden. 📖 FSV: 1561 *Bei der Kyrchen, hinder der Kyrchen, vur der Kyrchen*. 1611 *Bei der Kirchen, Kirchen*. GDB: 1701 *Kirchen*.

KIRCHENS [ˈkiʀɕəns] (2009: 4, 0.02‰; 1880: 14, 0.07‰). Wohnstätten- oder Übername (Mischgenitiv) zu mhd. *kirche* 'Kirche': 'zur Kirche Gehöriger'. Siehe auch ↗*Kirch*, ↗*Kirchen*. 📖 FSV: 1611 *Kirches*. 1656 *Kirchens*. GDB: 1666 *Kirchens*.

KIRPACH [ˈkiʀpɑχ] (2009: 41, 0.25‰; 1880: 89, 0.46‰). Wohnstättenname zu einem gleichlautenden Flurnamen. Dieser ist wahrscheinlich aus *Kirchbach* entstanden. 🕭 Das Verbreitungsgebiet von *Kirpach* liegt im Süden und Westen Luxemburgs. Außerhalb des Großherzogtums ist die Variante *Kirbach* anzutreffen (Moseldepartement, Oberelsass sowie breite Streuung in Deutschland). ☞ Der Name zeigt Schwund von -*ch* wie z.B. *Kirchmess* 'Kirchweihfest' > lb. *Kiermes*, ferner Verhärtung *b* > *p* wie *Colpach* (↗*Colbach*) und ↗*Lampach*, ↗*Limpach*. Hess 1970, S. 43 erwägt einen Wohnstättennamen zu *Kirbach* oder *Kirelbaach*. Dabei handle es sich um alternative Bezeichnungen für die Kirel, einem Bach, der bei Merkholtz in den Himmelbach (linker Seitenbach der Wiltz) mündet. Doch ist diese Etymologie unwahrscheinlich, da die Nebenform *Kirbach* für den besagten Bach ansonsten nicht bekannt ist. 📖 GDB: 1740 *Kirbach*. 1781 *Kirpach*.

KIRSCH [kiʀʃ] (2009: 293, 1.8‰; 1880: 462, 2.38‰). VARIANTE(N) *Kiesch, Kisch*. 1. Herkunftsname zu a) *Kirsch* (lothr. *Kisch*, frz. *Kiersch-lès-Sierck*) für eine Gemeinde im Moseldepartement; b) *Kirsch* für einen Ortsteil der Gemeinde Longuich-Kirsch im Landkreis Trier-Saarburg. 2. Berufsübername zu mhd. *kirse, kirsche* 'Kirsche', entsprechend lb. *Kischt*, für den Kirschenbauer, Kirschenhändler, Schnapsbrenner. 🕭 Das Verbreitungsgebiet von *Kirsch* umfasst ganz Luxemburg, Ostlothringen, das Elsass sowie von Wallonien insbesondere das Areler Land. In Deutschland ist der Name insgesamt breit gestreut, weshalb dort, außer im Raum Saarland, überwiegend Etymologie 2 in Frage kommt. Die regionalsprachliche Variante *Kisch* tritt in Luxemburg nur vereinzelt auf, ebenso in Deutschland, doch dürfte dort eine andere Etymologie zu Grunde liegen. Ebenso vereinzelt gilt *Kiesch* (Luxemburg und in Deutschland insbesondere entlang der Mosel). 📖 FSV: 1611 *Kirsch*. GDB: 1698 *Kiesch* => 1726 *Kirsch*. 1709 *Kisch*. 1729 *Kirsch* => 1771 *Kisch*. 1743 *Kersch* => 1786 *Kirsch*. 1765 *Kirsch* => 1798 *Kirche* = *Kirch*. 1766 *Kirch* = *Kirsch*. 1810 *Kisch* => 1850 *Kiesch*.

KIRT [kiʀt] (2009: 4, 0.02‰; 1880: 13, 0.07‰). 1. Wohnstättenname zu lb. *Kiert* f. 'kurzes Stück Ackerland', mehrfach in Luxemburg auftretender Flurname: *an/op der Kiert, an/bei de Kierten*; vgl. auch den Hausnamen *Kirten* in Helmsingen, Gemeinde Walferdingen (Bour, S. 62). 2. Patronym zum gleichlautenden Rufnamen. Dieser ist Variante von *Kurt* mit hypokoristischem Umlaut. Der Rufname *Kurt* ist eine Kurzform von *Konrad*, ↗*Conrad*. 🕭 Sehr seltener Name, nicht nur in

Luxemburg, sondern auch außerhalb des Großherzogtums. 📖 GDB: 1737 *Kirten.* 1751 *Kirt.* 1753 *Kürten.* Vz: 1880 *Kirt, Kirth, Kürth.*

KIRTZ [kiʀts] (2009: 33, 0.2‰; 1880: 88, 0.45‰). 1. Berufsübername zu mhd. (md.) *kirz, kirze* 'Kerze' für den Hersteller. 2. Übername mit hypokoristischem Umlaut zu mhd. *kurz* 'kurz' für einen kleinen Menschen. 💬 Das Vorkommen von *Kirtz* konzentriert sich auf Luxemburg, das Moseldepartement, Saarland und Oberelsass. Daneben erscheint im Saarland die Variante *Kirz*. *Kürtz* begegnet vor allem in Baden, *Kürz* am Niederrhein. 📖 GDB: 1691 *Kirtz.*

KISCH [kiʃ] (2009: 19, 0.12‰; 1880: 0). Regionalsprachliche Variante von ↗*Kirsch* mit Assimilation *rs > sch.*

KLAPP [klap] (2009: 19, 0.12‰; 1880: 0). Berufsübername zu mhd. *klapfen* (mslfrk. *-pp-*), Nebenform von *klaffen* 'schallen, tönen, klappern', am ehesten für den Steinklopfer. Vgl. auch ↗*Klopp.* ☞ In den Rechnungsbüchern der Stadt Luxemburg wird der Beruf des Steinklopfers als *Claepstein, Claipstein, Clapstein, Clopstein* bezeichnet. Als Familienname erscheint *Klopstein* auch in den Feuerstättenverzeichnissen von 1611 und 1656. In Deutschland sind die Familiennamen *Klappstein, Klopfstein, Kloppstein* vereinzelt noch zu finden. 📖 Fsv: 1611 *Klap.* GDB: 1692 *Klap.* 1756 *Klap = Klaap* => 1797 *Klap = Klapp = Klaap,* 1801 *Klaap,* 1806 *Clop.* 1763 *Klap = Klaap = Klab* => 1791 *Klap,* 1793 *Klaap.* 1814 *Klaap = Klaaps* => 1852 *Klapp.*

KLASEN (2009: 17, 0.1‰; 1880: 12, 0.06‰). Schreibvariante von ↗*Clasen.*

KLASSEN (2009: 2, 0.01‰; 1880: 5, 0.03‰). Schreibvariante von ↗*Classen* und dieses seinerseits von ↗*Clasen.*

KLAUNER [ˈklaʊnɐ] (2009: 28, 0.17‰; 1880: 8, 0.04‰). Übername zu a) nhd.-landsch. *glaunen* 'schielen, scheel sehen', mit regionalsprachlicher Verhärtung des Anlauts. Das Appellativ ist heute nur noch überwiegend im Schwäbischen und Alemannischen zu finden, vgl. auch schwäb. *Glauner* 'Schielender' (vgl. DWB). Dementsprechend dürfte es ich bei *Klauner* um einen Einwanderernamen handeln; b) jenisch *Klauner* m. 'Anzug' (Tockert 1989, S. 25). 💬 *Klauner* kommt fast nur in Luxemburg und vereinzelt in der gleichnamigen Nachbarprovinz vor. Auf deutscher Seite erscheint dagegen *Glauner*, mit der größten Dichte im Raum Pforzheim und Stuttgart. ☞ Der Name ist in Luxemburg erst in der zweiten Hälfte des 19. Jhs. belegt.

KLEER [kleːɐ̯] (2009: 14, 0.09‰; 1880: 10, 0.05‰). Germanisierte Form von ↗*Claire.*

KLEES (2009: 21, 0.13‰; 1880: 50, 0.26‰). ↗*Clees.*

KLEIN [klaɪn] (2009: 521, 3.19‰; 1880: 1269, 6.55‰). Übername zu mhd. *klein* 'niedlich, zierlich, fein', 'schmächtig, zart, mager'. 💬 Der Name ist im gesamten germanophonen Kartierungsgebiet fast flächendeckend verbreitet, findet sich aber auch häufig in Wallonien und in Frankreich, besonders im Osten. ☞ Im Mittel- und Althochdeutschen ist beim Wort für 'klein' ein Nebeneinander zwischen einer einsilbigen (mhd. *klein* < ahd. *klein*) und einer zweisilbigen Form (mhd. *kleine* < ahd. *kleini*) zu beobachten. Dem Luxemburger Familiennamen *Klein*, dessen Aussprache laut LWB ursprünglich *Kleen, Klän* lautete, liegt die einsilbige Form mhd. *klein* zu Grunde. Dementsprechend erscheinen bereits die frühesten historischen Belege des Familiennamens überwiegend ohne -e. Das Appellativ lb. *kleng* stammt dagegen aufgrund des velarisierten Nasals aus der zweisilbigen Form mhd. *kleine*. 📖 RB (1388-1500): *Clein Johan dem Smide = Cleine Johanne = Cleyn Johan dem Smyede. Cleyn Johan van Mammeren = Kleyn Johan van Mambren. Cleyn Peter = Cleyne Petgin. Cleyner van Merren = Cleynner van Meren. Cleyners Son van Merren = Cleynersson van Merren = Cleynnersson van Merren* u.a. Fsv: 1541 *Clein*. 1561 *Cleyn, Klenger, Kleyn, Kleynen, Kleyner*. 1561 *Kleiner*. 1611 *Klein, Kleinen, Kleiners, Kleins*. 1656 *Kleinerts, Kleyners*. GDB: 1552 *Klein = a Klengesch* (Hausname). 1704 *Kleynes = Kleines*. 1713 *Kleines = Kleiners = in domo Kleines* (Hausname). 1744 *Kleinersch*. 1751 *Kleins*. 1769 *Kleyn*. 1781 *Kleiner = Klein*. Vz: 1880 *Klein, Kleine, Kleiner*.

KLEINBAUER [ˈklɑɪnbaʊɐ] (2009: 17, 0.1‰; 1880: 1, 0.01‰). Standesname zu nhd. *Kleinbauer* 'Kleinbauer, Halbbauer', im Gegensatz zum Großbauern. 📖 GDB: 1880 *Kleinbauer*.

KLEIS [klaɪs] (2009: 3, 0.02‰; 1880: 13, 0.07‰). Patronym zum gleichlautenden Rufnamen. Dieser ist entweder Kurzform von *Nikolais als Variante von *Nikolaus* oder entrundete Variante von *Kläus als Kurzform von *Nikolaus* mit hypokoristischem Umlaut. Der Rufname entspräche in beiden Fällen lb. *Klees*. Siehe ↗*Clees*.

KLEMAN [ˈkləmɔ̃] (2009: 14, 0.09‰; 1880: 14, 0.07‰). VARIANTE(N) *Clemen*. 1. Regionalsprachliche Variante von ↗*Clemens*, ↗*Clement*. 2. Berufsname zu mhd. *klê, klêwes* 'Klee' und *man* 'Mann' für den Kleebauern; vgl. auch die in Deutschland auftretenden Familiennamenkomposita wie *Kleebauer, Kleemann, Kleemeier, Kleemeyer, Kleeschulte*. 📖 Fsv: 1611 *Clemen*. GDB: 1743 *Clemen*. 1752 *Cleman*. 1771 *Clement* => 1799 *Cleman*. 1879 *Kleman*.

KLEMENS (2009: 10, 0.06‰; 1880: 7, 0.04‰). ↗*Clemens*.

KLEMMER [ˈklæmɐ] (2009: 17, 0.1‰; 1880: 4, 0.02‰). Übername auf *-er* zu mhd. *klemmen* 'mit den Klauen packen; ein-, zusammenzwängen, kneipen, klemmen; necken'; vgl. konkret frnhd. *Klemmer* 'u.a. Schlangenklemmer', nhd.-landsch. (Tirol, Schweiz) *Klemmer* 'Geizhals' (vgl. DWB). 📖 GDB: 1773 *Klemmer*.

KLENSCH [klænʃ] (2009: 26, 0.16‰; 1880: 59, 0.3‰). 1. Berufsübername zu lb. *Klensch, Klentsch* 'Klinke', wohl für den Hersteller. 2. Übername zum selben luxemburgischen Appellativ, doch vor dem Hintergrund der Redewendung *op d'Klen(t)sch bestuet sinn*, etwa 'auf der Klinke verheiratet sein', d.h. im Hause wohnhaft, ohne die Möglichkeit der späteren Rechtübernahme. Bei *Klen(t)sch* handelt es sich um einen volkstümlichen Rechtsbegriff, mit dem metonymisch der rechtlose Ehepartner bezeichnet worden sein könnte. ⑤ Der Name ist fast ausschließlich in Luxemburg anzutreffen und zeigt das größte Vorkommen im Kanton Vianden. 📖 Fsv: 1611 *Klentsch*. GDB: 1729 *Klensch*.

KLEPPER [ˈklæpɐ] (2009: 23, 0.14‰; 1880: 103, 0.53‰). Übername zu a) mhd. *klapperer, klepperer* 'Schwätzer', Agensbildung zu mhd. *klappern, kleppern* 'schwatzen, klatschen'. Vgl. entsprechend lb. (Echternach) *Klappert* 'Schwätzer'; b) *Kläpper* 'Raufbold', umlauthaltige Agensbildung zu lb. *klappen* 'klopfen'. 📖 Fsv: 1611 *Kleppers*. 1656 *Klepper*. GDB: 1655 *Klepper*.

KLER (2009: 18, 0.11‰; 1880: 16, 0.08‰). Germanisierte Form von ↗Claire.
KLEREN ['kleːʀən] (2009: 15, 0.09‰; 1880: 5, 0.03‰). Flektiertes Metronym zu ↗Kler.
KLOOS (2009: 10, 0.06‰; 1880: 23, 0.12‰). ↗Cloos.
KLOP (2009: 2, 0.01‰; 1880: 26, 0.13‰). ↗Klopp.
KLOPP [klop] (2009: 48, 0.29‰; 1880: 114, 0.59‰). VARIANTE(N) Klop. 1. Wohnstättenname zu mhd. klupf (mslfrk. -p(p)), Nebenform von klapf 'Felsstück' (PfWB), vgl. z.B. Auf dem Klopp für einen in Rheinland-Pfalz mehrfach auftretenden Flurnamen sowie das Toponym Burg Klopp bei Bingen am Rhein. Als Familienname ist Uff dem Klop bereits 1611 im damaligen Südluxemburg (Diedenhofen, Königsmachern) verzeichnet. 2. Berufsübername zu mhd. kloppen 'klopfen, schlagen' für einen Handwerker, demnach 'Steinklopfer, Wollschläger, Hanfklopfer, Kaltschmied u.a.'; vgl. auch ↗Klapp. ⓈKlopp ist in Luxemburg südlich der Sauer, dem Moseldepartement sowie in Deutschland u.a. im Saarland, entlang der Mosel und im Ruhrgebiet verbreitet. Das Vorkommen der Variante Klop ist auf den Kanton Remich und das Moseldepartement beschränkt. 📖 Fsv: 1611 Uff dem Klop, Klop. GDB: 1709 Klop. 1789 Klop => 1817 Klob. 1885 Klopp.
KLOS (2009: 8, 0.05‰; 1880: 5, 0.03‰). ↗Cloos.
KLOSEN ['kloːzən] (2009: 10, 0.06‰; 1880: 9, 0.05‰). Flektiertes Patronym von ↗Cloos.
KNAF (2009: 13, 0.08‰; 1880: 28, 0.14‰). ↗Knaff.
KNAFF [knaːf] (2009: 31, 0.19‰; 1880: 125, 0.65‰). VARIANTE(N) Knaf. Übername zu a) mhd. knabe (mslfrk. -v-) 'Knabe, Jüngling, Junggeselle', entsprechend lb. Knuef 'Knappe, Page'; b) mhd. knouf 'Knoten, Flachsbollen, Knauf am Schwert'. Demnach regionalsprachliche Variante von ↗Knauf. ⓈDas Vorkommen von Knaff beschränkt sich auf die südliche Hälfte Luxemburgs und Ostlothringen. Seltener in Luxemburg ist Knaf, das jedoch häufiger auf deutscher Seite zu finden ist. 📖 GDB: 1729 Knaff. 1825 Knaf.
KNAUF [knauf] (2009: 9, 0.06‰; 1880: 0). VARIANTE(N) Knauff. Übername zu mhd. knouf 'Knoten, Flachsbollen, Knauf'. Vgl. auch ↗Knaf, Etymologie b). ⓈDas Hauptverbreitungsgebiet von Knauf in Luxemburg ist der Kanton Clerf. In Deutschland ist der Name breit gestreut. Die Variante Knauff ist insgesamt sehr selten. 📖 Fsv: 1611 Knauffs, Knauff. GDB: 1684 Knauff. 1695 Knauf.
KNAUFF (2009: 1, 0.01‰; 1880: 0). ↗Knauf.
KNAUS [knaus // knæːʊs] (2009: 14, 0.09‰; 1880: 23, 0.12‰). 1. Übername zu mhd. knûʒ 'keck, vermessen, waghalsig'. 2. Selten: Herkunftsname zu Knaus für ein im Allgäu zweimal auftretendes Toponym. ☞ Wohl Tiroler Einwanderername (vgl. Juen). 📖 Fsv: 1656 Knaus. GDB: 1717 Knaus.
KNEIP [knaɪp] (2009: 109, 0.67‰; 1880: 231, 1.19‰). Berufsübername zu mhd. knîp 'Schustermesser' für den Schuster. ⓈBesonders in Luxemburg und im Saarland; außerdem vereinzelt verstreut im Süden Deutschlands, wo häufiger auch die Variante Kneipp anzutreffen ist. 📖 Fsv: 1611 Kneipen, Kneippen. GDB: 1645 Kneip. 1783 Kneipp.
KNEPPER ['knæpɐ] (2009: 52, 0.32‰; 1880: 163, 0.84‰). Übername zu a) nhd.-

landsch. *Knäpper* 'bissige oder zähneknirschende Person'. Das Verb *knappen* hat u.a. speziell im Westmitteldeutschen die Bedeutung 'schnappend, kurz zufahrend beißen'; vgl. u.a. lb. 'beißen', lothr. 'nagen', rhein. 'knabbern'; b) pfälz. *Knäpper* neben *Knapper* 'Wilderer'. ⓣ *Knepper* begegnet vor allem in Luxemburg sowie in Deutschland insbesondere zwischen dem Rheinland und Ostwestfalen. 📖 Fsv: 1611 *Kneppers*. 1656 *Knepper*. GDB: 1784 *Kneppert*.

KOB (2009: 1, 0.01‰; 1880: 7, 0.04‰). ↗*Koob*.

KOBS [ko:ps] (2009: 6, 0.04‰; 1880: 6, 0.03‰). VARIANTE(N) *Kops*. Flektiertes Patronym (starker Genitiv) zu ↗*Koob*.

KOCH [kɔχ] (2009: 165, 1.01‰; 1880: 344, 1.78‰). Berufsname zu mhd. *koch* 'Koch'. ⓣ Im deutschsprachigen Kartierungsgebiet ist der Name flächendeckend verbreitet. Breit gestreut ist er auch im Nordosten Frankreichs und in Belgien. ☞ Anfangs bezeichnete dieser Name den in Klöstern, Herrenhöfen und wohlhabenden Haushalten tätigen Koch, später den auf öffentlichen Plätzen und Jahrmärkten nachweisbaren Garkoch. (Duden). 📖 RB (1388-1500): *(der) Kaich, Kauch, Koch, (der) Koch, Koche, (der) Koche, (dem) Kucker, (dem) Kuecher, (dem) Kuker*. FSV: 1611 *Kochs*. GDB: 1621 *Koch*. 1693 *Kochs*. 1730 *Koch* = *Kock* (o.O) => 1761 *Kock* = *Koch*, 1764 *Koch*.

KOEHLER [ˈkøːlɐ] (2009: 16, 0.1‰; 1880: 15, 0.08‰). Berufsname zu mhd. *köler*, umgelautete Variante von *koler* 'Köhler, Kohlenbrenner'. 📖 RB (1388-1500): *Koler, Kolermecher*. FSV: 1611 *Koeler*. GDB: 1772 *Kehler* = *Koeler* => 1810 *Kehler* = *Köhler* => 1835 *Koeler* = *Köhler*. 1866 *Koehler*.

KOEMPGEN (2009: 3, 0.02‰; 1880: 32, 0.17‰). ↗*Koemptgen*.

KOEMPTGEN [ˈkœmptɕən] (2009: 4, 0.02‰; 1880: 15, 0.08‰). VARIANTE(N) *Koempgen*. 1. Wohnstättenname zu lb. *Këmpchen*, Diminutivbildung von lb. *Komp* m. 'tiefe, bauchige Schüssel u.ä.; schüsselförmige Bodensenkung', das auf mhd. *kumpf* (mslfrk. *-p*) 'Gefäß' zurückgeht. 2. Berufsübername zum gleichen Appellativ für den Hersteller. ☞ In den genealogischen Datenbanken treten Vermischungen mit *Kemptgen* (↗*Kemp*) zu Tage. 📖 GDB: 1737 *Kempgen* => 1767 *Kempgen* = *Koemtgen*, 1785 *Kemtgen* = *Kömtgen*. 1773 *Kempgen* = *Koemptgen*. 1776 *Koempgen*.

KOENER [ˈkøːnɐ] (2009: 25, 0.15‰; 1880: 80, 0.41‰). Deriviertes Patronym zu *Koen (↗Kihn)*: 'aus der Familie des Kühnen Stammender' (mit *Kühnen* als Übername) oder 'aus der Familie von *Koen Stammender' (mit *Koen als Rufname). Siehe auch ↗*Koeune*, ↗*Kohner*. ⓣ *Koener* ist in Luxemburg tendenziell im Norden weiter verbreitet als im Süden und begegnet außerhalb des Großherzogtums nur sehr vereinzelt in Wallonien sowie im Ruhrgebiet. ☞ Die genealogischen Datenbanken zeigen den Wechsel zwischen *Koener* und der nicht derivierten Form *Köhn* (↗*Koeune*) sowie zu ↗*Konnert*. 📖 FSV: 1656 *Coener*. GDB: 1665 *Könersen* = *Koener* => 1695 *Koener*, 1698 *Konnert*, 1706 *Koener* = *Konnert*, 1709 *Köner* = *Koener*, 1715 *Koener* = *Köhn*.

KOENIG [ˈkøːniɕ] (2009: 93, 0.57‰; 1880: 125, 0.65‰). Übername zu mhd. *künic, künec* 'König'. ⓣ *Koenig* besonders in Luxemburg, Lothringen und dem Elsass, *König* dicht verbreitet in ganz Deutschland. ☞ Das Appellativ für 'König' lautet im Luxemburgischen *Kinnek*. Dieses setzt mhd. *küninc* fort, das, mit Erhalt des *n* der Nachtonsilbe, auf ahd. *kuning* zurückgeht. 📖 Fsv: 1561 *Koenningk Johan*. 1611 *König, Koenigs*. 1656 *Königh*. GDB: 1653 *Koenig*.

KOENTGES [ˈkøːntɕən] (2009: 1, 0.01‰; 1880: 12, 0.06‰). Flektiertes Patronym (starker Genitiv) zu **Koentgen*. Hierbei handelt es sich um eine Variante von ↗*Kintgen*, mit der Graphie ‹oe› für die einstige Aussprache lb. *ë*. Die heutige Aussprache des Familiennamens mit [øː] ist schreibungsbasiert.

KOERPERICH [ˈkøʀpeʀiɕ] (2009: 14, 0.09‰; 1880: 32, 0.17‰). Herkunftsname zu *Körperich* für eine Gemeinde im Eifelkreis Bitburg-Prüm. 🜚 *Koerperich* kommt fast nur in Luxemburg vor. In Deutschland findet sich bei Trier, im Saarland und am Niederrhein die Variante *Körperich*. 📖 GDB: 1748 *Kerperich*. 1792 *Koerperich*.

KOETZ [køːts] (2009: 17, 0.1‰; 1880: 71, 0.37‰). Berufsübername zu mhd. *kötze* f. 'Korb, Rückenkorb' für den Hersteller. Vgl. das Appellativ lb. *Kéiz* f. 'Pflückkorb (besonders für Kirschen); hoher, langer geflochtener Schmalkorb; doppelter Korb, der auf dem Rücken der Esel befestigt wird'. Der Diphthong *éi* in *Kéiz* weist jedoch auf einen langvokalische Ausgangsform. 📖 GDB: 1643 *Koetz*. 1725 *Koetzen*.

KOEUNE [ˈkøːnə] (2009: 40, 0.25‰; 1880: 0). Regionalsprachliche Variante von *Kühn* (↗*Kihn*) mit Senkung *iu* > *œ* und in französisierender Graphie. 🜚 *Koeune* konzentriert sich besonders im Kanton Wiltz und um Bastogne. ☞ Im Appellativschatz des Luxemburgischen hat mhd. *küene* mehrere Varianten hervorgebracht: *kéng* (Zentrum), *king* (Westhälfte), *kéin* (Ost- und Nordösling, größter Teil des Kantons Echternach und Moseltal). Die unmittelbare Ausgangsform aller drei Varianten ist frnhd. *kühne*, das durch Monophthongierung aus mhd. *küene* entstanden ist. Frnhd. *kühne* konnte im Luxemburgischen durch Velarisierung des alveolaren Nasals und durch Entrundung *king* sowie durch Senkung *kéng* ergeben. Bei unterbliebener Velarisierung blieb die Länge des Tonvokals erhalten, und dieser wurde zu *ö* gesenkt, entrundet und zu *éi* diphthongiert: *kühne* > **köhne* > **kehne* > *kéin*. Diese regional- bzw. lokalsprachlichen Entwicklungen finden in den Luxemburger Familiennamen *Kihn, Kühn, Koeune* ihren Niederschlag. Das phonologische Verhältnis zwischen diesen Formen bezüglich des Tonvokals ist somit folgendes: *Kihn* ist durch Entrundung von *ü* aus *Kühn* entstanden. Die Graphie *oeu* in *Koeune* zeigt französischen Einfluss und steht für jenes gesenkte lange *ö*, das im Luxemburgischen *éi* ergab. In diesem Zusammenhang ist zu erwähnen, dass die ersten Träger dieses Namens aus Soller (frz. *Sonlez*) stammen, einer bis im 19. Jh. noch wallonischsprachigen Ortschaft in der Gemeinde Winseler. Darüber hinaus belegen die genealogischen Datenbanken einen häufigen Wechsel zwischen etymologisch verwandten Formen bzw. lautlichen Varianten und Formen, die zu ↗*Kinn*, ↗*Koener*, ↗*Kohn*, ↗*Kohner* und ↗*Konnert* gehören. Zur Zweideutigkeit der Graphie mit ‹oe› in den Rechnungsbüchern und Feuerstättenverzeichnissen, siehe weiterführende Diskussion unter ↗*Kohn*. 📖 RB (1388-1500): *Coenchin dem Kesseller in Paffennael. Coenne van Swartzenburg, Joncker = Coennen van Swartzenburchg,*

Joncker. Koentgin van Conteren. Fsv: 1444-1450 *Koen* (Rufname), *Koenen.* 1611 *Khoene* (Rufname), *Khoentgen, Khoentges, Koentgen, Koentges.* 1656 *Choen, Choenen, Choentges, Coen, Coenen, Coennen, Coentges.* GDB: 1650 *Cönen = Connen =>* 1679 *Cönnen,* 1681 *Cönen = Cungen,* 1682 *Connen.* 1665 *Könersen = Koener =>* 1695 *Koener,* 1698 *Konnert,* 1706 *Koener = Konnert,* 1709 *Köner = Koener,* 1715 *Koener = Köhn.* 1680 *Konen = Könen = Kinnen = Kinn = Kionen =>* 1710 *Kienen,* 1722 *Kinn = Könen =>* 1763 *Kinn = Kinnen =>* 1794 *Kinnen = Kinn,* 1796 *Kinn = Kionen,* 1798 *Künen = Kinn = Kinen = Kinnen =>* 1824 *Kinn,* 1828 *Kinen,* 1830 *Kinnen = Kinn,* 1834 *Kien.* 1681 *Cönen =>* 1704 *Cunen = Cung =>* 1724 *Cönen,* 1727 *Kungen,* 1731 *Cungen.* 1690 *Koeune.* 1690 *Konen = Conen =>* 1720 *Konnen = Kohnen = Kunnen; An Kohnen's* (Hausname) *=>* 1768 *Kohnen = Konen; An Kohnens* (Hausname) *=>* 1791 *Konnen = Konen,* 1796 *Koeunen,* 1808 *Konen.* 1749 *Köhnen = Kungen =>* 1774 *Koen.* 1757 *Koeune =>* 1781 *Koeunne.* 1796 *Koeunen =>* 1822 *Konen =>* 1852 *Kohners.*

Kohl [koːl] (2009: 147, 0.9‰; 1880: 235, 1.21‰). Variante(n) *Kohll.* Berufsübername zu mhd. *kôl* 'Kohl' für den Kohlbauer. ⓘ Die Verbreitung von *Kohl* ist nicht besonders auffällig, während *Kohll* nur in Luxemburg, besonders im Südosten, auftritt. In den genealogischen Datenbank kommt *Kohll* nur einmal vor. 📖 Fsv: 1611 *Kohl.*

Kohll (2009: 36, 0.22‰; 1880: 14, 0.07‰). ↗*Kohl.*

Kohlvelter (2009: 1, 0.01‰; 1880: 0). ↗*Kollwelter.*

Kohlwelter (2009: 4, 0.02‰; 1880: 7, 0.04‰). ↗*Kollwelter.*

Kohn [koːn] (2009: 121, 0.74‰; 1880: 199, 1.03‰). Variante(n) *Konn.* Gleiche Basis *Kohnen, Kohner.* 1. Wohnstättenname zu einem in Luxemburg mehrfach auftretenden Flurnamen, z.B. *am Kohn* (Grosbous), *auf Kohn* (Ell), *auf dem Kohn* (Bourscheid, Heffingen, Hosingen), *beim Kohn* (Körich), *im Kohn* (Arsdorf, Merdernach). 2. Patronym zum gleichlautenden Rufnamen. Dieser stammt aus ahd. *Kuono,* einer Kurzform von Namen, die mit ahd. *kuoni* 'kühn' gebildet sind. Er zeigt Monophthongierung *uo > û* und regionalsprachliche Senkung *û > ô*; vgl. auch ↗*Kohner,* ↗*Kuhn,* ↗*Koeune,* ↗*Kihn,* ↗*Conrad.* Doch in Einzelfällen kann der Rufname auf hebr. *ha Kohen* 'Kohenite' (israelitischer Stammesname) zurückgehen; vgl. auch ↗*Cahen.* ⓘ *Kohn* ist im Süden Luxemburgs sowie im Moseldepartement dicht verbreitet. In Deutschland zeigt der Name keine auffällige Verteilung. In Belgien konzentriert er sich im Raum Lüttich und Brüssel-Antwerpen. Die Genitivbildung *Kohnen* bildet einen dichten Streifen, der sich vom Niederrhein, über Aachen, die deutschsprachige Gemeinschaft und Luxemburg erstreckt. *Konen* ist überwiegend im Großherzogtum und in Deutschland vereinzelt entlang der Mosel sowie des Mittel- und Niederrheins anzutreffen. Eine diesbezügliche Variante *Konnen* ist im gesamten Kartierungsgebiet extrem selten. ☞ Der Flurname *Kohn* lautet lb. *Koun* und kann lautgesetzlich sowie nach Ausweis der historischen Belege (vgl. Vannérus 1927, S. 77-99) auf mhd. **Kân(e)* oder **Kôn(e)* zurückgehen. Im ersten Fall ist die weitere Etymologie unklar; ein Zusammenhang mit lb. *Kohn* [koun] f. 'Kahm, Schimmel' (LLU) < mhd. *kâne,* Nebenform von *kâm* m. 'Schimmel auf gegorenen Flüssigkeiten' ist aus semantischen Gründen eher unwahrscheinlich. Im zweiten Fall ist der Flurname keltischer Herkunft. Er wird von Jules Vannérus 1927, S. 95 auf gall. *caunos 'Berg' zurückgeführt; vgl. entsprechend auch kelt. *Caunus* für einen Berg in Hispanien (Holder I, Sp. 868). Was die historischen Belege des Familiennamens betrifft, so zeigen die genealogischen Datenbanken häufig den Wechsel zwischen etymologisch verwandten Formen und solchen, die zu ↗*Kinn* gehören. Außerdem finden sich in den Rechnungsbüchern und Feuerstättenverzeichnissen zahlreiche Belege mit der Graphie ‹oe›. Diese ist mehrdeutig, da sie im 16. Jh. einerseits noch für langes *o* (z.B. in den RB *Coenrad, Schoenmecher, Soen*), andererseits bereits für *ö* (z.B. in den RB *Goebel, Goedert, Oeslinger*) stehen kann. Aus diesem Grund lassen sich die entsprechenden Belege sowohl *Kohn* als auch ↗*Koeune* bzw. den jeweiligen flektierten Bildungen und Ableitungen zuordnen. 📖 RB (1388-1500): *Coenchin dem Kesseller in Paffennael. Coenne van Swartzenburg, Joncker = Coennen van Swartzenburchg, Joncker. Heinrich Coennen Son = Heinrich Comen Son = Heinrich Conen Sontz = Heinrich Connen Son = Heinrich Counen Son = Henrich Kounen Soene. Conen dem Leuwer. Koentgin van Conteren. Koinnen dem Tzymmerman. Muntginß Conchgin.* FSV: 1444-1450 *Koen* (Rufname), *Koenen*. 1611 *Khoene* (Rufname), *Khoentgen, Khoentges, Koentgen, Koentges, Konen*. 1656 *Choen, Choenen, Choentges, Coen, Coenen, Coennen, Coentges, Connen, Coonen*. GDB: 1650 *Cönen = Connen* => 1679 *Cönnen,* 1681 *Cönen = Cungen,* 1682 *Connen*. 1665 *Könersen = Koener* => 1695 *Koener,* 1698 *Konnert,* 1706 *Koener = Konnert,* 1709 *Köner = Koener,* 1715 *Koener = Köhn.* 1680 *Conen = Könen = Kinnen = Kinn = Kionen* => 1710 *Kienen,* 1722 *Kinn = Könen* => 1763 *Kinn = Kinnen* => 1794 *Kinnen = Kinn,* 1796 *Kinn = Kionen,* 1798 *Künen = Kinn = Kinen = Kinnen* => 1824 *Kinn,* 1828 *Kinen,* 1830 *Kinnen = Kinn,* 1834 *Kien.* 1687 *Kohnen.* 1690 *Konen = Conen* => 1720 *Konnen = Kohnen = Kunnen; An Kohnen's* (Hausname) => 1768 *Kohnen = Konen; An Kohnens* (Hausname) => 1791 *Konnen = Konen,* 1796 *Koeunen,* 1808 *Konen.* 1695 *Kohn.* 1713 *Kohn* => 1753 *Kontz = Kons* => 1779 *Kons.* 1756 *Kohnen* => 1786 *Konnen* => 1809 *Konen.* 1796 *Koeunen* => 1822 *Konen* => 1852 *Kohners.*

KOHNEN [ˈkoːnən] (2009: 115, 0.7‰; 1880: 108, 0.56‰). VARIANTE(N) *Konen, Konnen*. 1. Wohnstättenname zu einem gleichlautenden Flurnamen, der die erstarrte Dativform von ↗*Kohn*, Etymologie 1, darstellt. 2. Flektiertes Patronym zu ↗*Kohn*, Etymologie 2.

KOHNER [ˈkoːnɐ] (2009: 22, 0.13‰; 1880: 60, 0.31‰). VARIANTE(N) *Coner, Koner*. 1. Personalisierter Wohnstättenname zu ↗*Kohn*, Etymologie 1. 2. Deriviertes Patronym zu ↗*Kohn*, Etymologie 2: 'aus der Familie Kohn Stammender'. ⓘ Der Name erscheint überwiegend in Luxemburg, ebenso, und nur in der südlichen Hälfte, die selteneren Varianten *Coner, Koner*. ☞ Die genealogischen Datenbanken zeigen den Wechsel zwischen *Kohner* und der Genitivform von ↗*Koeune* bzw. ↗*Kohn*. 📖 GDB: 1739 *Coner.* 1739 *Kohner.* 1744 *Koner.* 1796 *Koeunen* => 1822 *Konen* => 1852 *Kohners.*

KOHNS (2009: 2, 0.01‰; 1880: 15, 0.08‰). ↗*Konz*.

KOLBACH (2009: 45, 0.28‰; 1880: 102, 0.53‰). ↗*Colbach*.

KOLBER (2009: 25, 0.15‰; 1880: 19, 0.1‰). Germanisierte Schreibung für frz. ↗Colbert.

KOLBERT (2009: 1, 0.01‰; 1880: 10, 0.05‰). Germanisierte Schreibung für frz. ↗Colbert.

KOLBET (2009: 5, 0.03‰; 1880: 7, 0.04‰). ↗Colbett.

KOLLING ['kolɪŋ] (2009: 8, 0.05‰; 1880: 8, 0.04‰). Germanisierte Fom von ↗Collin.

KOLLWELTER ['kolvælte] (2009: 16, 0.1‰; 1880: 4, 0.02‰). VARIANTE(N) Kohlvelter, Kohlwelter, Kolwelter. Möglicherweise Übername zu einem Kompositum mit dem Appellativ Kohle 'Kohle' (< mhd. kol m.n.) und dem Rufnamen ↗Welter. Demnach könnte es sich um eine nähere Kennzeichnung des Rufnamenträgers durch die Angabe seiner Tätigkeit, der Kohleherstellung, handeln. 📖 GDB: 1874 Kollwelter.

KOLWELTER (2009: 3, 0.02‰; 1880: 5, 0.03‰). ↗Kollwelter.

KOMES (2009: 11, 0.07‰; 1880: 24, 0.12‰). Germanisierende Schreibweise für ↗Comes.

KOMMES (2009: 5, 0.03‰; 1880: 11, 0.06‰). Germanisierende Schreibweise für ↗Comes.

KONEN (2009: 16, 0.1‰; 1880: 18, 0.09‰). ↗Kohnen.

KONER (2009: 5, 0.03‰; 1880: 21, 0.11‰). ↗Kohner.

KONERT (2009: 10, 0.06‰; 1880: 11, 0.06‰). ↗Kunnert.

KONN [kon] (2009: 1, 0.01‰; 1880: 0). Variante von ↗Kohn, mit archaischer Graphie der Doppelkonsonanz nach Langvokal.

KONNEN (2009: 1, 0.01‰; 1880: 5, 0.03‰). Variante von ↗Kohnen, mit archaischer Graphie der Doppelkonsonanz nach Langvokal.

KONRAD (2009: 8, 0.05‰; 1880: 12, 0.06‰). ↗Conrad.

KONRATH (2009: 9, 0.06‰; 1880: 24, 0.12‰). ↗Conrad.

KONS (2009: 17, 0.1‰; 1880: 55, 0.28‰). ↗Konz.

KONSBRUCK / KONSBRÜCK ['konsbʀyk] (2009: 85, 0.52‰; 1880: 87, 0.45‰). VARIANTE(N) Consbruck, Konsbrueck. Wohnstättenname wohl zum Luxemburger Flurnamen Konsbréck für eine Wüstungsmauer bei Consdorf (vgl. LWB). Konsbréck und ↗Consdorf scheinen auf jeden Fall etymologisch zusammenzuhängen. 🔑 Konsbruck in fast allen Kantonen Luxemburgs. Consbruck nur in der südlichen Hälfte des Landes. Konsbrueck mit einzelnen Streubelegen auf Luxemburg verteilt. 📖 GDB: 1707 Consbrück. 1723 Konsbrück. 1821 Konsbruck. Vz: 1880 Congsbrück, Consbrück, Konsbrück.

KONSBRUECK (2009: 5, 0.03‰; 1880: 0). ↗Konsbruck.

KONSDORF (2009: 1, 0.01‰; 1880: 0). ↗Konsdorf.

KONTER (2009: 13, 0.08‰; 1880: 13, 0.07‰). ↗Conter.

KONTZ (2009: 18, 0.11‰; 1880: 32, 0.17‰). ↗Konz.

KONZ [konts] (2009: 32, 0.2‰; 1880: 35, 0.18‰). VARIANTE(N) Kohns, Kons, Kontz. 1. Patronym zum einstigen gleichlautenden Rufnamen. Dieser stammt aus ahd. Kuonzo, einer Koseform von Kuono, das zu ahd. kuoni 'kühn' gehört; vgl. ↗Kohn, ↗Kinsch, ↗Kunsch/Künsch. 2. Herkunftsname zu a) Kontz, später Oberkontz und Niederkontz (frz. Haute-Kontz, Kontz-les-Bains) für eine der beiden gleichnamigen Gemeinden im Moseldepartement;

b) *Konz* für eine Stadt im Landkreis Trier-Saarburg. 💧 *Konz* erscheint in Luxemburg überwiegend in der südlichen Hälfte. In Deutschland ist der Name weit verbreitet, besonders im Raum Trier. *Kontz* hat ebenfalls seine größte Verbreitung im Großherzogtum, ist aber auch im Saarland und in Ostlothringen anzutreffen. *Kons* gilt in Luxemburg und am Niederrhein, *Kohns* besonders im Raum Trier und Koblenz sowie ebenfalls am Niederrhein, kaum in Luxemburg. ☞ In den genealogischen Daten ist der Wechsel von ↗*Kohn* zu *Kontz*, *Kons* sowie von ↗*Kuhn*, *Kuhns* zu *Kohns* belegt. 📖 RB (1388-1500): *Cointzen, Coentzen, Coentzin, Contzen, Cuntzen, Koentz, Koentze, Koentzen, Kointz, Kointze, Kointzen, Koyntz, Kůntzen* (durchwegs Rufname oder Patronym). Fsv: 1561 *Kontz* (Rufname). 1611 *Choentz* (Rufname), *Contzen, Koentzen, Kontz, Kontzen*. 1656 *Countzen, Kontzen*. GDB: 1713 *Kohn* => 1753 *Kontz* = *Kons* => 1779 *Kons*. 1733 *Kuhn* = *Kuhns* => 1763 *Kohns*. 1739 *Kontz* => 1769 *Contz* = *Kontz* => 1798 *Kons*. 1741 *Kontz* = *Coons* => 1783 *Kohns* = *Koons* => 1805 *Koontz*. 1790 *Koontz*.

KONZEM ['kontsəm] (2009: 10, 0.06‰; 1880: 0). GLEICHE BASIS *Conzemius*. Herkunftsname zu lb. †*Konzem*, historische Variante von lb. *Konstem* (dt. *Consthum*), für eine Ortschaft im Kanton Clerf. Vgl. auch ↗*Consthum*.

💧 *Konzem* ist äußerst niederfrequent und nur für Luxemburg belegt. Die noch seltenere grafische Variante *Conzem* kommt außer im Großherzogtum sehr vereinzelt in Deutschland vor, doch ist da Konkurrenzetymologie möglich (etwa zu *Konzen*, flektiertes Patronym zum Rufnamen ↗*Konz*). Weitaus häufiger erscheint in Luxemburg heute, und zwar überwiegend im Norden und Nordosten, die latinisierte Form *Conzemius*.

☞ Die frühesten Belege des Ortsnamens *Consthum* lauten: um 790 *Conztum*, um 795 *Conztoim*, um 804 *Cůntestum* (nach Meyers, S. 75), 1137 *Conceton* (wI390), 1264 *Chonzstum* (wIII453). Bei der Variante †*Konzem* handelt es sich also um eine sekundäre Bildung, zu der es durch eine wechselseitige Beeinflussung mit dem Namen des Nachbarorts *Holzthum* (lb. *Holztem*) gekommen ist: Dessen früheste Belege lauten um 869 *Holzheim*, 1211 *Holzheim*, 1461 *Holzhem by Konstum*, erst 1538 dann *Holtztum* (nach Meyers, S. 77). Der ursprüngliche Ausgang *-heim* im Ortsnamen *Holzheim* scheint somit die vorübergehende Variante †*Konzem* zu lb. *Konstem* beeinflusst zu haben, bevor schließlich umgekehrt der Ausgang *-tem* (dt. *-thum*) von *Konstem* auf *Holzem* (dt. *Holzheim*) > *Holztem* übertragen wurde.

Der Familienname *Konzem* (mit den frühesten Belegen 1629 *J. Contzem* (Schon, Heft 1, S. 107), um 1630 *Conzemius* (Kellen)) verweist dabei auf die zwischenzeitlich bestehende gleichlautende Variante des Ortsnamens, wohingegen der Familienname ↗*Consthum* die ursprüngliche (und heute wieder alleine gültige) Variante *Consthum* (lb. *Konstem*) spiegelt. Der heutige Familienname ↗*Holzem* wiederum kann außer auf den heutigen Ort lb. *Holzem* auch auf die ursprüngliche Variante lb. †*Holzem* für Holzthum (lb. *Holztem*) verweisen.

📖 GDB: 1641 *Conzemius*. 1772 *Concemius* = *Conzemius*. 1873 *Conzem*.

KOOB [ko:p] (2009: 46, 0.28‰; 1880: 125, 0.65‰). VARIANTE(N) *Kob*, *Koop*. GLEICHE BASIS *Kobs*. 1. Patronym zum einstigen gleichlautendem Rufnamen. Dieser ist Kurzform von ↗*Jacob*. 2. Übername zu mhd. *kobe, einer zu erschließenden Nebenform von mhd. *koppe* m. 'Rabe' (rhein. *Kob*), am ehesten für einen schwarzhaarigen Menschen. Entsprechend gilt im Appellativschatz lb. *Kueb* m. 'Rabe'. 🅕 Besonders häufig in Luxemburg und am Mittelrhein. 📖 Fsv: 1611 *Koben*. 1656 *Kob*. GDB: 1633 *Koob*. 1667 *Kops*. 1674 *Coob*. 1728 *Kob* => 1765 *Koben*. 1729 *Kop*. 1776 *Koobst* => 1813 *Kobs*. 1794 *Cob* => 1823 *Koop*. 1801 *Kobs* = *Koob*.

Koop (2009: 1, 0.01‰; 1880: 3, 0.02‰). ↗*Koob*.

Koos [ko:s] (2009: 28, 0.17‰; 1880: 30, 0.15‰). Variante(n) *Coos*. 1. Variante von ↗*Kass*, mit Verdumpfung *a* > *o*. 2. Wohnstättenname zu a) einem zu einem Appellativ lb. *Kues, Kuescht* m. 'Markbaum', d.h. 'knorrige, alleinstehende Eiche, Buche oder Birnbaum, der als Merkzeichen dient oder eine Grenze bezeichnet' (zu gall. *cassanus 'Eiche'?); vgl. den Flurnamen *op dem Kues* (Küntzig); b) mhd. *kâse* f. 'Haus, Hütte' (< lat. *casa* 'Haus'). 3. Übername zu mhd. *kôse* f.n. 'Rede, Gespräch' (< lat. *causa* 'Ursache'). 🅕 *Koos* zeigt in Luxemburg das höchste Vorkommen im Norden und Nordwesten und ist außerhalb des Großherzogtums kaum zu finden. Die seltenere Variante *Coos* gilt dagegen in der südlichen Hälfte Luxemburgs sowie insbesondere im Areler Land. 📖 GDB: 1731 *Koss* = *Kass*. 1761 *Koos*. 1780 *Coos*. 1808 *Kohs*.

Koppes ['kopəs] (2009: 16, 0.1‰; 1880: 88, 0.45‰). Berufsübername zu rhein. *Koppes* m., Nebenform von *Kappes* 'Kohlkopf'. 📖 GDB: 1774 *Koppes*.

Kops (2009: 14, 0.09‰; 1880: 6, 0.03‰). ↗*Kobs*.

Koster ['kostɐ] (2009: 59, 0.36‰; 1880: 68, 0.35‰). Variante(n) *Coster*. 1. Amtsname zu mhd. *kuster* 'Aufseher einer Kirche, eines Klosters oder Stiftes; Küster'. 2. Speziell in Luxemburg wohl auch personalisierter Wohnstättenname zu einem Toponym *Kost*, lb. *Kascht* m., so z.B. in *Verlorenkost* (lb. *Verluerekascht*) für ein Befestigungswerk in der Gemeinde Luxemburg. 🅕 *Koster* besonders im Hunsrück, mit Ausdehnung nach Luxemburg und Lothringen. Vereinzelt in ganz Deutschland. *Coster* kaum Luxemburg, häufiger dagegen im Norden und Westen Walloniens sowie im Süden Lothringens. 📖 Fsv: 1656 *Koster*. GDB: 1673 *Koster*. 1691 *Küster* => 1730 *Koster*. 1717 *Coster*. Vz: 1880 *Koschtesch*.

Kox [koks] (2009: 16, 0.1‰; 1880: 31, 0.16‰). Variante(n) *Cox*. Niederländischer oder niederdeutscher Familienname. Flektiertes Patronym zu *Kok*, Berufsname zu a) mnl., mnd. *kok* 'Koch'; b) mnl. *coc, scarpcoc* 'Henker, Scharfrichter'. 📖 GDB: 1789 *Kox*.

Krack [kʀa:k] (2009: 70, 0.43‰; 1880: 50, 0.26‰). Übername zu a) nhd.-landsch. *Kracke*. Die häufigste Bedeutung dieses Wortes ist 'altes, schlechtes Pferd', speziell am Mittelrhein allgemein 'etwas Kleines, Schlechtes, Unansehnliches (von Menschen, Tieren und Dingen)'. Ihm entsprechen lb. *Krak* 'hagere Person' sowie rhein. *Kracke* 'verwachsener, schwächlicher, steifer Mensch'; b) nhd.-landsch. *Krack* m. 'Krähe'; c) lb. *Krack* 'Stufe, Grad'. 🅕 *Krack* ist in Luxemburg breit gestreut. In Deutschland bildet der Name mitunter größere Nester, kommt jedoch in Grenznähe zu Luxemburg nicht vor. ☞ Beim Appellativ lb. *Krak* handelt es sich um eine Variante von lb. *Krek*, ↗*Krecké*. 📖 Fsv: 1611 *Kracks*. GDB: 1620 *Krack*. 1789 *Kraack*.

KRAEMER [ˈkrɛːmɐ] (2009: 58, 0.36‰; 1880: 14, 0.07‰). ↗*Kremer*.

KRAMER [ˈkrɑːmɐ] (2009: 13, 0.08‰; 1880: 0). Berufsname zu mhd. *krâmære, krâmer* 'Krämer', einer umlautlosen Variante von mhd. *kræmer*; siehe ↗*Kremer*.

KRANTZ [krɑnts] (2009: 30, 0.18‰; 1880: 76, 0.39‰). VARIANTE(N) *Kranz*. 1. Übername zu mhd. *kranz* 'Kranz, besonders als ausgesetzter Ehrenpreis'. ⓥ Die Schreibweise *Krantz* ist typisch für Luxemburg, während auf deutscher Seite *Kranz* dominiert, das wiederum in Luxemburg extrem selten ist. 📖 Fsv: 1656 *Crantz*. GDB: 1662 *Crantz*. 1684 *Krantz*. 1695 *Crantzen*. 1768 *Krantz* => 1794 *Crans*. 1775 *Kranz*.

KRANZ (2009: 2, 0.01‰; 1880: 19, 0.1‰). ↗*Krantz*.

KRAUS [krɑus] (2009: 116, 0.71‰; 1880: 128, 0.66‰). GLEICHE BASIS *Krauser*. Übername zu mhd. *krûs* 'kraus, gelockt'. ⓥ *Kraus* ist in allen Kantonen Luxemburgs, ferner u.a. im Areler Land, in Ostlothringen und im Unterelsass vertreten. In Deutschland ist er besonders weit gestreut, doch ist er im Süden häufiger als im Norden, wo *Krause* dominiert. Die derivierte Bildung *Krauser* ist insgesamt sehr selten und kommt in Luxemburg am häufigsten im Norden vor. In Deutschland existieren kleinere Nester u.a. um Saarbrücken, wobei der Name auch Anschluss im Moseldepartement findet. 📖 Fsv: 1611 *Kraus, Krausen*. GDB: 1775 *Krauser*.

KRAUSCH [krɑuʃ] (2009: 18, 0.11‰; 1880: 0). 1. Berufsübername zu rhein. *Krausch* (Nebenform von *Krause*) 'Topf, Hals-, Haubenkrug' für den Hersteller. 2. Wohnstättenname zu nhd.-landsch. *Krausche* (nd. *krûske*) 'Krauschenholz, Holz das im Holzschlag klafterweise aufgestellt ist'. 3. Flektiertes Patronym zu *Krauer*, Übername zu rhein. *Krauer* 'einer der kraut; unzuverlässiger Mensch'. Für das Verb *krauen* notiert das RhWB u.a. folgende Bedeutungen: 'reiben, krabbelnd berühren; quälen, peinigen'. 📖 GDB: 1841 *Krausch*.

KRAUSER [ˈkrɑuzɐ] (2009: 6, 0.04‰; 1880: 5, 0.03‰). Deriviertes Patronym zu ↗*Kraus*: 'aus der Familie Kraus Stammender'.

KREBS (2009: 3, 0.02‰; 1880: 1, 0.01‰). ↗*Krieps*.

KRECKE / KRECKÉ [ˈkrɛke: // ˈkrəke:] (2009: 66, 0.4‰; 1880: 60, 0.31‰). VARIANTE(N) *Krecky*. Übername zu lb. *Krek* 'Kracke (schlechtes Pferd); hagere Person'. Die Schreibung *Krecké*, die in den Quellen seit Beginn der Überlieferung begegnet, ist französisierend. ⓥ Der Name findet sich fast ausschließlich in Luxemburg, der Norden und Nordwesten weitgehend ausgenommen. In Deutschland begegnet vereinzelt *Kreck*, doch nicht in Grenznähe zu Luxemburg. ☞ Bei lb. *Krek*, das nur im LLU belegt und nach moderner Orthografie *Kreck* zu schreiben wäre, handelt es sich um eine Variante von lb. *Krak*, das auch dem Familiennamen ↗*Krack* zu Grunde liegen könnte. 📖 GDB: 1761 *Krecké*. Vz: 1880 *Kreky, Kreki*.

KRECKY [ˈkrɛki: // ˈkrəki:] (2009: 2, 0.01‰; 1880: 0). ↗*Krecke*.

KREIN [krɑin] (2009: 20, 0.12‰; 1880: 43, 0.22‰). GLEICHE BASIS *Kreins*. Patronym zum gleichlautenden Rufnamen. Dieser ist regionalsprachliche Form von *Quirein* < *Quirin*, das aus lat. *Quirīnus* ent-

lehnt ist. Zur weiteren Etymologie siehe ↗*Quirin*. Siehe auch ↗*Kring*. ⑤ *Krein* begegnet im Großherzogtum und ist auch in Teilen Westdeutschlands verbreitet. Die flektierten Formen *Kreins* und *Kreintz* hingegen kommen fast ausschließlich in Luxemburg vor. 📖 Fsv: 1611 *Quirin* (Rufname). GDB: 1686 *Kreins*. 1737 *Krein*. 1749 *Kreintz*. 1793 *Kreintz* => 1816 *Kreintz*, 1824 *Kreins*.
Kreins [kʀɑɪns] (2009: 53, 0.32‰; 1880: 74, 0.38‰). Variante(n) *Kreintz*. Flektiertes Patronym zu ↗*Krein*.
Kreintz (2009: 3, 0.02‰; 1880: 5, 0.03‰). ↗*Kreins*.
Kremer [ˈkʀeɪmɐ // ˈkʀeːmɐ] (2009: 493, 3.02‰; 1880: 979, 5.05‰). Variante(n) *Cremer, Kraemer, Kramer, Kremmer, Kroemmer*. Gleiche Basis *Cremers, Kremers, Kroemmer*. Berufsname zu mhd. *kræmer* 'Krämer, Handelsmann, der seine Ware in einer Marktbude feilbietet', einer Agensbildung zu mhd. *krâme* f. 'Marktbude'. ⑤ *Kremer* kommt in allen Kantonen Luxemburgs vor. Häufig ist der Name auch im Moseldepartement zu finden. Im übrigen Osten Frankreichs und in Belgien zeigt er Streubelege. In Deutschland konzentriert er sich tendenziell mehr im Westen als im Osten und bildet einige große Nester. *Kraemer* begegnet in Luxemburg und Frankreich, besonders im Unterelsass. In Deutschland schließt sich *Krämer* an, das vereinzelt auch in Belgien (Provinz Lüttich) gilt. *Cremer* ist im Großherzogtum weniger oft, dagegen etwas häufiger in Belgien, jedoch am häufigsten am Niederrhein anzutreffen. *Kramer* ist in Luxemburg ebenfalls niederfrequent, häufig dagegen im Moseldepartement. In Deutschland ist *Kramer* die insgesamt häufigste Variante. Extrem selten und fast ausschließlich auf das Großherzogtum beschränkt sind *Kroemmer, Cremmer, Kremmer*. Zum Tonvokal in Namen mit *Krämer* in Deutschland, siehe DFA 1, S. 58-65. ☞ Die Schreibvarianten mit Doppel-*m* sind auffällig, zumal sie nicht die Kürze des vorangehenden Vokals angeben. Doch sie finden sich, wenngleich nur sporadisch, bereits in den Rechnungsbüchern. Zudem ist die Schreibung *Kroemmer* mit *oe* hyperkorrekt, nachdem mhd. *æ/ê* und *œ* im Luxemburgischen in *ei* zusammengefallen sind. 📖 RB (1388-1500): *Grois Johan der Kremer = Grosse Johan dez Kremers. Heyn Cremer = Heynrich Kremer. Jehan des Cremers = Johan der Kremer = Johans Kremer = Kremer Johan. Johann van Hertzich der Kremer = Johann von Hertzig der Kremmer* u.v.m. Fsv: 1561 *Kremer, Kremers*. 1656 *Kremmer, Kremmers*. GDB: 1587 *Kremer*. 1607 *Kremesch* => 1637 *Kremer*. 1667 *Kremer* => 1695 *Kraemer*, 1703 *Kremers*, 1705 *Cremer*. 1690 *Kremer* => 1719 *Cremers*. 1736 *Kramer*. 1755 *Cremesch*. 1762 *Krömers*. 1793 *Croemer*. 1807 *Kroemer*. 1823 *Kremmer* => 1854 *Kremer*. 1832 *Kroemmer*. Vz: 1880 *Cremer, Cremers, Cremmer, Kremer, Kremmer, Krœmer*.
Kremers [ˈkʀeːmɐs // ˈkʀeɪməʃ] (2009: 1, 0.01‰; 1880: 0). Variante(n) *Cremers*. Flektiertes Patronym zu ↗*Kremer*.
Kremmer [ˈkʀeːmɐ] (2009: 6, 0.04‰; 1880: 6, 0.03‰). Variante von ↗*Kremer*, mit auffälliger Doppelkonsonanz.
Krettels [ˈkʀætəls] (2009: 15, 0.09‰; 1880: 0). Flektiertes Patronym zu *Krettel*, wohl Übername zu rhein. *kretteln* 'unzufrieden sein', Agensbildung *Krettler*. Vgl. auch pfälz. *kritteln* 'nörgeln, kritisieren'. 📖 GDB: 1815 *Krettels*. Vz: 1880 *Kretels*.
Kribs (2009: 8, 0.05‰; 1880: 10,

0.05‰). ↗Krieps.
KRIEGER [ˈkʀiːgɐ] (2009: 14, 0.09‰; 1880: 7, 0.04‰). Regionalsprachliche Variante von ↗Kruger/Krüger, mit Entrundung des Tonvokals.
KRIEPS [kʀiːps] (2009: 28, 0.17‰; 1880: 17, 0.09‰). VARIANTE(N) Krebs, Kribs, Kripps, Krips. 1. Übername zu mhd. krëbeȝ (lb. Kriibs) 'Krebs'. 2. Berufsübername zum selben mhd. Appellativ für den Krebsfänger. 🜨 Krieps kommt quasi nur in Luxemburg vor. Vereinzelt und fast nur linksrheinisch ist auf deutscher Seite die Variante Kriebs anzutreffen. Andere Varianten mit i in der Tonsilbe sind selten: Krips findet sich in Luxemburg und am Niederrhein, Kribs in Luxemburg, der Eifel, dem Areler Land sowie dem Moseldepartement, Kripps fast nur im Westen Luxemburgs (Kantone Wiltz und Redingen). Die frequenteste Form in Deutschland ist Krebs, und sie strahlt weit in den Osten Frankreichs hinein. 📖 FSV: 1656 Kriebbs. GDB: 1670 Krieps => 1699 Kriebs. 1722 Krips. 1747 Kribs = Krips => 1770 Krips. 1863 Krebs.
KRIER [kʀeɐ̯ // kʀiɐ̯] (2009: 341, 2.09‰; 1880: 690, 3.56‰). Regionalsprachliche Variante von ↗Kruger/Krüger, mit Entrundung des Tonvokals und Schwund von intervokalischem g.
KRIES [kʀiːs] (2009: 34, 0.21‰; 1880: 23, 0.12‰). Variante von ↗Gries mit regionalsprachlicher Verhärtung gr- > kr-.
KRING [kʀiŋ] (2009: 3, 0.02‰; 1880: 0). GLEICHE BASIS Krings. Patronym zum gleichlautenden Rufnamen. Dieser ist regionalsprachliche Kurzform von Quirin und zeigt die rheinische Velarisierung von n zu ng. Zur Etymologie siehe ↗Quirin. Siehe auch ↗Krein. 📖 GDB: 1781 Krings. 1842 Kring.

KRINGS [kʀiŋs] (2009: 24, 0.15‰; 1880: 0). Flektiertes Patronym zu ↗Kring.
KRIPPEL [ˈkʀipəl] (2009: 2, 0.01‰; 1880: 6, 0.03‰). GLEICHE BASIS Krippeler. Übername zu mhd. krüpel, krüppel 'Krüppel'. 📖 GDB: 1734 Krippel => 1759 Krippler, 1764 Krippels. 1768 Krippler => 1804 Krippler, 1812 Krippel. 1813 Krippler => 1848 Krippeler. 1842 Krippels => 1870 Krippel.
KRIPPELER [ˈkʀipəlɐ] (2009: 10, 0.06‰; 1880: 18, 0.09‰). VARIANTE(N) Krippler. Deriviertes Patronym zu ↗Krippel.
KRIPPLER [ˈkʀiplɐ] (2009: 22, 0.13‰; 1880: 3, 0.02‰). Synkopierte Form von ↗Krippeler.
KRIPPS (2009: 3, 0.02‰; 1880: 0). ↗Krieps.
KRIPS (2009: 2, 0.01‰; 1880: 83, 0.43‰). ↗Krieps.
KROEGER (2009: 5, 0.03‰; 1880: 0). Regionalsprachliche Variante von ↗Kruger/Krüger, mit Senkung des Tonvokals.
KROEMMER (2009: 9, 0.06‰; 1880: 0). Variante von ↗Kremer, mit hyperkorrekter Graphie ‹oe› für lb. [eɪ] und auffälliger Doppelkonsonanz.
KRUCHTEN (2009: 17, 0.1‰; 1880: 31, 0.16‰). ↗Cruchten.
KRUGER/KRÜGER [ˈkʀyːgɐ] (2009: 5, 0.03‰; 1880: 0). VARIANTE(N) Krieger, Krier, Kroeger. Berufsname zu mhd. krüeger 'Schankwirt; Töpfer', entsprechend das Appellativ lb. Kréier. 🜨 Kruger/Krüger ist in Luxemburg kaum anzutreffen, denn die hier vorherrschende Form lautet Krier. Deren Hauptverbreitungsgebiet liegt klar im Großherzogtum mit einer größeren Konzentration im Süden als im Norden. Recht häufig findet sich der Name auch im Areler Land wie insgesamt in Wallonien, Ostlothringen

und dem Saarland. Ansonsten kommt er in Deutschland weit verstreut vor, bildet dort aber keine größeren Nester. Die in Deutschland dominierende Form ist überall *Krüger*, gefolgt von *Kröger*. ☞ Dieselbe Aussprache wie für das luxemburgische Appellativ *Kréier* gilt im luxemburgischen Kontext auch für den Familiennamen *Krier*. 1880 findet sich ein Beleg *Kreer*, der der luxemburgischen Form ziemlich nahekommt. 📖 RB (1388-1500): *Conrait Croger = Conrait Crueger = Conrait Kreuger = Conrait Krueger = Conrait Krüger = Conrait Kruger = Conrat Cruger. Hopscheit dem Kruger = Hopscheit der Krouger. Johannes Kroeger. Michel Crueger = Michel dem Cruger = Michel dem Krueger = Michel dem Krůwer = Michel Kruger = Mychel Cruwer = Mychel dem Cruwer = Mychel dem Krüger* u.a. Fsv: 1561 *Croeger, Kriegers, Krieger*. 1611 *Kroer, Krüger, Criger, Krueger, Kruegers*. 1656 *Krier, Kriers, Kruer*. GDB: 1655 *Krieger* => 1691 *Kriegers*. 1668 *Kruegers* => 1703 *Krueger*. 1675 *Krieger* => 1718 *Krier*. 1700 *Krier* => 1727 *Kryer*. 1793 *Krier* => 1833 *Kreer*. Vz: 1880 *Kreer, Krier, Krieger, Krüger*.

KUBORN [ˈkuːbɔʀn] (2009: 20, 0.12‰; 1880: 79, 0.41‰). VARIANTE(N) *Kueborn*. Herkunftsname zu *Kuborn* (lb. *Kéiber*) für eine Ortschaft in der Gemeinde Wahl. ⓢ *Kuborn* überwiegend in Luxemburg und der gleichnamigen Nachbarprovinz. Die umgelautete Variante *Kueborn* ausschließlich im Kanton Clerf. ☞ Für das deutsche Toponym wurde eine Form ohne Umlaut: *Kuhborn*, für das Luxemburgische eine mit Umlaut bestimmend: *Küheborn*, woraus die Familiennamenvariante *Kueborn*. 📖 Fsv: 1656 *Kuborn = Kueboren*. GDB: 1615 *Kuborn*. 1745 *Kouborn*.

KUEBORN (2009: 2, 0.01‰; 1880: 0). Umgelautete Variante von ↗*Kuborn*.
KUENSCH (2009: 6, 0.04‰; 1880: 0). Graphische Variante von ↗*Kunsch/Künsch*.
KUENTZIGER (2009: 1, 0.01‰; 1880: 0). ↗*Kuntziger/Küntziger*.
KUENTZINGER (2009: 6, 0.04‰; 1880: 0). ↗*Kuntzinger/Küntzinger*.
KUENZINGER (2009: 1, 0.01‰; 1880: 0). ↗*Kuntzinger/Küntzinger*.
KUFFER [ˈkufɐ // ˈkuːfɐ] (2009: 62, 0.38‰; 1880: 19, 0.1‰). Umlautlose Variante von ↗*Kieffer*.
KUGENER [ˈkugənɐ // ˈkuʁənɐ] (2009: 95, 0.58‰; 1880: 153, 0.79‰). VARIANTE(N) *Kugner*. Eventuell Herkunftsname zu einem verschollenen Toponym *Kugen*, wahrscheinlich im Raum Luxemburg. ⓢ Der Name kommt ausschließlich in Luxemburg, dem Areler Land und Departement Meurthe-et-Moselle vor. Die synkopierte Variante *Kugner* ist heute sehr selten, kam aber 1880 noch 19 mal vor. ☞ Der erste Namenträger erscheint 1656 als *Kugen* und stammt aus Callenbach, einer heute verschwundenen Ortschaft in der Seigneurie de Koerich. Auch in den genealogischen Datenbanken ist der Familienname *Kugen* zu finden, wo er öfter mit *Kugener* wechselt. Besonders auffällig ist der Wechsel von *g* mit *sch*, *ch*, *j* (je zweimal) und *r*, *ss* (je einmal). In dieser vielfältigen Schreibvarianz spiegelt sich offenbar der Versuch der Wiedergabe jenes stimmhaften Frikativs wider, der heute in der luxemburgischen Koiné als [ʁ], doch lokalmundartlich als [ʒ], [j] erscheint. Vgl. z.B. die Appellative gemeinlb. *Kugel*, *Vull*, wo das LWB für das Ösling *Kujel* bzw. *Vujel* notiert. 📖 Fsv: 1656 *Kugen*. GDB: 1648 *Kugener = Kuschen* => 1681 *Kugener = Kougen = Kochen* => 1707 *Kugener*

= *Kuchen*, 1713 *Kugener* = *Kugler*. 1668 *Kugener* = *Kugen*. 1672 *Curner* => 1698 *Kugener*. 1687 *Kugener* = *Kugen* => 1718 *Kugener* = *Kugen, Cugen, Cujener*. 1699 *Kugener* = *Cugener*. 1702 *Kugener* = *Cujener*. 1708 *Kugener* = *Kuschener* = 1743 *Kugener* = *Kuchener* = *Kussener*. 1710 *Kugener* = *Kugen*. 1797 *Kugner*. 1820 *Cougener*.

KUGNER (2009: 1, 0.01‰; 1880: 19, 0.1‰). ↗*Kugener*.

KUHN [kuːn] (2009: 53, 0.32‰; 1880: 52, 0.27‰). GLEICHE BASIS *Kunen*. Patronym zum gleichlautenden Rufnamen. Dieser stammt aus ahd. *Kuono*, einer Kurzform von Namen, die mit ahd. *kuoni* 'kühn' gebildet sind. Siehe auch ↗*Conrad*, ↗*Kihn*, ↗*Koeune* ↗*Kohn*. ⓢ *Kuhn* begegnet in ganz Luxemburg und streut weit nach Ostfrankreich hinein. Lose gestreut ist der Name auch in Belgien, dicht gestreut dagegen in Deutschland. Die flektierte Bildung *Kunen* ist im Großherzogtum sehr selten (nur im Süden) und auch außerhalb Luxemburgs kaum anzutreffen. ☞ In den genealogischen Datenbanken ist ein häufiger Wechsel zwischen etymologisch verwandten Formen und solchen, die zu ↗*Kinn* gehören, belegt. 📖 RB (1388-1500): *Counen, Kounen*. FSV: 1561 *Chunen, Kunen*. 1656 *Cunen*. GDB: 1650 *Cönen* = *Connen* => 1679 *Cönnen*, 1681 *Cönen* = *Cungen*, 1682 *Connen*. 1681 *Cönen* => 1704 *Cunen* = *Cung* => 1724 *Cönen*, 1727 *Kungen*, 1731 *Cungen*. 1690 *Konen* = *Conen* => 1720 *Konnen* = *Kohnen* = *Kunnen*; *An Kohnen's* (Hausname) => 1768 *Kohnen* = *Konen*; *An Kohnens* (Hausname) => 1791 *Konnen* = *Konen*, 1796 *Koeunen*, 1808 *Konen*. 1715 *Kinn* => 1748 *Kihn* = *Künen* = *Kuhn* = *Kinn*. 1730 *Kühn*. 1733 *Kuhn* = *Kuhns* => 1763 *Kohns*. 1749 *Köhnen* = *Kungen* => 1774 *Koen*. 1751 *Kunnen* => 1785 *Kuhn*. 1767 *Kuhnen*.

KUMMER [ˈkumɐ] (2009: 30, 0.18‰; 1880: 58, 0.3‰). 1. Wohnstättenname zu mhd. *kumber, kummer* 'Schutt, Unrat'. Vgl. lb. *kommer* 'Schutthaufen'. 2. Übername zum selben mhd. Wort, doch in der übertragenen Bedeutung 'Belastung, Bedrängnis, Mühsal, Not, Kummer'. ⓢ Der Name begegnet in Luxemburg südlich der Sauer, besonders häufig im Kanton Remich; ferner im Moseldepartement sowie überall verstreut in Deutschland, doch kaum in Grenznähe zu Luxemburg. 📖 GDB: 1714 *Kummer*.

KUNEN [ˈkuːnən] (2009: 2, 0.01‰; 1880: 3, 0.02‰). Flektiertes Patronym zu ↗*Kuhn*.

KUNNERT [ˈkunɐt] (2009: 12, 0.07‰; 1880: 29, 0.15‰). VARIANTE(N) *Konert*. Patronym zum gleichlautenden Rufnamen. Dieser ist regionalsprachliche Variante von *Konrad*. ↗*Conrad*.

KUNSCH / KÜNSCH [kynʃ] (2009: 35, 0.21‰; 1880: 85, 0.44‰). VARIANTE(N) *Kuensch, Kuntsch*. GLEICHE BASIS *Kinsch*. Patronym zum gleichlautenden Rufnamen. Dieser stammt aus *Künsch*, eine mit dem Suffix *-sch* gebildete Koseform von *Künn(e)* (↗*Kinn*) oder von *Kühn* (↗*Kihn*, Etymologie 2). ⓢ *Kunsch*, das in Luxemburg mit *ü* zu lesen ist, tritt ebendort, außer im äußersten Norden, sowie im Areler Land auf; ferner mit einzelnen Streubelegen im übrigen Belgien westlich von Lüttich und in Deutschland, wo der Name jedoch mit *u* zu lesen ist und demnach zu ↗*Kuhn* gehört. In der Graphie *Künsch* erscheint der Name, wenngleich selten, in Deutschland. Ebenso selten ist *Kuntsch* (Luxemburg, kaum außerhalb des Großherzogtums). Die entrundete Variante *Kinsch* ist überwiegend in der südlichen Hälfte Luxemburgs verbreitet und zeigt in Deutschland das größte Vorkommen im Raum Karlsruhe und nördlich davon. ☞ Der Familienname *Künsch* scheint auf Grund des Suffixes *-sch* (> *-tsch*) aus dem Raum Samnaun-Tirol-Vorarlberg zu stammen; vgl. z.B. 1427 *Kuntsch, Küntsch* (Finsterwalder, S. 356, 375). Die zu Grunde liegende Rufnamenkurzform lässt sich in diesem Fall auf *Künn* eingrenzen, da *Kühn* im betreffenden Raum *Küensch* erwarten ließe. Zur Genese und Entwicklung des Suffixes *-sch*, siehe ↗*Fritsch*. Zum Ausgang *-sch* in weiteren Namen, vgl. ↗*Ditsch*, ↗*Fautsch*, ↗*Loutsch*. 📖 Fsv: 1611 *Kintschen*. 1656 *Kintsch*. GDB: 1645 *Küntsch*. 1675 *Kinschen*. 1683 *Künsch*. 1734 *Künsch* => 1760 *Kintsch* => 1792 *Künsch*, 1796 *Küntsch*. 1794 *Kinsch*. 1864 *Künsch* => 1884 *Kunsch*.

KUNTSCH / KÜNTSCH (2009: 3, 0.02‰; 1880: 14, 0.07‰). Variante zu ↗*Kunsch/ Künsch* mit epenthetischem *-t-*.

KUNTZIGER / KÜNTZIGER ['kyntsiŋə] (2009: 3, 0.02‰; 1880: 25, 0.13‰). VARIANTE(N) *Kintziger, Kintzinger, Kuentziger, Kuntzinger*. Personalisierter Herkunftsname zu a) *Küntzig* (lb. *Këntzeg*, lokallb. *Këinzeg*, frz. *Clemency*) für eine Ortschaft in der Gemeinde Kerschen; b) *Künzig* (frz. *Kuntzig*) für eine Gemeinde im Moseldepartement. 🜚 *Kuntziger/ Küntziger* ist sehr vereinzelt nur im Kanton Luxemburg und dem Areler Land zu finden. Die dominierende Form im Großherzogtum wie im Areler Land ist *Kintziger*. Als Varianten, die den Ersatz des Ausgangs *-iger* durch *-inger* zeigen, gelten im Raum Luxemburg *Kuntzinger/Küntzinger, Kintzinger, Kinzinger*. Von diesen tritt *Kuntzinger/Küntzinger* nur im südlichen Luxemburg und im Moseldepartement auf, während *Kintzinger* die größte Streuung zeigt, die auch ins Moseldepartement und in die deutsche Nachbarregion hineinreicht. *Kinzinger* ist wiederum nur vereinzelt in Luxemburg zu finden, häufig dagegen in Baden-Württemberg, besonders im Raum Stuttgart, was dort eine Konkurrenzetymologie sehr wahrscheinlich macht. 📖 RB (1388-1500): *Claisgin van Kuntsich. Dem Pastore van Kuntzisch = Pastor van Kuntzich. Fougel van Kuntzich = Fugelchen van Kuntzick. Johan van Kuntzig = Johanne van Kuntzich. Kremer van Kuntzich = Kremer van Kuyntzich = Kremer von Kuntzichg. Thilmant van Kůntzich. Tzymerman van Kuntziche* u.a. Fsv: 1472 *Thil van Kuntzich*. 1611 *de Kunsingen, de Kuntzigh*. GDB: 1732 *Küntzinger* => 1760 *Kintzich = Kintzinger*. 1735 *Kuntzinger*. 1736 *Küntzinger* => 1785 *Kintzinger* => 1822 *Kinzinger*, 1822 *Küntzinger* (=> 1857 *Künziger*), 1835 *Kintzinger = Kuentziger*. 1742 *Kuntzig* => 1777 *Kinzig* => 1807 *Kinzinger*, 1811 *Kintzig*. 1779 *Küntzinger = Kintzinger* => 1802 *Künzinger*, 1804 *Kunzinger = Kintzinger*. 1811 *Kunziger*.

KUNTZINGER / KÜNTZINGER (2009: 2, 0.01‰; 1880: 12, 0.06‰). Variante von ↗*Kuntziger/Küntziger*, mit Ersatz des Ausgangs *-iger* durch *-inger*.

KURT [kuʀt] (2009: 15, 0.09‰; 1880: 44, 0.23‰). VARIANTE(N) *Court, Courte, Kurth*. Patronym zum gleichlautenden Rufnamen. Dieser ist Kurzform von ↗*Konrad*. 📖 Fsv: 1611 *Kurt*. GDB: 1671 *Kurten*. 1805 *Kurt* => *Court* = 1835 *Kurt*. 1822 *Kurt = Courte*. 1853 *Kurt = Kurth*.

KURTH (2009: 2, 0.01‰; 1880: 44, 0.23‰). ↗*Kurt*.

L

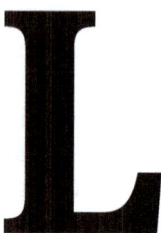

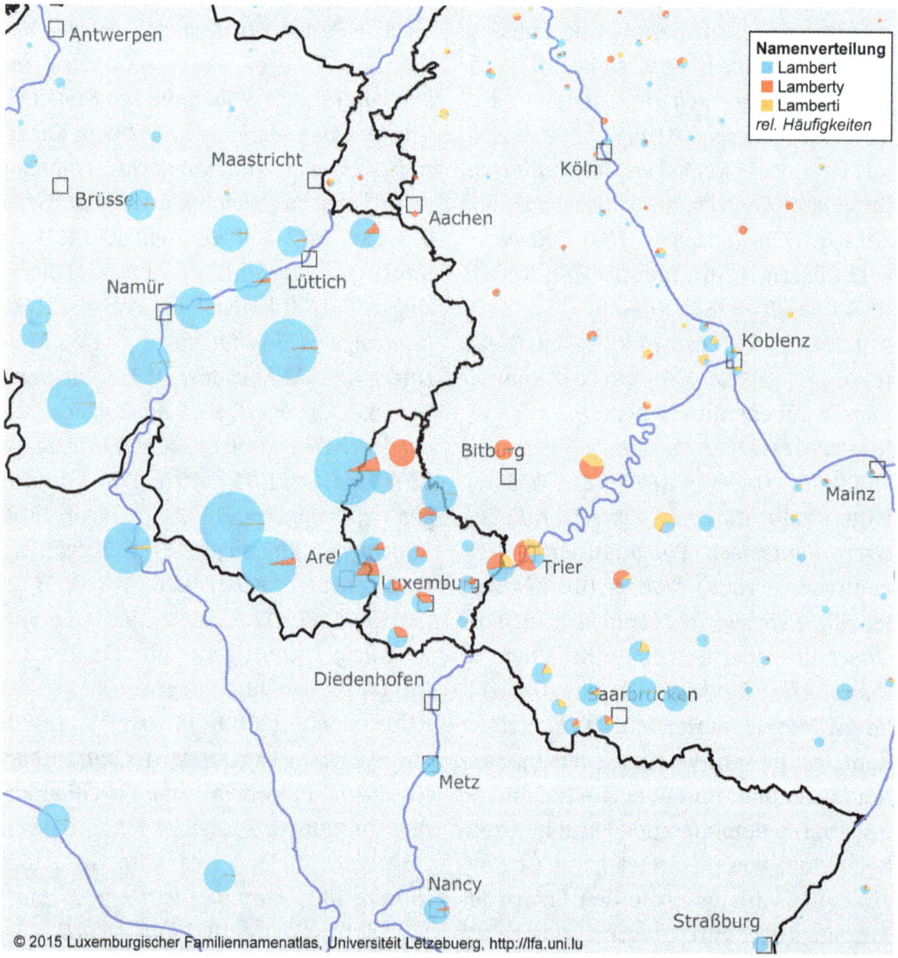
Namenverteilung
Lambert
Lamberty
Lamberti
rel. Häufigkeiten
Antwerpen
Maastricht
Köln
Aachen
Lüttich
Namür
Koblenz
Bitburg
Mainz
Arel
Luxemburg
Trier
Diedenhofen
Saarbrücken
Metz
Nancy
Straßburg
© 2015 Luxemburgischer Familiennamenatlas, Universitéit Lëtzebuerg, http://lfa.uni.lu

LACHETTE (2009: 1, 0.01‰; 1880: 0). ↗Laschette.
LACOUR [lɑˈkuːʀ] (2009: 34, 0.21‰; 1880: 7, 0.04‰). Französischer Wohnstättenname zu frz. *cour* 'Hof'. ✺ Der Name ist außer in Luxemburg, u.a. im Saarland, Belgien und in ganz Frankreich verbreitet. Überwiegend in Belgien und im Nordosten Frankreichs ist auch die Variante *Lacourt* anzutreffen. ▢ GDB: 1838 *Lacourt*. 1884 *Lacour*.
LAESCH (2009: 2, 0.01‰; 1880: 8, 0.04‰). ↗Lesch.
LAHIER [lɑˈhiːʀ] (2009: 12, 0.07‰; 1880: 8, 0.04‰). Entrundete Form von ↗*Lahure*.
LAHIR (2009: 1, 0.01‰; 1880: 3, 0.02‰). Entrundete Form von ↗*Lahure*.
LAHIRE (2009: 5, 0.03‰; 1880: 2, 0.01‰). Entrundete Form von ↗*Lahure*.
LAHR [laːʀ] (2009: 47, 0.29‰; 1880: 129, 0.67‰). 1. Herkunftsname zu a) *Lahr* für ein in Deutschland mehrfach auftretendes Toponym, im Raum Luxemburg am ehesten für eine Gemeinde im Eifelkreis Bitburg-Prüm; b) *Lahr* oder *Deutsch-Lahr* (lb. *Loër*, frz. *Tiercelet*, wa. *Tischlai*) für eine Gemeinde im Département Meurthe-et-Moselle an der romanisch-germanischen Sprachgrenze. ✺ In Luxemburg überwiegend in der Südhälfte, in Deutschland besonders linksrheinisch. ▢ RB (1388-1500): *Claiß van Lair = Claiß van Laire. Wirt van Laere*. FSV: 1611 *Laer*. GDB: 1702 *Lahr*. 1740 *Laar*. 1755 *Laer = Laar*.
LAHURE [lɑˈhyːʀ] (2009: 17, 0.1‰; 1880: 11, 0.06‰). VARIANTE(N) *Lahier, Lahir, Lahire, Lahyr*. Übername zu afrz., mfrz. *hure* 'Haarschopf'. ✺ *Lahure* begegnet vor allem in Luxemburg und im Süden der gleichnamigen Nachbarprovinz, besonders in Chiny. Einzelne Streuungen auch im übrigen Belgien sowie im Département Meurthe-et-Moselle. *Lahyr* kommt nur in Luxemburg vor und zeigt eine starke Konzentration im Minette. *Lahir* erscheint nur je einmal im Großherzogtum und im Areler Land, ferner in Frankreich an der Grenze zu Belgien und im Moseldepartement. *Lahire* findet sich ebenfalls sehr selten: Luxemburg und verstreut im östlichen Wallonien, recht häufig dagegen in Nordostfrankreich. *Lahier*: Streubelege in Luxemburg, im Areler Land und südlich von Brüssel sowie in Frankreich. ▢ FSV: 1656 *la Hur, Lahier*. GDB: 1695 *Lahier = La Hire*. 1736 *Lahure => 1762 Lahur = Lahire*, 1777 *Lahir*. 1739 *Lahier = Lahyr*. 1770 *Lahir = Lahyre*. 1795 *Lahyr*.
LAHYR [lɑˈhiːʀ] (2009: 19, 0.12‰; 1880: 9, 0.05‰). Entrundete Form von ↗*Lahure*.
LALLEMAND [ˈlɑləmɑ̃ː // ˈlɑləmɑŋ] (2009: 23, 0.14‰; 1880: 20, 0.1‰). VARIANTE(N) *Lallemang*. Herkunfts- oder Übername zu frz. *allemand* 'deutsch, deutschsprachig', mit agglutiniertem bestimmten Artikel. ✺ Während sich die französische Form *Lallemand* über die ganze nördliche Hälfte Frankreichs, Wallonien und Luxemburg erstreckt, ist das Vorkommen der germanisierten Form *Lallemang* auf das Großherzogtum beschränkt. ▢ FSV: 1611 *Lalleman*. 1656 *Lallemand, L'Allemand*. GDB: 1718 *Lallemand*. 1754 *Lallemant => 1773 D'Almand*. 1775 *Lallemang*. 1816 *Lallmang = Lallemang*. 1843 *Lallement*.
LALLEMANG [ˈlɑləmɑŋ] (2009: 40, 0.25‰; 1880: 41, 0.21‰). Germanisierte Form von frz. ↗*Lallemand*.
LAMBERS (2009: 1, 0.01‰; 1880: 0). ↗Lambertz.
LAMBERT [ˈlɑ̃ː(m)bɛːʀ] (2009: 109,

0.67‰; 1880: 151, 0.78‰). GLEICHE BASIS *Lamberty, Lambertz, Lampert, Lampertz*. Meist französisches Patronym zum gleichlautenden Rufnamen. Dieser stammt aus wfrk.*Lamberht < *Landberht bzw. ahd. *Lamber(a)ht* < *Landber(a)ht*. Zu Grunde liegt germ. **landa-* 'Land' und **berhta-* 'glänzend'. Vgl. auch *Lamesch*, Etymologie 1. ⑤ *Lambert* ist im gesamten Kartierungsgebiet verbreitet, besonders in Frankreich und Wallonien. In Deutschland zeigt der Name die größte Dichte im Saarland, außerdem lose Streuungen entlang des Rheins und der Mosel sowie tendenziell im Süden des gesamten Bundesgebiets. Die ausschließlich dem Deutschen zuzuordnende Variante *Lampert* tritt im Großherzogtum weitaus seltener auf und ist in Deutschland vor allem zwischen Stuttgart und Frankfurt am Main zu finden. Die Genitivbildung *Lambertz* ist in Luxemburg extrem niederfrequent und begegnet in Deutschland fast ausschließlich zwischen Aachen und dem Ruhrgebiet. Etwas häufiger erscheint in Luxemburg *Lampertz*, doch ist das Vorkommen dieser Form fast auf das Großherzogtum beschränkt. Die latinisierte Genitivbildung *Lamberty* ist überwiegend in Luxemburg verbreitet. Östlich von diesem Gebiet schließt sich *Lamberti* an. 📖 RB (1388-1500): *Lampprichts Meiger van Straissen*. FSV: 1444-1450 *Lamprich, Lamprecht* (Rufname). 1561 *Lampert, Lamperts*. 1611 *Lampricht, Lamprichts*. 1656 *Lambert, Lamberts*. GDB: 1664 *Lampertz*. 1676 *Lambert*. 1693 *Lamberty*. 1703 *Lambrecht*. 1707 *Lampert*. 1718 *Lambers*. 1739 *Lampers*. 1742 *Lamperts*. 1749 *Lambertz*. 1791 *Lamberti*. 1849 *Lambricht*.

LAMBERTS (2009: 3, 0.02‰; 1880: 0). ↗*Lambertz*.

LAMBERTY [lamˈbæʁtiː] (2009: 53, 0.32‰; 1880: 42, 0.22‰). Flektiertes Patronym (lateinischer Genitiv) zu ↗*Lambert*.

LAMBERTZ [ˈlambɐts] (2009: 1, 0.01‰; 1880: 9, 0.05‰). VARIANTE(N) *Lamberts*. Flektiertes Patronym zu ↗*Lambert*.

LAMBORAY [ˈlã:(m)bɔʁaɪ] (2009: 5, 0.03‰; 1880: 15, 0.08‰). ↗*Lamborelle*.

LAMBORELLE [ˈlã:(m)bɔʁæl] (2009: 48, 0.29‰; 1880: 15, 0.08‰). VARIANTE(N) *Lamboray*. Möglicherweise französisches Metronym (hypokoristische Ableitung auf -*elle* aus lat. -*ella* oder -*illa*) zum einstigen Rufnamen *Lambor*. Zwar ist dieser in den historischen Quellen kaum greifbar, doch tritt im altfranzösischen Gralsroman Perlesvaus (Parzifal) ein gewisser König Lambor als einer von Parzifals Söhnen in Erscheinung. Die Etymologie von *Lambor* ist ungewiss. Denkbar wäre keltische Herkunft, etwa *Lamboros, und somit ein Vergleich mit dem Cognomen kelt. *Lamberus* (vgl. Holder II, Sp. 159). ⑤ *Lamborelle* ist fast ausschließlich in Luxemburg und Wallonien verbreitet, ebenso der basisidente Name *Lamboray* (wa. *Lamborê*; vgl. Germain-Herbillon, S. 604), der jedoch in Luxemburg nur sehr vereinzelt vorkommt. Exklusiv wallonisch, doch extrem niederfrequent sind *Lemborelle, Lambory* und *Lambori*. ☞ Germain-Herbillon, S. 604 stellen den Familiennamen *Lamborelle* zu ↗*Lambert*, doch ergeben sich hierbei lautliche Probleme. Eine Diminutivbildung von *Lambert* ließe streng genommen *Lambertelle erwarten, d.h. mit vortonigem *e* und erhaltenem *t*. Zwar lautet ein Lütticher Beleg aus dem Jahr 1276 *Lambertus condist Boreis* (zitiert nach Germain-Herbillon, S. 183), und dieser würde somit in der Tat zeigen, dass in derivierten Vulgobildungen *e* zu *o* werden und *t* schwinden kann. Doch könnte es sich bei *Lambertus* = *Boreis* lediglich um eine volksetymologische Gleichung handeln, da letztendlich auch *Boreis* zu *Lambor* gehören könnte. Eine alternative Etymologie von *Lamborelle* erwägt Debrabandere (S. 830): Übername zu afrz. *lapriel*, nfrz. *lapereau*, mnl. *lampreel* 'Kaninchen' und spätere Kontamination mit *Lambert*. Mit dieser Etymologie bleibt einerseits das vortonige *o* von *Lamborelle* unerklärt, andererseits besteht keine Verknüpfungsmöglichkeit mit dem wohl basisidenten Namen *Lamboray* bzw. den exklusiv in Wallonien geltenden Varianten *Lambory*, *Lambori*. *Lamboray* bzw. *Lambory*, *Lambori* scheinen ursprünglich mit dem Zugehörigkeitssuffix keltisch -*āco*- bzw. gallisch-merowingisch -*iaco*- (vgl. Holder II, Sp. 20/6) gebildet zu sein. 📖 GDB: 1740 *Lamborelle*. 1751 *Lamboray*. Germain-Herbillon, S. 604: 1280 *Lambores*. 1289 *Lamborée*. 1764 *Lamborelle*.

LAMERS [ˈlaːmɐs] (2009: 2, 0.01‰; 1880: 0). Variante von ↗*Lamesch*, mit unterbliebener Assimilation -*ers* > -*esch*.

LAMESCH [ˈlaːməʃ] (2009: 100, 0.61‰; 1880: 147, 0.76‰). VARIANTE(N) *Lamers*. Flektiertes Patronym zu a) ↗*Lambert*, das durch Assimilation *mb* > *m* *Lamert* ergab. Die entsprechende flektierte Form *Lamerts* wurde durch Vereinfachung *ts* > *s* zu *Lamers* und schließlich durch Assimilation *rs* > *sch* zu *Lamesch*; b) *Lamer*, flektierter Übername zu mhd. *lam* 'gliederschwach, lahm' oder Übername zu einer Agensbildung von mhd. *lamen* 'lahm, gliederschwach sein oder werden'. 💰 *Lamesch* gilt fast ausschließlich in Luxemburg. *Lamers* findet sich dagegen besonders auf deutscher Seite und zeigt eine sehr hohe Konzentration am Niederrhein. Eine unflektierte Form *Lamer* ist vereinzelt im Lütticher Raum, am Niederrhein und auch sonst in Deutschland anzutreffen. Etwas häufiger in Deutschland erscheint *Lahmer*, das die größte Dichte am Niederrhein zeigt, während *Lahmers* in Deutschland insgesamt sehr selten ist. 📖 FSV: 1611 *Lham*. GDB: 1736 *Lamesch*.

LAMMAR [ˈlamaːʁ] (2009: 20, 0.12‰; 1880: 9, 0.05‰). Germanisierte Form von frz. *Lamare*, Wohnstättenname mit agglutiniertem Artikel zu frz. *mare* 'Tümpel'. 📖 GDB: 1748 *Lammar*.

LAMPACH [ˈlampax] (2009: 20, 0.12‰; 1880: 5, 0.03‰). Regionalsprachliche Form von ↗*Limpach*, mit Senkung von i_2 > lb. *a*.

LAMPERS (2009: 2, 0.01‰; 1880: 9, 0.05‰). ↗*Lampertz*.

LAMPERT [ˈlampɐt] (2009: 9, 0.06‰; 1880: 8, 0.04‰). Variante von ↗*Lambert* mit Verhärtung des inlautenden *b*.

LAMPERTZ [ˈlampɐts] (2009: 22, 0.13‰; 1880: 17, 0.09‰). VARIANTE(N) *Lambers*, *Lampers*. Flektiertes Patronym zu ↗*Lampert*.

LANG [laŋ] (2009: 113, 0.69‰; 1880: 56, 0.29‰). VARIANTE(N) *Lange*. GLEICHE BASIS *Langen*. Übername zu mhd. *lanc* 'lang' für einen großen Menschen. Siehe auch ↗*Langer*. 💰 *Lang* findet sich nahezu im gesamten Kartierungsgebiet. Auf Luxemburg beschränkt ist dagegen eine nicht apokopierte und zudem französierend geschriebene Variante *Langé*. Die Genitivbildung *Langen* ist in Luxemburg sehr selten, sehr häufig jedoch ab Koblenz rheinabwärts anzutreffen. 📖 RB (1388-1500): *Cleschin dem langen Leyendecker. Den Langen van Dipach. Des lan-*

gen *Schreuders. Lancke Johan van Haelingen.* Fsv: 1561 und 1611 *Lang, Langen.* 1656 *Langes.* GDB: 1749 *Lang.* 1768 *Langen = Lanck.* 1851 *Lange.* Vz: 1880 *Lang, Langé, Langen.*

LANGE / LANGÉ [ˈlɑːʒeː // ˈlaŋə] (2009: 15, 0.09‰; 1880: 1, 0.01‰). Variante von ↗*Lang* mit nicht erfolgter Apokope des Auslautvokals. Die fakultative französisierende Graphie ‹Langé› hat zu einer alternativen französisierenden Leseaussprache [ˈlɑːʒeː] geführt.

LANGEN [ˈlaŋən] (2009: 1, 0.01‰; 1880: 2, 0.01‰). Flektiertes Patronym (schwacher Genitiv) zu ↗*Lang.*

LANGER [ˈlaŋɐ] (2009: 3, 0.02‰; 1880: 8, 0.04‰). GLEICHE BASIS *Langers*. 1. Deriviertes Patronym zu mhd. *lanc* 'lang': 'aus der Familie des Langen Stammender'. 2. Flektierter Übername zur gleichen Basis. Siehe auch ↗*Lang*. ⓢ *Langer* tritt in Luxemburg selten auf, streut jedoch breit in Deutschland. Das Vorkommen von *Langers* beschränkt sich überwiegend auf das Großherzogtum (südliche Hälfte), jenes von *Langertz* auf die Kantone Diekirch und Echternach. 📖 RB (1388-1500): *Langer van Oildingen.* Fsv: 1561 und 1656 *Langer.* 1611 *Langers.* 1882 *Langertz.* GDB: 1706 *Langer.* 1725 *Langers.* 1883 *Langertz.*

LANGERS [ˈlaŋɐs] (2009: 37, 0.23‰; 1880: 91, 0.47‰). VARIANTE(N) *Langertz.* Flektiertes Patronym zu ↗*Langer.*

LANGERTZ [ˈlaŋets] (2009: 9, 0.06‰; 1880: 0). ↗*Langers.*

LANNERS [ˈlanɐs] (2009: 202, 1.24‰; 1880: 253, 1.31‰). Flektiertes Patronym zu †*Lanner.* Dies ist personalisierter Herkunftsname zu *Lannen*, Gemeinde Redingen an der Attert (vgl. Erpelding 1987 und 1988a) oder personalisierter Wohnstättenname zu einer gleichnamigen Flur. In beiden Fällen liegt mhd. *linde* (mslfrk. i_2) 'Linde' zu Grunde. ⓢ *Lanners* kommt nur in Luxemburg vor, mit einer Streuung in das Areler Land und den Norden der Provinz Luxemburg. Vereinzelt findet sich der Name in Lüttich, Brüssel. 📖 Der Ortsname *Lannen* erscheint in diversen Feuerstättenverzeichnissen (teilweise noch ohne die charakteristisch moselfränkische Senkung) als *Linden* (1501), *Lynden* (1473, 1526, 1530, 1531), *Landen* (1495, 1528, 1656). Die regionalsprachliche Form *Lannen* wurde bereits im 19. Jh. auch amtlich im Deutschen verwendet. 📖 Fsv: 1528 *Aen der Linden.* 1561 *Linners, Lynden.* 1611 *Landen, Lannen.* 1656 *Lannen.* 1679 *Lannersch.* GDB: 1692 *Lanners => 1719 Lanner,* 1711 *Lannen => 1740 Linden.* 1725 *Lamusch.* 1727 *Lenusch.* 1739 *Lamesch.*

LANSER [ˈlanzɐ] (2009: 23, 0.14‰; 1880: 66, 0.34‰). 1. Herkunftsname zu *Lanser*, heute *Langsur* (lb. *Laser*), für eine Ortschaft im Landkreis Trier-Saarburg. 2. Herkunfts- oder Wohnstättenname zu einem verschollenen Toponym *Lanser* für eine ehemalige Ortschaft im Landkreis Bitburg-Prüm (siehe FSV von 1474-76; Grob-Vannérus S. 729). ⓢ Der Name zeigt die größte Verbreitung in der südlichen Hälfte Luxemburgs, in der Eifel und im Landkreis Mayen-Koblenz. 📖 Fsv: 1611 *Lanser.* GDB: 1736 *Lanser.*

LANTER [ˈlantɐ] (2009: 17, 0.1‰; 1880: 12, 0.06‰). 1. Wohnstättenname zu lb. *Lanter* 'Laterne' nach einer Laterne als Hauszeichen. 2. Berufsübername zum selben luxemburgischen Appellativ für den Hersteller (in den Rechnungsbüchern der Stadt Luxemburg findet sich der Eintrag *Bernhart Lantternmecher*). 3.

Patronym zum gleichlautenden Rufnamen. Dieser stammt aus *Landher*, das auf ahd. *Lantheri*, mit ahd. *lant* 'Land' und *heri* 'Kriegsschar, Heer', zurückgeht. 📖 Fsv: 1611 *Lanter*. Gdb: 1787 *Lanter*.

Laplume [laˈplym] (2009: 17, 0.1‰; 1880: 23, 0.12‰). Französischer Familienname mit agglutiniertem Artikel zu frz. *plume* 'Feder'. Folgende Bedeutungen kämen in Frage: 1. Wohnstättenname nach einer Feder als Hauszeichen. In dieser Bedeutung findet sich ein Beleg aus Lüttich aus dem Jahr 1685: *La Plume d'Or* (Germain-Herbillon, S. 611). 2. Berufsübername für den Federhändler, Hersteller von Schreibfedern oder einen Kanzleischreiber. 📖 Gdb: 1681 *Laplume*. 1798 *Laplum*.

Laroche [laˈrɔʃ] (2009: 23, 0.14‰; 1880: 15, 0.08‰). Variante(n) *Larosch, Larosche*. 1. Herkunftsname zu einem Ortsnamen mit *Laroche*, z.B. *Laroche-en-Ardenne* für eine Ortschaft und Gemeinde in der Provinz Luxemburg; vgl. ↗*Feltz*, Etymologie 2. 2. Wohnstättenname mit agglutiniertem Artikel zu frz. *roche* 'Fels'. ✡ *Laroche* ist im Süden Luxemburg, doch besonders weit in Frankreich und Wallonien verbreitet. Die germanisierten Formen *Larosch, Larosche* finden sich nur in Luxemburg sowie einige wenige Male im Moseldepartement. 📖 Fsv: 1656 *de la Roche*. Gdb: 1723 *Laroche*, 1750 *Larosch*, 1792 *Larosche*.

Larosch (2009: 9, 0.06‰; 1880: 33, 0.17‰). Germanisierte Graphie von ↗*Laroche*.

Larosche (2009: 6, 0.04‰; 1880: 16, 0.08‰). Germanisierende Graphie von ↗*Laroche*.

Laschet (2009: 5, 0.03‰; 1880: 3, 0.02‰). ↗*Laschette*.

Laschette [ˈlaʃæt] (2009: 34, 0.21‰; 1880: 37, 0.19‰). Variante(n) *Lachette, Laschet*. Regionalsprachliche bzw. französisierende Schreibung für *Lascheid*, Herkunftsname zu einem gleichlautendem Toponym in der Eifel sowie in der Gemeinde Burg-Reuland, Provinz Lüttich. ✡ *Laschette* ist fast ausschließlich in Luxemburg zu finden. Die Variante *Laschett* ist in Luxemburg selten und konzentriert sich besonders stark im Raum Lüttich und Aachen, ist aber auch im Rheinland verstreut. Doch handelt es sich im letzteren Gebiet eher um einen Herkunftsnamen zu *Lascheid* im Süden Nordrhein-Westfalens. Entsprechend sind im Rheinland vereinzelt auch *Lascheid* und *Lascheit* anzutreffen. 📖 Gdb: 1625 *Laschette = Laschett*. 1724 *Laschet* => 1757 *Laschette* => 1802 *Lachett*. 1753 *Lascheid*. 1828 *Lachette*. 1844 *Lachet*.

Lauer [ˈlauɐ] (2009: 59, 0.36‰; 1880: 96, 0.5‰). 1. Berufsname zu mhd. *louwer*, Nebenform von *lôwer* 'Gerber'. Vgl. lb. *Laër* 'Lohgerber', lothr. *Laer* 'Gerber'. 2. Übername zu mhd. *lûre* 'schlauer, hinterlistiger Mensch'. Vgl. z.B. rhein. *Lauer* 'neugieriger, hinterlistiger Mensch'. ✡ Der Name begegnet verstreut in ganz Luxemburg, doch am häufigsten findet er sich im Moseldepartement und im Saarland. Auch sonst ist er in Deutschland weit verbreitet und bildet mitunter großflächige Nester. 📖 RB (1388-1500): *Lauwer, (dem) Lauwer, (der) Laûwers, Leuwer, (dem) Leuwer, (der) Leuwer, (des) Leuwers, (dez) Leuwers, Leûwers*. Fsv: 1611 *Lauers, Lauwer*. Gdb: 1738 *Lauer*.

Laurent [ˈlorɑ̃ː] (2009: 20, 0.12‰; 1880: 37, 0.19‰). Variante(n) *Lorang, Lorent*. Französisches Patronym zum gleichlautenden Rufnamen. Dieser geht zurück auf lat. *Laurentius* mit der ursprünglichen Bedeutung 'der aus der Stadt Laurentum Stammende'. ⑤ Während *Laurent* in Frankreich und Wallonien zu den häufigsten Familiennamen gehört, ist in Luxemburg vor allem die germanisierte Form *Lorang* anzutreffen. Diese streut auch ins Saarland hinein und begegnet vereinzelt in Lothringen und dem Elsass. Das Vorkommen einer weiteren germanisierten Variante *Lorrang* ist auf Luxemburg beschränkt. Eine französische Variante *Lorent* begegnet heute im Süden Luxemburgs und in Wallonien. Im letzteren Gebiet erscheint der Name mitunter auch als *Lorant*. 📖 Fsv: 1611 *Laurent*. GDB: 1687 *Laurent*. 1730 *Lorang*. 1739 *Lorent* = *Lorang* => 1769 *Lorang*, 1776 *Loran* = *Lorang* => 1804 *Laurent* => 1823 *Lorang*, 1832 *Lorant*. 1762 *Lorang* => 1807 *Laurent*. Vz: 1880 *Laurant, Laurent, Lorang, Lorrang*.

LAURES [ˈlɑuʀəs] (2009: 32, 0.2‰; 1880: 18, 0.09‰). Patronym zum gleichlautenden Rufnamen. Dieser ist entlehnt aus lat. *Laurus* und gehört wahrscheinlich zu lat. *laurus* 'Lorbeer'. ⑤ *Laures* ist nur im Westen Luxemburgs und punktuell in der Eifel anzutreffen. Vereinzelt in Deutschland findet sich auch *Laurus*. 📖 GDB: 1715 *Laures*. 1720 *Laurus*.

LAUTERBORN [ˈlɑutɛbɔʀn] (2009: 1, 0.01‰; 1880: 18, 0.09‰). VARIANTE(N) *Lauterbour*. Herkunfts- oder Wohnstättenname zu *Lauterborn* (lb. *Lauterbur*) für eine Örtlichkeit in der Gemeinde Echternach. ⑤ *Lauterborn* ist in Luxemburg kaum anzutreffen, findet sich aber in Deutschland besonders entlang der Mosel. Das Vorkommen der aus dem Luxemburgischen gewonnenen Variante *Lauterbour* ist auf das Großherzogtum beschränkt. ☞ Die luxemburgische Variante *Lauterbour* erscheint in den historischen Quellen einmal reinterpretiert als *Lauterbourg*. 📖 Fsv: 1656 *Lauterboren*. GDB: 1730 *Lauterborn*. 1770 *Lauterbour*. 1806 *Lauterbourg*. 1846 *Lauterbour* = *Lauterborn*.

LAUTERBOUR [ˈlɑutɛbuːʀ] (2009: 20, 0.12‰; 1880: 69, 0.36‰). Luxemburgische, französisierend geschriebene Form von ↗*Lauterborn*.

LAUX [lɑuks] (2009: 52, 0.32‰; 1880: 161, 0.83‰). Regionalsprachliche Form von *Lukas*. ↗*Lucas*.

LAY [lɑɪ] (2009: 1, 0.01‰; 1880: 7, 0.04‰). ↗*Ley*.

LECLERC [ˈləklɛːʀ] (2009: 39, 0.24‰; 1880: 32, 0.17‰). VARIANTE(N) *Leclercq, Leclere*. Französischer Amts- oder Berufsname mit agglutiniertem Artikel zu frz. *clerc*, zunächst 'Geistlicher, Gelehrter, Gebildeter', dann 'Gerichtsschreiber, Amstdiener, Schreiber'. ⑤ *Leclerc* und entsprechende Schreibvarianten sind in der nördlichen Hälfte Frankreichs und in Wallonien sehr geläufig: *Leclerc* besonders in Frankreich, *Leclerq* auf wallo-pikardischem Areal, *Leclere* südlich des Verbreitungsgebiets von *Leclerq*. Alle drei Formen kommen auch in Luxemburg vor und zeigen eine gewisse Konzentration im Westen. 📖 Fsv: 1656 *Le Clerq*. GDB: 1693 *Leclerq*. 1728 *Leclerc*. 1746 *Leclercq*. 1770 *Leclère*. Vz: 1880 *Lecler, Leclerck*.

LECLERCQ (2009: 16, 0.1‰; 1880: 0). ↗*Leclerc*.

LECLERE / LECLÈRE (2009: 3, 0.02‰; 1880: 14, 0.07‰). ↗*Leclerc*.

LEFEBER [ləˈfeːbɐ // ləˈfɛːbɐ] (2009: 24, 0.15‰; 1880: 5, 0.03‰). Germanisierte Form von ↗*Lefèvre*.

LEFEBRE / LEFÈBRE [ləˈfɛːbʀə // ləˈfeːbɐ] (2009: 2, 0.01‰; 1880: 3, 0.02‰). ↗*Le-*

fèvre.

LEFEVRE / LEFÈVRE [ləˈfɛːvʀə] (2009: 13, 0.08‰; 1880: 26, 0.13‰). VARIANTE(N) *Lefebre.* GLEICHE BASIS *Lefeber.* Französischer Berufsname mit agglutiniertem Artikel zu mfrz. *fevre* 'Schmied' (= pik. *fevre*, lüttichisch *féve*). Die germanisierte Form lautet ↗*Lefeber.* ⌨ Fsv: 1444-1450 *(Claux) le feure, (Heyne) le fevre.* 1611 *Febve.* GDB: 1725 *Lefèvre.* 1699 *Lefeber* => 1726 *Lefeber,* 1728 *Lefever,* 1734 *Lefewer,* 1735 *Lefevers.* 1791 *Lefevre* => 1827 *Lefebre* => 1853 *Lefèvre,* 1855 *Lefeber.* 1823 *Lefebre.* 1861 *Lefèbvre.*

LEGER / LÉGER [ˈleːʒeː] (2009: 17, 0.1‰; 1880: 27, 0.14‰). Französischer Familienname. 1. Patronym zum gleichlautenden Rufnamen, der im 18. Jh. noch gebräuchlich war. Dieser gehört zu frz. *léger* 'leicht, beschwingt, leise'. 2. Übername zu diesem Adjektiv (vgl. Germain-Herbillon, S. 633). ⌨ GDB: 1769 *Leger.* 1872 *Léger.*

LEGIL (2009: 7, 0.04‰; 1880: 7, 0.04‰). ↗*Legille.*

LEGILL (2009: 10, 0.06‰; 1880: 16, 0.08‰). ↗*Legille.*

LEGILLE [ˈləʒil] (2009: 7, 0.04‰; 1880: 9, 0.05‰). VARIANTE(N) *Legil, Legill.* Übername zu frz. *gille* 'Dummkopf; antike Figur in der burlesken Komödie; Person, die die Rolle dieser Figur spielt oder sich zur Karnevalszeit als Solche kleidet'. ⓢ *Legille* kommt nur in Luxemburg vor, *Legill* daneben sehr vereinzelt im Saarland, *Legil* in Luxemburg und sehr vereinzelt im Areler Land. ⌨ GDB: 1833 *Legill.*

LEGRAND [ˈləgʀɑ̃ː] (2009: 23, 0.14‰; 1880: 3, 0.02‰). Französischer Übername mit agglutiniertem Artikel zu frz. *grand* 'groß' für einen großen Menschen. Vgl. auch ↗*Degrand.* ⌨ Fsv: 1656 *Le Grand.* GDB: 1857 *Legrand.*

LEHNEN [ˈleːnən] (2009: 21, 0.13‰; 1880: 42, 0.22‰). Flektiertes Metronym zu *Lene.* Dieser Rufname ist Kurzform von a) *Helene,* eine Entlehnung aus griech. *Helénē,* das zu griech. *hēlē* 'Sonnenschein' gestellt wird, de facto jedoch etymologisch umstritten ist; b) *Magdalena,* eine Entlehnung aus griech. *Magdalénē* 'aus Magdala am See Genezareth Stammende'. ⌨ Fsv: 1561 *Lenen.* 1611 *Lehnen, Lenen, Lhenen, Lhennen.* 1656 *Lehnen.* GDB: 1711 *Lehnen.*

LEHNERS [ˈleːnɐs] (2009: 19, 0.12‰; 1880: 35, 0.18‰). ↗*Lenertz.*

LEHNERT [ˈleːnɐt] (2009: 20, 0.12‰; 1880: 44, 0.23‰). ↗*Lenert.*

LEHNERTS [ˈleːnɐts] (2009: 2, 0.01‰; 1880: 23, 0.12‰). ↗*Lenertz.*

LEHNERTZ [ˈleːnɐts] (2009: 4, 0.02‰; 1880: 74, 0.38‰). ↗*Lenertz.*

LEICK [laɪk] (2009: 41, 0.25‰; 1880: 74, 0.38‰). Entrundete Form von ↗*Leuck.*

LEIDER (2009: 49, 0.3‰; 1880: 88, 0.45‰). ↗*Leyder.*

LEIK [laɪk] (2009: 1, 0.01‰; 1880: 6, 0.03‰). Entrundete Form von ↗*Leuck.*

LEINER [ˈlaɪnɐ] (2009: 23, 0.14‰; 1880: 19, 0.1‰). 1. Berufsname zu mhd. *lîner* 'Leinreiter' für den Reiter am Schiffszugpfad. Es handelt sich um eine Agensbildung zu mhd. *lîne* in der Zusammensetzung mhd. *lîne-pfat* 'Pfad für Schiffszugpferde'. 2. Eher unwahrscheinlich, da *Leiners* bereits 1611 in Luxemburg bezeugt: Personalisierter Herkunftsname zu a) *Leins* für eine Ortschaft in Tirol, Österreich; b) zu dem im deutschen Sprachraum mehrfach auftretenden Ortsnamen *Leina;* 3. Ebenso eher unwahrscheinlich: Personalisierter Wohnstättenname zu dem im deutschen Sprachraum mehrfach auftretenden Gewässername *Leina*. 📖 Fsv: 1611 *Leiners*. Gdb: 1767 *Leiner*.

Leis [lɑɪs] (2009: 2, 0.01‰; 1880: 0). Gleiche Basis *Leisen*. Metronym zum einstigen gleichlautenden Rufnamen, Kurzform von *Elisabeth*. Zur Etymologie siehe ↗*Elsen*. 🌐 *Leis* kommt in Luxemburg kaum vor, dafür aber in Deutschland, besonders in der südlichen Hälfte. Etwas frequenter in Luxemburg ist die flektierte Bildung *Leisen*. Eine größere Dichte zeigt diese in der nahen deutschen Grenzregion, besonders im Bitburger Land, ferner am Niederrhein. Die noch seltenere Schreibvariante *Leysen* ist in der südlichen Hälfte des Großherzogtums sowie in Flandern zu finden. ☞ In den genealogischen Datenbanken erscheinen in Bezug auf den selben Namenträger die Aliasnamen *Luis*, das zu ↗*Louis* gehört, und *Leist*, Berufsübername zu mhd. *leist* m. 'Leiste' für den Schuster. Auffällig ist ferner der mehrfache Wechsel mit *Laeis*, *Laeys*, die auch sonst häufig belegt sind und wohl nur Schreibvarianten darstellen. 📖 Fsv: 1561 *Leiss* (Rufname), *Leissen*, *Leyssen*. 1611 *Leisen*. Gdb: 1666 *Leisen*. 1667 *Leysen* => 1724 *Lais* => 1759 *Laeis* = *Leist* = *Luis*. 1711 *Leyses*. 1720 *Leis*. 1702 *Leysen* = *Leyssen* = *Laeis* => 1730 *Laeis* = *Leis*, 1736 *Leyss* = *Laeys*. 1744 *Laeys* = *Leys*.

Leisen [ˈlɑɪzən] (2009: 18, 0.11‰; 1880: 50, 0.26‰). Variante(n) *Leysen*. Flektiertes Metronym zu ↗*Leis*.

Lejeune [ˈləʒœn] (2009: 22, 0.13‰; 1880: 7, 0.04‰). Französischer Übername mit agglutiniertem Artikel zu frz. *jeune* 'jung'. Vgl. auch ↗*Junio*. 📖 Gdb: 1754 *Lejeune*.

Lemaire [ˈləmɛːʀ] (2009: 25, 0.15‰; 1880: 7, 0.04‰). Französischer Amtsname mit agglutiniertem bestimmten Artikel zu mfrz. *maire* 'Gemeindevorsteher, Schuldheiß u.ä.'. 📖 Gdb: 1720 *Lemaire*. 1755 *Lemair*.

Lemmer [ˈlæmɐ] (2009: 83, 0.51‰; 1880: 187, 0.97‰). 1. Berufsname zu einer Agensbildung zu *lamp* 'Lamm'. 2. Patronym zum gleichlautenden Rufnamen. Dieser ist aus *Lembert* vereinfacht, das mit hypokoristischem Umlaut aus *Lambert* < *Landbrecht* entstanden ist. Vgl. auch ↗*Lambert*. 🌐 *Lemmer* bildet außer in Luxemburg auch in Deutschland regional mehrere Nester. Die Form *Lämmer* kommt dagegen seltener und fast nur in Deutschland vor. 📖 Fsv: 1611 *Lemmer*.

Leners (2009: 36, 0.22‰; 1880: 20, 0.1‰). ↗*Lenertz*.

Lenert [ˈleːnɐt] (2009: 23, 0.14‰; 1880: 39, 0.2‰). Variante(n) *Lehnert*. Gleiche Basis *Lenertz*. 1. In den meisten Fällen Patronym zum gleichlautenden Rufnamen. Dieser ist regionalsprachliche Form von ↗*Leonhard* und zeigt Schwund von *h* sowie Abschwächung des Vokals der Zweitsilbe. In selteneren Fällen sind folgende Etymologien in Betracht zu ziehen: 2. Standesname mit sekundärem *-t* zu mhd. *lêhenære* 'Besitzer eines Lehnoder Bauerngutes'. 3. Personalisierter Wohnstättenname zu mhd. *lëne* 'Lehne', etwa für den Anwohner oder Bewohner einer Berglehne. 🌐 *Lenert* konzentriert sich in Luxemburg und im Moseldepartement, während *Lehnert*, außer in den genannten Gebieten, auch in Deutschland weit verbreitet ist. Die entsprechenden flektierten Namen *Lehnertz*, *Lehnerts*, *Lenerts* begegnen fast ausschließlich im Großherzogtum. Eine Ausnahme bildet *Lehnertz*, das vor allem im benachbarten deutschen Grenzgebiet auftritt. ☞ Unter den historischen Namensformen finden sich auch solche ohne den finalen alveolaren Verschlusslaut. Auf diese trifft mit größerer Wahrscheinlichkeit Etymologie 2 zu, wobei sie dann ohne das sekundäre -*t* gebildet wären. Entsprechende flektierte Formen konnten *Leners*, *Lenesch* lauten. Zu jenen Namensbelegen von *Lenert*, die ausschließlich zu Etymologie 1 gehören, siehe ↗*Leonhard*. 📖 GDB: 1685 *Lehnerts*. 1687 *Lenerz*. 1703 *Lehnert*. 1704 *Lehnertz*. 1715 *Leners* => 1740 *Lenesch*. 1720 *Lenertz*. 1731 *Lenert*. 1737 *Leners* => 1767 *Lenert*. 1751 *Leners* => 1792 *Lenerts*.

LENERTZ [ˈleːnɛts] (2009: 38, 0.23‰; 1880: 110, 0.57‰). VARIANTE(N) *Lehners*, *Lehnerts*, *Lehnertz*, *Leners*. Flektiertes Patronym zu ↗*Lenert*.

LENTZ [ˈlænts] (2009: 236, 1.45‰; 1880: 410, 2.12‰). VARIANTE(N) *Lenz*. GLEICHE BASIS *Lentzen*. Patronym zum gleichlautenden Rufnamen. Dieser ist Kurzform von ↗*Lorenz*. 🖐 *Lentz* ist überwiegend in Luxemburg, Wallonien, Lothringen sowie dem Elsass zu finden und wird in Deutschland weitgehend durch *Lenz* abgelöst, das wiederum in Luxemburg kaum vorkommt. Die flektierten Bildungen *Lenzen* und die seltenere Variante *Lentzen* gelten fast nur in Deutschland und konzentrieren sich zwischen dem Rhein und der Grenze zu Belgien und den Niederlanden. 📖 RB (1388-1500): *Lantz*, *Lentz*, *Lentze*, *Lentzkin* (durchwegs Rufname). FSV: 1611 *Lentzius*, *Lentz*, *Lentzen*.

LENTZEN [ˈlæntsən] (2009: 1, 0.01‰; 1880: 1, 0.01‰). VARIANTE(N) *Lenzen*. Flektiertes Patronym zu ↗*Lentz*.

LENZ (2009: 19, 0.12‰; 1880: 57, 0.29‰). ↗*Lentz*.

LENZEN (2009: 1, 0.01‰; 1880: 0). ↗*Lentzen*.

LEONARD / LÉONARD [ˈleːonaːʀ] (2009: 36, 0.22‰; 1880: 44, 0.23‰). VARIANTE(N) *Leonhardt*. Französisches Patronym zum gleichlautenden Rufnamen. Zur weiteren Etymologie, siehe ↗*Leonhard*. 🖐 *Leonard/Léonard* erstreckt sich über Luxemburg, Wallonien und weite Teile Frankreichs. 📖 FSV: 1656 *Leonard*, *Leonart*. GDB: 1748 *Léonard* => 1778 *Loenert*. 1760 *Léonard* = *Leonard*.

LEONARDY / LÉONARDY [leoˈnaːʀdiː] (2009: 28, 0.17‰; 1880: 49, 0.25‰). Flektiertes Partonym (lateinischer Genitiv) zu *Leonardus*, latinisierte Form von ↗*Leonhard*.

LEONHARD [ˈleːoːnaːʀ] (2009: 2, 0.01‰; 1880: 0). GLEICHE BASIS *Leonardy*. Patronym zum gleichlautenden Rufnamen. Dieser geht zurück auf eine gleichlautende altdeutsche Form und beinhaltet wgerm. *lewōn 'Löwe' und germ. *hardu 'hart, stark, tapfer; kühn'. Siehe auch ↗*Leonard/Léonard*, ↗*Lenert*, Etymologie 1. 🖐 *Leonhard* und ebenso *Leonhard* treten in Luxemburg extrem selten auf und sind dagegen in Deutschland weit verstreut. Typisch für den Raum Luxemburg sind die regionalsprachlichen Formen mit dem Monophthong *e* in der Tonsilbe; siehe ↗*Lenert*, Etymologie 1. Die lateinische Genitivform *Leonardy* ist überwiegend im Luxemburger Osten verbreitet. 📖 RB (1388-1500): *Lenart*, *Lenhart*, *Leynhart*, *Lienart*, *Lyenart*, *Lyenhardt* (durchwegs Rufname). FSV: 1611 *Leonhard*. 1656 *Leonard*, *Leonards*, *Leonardt*, *Leonardts*, *Leonarts*. GDB: 1690 *Léonardy*. 1748 *Léonard* => 1778 *Loenert*. 1852 *Leonhardt* = *Leonhard*.

LEONHARDT [ˈleːonaːʀ(t)] (2009: 3, 0.02‰; 1880: 0). ↗*Leonhard*.

LEPAGE [ˈləpaːʃ] (2009: 47, 0.29‰; 1880:

22, 0.11‰). Französischer Amtsname zu afrz. *page* 'Diener', mfrz. auch 'junger Adeliger im Dienste des Prinzen', mit agglutiniertem Artikel. 🌸 *Lepage* kommt in Luxemburg nördlich der Sauer und im Osten nicht vor. In Frankreich und Belgien ist der Name breit gestreut. Im Süden Luxemburg begegnet zusätzlich die germanisierte Variante *Lepasch*. 📖 GDB: 1754 *Lepage*. Vz: 1930 *Lepasch*.

LEROY [ˈləʀwɑ] (2009: 22, 0.13‰; 1880: 10, 0.05‰). Französischer Übername mit agglutiniertem Artikel zu frz. *roi* 'König'. 🌸 Der Name streut in der westlichen Hälfte Luxemburgs, in ganz Belgien und Frankreich, besonders in der nördlichen Hälfte, sowie in Deutschland in der Nordeifel. Seltener und fast nur in Belgien und in Frankreich vor allem im Nordwesten sind *Le Roy* und *Leroi* zu finden. 📖 GDB: 1724 *Leroy*. 1744 *Le Roy*. Vz: 1880 *Leroi*, *Leroy*.

LESCH [læʃ] (2009: 24, 0.15‰; 1880: 17, 0.09‰). VARIANTE(N) *Laesch*. Entrundete Form von ↗*Loesch*.

LETSCH [lætʃ] (2009: 29, 0.18‰; 1880: 16, 0.08‰). 1. Übername zu mhd. *lätsch*, *lötsch*, Nebenformen von *lotze* 'ungeschickter, unbeholfener Mensch'. 2. Wohnstättenname zu nhd.-landsch. *Letsche* 'Laube', Lehnwort aus it. *loggia*. Vgl. z.B. rhein. *Letsche* 'Jahrmarktsbude u.ä.', pfälz. *Letsche* 'altes baufälliges Haus; Hütte', lothr. *Letsch* 'Holzbaracke auf Messen und Jahrmärkten', lb. *Lietsch* 'Schankbude oder improvisiertes Zelt auf Jahrmärkten, Messen, bei Waldfesten und Holzauktionen, Versteigerungen'. 🌸 In Luxemburg zeigt der Name das größte Vorkommen im Kanton Capellen, in Deutschland im Dreiländereck Hessen-Thüringen-Bayern sowie in Teilen Baden-Württembergs. 📖 FSV: 1541 *Letschen*. GDB: 1859 *Letsch*.

LEUCK [lɔɪk] (2009: 19, 0.12‰; 1880: 0). VARIANTE(N) *Leick, Leik*. GLEICHE BASIS *Leucker*. Wohnstättenname zu *Leuk* für einen Bach im Saarland. Er entspringt bei Perl und mündet bei Saarburg in die Saar. 🌸 *Leuck* streut überwiegend im Südosten Luxemburgs und punktuell in Deutschland, während das Vorkommen der Schreibvariante *Leuk* auf das Saarland beschränkt ist. Die häufigste Variante im Großherzogtum ist *Leick*, die ansonsten noch vor allem im Saarland und Moseldepartement anzutreffen ist. *Leik* gilt in Luxemburg nur vereinzelt, ebenso außerhalb des Großherzogtums (insbesondere Moseldepartement, Ruhrgebiet). Von den personalisierten Varianten ist *Leucker* zu nennen, das vor allem im Osten Luxemburgs auftritt. 📖 FSV: 1656 *Leuckers*. GDB: 1763 *Leuck* => 1808 *Leick* = *Leuck*. 1769 *Leick*.

LEUCKER [ˈlɔɪkɐ] (2009: 8, 0.05‰; 1880: 0). Personalisierte Form von ↗*Leuck*.

LEURS [lœʀs] (2009: 17, 0.1‰; 1880: 12, 0.06‰). Niederländische Graphie für dt. *Loers, Löhrs* < *Löhers*, flektiertes Patronym zu *Loer, Löhr* < *Löher*. Letztere Familiennamen sind a) Berufsnamen auf *-er* zu mhd. *lô(e), lôhe* 'Gerberlohe', demnach für den Rotgerber; b) personalisierte Herkunfts- oder Wohnstättennamen zu den in Deutschland auftretenden Toponymen *Loh, Lohe, Löh, Löhe*. 📖 GDB: 1824 *Leurs*.

LEVY [ˈleːviː] (2009: 18, 0.11‰; 1880: 34, 0.18‰). Patronym zum gleichlautenden Rufnamen. Dieser ist hebräischen Ursprungs und bezieht sich auf den biblischen Stammvater. Die Etymologie des Namens ist unklar. Volksetymologisch wird er als 'der Verbindende' interpretiert. GDB: 1763 *Levy*. 1773 *Levi* => 1811 *Levy*.

LEY [laɪ] (2009: 84, 0.51‰; 1880: 147, 0.76‰). VARIANTE(N) *Lay*. 1. Wohnstättenname zu mhd. *lei(e)* f. 'Fels, Stein, Schieferstein; Steinweg'. 2. Berufsübername gleichen Appellativ für den Schieferdachdecker. 3. Patronym zum gleichlautenden Rufnamen. Dieser ist Kurzform von *Eligius*, das zu lat. *ēligere* 'auswählen, erwählen' gehört. 4. Berufsname zu mhd. *leie* 'Nichtgeistlicher, Laie'. ✺ Das Hauptverbreitungsgebiet des Namens sind Luxemburg mit Ausnahme des Öslings, ferner in Deutschland u.a. der Mittel- und Niederrhein sowie in Frankreich das Oberelsass. Seltener in Luxemburg wie in Deutschland findet sich die Variante *Lay* (in Deutschland besonders im Westen und Süden). ☞ Nach Ausweis der genealogischen Datenbanken ist ein Träger des Familiennamens *Ley* ein Nachfahre von *Leudert* (↗*Leyder*). Doch ein sprachwissenschaftlicher Zusammenhang zwischen den beiden Namen ist nicht gegeben. FSV: 1561 *Ley*. 1611 *Ley*, *Leyen*. GDB: 1640 *Leudert* => 1686 *Ley*. 1670 *Leyen*. 1695 *Layen*. 1757 *Leyens*. 1814 *Lay* = *Ley*.

LEYDER [ˈlaɪdɐ] (2009: 59, 0.36‰; 1880: 106, 0.55‰). VARIANTE(N) *Leider*. Patronym zum einstigen Rufnamen *Leudert*. Dieser geht zurück auf ahd. (md.) oder as. *Liudhard* < **Liudihard*, mit ahd.-mfrk. oder as. *liut* (mslfrk. -*d*) 'Volk' und ahd. *hart* (mslfrk. *d*) 'hart; stark, tapfer, kühn'. ✺ *Leyder* begegnet besonders im Westen Luxemburgs und dem Areler Land. Ebenso tritt *Leider* am häufigsten in Luxemburg auf, darüber hinaus vereinzelt in Deutschland. ☞ Der Schwund des auslautenden *t* im Familiennamen ist einer Resegmentierung nach der Rücknahme der Flexion geschuldet, da die flektierte Form *Leiderts* als *Leider* + *s* aufgefasst wurde (vgl. auch ↗*Bonert*, ↗*Wilwert*). In den genealogischen Datenbanken zeigt sich in einem Fall der Übergang von *Leudert* zu ↗*Ley*. GDB: 1610 *Leudert* => 1640 *Leudert* => 1669 *Leiderts* = *Leider* (=> 1690 *Leyder*), 1675 *Leyder*, 1686 *Ley*. 1671 *Leyder* = *Leyders* => 1711 *Leyder* = *Leiders*. 1750 *Leyder* => 1789 *Leider*.

LEYERS [ˈlaɪɐs] (2009: 21, 0.13‰; 1880: 6, 0.03‰). Flektiertes Patronym zu *Leyer*. Dieser Name ist Berufsname auf -*er* zu mhd. *lei(e)* 'Schieferstein' für den Dachdecker. Vgl. das Appellativ regionalsprachlich *Leiendecker*, lb. *Leeëndecker*. FSV: 1656 *Leyers*. GDB: 1735 *Leyendecker* => 1768 *Leyers*.

LEYSEN [ˈlaɪzən] (2009: 7, 0.04‰; 1880: 19, 0.1‰). ↗*Leisen*.

LEYTEM [ˈlaɪtəm] (2009: 25, 0.15‰; 1880: 21, 0.11‰). Herkunftsname zu *Leithum* (lb. *Leetem*) für eine Ortschaft in der Gemeinde Weiswampach. ✺ Der Name kommt nur in Luxemburg vor. GDB: 1639 *Leythem*. 1739 *Leitem*. 1816 *Leytem*.

LIBER [ˈlibɛːʀ] (2009: 12, 0.07‰; 1880: 24, 0.12‰). Schreibvariante von ↗*Libert*.

LIBERT [ˈlibɛːʀ] (2009: 11, 0.07‰; 1880: 18, 0.09‰). VARIANTE(N) *Liber*. Französisches Patronym zum gleichlautenden Rufnamen. Dieser ist entlehnt aus wfrk. **Liudiberht* mit germ. **leudi-* 'Volk' und **berhta-* 'glänzend'. GDB: 1727 *Liber*. 1852 *Libert*.

LICKES [ˈlikəs] (2009: 23, 0.14‰; 1880: 11, 0.06‰). Unklar. Womöglich Übername mit Pejorativsuffix -*es* zu mhd. *licken*, Intensivbildung zu *ligen* 'liegen'. Vgl. lothr. *Lickert* 'Faulpelz'. ☞ Zum Suffix

-es, siehe weiterführende Diskussion unter ⁊*Friederes*. 📖 Fsv: 1611 *Liches*. 1656 *Lyches*. GDB: 1686 *Lickes*.

LIES [liːs] (2009: 33, 0.2‰; 1880: 99, 0.51‰). Metronym zum gleichlautenden Rufnamen. Dieser ist Kurzform von *Elisabeth*, ⁊*Elsen*. ⑤ Innerhalb der Maas-Rhein-Region zeigt der Name die größte Verbreitung in Luxemburg (der Nordwesten und Südwesten ausgenommen), im Département Meurthe-et-Moselle und im Unterelsass. 📖 GDB: 1727 *Lies*.

LIESCH [liːʃ] (2009: 17, 0.1‰; 1880: 74, 0.38‰). GLEICHE BASIS *Lisch*. Wohnstättenname zu mhd. *liesche* f., eine Grasart, nhd. *Liesch* n., *Liesche* f. 'Riedgras'; entsprechend u.a. rhein. *Liesch* f. n. 'Schilfrohr', pfälz. *Liesch* n. m. 'Schilfrohr; feuchtes Wiesenland'. Aus einer Variante mit i_2, die auf ahd. *lisca* zurückgeht, stammt dagegen der Familienname *Lisch*; ebenso die Appellativa lb. *Lësch*, *Lëtsch* f., Bezeichnung für verschiedene Pflanzen in Feuchtgebieten, rhein. *Lüsch* f. n. 'Schilfrohr'. 📖 GDB: 1757 *Lisch*. 1763 *Liesch*. 1779 *Lisch* => 1811 *Lisch*, 1816 *Liesch*.

LIETZ [liːts] (2009: 19, 0.12‰; 1880: 2, 0.01‰). Wohl Patronym zu einem gleichlautenden Rufnamen, für den sich ahd. *Liozo* als Koseform von *Lioto erschließen ließe, das zu ahd. *liut* 'Volk' gehört. ☞ Tatsächlich belegt sind ahd. *Liuzo*, *Liuto*, *Liudo*. Diese können erst in ahd. Zeit als Namen abgeleitet worden sein, nachdem germ. *eu* bereits zu *iu* gehoben wurde. *Liozo, *Lioto hingegen müssen bereits vorahd. gebildet worden sein, da das auslautende -*o* hier die Hebung des germ. *eu* verhindert und stattdessen Senkung zu *io* ausgelöst hat. Ahd. *Liuzo* hat lautgesetzlich die Familiennamen *Leutz*, *Leitz* hervorgebracht. Auffällig am Familiennamen *Lietz* hingegen ist der Langvokal, der allenfalls standarddt. Ursprungs sein kann und nicht dem moselfrk./lb. Lautstand entspricht, wo ahd. *iu* kurzes *i* oder Diphthong *éi* erwarten lässt. 📖 GDB: 1831 *Lietz*. 1836 *Liez*.

LIMPACH [ˈlimpɑχ] (2009: 38, 0.23‰; 1880: 119, 0.61‰). VARIANTE(N) *Lampach*. Herkunftsname zu *Limpach* (lb. *Lampech*) für eine Ortschaft in der Gemeinde Reckingen. ⑤ *Limpach* konzentriert sich in Luxemburg in den Kantonen Esch und Capellen und streut in das Areler Land hinein. Ein weiteres Nest findet sich im Kanton Grevenmacher. Die etwas seltenere Form *Lampach* ist vor allem im Kanton Echternach vertreten und streut bis ins Zentrum. ☞ Der Name zeigt Verhärtung *b* > *p* wie *Colpach* (⁊*Colbach*) und ⁊*Kirpach*. 📖 RB (1388-1500): *Lampag, Lampbach, Laympach, Lympach*. Fsv: 1414 *van Lympach*. 1464 *van Lampach*. GDB: 1667 *Limpach*, 1685 *Limpag*. Vz: 1880 *Lampesch*.

LINCK (2009: 13, 0.08‰; 1880: 16, 0.08‰). ⁊*Link*.

LINCKELS (2009: 33, 0.2‰; 1880: 24, 0.12‰). ⁊*Linkels*.

LINDEN [ˈlindən] (2009: 154, 0.94‰; 1880: 262, 1.35‰). 1. Wohnstättenname zu mhd. *linde* 'Linde'. 2. Herkunftsname zu a) Linden, heute *Lannen*, Gemeinde Redingen an der Attert. ⁊*Lanners*. b) Linden, mehrfach in Deutschland, u.a. zweimal in Rheinland-Pfalz. ⑤ Der Name zeigt die größte Dichte in Luxemburg und in Westdeutschland. 📖 Fsv: 1611 *bey de Linden, Linden*.

LINK [liŋk] (2009: 35, 0.21‰; 1880: 33, 0.17‰). VARIANTE(N) *Linck*. Übername zu mhd. *link* 'link; linkisch', z.B. für einen

Linkshänder. ⓘ *Link* ist außer in Luxemburg in ganz Deutschland verstreut. Typisch für das Großherzogtum ist auch die Variante *Linck*, die in Lothringen und im Elsass gegenüber *Link* dominiert. ☞ Die genealogischen Datenbanken zeigen einen Wechsel mit ↗*Linckels*. 📖 FSV: 1561 *Lincken*. 1611 *Linck, Lincken*. GDB: 1697 *Linckels = Linck, Link* => 1734 *Linckels* => 1758 *Linck*, 1769 *Link*. 1712 *Linck* => 1742 *Lincks*.

LINKELS [ˈliŋkəls] (2009: 3, 0.02‰; 1880: 12, 0.06‰). VARIANTE(N) *Linckels*. Wohl flektiertes Patronym zu *Linkel*, Übername mit Agenssuffix *-el* zu mhd. *link* 'link; linkisch', z.B. für einen Linkshänder. Siehe auch ↗*Linck*, ↗*Oberlinkels*. ☞ Für o.g. Etymologie spricht der in den genealogischen Datenbanken dokumentierte Wechsel mit ↗*Link*.

LINSTER [ˈlinstɐ] (2009: 103, 0.63‰; 1880: 245, 1.26‰). Herkunftsname zu *Linster*, heute *Junglinster* (lb. *Jonglënster*), *Altlinster* (lb. *Allënster*) oder *Burglinster* (lb. *Bueglënster*), für jeweils eine Ortschaft in der Gemeinde Junglinster. ⓘ Der Name kommt überwiegend im Raum Luxemburg vor. ☞ Das Toponym *Linster* ist, wie auch aus den Belegen des Familiennamens hervorgeht, aus älterem *Linzer* hervorgegangen. Die Umstellung z > st ist auffällig und erklärungsbedürftig. 📖 RB (1388-1500): *Van Lintzeren, van Lyntzeren* u.a. FSV: 1561 *Lintzers*. 1611 *Linster*. GDB: 1730 *Linster*.

LINTGEN [ˈlintɕən] (2009: 5, 0.03‰; 1880: 12, 0.06‰). VARIANTE(N) *Loentgen*. Herkunftsname zu *Lintgen* (lb. *Lëntgen*) für eine Ortschaft in der gleichnamigen Gemeinde. 📖 RB (1388-1500): *Johanne van Leyntgen. Meiger Goemprichtes Soenne von Lynngthen = Meiger Gompertz Sone van Lyntgen = Meiger Gomprechtz Son van Lynchen. Thilman van Lyntgen. Wammen van Lyenchgen*. GDB: 1685 *Lintgen*.

LIPPERT [ˈlipɐt] (2009: 67, 0.41‰; 1880: 103, 0.53‰). Patronym zum gleichlautenden Rufnamen. Dieser ist kontrahierte Form von *Liebhard* und gehört zu ahd. *liob* 'lieb, teuer' und *hart, herti* 'hart, kräftig, stark'. ⓘ Der Name begegnet in Luxemburg, der Norden ausgenommen, sowie weit verstreut in ganz Deutschland; ferner in Belgien besonders im Areler Land und um Brüssel sowie in Frankreich besonders im Moseldepartement. 📖 GDB: 1718 *Lippert*.

LISCH [liʃ] (2009: 4, 0.02‰; 1880: 20, 0.1‰). ↗*Liesch*.

LOENTGEN [ˈlœntɕən // ˈləntɕən] (2009: 1, 0.01‰; 1880: 0). Regionalsprachliche Variante von ↗*Lintgen* mit der Graphie ‹oe› für lb. [ə].

LOES [løːs] (2009: 41, 0.25‰; 1880: 14, 0.07‰). VARIANTE(N) *Loess*. Patronym zum einstigen gleichlautenden Rufnamen. Dieser ist eine Kurzform von *Nikolos*, die durch Wegfall der ersten beiden Silben und hypokoristischen Umlaut entstanden ist. Bei *Nikolos* handelt es sich um eine regionalsprachliche Variante von *Nikolaus* (↗*Clees*); vgl. die Personengleichung in einer Straßburger Urkunde: 1258 *Reinboldus filius Nicolai* = 1275 *Reinbold Löselin* (Brechenmacher 2, S. 207). ⓘ Das Verbreitungsgebiet von *Loes* liegt mehrheitlich in Luxemburg, besonders im Süden, wo es ins Areler Land hinein reicht. Außerhalb des Großherzogtums bildet der Name kleine Nester im südlichen Baden-Württemberg, dem Kraichgau, Saarland sowie im Ruhrgebiet. 📖 FSV: 1561 *Loessen*. 1656 *Loes*. GDB: 1718 *Loes*. VZ: 1880 *Lœs, Lœss*.

Loesch [løʃ] (2009: 24, 0.15‰; 1880: 75, 0.39‰). Gleiche Basis *Lesch*. Berufsübername zu mhd. *lösch(e)* 'Lösch, eine Art kostbaren Leders' für den Lederhersteller. 🄵 *Loesch* konzentriert sich besonders im Westen Luxemburgs und setzt sich im Areler Land fort. In Deutschland begegnet der Name nur vereinzelt, da dort *Lösch* häufiger ist. In Frankreich gilt *Loesch* besonders im Unterelsass, ferner im Oberelsass und Moseldepartement. *Lesch* findet sich in Luxemburg, dem Saarland und bildet weitere Nester in Deutschland und Nordfrankreich. Das Vorkommen von *Laesch* ist sehr selten und fast nur auf Luxemburg (Kantone Luxemburg und Esch) beschränkt. 📖 GDB: 1644 *Loeschen* => 1674 *Leschen*. 1658 *Loesch*. 1704 *Loesch* => 1732 *Leschen*. 1705 *Loesch* => 1735 *Lesch* => 1760 *Loesch*.

Loess (2009: 2, 0.01‰; 1880: 6, 0.03‰). ↗*Loes*.

Logelin [loʒəlɛ̃ː] (2009: 19, 0.12‰; 1880: 35, 0.18‰). Gleiche Basis *Logeling*. Französischer Übername mit Interfix -el- zu frz.-regionalsprachlich (z.B. wa., pik.) *longin* 'trödeliger Mensch'. ☞ Neben der Interfigierung mit -el- vor dem Suffix -in zeigt der Familienname *Logelin* gegenüber dem Appellativ *longin* Ausfall des n der Erstsilbe: *longin* → *Longelin* > *Logelin*. Zwischen 1891 und 1915 erscheint der Name in der Schreibweise *Longelin* besonders im Département Nord, seltener im Département Pas-de-Calais; in der Schreibweise *Logelin* für denselben Zeitraum im Département Meurthe-et-Moselle, weniger häufig im Département Nord. Eine germanisierte Form aus dem Jahr 1727 lautet *Longeling*. 📖 GDB: 1727 *Longeling* = *Logeling* => 1769 *Logeling* => 1798 *Logelé* = *Logeling*.

Logeling ['loʒəlɪŋ] (2009: 4, 0.02‰; 1880: 29, 0.15‰). Germanisierte Form von ↗*Logelin*.

Lommel ['loməl] (2009: 31, 0.19‰; 1880: 32, 0.17‰). Übername zu rhein. *Lummel, Lommel* m. 'u.a. Lumpen; Lumpenhändler, umherreisender Stoffhändler'. 🄵 *Lommel* streut großzügig in Luxemburg und dem Areler Land, doch im übrigen Belgien nur sehr vereinzelt. In Deutschland bildet der Name mehrere Nester und es tritt auch, doch nur vereinzelt, auch die Variante *Lummel* auf. Die Verbreitung spricht gegen einen Herkunftsnamen zu *Lommel* für eine Stadt in der flämischen Provinz Limburg. 📖 GDB: 1762 *Lommel*.

Lommer ['lomɐ] (2009: 20, 0.12‰; 1880: 17, 0.09‰). Variante(n) *Lommert*. Übername zu nhd.-landsch. (z.B. rhein. und pfälz.) *lummer* 'schlaff', rhein. auch *lommer* 'lose, schlaff'; vgl. auch die Verbalableitung rhein. *lummern, lommern* 'schlendern'. Beim Adjektiv handelt es sich um eine *r*-Erweiterung von nhd.-landsch. *lumm* 'schlaff'. 📖 Fsv: 1561 *Lommers*. GDB: 1706 *Lommers*. 1719 *Lommer*. 1781 *Lommers* => 1821 *Lommer*, 1823 *Lommers*.

Lommert ['lomɐt] (2009: 1, 0.01‰; 1880: 26, 0.13‰). Variante von ↗*Lommer* mit sekundärem -t.

Loos [loːs] (2009: 45, 0.28‰; 1880: 56, 0.29‰). Am ehesten Übername zu mhd. *lôs* 'frei, ledig; mutwillig, fröhlich, freundlich, anmutig'. 🄵 Der Name zeigt eine lose Streuung in ganz Luxemburg mit Ausnahme des Nordens, ferner in Belgien sowie im Moseldepartement und Elsass. In Deutschland ist die Streuung etwas dichter, und es sind einzelne Nester festzustellen. Doch sind vielfach Konkurrenzetymologien möglich. Dasselbe trifft auf die zahlreichen, nur außerhalb

Luxemburgs vorkommenden Schreibvarianten wie *Lohs(e), Loos(e), Lose, Loße* zu. 📖 Fsv: 1444-1450 *Losen*. GDB: 1740 *Loos*.

Lopez [ˈlopæs] (2009: 16, 0.1‰; 1880: 1, 0.01‰). Spanischer Familienname. Deriviertes Patronym zu dem im Mittelalter auf der Iberischen Halbinsel verbreiteten Rufnamen *Lope*. Dieser ist vermutlich Übername zu span. *lobo* 'Wolf'. 📖 GDB: 1848 *Lopez*.

Lorang [ˈloːʀaŋ] (2009: 161, 0.99‰; 1880: 431, 2.22‰). Germanisierte Form von frz. ↗*Laurent*.

Lordong [ˈlɔʀdɔŋ] (2009: 21, 0.13‰; 1880: 16, 0.08‰). Germanisierte Form von frz.-wa. *Lourdon*, Übername zu einer zu erschließenden Ableitung auf -*on* zu frz. *lourd* 'schwer, plump'. Vgl. die mit anderem Suffix gebildeten Ableitungen afrz., mfrz. *lourdin, lourdois*, nfrz. *lourdaud* 'Holzkopf, unbeholfener Mensch'. 📖 GDB: 1707 *Lordong*.

Lorent (2009: 20, 0.12‰; 1880: 0). ↗*Laurent*.

Lorentz [ˈloːʀæns] (2009: 29, 0.18‰; 1880: 40, 0.21‰). Variante(n) *Lorenz*. Patronym zum gleichlautenden Rufnamen. Dieser geht zurück auf lat. *Laurentius* 'aus der Stadt Laurentum Stammender'. Siehe auch ↗*Lentz*. 🌐 *Lorenz* ist im gesamten germanophonen Kartierungsgebiet sehr breit, mitunter flächendeckend, gestreut. Auch im frankophonen wie niederländischsprachigen Belgien finden sich einige Streubelege, doch überwiegt dort die Variante *Lorentz*, Letztere besonders stark in Luxemburg. 📖 RB (1388-1500): *Loerenß, Loerentz, Lorans, Lorens, Lorent, Lorentz, Lorrentz* (durchwegs Rufname). Fsv: 1611 *Lorenz, Lorentz*. GDB: 1658 *Lorentz*. 1725 *Lorenz*.

Lorenz (2009: 19, 0.12‰; 1880: 37, 0.19‰). ↗*Lorentz*.

Lorge / Lorgé [ˈlɔʀʒeː] (2009: 13, 0.08‰; 1880: 1, 0.01‰). 1. Französisch-wallonischer Wohnstättenname mit Diminutivsuffix -*et* zu afrz., mfrz. *lorge* f. 'Ufer, Rand, Endpunkt'. 2. Französisch-wallonischer Berufsübername mit agglutiniertem Artikel und Diminutivsuffix -*et* zu frz. *orge* 'Gerste', wohl für den Bauer oder Getreidehändler (vgl. Germain-Herbillon, S. 677). 📖 GDB: 1749 *Lorgé*.

Lorrang (2009: 3, 0.02‰; 1880: 12, 0.06‰). ↗*Lorang*.

Losch [lɔʃ] (2009: 62, 0.38‰; 1880: 29, 0.15‰). Entlehnt aus frz. *Louche*, Übername zu frz. *louche* 'schielend'. 🌐 *Losch* kommt in Luxemburg nur südlich der Sauer vor und findet Anschluss im Moseldepartement. In Belgien ist der Name sehr selten, häufiger erscheint er dort in der Schreibvariante *Louche*. In Deutschland dagegen ist *Losch* großflächig gestreut. In Gebieten, die fern ab des Kontakts mit dem Französischen liegen, könnte *Losch* auch zu mnd. *losche* = mhd. *lösch(e)* 'eine Art kostbaren Leders' gehören und somit wie ↗*Loesch*, ↗*Lesch* Berufsübername für den Hersteller sein. ☞ Das Adjektiv frz. *louche* stammt aus lat. *luscus* 'schielend, kurzsichtig', von dem u.a. wa. (Lüttich) *lusquer* 'schielend' abgeleitet ist. Das *u* [y] statt *ou* [u] wird dabei durch Einfluss von Wörtern mit *ū* (besonders lat. *lūx*) erklärt (vgl. FEW V, S. 473-474). Aus dem Romanischen entlehnt sind mnl. und westfäl. *losch* 'schielend, einäugig'. Diesem entsprechen die Familiennamen nl. *(de) Los, (de) Losse* (Debrabandere, S. 901). 📖 Fsv: 1611 *Losch*. 1776 *Louch*. GDB: 1766 *Louch*. 1705 *Losch*.

Loscheider [ˈlɔʃaɪdɐ] (2009: 12,

0.07‰; 1880: 3, 0.02‰). Personalisierter Herkunftsname zu *Lorscheid* (mslfrk. *Lœscht*) für eine Ortschaft im Landkreis Trier-Saarburg. Vgl. auch ↗*Loschetter*. 📖 GDB: 1811 *Loscheider*.

LOSCHETTER ['loʃætɐ] (2009: 14, 0.09‰; 1880: 0). 1. Personalisierter Wohnstättenname zu den in Luxemburg auftretenden Flurnamen lb. *Louschet* (Bauschleiden) und lb. *Louschent* (Wilwerwiltz). 2. Regionalsprachliche, möglicherweise französisch beeinflusste Variante von ↗*Loscheider*. 📖 GDB: 1823 *Lorschetter*. 1893 *Loschetter*.

LOUIS ['luːwiː] (2009: 66, 0.4‰; 1880: 66, 0.34‰). Patronym zum gleichlautenden französischen Rufnamen. Dieser ist entlehnt aus wfrk. **Hluduwīg*, das zu germ. **hluþu-* 'Ruhm' und germ. **wīga-* 'Kampf' gehört. Die deutsche Entsprechung des Namens ist ↗*Ludwig*. 🌎 *Louis* tritt in Luxemburg nur südlich der Sauer auf sowie in Deutschland hauptsächlich im Westen. Sehr frequent ist der Name in ganz Frankreich und Wallonien. 📖 Fsv: 1611 *Louys*. GDB: 1753 *Louis*.

LOUTSCH [luːtʃ] (2009: 38, 0.23‰; 1880: 101, 0.52‰). Patronym zum gleichlautenden Rufnamen. Dieser ist eine mit dem Suffix *-sch* gebildete Koseform von Namen mit germ. **hluþu-* 'Ruhm' (vgl. ahd. *hlūt*, as. *hlūd* 'laut'). Siehe auch ↗*Ludes*, ↗*Ludwig*, ↗*Lutgen*, ↗*Lutz*. 🌎 *Loutsch* ist fast nur in der Luxemburger Südhälfte und im Areler Land verbreitet. Dagegen ist in ganz Deutschland *Lutsch* zu finden. ☞ In den genealogischen Daten ist ein Wechsel zwischen ↗*Lutz* bzw. einer latinisierenden Form *Lutzius* und *Loutsch* zu beobachten. Zur Genese und Entwicklung des Suffixes *-sch*, siehe ↗*Fritsch*. Zum Ausgang *-sch* in weiteren Namen, vgl. ↗*Ditsch*, ↗*Fautsch*, ↗*Kunsch/Künsch*. 📖 GDB: 1571 *Loutsch*. 1732 *Loutsch = Lutz*. 1735 *Louths = 1768 Loutsch*. 1758 *Lutzius = Loutsch*. 1770 *Loutsch => 1800 Lousch*.

LOUTZ [luts] (2009: 2, 0.01‰; 1880: 6, 0.03‰). Französisierende Graphie für ↗*Lutz*.

LUCAS ['lukɑs] (2009: 161, 0.99‰; 1880: 203, 1.05‰). VARIANTE(N) *Lukas*. GLEICHE BASIS *Laux*. Patronym zum gleichlautenden Rufnamen. Dieser stammt aus lat. *Lūcas* und gehört, wie lat. *Lūcius*, wohl zu lat. *lūx, -cis* 'Licht', ist jedoch mit dem griechischen Suffix *-ās* gebildet. 🌎 *Lucas* ist im gesamten Kartierungsgebiet weit verbreitet, wobei in Deutschland *Lukas* häufiger anzutreffen ist. *Laux* findet sich besonders häufig im Raum Luxemburg sowie im Westen und Südwesten Deutschlands. Zur Verbreitung von ↗*Lux*, siehe dort. 📖 RB (1388-1500): *Lucas*. FSV: 1561 *Luxen*. 1611 *Laux, Lauxen, Lucas, Lux*. 1611 *Luxen*. GDB: 1676 *Lux => 1700 Lukas = Lux*. 1687 *Lucas*. 1702 *Lux = Luchs*. 1725 *Laucks => 1762 Lauckes => 1795 Laukes = Lunckes*. 1772 *Laux = Lux => 1803 Laux*, 1808 *Lux = Laux*. 1791 *Laux = Lauchs*.

LUCIUS ['luːtsi̯us] (2009: 40, 0.25‰; 1880: 87, 0.45‰). Patronym zum gleichlautenden Rufnamen. Dieser ist lateinischen Ursprungs und gehört zu lat. *lūx* 'Licht'. 🌎 Das Hauptverbreitungsgebiet des Namens ist Luxemburg, der äußerste Norden ausgenommen. Weitere Streuungen finden sich u.a. besonders entlang des Mittel- und Niederrheins. 📖 GDB: 1678 *Lucius*.

LUDES ['luːdəs] (2009: 15, 0.09‰; 1880: 14, 0.07‰). Flektiertes Patronym (Mischgenitiv) zum einstigen Rufnamen *Lude*. Dieser ist entweder Kurzform von Namen, die mit *Lud-* gebildet sind, oder er stammt direkt aus ahd. *Ludo*. An der Basis steht in jedem Fall germ. **hluþu-* 'Ruhm'. Vgl. auch ⊿*Loutsch*, ⊿*Ludwig*, ⊿*Lutgen*, ⊿*Lutz*. 📖 RB (1388-1500): *Heine Lode = Heine Loude der Fourman*. GDB: 1721 *Ludes*.

LUDEWIG ['ludəviɕ] (2009: 16, 0.1‰; 1880: 30, 0.15‰). Nicht synkopierte Form von ⊿*Ludwig*.

LUDGEN (2009: 5, 0.03‰; 1880: 1, 0.01‰). ⊿*Lutgen*.

LUDIG ['lu:diɕ] (2009: 14, 0.09‰; 1880: 44, 0.23‰). Deriviertes Patronym auf *-ing* zu *Ludo*. Hierbei handelt es sich um eine Kurzform eines Rufnamens, der im Erstglied mit germ. **hluþu-* 'Ruhm' gebildet ist, vgl. ⊿*Ludwig*. 💰 *Ludig* kommt überwiegend im Südwesten Luxemburgs vor. In Deutschland ist der Name kaum anzutreffen. In Frankreich, besonders im Moseldepartement, erscheint er auch als *Loudig*. In Wallonien und um Hamburg findet sich sehr vereinzelt die Form *Ludik*. ☞ Patronymische Bildungen auf *-ing* sind für Luxemburg untypisch, weshalb es sich bei *Ludig* um einen Einwanderernamen handeln dürfte. Familiennamen auf *-ing* zeigen allgemein die größte Verbreitung im nördlichen Westfalen, doch speziell der Familienname *Luding* ist dagegen in Oberfranken und im östlichen Sachsen anzutreffen. Ob das Suffix *-ing* sein *n* erst in Luxemburg oder schon vorher verloren hat, kann nicht entschieden werden. Derselbe Vorgang ist auf Luxemburger Territorium in einzelnen Toponymen jedenfalls nur sporadisch zu beobachten, z.B. *Rippingen > Rippig* für eine Ortschaft in der Gemeinde Bech, ⊿*Rippinger*. 📖 GDB: 1706 *Ludig*.

LUDIVIG ['ludiviɕ] (2009: 20, 0.12‰; 1880: 0). ⊿*Ludewig*.

LUDOVICY [ludo'visi:] (2009: 76, 0.47‰; 1880: 62, 0.32‰). VARIANTE(N) *Ludowicy*. Flektiertes Patronym (lateinischer Genitiv) zu ⊿*Ludwig*.

LUDOWICY (2009: 3, 0.02‰; 1880: 50, 0.26‰). ⊿*Ludovicy*.

LUDVIG (2009: 1, 0.01‰; 1880: 58, 0.3‰). ⊿*Ludwig*.

LUDWIG ['lutviɕ] (2009: 117, 0.72‰; 1880: 202, 1.04‰). VARIANTE(N) *Ludewig*, *Ludivig*, *Ludvig*. GLEICHE BASIS *Louis*, *Ludovicy*. Patronym zum gleichlautenden Rufnamen. Dieser stammt aus ahd. *Hluduwīg* und gehört zu germ. **hluþu-* 'Ruhm' (vgl. ahd. *hlūt* 'laut') und germ. **wīga-* (vgl. ahd. *wīg* 'Kampf'). Die französische Entsprechung des Namens lautet ⊿*Louis*. Vgl. auch ⊿*Loutsch*, ⊿*Ludes*, ⊿*Lutgen*, ⊿*Lutz*.

💰 *Ludwig* ist in ganz Deutschland, Luxemburg und Ostfrankreich vertreten. Auch in Belgien tritt der Name vereinzelt auf. Die nicht synkopierte Form *Ludewig* kommt in Luxemburg besonders im Osten vor, in Deutschland ist sie in der nördlichen Hälfte besonders häufig. Das Vorkommen der Variante *Ludivig* beschränkt sich auf Luxemburg. Die Formen mit lateinischem Genitiv *Ludovicy*, *Ludowicy* konzentrieren sich hauptsächlich auf Luxemburg, doch ist Letztere sehr selten.

☞ In der Literatur (zuletzt noch Duden; DFA 1, S. 713) wird *Ludwig* gelegentlich als ahd./as. Kompositum *hlūt* 'laut, bekannt', as. *hlūd* 'laut' und ahd., as. *wīg* 'Kampf' aufgefasst. Problematisch ist hierbei aber der Langvokal im ahd./as. Erstglied, da dieser nhd. Diphthong *au* erwarten lassen würde (vgl. bereits Franck, S. 34). Da jedoch *Ludwig* nhd. nirgends diphthongiert erscheint, ist wohl eine vor-ahd. Abspaltung des Namens vom Appellativ anzunehmen. Außerdem muss das Erstglied der *u*-Deklination angehört haben, weil der Stammvokal nicht zu *o* gesenkt wurde. Mit dem Namen *Chlodwig*, der durch die aus dem Geschlecht der Merowinger stammenden fränkischen Könige Chlodwig I.-III. (5.-7. Jh.) frühe Berühmtheit erlangt hatte, stellt *Ludwig* ursprünglich keine Gleichung dar.

📖 RB (1388-1500): *Lodewich, Lodewijch, Ludewich*. FSV: 1561 *Lodwigs, Lodwichs*. 1611 *Ludwich, Ludwichs*. 1656 *Loudwighs, Loudwigs, Ludwigs*. GDB: 1715 *Ludovicy*. 1732 *Ludewig*. 1735 *Ludevicy* (o.O) => 1764 *Ludovicy*. 1737 *Ludevig* => 1765 *Ludewig* => 1799 *Ludivig*, 1809 *Ludwig*. 1787 *Ludwig* => 1813 *Ludvig*, 1819 *Ludevig*, 1822 *Ludewig*, 1824 *Ludiwich*. 1839 *Ludowicy*.

LUKAS ['lukɑs] (2009: 3, 0.02‰; 1880: 28, 0.14‰). ↗*Lukas*.

LUTGEN ['luːtɕən] (2009: 102, 0.62‰; 1880: 226, 1.17‰). VARIANTE(N) *Ludgen*. 1. Patronym zum einstigen gleichlautenden Rufnamen. Dieser ist eine Diminutivbildung von **Lude* (↗*Ludes*). 2. Deriviertes Patronym (Diminutivbildung) zum nicht-diminuierten Rufnamen: 'Lude junior'. Siehe auch ↗*Loutsch*, ↗*Ludwig*, ↗*Lutz*. ✺ *Lutgen* kommt hauptsächlich in Luxemburg und im Areler Land vor, *Ludgen* ausschließlich im Norden des Großherzogtums und im Trierer Raum. Auf deutscher Seite begegnen *Ludchen* (Saargau) sowie Formen mit Umlaut wie *Lütken* (besonders am Niederrhein) sowie *Lütgen* (besonders in Niedersachsen und Hamburg). 📖 FSV: 1611 *Luitgen*. GDB: 1652 *Lutgen*. 1743 *Ludgen*. 1708 *Lutgen* => 1743 *Ludgen*.

LUTZ [luts] (2009: 15, 0.09‰; 1880: 19, 0.1‰). VARIANTE(N) *Loutz*. Patronym zum gleichlautenden Rufnamen. Dieser stammt aus ahd. *Luzzo*, einer Koseform von *Ludo*, das germ. **hluþu-* 'Ruhm' beinhaltet. Vgl. auch ↗*Loutsch*, ↗*Ludes*, ↗*Ludwig*, ↗*Lutgen*. ☞ In den genealogischen Datenbanken ist ein Wechsel zwischen *Lutz* und ↗*Loutsch* zu beobachten. 📖 FSV: 1611 *Lutzen, Loutzen*. GDB: 1724 *Lutz*. 1732 *Loutsch = Lutz*. 1735 *Louths = Loutsch*.

LUX [luks] (2009: 153, 0.94‰; 1880: 223, 1.15‰). 1. Regionalsprachliche Variante von ↗*Lucas*. 2. Übername zu mhd. *luhs* 'Luchs'. ✺ *Lux* streut am dichtesten im Großraum Luxemburg, vereinzelt auch in Belgien und Nordfrankreich. Zur Verbreitung von ↗*Lucas* und Varianten, siehe dort. 📖 FSV: 1561 *Luxen*. 1611 *Lux, Luxen*. GDB: 1676 *Lux* => 1700 *Lukas = Lux*. 1702 *Lux = Luchs*. 1772 *Laux = Lux* => 1803 *Laux*, 1808 *Lux = Laux*.

M

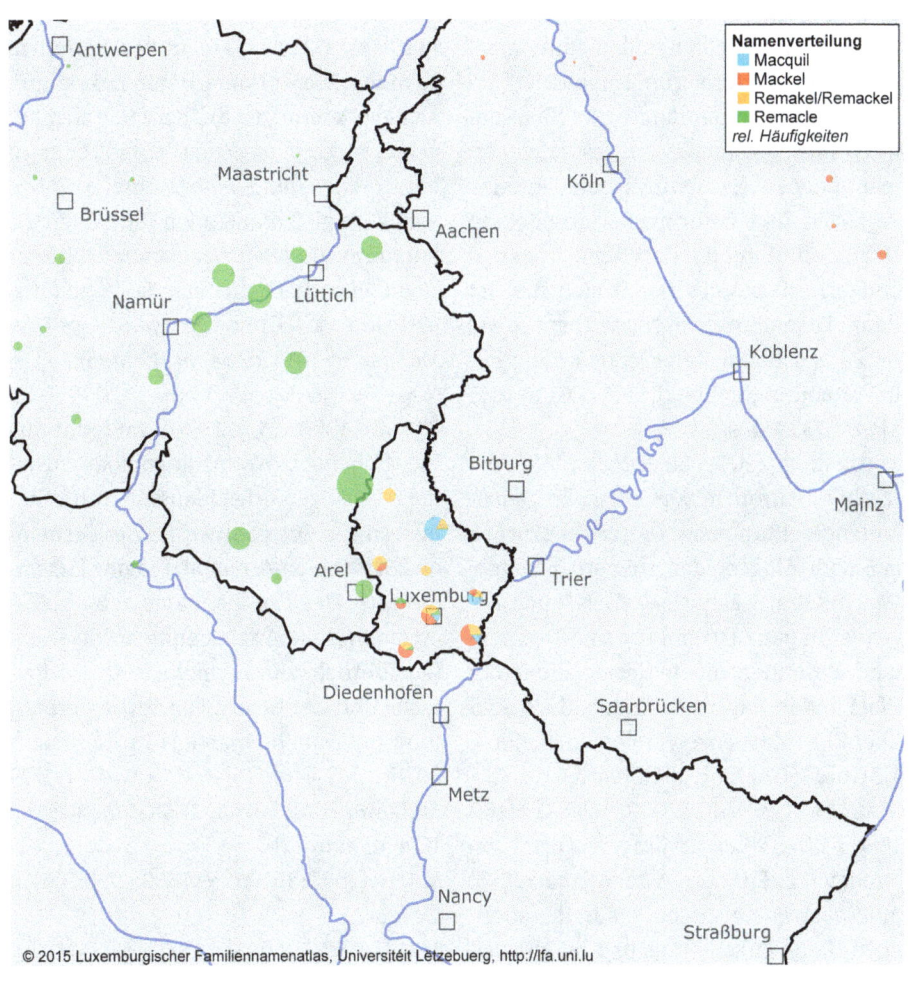

MAAR [maːʀ] (2009: 17, 0.1‰; 1880: 7, 0.04‰). VARIANTE(N) *Mahr*. 1. Herkunfts- oder Wohnstättenname zu a) *Maar*, heute *Maarviertel*, für ein Viertel im Stadtteil Trier-Nord; b) *Maar* für einen Stadtteil von Lauterbach, Hessen. 2. Übername zu mhd. *mar, mare* m.f. 'quälendes Nachtgespenst, Nachtalp'. 📖 GDB: 1753 *Maahr*. 1872 *Mahr*.

MAAS [maːs] (2009: 70, 0.43‰; 1880: 110, 0.57‰). VARIANTE(N) *Maes*. 1. Patronym zum gleichlautenden Rufnamen. Dieser ist Kurzform von *Thomas*. ↗*Thoma*. 2. Wohnstättenname zum Flussnamen *Maas*. 🌎 *Maas* ist im gesamten germanophonen Kartierungsgebiet inklusive Elsass und Lothringen verbreitet. In Deutschland bildet der Name regional einige Nester. *Maes* findet sich u.a. im Raum Luxemburg, am Niederrhein sowie im Pariser Raum, zeigt jedoch die größte Verbreitung in Flandern. 📖 GDB: 1685 *Maas*. 1735 *Maes*.

MACK [mɑk] (2009: 58, 0.36‰; 1880: 66, 0.34‰). Patronym zum einstigen gleichlautenden Rufnamen. Dieser geht zurück auf ahd. *Makko*, das zu germ. **maga-* 'Macht, Kraft' gehört. 🌎 Der Name begegnet in ganz Luxemburg und Deutschland. Besonders dichte Nester sind in der Pfalz und in Bayern zu finden, doch sind überall Konkurrenzetymologien möglich. 📖 GDB: 1607 *Mack*. 1641 *Macken*.

MACKEL [ˈmɑkəl] (2009: 43, 0.26‰; 1880: 38, 0.2‰). 1. Jüngere Form von ↗*Maquil*. 2. Kurzform von ↗*Remakel*. 🌎 *Mackel* erscheint besonders in der südlichen Hälfte Luxemburgs und bildet auch einige Nester in Deutschland, doch nicht in Grenznähe zu Luxemburg. In Deutschland ist mit weiteren Konkurrenzetymologien zu rechnen (z.B. Kurzform zu *Markwardt, Markhardt*). ☞ Zu den historischen Belegen siehe ↗*Meckel*, ↗*Remakel*.

MAERTZ (2009: 13, 0.08‰; 1880: 14, 0.07‰). ↗*Mertz*.

MAERZ (2009: 4, 0.02‰; 1880: 21, 0.11‰). ↗*Mertz*.

MAES [maːs // meːs // mɛːs] (2009: 47, 0.29‰; 1880: 58, 0.3‰). Niederländische Form von ↗*Maas*.

MAHNEN [ˈmaːnən] (2009: 24, 0.15‰; 1880: 23, 0.12‰). Flektiertes Patronym zu *Mahn*. Dieser Name, der in Luxemburg nicht vorkommt, ist a) Übername zu mhd. *mâne*, mnd. *mane, mân* 'Mond' oder zu mhd. *mâhen*, mnd. *mân* 'Mohn'; b) Patronym zum gleichlautenden Rufnamen als Kurzform von *Manuel* < *Immanuel*. Dieser ist entlehnt aus hebr. *'immānū'ēl* 'mit uns [ist] Gott'. 📖 GDB: 1751 *Manen* => 1789 *Mahnen* => 1816 *Manen*, 1819 *Mahnen*.

MAHOWALD [mɑˈhoːvalt] (2009: 11, 0.07‰; 1880: 25, 0.13‰). Entlehnt aus frz. *Mohonval*, Wohnstättenname zu einem einstigen gleichlautenden Hofnamen in der Ortschaft Ortho der Gemeinde La Roche-en-Ardenne, Provinz Luxemburg. ☞ Der Familienname zeigt volksetymologische Angleichung an dt. *-wald* (ausführlich zur Etymologie des Toponyms und der Geschichte sowie Verbreitung des Familiennamens in: Kollmann 2011b). 📖 GDB: 1698 *Mahowal* => 1729 *Mahowal = Mahovall*, 1732 *Mahowal* (=> 1774 *Mahowald*).

MAHR (2009: 16, 0.1‰; 1880: 31, 0.16‰). ↗*Maar*.

MAI (2009: 7, 0.04‰; 1880: 34, 0.18‰). ↗*May*.

MAIER (2009: 10, 0.06‰; 1880: 3, 0.02‰). ↗*Meyer*.

MAILLET [ˈmɑjeː] (2009: 12, 0.07‰; 1880:

23, 0.12‰). VARIANTE(N) *Mailliet*. GLEICHE BASIS *Malget*. Französischer Berufsübername zu frz. *maillet* 'kleiner Hammer'. ⓘ Die standardfranzösische Form *Maillet* ist in Fankreich und Wallonien weit verbreitet und in Luxemburg eher selten. Die französisch-regionalsprachliche Variante *Maillet* findet sich in der Champagne, der Pikardie, im Hennegau und im Großherzogtum. Die germanisierte Form *Malliet* gilt ausschließlich in Luxemburg. 📖 FSV: 1656 *Maillet*. GDB: 1723 *Malget*. 1772 *Mailliet* => 1817 *Malget*. 1799 *Malget* => 1827 *Maillet*.

MAILLIET (2009: 32, 0.2‰; 1880: 54, 0.28‰). Französisch-regionalsprachliche Variante von ↗*Maillet*.

MAINTZ (2009: 2, 0.01‰; 1880: 2, 0.01‰). ↗*Mainz*.

MAINZ [maints] (2009: 20, 0.12‰; 1880: 3, 0.02‰). VARIANTE(N) *Maintz, Meintz*. 1. Patronym zum gleichlautenden Rufnamen. Dieser stammt aus ahd. *Meinzo*, das aus *Maginzo* kontrahiert ist. Hierbei handelt es sich um eine Koseform von ahd. *Meino* < *Magan, Megino*, das zu ahd. *magan, megin* 'Kraft, Stärke, Macht' gehört. 2. Herkunftsname zu *Mainz* für eine Stadt in Rheinland-Pfalz. ☞ In den genealogischen Datenbanken ist ein Wechsel zwischen *Main(t)z/Mein(t)z* und ↗*Mentz* zu beobachten. Der Grund dafür ist, dass mhd. *ei* regionalsprachlich zu langem *e* (*Mênz*) monophthongiert und dementsprechend mit einfachem *e* verschriftlicht werden konnte, was zur Homografie mit dem ursprünglich nicht verwandten Namen *Mentz* führte. Als bloße Verschreibung ist dagegen der Wechsel zwischen *Haintz* und *Maintz* zu interpretieren. 📖 GDB: 1723 *Haintz* => 1755 *Haintz*, 1756 *Maintz* => 1779 *Haintz*, 1783 *Mentz* = *Maintz*. 1745 *Meintz*. 1747 *Maintz* = *Meintz* => 1777 *Maintz*, 1778 *Meintz*. 1749 *Mentz* => 1784 *Meinz* = *Maintz*. 1791 *Mainz*. 1818 *Mentz* = *Meintz*.

MAIS (2009: 1, 0.01‰; 1880: 2, 0.01‰). ↗*Meis*.

MAJERES [maˈʑeːʁəs] (2009: 48, 0.29‰; 1880: 19, 0.1‰). Variante von ↗*Majerus*, mit regionalsprachlicher Entwicklung *-us* > *-es*.

MAJERUS / MAJÉRUS [maˈʑeːʁus] (2009: 389, 2.38‰; 1880: 796, 4.11‰). VARIANTE(N) *Majeres*. GLEICHE BASIS *Majery*. Latinisierte Form von ↗*Meyer*. ⓘ Der Name kommt fast ausschließlich in Luxemburg vor. Einige Streubelege finden sich in Belgien, besonders in der Provinz Luxemburg sowie zwischen Brüssel und Lüttich. Seltener und ebenso fast nur auf Luxemburg beschränkt ist *Majeres*. Extrem selten und ausschließlich luxemburgisch ist *Majery*. 📖 GDB: 1591 *Majerus*. 1695 *Meierus* = *Mayer*. 1700 *Majeri*. 1700 *Majery*. 1714 *Majeres*. 1724 *Majeris*. 1736 *Maieres* = *Majerus*. 1739 *Maieres* =>1766 *Meyers*. 1807 *Maÿres* = *Majerus*.

MAJERY [maˈʑeːʁiː] (2009: 2, 0.01‰; 1880: 24, 0.12‰). Flektiertes Patronym zu ↗*Majerus*.

MALGET [ˈmalʑæt // ˈmalʑeː] (2009: 50, 0.31‰; 1880: 85, 0.44‰). Germanisierte Form von ↗*Mailliet*, einer französisch-regionalsprachlichen Variante von ↗*Maillet*.

MALLER [ˈmalɐ] (2009: 21, 0.13‰; 1880: 21, 0.11‰). Berufsübername zu mhd. *malter* (mslfrk. *-ld-*) 'Malter (Getreidemaß)', demnach für den Müller oder Mühlknecht; vgl. auch das Appellativ lb. *Maler* 'Malter; große Menge'. 📖 GDB: 1780 *Maller*.

MALLINGER [ˈmalɪŋɐ] (2009: 20, 0.12‰;

1880: 53, 0.27‰). Personalisierter Herkunftsname zu *Mallingen* (lothr. *Mallengen*, frz. *Malling*) für eine Gemeinde im Moseldepartement. 📖 Fsv: 1611 *de Malingen, Mallinger*. GDB: 1783 *Mallinger*.

MAMER ['maːmɐ] (2009: 28, 0.17‰; 1880: 80, 0.41‰). Herkunftsname zu *Mamer* für eine Ortschaft in der gleichnamigen Gemeinde. 🜨 Nur in Luxemburg. 📖 RB (1388-1500): *Clais van Mambren = Clais van Mammeren = Claiß van Maemeren = Claiß von Mammeren = Cleisgen van Mamberen. Claux Groffe van Mammeren = Nyclais Groeffe van Mameren = Nyclais Gruff van Mamer. Peter van Mamber = Peter van Mammere = Peter van Mammeren. Smytz Thiß van Mammer* u.v.m. Fsv: 1561 *Mammer*. 1611 *von Mammeren*. GDB: 1635 *Mamer*.

MANDER ['mandɐ] (2009: 17, 0.1‰; 1880: 23, 0.12‰). Personalisierter Herkunftsname zu a) *Manderen* (lothr. *Manneren*) für eine Gemeinde im Moseldepartement; b) *Mandern* für eine Ortschaft im Landkreis Trier-Saarburg. 🜨 *Mander* findet sich in Luxemburg im Südwesten und im Norden. Der Name bildet auch einige Nester in Deutschland, z.B. um Frankfurt und um Kassel, doch ist er dort anderer Herkunft (zu *Mandern* für einen Stadtteil von Bad Wildungen). ☞ Die genealogischen Quellen zeigen in je einem Fall Wechsel mit der nicht personalisierten Form *Manderen* sowie mit ⌐*Mangers*. 📖 Fsv: 1656 *Manners*. GDB: 1499 *Mandert = Manderts*. 1590 *Mander = Manders*. 1665 *Mander* => 1696 *Manners* => 1723 *Maners*, 1730 *Mander*, 1742 *Manerts*. 1669 *Mander* => 1716 *Manners*. 1725 *Manners = Mangers*. 1754 *Manderen = Mander*. 1796 *Manners = Manesch*. 1803 *Manners = Mander*. 1839 *Manertz* => 1870 *Manners*.

MANDERNACH (2009: 4, 0.02‰; 1880: 9, 0.05‰). ⌐*Manternach*.

MANDERSCHEID ['mandɐʃaɪt] (2009: 77, 0.47‰; 1880: 100, 0.52‰). VARIANTE(N) *Manderscheit*. Herkunftsname zu einem im Raum Luxemburg mehrfach auftretenden gleichlautenden Toponym für eine Ortschaft in a) dem Landkreis Bitburg-Prüm; b) dem Landkreis Bernkastel-Wittlich; c) der Gemeinde Burscheid, heute: *Schlindermanderscheid* (lb. *Schlënnermanescht*); d) der Gemeinde Putscheid, heute: *Nachtmanderscheid* (lb. *Nuechtmanescht*). 🜨 Der Name zeigt die größte Dichte in Luxemburg, streut aber auch im Saarland sowie vereinzelt entlang der Mosel und im Rheinland. Das Vorkommen von *Manderscheit* beschränkt sich auf den Kanton Capellen. Eine weitere Schreibvariante *Manderscheidt* ist im Unterelsass anzutreffen. 📖 Fsv: 1656 *Manderscheid*. GDB: 1693 *Manderscheid*. 1813 *Manderscheidt*.

MANDERSCHEIT (2009: 2, 0.01‰; 1880: 2, 0.01‰). ⌐*Manderscheid*.

MANGEN ['maŋən] (2009: 134, 0.82‰; 1880: 175, 0.9‰). Flektiertes Patronym zu *Mang*. Dieser Rufname ist regionalsprachliche, besonders süddeutsche Variante von *Magnus*. Zu Grunde liegt lat. *māgnus* 'groß'. 🜨 *Mangen* kommt fast nur in Luxemburg und im Ruhrgebiet vor; der entsprechende Nominativ *Mang* besonders im süddeutschen Raum, jedoch nicht in Luxemburg. 📖 Fsv: 1656 *Mang*. GDB: 1709 *Mangen*.

MANGERICH ['maŋəʁiç] (2009: 15, 0.09‰; 1880: 24, 0.12‰). Möglicherweise zu nhd.-landsch. *Manger* 'Tuchwalker', 'Händler, Trödler', das mit dem seltenen Agenssuffix *-rich* wie in *Fähnrich*, *Wüterich* versehen wurde. 📖 Fsv:

1611 *Mangrich*. 1656 *Mangerich*. GDB: 1773 *Mangerich*.

MANGERS [ˈmaŋɐs] (2009: 8, 0.05‰; 1880: 40, 0.21‰). Flektiertes Patronym zu *Manger*. Diese Familienname, der heute in Luxemburg nicht mehr vorkommt, ist Berufsname zu a) nhd.-landsch. *Manger* 'Tuchwalker', Agensbildung zu mhd. *mangen* 'auf der Mange (Schleudermaschine) pressen, glätten'; b) nhd.-landsch. *Manger* 'Händler, Trödler'. ☞ Die genealogischen Quellen zeigen in einem Fall Wechsel mit ↗*Manders*. ⌂ GDB: 1656 *Mangers*. 1720 *Mangersch* = *Mangers*. 1725 *Manners* = *Mangers*.

MANNES [ˈmanəs] (2009: 49, 0.3‰; 1880: 101, 0.52‰). 1. Patronym zum gleichlautenden Rufnamen. Dieser ist regionalsprachliche (z. B. rheinische) Kurzform von ↗*Hermann*. 2. Flektiertes Patronym zu *Manni*, *Mannu*. Dieser Rufname ist regionalsprachliche (z. B. luxemburgische) Kurzform von *Emanuel*. Zu Grunde liegt hebr. *'immānū'ēl* 'mit uns (ist) Gott'. ⓢ Die Streuung des Namens ist auf ganz Luxemburg verteilt, in Deutschland ist sie äußerst dünn, doch lassen sich dort mitunter einige Nester ausmachen. ⌂ GDB: 1784 *Mannes*. 1856 *Manes* => 1892 *Mannes*.

MANS (2009: 1, 0.01‰; 1880: 13, 0.07‰). ↗*Mantz*.

MANTERNACH [ˈmantɐnaχ] (2009: 15, 0.09‰; 1880: 121, 0.62‰). VARIANTE(N) *Mandernach*. Herkunftsname zu *Manternach* für eine Ortschaft in der gleichnamigen Gemeinde. ⓢ Fast nur in Luxemburg. Außerhalb des Großherzogtums hauptsächlich im Moseldepartement. ⌂ RB (1388-1500): *Clais van Manternach* = *Clais van Manterrnachen* = *Clais van Mantternache*. FSV: 1611 *Manternachs*. 1656 *Manternach*. GDB: 1711 *Mandernach*. 1714 *Manternach*. 1719 *Manternach* => 1747 *Mandernach*.

MANTZ [maːnts] (2009: 22, 0.13‰; 1880: 22, 0.11‰). VARIANTE(N) *Mans*. Patronym zum gleichlautenden Rufnamen. Folgende zwei Etymologien kämen in Frage: a) Koseform von Namen, die mit ahd. *man* 'Mann, Kriegsmann' gebildet sind; b) ahd. *Manzo*, Koseform von *Manto*, das zu ahd. *menden* < *mandjan* 'sich freuen' gehört. Vgl. auch ↗*Mentz*, ↗*Mentgen*. ⌂ FSV: 1656 *Mans*. GDB: 1677 *Mantz* => 1720 *Mans* => 1759 *Mans*, 1774 *Mantz*. 1729 *Mantzen* = *Mansen* => 1763 *Mansen*.

MAQUIL [ˈmakil] (2009: 19, 0.12‰; 1880: 22, 0.11‰). VARIANTE(N) *Maquille*. Archaisierende Form von ↗*Meckel*.

MAQUILLE (2009: 2, 0.01‰; 1880: 0). ↗*Maquil*.

MARC [maʀk] (2009: 12, 0.07‰; 1880: 0). Französisches Patronym zum gleichlautenden Rufnamen. Dieser geht zurück auf lat. *Mārcus*. Zur weiteren Etymologie, siehe ↗*Marx*. ☞ 1880 ist der Name in der französischen Schreibvariante nicht verzeichnet, sondern lediglich als *Marck*, *Mark*. ⌂ GDB: 1709 *Marc* = *Marx*. 1818 *Marc*.

MARCHAL [ˈmaʀʃal] (2009: 33, 0.2‰; 1880: 24, 0.12‰). Synkopierte Form von ↗*Marechal*/*Maréchal*.

MARECHAL / MARÉCHAL [ˈmaʀeːʃal] (2009: 14, 0.09‰; 1880: 5, 0.03‰). VARIANTE(N) *Marchal*. Französischer Berufsname zu mfrz. *maréchal* 'Hufschmied; Pferdeknecht, Feldwebel', Entlehnung aus wfrk. *marhskalk* 'Pferdeknecht'. ⓢ *Marechal*/*Maréchal* streut außer in Luxemburg vielerorts in Frankreich, mit Ausnahme im Südwesten, sowie besonders in Wallonien. Speziell im Großherzogtum tritt die synkopierte Form *Marchal* häufiger auf, ebenso in Wallonien und im Westen Frankreichs. Germanisierte Formen sind in Luxemburg eher selten. Von diesen ist *Marschall* in Deutschland breit gestreut, während das Vorkommen von *Marschal* fast ausschließlich auf Luxemburg beschränkt ist. 📖 Fsv: 1611 *Marechal, Mareschal, Mareschall*. GDB: 1719 *Maréchal* => 1778 *Marschal*, 1788 *Maréchall*, 1791 *Marschall*. 1785 *Maréchal* => 1827 *Marchal*.

MARGUE [mɑʁk] (2009: 22, 0.13‰; 1880: 1, 0.01‰). Französisches Metronym zum gleichlautenden Rufnamen. Dieser ist Kurzform von *Marguerite*. Zu Grunde liegt lat. *margarīta* 'Perle', das aus gleichbedeutend griech. *margarítēs* entlehnt wurde. Siehe auch ↗*Grethen*. 🌐 Das Vorkommen des Namens beschränkt sich auf Luxemburg und das Areler Land. 📖 GDB: 1848 *Margue*.

MARIE [ˈmɑʁiː] (2009: 3, 0.02‰; 1880: 3, 0.02‰). Französisches Metronym zum gleichlautenden Rufnamen. Dieser stammt aus hebr. (aram.) *Mirjam*, dessen Etymologie nicht sicher geklärt ist. Zur weiteren Etymologie, siehe ↗*Mergen*. Siehe auch ↗*Marson*. 🌐 Der Name ist in Luxemburg kaum zu finden. Die größte Verbreitung zeigt er in der nördlichen Hälfte Frankreichs. 📖 Fsv: 1561 *Mary*. GDB: 1855 *Marie*.

MARNACH [ˈmaːʁnɑχ] (2009: 70, 0.43‰; 1880: 85, 0.44‰). Herkunftsname zu *Marnach* (lb. *Maarnech*) für eine Ortschaft in der Gemeinde Clerf. 🌐 Der Name kommt fast nur in Luxemburg vor. 📖 GDB: 1644 *Marnach*. 1758 *Marnich*.

MAROLDT [ˈmɑʁolt] (2009: 17, 0.1‰; 1880: 30, 0.15‰). Patronym zum gleichlautenden Rufnamen. Dieser stammt aus ahd. *Marwald* > *Marald* > *Marold* und beinhaltet ahd. *māri* 'bekannt, berühmt, angesehen' und -*walt* < germ. *walda- 'Walter, Herrscher'. 📖 GDB: 1818 *Maroldt*.

MARSCHAL (2009: 9, 0.06‰; 1880: 15, 0.08‰). Germanisierte Form von ↗*Marchal*.

MARSCHALL (2009: 1, 0.01‰; 1880: 4, 0.02‰). Germanisierte Form von ↗*Marchal*.

MARSO [ˈmɑʁsoː] (2009: 27, 0.17‰; 1880: 46, 0.24‰). Germanisierend geschriebene Variante von frz. *Marceau*, Patronym zum gleichlautenden Rufnamen. Dieser geht zurück auf lat. *Marcellus*, einer Weiterbildung von lat. *Mārcus*. Zur weiteren Etymologie, siehe ↗*Marx*. 🌐 Nahezu ausschließlich in Luxemburg verbreitet. 📖 GDB: 1718 *Marsaux* => 1749 *Marsau*. 1730 *Marso*. 1734 *Marseau* => 1754 *Marso*. 1791 *Marso* => 1837 *Marceau*.

MARSON [ˈmɑʁsɑ̃ː] (2009: 38, 0.23‰; 1880: 40, 0.21‰). Französisches Metronym zum gleichlautenden Rufnamen. Dieser ist eine hypokoristische Ableitung auf -*eçon* von ↗*Marie*. 🌐 Das Verbreitungsgebiet zieht sich durch Luxemburg, die gleichnamige Nachbarprovinz und Ostlothringen. ☞ Die genealogischen Datenbanken zeigen einmal den Wechsel zwischen *Marson* und *Marso*. Letzteres ist Schreibvariante von *Marceau*, Patronym zum gleichlautenden Rufnamen, der aus lat. *Marcellus* stammt und eine Diminutivbildung von *Marcus* (↗*Marc*) darstellt. 📖 GDB: 1734 *Marsong*. 1744 *Marson*. 1759 *Marsaux* => 1793 *Marso* => 1827 *Marson* => 1864 *Marso*. Germain-Herbillon, S. 709: 1458 *enffans Marson seure de ladite Magriette* (Bastogne).

MARTELING [ˈmaːʁtəlɪŋ] (2009: 16, 0.1‰; 1880: 6, 0.03‰). Herkunftsname zu *Mar-*

telingen (lb. *Maartel*, frz. *Martelange*, wa. *Måtlindje*) für eine Gemeinde im Areler Land. 🜚 *Marteling* nur in Luxemburg, *Martelange* vor allem in der gleichnamigen Nachbarprovinz. 📖 RB (1388-1500): *Heinchge von Martelingen = Heinrich von Marttelingen = Heynen van Martlingen*. GDB: 1634 *Marteling*.

MARTENG (2009: 3, 0.02‰; 1880: 0). ↗*Marting*.

MARTENS ['mɑʀtəns] (2009: 2, 0.01‰; 1880: 1, 0.01‰). Flektiertes Patronym zu †*Marten*. Dies ist regionalsprachliche Variante von ↗*Martin*.

MARTH [mɑʀt] (2009: 29, 0.18‰; 1880: 27, 0.14‰). Patronym zum gleichlautenden Rufnamen. Dieser ist Kurzform von ↗*Martin*. 🜚 *Marth* konzentriert sich in Luxemburg, insbesondere im Norden, und bildet auch in Deutschland einige größere Nester, jedoch nicht in Grenznähe zu Luxemburg. ☞ Eine entsprechend flektierte Bildung zu *Marth* könnte *Mart(h)en* darstellen, falls dies nicht eine Variante von ↗*Martin* ist. 📖 RB (1388-1500): m*arth*. FSV: 1656 *Marten*. GDB: 1700 *Marten*. 1749 *Marth*. 1781 *Marthen*.

MARTIN ['mɑʀtɛ̃ː] (2009: 172, 1.05‰; 1880: 188, 0.97‰). VARIANTE(N) *Marting, Merten*. GLEICHE BASIS *Martens, Martiny, Mertens*. Patronym zum gleichlautenden, in den meisten Fällen französischen Rufnamen. Dieser stammt aus lat. *Martīnus*, zu lat. *Mārs, -tis*, dem Namen des Kriegsgottes.
🜚 *Martin* ist im gesamten Kartierungsgebiet sehr weit verbreitet. In Frankreich und Wallonien ist er der häufigste Familienname. Seine sprachliche Zuordnung in den Regionen mit Sprachkontakt wie Luxemburg ist nur über die Aussprache, die jedoch meist französisch ist, möglich.

Eindeutig dem Deutschen zuzuordnen sind dagegen *Marten* (ist nur außerhalb Luxemburgs belegt) sowie die umgelautete Form *Merten*, dessen Vorkommen in Luxemburg auf den südlichen Ostrand beschränkt ist. In Grenznähe zu Luxemburg zeigt *Merten* die größte Dichte im Saarland und entlang der Mosel, findet sich aber auch im Moseldepartement.

Die aus dem Französischen importierte Variante *Marting* begegnet nur vereinzelt in Luxemburg, im Areler Land und im übrigen Belgien. Insgesamt sehr selten und fast nur auf Luxemburg beschränkt ist *Marteng*. Die Genitivform *Martens* ist in Luxemburg niederfrequent. Außerhalb von Luxemburg ist sie besonders in Teilen Flanderns und in Norddeutschland weit verbreitet.

Die umgelautete Genitivbildung *Mertens* konzentriert sich besonders in Luxemburg, Nordrhein-Westfalen und Flandern. In Rheinland-Pfalz und im Saarland dominiert dagegen die Variante *Mertes*, die in Luxemburg besonders im Südosten Anschluss findet. *Mertens* und *Mertes* sind der Maas-Rhein-Region fast komplementär verteilt.

Das Hauptverbreitungsgebiet der latinisierten Genitivform *Martiny* sind Luxemburg, das Moseldepartement, Belgien sowie auf deutscher Seite die Moselregion, das Rhein-Main-Gebiet und die Region rheinabwärts ab Koblenz. Die Genitivform *Martini* ist in Deutschland weitaus häufiger als *Martiny*, weshalb in vielen Fällen an italienische Herkunft zu denken ist. Auch in Belgien überwiegt *Martini*, doch nicht in Luxemburg. Mehrdeutig ist *Martins*. Dieser ist in Deutschland eher weniger und in Luxemburg dagegen sehr häufig. Während er 1880 überhaupt nicht vorkommt, ist er, speziell in Luxemburg, dem Portugiesischen zuzuordnen.

Zum Tonvokal in Namen aus *Martin* in Deutschland, siehe DFA 1, S. 38-47.

☞ Der Rufname *Martin* erscheint im Luxemburgischen als *Mäerten, Mierten, Marting*. *Mäerten, Mierten* stammen aus *Merten*, dessen Tonvokal aufgrund des *i* der Folgesilbe aus *a* (< *Martin* in deutscher Aussprache) umgelautet ist oder einen hypokoristischen Umlaut darstellt.

Marting ist die germanisierte Form von frz. *Martin*. Eine umlautlose Form lb. **Maarten*, die somit genau *Martin* in deutscher Aussprache entsprechen würde, kann zumindest für das Gegenwartsluxemburgische nicht nachgewiesen werden, muss aber existiert haben, da in den historischen Quellen neben *Martin* (das sprachlich zweideutig ist) auch *Marten* sowie die Genitivformen *Martins, Mart(h)ens* anzutreffen sind (wobei *Mart(h)en* auch flektierte Form von ↗*Marth* sein könnte).

Neben *Martin* ist speziell in den genealogischen Daten *Merten* die häufigste Form, doch hat diese im Laufe der letzten zwei Jahrhunderte einen stetigen Rückgang zu verzeichnen. Es ist damit zu rechnen, dass in diversen Fällen *Merten* der Standardform oder französischen Form *Martin* gewichen ist, wenngleich in den genealogischen Daten ein Wechsel von *Mertin* auf *Martin* nicht festzustellen ist.

📖 RB (1388-1500): *Martin, Mertes, Mertin* (Rufname) u.a. FSV: 1611 *Martins, Merten, Mertens, Merthen*. 1656 *Marten, Mertens, Merthen*. GDB: 1640 *Mertes*. 1680 *Merten*. 1693 *Mertens*. 1700 *Marten*. 1700 *Martiny*. 1703 *Marting* (o.O). 1710 *Martaing*. 1723 *Martini*. 1760 *Marteng*. 1805 *Marting* = *Marteng* => 1849 *Marteng*, 1855 *Martieng*, 1859 *Marting*. 1829 *Martin* => 1860 *Marteng*.

MARTING [ˈmɑʁtɪŋ] (2009: 2, 0.01‰; 1880: 9, 0.05‰). Germanisierte Form von frz. ↗*Martin*.

MARTINI [mɑʁˈtiːni] (2009: 12, 0.07‰; 1880: 6, 0.03‰). 1. Variante von ↗*Martiny*. 2. Flektiertes Patronym zum italienischen Rufnamen *Martino*. ↗*Martin*.

MARTINY [mɑʁˈtiːni] (2009: 19, 0.12‰; 1880: 45, 0.23‰). VARIANTE(N) *Martini*. Flektiertes Patronym (lateinischer Genitiv) zu ↗*Martin* (in deutscher Aussprache). 📖 GDB: 1700 *Martiny*.

MARTZEN [ˈmɑʁtsən] (2009: 2, 0.01‰; 1880: 25, 0.13‰). Flektiertes Patronym zum Rufnamen *Martz*. Dieser ist eine Kurzform von *Martin* mit Kosesuffix *-z*. ✸ Von den Koseformen mit *z*-Suffix und Tonvokal *a* kommt in Luxemburg nur die flektierte Bildung *Martzen* vor, während die Nominativbildung *Martz* besonders in Ostlothringen und im Oberelsass anzutreffen ist. *Marz* ist dagegen in Deutschland überall lose gestreut, und *Marzen* gilt vor allem im Saarland. 📖 GDB: 1690 *Martzen*. 1748 *Martz*.

MARX [maːʁks] (2009: 258, 1.58‰; 1880: 362, 1.87‰). GLEICHE BASIS *Marxen*. Patronym zum gleichlautenden Rufnamen. Dieser ist aus *Markus* verkürzt. Zu Grunde liegt lat. *Mārcus* < altlat. *Mārtkos* 'dem Mars zugehörig, geweiht'. Siehe auch ↗*Marso*. ✸ Der Name ist im gesamten deutschsprachigen Kartierungsgebiet inklusive Moseldepartement und Elsass weit verbreitet. Auch in Belgien zeigt er eine breite Streuung. In Deutschland seltenere Varianten sind *Marks* und *Marcks*.

Die flektierte Form *Marxen* kommt außer in Luxemburg besonders in der angrenzenden Region von Rheinland-Pfalz und des Saarlandes vor. 📖 RB (1388-1500): *Marcks van Sievenborn = Marxs van Sievenborn. Marxs van Paisse = Marx zo Posse* (durchwegs Rufname). FSV: 1541 *Marex*. 1561 *Margs* (Rufname). 1611 *Marx, Marxen*. GDB: 1635 *Marx*. 1663 *Marxen*. 1701 *Marcks*. 1840 *Marckes*.

MARXEN [ˈmaːʀksən // ˈmɑʀksən] (2009: 8, 0.05‰; 1880: 16, 0.08‰). Flektiertes Patronym zu ↗*Marx*.

MASSAR (2009: 2, 0.01‰; 1880: 19, 0.1‰). ↗*Massard*.

MASSARD [ˈmɑsaːʀ] (2009: 43, 0.26‰; 1880: 96, 0.5‰). VARIANTE(N) *Massar, Massart*. 1. Französisches Patronym zum gleichlautenden Rufnamen. Dieser ist durch Aphärese verkürzt aus *Thomassard*, einer Ableitung von ↗*Thomas*. 2. Übername zu frz. *massard 'Knüppelmann', einer Ableitung von frz. *masse* 'Knüppel'. ⓢ *Massard* ist in Luxemburg mit Ausnahme des Nordostens und Zentrums sowie vereinzelt in Frankreich und Belgien anzutreffen. *Massart* ist im Großherzogtum und in Belgien stark und in Frankreich etwas weniger vertreten. Die insgesamt seltenste Variante ist *Massar* (Süden Luxemburgs, vereinzelte Streubelege in Wallonien; in Deutschland u.a. kleineres Nest um Mannheim). 📖 GDB: 1720 *Massard*. 1784 *Massart*.

MASSART (2009: 3, 0.02‰; 1880: 3, 0.02‰). ↗*Massard*.

MASSELTER [ˈmaːsəltɐ] (2009: 15, 0.09‰; 1880: 5, 0.03‰). Wohnstättenname zu lb. *Maasselter*, rhein. *Masselter* 'Feldahorn, Massholder'. 📖 GDB: 1795 *Masselter*.

MASSON [ˈmɑsɑ̃ː] (2009: 16, 0.1‰; 1880: 7, 0.04‰). Germanisierende Schreibung für *Maçon*, französischer Berufsname frz. *maçon* 'Maurer'. 📖 FSV: 1611 *Masson*. GDB: 1715 *Masson*.

MATGEN (2009: 11, 0.07‰; 1880: 31, 0.16‰). ↗*Mathgen*.

MATHAY [ˈmɑtɑɪ] (2009: 34, 0.21‰; 1880: 0). VARIANTE(N) *Mathey*. Regionalsprachliche Variante von *Matthäi*, flektiertes Patronym (lateinischer Genitiv) zu *Matthäus*. Im Nominativ erscheint der Familienname in Luxemburg nur in der französischen Form als ↗*Mathieu* bzw. aus dieser germanisiert als ↗*Mathgen*. ⓢ *Mathay* ist im Großherzogtum 1880 durchwegs als *Matay* verzeichnet und begegnet heute außer in Luxemburg in der gleichnamigen Nachbarprovinz, in einem mittleren Streifen des östlichen Frankreichs sowie in Deutschland verstreut besonders im Saarland, Hunsrück, in der Eifel sowie am Niederrhein. Das Vorkommen von *Mathey* beschränkt sich überwiegend auf Luxemburg und dem Areler Land. ☞ Der Genitiv *Matthäi* erscheint nach Ausweis des LWB in den Formen von *Matei, Mattäi, Mättéi, Mattéi* auch als Rufname und zeigt somit den Übergang in den Nominativ. Als Nebenform verzeichnet das LWB lb. *Mattäës*, und bei dieser handelt es sich um den echten Nominativ aus *Matthäus*. Die entsprechenden Kurzformen von *Matthäus* lauten lb. *Téiwes, Teewes*, woraus der Familienname ↗*Thewes*. Die Familiennamen ↗*Theis* und ↗*Mathes* können hingegen sowohl *Matthäus* als auch *Matthias* zugeordnet werden. 📖 GDB: 1648 *Mathay* => 1678 *Matheis*. 1661 *Mathei*. 1700 *Mathay*. 1710 *Mathey*. 1648 *Mathay* => 1678 *Matheis*. 1724 *Mathaei* => 1754 *Mathay = Mathaei*. 1732 *Mathij* => 1762 *Mathay*. 1785 *Mathey = Mathay* =>

1811 *Mathay*, 1813 *Mathey*. Vz: 1880 *Matay, Mathey*.

MATHEKOWITSCH [maˈteːkovitʃ] (2009: 16, 0.1‰; 1880: 7, 0.04‰). Germanisierte Schreibung von kroatisch *Mateković*, deriviertes Patronym auf *-ović* zu *Matek*. Hierbei handelt es sich um eine Diminutivbildung zu kroatisch *Mate*, einer Kurz- oder Nebenform von *Matej, Matija* für *Matthäus, Matthias*. Zu deren Etymologie, siehe ↗*Mathieu*, ↗*Mathias*. 📖 GDB: 1795 *Mathekowitsch*.

MATHES [ˈmatəs] (2009: 29, 0.18‰; 1880: 45, 0.23‰). VARIANTE(N) *Mattes*. Patronym zum gleichlautenden Rufnamen. Dieser ist regionalsprachliche Form von *Matthäus* (↗*Mathay*) oder *Matthias* (↗*Mathias*). Wie *Mathes* ebenso beiden Namen zuordenbar ist die Kurzform ↗*Theis*. 💡 *Matthes* begegnet in Luxemburg nur im Osten der südlichen Hälfte und in Deutschland vor allem im mitteldeutschen Raum. In der Schreibvariante *Mattes* erscheint der Name in Luxemburg extrem selten, häufiger jedoch in der nahen deutschen Nachbarregion und besonders in Baden-Württemberg. ☞ Das LWB listet eine Reihe von luxemburgischen Rufnamenvarianten, die dort sowohl *Matthias* als auch *Matthäus* zugeordnet werden: *Maatchen, Maats, Matei, Matjas, Mätt, Mattäi, Mattchen, Mättchen, Mättéi, Mattéi, Matteis, Mättes(chen), Mattes, Matti(s), Mätti(s), Mätti, Mattjen, Mätz, Matz*. In der Tat sind die meisten dieser Varianten zweideutig: *Maatchen, Maats, Mätt, Mattchen, Mättchen, Mättes(chen), Mattes, Matti(s), Mätti(s), Mätti, Mattjen, Mätz, Matz*. Doch einige lassen sich genauer zuordnen. Zu *Matthias*: *Matjas*. Zu *Matthäus*: *Matei, Mattäi, Mättéi, Mattéi*, wobei für diese die Genitivform lat. *Matthaei* bestimmend geworden zu sein scheint, während auch der echte Nominativ lb. *Mattäës* existiert (vgl. auch weiterführende Diskussion unter ↗*Mathay*). Eine häufige Vermischung zwischen *Matthias* und *Matthäus* ist bereits in deutschen Quellen des Mittelalters (vgl. Duden) und dementsprechend auch in den genealogischen Datenbanken Luxemburgs zu beobachten. 📖 RB (1388-1500): *Mat(t)hes*. FSV: 1561 *Mathes* (Rufname). 1611 *Matheis, Mattheis*. 1656 *Mathes*. GDB: 1648 *Mathay* => 1678 *Matheis*. 1670 *Mathes*.

MATHEY (2009: 18, 0.11‰; 1880: 52, 0.27‰). ↗*Mathay*.

MATHGEN [ˈmatɕən] (2009: 17, 0.1‰; 1880: 43, 0.22‰). VARIANTE(N) *Matgen*. Germanisierte Form von frz. ↗*Mathieu*.

MATHIAS [ˈmatjaːs // maˈtiːas] (2009: 50, 0.31‰; 1880: 62, 0.32‰). Patronym zum gleichlautenden Rufnamen. Dieser stammt aus lat. *Matthias* < griech. *Matatías* < hebr. *mattityāh* 'Gabe Jahwes'. 💡 Zum Verbreitungsgebiet von *Mathias* gehören Luxemburg mit Ausnahme der östlichen Kantone Echternach und Grevenmacher, sowie einzelne Regionen Deutschlands, Belgiens und Frankreichs. Speziell in Deutschland ist die Schreibvariante *Matthias* insgesamt häufiger, die in den anderen Ländern nicht anzutreffen ist. ☞ Dem Rufnamen *Matthias* entsprechen im Luxemburgischen u.a. *Matjas* (siehe weiterführende Diskussion unter ↗*Mathes*), sowie die Kurzform *Tis*. Entsprechend gilt auch als Familienname die Kurzform ↗*Thies*, während dagegen ↗*Theis*, wie ↗*Mathes*, sowohl *Matthias* als auch *Matthäus* zugeordnet werden kann. 📖 RB (1388-1500): *Mathieß, Mathijs, Mathis, Matthijs, Matthis, Matthiss*,

Matthiß, Mattis (durchwegs Rufname). FSV: 1656 *Mathias*. GDB: 1746 *Mathias*. VZ: 1880 *Mathias, Mathies*.

MATHIEU [ˈmatjøː] (2009: 147, 0.9‰; 1880: 171, 0.88‰). GLEICHE BASIS *Mathgen*. Französisches Patronym zum gleichlautenden Rufnamen. Dieser stammt aus lat. *Matthaeus* < griech. *Matthaĩos* < hebr. *matitjah* 'Gabe Gottes'. Der französische Familienname erscheint in Luxemburg auch germanisiert als ↗*Mathgen*, ↗*Matgen*. Vgl. auch ↗*Mathey*. ✻ Außer im Großherzogtum ist *Mathieu* (außerhalb Luxemburgs auch *Matthieu*) in Frankreich und Wallonien (dort auch in der regionalen Form als *Mathy*) weit verbreitet. In Deutschland ballt sich der Name vor allem im Saarland. Von den germanisierten Formen beschränkt sich *Mathgen* auf Luxemburg, *Matgen* zusätzlich auf das Areler Land. FSV: 1611 *Matthieu*. GDB: 1694 *Mathieu* => 1721 *Matje* = *Mathieu*. 1719 *Mathieu* => 1760 *Mathieux*. 1720 *Mathgen*. 1855 *Mathieu* => 1884 *Matghen*.

MATTES (2009: 1, 0.01‰; 1880: 14, 0.07‰). ↗*Mathes*.

MAUER [ˈmauɐ] (2009: 36, 0.22‰; 1880: 79, 0.41‰). 1. Wohnstättenname zu mhd. *mûre* 'Mauer'. 2. Herkunftsname zu einem im deutschen Sprachraum, doch nicht nahe Luxemburg, mehrfach auftretenden gleichlautenden Toponym. ✻ In Luxemburg konzentriert sich der Name in der südlichen Hälfte, aber auch im Areler Land. Ferner ist er in Ostlothringen sowie in weiten Teilen Deutschlands zu finden. FSV: 1611 *Maur*. GDB: 1697 *Maur*. 1715 *Mauer*.

MAURER [ˈmauʀɐ] (2009: 29, 0.18‰; 1880: 12, 0.06‰). Berufsname zu mhd. *mûræere, mûrer* 'Maurer'. ✻ Das Verbreitungsgebiet des Namens sind Luxemburg mit dem höchsten Vorkommen im Kanton Vianden, Lothringen, das Elsass sowie Deutschland, da besonders der Westen und Süden. GDB: 1783 *Maurer*.

MAUS [maus] (2009: 16, 0.1‰; 1880: 23, 0.12‰). GLEICHE BASIS *Mausen*. 1. Übername zu mhd. *mûs* 'Maus'. 2. Berufsübername zur gleichen Basis für den Mäusefänger. GDB: 1728 *Maus*. 1736 *Mausen*.

MAUSEN [ˈmauzən] (2009: 21, 0.13‰; 1880: 34, 0.18‰). Flektiertes Patronym zu ↗*Maus*.

MAY [mai] (2009: 99, 0.61‰; 1880: 133, 0.69‰). VARIANTE(N) *Mai*. 1. Übername zu mhd. *meie, meige* 'Mai', z.B. für einen im Mai geborenen Menschen. 2. Speziell im Raum Luxemburg: Herkunftsname zu *Mey* für eine Ortschaft im Moseldepartement. ✻ *May* findet sich überall in Luxemburg, außerdem im Areler Land, in Frankreich besonders Lothringen und in Deutschland überall verstreut. Weitaus seltener und nur außerhalb des Großherzogtums erscheint der Name in anderen Schreibvarianten: *Mai* im Moseldepartement und weit verstreut in Deutschland; *Mey* im Areler Land, in Ostlothringen sowie vereinzelt auch sonst in Frankreich und Teilen Deutschlands. In Belgien außer dem Areler Land treten alle Varianten selten auf. FSV: 1656 *May, Mey*. GDB: 1674 *May*. 1690 *Mey*. 1766 *Mai*.

MAYER (2009: 80, 0.49‰; 1880: 71, 0.37‰). ↗*Meyer*.

MAYS [mais] (2009: 1, 0.01‰; 1880: 0). ↗*Meis*.

MECKEL [ˈmækəl] (2009: 14, 0.09‰; 1880: 21, 0.11‰). GLEICHE BASIS *Maquil*. Herkunftsname zu *Meckel* für eine Gemeinde im Eifelkreis Bitburg-Prüm. ✻ *Meckel* ist in Luxemburg, der Norden ausgenommen, vereinzelt in der Eifel sowie auch anderswo in Deutschland anzutreffen, doch ist dort mit Konkurrenzetymologien zu rechnen. Das Vorkommen der archaisierenden Form *Maquil* ist auf den Osten Luxemburgs beschränkt. Im Westen Luxemburgs und in Wallonien erscheint dagegen sehr vereinzelt *Maquille*. Siehe auch ↗*Mackel*. ☞ Die historischen Belege des Ortsnamens lauten um 800 *Meckela*, im 9. Jh. *Macquila, Maquila* (vgl. Gysseling). Auf der Grundlage dieser Belege konnte der Familienname auch archaisierend als ↗*Maquil* in Erscheinung treten und gefestigt werden und die jüngere Variante ↗*Mackel* ergeben. Ein Zusammenhang zwischen dem Familiennamen *Mackel* und dem Ortsnamen *Meckel* ist ferner dadurch erwiesen, dass in den historischen Quellen ein Wechsel des Familiennamens *Meckel* (o.J.) zu *Mackel* (1721) von der einen Generation auf die nächste zu beobachten ist (Lanners, Claude: La famille *Maquil*. Unveröffentlichte Abhandlung). 📖 GDB: 1718 *Mackel* => 1744 *Maquil*. 1751 *Maquille*. 1777 *Meckel*. 1816 *Maquille* => 1845 *Mackel* => 1876 *Maquille*. Vz: 1880 *Mackll*.

MEDER ['meːdɐ] (2009: 24, 0.15‰; 1880: 67, 0.35‰). Berufsname zu mhd. *mædere*, Nebenform von *mâder*, *mâdære* 'Mäher, Mäder'. ☞ Im Erstbeleg in den genealogischen Datenbanken ist ein Wechsel von *Mederhausen* zu *Meder* zu beobachten, was eine Herleitung als Herkunftsname nahe legen könnte. Da Mederhausen sonst aber weder als Toponym noch als Bei- oder Familiennamen belegt ist, kann es sich hier auch um eine Verschreibung handeln. 📖 FSV: 1611 *Mederts*. GDB: 1640 *Mederhausen* => 1671 *Meder*.

MEDERNACH ['meːdənax] (2009: 48, 0.29‰; 1880: 163, 0.84‰). Herkunftsname zu Medernach (lb. *Miedernach*) für eine Ortschaft in der Ernztalgemeinde. ✧ Luxemburg, kaum im Norden, Moseldepartement. 📖 RB (1388-1500): *Clais van Medernache = Cleschin van Medernach*. FSV: 1440-1450 *Claisgin Vasbender de Medernach*. 1611 *von Medernach*. GDB: 1702 *Medernach*.

MEDINGER ['meːdɪŋɐ] (2009: 56, 0.34‰; 1880: 188, 0.97‰). Personalisierter Herkunftsname zu *Medingen* (lb. *Méideng*) für eine Ortschaft in der Gemeinde Konter. ✧ Vor allem in Luxemburg außer im Norden. In Deutschland besonders im Raum Stuttgart und Bad Kreuznach. 📖 RB (1388-1500): *Michel van Medyngen*. FSV: 1611 *de Medingen, Medingen, Medinger*. 1656 *Medingers*. GDB: 1708 *Medinger*.

MEHLEN ['meːlən] (2009: 46, 0.28‰; 1880: 63, 0.33‰). Herkunftsname zum gleichlautenden Toponym für eine Ortschaft (heute *Niedermehlen, Obermehlen*) der Gemeinde Gondenbrett im Eifelkreis Bitburg-Prüm. ✧ Der Name ist fast ausschließlich in Luxemburg zu finden, vor allem in den Kantonen Echternach, Mersch und Diekirch, nicht jedoch im Süden des Landes. 📖 FSV: 1656 *Meelen*. GDB: 1675 *Mehlen*.

MEIER (2009: 41, 0.25‰; 1880: 33, 0.17‰). ↗*Meyer*.

MEIERS (2009: 64, 0.39‰; 1880: 84, 0.43‰). ↗*Meyers*.

MEILENDER (2009: 3, 0.02‰; 1880: 10, 0.05‰). ↗*Meylender*.

MEINTZ (2009: 7, 0.04‰; 1880: 28, 0.14‰). ↗*Mainz*.

MEIS [maɪs] (2009: 60, 0.37‰; 1880: 0). VARIANTE(N) *Mais, Mays, Meys*. 1. Übername zu mhd. *meise* 'Meise'. 2. Berufsübername zu mhd. *meise* f. 'Tragkorb, Tragreff' für den Hersteller. 3. Wohnstättenname zu mhd. *meiȝ* m. 'Holzschlag, Holzabtrieb'. 🜚 *Meis* begegnet am häufigsten in Luxemburg und am Niederrhein, *Meys* ebenso, doch im Großherzogtum nur im Westen. Darüber hinaus ist *Meys* in Belgien weit verbreitet, doch liegen zumindest auf niederländischem Sprachgebiet andere Etymologien vor (vgl. Debrabandere, S. 958). Extrem niederfrequent in Luxemburg sind *Mais* und *Mays*. In Deutschland findet sich Ersteres vor allem entlang des Mittel- und Niederrheins, Zweiteres vereinzelt u.a. im Raum Aachen-Köln. In Luxemburg ist von den vier genannten Formen 1880 nur *Mais* belegt. 📖 Fsv: 1611 *Meyss*. GDB: 1705 *Meys*. 1741 *Meis*. 1747 *Mais*.

MEISCH [ˈmɑɪʃ] (2009: 56, 0.34‰; 1880: 185, 0.95‰). 1. Regionalsprachliche Form von ↗*Meyers*; vgl. auch ↗*Altmeisch* und ↗*Mersch*, Etymologie 2. 2. Herkunftsname zu *Meisch*, einer alten deutschen, wohl aus dem Romanischen importierten Variante von *Deutsch-Meer* (lb. *Däitsch-Meesch*, frz. *Meix-le-Tige*), Provinz Luxemburg. 🜚 *Meisch* begegnet besonders in Luxemburg und dem Areler Land. Auch in Deutschland tritt der Name auf, doch nicht nahe Luxemburg, weshalb in diesen Fällen andere Etymologien in Betracht zu ziehen sind. ☞ Zu Etymologie 1: In Luxemburg erscheinen *a Mäesch*, *a Meesch*, *a Majesch* häufig auch als Hausnamen (vgl. LWB sub *Mäesch*). Zu Etymologie 2: Das Toponym *Meix-le-Tige* ist im Jahr 1544 als *Meysch le Tisch ou Meer* belegt. Die lokale Aussprache lautet *Mèych*, *Méch-le-Tiche* (vgl. Jespers, S. 409). 📖 Fsv: 1656 *Meesch*. GDB: 1612 *Meyersch*. 1665 *Meisch*. 1703 *Meisch* => 1761 *Meyer*. 1734 *Meischen*. 1752 *Meisch* => 1785 *Meies*. 1770 *Maisch*. 1777 *Meyers* => 1833 *Maisch*. 1790 *Meysch*, *Meyesch*.

MEISENBURG (2009: 5, 0.03‰; 1880: 2, 0.01‰). ↗*Meysembourg*.

MELCHER (2009: 7, 0.04‰; 1880: 9, 0.05‰). Regionalsprachliche Form von ↗*Melchior*.

MELCHERS [ˈmælçɐs] (2009: 11, 0.07‰; 1880: 14, 0.07‰). Flektiertes Patronym zu ↗*Melcher*.

MELCHIOR [ˈmælçioːʀ] (2009: 61, 0.37‰; 1880: 99, 0.51‰). VARIANTE(N) *Melcher*. GLEICHE BASIS *Melchers*. Patronym zum gleichlautenden Rufnamen. Dieser stammt aus hebr. **Melkʾior*, zu hebr. *mäläk* 'König' und *ōr* 'Licht' und bedeutet 'König ist Licht'. 🜚 *Melchior* zeigt eine lose Streuung in Luxemburg und Deutschland, ferner in Belgien sowie im Elsass und in Lothringen. *Melcher* ist im Großherzogtum selten, tritt ansonsten in Deutschland weitaus häufiger auf als *Melchior*. Die Genitivbildung *Melchers* findet sich in Luxemburg im Süden sowie um Echternach und bildet in Deutschland teils großflächige Nester, jedoch nicht in Grenznähe zum Großherzogtum. ☞ Als Rufname erscheint im LWB *Melcher*, *Mëllécher*, *Méilécher*. 📖 Fsv: 1611 *Melchior*, *Melchiors*. GDB: 1762 *Melchior* => 1798 *Melcher*. 1815 *Melchior* => 1850 *Melchor*. 1877 *Melchers*.

MENSTER [ˈmænstɐ // ˈmənstɐ] (2009: 18, 0.11‰; 1880: 28, 0.14‰). Wahrscheinlich Herkunftsname zu lb. *Menster* (auch *Menschter*, dt. *Mensdorf*) für eine Ortschaft in der Gemeinde Betzdorf. 🜚 Überwiegend in Luxemburg zu finden. 📖 RB (1388-1500): *Clais van Menstorff = Clais van Menstourff. Johann Schonmacher van Meynstorff*. GDB: 1720 *Menster*. Vz: 1880 *Mensdorf*.

MENTGEN [ˈmæntçən] (2009: 13, 0.08‰;

1880: 28, 0.14‰). 1. Patronym zum einstigen gleichlautenden Rufnamen. Dieser geht zurück auf a) eine Diminutivbildung von *Mandt* < ahd. *Manto*, das zu ahd. *menden* < *mandjan* 'sich freuen', *mendī* 'Freude', *mandag* 'heiter, fröhlich' gehört, vgl. ↗*Mentz*, ↗*Mantz*; b) ahd. *Mennichīn*, Diminutivbildung von ahd. *Manno*, das auch latinisiert als *Mannus* für den Stammvater der Westgermanen erscheint. 2. Übername zu einer Diminutivbildung zu mhd. *man* 'Mann'. ☞ In den genealogischen Datenbanken ist ein Wechsel von *Mentges* auf *Mengtes* sowie zwischen *Mentges/Mengtes* (> *Mengtesches*) und ↗*Mentz* zu beobachten. *Mengtes* ist wohl nur Verschreibung für *Mentges*, so wie 1880 *Hengtes* für ↗*Hentges* und *Schingten* für ↗*Schintgen*. 📖 Fsv: 1561 *Mentgen*, *Mentges*. GDB: 1638 *Mentges* => 1664 *Mengtes* => 1688 *Mentz* = *Mentges*, 1695 *Mentz* = *Mengtesches*. 1710 *Mentz* = *Mengtes*.

MENTZ [mænts] (2009: 25, 0.15‰; 1880: 9, 0.05‰). Patronym zum gleichlautenden Rufnamen. Dieser stammt aus ahd. **Menzo* (= wfrk. latinisiert *Mentio*, *Menzio*) und ist Koseform auf -*so* oder -*zo* von ahd. *Manto*, das zu ahd. *menden* < *mandjan* 'sich freuen', *mendī* 'Freude', *mandag* 'heiter, fröhlich' gehört. Vgl. auch ↗*Mantz*, ↗*Mentgen*. ☞ In den genealogischen Datenbanken ist ein Wechsel zwischen *Mentz* und ↗*Mainz* sowie zwischen *Mentz* und *Mentges*, *Mengtes* (↗*Mentgen*) zu beobachten. 📖 Fsv: 1561 *Menss*. 1611 *Menss*, *Mentzen*. GDB: 1638 *Mentges* => 1664 *Mengtes* => 1688 *Mentz* = *Mentges*, 1695 *Mentz* = *Mengtesches*. 1710 *Mentz* = *Mengtes*. 1723 *Haintz* => 1755 *Haintz*, 1756 *Maintz* => 1779 *Haintz*, 1783 *Mentz* = *Maintz*. 1749 *Mentz* => 1784 *Meinz* = *Maintz*. 1818 *Mentz* = *Meintz*. 1840 *Mentz* => 1877 *Menz* = *Mentz*.

MERCKES (2009: 3, 0.02‰; 1880: 0). ↗*Merkes*.

MERENS [ˈmeːʀəns] (2009: 18, 0.11‰; 1880: 27, 0.14‰). VARIANTE(N) *Merenz*, *Meres*. Flektiertes Patronym zu einem einstigen deutschen Rufnamen. Für diesen kommen mehrere Etymologien in Frage: a) *Me(h)r*. Dieser stammt aus ahd. **Meri*, einer Kurzform von Rufnamen, die mit ahd. *meri* 'Meer' gebildet sind; vgl. ↗*Mertz*, Etymologie 1; b) **Me(h)ren* < **Mö(h)ren*. Für diesen ließe sich ahd. **Mōrīn* erschließen. Hierbei handelt es sich entweder um eine althochdeutsche Diminutivbildung auf -*īn* zum Rufnamen ahd. *Mōr*, einer frühen Entlehnung aus lat. *maurus* 'Maure, Mohr', oder um eine direkte Entlehnung aus lat. *Maurīnus*, das ebenfalls eine Diminutivbildung zu lat. *maurus* darstellt. ☞ Während das Vorkommen von *Merens* sowie von ↗*Merenz*, ↗*Meres* auf Luxemburg beschränkt ist, findet sich rheinabwärts ab Koblenz häufig ein Familienname *Mehren*. Dieser ist 1611 auch in Luxemburg bezeugt. Weitere vergleichbare Namen außerhalb Luxemburgs sind *Mehrens*, *Möhren*, *Möhres*, *Möres*, doch treten diese insgesamt selten auf. In den genealogischen Datenbanken lässt sich in einem Fall die Namengleichheit *Moerens* = *Mertens* feststellen. Hierbei handelt es sich wohl um eine Verschreibung. In je einem weiteren Fall tritt der Wechsel von etymologisch nicht verwandtem ↗*Meyrath* zu *Meres*, *Meeres* sowie von *Moeres* zu *Maires*, das zu ↗*Meyrer* gehört, zu Tage. 📖 Fsv: 1611 *Mehren*. GDB: 1696 *Meres*. 1706 *Moerens* = *Mertens* => 1734 *Merens*, 1744 *Moerens* = *Merens*. 1714 *Moeres* = *Meres* = 1747 *Meres*. 1722

Meyrath => 1747 *Meeres* = *Meyraht* = *Meres*. 1770 *Moeres* => 1791 *Maires* = *Merres*, 1796 *Meres* = *Merres*, 1803 *Moeres*. 1830 *Merens* => 1876 *Merenz*.
MERENZ (2009: 7, 0.04‰; 1880: 8, 0.04‰). ↗*Merens*.
MERES (2009: 17, 0.1‰; 1880: 22, 0.11‰). ↗*Merens*.
MERGEN [ˈmæʀʒən] (2009: 133, 0.81‰; 1880: 302, 1.56‰). GLEICHE BASIS *Merges*. Flektiertes Metronym zum (einstigen) Rufnamen *Merge*. Dieser ist regionalsprachliche Form von *Maria*. Zu Grunde liegt hebr. (aram.) *Mirjam*, dessen Etymologie nicht sicher geklärt ist. Erwogen werden u.a. hebr. *rym* 'schenken' oder *mry* 'fruchtbar sein'. Siehe auch ↗*Marie*, ↗*Merkes*, ↗*Mreches*. ⓢ Das Hauptverbreitungsgebiet von *Mergen* liegt in Luxemburg, jedoch kaum im Norden, sowie in der Moselregion bis Wittlich, ferner im Moseldepartement, dem Unterelsass, Saar- und Rheinland. *Merges* ist weitestgehend auf das Großherzogtum, der Norden fast ausgenommen, und die Moselregion beschränkt. ☞ Der Rufname *Maria* hat im Luxemburgischen zahlreiche Varianten und Spielformen hervorgebracht. Das LWB vermerkt: *Maaria, Mai, Maich, Maichen, Mais, Maisch, Maisi, Mämm, Maréi, Mari, Maria, Mariette, Marion, Märréchen, Marréi, Märréi, Marres, Märres, Marri, Märri, Marrichen, Märrichen, Mauschen, Mausi, Mauss, Mi, Mia, Miichen, Mimm, Mimmi, Mräch, Mrächen, Mréch, Mréchen, Mrei, Mreichen, Reia, Ria*. ⌨ Fsv: 1561 *Mergin* (Rufname). 1561 und 1611 *Mergen*. 1656 *Merges*. GDB: 1580 *Marien* => 1630 *Merschen* => 1673 *Mergen*.
MERGES [ˈmæʀʒəs] (2009: 32, 0.2‰; 1880: 44, 0.23‰). Flektiertes Metronym (Mischgenitiv) zu *Merge* (↗*Mergen*).

MERKES [ˈmæʀkəs] (2009: 21, 0.13‰; 1880: 30, 0.15‰). VARIANTE(N) *Merckes*. 1. Flektiertes Patronym (Mischgenitiv) zu einem alten deutschen Rufnamen *Merk*. Für diesen lässt sich ahd. oder as. *Merkjo* (< *Markjōn), erschließen, das zu ahd., as. *marka* 'Grenze, Grenzland' gehört. Die appellativische Entsprechung des Rufnamens erscheint im mittelalterlichen Latein als *marchio, -onis* 'Markgraf' (vgl. Stotz, IV 52.4 u. VI 35.4) sowie als Kompositum *com-marchio, -onis* '(Grenz-) Nachbar, Anrainer, Markgenosse' (vgl. Stotz, IV 78.4). 2. Niederländisches flektiertes Metronym zum Rufnamen nl. *Merken*. Dieser stammt aus *Marieken* und ist Koseform von *Maria*; vgl. ↗*Mergen*. ☞ In den genealogischen Quellen ist gelegentlich der Wechsel zwischen *Mer(c)kes* und *Merkels* (zu einer Koseform von *Merk* mit *l*-Suffix) zu beobachten. ⌨ GDB: 1680 *Merkes* => 1704 *Merckes*, 1714 *Merkes*. 1700 *Merckens*. 1763 *Merckes* => 1793 *Merckes*, 1795 *Merckels*, 1801 *Merkes*.
MERSCH [ˈmiəʃ // mæʀʃ] (2009: 193, 1.18‰; 1880: 526, 2.71‰). 1. Herkunftsname zu *Mersch* (lb. *Miersch*) in der gleichnamigen Gemeinde. 2. In Einzelfällen: Kontrahierte Form von ↗*Meyers* mit Monophthongierung Vokalismus *ei* > *e*. Vgl. auch ↗*Meisch*, Etymologie 2. ⓢ Das Verbreitungsgebiet des Namens deckt ganz Luxemburg ab und zieht sich im Norden durch die Provinz Luxemburg bis nach Lüttich, im Westen bis in den Trierer Raum. ⌨ RB (1388-1500): *Van Meirsch, van Mersch(e), van Myresch, van Myrsche, von Mersche, von Myrsche, zu Myrsche*. GDB: 1691 *Mersch* = *Meyrschen* => 1719 *Meyers* = *Mayers*, 1722 *Mersch* = *Meyscher*, 1723 *Der Meyschen* = *Mersch* = *Dermeischen* (Hausname).

MERTEN (2009: 13, 0.08‰; 1880: 74, 0.38‰). Patronym zum gleichlautenden Rufnamen. Dieser ist regionalsprachliche Variante von ↗Martin und zeigt Umlaut des Stammvokals.
MERTENS [ˈmærtəns] (2009: 115, 0.7‰; 1880: 140, 0.72‰). VARIANTE(N) Mertes. Flektiertes Patronym zu ↗Merten.
MERTES (2009: 38, 0.23‰; 1880: 110, 0.57‰). ↗Mertens.
MERTZ [mɛrts] (2009: 40, 0.25‰; 1880: 146, 0.75‰). VARIANTE(N) Maertz, Maerz, Merz. 1. Patronym zum gleichlautenden Rufnamen. Für diesen kommen zwei Etymologien in Frage: a) ahd. *Merizo, Koseform von ahd. *Meri, einer Kurzform von Rufnamen, die mit ahd. meri 'Meer' (z.B. Meriboto, Merifrid, Meriolf) gebildet sind (vgl. Kaufmann 1968, 251f); vgl. auch ↗Merens; b) Koseform von Mert, die Kurzform von ↗Merten ist. 2. Berufsübername zu mhd. mërz 'Ware' für den Händler. Vgl. nhd.-landsch. Merzeler, Merzler 'Händler, Krämer'. 3. Übername zu mhd. merze 'März' für einen im März geborenen Menschen. ⓈMertz ist in Luxemburg südlich der Sauer verbreitet. Außerhalb Luxemburgs streut der Name u.a. in Lothringen, dem Elsass sowie in diversen Regionen Deutschlands. Seltener und fast nur auf Luxemburg beschränkt ist Maertz (nördliche Hälfte). Noch seltener in Luxemburg sind Maerz (südliche Hälfte), das jedoch auch in Deutschland vorkommt und dort diverse Nester bildet, sowie Merz (ebenfalls südliche Hälfte). Letzteres ist in Deutschland mit Abstand am häufigsten, gefolgt von März. Als flektierte Bildung erscheint Mertzen vereinzelt am Niederrhein. 📖 RB (1388-1500): Mertz. FSV: 1656 Mertz. GDB: 1653 Mertz. 1739 Maertz.

MERTZIG [ˈmɛːətsəɕ] (2009: 19, 0.12‰; 1880: 25, 0.13‰). Herkunftsname zu a) Mertzig (lb. Märzeg) für eine Ortschaft in der gleichnamigen Gemeinde; b) Merzig für eine Stadt im Saarland. Ⓢ Südliche Hälfte Luxemburgs. 📖 RB (1388-1500): Clais van Mechtzig = Clais van Mertzich = Clais van Mertzijch. GDB: 1773 Mertzig.
MERZ (2009: 4, 0.02‰; 1880: 9, 0.05‰). ↗Mertz.
MESEMBURG [ˈmeːzəmbuəɕ] (2009: 1, 0.01‰; 1880: 19, 0.1‰). VARIANTE(N) Mesenburg. Regionalsprachliche Form von ↗Meysembourg, mit Monophthongierung ei > e.
MESENBURG (2009: 18, 0.11‰; 1880: 16, 0.08‰). ↗Mesemburg.
METZ [mæts] (2009: 75, 0.46‰; 1880: 116, 0.6‰). 1. Herkunftsname zu Metz für die heutige Hauptstadt des Moseldepartements. 2. Metronym zum gleichlautenden Rufnamen. Dieser geht zurück auf mhd. Metze, einer Koseform von Mechthild (mit ahd. maht 'Macht, Kraft' und ahd. hilt(j)a 'Kampf'). 3. Berufsname zu mhd. metze m., Simplizium, das sonst in mhd. steinmetze 'Steinmetz' erscheint. 4. Berufsübername zu a) mhd. metz, metze n. 'Messer' für den Messerschmied; b) mhd. metze m. 'kleineres Trockenmaß, Flüssigkeitsmaß' für den Hersteller. Siehe auch ↗Metzen. Ⓢ Luxemburg, Lothringen mit Ausnahme des Département Meuse, Elsass und weite Teile Deutschlands. 📖 RB (1388-1500): Cleschin van Metzin. FSV: 1611 Metz, Metzer. GDB: 1658 Metzen => 1687 Metz. 1703 Metz => 1733 Metzen.
METZEN [ˈmætsən] (2009: 10, 0.06‰; 1880: 1, 0.01‰). 1. Flektiertes Metronym zu ↗Metz, Etymologie 2. 2. Flektierte Patronym zu ↗Metz, Etymologie 3 und 4. 📖

GDB: 1658 *Metzen* => 1687 *Metz*. 1703 *Metz* => 1733 *Metzen*.

METZLER ['mætslɐ] (2009: 52, 0.32‰; 1880: 173, 0.89‰). Berufsname zu mhd. *metzeler, metzler* 'Metzger', entsprechend das Appellativ lb. *Metzeler*. 🜚 Während in Luxemburg *Metzler* weitaus häufiger ist als *Metzger*, bietet sich in Deutschland das umgekehrte Bild. Beide Formen treten dort am dichtesten in der westlichen Hälfte auf. Zur Verbreitung der Familiennamen aus dem Fleischerhandwerk in Deutschland, siehe Duden und dtv-Atlas, S. 196-197. 📖 RB (1388-1500): *Heirman Metzeler* = *Heirman Mezeler* = *Herman Metzelar* = *Herman Metzeller* = *Herman Metzler*. *Peter van Houffelt des Metzelers*. FSV: 1561 *Metzlers*. 1561, *Metzler*. 1656 *Metzeler*. GDB: 1755 *Metzler* => 1785 *Metzeler*.

MEUNIER ['mønjeː] (2009: 19, 0.12‰; 1880: 13, 0.07‰). Französischer Berufsname zu frz. *meunier* 'Müller'. 📖 GDB: 1840 *Meunier*.

MEYER ['mɑɪɐ] (2009: 403, 2.47‰; 1880: 626, 3.23‰). VARIANTE(N) *Maier, Mayer, Meier*. GLEICHE BASIS *Meyers*. Standesname zu mhd. *mei(g)er* 'Meier, Oberbauer, der im Auftrag des Grundherrn die Aufsicht über die Bewirtschaftung der Güter führt, in dessen Namen die niedere Gerichtsbarkeit ausübt', auch 'Großbauer'. Siehe auch ↗*Majerus* sowie ↗*Meisch*, Etymologie 1.

🜚 In Luxemburg ist *Meyer* die häufigste Variante, ebenso in Deutschland. Auch in Frankreich und Belgien ist der Name sehr weit verbreitet. In der Schreibvariante *Mayer* erscheint der Name in Luxemburg wie in Belgien und Frankreich am zweithäufigsten, in Deutschland dagegen am vierthäufigsten und zeigt dort eine tendenzielle Südlastigkeit. *Meier* ist im Großherzogtum, in Belgien und Frankreich etwas seltener, am zweithäufigsten dagegen in Deutschland. Die dritthäufigste Schreibvariante in Deutschland ist *Maier*, das in Luxemburg, Belgien und Frankreich selten anzutreffen ist. Von den flektierten Bildungen sind speziell für Luxemburg *Meyers* und *Meiers* zu nennen. Zum Hauptverbreitungsgebiet beider Formen zählen neben dem Großherzogtum das Saarland, Rheinland-Pfalz und Nordrhein-Westfalen. In Belgien gilt dagegen nur *Meyers*. Zur Diphthongvarianz in Namen mit *Meyer* in Deutschland, siehe DFA 1, S. 464-477.

☞ Das mhd. Appellativ *mei(g)er* erscheint im LWB als *Mär, Mäer, Mäier*. Doch hat es hier die Bedeutung 'Bürgermeister', die wahrscheinlich durch das gleichbedeutende Appellativ von frz. *maire* beeinflusst ist. Die weitere, allerdings veraltete Bedeutung ist 'Amtsmann'. Aus den genealogischen Daten geht hervor, dass der Familienname *Meyers* zu *Mersch* kontrahiert werden und daher mit dem homographen Familiennamen ↗*Mersch* zusammenfallen konnte. Ferner ist in einem Fall der Wechsel von *Moeres*, das zu ↗*Merens* gehört, auf *Maires* zu beobachten, doch handelt es sich hier wahrscheinlich lediglich um eine französisierende Graphie mit ‹ai› für die von *Moeres* entrundete Variante *Meres*.

📖 RB (1388-1500): *Anthonius Meyer van Straissen* = *Thonnes Meiger van Straissen*. *Clais dez alden Meigers Son*. *Des Meyers Eidem van Bonnewege* u.v.m. FSV: 1541 *Meiger*. 1561 *Meier, Meiers, Meyr, Meyer, Meyers*. GDB: 1607 *Meyers*. 1630 *Meyer*. 1632 *Mayers*. 1639 *Meyersch*. 1640 *Mey-*

ers = Meyersches = Maiers => 1697 Meyersches = Meiers, 1672 Mayersches = Meiers. 1657 Meiers. 1691 Mersch = Meyrschen => 1719 Meyers = Mayers, 1722 Mersch = Meyscher, 1723 Der Meyschen = Mersch = Dermeischen (Hausname). 1694 Meyer => 1718 Meyrsch = An Meysch (Hausname). 1695 Meierus = Mayer. 1710 Mayer. 1716 Meier. 1719 Meyeres. 1736 Maieres = Majerus. 1737 Meyres => 1760 Maires = Meÿers => 1783 Meyres. 1739 Maieres =>1766 Meyers. 1740 Maier. 1754 Meyers => 1785 Maiers. 1770 Moeres => 1791 Maires = Merres. 1795 Mayres = Merres. 1797 Maÿres = Maires => 1790 Mayres = Maisch, 1800 Maires = Meurisse, 1807 Maÿres = Majerus. 1800 Meÿers => 1840 Meier, 1842 Meyer, 1843 Meÿer, 1845 Mëyer. 1839 Meÿeres = Meyers. Vz: 1880 Meier, Meieres, Meiers, Meyer, Meyeres, Meyers.

MEYERS ['mɑɪʀəs] (2009: 357, 2.19‰; 1880: 469, 2.42‰). VARIANTE(N) Meiers. Flektiertes Patronym zu ↗Meyer.

MEYLENDER ['mɑɪlændɐ] (2009: 25, 0.15‰; 1880: 12, 0.06‰). VARIANTE(N) Meilender. Personalisierter Wohnstättenname zu einem (einstigen) gleichlautenden Flurnamen. Für den Raum Luxemburg würden sich am ehesten anbieten: a) Meylandt für ein Schloss in der Gemeinde Heusden-Zolder in der Provinz Limburg, Belgien; b) Meyland als offenbar ältere und heute nicht mehr übliche Alternativbezeichnung für den Mayengau (< pagus Megene) in der Osteifel; vgl. hierzu: "Le pays de Megene est entre le Rhin et la Moselle, nommé communément Meyland." (Calmet, Sp. 19, Anmerkung k unter Berufung auf eine weitere Quelle). 📖 GDB: 1733 Meyland => 1756 Meylender, 1759 Meyland.

MEYRATH ['mɑɪʀaːt] (2009: 12, 0.07‰; 1880: 12, 0.06‰). Patronym zum gleichlautenden einstigen Rufnamen. Für diesen ließe sich ahd. *Megirāt erschließen. Das Erstglied entspricht dem Personennamenstamm wgerm. Maga-, Megi-, der aus wgerm. *magana-, *magina- (= ahd. magan, megin n. 'Kraft, Macht') verkürzt ist und beispielsweise in Komposita wie ahd. Magafrid, Megihard erscheint (vgl. Kaufmann 1968, S. 241f). Das Zweitglied ist ahd. rāt. Vgl. auch ↗Meyrer. ☞ In den genealogischen Datenbanken findet sich in einem Fall der Wechsel von Meyrath mit Meeres, Meres, die zu ↗Merens gehören. 📖 GDB: 1718 Meyrath. 1722 Meyrath => 1747 Meeres = Meyraht = Meres. 1847 Mayrath = Meyrath.

MEYRER ['mɑɪʀɐ] (2009: 26, 0.16‰; 1880: 34, 0.18‰). Die frühesten Belege vom Typ Meires sprechen am ehesten für eine durch "Suffixwechsel" entstandene Variante von Meirich, Patronym zu einem einstigen Rufnamen, für den sich ahd. *Megirīh erschließen ließe. Das Erstglied entspricht ahd. magi, das aus ahd. magan, megin n. 'Kraft, Macht' verkürzt ist (vgl. Kaufmann 1968, S. 241f), das Zweitglied germ. *rīkja- 'mächtig' (vgl. ahd. rīhhi 'reich, mächtig'). In späterer Zeit erfolgte Umdeutung zu Meyrer, deriviertes Patronym zu ↗Meyer. Zum "Suffixwechsel" -ich > -es vgl. auch ↗Friederes und ↗Roderes. 🔆 Meyrer findet sich in Luxemburg und im Rhein-Main-Gebiet. Einzelne Streuungen von Meirich, Meyrich sind insbesondere im Rheinland belegt. Meyrath gilt fast ausschließlich im Großherzogtum. ☞ Die historischen Belege zeigen außerdem gelegentliche Einblendung von ↗Meyers sowie von ↗Meyrath und Moeres, Moris. Die beiden Letzteren scheinen nicht zu ↗Moris (regionalsprachliche Variante von *Moritz*), sondern zu ↗*Merens* zu gehören, zumal ein Wechsel zu ähnlichen Formen, nämlich *Meeres*, *Meres*, auch für ↗*Meyrath* bezeugt ist. Das *o* in *Moris* würde demnach für *ö* mit nicht markiertem Umlaut stehen. 📖 Fsv: 1561 *Meyres*. GDB: 1700 *Meyres*, 1750 *Meires*. 1739 *Meyrath* => 1768 *Meyres*, 1776 *Moeres*. 1739 *Meyrath* = *Moeres* = *Meyers* = *Moeres* = *Moris* = *Meyres* => 1768 *Meyres* = *Meyrath*. 1776 *Moeres* = *Meyres* = *Meiers* = *Meires* = *Meyrath* => 1806 *Meieres*. 1809 *Meyers*.

MEYS (2009: 2, 0.01‰; 1880: 0). ↗*Meis*.

MEYSEMBOURG [ˈmaɪzəmbuəɕ // ˈmaɪzəmbuːʀ] (2009: 36, 0.22‰; 1880: 27, 0.14‰). VARIANTE(N) *Meisenburg*, *Meysenburg*. GLEICHE BASIS *Mesemburg*. Herkunftsname zu *Meysemburg* (lb. *Meesebuerg*, frz. *Meysembourg*) für eine Ortschaft in der Gemeinde Fels. Der Familienname zeigt wie der französische Ortsname französisierende Graphie ‹ou› für dt. ‹u›. ✪ *Meysembourg* begegnet im Osten und Süden des Großherzogtums, *Meisenburg* in dessen Südosten, im Saargau und bei Trier, *Meysenburg* nur im Kanton Luxemburg. Von den regionalsprachlichen Formen konzentriert sich *Mesenburg* und *Mesemburg* im Südosten Luxemburgs, wobei *Mesemburg* nur im Kanton Remich zu finden ist. *Mesembourg* tritt vereinzelt im Moseldepartement auf. 📖 RB (1388-1500): *Vasbender van Meissenbourg*. GDB: 1682 *Meysenbourg* = *Meysemburg*. 1737 *Meisenbourg*. 1750 *Meysemburg*. 1786 *Meysembourg* => 1836 *Meisembourg*. 1770 *Meisenburg*. 1830 *Mesenburg*.

MEYSENBURG (2009: 4, 0.02‰; 1880: 12, 0.06‰). ↗*Meysembourg*.

MICH [miɕ] (2009: 11, 0.07‰; 1880: 24, 0.12‰). Patronym zum gleichlautenden Rufnamen. Dieser ist eine Kurzform von *Michael* (↗*Michel*). 📖 GDB: 1814 *Mich*.

MICHAELIS [miɕaˈeːlis] (2009: 14, 0.09‰; 1880: 90, 0.46‰). Latinisierte Form von *Michael* (↗*Michel*).

MICHAELY [miɕaˈeːliː] (2009: 12, 0.07‰; 1880: 65, 0.34‰). Flektiertes Patronym (lateinischer Genitiv) zu *Michael* (↗*Michel*).

MICHAUD [ˈmiʃoː] (2009: 1, 0.01‰; 1880: 0). ↗*Michaux*.

MICHAUX [ˈmiʃoː] (2009: 38, 0.23‰; 1880: 27, 0.14‰). VARIANTE(N) *Michaud*, *Mischaux*, *Mischo*. Französisches Patronym zum gleichlautenden französischen Rufnamen. Dieser ist eine regionalsprachliche Variante von frz. *Michel* (woraus ↗*Mischel*). Zur Etymologie siehe den homographen deutschen Familiennamen ↗*Michel*. ✪ Das Hauptverbreitungsgebiet von *Michaux* liegt in Luxemburg, Wallonien und im nordöstlichen Teil Frankreichs. Sehr häufig in Frankreich, doch selten im Großherzogtum ist der Name in der Schreibvariante *Michaud* zu finden. Eine partiell germanisierte Schreibform *Mischaux* begegnet im Kanton Esch, eine völlig germanisierte Schreibform *Mischo* in Luxemburg südlich der Sauer sowie auf deutscher Seite besonders im Saarland. 📖 GDB: 1714 *Michaux*. 1748 *Micho* = *Michaux* => 1778 *Michaux* = *Michau* => 1801 *Mischau*, 1814 *Michaux*, 1821 *Micho*. 1797 *Mischo*. 1827 *Micho* = *Michaux* => 1856 *Mischo* = *Michaux*, 1861 *Mischaux*, 1865 *Michaux*, 1868 *Mischaux* = *Mischo*. 1833 *Michaud*.

MICHEL [ˈmiɕəl] (2009: 48, 0.29‰; 1880: 0). GLEICHE BASIS *Michaelis*, *Michaely*, *Michelis*, *Michels*, *Michely*, *Mischel*. Patronym zum gleichlautenden, in den meisten Fällen deutschen Rufnamen. Dieser stammt aus hebr. *mīkā'ēl* 'Wer ist wie Gott?'. Siehe auch ↗*Mich*, ↗*Mischel*. ⓘ *Michel* gehört im gesamten Kartierungsgebiet zu den häufigsten und meistverbreiteten Namen. Die flektierte Form *Michels* zeigt eine große Dichte in Luxemburg, dem Moseldepartement, ist aber auch im gesamten Westen Deutschlands und in Flandern breit gestreut. Die aus dem Französischen germanisierte Variante *Mischel* kommt besonders in Luxemburg und dem Elsass vor, in Deutschland vor allem im Rheinland. Von den latinisierten Nominativformen ist in Luxemburg *Michaelis* selten und *Michelis* noch seltener, während in Deutschland *Michaelis* breit gestreut ist und dagegen *Michelis* wie in Luxemburg kaum vorkommt. Von den latinisierten Genitivformen sind in Luxemburg *Michely* besonders im Zentrum, seltener im Süden und Südwesten, sowie *Michaely* im Süden und Westen verbreitet. Außerhalb des Großherzogtums zeigen beide Formen die größte Dichte im Saarland. ☞ Im LWB erscheinen für den Rufnamen *Michael* folgende Varianten: *Mauch*, *Mechel*, *Méchel*, *Méchelchen*, *Mécheli*, *Meik*, *Meikel*, *Mesch*, *Mich*, *Michel (frz.)*, *Micki*, *Misch*, *Mischéi*, *Mischel*, *Mischi*, *Mitsch*, *Mochel*, *Much*, *Muchel*, *Muschel*. Historische Formen des Ruf- bzw. Familiennamens, die als *Michel*, *Michell*, *Mychel*, *Mychell* belegt sind, lassen sich sowohl dem Deutschen als auch dem Französischen zuordnen. 📖 RB (1388-1500): *Michel*, *Michelchin*, *Michell*, *Mychel*, *Mychell* (durchwegs Rufname). FSV: 1611 *Michel*, *Michels*. GDB: 1655 *Michels*. 1667 *Michaelis*. 1690 *Michaels*. 1732 *Michel*. 1759 *Michaely*. 1771 *Michaelis* => 1820 *Michely*. 1779 *Michaeli*. 1781 *Michaelis* => 1827 *Michelis*.

MICHELIS [miˈɕeːlis] (2009: 6, 0.04‰; 1880: 4, 0.02‰). Latinisierte Form von ↗*Michel*.

MICHELS [ˈmiɕəls] (2009: 188, 1.15‰; 1880: 353, 1.82‰). Flektiertes Patronym zu ↗*Michel*.

MICHELY [miˈɕeːliː] (2009: 12, 0.07‰; 1880: 2, 0.01‰). Flektiertes Patronym (lateinischer Genitiv) zu ↗*Michel*.

MIESELER [ˈmiːzəlɐ] (2009: 1, 0.01‰; 1880: 0). Personalisierte Form von ↗*Musel*, die durch Umlaut (*Müseler) und Entrundung entstanden ist. Vgl. entsprechend lb. *Miseler* 'Bewohner der Moselgegend'.

MILBERT [ˈmilbɛːʀ] (2009: 33, 0.2‰; 1880: 25, 0.13‰). Berufsname zu mhd. *milwære, einer Agensbildung zu mhd. *milwen* 'zu Mehl oder Staub machen', demnach für den Betreiber einer Staubmühle oder allgemein für den Mehlhändler. 📖 GDB: 1715 *Milbert*.

MILLER [ˈmilɐ] (2009: 80, 0.49‰; 1880: 146, 0.75‰). Entrundete Form von ↗*Muller/Müller*.

MILLIM [ˈmilim] (2009: 26, 0.16‰; 1880: 0). Germanisierte Form von tschech. *Milín*, Herkunftsname zum gleichlautenden Toponym für eine Ortschaft in Mittelböhmen, Tschechische Republik. ⓘ Das Vorkommen des Namens beschränkt sich auf Luxemburg. 1880 ist er nur in der Schreibweise *Millin* verzeichnet, die heute nicht mehr existiert. 📖 GDB: 1836 *Millim*. Vz: 1880 *Millin*.

MILTGEN [ˈmiltɕən] (2009: 18, 0.11‰; 1880: 25, 0.13‰). Wohnstättenname zu einem mehrfach in Luxemburg erscheinenden Flurnamen *Miltgen*, *Millchen*. Bei diesem handelt es sich um eine Diminutivbildung zu mhd. *müle* 'Mühle'. 📖 GDB: 1761 *Miltgen*.

MINDEN ['mindən] (2009: 21, 0.13‰; 1880: 37, 0.19‰). Herkunftsname zu *Minden* (lb. *Mënnen*) für eine Ortschaft im Eifelkreis Bitburg-Prüm. ⓢ Der Name kommt besonders bei Trier und im Osten Luxemburgs vor. ⌨ Fsv: 1656 *Münden*. GDB: 1660 *Minden*.

MINY ['mini:] (2009: 35, 0.21‰; 1880: 51, 0.26‰). Entlehnt aus frz. *Minet*, Übername zu frz. *minet* 'Geck'. ⓢ *Miny* sowie die französische Entsprechung *Minet* verteilen sich fast komplementär und bilden den jeweiligen Schwerpunkt in Luxemburg und Wallonien. Insbesondere in Westflandern gilt die Form *Myny*, doch handelt es sich bei dieser um eine Entlehnung aus frz. *Menu*, Übername zu frz. *menu* 'klein'. ☞ Aus den genealogischen Datenbanken geht hervor, dass bei weiblichen Namenträgern mitunter die movierte Form *Minette* gebraucht wurde. Zur Substitution frz. *-et* > -lb. *i/y* vgl. ↗*Pierri*, ↗*Rasqui*. ⌨ GDB: 1734 *Miny*. 1789 *Miny* = *Minet* = *Minné* = *Minnette*.

MIRKES ['miʀkəs] (2009: 24, 0.15‰; 1880: 1, 0.01‰). Möglicherweise flektiertes Patronym zu einem zu erschließenden Rufnamen **Mürken* aus ahd. **Murkīn*. Dieser ist eine Diminutivbildung auf *-īn* zu ahd. **Murki*, das auf das Adjektiv germ. **murkja-* 'finster' zurückzuführen ist und dem ags. *myrk*, an. *myrkr* sowie ablautend as. *mirki* entsprechen. ⓢ Das Verbreitungsgebiet von *Mirkes* sind Luxemburg und die Eifel. Eine Variante *Mürkens* begegnet im Raum Aachen und im Ruhrgebiet. ☞ Reflexe von germ. **murkja-* 'finster' im Namenschatz sind spärlich und finden sich nur in Komposita. Beibringen ließe sich der altdeutsche Rufname *Murkrāt*, vielleicht auch *Murtwin* (falls Verschreibung für *Murcwin*) (vgl. Förstemann 1, Sp. 1138), wobei beide Rufnamen genauso gut mit einem *u*-Stamm germ. **murku-* gebildet sein könnten. Zu nennen ist ferner ein heute abgegangenes Toponym *Murkensceit* für eine Flur bei Prüm, wo ein Personenname ahd. **Murko* vorzuliegen scheint (vgl. ders.). Sichere Reflexe in Simplizia aus dem Appellativschatz sind dagegen rhein. *Murkes* 'mürrischer, finsterer, verschlossener Mensch', lb. *muerk*, *muerkeg* 'mürrisch'. Für Luxemburg ist der Familienname bzw. damals noch Beiname bereits im 15. Jh. belegt. In den späteren Jahrhunderten taucht der Familienname erst wieder im Bitburger Land auf und erscheint im Gebiet des heutigen Luxemburgs nicht vor 1880. ⌨ RB (1388-1500): *Heinrich Morckin* = *Heinrich Mürcken* = *Henrich Morckin* = *Heyne Murkin* = *Heynne Murkin* = *Heynrich Moirkin*. *Johann Muercken* = *Johann Murcken* = *Johann Mürcken* = *Johann Murckin*. *Muerkins Soene* = *Muerkins Son* = *Murckessoene* = *Murkins Soene* = *Murkins Son* u.a. Fsv: 1482 *Murckins Hantzen* = *Hancze Mürkin*. GDB: 1723 *Mürkiss* => 1753 *Mirckes*. 1827 *Mirkes*.

MISCHAUX ['miʃoː] (2009: 1, 0.01‰; 1880: 6, 0.03‰). Variante von ↗*Michaux* in germanisierender Schreibweise.

MISCHEL ['miʃəl] (2009: 13, 0.08‰; 1880: 31, 0.16‰). Germanisierte Form von frz. *Michel* (woraus frz.-regionalsprachlich ↗*Michaux*). Zur Etymologie siehe den homographen deutschen Familiennamen ↗*Michel*. ☞ Historische Formen des Ruf- bzw. Familiennamens, die als *Michel*, *Michell*, *Mychel*, *Mychell* belegt sind, lassen sich sowohl dem Deutschen als auch dem Französischen zuordnen. ⌨ RB (1388-1500): *Michel*, *Michell*, *Michiel*, *Mychel*, *Mychell* (durchwegs Rufname). Fsv: 1611

Michel. 1656 *Michiel.* GDB: 1732 *Michel.* 1797 *Mischel.*

MISCHO ['miʃoː] (2009: 37, 0.23‰; 1880: 19, 0.1‰). Variante von ↗*Michaux* in germanisierter Schreibweise.

MITSCH [mitʃ] (2009: 10, 0.06‰; 1880: 37, 0.19‰). 1. Patronym zum gleichlautenden Rufnamen. Dieser ist Variante von regionalsprachlich *Misch*, einer Kurzform von frz. ↗*Michel.* 2. Umlauthaltige Variante von ↗*Mutsch.* ☞ In den historischen Belegen (siehe unten) zeigt sich mitunter ein Wechsel zwischen Formen mit *i* und *u*; weitere entsprechende Beispiele, siehe unter ↗*Mutsch.* 📖 GDB: 1703 *Mitsch.* 1727 *Mutschen* => 1747 *Mitschen.*

MOCKEL ['mokəl] (2009: 20, 0.12‰; 1880: 26, 0.13‰). Übername zu rhein. und pfälz. *Mockel* 'feiste, rundliche Person'. Hierbei handelt es sich um eine Bildung mit *l*-Suffix zu mhd. *mocke* m. 'Klumpen, Brocken'. Vgl. auch das Adjektiv lb. *mockeleg, mockleg* 'u.a. rundlich, fett, sich weich anfühlend; mollig'. 📖 GDB: 1706 *Mockels.* 1767 *Mockel.*

MODERT ['moːdɐt] (2009: 43, 0.26‰; 1880: 34, 0.18‰). Patronym zum gleichlautenden Rufnamen. Für diesen lässt sich ahd. (md.) *Muodhard* oder wfrk. *Mōdhard* erschließen, mit germ. *mōda- 'Mut, Gemüt, Sinn' (vgl. ahd. *muot*, as. *mōd*) und germ. *hardu 'hart, stark, tapfer; kühn' (vgl. ahd. *hart*, as. *hard*). Die französische Entsprechung des Familiennamens lautet *Modard.* 🜚 *Modert* kommt in Luxemburg besonders im Kanton Remich vor und streut vereinzelt in die deutsche Nachbarregion hinein. Die französische Form *Modard* ist in der Provinz Luxemburg anzutreffen. ☞ Im Althochdeutschen als Rufnamen de facto belegt sind *Moathart, Muathart* sowie latinisierend *Modardus* (Förstemann 1, Sp. 1129). Für das Luxemburgische notiert das LWB die Rufnamen *Muedert* (mit auffälligem *ue* wohl auf Grund einer "Rückentlehnung" aus frz. *Modard*) und *Moudert*, doch werden diese volksetymologisch zum Rufnamen *Medardus* (frz. *Médard*) gestellt. Dieser ist entlehnt aus wfrk. *Mēđhard* < *Mēđihard*. Hierbei ist für das Vorderglied germ. *mēþi 'Maß, Ermessen' (vgl. ags. *mæđ* f.) zu erschließen (anders: Kaufmann 1968, S. 253 u. 257; Debrabandere, S. 953). Die Entsprechung von wfrk. *Mēđhard* musste im md. Althochdeutschen *Mādhard* lauten (vgl. auch Kaufmann 1968). Diese setzt sich direkt fort in der im RhWB verzeichneten Form *Mōdərt*, die somit, anders als lb. *Muedert, Moudert*, keinen Einfluss von ahd. (md.) *Muodhard* zeigt. Eine ähnliche Verwechslung zwischen *Medardus* und *Modart* wie in Luxemburg stellt Debrabandere (S. 983) für die flämische Stadt Wervik fest: Dort werden für Sankt Medardus, den Namenspatron der Stadt, *Medard* und *Modard* synonymisch verwendet. 📖 GDB: 1768 *Modert.*

MOELLER (2009: 12, 0.07‰; 1880: 0). ↗*Muller/Müller.*

MOELLERS ['møls] (2009: 1, 0.01‰; 1880: 0). Flektiertes Patronym zu ↗*Moeller.*

MOES [møːs] (2009: 149, 0.91‰; 1880: 30, 0.15‰). Je nachdem, ob die Aussprache [møːs] oder [moæs] vorliegt, gilt: 1. Patronym zum gleichlautenden Rufnamen. Dieser ist regionalsprachliche Kurzform von *Bartholomäus*; zu dessen Etymologie, siehe ↗*Bertemes.* 2. Schreibvariante von wa. *Moës*, regionalsprachliche Form von frz. *Moïse*, Patronym zum gleichlautenden Rufnamen. Dieser stammt aus lat.

Moyses und wurde, durch Vermittlung von griech. *Mō(y)sēs*, aus hebr. *Mōšæ* entlehnt. Die Ausgangsform ist ägypt. *-mosis* 'geboren aus; Sohn des', das ansonsten nur in Komposita wie *Thut-mosis* und *Ramses* < **Ra-mosis* verbaut ist. ⓘ *Moes* zeigt die größte Dichte in Luxemburg, der Norden ausgenommen, sowie zwischen Lüttich und der Grenze zu den Niederlanden. *Mös*, für das Etymologie 2 auszuschließen ist, findet sich dagegen nur sehr vereinzelt in Deutschland. ☞ 1880 bestand noch der Unterschied zwischen *Mœs* (183 Namenträger), das zu Etymologie 1 gehört, und *Moës* (30 Namenträger), das zu Etymologie 2 gehört. Heute können die beiden Namen nur noch über die Aussprache auseinandergehalten werden. 📖 GDB: 1712 *Moes*. 1748 *Möes* => 1778 *Moës*. 1751 *Moeïs*. 1760 *Moïs*. 1800 *Mois* => 1840 *Moise*. 1804 *Moësse*. 1810 *Moïse*. 1824 *Moïss* = *Moës*.

MOHNEN ['moːnən] (2009: 16, 0.1‰; 1880: 31, 0.16‰). VARIANTE(N) *Monen*. 1. Flektiertes Patronym zum *Mohn*, Berufsübername zu mhd. *mân, môn* 'Mohn' für den Mohngärtner oder -händler. 2. Wohnstättenname (Dat. Sg.) zu mhd. *mân(e), môn(e)* 'Mond' nach einem Mond als Hauszeichen (vgl. Brechenmacher 2, S. 277). 📖 FSV: 1656 *Monen*. GDB: 1690 *Monen* => 1725 *Mohnen*. 1708 *Mohnen*. 1742 *Monens*. 1811 *Mohnen* => 1837 *Monen*.

MOHR [moːʀ] (2009: 33, 0.2‰; 1880: 52, 0.27‰). Übername zu mhd. *môr(e)* 'Mohr' für einen dunkelhäutigen Menschen. ⓘ Zum Verbreitungsgebiet des Namens gehören die südliche Hälfte Luxemburgs, Ostlothringen, das Unterelsass sowie weite Teile Deutschlands, doch sind da Konkurrenzetymologien (z.B. Wohnstättenname zu mnd. *môr* 'Moor') möglich. 📖 RB (1388-1500): *Clais Moer der alde = Clais Moir der alde = Clais Mour der alde = Claismoeren = Claismoren = Clas Moren der alde = der alte Claismoer = der alte Clas More. Clais Moeren Soene = Clais Moir der jonge = Clais Moren Son = Clais Moren Sone = Clais Morren Sonne Clais = Clais Mouren Sone Clais = Claismoren Son Clais = Claiß Moren Son = Cles More den jongen = dem jongen Moren = der jonge Clais Moer*. FSV: 1611 *Mohr*. GDB: 1786 *Mohr*.

MOLITOR ['molito:ʀ] (2009: 291, 1.78‰; 1880: 585, 3.02‰). VARIANTE(N) *Mollitor*. Latinisierte Form von *Müller*, ↗*Muller*. ⓘ Der Name konzentriert sich besonders im Großraum Luxemburg, zeigt jedoch auch eine große Dichte in diversen Regionen Deutschlands, u. a. entlang der Mosel und des Rheins und im Rhein-Main-Gebiet. Im östlichen Wallonien ist *Molitor* breit gestreut. Sehr selten und tendenziell in der östlichen Hälfte Deutschlands ist *Mollitor* verbreitet. 📖 GDB: 1673 *Molitor*. VZ: 1880 *Molitor, Molittor, Mollitor*.

MOLLING ['molɪŋ] (2009: 28, 0.17‰; 1880: 42, 0.22‰). Germanisierte Form von ↗*Moulin*.

MOLLITOR (2009: 4, 0.02‰; 1880: 13, 0.07‰). ↗*Molitor*.

MOND [mont] (2009: 16, 0.1‰; 1880: 2, 0.01‰). Übername zu a) mhd. *munt* m. f. 'Schutz, Bevormundung' für einen Vormund; b) mhd. *munt* 'Mund' für einen Menschen mit auffälligem Mund. 📖 GDB: 1761 *Munde* => 1791 *Mund* => 1818 *Mund*, 1828 *Mond* = *Mont*.

MONEN (2009: 4, 0.02‰; 1880: 4, 0.02‰). ↗*Mohnen*.

MOOS [moːs] (2009: 30, 0.18‰; 1880: 60, 0.31‰). Wohnstättenname zu mhd. *mos* 'Moos, Sumpf, Moor'. ⓘ In Luxemburg zeigt der Name keine auffällige Verteilung. In Deutschland zeigt er die größte Dichte im Norden Baden-Württembergs, in Hessen und im Bitburger Land. 📖 GDB: 1740 *Moos*.

Mootz [moːts] (2009: 35, 0.21‰; 1880: 108, 0.56‰). Patronym zum gleichlautenden Rufnamen. Dieser ist kontrahiert aus *Mothes*, einer Kurzform von *Timotheus*. Zu Grunde liegt eine Entlehnung aus griech. *Timótheos*, das mit griech. *timáō* 'schätzen, ehren' und *theós* 'Gott' gebildet ist. ⚜ Das Vorkommen von *Mootz* konzentriert sich auf Luxemburg südlich der Sauer, das Saarland, die Pfalz, Hessen sowie auf den Niederrhein. 📖 Fsv: 1656 *Mootz*. GDB: 1745 *Mootz*.

Morbach [ˈmoːəbɑχ] (2009: 20, 0.12‰; 1880: 18, 0.09‰). Herkunftsname zu *Morbach* für eine Gemeinde im Landkreis Bernkastel-Wittlich. 📖 GDB: 1871 *Morbach*.

Mores (2009: 69, 0.42‰; 1880: 22, 0.11‰). ↗*Moris*.

Morheng [ˈmoɐhæŋ] (2009: 9, 0.06‰; 1880: 27, 0.14‰). Herkunftsname zu *Mörchingen* (frz. *Morhange*), Moseldepartement. ⚜ Nur vereinzelt in Luxemburg. 📖 GDB: 1847 *Morheng*.

Moris [ˈmoːʀɪs] (2009: 75, 0.46‰; 1880: 134, 0.69‰). Variante(n) *Mores*. Germanisierte Form von frz. *Maurice*, Patronym zum gleichlautenden Rufnamen. Dieser stammt aus lat. *Maurītius*, einer Weiterbildung von lat. *Maurus* 'aus Mauretanien Stammender, Mohr'. Im Luxemburgischen erscheint der Rufname als *Moritz, Maurice, Morri, Murri, Miz*. Vgl. auch ↗*Moritz*. 📖 Fsv: 1611 *Maurice, Mauritius*. GDB: 1701 *Moris*. 1724 *Mores*.

Moritz [ˈmoːʀits] (2009: 15, 0.09‰; 1880: 22, 0.11‰). Patronym zum gleichlautenden Rufnamen. Dieser ist entlehnt aus lat. *Maurītius*. Zur weiteren Etymologie, siehe ↗*Moris*. 📖 GDB: 1745 *Moris* => 1780 *Moritz*. 1797 *Moritz = Mores*.

Morn [mɔʀn] (2009: 23, 0.14‰; 1880: 6, 0.03‰). 1. Übername zu mhd. *morn*, kontrahiert aus *morgen* 'Morgen, Vormittag'. 2. Wohnstättenname zur gleichen Basis in der übertragenen Bedeutung für das Ackermaß ('Stück Land, das an einem Morgen gepflügt werden kann'). 3. Eher unwahrscheinlich: Übername zu ahd. *morna* 'Traurigkeit, Betrübnis, Kummer, Sorge'. ☞ Mhd. *morn* als Adverb ist in den oberdeutschen Mundarten heute noch lebendig (vgl. DWB), gilt jedoch auch im Rheinischen. Als Substantiv lebt das Wort in lb. *Mueren* (< *morn*) neben *Muergen* fort. Doch scheint der Familienname in Luxemburg aufgrund der späten Überlieferung einen Import darzustellen. 📖 GDB: 1857 *Morn*.

Morten [ˈmɔʀtən] (2009: 2, 0.01‰; 1880: 0). Flektiertes Patronym zu ↗*Morth*.

Morth [mɔʀt] (2009: 32, 0.2‰; 1880: 12, 0.06‰). Gleiche Basis *Morten*. Berufsübername zu mhd. *more*, woraus mit Apokope von *-e* und sekundärem *-t* mslfrk. *Mort* > lb. *Muert* 'Möhre', für den Bauern oder Gemüsehändler. ⚜ *Morth* kommt fast nur in Luxemburg vor. Ebenso fast auf Luxemburg beschränkt und extrem selten ist die flektierte Bildung *Morten*. 📖 Fsv: 1656 *Morten*. GDB: 1749 *Morth*.

Mosar [ˈmozaːʀ] (2009: 24, 0.15‰; 1880: 10, 0.05‰). Wallonischer Wohnstättenname zu einem gleichlautenden Flurnamen. Dieser ist 1350 als *derire le mosar* in der heutigen Provinz Lüttich belegt (vgl. Germain-Herbillon, S. 744). Der Flurname stammt wahrscheinlich aus wfrk. *mos(a)hard* und beinhaltet germ. *musa-* 'Moos, Moor' und germ. *harda-*, dem ahd. *hart* m. 'Hain, Wald' entspricht. 📖 GDB: 1771 *Mosar*.

MOSEL ['moːzəl] (2009: 1, 0.01‰; 1880: 4, 0.02‰). GLEICHE BASIS *Mieseler, Moseler, Musel*. Herkunfts- oder Wohnstättenname zum gleichlautenden Gewässernamen (lb. *Musel, Muusel*). 🔊 *Mosel* begegnet in Luxemburg nur selten, dagegen in Deutschland vielfach verstreut, doch kaum entlang der Mosel. Diese Verteilung lässt außerhalb Luxemburgs auf Konkurrenzetymologien schließen. Selten im Großherzogtum wie in Deutschland ist auch die regionalsprachliche Form *Musel*, während *Mousel* typisch für Luxemburg und das Moseldepartement ist. Die personalisierte Form *Moseler* kommt in Luxemburg sehr begrenzt und nur im Minette vor. In Deutschland ist *Moseler* recht häufig, besonders entlang der Mosel sowie am Mittel- und Niederrhein. Niederfrequent und fast nur auf das Luxemburger Territorium beschränkt ist *Mieseler*. 📖 Fsv: 1611 *Mosel, Moseler, Mosels*. 1656 *Mouselers*. GDB: 1705 *Mousel*. 1788 *Musel*. 1794 *Mosel* => 1832 *Mousel*.

MOSELER ['moːzələ] (2009: 1, 0.01‰; 1880: 3, 0.02‰). Personalisierte Form von ↗*Mosel*.

MOSSONG ['mosɔŋ] (2009: 38, 0.23‰; 1880: 52, 0.27‰). VARIANTE(N) *Mossung*. Wohl germanisierte Form von frz. *Mousson*, Herkunftsname zum gleichlautenden Toponym für ein Dorf in der gleichnamigen Gemeinde, Département Meurthe-et-Moselle. 🔊 Der Name kommt nur in Luxemburg vor und zeigt die größte Konzentration im Kanton Vianden. ☞ Die ersten Namenträger stammen aus Vianden. Eine direkte Verbindung zum Toponym *Mousson*, das zudem als Familienname im Umkreis des bezeichneten Ortes nicht vorkommt, ist nicht gesichert. 📖 GDB: 1670 *Mossong*. 1770 *Mossong* => 1798 *Mosson*. 1860 *Mossong* => 1900 *Mossung*.

MOSSUNG (2009: 2, 0.01‰; 1880: 3, 0.02‰). ↗*Mossong*.

MOULIN ['mulẽː] (2009: 19, 0.12‰; 1880: 31, 0.16‰). VARIANTE(N) *Molling*. Französischer Wohnstättenname zu frz. *moulin* 'Mühle'. 🔊 *Moulin* konzentriert sich in Luxemburg vor allem im Zentrum und ist in ganz Wallonien (besonders im Westen) und Frankreich (besonders im Südosten) verbreitet. Der Name findet sich auch vereinzelt in Deutschland, u.a. mit einem kleineren Nest im Saarbrücker Raum. Die germanisierte Form *Molling* ist in Luxemburg ähnlich frequent wie *Moulin*, begegnet dort mehrheitlich im Süden und findet Anschluss im Moseldepartement. *Molling* streut in Deutschland, im Rhein- und Ruhrgebiet, bei Bielefeld und in der Pfalz. In der Eifel begegnet ein kleines Nest *Mulling*. 📖 GDB: 1756 *Moulin*. 1761 *Molling*.

MOUSEL ['muzəl] (2009: 151, 0.93‰; 1880: 232, 1.2‰). Variante von ↗*Musel* in französisierender Schreibung.

MRECHES ['mʀæçəs] (2009: 17, 0.1‰; 1880: 61, 0.31‰). Flektiertes Metronym zu einem regionalsprachlichen Rufnamen, dem lb. *Mrächen* entspricht. Hierbei handelt es sich um eine Diminutivbildung von *Mräch*, einer der zahlreichen luxemburgischen Spielformen von *Maria*. Zur weiteren Etymologie, siehe ↗*Mergen*. 🔊 Der Name kommt fast nur im Südosten Luxemburgs vor. 📖 RB (1388-1500): *Jouffre Marie van Kolpache* (Rufname). Fsv: 1561 *Mareichen, Mareigen, Marey, Maria, Marichen, Hussfraw Marie, Mari-*

gen, Mary, Mereichen (Rufnamen). 1656 Mareyen. GDB: 1740 Mreches.

MUEHLEN (2009: 1, 0.01‰; 1880: 0). ↗Muhlen.

MUELLER (2009: 29, 0.18‰; 1880: 0). ↗Muller/Müller.

MUELLESCH (2009: 3, 0.02‰; 1880: 0). ↗Mullesch.

MUHLEN / MÜHLEN ['myːlən] (2009: 17, 0.1‰; 1880: 0). VARIANTE(N) Muehlen. 1. Wohnstättenname zu mhd. müle 'Mühle'. 2. Herkunftsname zu dem im deutschen Sprachraum mehrfach auftretenden Toponym Mühlen. ☞ 1880 ist der Name nicht verzeichnet, auch in sonst keiner Schreibvariante. 📖 RB (1388-1500): Vor der Muellen = vor der Mullen = vor der Müllen = vur der Mullen. FSV: 1541 Mullenn Pether. 1611 Müllen, 1656 Mülen. GDB: 1796 Mühlen.

MULLER / MÜLLER ['mylɐ] (2009: 1097, 6.72‰; 1880: 1766, 9.12‰). VARIANTE(N) Miller, Moeller, Mueller. GLEICHE BASIS Moellers, Mullesch. Berufsname zu mhd. mülnære, mülner, müller 'Müller', entsprechend das Appellativ lb. Mëller. ⓢ Der Name findet sich flächendeckend im gesamten germanophonen Kartierungsgebiet sowie, migrationsbedingt, weit verstreut im frankophonen Raum. In Deutschland ist neben Müller die Variante Möller am häufigsten, während diese in Luxemburg nicht vorkommt. Sehr häufig im gesamten, besonders germanophonen Kartierungsgebiet sind auch Miller, gefolgt von Mueller und Moeller. Die Genitivformen Mullesch und Muellesch erscheinen dagegen ausschließlich im Großherzogtum und zudem extrem selten. Zur Varianz des Tonvokals in Namen mit Müller in Deutschland, siehe DFA 1, S. 254-273. ☞ In Luxemburg wird der Name sowohl mit Umlaut ü als auch mit einfachem u geschrieben. Die Schreibung Müller wurde seit 1945 stark zurückgedrängt. 1880 erscheint der Name nie mit u, während als Genetivform die umlautlose Form Mullesch verzeichnet ist. Graphien mit ue und oe sind in den historischen Quellen äußerst selten anzutreffen. Häufiger finden sich solche mit i, mitunter auch solche mit e. 📖 RB (1388-1500): Clais Mulner van Steynsell. Hans der Mulre. Hans des Mulners Sone van Eyssenbruch. Kneuffgin der Mullener = Kneuffgin Mulnar = Knouffgin der Muller. Peter Mullener = Peter Müller u.v.m. FSV: 1561 Mulner. 1561 Müller. 1611 Mülner, Mülners, Müllers. GDB: 1610 Müller. 1625 Müllers. 1662 Moellers. 1680 Mullers. 1705 Mullisch. 1713 Miller. 1742 Mueller => 1762 Mühler. 1746 Müller => 1780 Mellesch. 1751 Mullesch => 1780 Müllesch. 1764 Meller. 1775 Millers. 1781 Mullesch => 1817 Millesch. 1785 Müller => 1822 Müllesch. 1786 Millesch = Müller. 1821 Muller. Vz: 1880 Miller, Millesch, Müller, Mullesch.

MULLESCH ['myləʃ] (2009: 5, 0.03‰; 1880: 12, 0.06‰). VARIANTE(N) Muellesch. Flektiertes Patronym zu ↗Muller/Müller, mit regionalsprachlicher Entwicklung -ers > -esch.

MUNHOVEN ['munhoːvən] (2009: 28, 0.17‰; 1880: 14, 0.07‰). VARIANTE(N) Munhowen. Herkunftsname zu Monhofen (lothr. Monuewen, frz. Manom) für eine Gemeinde im Moseldepartement. ⓢ Munhoven und Munhowen kommen ausschließlich in Luxemburg vor, Letzteres besonders im Süden. Munhofen erscheint nur sehr vereinzelt im angrenzenden Saarland. 📖 GDB: 1699 Munhoven. 1717 Monhoven. 1761 Monhoven = Munhoven. 1856 Munhoven = Munhofen. Vz: 1880

Munhofen, Munhoven, Munhowen.
MUNHOWEN (2009: 19, 0.12‰; 1880: 12, 0.06‰). ↗*Munhoven*.

MUNO [ˈmuːno //ˈmynoː] (2009: 27, 0.17‰; 1880: 2, 0.01‰). Herkunftsname zu *Muno* für eine Ortschaft der Gemeinde Florenville, Provinz Luxemburg. ⓢ In Luxemburg fast nur in der südlichen Hälfte. Sehr selten in Wallonien. In Deutschland insbesondere im Saarland und entlang des Rheins, doch dürften da Konkurrenzetymologien ins Spiel kommen. 📖 GDB: 1843 *Muno*.

MUSEL [ˈmuzəl] (2009: 12, 0.07‰; 1880: 57, 0.29‰). VARIANTE(N) *Mousel*. Regionalsprachliche Form von ↗*Mosel*.

MUTSCH [mutʃ] (2009: 20, 0.12‰; 1880: 11, 0.06‰). Berufsübername zu mhd. *mutsche* f. 'Brot von geringer Größe und Beschaffenheit; mürbes Gebäck in dreieckiger oder Halbmondform', demnach für den Bäcker. Vgl. die entsprechenden zeitgenössischen, meist umlauthaltigen regionalsprachlichen Reflexe pfälz. *Mutsch, Mütsche, Mitsch* 'kleines Gebäck aus Teigresten, kleines Brot', lothr. *Mitsch* 'u.a. kleines Brot, Semmel'; lb. *Mëtsch* 'Semmel, Brötchen'. Vgl. auch ↗*Mitsch*. ☞ In den historischen Belegen ist gelegentlich ein Wechsel zwischen Formen mit *u* und *i* zu beobachten. Auch erscheinen Schreibungen mit *e*. In diesen findet die Senkung mhd. *ü* > lb. *ë* ihren Niederschlag. 📖 GDB: 1673 *Mutschen* => 1720 *Mutschen* = *Mitsch* = *an Mitschen* (Hausname) => 1748 *Mutsch*, 1750 *Metsch* = *an Metschen* (Hausname), 1755 *Mitsch*.

N

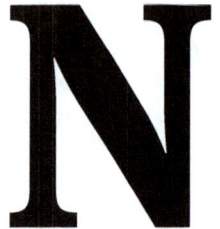

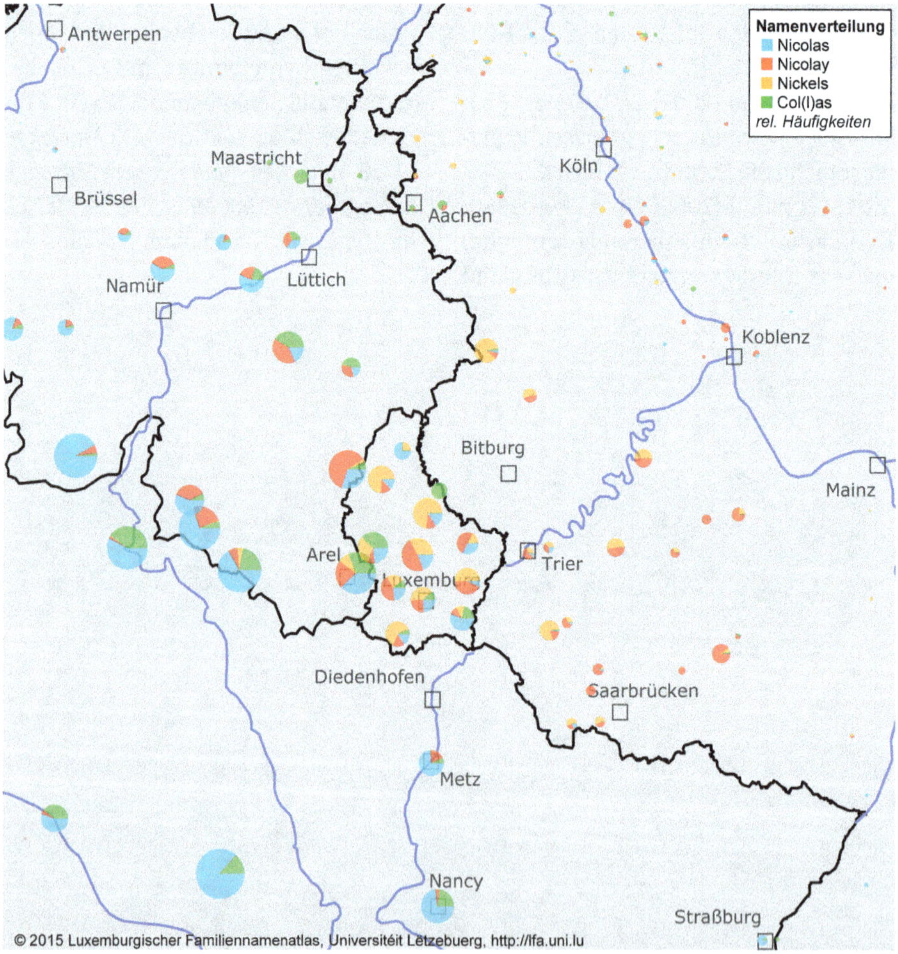
Namenverteilung
Nicolas
Nicolay
Nickels
Col(l)as
rel. Häufigkeiten
Antwerpen
Maastricht
Köln
Brüssel
Aachen
Namür
Lüttich
Koblenz
Bitburg
Mainz
Arel
Luxemburg
Trier
Diedenhofen
Saarbrücken
Metz
Nancy
Straßburg
© 2015 Luxemburgischer Familiennamenatlas, Universitéit Lëtzebuerg, http://lfa.uni.lu

NANQUETTE [ˈnãːkæt] (2009: 27, 0.17‰; 1880: 7, 0.04‰). Französisches Metronym zu einem Rufnamen, der heute abgegangen ist und nur regional (im Nordosten Frankreichs) gegolten zu haben scheint. Zu Grunde liegt eine Diminutivbildung auf -ette zu einer Grundform frz. *Nanque. Diese lässt sich am besten mit dem seltenen belgischen Familiennamen *Nancke* vergleichen, der eine flämische Koseform von *Adriana* oder *Anna* darstellt (vgl. Debrabandere, S. 1017f). Der Rufname *Adriana* ist movierte Form von *Adrian*, das aus lat. *Adriānus/Hadriānus* 'aus der Stadt Adria/Hadria Stammender' entlehnt wurde. *Anna* stammt dagegen aus hebr. *hannā* 'Anmut, Liebreiz'. 🌐 Das Verbreitungsgebiet des Namens sind Luxemburg, besonders der Nordwesten, sowie das Département Ardennes. 📖 GDB: 1737 *Nanquette*.

NAU [nau] (2009: 19, 0.12‰; 1880: 66, 0.34‰). 1. Übername zu mhd. *niwwe* (mslfrk. -û-) 'neu' für den Neusiedler. ↗*Ney*. 2. Berufsübername zu mhd. *nâwe*, *nau* 'kleineres Schiff', besonders 'Fährschiff' für den Fährmann. 🌐 Der Name ist außer in Luxemburg besonders im Moseldepartement, Saarland, in Rheinland-Pfalz, Baden-Württemberg, Hessen und Nordrhein-Westfalen verbreitet. ☞ Die umlautlose Form *nau* 'neu' gilt im Luxemburgischen nur in Wormeldingen (LSA, Karte 129), öfter ist sie in Teilen des Rheinischen, Pfälzischen und Lothringischen anzutreffen. 📖 FsV: 1611 *Nau*, *Nauen*, *Nauens*.

NEHRENHAUSEN (2009: 10, 0.06‰; 1880: 4, 0.02‰). ↗*Nierenhausen*.

NEI (2009: 9, 0.06‰; 1880: 33, 0.17‰). ↗*Ney*.

NEIENS (2009: 10, 0.06‰; 1880: 16, 0.08‰). ↗*Neyens*.

NEIER (2009: 1, 0.01‰; 1880: 4, 0.02‰). ↗*Neyer*.

NEIERS (2009: 15, 0.09‰; 1880: 68, 0.35‰). ↗*Neiertz*.

NEIERTZ (2009: 23, 0.14‰; 1880: 21, 0.11‰). ↗*Neier*.

NEIS [naɪs] (2009: 11, 0.07‰; 1880: 31, 0.16‰). VARIANTE(N) *Neiss*, *Neys*. GLEICHE BASIS *Neises*, *Neisius*, *Neissen*, *Neusius*. Übername zu mhd. *niusen* 'versuchen, erproben' (Lexer), nhd. *neusen* '(naschend) versuchen' (DWB). Vgl. auch nhd.-landsch. *neusig* 'naschhaft'. 📖 FsV: 1611 *Neisen*, *Neiss*, *Neussen*. 1656 *Neyses*. GDB: 1736 *Neusius*. 1746 *Neises*. 1766 *Neus* => 1826 *Neis*. 1781 *Neys* => 1816 *Neiss*. 1836 *Neysen*.

NEISES [ˈnaɪzəs] (2009: 16, 0.1‰; 1880: 0). VARIANTE(N) *Neyses*. Flektiertes Patronym (Mischgenitiv) zu ↗*Neis*.

NEISIUS [ˈnaɪzi̯us] (2009: 7, 0.04‰; 1880: 6, 0.03‰). Latinisierte Form von ↗*Neis*.

NEISS (2009: 1, 0.01‰; 1880: 0). ↗*Neis*.

NEISSEN [ˈnaɪsən] (2009: 5, 0.03‰; 1880: 0). Flektiertes Patronym (schwacher Genitiv) zu ↗*Neis*.

NENNIG [ˈnænɪç] (2009: 20, 0.12‰; 1880: 34, 0.18‰). Herkunftsname zu *Nennig* für einen Ortsteil der Gemeinde Perl, Landkreis Merzig-Wadern. 📖 FsV: 1611 *Nennicher*. GDB: 1754 *Nennig*.

NERENHAUSEN (2009: 5, 0.03‰; 1880: 12, 0.06‰). ↗*Nierenhausen*.

NESEN [ˈneːzən] (2009: 14, 0.09‰; 1880: 23, 0.12‰). GLEICHE BASIS *Noesen*. Flektiertes Metronym (schwacher Genitiv) zu *Nes* (lb. *Néis*). Hierbei handelt es sich um eine Kurzform von ↗*Agnes*. Sie auch ↗*Neser*, ↗*Nestgen*. 🌐 *Nesen* ist tendenziell in der nördlichen Hälfte Luxemburgs verbreitet. *Noesen* ist im Großherzogtum, außer im Nordwesten, häufiger zu finden. 📖 Fsv: 1561 *Nessen, Noessen*. GDB: 1604 *Noesen*. 1660 *Noesers* => 1691 *Noesen*. 1682 *Nesen* => 1710 *Neesen*, 1713 *Noesen*. 1890 *Noes*.

NESER [ˈneːzɐ] (2009: 30, 0.18‰; 1880: 27, 0.14‰). GLEICHE BASIS *Noesser*. Deriviertes Metronym zu *Nes* (lb. *Néis*), das aus ↗*Agnes* verkürzt ist: 'aus der Familie von *Nes Stammender'. Siehe auch ↗*Nesen*, ↗*Nestgen*. 🕭 *Neser* begegnet im Norden Luxemburgs sowie lose verstreut in der südlichen Hälfte Deutschlands. 📖 Fsv: 1611 *Noesers*. GDB: 1660 *Noesers* => 1691 *Noesen*. 1668 *Noeser*. 1694 *Noeser* => 1737 *Noesers*. 1735 *Neser*.

NESTGEN [ˈnæstɕən] (2009: 5, 0.03‰; 1880: 6, 0.03‰). GLEICHE BASIS *Noesges*. 1. Metronym zum (einstigen) gleichlautenden Rufnamen. Dieser ist eine Diminutivbildung von *Nes* (lb. *Néis*), das aus ↗*Agnes* verkürzt ist. 2. Deriviertes Metronym (Diminutivbildung) zur nicht-diminuierten Kurzform: 'Nes junior'. Siehe auch ↗*Nesen*, ↗*Neser*. 🕭 *Nestgen* ist ausschließlich im Süden des Großherzogtums verbreitet. Von den Genitivformen finden sich *Noesges* im Südwesten Luxemburgs und bei Diekirch sowie in der Eifel, ferner *Nösges* und *Nesges*, beide überwiegend in der Eifel. ☞ Die Aussprache des Familiennamens ist schreibungsbasiert, da für die deutsche Schriftsprache [neːsçən] zu erwarten wäre. Eine lautgesetzlich konsequente Aussprache würde lb. [neɪsjən] lauten. 📖 Fsv: 1611 *Nestges*. GDB: 1769 *Noesgen*. 1882 *Noesges*. 1898 *Nestgen*.

NEU [nɔɪ] (2009: 136, 0.83‰; 1880: 270, 1.39‰). Variante von ↗*Ney* mit unterbliebener Entrundung.

NEUBERG [ˈnɔɪbæʁɕ] (2009: 39, 0.24‰; 1880: 43, 0.22‰). Herkunfts- oder Wohnstättenname zu einem (einstigen) gleichlautenden Toponym. Dieses ließe sich entweder im Areler Land oder im Westen Luxemburgs verorten. Im letzteren Fall entspricht ihm lb. *Neibierg* für eine Flur in der Gemeinde Hobscheid. 🕭 *Neuberg* kommt in Luxemburg und dem Areler Land mit besonders hoher Konzentration vor. Auch in Deutschland ist der Name weit verstreut, etwa im Rheinland sowie in der Pfalz, doch liegen hier unterschiedlichste geografische Ursprünge zu Grunde. ☞ Der Name *Neipperg* erinnert an Wilhelm Graf von Neipperg (*1684 in Schaigern bei Stuttgart, †1774 in Wien). 1730 wurde er Gouverneur von Luxemburg. Doch da nach Ausweis der genealogischen Datenbanken der erste Namenträger aus Herzig im Areler Land sowie weitere frühe Namenträger aus dem Westen des Großherzogtums stammen, liegt wahrscheinlich ein Toponym aus einer der genannten Gegenden zu Grunde. Möglicherweise besteht auch Konkurrenzetymologie zu einem Toponym *Neuburg*, da die genealogischen Datenbanken in einem Fall den Wechsel von *Neuburger* zu *Neuberg* zeigen. 📖 GDB: 1715 *Neuberg*. 1739 *Neuburger* => 1767 *Neuberg*. 1808 *Neyberg*.

NEUEN [ˈnɔɪən] (2009: 13, 0.08‰; 1880: 30, 0.15‰). Variante von ↗*Neyen* mit unterbliebener Entrundung.

NEUENS [ˈnɔɪəns] (2009: 33, 0.2‰; 1880: 105, 0.54‰). Variante von ↗*Neyens* mit unberbliebener Entrundung.

NEUERTZ [ˈnɔɪets] (2009: 1, 0.01‰; 1880: 18, 0.09‰). Variante von ↗*Neyertz* mit unterbliebener Entrundung.

NEUHENGEN [ˈnɔɪhæŋən] (2009: 19, 0.12‰; 1880: 22, 0.11‰). 1. Wohnstättenname zu einem Hausnamen, der als lb. *an Neihengen [Haus] zu erschließen ist. Der Hausname setzt sich zusammen aus dem Adjektiv neu und lb. ↗Hengen < ↗Heinen, Genitiv des Rufnamens Heng < Heine. Das Adjektiv neu erfüllt hierbei die Funktion zur Spezifizierung des Hausnamens, möglicherweise auch zur Unterscheidung von einem einfachen Hausnamen an Hengen. 2. Flektiertes bzw. deriviertes Patronym zur gleichen Basis, wobei das Adjektiv hier einer generationellen Unterscheidung dient. ☞ Der erste Träger des Namens Neuhengen stammt aus Lintgen und erscheint 1656 als Neuw Heinen. In den Feuerstättenverzeichnissen von 1611 und 1656 finden sich weitere Familiennamen, die mit dem Adjektiv neu und einem Rufnamen gebildet sind: Neuw Dietges, Neuwhans, Neuw Jean, Neuw Jeans, Neuw Johans, Neuw Michels, Neu Peters. Ebenso in den genealogischen Datenbanken: Neujohan, Neumathes, Neupeters. 📖 Fsv: 1656 Neuw Heinen. GDB: 1756 Neuhengen.

NEUMAN (2009: 41, 0.25‰; 1880: 27, 0.14‰). ↗Neumann.

NEUMANN [ˈnoɪman] (2009: 69, 0.42‰; 1880: 115, 0.59‰). VARIANTE(N) Neuman. Übername zu mhd. niuwe 'neu' und man 'Mann' für den Neusiedler. 🜛 Neumann findet sich in Luxemburg tendenziell mehr im Süden als im Norden sowie verstreut in ganz Deutschland, außerdem im Elsass, in Lothringen und vereinzelt in Belgien. Neuman begegnet fast ausschließlich im Großherzogtum und dort mehr im Norden als im Süden. 📖 Fsv: 1611 Newmens. 1656 Neuwmans. GDB: 1625 Neuman. 1750 Neyman. 1759 Neuman => 1801 Neumann. 1769 Neimens. 1792 Neiman. 1817 Neimann.

NEUSIUS [ˈnoɪzi̯us] (2009: 2, 0.01‰; 1880: 1, 0.01‰). Latinisierte Form von Neus < ↗Neis.

NEY [naɪ] (2009: 173, 1.06‰; 1880: 246, 1.27‰). VARIANTE(N) Nei, Neu. GLEICHE BASIS Neyen, Neyens, Neuen, Neuens. Übername zu mhd. niuwe 'neu' für den Neusiedler; entrundete Form von Neu. Siehe auch ↗Neyer, Etymologie 2. 🜛 Zum Hauptverbreitungsgebiet von Ney gehören Luxemburg, das Saarland und Moseldepartement. Nei ist überall sehr selten, am häufigsten jedoch im Großherzogtum. Neu überall sehr häufig mit großflächigen Nestern. Das Hauptverbreitungsgebiet von Neyen liegt in Luxemburg, dem Moseldepartement sowie im Raum Koblenz und im Ruhrgebiet, jenes von Neyens in Luxemburg und Flandern, doch gehört dort der Name zum Rufnamen Arnold (Debrabandere, S. 1038). Neuen zeigt die größte Dichte im Großraum des Ruhrgebiets und weniger in Luxemburg, Neuens dagegen im Großherzogtum, in der Schneifel und in der Deutschsprachigen Gemeinschaft. Neien findet sich fast ausschließlich in Luxemburg. 📖 Fsv: 1611 Neuw, Neuwens, Neuwes. GDB: 1670 Neuen. 1680 Neuens. 1710 Ney. 1717 Neu. 1756 Neyens => 1794 Neiers. 1783 Neuen => 1816 Neyen = Neuen. 1855 Nei.

NEYEN [ˈnaɪən] (2009: 26, 0.16‰; 1880: 61, 0.31‰). VARIANTE(N) Neuen. Flektiertes Patronym zu ↗Ney.

NEYENS [ˈnaɪəns] (2009: 39, 0.24‰; 1880: 43, 0.22‰). VARIANTE(N) Neiens, Neuens. Flektiertes Patronym (Mischgenitiv) zu ↗Ney.

NEYER [ˈnaɪɐ] (2009: 10, 0.06‰; 1880: 1, 0.01‰). VARIANTE(N) Neier. GLEICHE BASIS Neyertz. 1. Berufsname zu mhd. niuwen 'stampfen, zerstoßen, zerdrücken'.

2. Deriviertes Patronym zu ↗Ney: 'aus der Familie des Neusiedlers Stammender'. ⓈNeyer und Neier sind insgesamt selten, kommen jedoch auch in Deutschland vor. Doch sind da Konkurrenzetymologien, z.B. zu mhd. *næjer* 'Näher', möglich. *Neiertz* und *Neiers* finden sich ausschließlich in Luxemburg. 📖 GDB: 1728 *Neuers*. 1745 *Neiers*. 1760 *Neuertz*. 1764 *Neyers*. 1790 *Neier*. 1812 *Neyer*. 1885 *Neiertz*.

NEYERTZ ['naɪets] (2009: 1, 0.01‰; 1880: 2, 0.01‰). VARIANTE(N) *Neiers, Neiertz, Neuertz*. Flektiertes Patronym ↗*Neyer*.

NEYS (2009: 8, 0.05‰; 1880: 22, 0.11‰). ↗*Neis*.

NEYSES (2009: 1, 0.01‰; 1880: 0). ↗*Neises*.

NICK [nik] (2009: 12, 0.07‰; 1880: 17, 0.09‰). GLEICHE BASIS *Nicks*. Patronym zum gleichlautendem Rufnamen. Dieser ist Kurzform von *Nikolaus*, regionalsprachlich ↗*Nickel*. Ⓢ *Nick* ist in Luxemburg selten und kommt im Norden und Nordwesten nicht vor. In Deutschland ist der Name besonders im Westen und Süden breit gestreut. Die Genitivbildung *Nicks* ist in Luxemburg noch seltener und außerhalb des Großherzogtums nur vereinzelt in Belgien anzutreffen. ☞ Die Genitivform *Nicks* berührt sich in den genealogischen Datenbanken mit Namen, die zu ↗*Nickts* gehören. 📖 GDB: 1733 *Nicks*. 1761 *Nichts = Nichst => 1796 Nicks = Nichst => 1821 Nicks*, 1822 *Nickts = Nichts*. 1780 *Nick*.

NICKEL ['nikəl] (2009: 3, 0.02‰; 1880: 0). GLEICHE BASIS *Nickels*. Patronym zum gleichlautenden Rufnamen. Dieser ist regionalsprachliche Form von *Nikolaus*, einer Entlehnung aus griech. *Nikólaos*, das zu griech. *nīkē̂* f. 'Sieg' und *lāós* m. 'Volk' gehört. Vgl. auch ↗*Nicolas*, ↗*Nick*, ↗*Clees*. Ⓢ *Nickel* ist in Luxemburg sehr selten, in Deutschland jedoch weit verbreitet. Die flektierte Form *Nickels* ist dagegen im Großherzogtum sehr häufig und findet sich außerdem u.a. im Areler Land sowie auf deutscher Seite im Saarland, entlang der Mosel, und in Südhessen. Wiederum sehr selten gilt eine Variante *Nikels* (Luxemburg, gleichnamige Nachbarprovinz). ☞ Der Rufname *Nikolaus* erscheint im LWB in zahlreichen Ausprägungen: *Klas, Klees, Kleeschen, Klos, Klos, Néck, Néckel, Néckela, Néckelchen, Néckes, Néckla, Neklääschen, Neklos, Nick, Nickel, Nickela, Nickelchen, Nicki, Nickichen, Nickla, Nicks, Nico, Nicolas, Nikleeschen, Niklos, Nuck, Nuckes*. 📖 RB (1388-1500): *Nickel = Niclaiss = Nyclais = Niclaiß. Nickelchin = Nyclaes* (durchwegs Rufname). FSV: 1561 *Nickel* (Rufname), *Nickeltgen* (Rufname), *Nickels*. 1611 *Nickels*. GDB: 1632 *Nickels*. 1641 *Niclas = Nickels*. 1738 *Nickels = Nickel => 1768 Nickel = Niegel = Niggel => 1793 Nickels*, 1795 *Niggl*, 1800 *Nickel*. 1870 *Nickels = Nikels*.

NICKELS ['nikəls] (2009: 111, 0.68‰; 1880: 202, 1.04‰). VARIANTE(N) *Nikels*. Flektiertes Patronym zu ↗*Nickel*.

NICKS [niks] (2009: 14, 0.09‰; 1880: 13, 0.07‰). Flektiertes Patronym zu ↗*Nick*.

NICKTS [nikts] (2009: 18, 0.11‰; 1880: 9, 0.05‰). Ursprünglich wohl Übername zu mhd. *niht* n. 'Nichts'. Möglich ist spätere Beeinflussung durch das Adverb lokalmundartlich (Bitburg, Prüm) *nickt* 'ungern, mit Widerstreben, nur notgedrungen' < mhd. *nœte* (mslfrk. *-d-*) 'notgedrungen, ungerne'; entsprechend außerhalb des Gebiets der rheinischen Velarisierung u.a. gemeinlb. *néit* 'ungern, widerwillig, ohne Lust, mit schwerem Herzen'. Ⓢ Überwiegend in der nördlichen Hälfte Luxemburgs. ☞ Die genealogischen Datenbanken zeigen Berührungen mit Namen, die zu ↗Nick gehören. 📖 GDB: 1761 *Nichts = Nichst* => 1791 *Nichts = Nichst*, 1796 *Nicks = Nichst* (=> 1821 *Nicks*, 1822 *Nickts = Nichts*).

NICLOU ['niklu:] (2009: 21, 0.13‰; 1880: 44, 0.23‰). VARIANTE(N) *Nicloux*. Französisches Patronym zum gleichlautenden Rufnamen. Dieser stammt aus afrz. *Nicolous* < lat. *Nicola-us*, einer Sprechvariante von lat. *Nicoláus*. Zur weiteren Etymologie, siehe ↗*Nicolas*. 🌐 Das Vorkommen von *Niclou* beschränkt sich auf den Süden Luxemburgs, das Areler Land und das Département Meuse. Ebenso vereinzelt ist die Schreibvariante *Nicloux* zu finden: Kanton Esch sowie versprengt in Wallonien. Das Hauptverbreitungsgebiet von *Nicloux* ist Lothringen mit Ausnahme des Département Vosges. ☞ Lat. *au* hat vor *s*, *z*, und *v* afrz. [o:] und im 13. Jh. speziell im Hiatus [u] ergeben: vgl. *clausu* 'eingeschlossen' > *clos* vs. *laudat* 'lobt' > *[lauat]* > *loue*. Dies gilt auch für lat. *a*, wenn es durch Schwund des Folgekonsonanten bereits westromanisch in den Hiatus mit folgendem *u* geraten war: *clavu* 'Nagel' > *[kla-u]* > *clou*; *fagu* 'Buche' > *[fa-u]* > *fou* (vgl. Engelbert, S. 57). Der Nexus *au* im lateinischen Rufnamen *Nicolaus* ist ursprünglich ebenfalls mit Hiatus zu lesen, da *-us* die Endung des Nom. Sg. ist. Im Altfranzösischen musste lat. *Nicola-us* unter Beibehaltung des Hiatus regulär *Nicolous* ergeben. Allerdings ist diese Form schriftlich nicht überliefert (aus diesem Grund vermutet Franke, S. 24 spätere Entlehnung aus dem Germanischen). Die im Altfranzösischen anzutreffenden Hauptformen sind *Nicolas*, *Nicoles* (*Nicole*) und *Nicolai* (*Nicolais*). Diese haben letztendlich die Familiennamen ↗*Nicolas*, ↗*Colle* und ↗*Clees* sowie entsprechende Varianten hervorgebracht. 📖 GDB: 1773 *Nicloux*. 1827 *Niclou*.

NICLOUX (2009: 2, 0.01‰; 1880: 5, 0.03‰). ↗*Niclou*.

NICOLA (2009: 19, 0.12‰; 1880: 24, 0.12‰). ↗*Nicolas*.

NICOLAS ['nikola:] (2009: 52, 0.32‰; 1880: 74, 0.38‰). VARIANTE(N) *Nicola*. Französisches Patronym zum gleichlautenden Rufnamen. Dieser stammt aus afrz. *Nicolas* < lat. *Nicolaus*. Es handelt sich um eine Entlehnung aus griech. *Nikólaos*, das zu griech. *nīkē* f. 'Sieg' und *laós* m. 'Volk' gehört. Eine Reihe von Familiennamen haben denselben Ursprung: u.a. ↗Clees, ↗Clesse, ↗Colas, ↗Colinet, ↗Collard, ↗Collet, ↗Collette, ↗Collignon, ↗Collin, ↗Colson, ↗Nick, ↗Nickel, ↗Niclou, ↗Nicolay. 🌐 *Nicolas* kommt in ganz Luxemburg und dem Areler Land vor. Auch in ganz Wallonien ist der Name sehr frequent. Richtung Flandern geht er in *Nikolas* über. Auf deutscher Seite sind entsprechende Vollformen weder im Hunsrück noch im Bitburger Land oder in der Eifel belegt. Erst ab Koblenz sind diese entlang des Niederrheins bis ins nördliche Ruhrgebiet sehr weit verbreitet, hauptsächlich in der Form *Nikolaus*, daneben aber auch *Nicolas* und *Nicolaus*. Im Saarland schließlich dominiert die Vollform *Nikolaus*. Die Variante *Nicola* zieht sich vom Saarland aus bis in den Süden Luxemburgs, wo das Verbreitungsgebiet auf das Minette begrenzt ist. Sie bildet weitere Nester vornehmlich im Westen Deutschlands, aber auch in der Region Brüssel sowie in Ost- und Nordfrankreich (kleinere Nester auch in der Provence). ☞ *Nicolas* ist bereits in den Rechnungsbüchern verzeichnet. Doch stellt hier der Name eine bereits germanisierte Variante und somit die Vorform des Rufnamens lb. *Niklos* dar. Ebenso dem Deutschen zuzuordnen sind in den Rechnungsbüchern die übrigen Belege wie auch jene in den Feuerstättenverzeichnissen mit Ausnahme von *Niclass, Nicles, Nicless, Nicolas*, die sprachlich zweideutig bleiben. 📖 RB (1388-1500): *Nyclaes = Nycolaes = Nycolai. Niclage = Niclase = Nicolas = Nycolae. Niclay = Niclaye = Nicolae = Nicolaige = Nicolay. Nicolaes.* Fsv: 1561 *Niclass, Niclaus.* 1611 *Niclaus.* 1611 *Niclauss.* 1656 *Niclausen, Nicles, Nicless, Nicolas.* GDB: 1753 *Nicolas* => 1781 *Nicola,* 1791 *Nicolas.*

NICOLAY ['nikolaɪ] (2009: 59, 0.36‰; 1880: 103, 0.53‰). Flektiertes Patronym (lateinischer Genitiv) zu *Nikolaus*. Zur weiteren Etymologie siehe ↗*Nickel*. ⓢ Das Verbreitungsgebiet von *Nicolay* liegt in Luxemburg (der äußerste Norden ausgenommen), ferner insbesondere in Ostlothringen, Westdeutschland sowie in Belgien. ☞ Schreibungen mit *ai, ay* erscheinen bereits in den Rechnungsbüchern. Hierbei handelt es sich jedoch nicht um lateinische Genitivbildungen, sondern um eingedeutschte Formen im Nominativ oder Dativ, wobei *i* und *y* wie *e* als Dehnungszeichen fungieren. Zu den entsprechenden Belegen, siehe ↗*Nicolas*. 📖 GDB: 1649 *Nicolay.* 1825 *Nicolai.* 1830 *Nicolai = Nicolay.*

NIEDERCORN (2009: 24, 0.15‰; 1880: 53, 0.27‰). ↗*Niederkorn*.

NIEDERKORN ['nidɐkɔʀn] (2009: 29, 0.18‰; 1880: 49, 0.25‰). VARIANTE(N) *Niedercorn*. Herkunftsname zu *Niederkorn* (lb. *Nidderkuer,* frz. *Bascharage*) für eine Ortschaft in der Gemeinde Differdingen. ⓢ *Niederkorn* in Luxemburg, dem Arrondissement Bastogne und im Moseldepartement, *Niedercorn* in Luxemburg, dem Areler Land und vereinzelt im Moseldepartement sowie in der deutschen Grenzregion. Kaum Belege im Norden des Großherzogtums. 📖 RB (1388-1500): *Claiß Kairchin van Nyderkair. Wilchen van Niderkaer. Nyderkair.* Fsv: 1611 *de Niderkorn.* 1656 *Niderkoren, Niederkorn.* GDB: 1728 *Niederkorn.* 1735 *Niedercorn.*

NIEDERWEIS ['nidɐvaɪs] (2009: 16, 0.1‰; 1880: 8, 0.04‰). Herkunftsname zu *Niederweis* für eine Gemeinde im Eifelkreis Bitburg-Prüm. ⓢ Der Name konzentriert sich in Luxemburg, besonders in der westlichen Landeshälfte. 📖 GDB: 1827 *Niederweis.*

NIELES (2009: 13, 0.08‰; 1880: 0). ↗*Nilles*.

NIERENHAUSEN ['niːʀənhaʊzən] (2009: 16, 0.1‰; 1880: 9, 0.05‰). VARIANTE(N) *Nehrenhausen, Nerenhausen*. Herkunftsname zu einem gleichlautenden, heute abgegangenen Toponym in Luxemburg. Bei diesem handelt es sich um die ältere Bezeichnung für Nagem (lb. *Nojem*), Ortschaft in der Gemeinde Redingen. ☞ In der Graphie des Familiennamens *Nierenhausen* schlägt sich die luxemburgische Aussprache des Tonvokals als Diphthong [iə] nieder, der in dieser Position lautgesetzlich aus mhd. *ë, e* oder *ö* stammen kann. In der Tat erscheint das Toponym in den historischen Quellen u.a. als *Narenhausen, Norenhausen* (vgl. de la Fontaine, S. 101). Jedoch kann nicht entschieden werden, ob es sich beim Tonvokal um den Sekundärumlaut von *a* oder um den Umlaut von *o* handelt. Auch ist unklar, warum die Ortschaft in *Nagem* umbenannt wurde (laut de la Fontaine war dies nach 1795 der Fall), und woher der "neue" Name etymologisch stammt. 📖 Fsv: 1561 *Norenhaussen* (Toponym). 1589 *Henrich van Nachrinhausen, Michiel van Nachrinhausen, Johan von Nachrenhausen.* 1611 *Norenhausen, Nornhausen* (Toponym). 1656 *Norenhausen, Norenhusen* (Toponym). GDB: 1653 *Nerenhausen.* 1751 *Nerenhausen* => 1782 *Nierenhausen.* 1756 *Nierenhausen.* 1846 *Nehrenhausen.* 1851 *Nerenhausen* => 1872 *Nierenhausen* => 1898 *Nehrenhausen.*

NIES [niːs] (2009: 40, 0.25‰; 1880: 26, 0.13‰). GLEICHE BASIS *Niesen.* Patronym zum gleichlautenden Rufnamen. Dieser ist regionalsprachliche Kurzform von ↗*Dionysius.* ⓢ *Nies* ist in Luxemburg besonders im Südosten zu finden, ferner im Areler Land und Moseldepartement. Auf deutscher Seite zeigt der Name die größte Streuung in Baden-Württemberg, Rheinland-Pfalz und Hessen. Von den flektierten Formen erscheint *Niesen* in Luxemburg größtenteils in der südlichen Hälfte und findet direkten Anschluss nicht nur im Areler Land und Moseldepartement, sondern auch in Deutschland, während *Niessen* überwiegend im Osten des Großherzogtums und besonders häufig im belgisch-niederländisch-deutschen Grenzgebiet zu finden ist. 📖 Fsv: 1611 *Niessen.* 1656 *Niess.* GDB: 1683 *Niesen.* 1745 *Niesen* => 1769 *Niessen.* 1824 *Nies.*

NIESEN [ˈniːzən] (2009: 11, 0.07‰; 1880: 32, 0.17‰). VARIANTE(N) *Niessen.* Flektiertes Patronym zu ↗*Nies.*

NIESSEN (2009: 9, 0.06‰; 1880: 0). ↗*Niesen.*

NIKELS (2009: 2, 0.01‰; 1880: 8, 0.04‰). ↗*Nickels.*

NILLES [ˈniləs] (2009: 220, 1.35‰; 1880: 545, 2.81‰). VARIANTE(N) *Nieles.* Patronym zum gleichlautenden Rufnamen. Dieser ist eine im Rheinischen und Luxemburgischen belegte Kurzform von ↗*Cornelius.* ⓢ *Nilles* konzentriert sich in Luxemburg, dem Moseldepartement sowie in Deutschland besonders entlang der Mosel, im Saarland und entlang des Rheins ab Mainz. Die seltenere Variante *Nieles* findet sich nur im Großherzogtum und dem Areler Land, *Niles* dagegen nur vereinzelt in Deutschland und nicht in Luxemburg. 📖 Fsv: 1611 *Niles, Nilius.* 1656 *Nilis.* GDB: 1686 *Nilles.* 1704 *Nilles* = *Nilis* => 1734 *Cornely* = *Niles.* 1715 *Nieles.* 1730 *Nilles* => 1772 *Nieles* => 1804 *Nilles.* 1812 *Nilles* => 1839 *Nieles* => 1869 *Nilles.* Vz: 1880 *Nilles.*

NIMAX [ˈnimaks] (2009: 33, 0.2‰; 1880: 51, 0.26‰). Flektiertes Patronym zu *Niemack*, Einwanderername. Dieser ist entlehnt aus westslawisch *Němak*, Übername zu sorbisch *němy* 'stumm'. Im Deutschen wurde slawisch *ě* in betonter Position durch *i* substituiert (vgl. Wenzel 1992, Bd. 2, S. 38). ⓢ Der Name kommt ausschließlich in Luxemburg vor. In Deutschland finden sich, wenngleich selten, die Varianten *Niemax*, *Niemacks* bzw. die basisidenten Namen *Niemack*, *Nemak*, *Nemack*. Das Hauptverbreitungsgebiet der beiden Letzteren, die aufgrund des *e* noch keinen deutschen Einfluss zeigen, liegt in der Lausitz. 📖 GDB: 1837 *Nimax.*

NOCKELS [ˈnokəls] (2009: 17, 0.1‰; 1880: 49, 0.25‰). Flektiertes Patronym zu *Nockel.* Hierbei handelt es sich um einen Übernamen zu einem gleichlautenden regionalsprachlichen Appellativ. Es erscheint z.B. als schwzdt. *Noggel* m., *Noggle* f. 'u.a. gutmütiger Mensch' sowie im Kompositum pfälz. *Betnockel* f. 'Frömmlerin, Betschwester'. 📖 GDB: 1797 *Nockels*.

NOEL / NOËL [ˈnoːæl] (2009: 60, 0.37‰; 1880: 77, 0.4‰). Französisches Patronym zum gleichlautenden Rufnamen. Dieser gehört zum Appellativ frz. *Noël* 'Weihnachten' und stammt aus lat. *(diēs) nātālis* '(Tag der) Geburt'. 🕯 In ganz Belgien verbreitet, in ganz Frankreich ebenso mit einer stärkeren Konzentration in der Nordhälfte. In Luxemburg besonders im Südwesten. 📖 FSV: 1611 *Noël*. GDB: 1756 *Noël*.

NOE / NOÉ [ˈnoːeː] (2009: 21, 0.13‰; 1880: 33, 0.17‰). Französisches oder deutsches Patronym zum gleichlautenden Rufnamen. Dieser ist entlehnt aus hebr. *Nōaʾh*, das zum hebräischen Wort für 'Ruhe' gehört. 📖 GDB: 1664 *Noé*.

NOESEN [ˈnøːzən // ˈneɪzən] (2009: 66, 0.4‰; 1880: 72, 0.37‰). Variante von ↗*Nesen*, mit hyperkorrekter Graphie ⟨oe⟩ für lb. *éi*.

NOESGES [ˈnøːsjəs] (2009: 3, 0.02‰; 1880: 0). Variante von ↗*Nestgen*, mit hyperkorrekter Graphie ⟨oe⟩ für lb. *éi*.

NOESSER [ˈnøsɐ] (2009: 1, 0.01‰; 1880: 10, 0.05‰). Variante von ↗*Neser*, mit hyperkorrekter Graphie ⟨oe⟩ für lb. *éi*.

NOSBUSCH [ˈnosbuʃ] (2009: 48, 0.29‰; 1880: 42, 0.22‰). Ursprünglich flektiertes Patronym *Nospesch < Nospers* zu *Nosper*, Übername zu einem regionalsprachlich zu erschließenden Verb *nosperen < *nusperen mit der zu erschließenden Bedeutung 'durch die Nase reden; flüstern'. Das Verb ist nämlich kontaminiert aus mhd. *nustern* 'raunen' = nhd.-landsch. *nustern* 'durch die Nase (Nüster) reden' und nhd.-landsch. *fispern, flispern* 'flüstern'. Ein Hausname *An Nospesch* existierte in Oberraden (Gemeinde Neuerburg, Rheinland-Pfalz). Aufgrund der Homophonie der Genitivform *Nospesch* mit mslfrk. *Noss* 'Nuss' und *Bësch < Büsch* 'Busch, Wald' konnte diese als mslfrk. 'Nossbësch', d.h. 'Nussbusch, Nusswald' reinterpretiert und dementsprechend *Nosbusch* (mit *u* für *ü*) geschrieben sowie mit der Zeit auch gesprochen werden. Vgl. denselben Vorgang in ↗*Kalbusch*. 🕯 *Nosbusch* erscheint fast ausschließlich in Luxemburg und hier besonders im Kanton Diekirch. *Nosbuesch*, das 1880 im Großherzogtum nicht belegt ist, ist nur dünn gestreut im Kanton Diekirch und Raum Bitburg. In Deutschland gilt dagegen überwiegend *Nosbüsch*, besonders im Raum Bitburg und am Niederrhein sowie vereinzelt an der Obermosel. Als seltenere Variante kommt in den drei genannten Gebieten *Nosbisch* vor. Auf deutscher Seite finden sich noch sehr vereinzelt Namenformen, die von der Einblendung von mslfrk. *Nossbësch* unberührt blieben: *Nospers* (zwischen Eifel und Saarland); *Nosbers* (Niederrhein, Eifel), entsprechend die Nominativformen *Nosper, Nosber* (beide am Niederrhein; *Nosber* ebenso sehr vereinzelt auch in Baden-Württemberg). ☞ Nhd.-landsch. *nustern* entspricht z.B. rhein. *nostern* 'in den Bart brummen, unverständliches Zeug murmeln, zu leise sprechen, durcheinander schwatzen'; nhd.-landsch. *fispern, flispern* entspricht u.a. ebenso rhein. *fispern, flispern* 'flüstern'. Ein sicherer Beleg für die Kontamination beider Verben ist die Iterativbildung schwzdt. *nüsperle(n)* 'flüstern'. Das Appellativ mslfrk. *Bësch* stammt dagegen aus *Bisch < Büsch*, und dieses, durch regionalsprachliche (mittelfränkische?) Palatalisierung von *u* > *ü* vor *sch*, aus mhd. *busch* 'Busch, Gesträuch; Gehölz, Wald'. Die Einblendung dieses Wortes in *Nospesch* war erst möglich, nachdem das *ü* von *Büsch* mit dem *e* in den Ausgängen *-esch* < *-ers* homophon geworden war. 📖 GDB: 1680 *Nospers* (Hausname: *An Nospesch*; Oberraden) => 1732 *Nospesch*. 1719 *Nospers* = *Nosbusch* => 1772 *Nosbusch* = *Nospers* => 1804 *Nosbisch* = *Nosbig*. 1772 *Nospesch* => 1798 *Nosbusch* => 1835 *Nospesch*. 1800 *Nosbusch* => 1826 *Nosbesch* = *Nosbusch* => 1862 *Nosbusch*. 1815 *Nosbüsch*. 1830 *Nosbusch*.

NOTHUM [ˈnoːtəm // ˈnoʊtəm] (2009: 48, 0.29‰; 1880: 30, 0.15‰). VARIANTE(N) *Nothumb*. Herkunftsname zu *Nothomb* (lb. *Noutem*, wa. *Notombe*, dt. *Nothumb*) für eine Ortschaft in der Gemeinde Attert im Areler Land. 🜚 *Nothum*, *Nothumb* sind ausschließlich in der südlichen Hälfte Luxemburgs anzutreffen. Im Areler Land gilt *Nothomb*. ☞ Auf Grund der historischen und gegenwärtigen Verbreitung des Familiennamens ist ein Herkunftsname zu *Nothum* (lb. *Noutem*) für eine Ortschaft in der Stauseegemeinde auszuschließen. 📖 RB (1388-1500): *Clais van Othem. Krutzgen van Ottem. Meiger von Nothom = Meiger von Nothem = Meiger van Nottum = Meiger van Nottem = Meiger van Notem. Wyrde von Nothom.* FSV: 1472 *Nyckel van Nothem*. 1561 *Nothembs*. 1611 *Nothumbs*. 1656 *Nothumb*. GDB: 1698 *Nothomb*. 1730 *Nothom*. 1740 *Nothum* = *Nothumb* => 1767 *Nothom* => 1798 *Nothomb*.

NOTHUMB (2009: 4, 0.02‰; 1880: 37, 0.19‰). ↗*Nothum*.

NURENBERG [ˈnyːʀəbæʀɕ // ˈnuːʀənbæʀɕ // ˈnuːʀənbæʀk] (2009: 25, 0.15‰; 1880: 11, 0.06‰). Herkunfts- oder Wohnstättenname zu einem einstigen Toponym *Nüremberg*, heute *Nürburg*, für eine Ortschaft bzw. die dazugehörige gleichnamige Burg in der Eifel. 🜚 *Nurenberg* kommt nur in Luxemburg vor und vereinzelt im Moseldepartement, *Nurnberg* äußerst selten in Belgien. Schreibungen mit *ü* begegnen in Deutschland, insbesondere im Landkreis Ahrweiler. 📖 GDB: 1793 *Nuremberg*. 1895 *Nurenberg*.

NUSSBAUM [ˈnusbaʊm] (2009: 17, 0.1‰; 1880: 11, 0.06‰). 1. Wohnstättenname zu mhd. *nuʒboum* 'Nußbaum', woraus z.B. der Flurname *Nossbam* in der Gemeinde Wormeldingen. 2. Herkunftsname zu *Nußbaum* eine Ortschaft im Landkreis Bad Kreuznach, Rheinland-Pfalz. 📖 GDB: 1734 *Nusbaum* = *Nussbaum*. 1765 *Nosbaum* => 1795 *Nusbaum*. 1771 *Nossbaum* = *Nussbaum* => 1798 *Nusbaum*. 1831 *Nosbaum* = *Nussbaum*.

O P

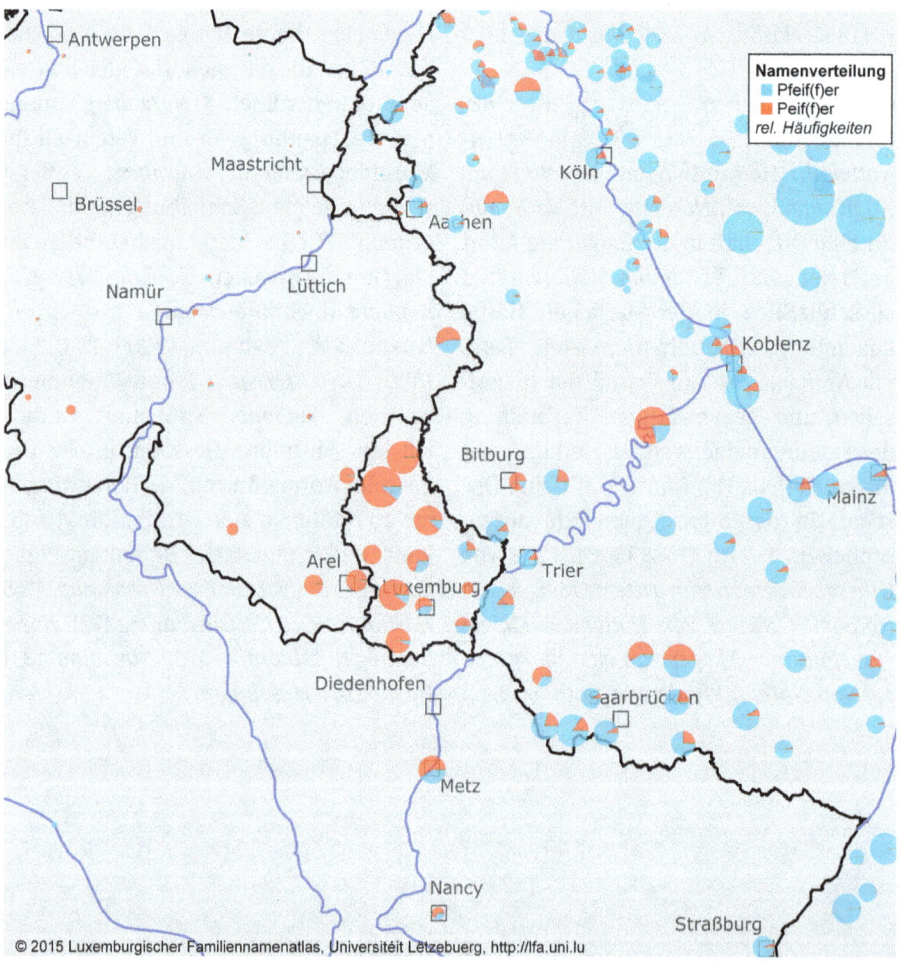

OBERLINKELS [oːbəˈliŋkəls] (2009: 16, 0.1‰; 1880: 27, 0.14‰). Wohnstättenname wohl zu einem einstigen Hausnamen, der am ehesten in der Gemeinde Ulflingen zu verorten ist. Dort befindet sich heute die Residenz "an Oberlinkels". ☞ Der Hausname stammt wahrscheinlich von einem Übernamen *Linkels*, der den gleichlautenden Familiennamen ↗*Linckels* ergeben hat. 📖 GDB: 1740 *Oberlinkels* = *Oberlinckels*.

OBERWEIS [ˈoːbɐvaɪs] (2009: 53, 0.32‰; 1880: 99, 0.51‰). Herkunftsname zu *Oberweis* für eine Gemeinde im Eifelkreis Bitburg-Prüm. ⓢ Der Name kommt fast nur in Luxemburg vor, insbesondere im Osten, nicht jedoch im Norden. Vereinzelt auch bei Trier und in der Eifel sowie im Moseldepartement. 📖 GDB: 1690 *Oberweis*.

OE / OÉ [ˈoːeː] (2009: 19, 0.12‰; 1880: 40, 0.21‰). Herkunftsname zu frz. *Ohey* [ɔɛ], wa. *Ohè*, für eine Gemeinde in der Provinz Namur. ⓢ Der Name begegnet überwiegend in der Südhälfte von Luxemburg und sehr vereinzelt im Moseldepartement. 📖 GDB: 1710 *Oé* = *Oee* = *Ohe* = *Oees* = *Ege* = *Huth*.

OESCH [œʃ] (2009: 18, 0.11‰; 1880: 9, 0.05‰). 1. Wohnstättenname zu mhd. *ezʒisch* m. 'Saat, Saatfeld', woraus nhd.-landsch. *Ösch*, *Esch* n.m. 'Ackerland, Saatfeld'. 2. Wohn- oder Herkunftsname zu *Ösch* für ein im Kanton Bern sowie im Allgäu auftretendes gleichlautendes Toponym, im Kanton Bern auch Hydronym. 3. Herkunftsname zu *Oesch*, heute nur noch frz. *Château-d'Œx*, für eine Gemeinde im Schweizer Kanton Waadt. ⓢ *Oesch* begegnet in Luxemburg (Südhälfte), dem Moseldepartement sowie vereinzelt in Deutschland um Bitburg, Trier, Frankfurt und Stuttgart. *Ösch* kommt vor allem in der Schweiz, aber auch in Deutschland in der Nähe von Stuttgart vor. ☞ Der Primärumlaut und dessen Schreibung mit *Ö* deuten auf einen importierten Namen hin. Bei den ersten Namenträgern in Luxemburg handelt es sich um eine eingewanderte Mennonitenfamilie. 📖 GDB: 1876 *Oesch*.

OESTREICHER [ˈøːstʀaɪɕɐ] (2009: 52, 0.32‰; 1880: 59, 0.3‰). Herkunfts- bzw. Übername zu mhd. *œsterrîcher* 'Österreicher; aus Österreich Stammender'. ⓢ Der Name ist in Luxemburg, dem Areler Land und dem Moseldepartement verbreitet. In Deutschland zeigt er keinen direkten Anschluss. 📖 RB (1388-1500): *Jorge Oisterich*. GDB: 1638 *Oestreicher* = *Ostricher*. 1665 *Oestreicher* => 1695 *Östereich*.

OFFERMANN [ˈɔfəmɑn] (2009: 26, 0.16‰; 1880: 32, 0.17‰). VARIANTE(N) *Oppermann*. 1. Amtsname zu mhd., mnd. *offerman*, Variante von mnd., mhd. (md.) *opperman* 'Kirchendiener, der das Opfer einsammelt, Mesner, Küster'; vgl. die Appellative rhein. *Offermann*, *Oppermann* sowie den Familiennamen ↗*Oppermann*. 2. Übername zu mhd. *offerman, Variante von mhd. *opferman* (ggf. auch mnd. *opperman) 'der an die Kirche ein Opfer zu entrichten hat'. ⓢ *Offermann* bes. in Luxemburg, Provinz Lüttich, Nordrhein-Westfalen, Schleswig-Holstein. Das Hauptverbreitungsgebiet von *Opfermann* liegt südlich von Hannover. *Oppermann* bes. in Niedersachsen und Hessen, aber auch sonst sehr weit und großflächig verbreitet. Gehört wohl nicht immer zu *Opfermann*, da auch im Süden recht häufig. ☞ Als Appellativ innerhalb des Mitteldeutschen gehört rhein. *Offermann* dem kölnischen Kulturgebiet an (vgl. RhWB) und ist bereits als ahd. *offarman* (Splett), doch auch als as. *offerman* (Holthausen) belegt. Das Erstglied des Kompositums ist ahd. *offar* 'Opfer' (dem u.a. auch lb. *Affer* entspricht) bzw. as. *offer*. Das Simplex ist eine Rückbildung zum Verb, das ahd. als *offrōn*, *offarōn*, mnd. als *offeren* 'opfern, darbringen' erscheint und aus lat. *offerre* 'darbringen' entlehnt ist. Neben ahd. *offar*, as. *offer* gilt das bedeutungsgleiche Substantiv ahd. *opfar* (daraus nhd. *Opfer*), as. *opper*. Hierbei handelt es sich um eine Rückbildung zum Verb, das ahd. als *opfarōn*, mnd. als *opperen*, *opprôn* überliefert ist. In diesem Fall stammt das Verb aus wgerm. *opprōn < *oprōn, und dieses ist entlehnt aus lat. *operārī* 'arbeiten; Almosen geben', wobei letztere Semantik von lat. *offerre* 'darbringen' beeinflusst ist (vgl. Kluge, S. 671; Pfeifer, S. 951). 📖 GDB: 1740 *Offermann*.

OLINGER [ˈoːlɪŋə] (2009: 163, 1‰; 1880: 430, 2.22‰). VARIANTE(N) *Ollinger*. Personalisierter Herkunftsname zu *Olingen* (lb. *Ouljen*), Gemeinde Betzdorf. ⑤ *Olinger* kommt fast nur in Luxemburg vor, die Schreibvariante *Ollinger* u.a. vereinzelt im Süden Luxemburgs, in Ostlothringen sowie im Saarland. In Deutschland erscheint eine weitere Namensform *Ohlinger* (besonders um Mannheim und in Oberschwaben), doch liegt hier sehr wahrscheinlich eine andere Etymologie zu Grunde. 📖 RB (1388-1500): *Van Oelingen, van Oildingen, van Oillingen, van Olingen, van Olinger*. FSV: 1611 *Oelingers, Olingers*. GDB: 1683 *Olinger*. 1861 *Ollinger* = *Olinger*. VZ: 1880 *Ohlinger*, *Olinger*.

OLLINGER (2009: 9, 0.06‰; 1880: 0). ↗*Olinger*.

OLSEM [ˈolᵈzəm] (2009: 31, 0.19‰; 1880: 33, 0.17‰). Herkunftsname zu *Olzheim* (lok. *Olzem*) für eine Gemeinde im Eifelkreis Bitburg-Prüm. ⑤ Nur in Luxemburg. 📖 GDB: 1550 *Olsems* => 1583 *Olsem*.

OPPERMANN (2009: 2, 0.01‰; 1880: 1, 0.01‰). 1. Niederdeutsche und mitteldeutsche Variante von *Opfermann*, siehe ↗*Offermann*. 2. Besonders im oberdeutschen Raum: Möglicherweise deriviertes Patronym auf -*mann* zu *Oppert*. Dieser Rufname erscheint bereits im Althochdeutschen und ist assimiliert aus *Ōtberaht, mit ahd. *ōt* 'Besitz, Reichtum' und *bëraht* 'glänzend'.

ORIGER [ˈoʁiʒe // ˈoʁiʒeː] (2009: 78, 0.48‰; 1880: 141, 0.73‰). Personalisierter Herkunftsname zu einem einstigen Toponym dt. **Orich(en)*, **Orig(en)* < *Orwich*, *Orwech*, *Orwegen*, heute nur noch frz. *Oury*, für ein Wohnviertel in der Gemeinde Florange/Flörchingen im Moseldepartement. ⑤ Der Name kommt fast ausschließlich in Luxemburg vor. ☞ Für das entsprechende Toponym treten in den Feuerstättenverzeichnissen folgende Belege zu Tage: 1473 *Orwegen* (Grob-Vannérus, S. 28), 1495 *Orwech* (ders., S. 64), 1531 *Orwich* (ders., S. 459). Als Etymologie käme eine Avricourt-Bildung vlat. *Auricu 'Siedlung des Aurius' in Betracht (vgl. burgund. *Ausi* sowie das Toponym *Ormont* bei Prüm < *Aurimuncio*), woraus wgerm. *Auriwikaz > ahd. *Ōrwich, *Ōrwig (zu bisherigen, doch verfehlten Deutungen vgl. Vannérus 1929, S. 1-47; ders. 1930, S. 54-65; ders. 1933, S. 113-122; Duquesny 1929, S. 145-152; ders. 1931/32, S. 52-60).

Beim *w*-Schwund (*Ōrwich > *Ōrich > lb. *Ourech > *Ouerch) handelt es sich um einen fakultativen Lautwandel, der dem regionalen Deutschen (im Mslfrk. konnte seit frühneuhochdeutscher Zeit ein im Nachton anlautendes *w* unterdrückt werden), nicht dem Französischen zuzuschreiben ist. Dementsprechend ist die ebenfalls *w*-lose Form frz. *Oury* als eine Entlehnung aus dem Moselfränkischen auf der Stufe von frnhd. **Ôrich* zu interpretieren. Im Zuge dieser Entlehnung ergab das lange offene *o* in der lothringisch-französischen Mundart *oū* [uː], so wie z.B. mfrz. *or* 'Gold' > *oūr* (Zéliqzon III, S. 485), mfrz. *Paul* > *Poūl* (Zéliqzon III, S. 529). Ferner wurde der Ausgang *-ch* getilgt, so wie z.B. in *Daspich* (mslfrk. *Daaschpech*) > *Daspi* (Bouteiller, S. 65) und *Marspich* (mslfrk. *Maaschpech*) > *Machpi* (für jeweils eine Ortschaft in den Gemeinden Florange/Flörchingen und Hayange/Hayingen).

Zur bisherigen Deutung des Familiennamens *Origer*, *Oricher*: Arthur Schons' Interpretation der Bezeichnung "origer Bürger" als "urige, allererste Bürger" des Grundhofes Schifflingen-Kayl, und zwar im Gegensatz zu jenen, die erst später Freibürger geworden waren (Schon, S. 293), der sich Hess anschließt Hess (1960, S. 274-275 und 1970, S. 50) anschließt, muss aus linguistischer Sicht abgelehnt werden: Das Adjektiv *urig* ist ursprünglich ein familiärer, überwiegend mundartlicher Ausdruck für 'komisch, originell' (vgl. DWB), scheint also semantisch nicht zu passen. Auch aus phonologischen Gründen scheidet *urig* aus. Dem Präfix *ur-* entspricht im Luxemburgischen erbwörtlich *auer-*: *auerbiddeg* 'urbittig', d.h. 'untertänig', *auerdeeleg* 'urteilig', *Auersaach* 'Ursache' (vgl. LWB), das auf langes *û* verweist. Als *ouer-* erscheint das Präfix nur lokal in *ouerbéideg* (vgl. LWB), wobei hier ebenfalls mhd. **û* anzunehmen ist, so wie z.B. in ost-

lb. *Hous* 'Haus'. Der Familienname *Oricher*, *Origer* hat jedoch, wie bereits gezeigt wurde, ursprünglich langes *o*, das lb. lautgesetzlich *ou* ergab. Die in den Quellen genannten "origer Bürger" sind somit mit hoher Wahrscheinlichkeit vielmehr die aus **Orig(en)* stammenden Bürger. 📖 Fsv: 1656 *Oricher*. GDB: 1718 *Origer*. 1720 *Orger*.

OSTER [ˈoːstɐ] (2009: 17, 0.1‰; 1880: 19, 0.1‰). Wohnstättenname zu mhd. *ôster* 'östlich'. 📖 Fsv: 1611 *Oster*. GDB: 1799 *Oster*.

OSWALD [ˈosvalt] (2009: 55, 0.34‰; 1880: 76, 0.39‰). Patronym zum gleichlautenden Rufnamen. Dieser stammt aus einer angelsächsischen Nebenform von *Answald* und gehört zu germ. **ans* 'Gottheit' und **waldan*, ahd. *waltan* 'walten, herrschen'. 🜚 Der Name zeigt eine lose Streuung in Luxemburg, Deutschland, Lothringen, im Elsass sowie in Teilen Belgiens. 📖 Fsv: 1611 *Osswald, Osswalds, Osswaldt*. 1656 *Osswalts, Oswald*.

OSWEILER [ˈoːsvaɪlɐ] (2009: 22, 0.13‰; 1880: 11, 0.06‰). Herkunftsname zu *Osweiler* (lb. *Uesweller*) für eine Ortschaft in der Gemeinde Rosport. 🜚 Der Name begegnet fast nur in Luxemburg (besonders im Kanton Echternach) und bildet ein kleines Nest in der Eifel. 📖 Fsv: 1656 *Osweiller, Osweyller*. GDB: 1766 *Osweiler*.

OTH [oːt] (2009: 20, 0.12‰; 1880: 11, 0.06‰). Wohnstättenname zu mhd. *ort*. Die ursprüngliche Bedeutung des Wortes ist 'Spitze', bes. 'Pfeilspitze'. Daraus entwickelten sich die Nebenbedeutungen ahd. 'äußerster Punkt, Endstück, Winkel, Ecke' und schließlich die allgemeine Bedeutung mhd. 'Stelle, Platz'. 🜚 *Oth* fast ausschließlich in Luxemburg, seltener im Areler Land. *Othe* konzentriert sich eindeutig im Areler Land. *Orth* bildet in Deutschland einige großflächige Nester, bes. im westlichen Mitteldeutschland. ☞ Im Fall des Namens *Oth* lässt sich die Etymologie durch eine lückenlose Genealogie und entsprechende historische Belege untermauern. Auszugehen ist von Carl Orht, der in Föhren bei Trier lebte. Sein Sohn Bernard Orht, geb. 1719, zog nach Arlon, wo seine Nachfahren als Othe registriert wurden. Ein Urenkel namens Pierre wird 1817 in Hobscheid im Taufbuch noch als Othe registriert, erscheint dann im Heiratsbuch und ebenso 1882 im Sterbebuch aber als Oth. Alle heute in Luxemburg lebenden Namenträger sind (nach brieflicher Mitteilung von Christiane Oth-Diederich) Nachfahren jenes Pierre Oth. Obwohl das Areler Land historisch zum deutschen (moselfränkischen) Sprachraum gehört, zeigt sich in *Othe* wohl französischer Einfluss sowohl in der Auslautschreibung als auch im *r*-Ausfall *Ohrt > Oth*, der weniger dem Moselfränkischen, als vielmehr dem Wallonischen zuzuschreiben ist. So entspricht dem Hydronym frz. *Ourthe* = wa. *Oûte*. 📖 GDB: 1812 *Oth. Othe* (o. J.). Vz: 1880 *Oth*.

OTTELE / OTTELÉ [ˈɔtəleː] (2009: 19, 0.12‰; 1880: 20, 0.1‰). Französisches Patronym zum gleichlautenden Rufnamen. Dieser ist eine hypokoristische Ableitung auf *-elet* von frz. *Otte*, ehemaliger Subjektkasus von *Otton*. Hierbei handelt es sich um eine Entlehnung aus wfrk. oder ahd. *Otto*, das zu ahd. *ōt* n. 'Besitz, Reichtum' (< germ. *auda-*) gehört. 📖 GDB: 1698 *Ottelé*. 1786 *Ottelé* => 1822 *Ottelet*.

OTTO [ˈoto:] (2009: 15, 0.09‰; 1880: 7, 0.04‰). GLEICHE BASIS *Atten*. Patronym zum gleichlautenden Rufnamen. Dieser stammt aus ahd. *Otto* und gehört zu ahd. *ōt*, as. *ōd* n. 'Besitz, Wohlstand'. ✪ Zum Verbreitungsgebiet von *Otto* gehören Luxemburg, die Provinzen Luxemburg und Lüttich, das Moseldepartement und Oberelsass sowie ganz Deutschland. Das Vorkommen der flektierten und regionalsprachlichen Form *Atten* ist auf Luxemburg beschränkt, während *Otten* außerhalb des Großherzogtums anzutreffen ist (besonders entlang der Mosel, am Niederrhein, in den Niederlanden sowie in Nordwestdeutschland). ☞ Der Rufname ahd. *Otto* zeigt gegenüber dem zu Grunde liegenden Appellativ ahd. *ōt*, as. *ōd* n. expressive Verschärfung und Gemination des inlautenden Konsonanten, was außerdem die Kürzung des Tonvokals zur Folge hatte (vgl. Kaufmann 1968, S. 45). 📖 Fsv: 1611 *Otten*. 1656 *Otte*. GDB: 1600 *Atten*. 1660 *Otten* => 1687 *Otten* => 1711 *Atten*. 1676 *Atten* = *Athen*. 1697 *Atten* = *Otten*. 1700 *Otto*. 1725 *Atten* (Familienname) = *Otten* (Hausname). 1763 *Otten* = *Otté*. 1765 *Otten* => 1797 *Otto*.

OURTH [uʀt] (2009: 27, 0.17‰; 1880: 53, 0.27‰). VARIANTE(N) *Urth*. Wohnstättenname zu frz. *Ourthe*, dt. *Urt* für einen Fluss in den belgischen Ardennen. ✪ Das Verbreitungsgebiet von *Ourth* beschränkt sich überwiegend auf Luxemburg südlich der Sauer. Dasselbe gilt für die seltenere deutsche Schreibvariante *Urth*. 📖 GDB: 1715 *Urth*. 1772 *Ourth*. 1803 *Ourt*.

OURY [ˈuːʀi:] (2009: 4, 0.02‰; 1880: 1, 0.01‰). VARIANTE(N) *Ury*. Französisches Patronym zum gleichlautenden Rufnamen. Dieser ist entlehnt aus wfrk. *Ōdalrīk*, *Ōðilrīk* (= ahd. *Uodalrīh*), und beinhaltet germ. *ōþela-* 'Erbgut, Stammgut, Erbbesitz' und germ. *rīkja-* 'mächtig'. ☞ In den genealogischen Datenbanken ist ein Wechsel von ↗*Hary* auf ↗*Ury*, das germanisierend für *Oury* steht, zu beobachten. Bei *Ury* in Frankreich (mit Ausnahme des Moseldepartements) besteht jedoch Konkurrenzetymologie zu einem Herkunftsnamen zu *Ury* für eine Gemeinde im Département Seine-et-Marne, Region Île-de-France, zumal der Familienname genau in diesem Département sehr häufig vorkommt. In diesem Fall ist der Vokal der Erstsilbe mit [y] zu sprechen. 📖 GDB: 1738 *Hary* => 1765 *Ury*.

PALGEN [ˈpalʒən] (2009: 23, 0.14‰; 1880: 34, 0.18‰). ↗*Pallien*.

PALLIEN [ˈpaljen] (2009: 1, 0.01‰; 1880: 19, 0.1‰). VARIANTE(N) *Palgen*. Herkunftsname zu *Pallien* für einen Stadtteil von Trier. 📖 GDB: 1730 *Palgen*. 1730 *Pallien*. 1798 *Pallien* = *Palligen*.

PAQUET [ˈpaːkeː] (2009: 35, 0.21‰; 1880: 67, 0.35‰). Patronym zum gleichlautenden französischen Rufnamen. Dieser ist eine Diminutivbildung zu *Paque*, das zu frz. *Pâques* 'Ostern' gehört und somit eine Benennung nach dem Osterfest darstellt. ✱ *Paquet* ist in Luxemburg südlich der Sauer, besonders jedoch in ganz Wallonien und Frankreich, dort überwiegend im Norden, anzutreffen. In Deutschland streut der Name besonders im Westen. Speziell im frankophonen Raum ist jedoch die Variante *Pasquet* häufiger als *Paquet*. 📖 GDB: 1735 *Paquet*.

PASTORET [ˈpastoːʀeː] (2009: 19, 0.12‰; 1880: 35, 0.18‰). Französischer (frankoprovenzalischer) Berufsname zu mfrz. *pastoret, pastouret* 'kleiner Viehhirte'. ☞ Die ersten Namenträger in Luxemburg stammen aus Italien, wo der Familienname heute im Aostatal noch zu finden ist. 📖 GDB: 1700 *Pastoret* (Italien).

PATER [ˈpaːtɐ] (2009: 17, 0.1‰; 1880: 9, 0.05‰). 1. Latinisierte Form von *Vater*, Übername zu mhd. *vater* 'Vater' als Anrede für eine vertrauliche ältere Person. 2. Übername zu mnd. *pater* 'Geistlicher'. 📖 FSV: 1611 *Paters*. GDB: 1784 *Pater*.

PATZ [pats] (2009: 23, 0.14‰; 1880: 14, 0.07‰). Patronym zum gleichlautenden Rufnamen. Dieser stammt am ehesten aus ahd. *Pazzo* und ist anlautverschärfte Koseform von ahd. *Bado*, das zu as. *badu* 'Streit' gehört. Siehe auch ↗*Baatz*. 📖 FSV: 1611 *Patz*. GDB: 1668 *Patz*.

PAUL [paʋl] (2009: 25, 0.15‰; 1880: 0). Französisches Patronym zum gleichlautenden Rufnamen. Zu dessen Etymologie, siehe ↗*Paulus*.

PAULIN [ˈpoːlɛ̃ː] (2009: 5, 0.03‰; 1880: 23, 0.12‰). Französisches Patronym zum gleichlautenden Rufnamen. Dieser ist eine Diminutivbildung auf -*in* von frz. ↗*Paul*.

PAULS [paʋls] (2009: 6, 0.04‰; 1880: 34, 0.18‰). Flektiertes Patronym zu *Paul*. ↗*Paulus*.

PAULUS [ˈpaʋlus] (2009: 109, 0.67‰; 1880: 169, 0.87‰). GLEICHE BASIS *Paul, Paulin, Pauls, Pauly*. Patronym, relatinisiert aus *Paul* oder dem homographen französischen Rufnamen. Zu Grunde liegt lat. *Paulus*, das zu lat. *paul(l)us* 'klein' gehört. Als Rufname erscheint *Paul* im Luxemburgischen in zahlreichen Varianten: *Paulchen, Pauli, Pal, Paalchen, Päli, Péil(chen), Pol, Poolchen, Poli, Poul, Pulles, Pulli*. ✱ *Paulus* ist in ganz Luxemburg, Belgien und Deutschland weit verbreitet und in Frankreich auf das Elsass und Lothringen beschränkt. Die flektierte Variante *Pauli* kommt flächendeckend in Deutschland vor, daneben vereinzelt in Belgien sowie im Elsass. Innerhalb Deutschlands ist die Konzentration im Westen, wo generell die meisten Genitive zu finden sind, kaum erhöht, was damit zusammen hängen könnte, dass der Name nicht nur patronymisch gebildet sein kann, sondern auch als Wohnstättenname von einer Kirche oder einem Kloster *St. Pauli* abgeleitet, bzw. auch direkt als Beiname für einen am Festtag der Bekehrung Pauli (25. Januar) Geborenen gebildet sein kann. In Luxemburg, Frankreich und Belgien ist die Variante *Pauly* weit verbreitet. Sie findet sich verstreut in ganz Deutschland mit einer Ballung im Westen. *Pauls* findet sich v.a. zwischen der belgischen Grenze und dem Niederrhein, daneben vereinzelt im Norden Luxemburgs und Belgiens, sowie westlich des Oberrheins und im Saarland. Die französische Diminutivbildung *Paulin* in Luxemburg und im übrigen germanophonen Sprachgebiet selten, häufiger dagegen in Frankreich. Die im ganzen Kartierungsgebiet insgesamt häufigste Form ist *Paul*. Diese ist in Luxemburg dem Französischen zuzuordnen, da die ersten Namenträger nachweislich aus dem frankophonen Raum stammen. 1880 ist sie für Luxemburg nicht verzeichnet. 📖 RB (1388-1500): *Paulus, Pauly, Pauwel, Pauweltz* u.a. (durchwegs Rufname). Fsv: 1561 *Pauels, Pauwels, Pawels*. 1611 *Paulus*. GDB: 1547 *Pauly*. 1655 *Pauls*. 1659 *Pauli*. 1670 *Paulus*. 1817 *Paul*.

PAULY [ˈpaʊliː] (2009: 175, 1.07‰; 1880: 334, 1.72‰). Flektiertes Patronym (lateinischer Genitiv) zu *Paul*. ↗*Paulus*.

PECKELS [ˈpækəls] (2009: 16, 0.1‰; 1880: 54, 0.28‰). Durch Senkung des Tonvokals aus *Pickels* entstanden. Eventuell flektiertes Patronym zu einem einstigen Rufnamen, der als *Pickel* zu erschließen ist. Dieser stammt am ehesten aus ahd. **Pickil-*, einer Diminutivbildung zu ahd. **Picko*, das auf *Bicko* zurückgeht, vgl. mhd. *bicke* f., *bickel* m. 'Spitzhacke' (vgl. Kaufmann 1965, S. 42f; ders. 1968, S. 60). ⓢ Der Name kommt fast ausschließlich in Luxemburg vor. ☞ Für einen althochdeutschen oder altniederdeutschen Rufnamen **Pickil-* gibt es nur indirekte Belege in Toponymen, u.a. *Pikkilinstein* (heute verschollen, Oberbayern), *Peckelsheim* (Ostwestfalen), *Pikkelgem* (Ostflandern) (vgl. Förstemann 1, Sp. 301; Kaufmann 1965, S. 42f). Die Graphie mit ‹e› im Familiennamen *Peckels* steht somit für mhd. *i*, das im Luxemburgischen in dieser Position [e] ergeben hat, doch hat der Familienname bereits vielfach eine Leseaussprache, d.h. mit [æ] angenommen. Zur Graphie mit ‹e› für speziell für lb. [ə], siehe ↗*Besch*, ↗*Bettel*, ↗*Pettinger*. 📖 Fsv: 1656 *Pickels*. GDB: 1718 *Peckels*.

PEFFER [ˈpæfɐ] (2009: 87, 0.53‰; 1880: 123, 0.63‰). VARIANTE(N) *Pfeffer*. Berufsübername zu mhd. *pfeffer* (mslfrk. *p*-) 'Pfeffer', am ehesten für den Pfefferhändler oder allgemein den Gewürzkrämer. ⓢ *Peffer* fast ausschließlich in Luxemburg. *Pfeffer* überwiegend in der westlichen und südlichen Hälfte Deutschlands. 📖 Fsv: 1561 *Peffer*. GDB: 1675 *Peffer*. 1734 *Peffer* => 1764 *Peffer*, 1775 *Pfeffer* = *Peffer* (=> 1802 *Pfeffer*, 1807 *Peffer*). 1768 *Pfeffer*. 1803 *Pfeffer* = *Peffers* (Hausname).

PEIFER (2009: 2, 0.01‰; 1880: 34, 0.18‰). ↗*Peiffer*.

PEIFFER [ˈpaɪfɐ // ˈpæːɪfɐ] (2009: 166, 1.02‰; 1880: 276, 1.42‰). VARIANTE(N) *Peifer, Pfeifer, Pfeiffer*. Berufsname zu mhd. *phîfer* (mslfr. *p*-) 'Pfeifer, Spielmann'. Aufgrund des nicht verschobenen *p* im Anlaut handelt es sich um eine westmitteldeutsche Form. ⓢ *Peiffer* ist in Luxemburg, Lothringen und Wallonien inklusive der Deutschsprachigen Gemeinschaft die häufigste Variante. *Pfeiffer* ist in Luxemburg seltener anzutreffen, dagegen sehr häufig in Deutschland und mit großem Abstand vor *Pfeifer*. Letzteres kommt in Luxemburg kaum vor. Ebenfalls dünn gestreut in Luxemburg ist *Peifer*, das jedoch besonders im Saarland und auf deutscher Seite entlang der Mosel weiter verbreitet ist. Insgesamt dominieren die Formen mit unverschobenem *P* (*Peiffer, Peifer*) in Luxemburg, Lothringen und Wallonien inklusive der deutschsprachigen Gemeinschaft. In denselben Regionen sind auch die Formen mit *ff* (*Peiffer, Pfeiffer*) typisch, doch sind diese auch in Deutschland stark verbreitet. Zur Varianz *p/pf/f(f)* in Namen mit *Pfeifer* in Deutschland, siehe DFA 2, S. 62-71. 📖 RB (1388-1500): *Pijffer, Pyfer, Pyffer*. Fsv: 1611 *Pfeiffer, Pfeiffers*. 1656 *Peiffer, Peiffers*. GDB: 1724 *Peiffer* => 1754 *Pfeiffer*. o.J. *Peifer* => o.J. *Peiffer*.

PELLER ['pælɐ] (2009: 18, 0.11‰; 1880: 28, 0.14‰). Berufsübername zu mhd. *pheller* (mslfrk. *p-*), eine der zahlreichen Nebenformen von *phellel* m. 'feiner Seidenstoff und aus demselben Gefertigtes; Pfeller', demnach für den Hersteller oder Verkäufer. ☞ Der Begriff *Pfeller* ist entlehnt aus mlat. *palliolum* 'kleiner Schleier', Diminutivbildung zu lat. *pallium* 'Mantel', ursprünglich den Stoff für die kirchlichen und weltlichen Prachtgewänder bezeichnend (DWB). 📖 GDB: 1738 *Peller*.

PELLETIER ['pælətje:] (2009: 8, 0.05‰; 1880: 4, 0.02‰). VARIANTE(N) *Peltier*. Französischer Berufsname zu frz. *pelletier* 'Kürschner, Pelzhändler'. ☞ In germanisierend-regionalsprachiger Schreibung erscheint der Name in den historischen Belegen als *Pelletger*. 📖 Fsv: 1611 *Pelletier*. GDB: 1745 *Pelletier*. 1785 *Pelletger*. Vz: 1880 *Pelletier, Peltier*.

PELTIER (2009: 22, 0.13‰; 1880: 12, 0.06‰). ↗*Pelletier*.

PENNE / PENNÉ ['pæne:] (2009: 3, 0.02‰; 1880: 6, 0.03‰). ↗*Penning*, Etymologie 3 und 4.

PENNING ['pænɪŋ] (2009: 39, 0.24‰; 1880: 128, 0.66‰). VARIANTE(N) *Penne*. GLEICHE BASIS *Penny*. 1. Übername zu mhd. *phenninc* (mslfrk. *p-*) 'Münze, Geld, Silberdenar, Pfennig'. 2. Berufsübername zum gleichen Appellativ für den Münzer. 3. Germanisierte Form von frz. *Penin*, Übername zu wa. *pènin* 'Pfennig', entlehnt aus dem Germanischen. 4. Germanisierte Form von frz. *Penin*, Herkunftsname zu *Penin* für eine Gemeinde im Département Pas-de-Calais. ⓢ Innerhalb der Maas-Rhein-Region ist *Penning* in Luxemburg, dem Bitburger Land und vereinzelt in der Provinz Luxemburg verbreitet. Außerhalb der Maas-Rhein-Region zeigt der Name die größte Dichte in Niedersachsen, besonders Ostfriesland. Doch ist in Deutschland überwiegend deutsche Herkunft zu erwägen und *Penning* mit *Pfenning*, das sich v.a. im Raum Mannheim und in Unterfranken konzentriert, zu vergleichen. *Penin* ist insgesamt selten: nur im Kanton Luxemburg, einzelne Streuungen in Wallonien und weiten Teilen Frankreichs. 📖 Fsv: 1561 und 1611 *Pennings*. 1611 *Penninger*. GDB: 1672 *Penning*. 1675 *Penny*. 1686 *Penny* = *Penning* => 1717 *Penny* = *Penning* => 1738 *Penning*, 1742 *Pennin*. 1698 *Penné* => 1723 *Penin*. 1723 *Penin* = *Peni* => 1766 *Penning*, 1771 *Penin*, 1777 *Pennie*.

PENNY ['pæni:] (2009: 6, 0.04‰; 1880: 6,

0.03‰). ⁊*Penning*, Etymologie 3 und 4.
Pepin [ˈpəpɛ̃ː] (2009: 38, 0.23‰; 1880: 14, 0.07‰). Variante(n) *Peping*. Patronym zum gleichlautenden französischen Rufnamen. Dieser ist entlehnt aus wfrk. *Pippin* (latinisierend *Pippīnus*), dessen Wurzel germ. **pipp-* wohl onomatopoetischen Ursprungs ist. Popularität erlangte der Name durch die Frankenkönige. ⓢ *Pepin* kommt in Luxemburg nur in der südlichen Hälfte und da besonders im Westen vor. Breit gestreut ist der Name in Frankreich und Belgien, selten dagegen in Deutschland. Im Süden Luxemburgs ist vereinzelt die germanisierte Variante *Peping* anzutreffen. 📖 GDB: 1760 *Pepin* => 1795 *Peping*. Vz: 1766 *Peppin*.
Peping [ˈpəpɪŋ] (2009: 3, 0.02‰; 1880: 26, 0.13‰). Germanisierte Form von ⁊*Pepin*.
Perl [pɛʀl // ˈpɛːʀəl] (2009: 28, 0.17‰; 1880: 42, 0.22‰). Herkunftsname zu a) *Perl* (lb. *Pärel*, frz. *Perlé*) für eine Ortschaft in der Gemeinde Rambruch; b) *Perl* für eine Gemeinde im Landkreis Merzig-Wadern. ⓢ Südhälfte Luxemburgs, Areler Land, Moseldepartement, Trier. Im übrigen Deutschland bildet der Name diverse Nester, aber nicht im Saarland oder in direkter Nähe zum Großherzogtum. Daher sind außerhalb des Luxemburger Raumes Konkurrenzetymologien wahrscheinlicher. 📖 GDB: 1682 *Perl*. Vz: 1880 *Perel*, *Perl*.
Pesch [pæʃ] (2009: 53, 0.32‰; 1880: 125, 0.65‰). 1. Wohnstättenname zu den sehr häufig in Luxemburg auftretenden Flurnamen *Pesch*, *Päsch*. Diese stammen von lb. *Päsch* m. 'eingefriedete Wiese, meistens beim Haus; Obstgarten'. 2. Herkunftsname zu *Pesch* für eine in Nordrhein-Westfalen mehrfach auftretende Örtlichkeit. ⓢ Die Hauptverbreitungsgebiete des Namens sind Luxemburg, Ostlothringen, die Eifel und das Rheinland. 📖 Fsv: 1656 *Pesch*. GDB: 1700 *Pesch*.
Peschon [ˈpæʃɑ̃ː] (2009: 27, 0.17‰; 1880: 75, 0.39‰). Variante(n) *Peschong*. Germanisierende Schreibung für *Péchon*, wallonischer oder pikardischer Berufsübername zu wa. oder pik. *pèchon* 'Fisch'. ⓢ *Peschon* ist fast nur in Luxemburg anzutreffen. Ausschließlich in Luxemburg gilt die auch in der Aussprache germanisierte Variante *Peschong*. Die rein romanische Form *Pechon* findet sich dagegen überwiegend in der Provinz Luxemburg sowie vereinzelt in der Pikardie. 📖 GDB: 1733 *Peschon*. 1777 *Peschong*. 1821 *Peschong* = *Peschon* => 1851 *Peschon*, 1856 *Peschong*.
Peschong [pæʃɔŋ] (2009: 8, 0.05‰; 1880: 64, 0.33‰). Germanisierte Form von ⁊*Peschon*.
Peter [ˈpeːtɐ] (2009: 38, 0.23‰; 1880: 27, 0.14‰). Gleiche Basis *Peters*, *Petry*. Patronym zum gleichlautenden Rufnamen. Dieser stammt aus lat. *Petrus* < griech. *Pétros*, dem griech. *pétra* 'Stein, Fels', eine Lehnübersetzung von hebr. *kephas*, zugrunde liegt. Siehe auch ⁊*Petges*, ⁊*Pierre*. ⓢ Zum Verbreitungsgebiet von *Peter* gehören Luxemburg, der Norden und Westen ausgenommen, Ostfrankreich, Belgien, doch nur vereinzelt, sowie weite Teile Deutschlands. Die flektierte Bildung *Peters* ist in Luxemburg häufiger. Außerhalb des Großherzogtums findet sie sich vereinzelt in Ostfrankreich sowie verstreut in ganz Belgien und Deutschland, besonders im Norden, am Niederrhein, im Rhein-Main-Gebiet und in Grenznähe zu Luxemburg. Insgesamt ist im Kartierungsgebiet *Peter* im Süden,

Peters im Norden häufiger. Von den regionalsprachlichen Genitivformen ist *Petesch* in Luxemburg, dem Moseldepartement sowie mit einigen Streubelegen in Belgien verbreitet, während *Petisch* extrem selten und nur im Großherzogtum und in der Eifel auftritt. Die latinisierte Genitivform *Petry* erscheint außer in Luxemburg besonders im Moseldepartement, Saarland, in Rheinland-Pfalz und Nordrhein-Westfalen. Vereinzelt kommt diese Form im Osten Belgiens und Frankreichs vor. ☞ Das LWB verzeichnet für den Rufnamen *Peter* zahlreiche Varianten und Spielformen: *Péip, Péipi, Péit, Péitchen, Péiterchen, Péiti, Péitri, Pëp, Pi, Piäerchen, Pierre, Püirchen, Pik, Pikchen, Pikt, Piktchen, Pipp, Pir, Pireléi, Pireli, Piri, Pitt, Pittchen, Pitter, Pitterchen, Pitz, Pur, Pures, Purri, Putt, Puttes, Putti*. 📖 RB (1388-1500): *Peter, Peterchin, Petergin, Peters, Petter*. Fsv: 1611 *Peters, Petesch*. GDB: 1700 *Petry*. 1703 *Petesch*. 1705 *Petri*. 1764 *Peters* => 1792 *Petisch*. 1797 *Petersch*.

PETERS [ˈpeːtɐs // ˈpeɪtɐs] (2009: 210, 1.29‰; 1880: 367, 1.89‰). VARIANTE(N) *Petesch, Petisch*. Flektiertes Patronym zu ⁊*Peter*.

PETESCH [ˈpeɪtəʃ] (2009: 42, 0.26‰; 1880: 203, 1.05‰). Regionalsprachliche Variante von ⁊*Peters*.

PETGES [ˈpeːtçəs // ˈpeɪtçəs] (2009: 4, 0.02‰; 1880: 42, 0.22‰). VARIANTE(N) *Pethges*. Flektiertes Patronym (starker Genitiv) zu *Petgen* und dies: 1. Patronym zum (einstigen) gleichlautenden Rufnamen. Dieser ist eine Diminutivbildung von *Pet* (lb. *Péit*), das aus ⁊*Peter* (Rufname) verkürzt ist. 2. Deriviertes Patronym (Diminutivbildung) zur nicht-diminuierten Kurzform: 'Pet junior'. 🜛 Sowohl *Petges* als auch *Pethges* sind dünn gestreut und fast ausschließlich auf Luxemburg beschränkt. Die Nominativform *Petgen* ist heute nur noch außerhalb Luxemburgs und zudem vereinzelt zu finden. 📖 RB (1388-1500): *Peitgen, Peitges, Petgen, Petgin, Petgyn, Pethgin*. Fsv: 1562 *Petgen*. 1656 *Petges*. GDB: 1741 *Petges*. 1794 *Petghes*. 1836 *Pettges*.

PETHGES [ˈpeːtçəs // ˈpeɪtçəs] (2009: 2, 0.01‰; 1880: 4, 0.02‰). ⁊*Petges*.

PETISCH (2009: 1, 0.01‰; 1880: 6, 0.03‰). Regionalsprachliche Form von ⁊*Peters*.

PETIT [ˈpəti:] (2009: 64, 0.39‰; 1880: 31, 0.16‰). Übername zu frz. *petit* 'klein'. 🜛 Vierthäufigster Name in Frankreich, Rang 16 in Wallonien. In Luxemburg deckt das Verbreitungsgebiet von *Petit* das ganze Land ab. In Deutschland kommt der Name ansonsten nur noch vereinzelt im Westen vor. 📖 Fsv: 1611 *Petit*. GDB: 1804 *Petti*. 1806 *Pety*.

PETRY [ˈpeːtʀiː] (2009: 108, 0.66‰; 1880: 186, 0.96‰). Flektiertes Patronym (lateinischer Genitiv) zu ⁊*Peter*.

PETTINGER [ˈpətɪŋə // ˈpætɪŋə] (2009: 43, 0.26‰; 1880: 73, 0.38‰). Personalisierter Herkunftsname zu *Pettingen* (früher *Pittingen*; lb. *Pëtten*) für eine Ortschaft in der Gemeinde Mersch. 🜛 Der Name kommt ausschließlich im Osten und Süden Luxemburgs sowie im Areler Land vor. ☞ Zur Graphie ‹e› für lb. [ə] bzw. [e], vgl. auch ⁊*Besch*, ⁊*Bettel*, ⁊*Peckels*. 📖 RB (1388-1500): *Arnolt van Pittingin. Der Volle van Pettingen = Follen van Pettingen. Heyne Smyt van Pittingen. Johan van Pyttingen = Johanne Pittinger. Til Probst van Pittyngen = Prost van Pittingen*. GDB: 1714 *Pettinger* => 1746 *Petinger*. 1723 *Pittingen*. 1788 *Pittinger* => 1814 *Pettinger*.

PEUSCH [pɔɪʃ] (2009: 16, 0.1‰; 1880: 12,

0.06‰). Berufsübername zu mhd. *biuschen, bûschen* 'schlagen, klopfen', nhd.-landsch. *pauschen* 'schlagen', besonders in Bezug auf den Erzbau. Vgl. den Eintrag bei Krünitz: *Erz pauschen oder päuschen* 'es zerschlagen, zersetzen', *die Schlacken pauschen* 'sie klein schlagen'. 📖 GDB: 1737 *Peusch*. 1795 *Peisch*.

PFEFFER (2009: 1, 0.01‰; 1880: 6, 0.03‰). Variante von *Peffer*, mit verschobenem *Pf* im Anlaut.

PFEIFER (2009: 6, 0.04‰; 1880: 3, 0.02‰). ↗*Peiffer*.

PFEIFFER (2009: 26, 0.16‰; 1880: 73, 0.38‰). ↗*Peiffer*.

PHILIPP [ˈfilip] (2009: 29, 0.18‰; 1880: 89, 0.46‰). GLEICHE BASIS *Philipps, Philippy*. Patronym zum gleichlautenden Rufnamen. Dieser stammt aus griech. *Phílippos* (latinisiert: *Philippus*) und gehört zu griech. *phílos* 'Freund' und *híppos* 'Pferd'. Vgl. auch ↗*Philippe*, ↗*Feipel*. ⓢ *Philipp* streut in der südlichen Hälfte Luxemburgs, im Moseldepartement und Elsass sowie in ganz Deutschland. Die latinisierte Genitivbildung *Philippy* ist überwiegend im Westen und Süden Luxemburgs sowie im Areler Land anzutreffen. *Philippi*, das jedoch auch italienischer Herkunft sein kann, begegnet in ganz Luxemburg, Ostlothringen, dem Unterelsass und vielfach in Deutschland, u.a. besonders im Saarland und entlang des Rheins. Von den germanischen Genitivbildungen gilt *Philipps* überwiegend in Luxemburg, Ostlothringen, dem Elsass und Deutschland, *Philips* in Flandern, seltener in Wallonien und kaum in Luxemburg und Deutschland. 📖 RB (1388-1500): *Filips = Flijpp = Flijps = Phelips = Philips = Phillieps*. FSV: 1561 *Peyppelen*. 1611 *Philippen, Philippsen, Philipps*. 1656 *Philipsen*. GDB: 1715 *Philips*. 1727 *Philipp*. 1780 *Philipps*. 1796 *Philippey*. 1785 *Philippy*. 1840 *Philipp* => 1893 *Philippe*. 1851 *Philippi*.

PHILIPPART [ˈfilipaːʁ] (2009: 15, 0.09‰; 1880: 34, 0.18‰). Französisches Patronym zum gleichlautenden Rufnamen. Dieser ist eine Ableitung auf *-ard* von ↗*Philippe* (vgl. Germain-Herbillon, S. 802f). 📖 GDB: 1713 *Philippart*. 1746 *Philippart* => 1784 *Philipar*.

PHILIPPE [ˈfilip] (2009: 94, 0.58‰; 1880: 160, 0.83‰). Französisches Patronym zum gleichlautenden Rufnamen. Dieser stammt aus griech. *Phílippos* (latinisiert: *Philippus*); zur weiteren Etymologie siehe ↗*Philipp*. Vgl. auch ↗*Philippart*. ⓢ *Philippe* kommt überall in Frankreich und Wallonien sowie in Luxemburg vor. Ein kleines Nest ist im Saarland zu finden. 📖 FSV: 1611 *Philippe* (Rufname). GDB: 1702 *Philippe*. 1840 *Philipp* => 1893 *Philippe*.

PHILIPPI (2009: 15, 0.09‰; 1880: 7, 0.04‰). ↗*Philippy*.

PHILIPPS [ˈfilips] (2009: 15, 0.09‰; 1880: 11, 0.06‰). VARIANTE(N) *Philips, Phillips*. Flektiertes Patronym zu ↗*Philipp*.

PHILIPPY [fiˈlipiː] (2009: 23, 0.14‰; 1880: 23, 0.12‰). VARIANTE(N) *Philippi*. Flektiertes Patronym (lateinischer Genitiv) zu ↗*Philipp*.

PHILIPS (2009: 4, 0.02‰; 1880: 4, 0.02‰). ↗*Philipps*.

PHILLIPS (2009: 6, 0.04‰; 1880: 0). ↗*Philipps*.

PICAR (2009: 7, 0.04‰; 1880: 6, 0.03‰). ↗*Picard*.

PICARD [ˈpikaːʁ] (2009: 36, 0.22‰; 1880: 52, 0.27‰). VARIANTE(N) *Picar, Picart, Pickar, Pickard, Piquard*. Französischer Herkunfts- oder Übername zu frz. *pi-*

card 'aus der Pikardie stammend'. ⓘ *Picard* ist außer in Luxemburg im gesamten frankophonen Raum weit verbreitet. In Deutschland bildet der Name jeweils ein Nest im Bergischen Land und im Raum Frankfurt am Main. In der germanisierenden Graphie *Pickar* erscheint er in den Kantonen Redingen und Esch-Alzette sowie auf deutscher Seite insbesondere im östlichen Saarland. Sehr selten und fast nur auf Luxemburg beschränkt sind die *d*-losen Formen *Picar*, *Pickar*. Ebenfalls selten, doch außerhalb des Großherzogtums etwas häufiger, ist *Piquard* zu finden (mit dem größten Vorkommen in der Provinz Luxemburg). ☞ Die genealogischen Datenbanken zeigen mitunter einen Wechsel zwischen *Picard* (und Varianten) und *Pickert*, Berufsname zu mhd. *bicke* m. 'Spitzhacke, Meißel' für den Bergmann. Siehe auch ↗*Pick*. 📖 FSV: 1656 *Picquar, Picquart*. GDB: 1683 *Pickert* => 1715 *Pickart*. 1690 *Piccart* = *Pickartz* = *Pickers* = *Pickard* = *Pickart*. 1768 *Pickert* => 1795 *Pickart*, 1804 *Picart*. 1700 *Picard* => 1728 *Pickard*. 1710 *Pickardt* => 1740 *Pickard* => 1778 *Pickart*. 1767 *Picard* => 1810 *Picar* => 1840 *Pikar*. 1808 *Pickar* => 1843 *Picar*.

PICART (2009: 1, 0.01‰; 1880: 0). ↗*Picard*.

PICK [pik] (2009: 21, 0.13‰; 1880: 3, 0.02‰). 1. Berufsübername zu mhd. *bicke* m. 'Spitzhacke', für den Hersteller oder Benutzer, am ehesten den Bergmann; entsprechend lb. *Pick* 'Spitzhacke'. 2. Patronym zum einstigen gleichlautenden Rufnamen. Diesem entspricht ahd. *Bicco*, *Picco*, das mit den o.g. Appellativa sowie mit ahd. *(ana)bicken*, mnd. *pecken* 'hacken' in Verbindung steht. ☞ Die Wortgruppe um *picken* ist wahrscheinlich onomatopoetischen Ursprungs, was auch den Wechsel zwischen *b* und *p* im Anlaut erklärt. Dieser Wechsel ist ebenso im Romanischen zu beobachten (z.B. it. *beccare* 'stechen' gegenüber frz. *piquer*). Siehe auch weiterführende Diskussion unter ↗*Picard*. 📖 FSV: 1561 *Picken*. GDB: 1811 *Pick*.

PICKAR (2009: 2, 0.01‰; 1880: 6, 0.03‰). ↗*Picard*.

PICKARD (2009: 4, 0.02‰; 1880: 19, 0.1‰). ↗*Picard*.

PIER [piːɐ] (2009: 15, 0.09‰; 1880: 26, 0.13‰). 1. Wohnstättenname zu einem verschollenen, in den Rechnungsbüchern als *Pere, Peyr, Peyre, Piere* belegten Toponym im Raum Luxemburg. 2. Variante von ↗*Pierre*. 📖 RB (1388-1500): *Reynnekin van Pere = Reyncken van Peyr = Reymekin von Piere = Reynchgin van Peyre* (durchwegs Rufname). GDB: 1675 *Pier*.

PIERRARD [ˈpjɛRaːʀ] (2009: 34, 0.21‰; 1880: 27, 0.14‰). Patronym zum gleichlautenden Rufnamen. Dieser ist eine Bildung zu ↗*Pierre* mit Pejorativsuffix *-ard*. ⓘ Das Verbreitungsgebiet von *Pierrard* sind Luxemburg, Wallonien, die Champagne und Lothringen. 📖 FSV: 1656 *Pierrard*. GDB: 1709 *Pierrard*.

PIERRE / PIERRÉ [pjɛR(eː)] (2009: 25, 0.15‰; 1880: 4, 0.02‰). VARIANTE(N) *Pir*. Französisches Patronym zum gleichlautenden Rufnamen. Dieser stammt aus lat. *Petrus*. Zur weiteren Etymologie, siehe ↗*Peter*. Liegt jedoch die Schreibung *Pierré* vor, handelt es sich um eine Schreibvariante von ↗*Pierret* und demnach um eine Diminutivbildung. Vgl. auch ↗*Pierron*, ↗*Pier*. ⓘ Zum Hauptverbreitungsgebiet von *Pierre* gehören Luxemburg, Belgien, besonders Wallonien, sowie ganz Frankreich. *Pierré* ist insgesamt sehr selten. Vereinzelt im Großherzogtum und etwas häufiger in Wallonien begegnet die speziell wallonische Form *Pir*. 📖 GDB: 1724 *Pierret* => 1754 *Pierré*. 1757 *Pierre*. 1808 *Pier*.

PIERRET ['pjɛre:] (2009: 29, 0.18‰; 1880: 50, 0.26‰). VARIANTE(N) *Pierri, Piret*. Französisches Patronym zum gleichlautenden Rufnamen. Dieser ist eine Diminutivbildung von ↗*Pierre*. ☞ Zum Hauptverbreitungsgebiet von *Pierret* gehören Luxemburg, Wallonien sowie der Osten Frankreichs mit Ausnahme des Elsass. Die germanisierte Form *Pierri* ist sehr selten und überwiegend im Süden des Großherzogtums zu finden. Als speziell wallonische Form erscheint *Piret* in Luxemburg und Wallonien. Von dieser stellt *Pire*, das in Luxemburg sicher als *Piré* zu lesen ist, eine Schreibvariante dar (südliche Hälfte Luxemburgs, Wallonien). 📖 FSV: 1656 *Pierret*. GDB: 1720 *Pierret*. 1839 *Piré*. 1724 *Pierret* => 1754 *Pierré* = *Pierret*. 1747 *Pirret*. 1790 *Piret*. 1795 *Pirré* => 1829 *Pirry*. 1838 *Pirré*.

PIERRI ['pjɛri:] (2009: 8, 0.05‰; 1880: 2, 0.01‰). Germanisierte Form von ↗*Pierret*.

PIERRON ['pjɛrã:] (2009: 8, 0.05‰; 1880: 10, 0.05‰). VARIANTE(N) *Piron*. Französisches Patronym mit Augmentativsuffix *-on* zu frz. *Pierre*. Zur Etymologie dieses Rufnamens, siehe ↗*Pierre/Pierré*. Die wallonische Entsprechung von *Pierron* lautet ↗*Piron*. 📖 FSV: 1611 *Pierron*. 1656 *Pierron*. GDB: 1723 *Piron*. 1858 *Pierron*.

PILGER [pilɐ] (2009: 17, 0.1‰; 1880: 20, 0.1‰). 1. Übername zu mhd. *pilgerîn* 'Pilger, Kreuzfahrer'. 2. Patronym zum gleichlautenden einstigen Rufnamen. Dieser stammt aus ahd. *Biligrîm*, das zu ahd. *billi* n. '(kurzes) Schwert' (< germ. **bilja-*) und germ. *grīmēn/-ōn* 'Maske, Helm' gehört. Bereits in althochdeutscher Zeit kommt es zu einer Vermischung mit dem Lehnwort *Piligrīm* 'Pilger' < mlat. *pelegrīnus*. 📖 FSV: 1656 *Pilger*. GDB: 1723 *Pilgers*. 1803 *Pilger*.

PINNEL ['pinæl] (2009: 15, 0.09‰; 1880: 88, 0.45‰). Regionalsprachliche Variante von *Pündel*, siehe ↗*Pundel*.

PIQUARD (2009: 1, 0.01‰; 1880: 0). ↗*Picard*.

PIR [pi:ɐ̯] (2009: 2, 0.01‰; 1880: 13, 0.07‰). Wallonische Form von ↗*Pierre*.

PIRE / PIRÉ ['pi:ʀe:] (2009: 4, 0.02‰; 1880: 10, 0.05‰). Schreibvariante von ↗*Piret*.

PIRET (2009: 15, 0.09‰; 1880: 0). Wallonische Variante von ↗*Pierret*.

PIRON (2009: 21, 0.13‰; 1880: 12, 0.06‰). Wallonische Entsprechung von frz. ↗*Pierron*.

PIROTTE (2009: 6, 0.04‰; 1880: 0). ↗*Pirrotte*.

PIRROTTE ['pi:ʀot] (2009: 16, 0.1‰; 1880: 24, 0.12‰). VARIANTE(N) *Pirotte*. Wallonisches Metronym zum gleichlautenden Rufnamen. Dieser ist movierte Form von *Pirot* und letztendlich eine hypokoristische Ableitung zu wa. *Pire* = frz. ↗*Pierre*. Die Schreibung mit Doppel-*r* ist dabei typisch für Luxemburg. 📖 GDB: 1743 *Piroth* => 1773 *Pirot*. 1759 *Pirotte*. 1812 *Pirrotte*. 1774 *Pirot* = *Pirotte* => 1815 *Pierot*.

PIRSCH [piʀʃ] (2009: 28, 0.17‰; 1880: 85, 0.44‰). Berufsübername zu a) mhd. *birsen, pirsen* 'mit Spürhunden jagen', nhd. *Pirsch* für den Jäger; b) lb. *Piisch*, rhein. *Pirsch* 'Pfirsich'. ✪ Der Name ist in Luxemburg nur in der südlichen Hälfte verbreitet. 📖 FSV: 1656 *Pirsch*. GDB: 1712 *Pirsch*.

PITZ (2009: 3, 0.02‰; 1880: 6, 0.03‰). Entrundete Form von ↗*Putz/Pütz*.

PLEGER ['pleːʒɐ] (2009: 18, 0.11‰; 1880: 0). Berufsname zu a) mhd. *phlëgære* (mslfrk. *p-*) 'Aufseher, Vormund Verwalter'; b) einer umgelauteten Form von mhd. *phluoger* (mslfr. *p-*) 'Pflugmacher'; vgl. ↗*Plier*. 📖 GDB: 1758 *Plier* => 1800 *Pleger*.

PLEIM [plaɪm] (2009: 18, 0.11‰; 1880: 18, 0.09‰). Vermutlich durch Entrundung aus **Pleum*, einer eingedeutschten Form von nl. *Pluim*, entstanden. Dieser Familienname ist a) Berufsübername zu nl. *pluim* 'Feder' für den Federhändler oder Schreiber; b) Übername zum selben Appellativ nach einem auffälligen Federschmuck oder einem federleichten Körpergewicht. Siehe auch ↗*Pleimling*, ↗*Plum* jeweils Etymologie 1. 📖 GDB: 1723 *Pleim*. 1736 *Pleim* => 1778 *Pleim*, 1780 *Pleims*.

PLEIMLING ['plaɪmlɪŋ] (2009: 36, 0.22‰; 1880: 78, 0.4‰). Unklar. In Frage könnten kommen: 1. Übername auf *-ling* zu lb. (sowie lothr. und rhein.) *Plaum* f. 'Flaumfeder' für einen federleichten Menschen. Es würde sich somit um eine Bildung nach dem Muster von *Daumen* → *Däumling* handeln. Siehe auch ↗*Pleim*, ↗*Plumer*, Etymologie 1. 2. Herkunftsname zu einem einstigen Toponym **Pleimling(en)*, **Pleumling(en)* oder **Bleimling(en)*, **Bleumling(en)*. ✧ *Pleimling* ist überwiegend im südöstlichen Teil Luxemburgs anzutreffen, die potenzielle Variante *Bleimling* im Norden und Südwesten. 📖 Fsv: 1611 *Pleumlinck*. GDB: 1721 *Pleimling*. 1863 *Bleimling*.

PLEIN [plaɪn] (2009: 28, 0.17‰; 1880: 26, 0.13‰). Herkunftsname zu *Plein* für eine Gemeinde im Landkreis Bernkastel-Wittlich. ✧ Das Hauptverbreitungsgebiet liegt entlang der Mosel. Es erreicht das Saarland, Luxemburg, die Eifel und das Rheinland. 📖 GDB: 1649 *Plein*.

PLETGEN ['pleːtɕən] (2009: 21, 0.13‰; 1880: 19, 0.1‰). Übername zu a) nhd.-landsch. *pleiten* 'rechten, prozessieren', rhein. *pleiten* 'für eine Sache sprechen (streiten), in Rechtsstreitigkeiten (einen andern dabei unterstützend)' < frz. *plaider* 'verteidigen, prozessieren'; b) nhd. *pleite* 'bankrott' < westjiddisch *pleite* 'Bankrott, fort, weg'. ✧ Der Name kommt nur in Luxemburg vor. Auf deutscher Seite, überwiegend entlang des Rheins, gilt die Entsprechung *Pleitgen*. 📖 GDB: 1730 *Pletgen*. 1744 *Pletges*.

PLETSCHET ['plætʃæt] (2009: 6, 0.04‰; 1880: 27, 0.14‰). VARIANTE(N) *Pletschette*. Wohnstättenname zu lb. *Pletschet* (< *Pletscheid*) für einen Hofnamen in der Gemeinde Medernach. ✧ *Pletschet* ist, so wie die weitaus häufigere Schreibvariante *Pletschette*, ausschließlich in Luxemburg verbreitet. ☞ Die französich beeinflusste Schreibung *-ette* hat sich auch in Bezug auf den Hofnamen durchgesetzt, obwohl der Name lb. *Pletschet* geschrieben werden müsste. Die deutsche, heute wohl nicht mehr bekannte Entsprechung lautet *Pletscheid*. Aus dem Jahr 1303 ist ein "Godefridus de Pletscheijtt" überliefert (wVI, S. 433). 📖 Fsv: 1611 *Pletscheid*. 1656 *Pletscheidt, Pletschet*. GDB: 1612 *Pletschette*. 1620 *Pletschet*. 1734 *Pletschette* = *Pletschert* => 1780 *Pletschett*. 1747 *Pletschette* => 1775 *Pletsched*.

PLETSCHETTE ['plætʃæt] (2009: 83, 0.51‰; 1880: 78, 0.4‰). Französisierende Graphie für ↗*Pletschet*.

PLIER ['pliːɐ // 'pleɪɐ] (2009: 31, 0.19‰; 1880: 65, 0.34‰). VARIANTE(N) *Plyer*. Berufsname zu einer umgelauteten Variante von mhd. *phluoger* (mslfrk. *p-*) 'Pflugmacher'; vgl. auch ↗*Pfleger*. ⓢ *Plier* ist überwiegend in Luxemburg (mit dem höchsten Vorkommen im Kanton Redingen) und dem Areler Land verbreitet. Sehr selten und auf den Süden Luxemburgs beschränkt ist die Schreibvariante *Plyer*. Die in Deutschland mit großem Abstand häufigste Form ist *Pflüger*, gefolgt von *Plöger* (Letzteres besonders im Norden). Etwas seltener ist *Pflieger* (Letzteres auch im Elsass), gefolgt von *Pfluger* und *Pflügner*. Sehr vereinzelt und nur in Deutschland finden sich *Pflugner, Pflieger, Pflöger, Plieger, Plüger*. *Pflier* ist ebenfalls sehr selten und fast ausschließlich im Département Ardennes anzutreffen. 📖 Fsv: 1611 *Pluger, Plugers*. 1656 *Plouger*. GDB: 1650 *Plier*. 1748 *Plier* => 1785 *Plyer* = *Plier*. 1758 *Plier* => 1800 *Pleger*. 1813 *Plüger* = *Plier* => 1847 *Plüger*, 1852 *Plier*.

PLUMER [ˈplymɐ] (2009: 25, 0.15‰; 1880: 18, 0.09‰). 1. Berufsname zu a) mhd. *phlûme* (mslfr. *p-*), mnd. *plume* 'Flaumfeder', entsprechend rhein. *Plumme* (*Plümme*), lb. *Plomm* (*Plaum*) 'Flaumfeder' für den Händler oder Federbettenhersteller; vgl. auch mnl. *plumer* 'Kissen- oder Deckensticker' (Debrabandere, S. 1119); siehe auch ↗*Pleim*, ↗*Pleimling*, Etymologie 1; b) mhd. *phlûme* (mslfr. *p-*), mnd. *plume, plûme* 'Pflaume' für den Pflaumengärtner oder -händler. 2. Übername zu lothr. *plummen* 'plündern, ausbeuten', vgl. auch mnl. *plumen* 'jemanden berauben, ein Land plündern' (DRW). 📖 GDB: 1730 *Plumer*. 1756 *Plummer*. 1756 *Plumer* => 1800 *Plummer* = *Plumer* => 1832 *Plumer*. 1757 *Plummers*.

PLYER (2009: 4, 0.02‰; 1880: 5, 0.03‰). ↗*Plier*.

POECKES [ˈpøːkəs] (2009: 30, 0.18‰; 1880: 62, 0.32‰). 1. Übername zu a) lb. *Poukes, Pokes* (lok. *Péikes*) m. 'pockennarbiger Mensch'; b) lb. *picken, pécken* 'u.a. picken; hadern, sticheln'. 2. Berufsübername zu jenisch *Péckes, Peckes* m. 'Glas Branntwein, auch für Kartoffelschnaps' (Tockert 1989, S. 33). ⓢ Der Name kommt ausschließlich in Luxemburg vor. Die Variante *Poekes* ist vereinzelt im Areler Land anzutreffen. 📖 Fsv: 1656 *Peckes*. GDB: 1710 *Poeckes*. 1716 *Poeckes* => 1746 *Pecus*.

POIRE / POIRÉ [ˈpwaːʁeː] (2009: 17, 0.1‰; 1880: 5, 0.03‰). Französischer Berufsübername zu frz. *poiré*, wa. *poiret* 'Birnensirup, -kompott' (vgl. Germain-Herbillon, S. 820). 📖 GDB: 1806 *Poirez*. Vz: 1880 *Poiré, Poirée, Poiret*.

POLFER [ˈpolfɐ] (2009: 48, 0.29‰; 1880: 83, 0.43‰). Berufsübername zu mhd. *pulver* 'Pulver, Staub, Asche, Schießpulver', am ehesten für den Gewürzkrämer oder Hersteller von Schießpulver. Vgl. hierzu den Namen des Luxemburger Stadtteils *Pulvermühl*, lb. *Polvermillen*, der an die Herstellung von Schießpulver erinnert. ⓢ Ausschließlich in Luxemburg zu finden. 📖 Fsv: 1611 *Pulver*. 1656 *Polver*. GDB: 1704 *Polfers*. 1705 *Polfer*. 1734 *Pulwer*. 1764 *Pulfer* => 1810 *Polfer*.

POMMERELL [ˈpoməræl] (2009: 25, 0.15‰; 1880: 14, 0.07‰). VARIANTE(N) *Pommerelle*. Germanisierte Form von frz. *Pommerœul*, Herkunftsname zu *Pommerœul* für eine Ortschaft in der Gemeinde Bernissart, Provinz Hennegau. Der Ortsname stammt aus lat. *pomariolu* 'kleiner Apfelbaumgarten' (vgl. Jespers, S. 481). ⓢ *Pommerell* begegnet in der südlichen Hälfte Luxemburgs und sehr vereinzelt in Belgien. Sehr selten und auf Luxemburg beschränkt ist die Variante

Pommerelle. Die französische Form *Pommerœul* als Familienname kommt jedoch heute nicht vor. 📖 GDB: 1812 *Pommerel*. 1831 *Pommerelle*.

POMMERELLE (2009: 2, 0.01‰; 1880: 16, 0.08‰). ↗*Pommerell*.

PONCELET [ˈpɑ̃ːsəleː] (2009: 25, 0.15‰; 1880: 48, 0.25‰). Französisches Patronym zum gleichlautenden Rufnamen. Dieser ist Diminutivform auf *-elet* von *Ponce*, vgl. ↗*Poncin*. 🜚 *Poncelet* ist in der westlichen Hälfte Luxemburgs, in Wallonien, im Nordosten Frankreichs und um Saarbrücken verbreitet. Auch die wallonisch-pikardische Variante *Ponchelet* ist in Luxemburg belegt, doch erst nach 1880. Ansonsten ist sie sehr vereinzelt in Wallonien zu finden. 📖 Fsv: 1472 *Poncelet der fuller*. GDB: 1710 *Poncelet*. Vz: 1930 *Ponchelet, Poncelet*.

PONCIN [ˈpɑ̃ːsɛ̃ː] (2009: 47, 0.29‰; 1880: 101, 0.52‰). GLEICHE BASIS *Posing*. Französisches Patronym zum gleichlautenden Rufnamen. Dieser ist eine Diminutivbildung auf *-in* zu frz. *Ponce*. Zu Grunde liegt der Rufname lat. *Pontius*, eine Ableitung zum römischen Provinznamen *Pontus* in Kleinasien, demnach mit der Bedeutung 'aus Pontus Stammender'. Vgl. auch ↗*Poncelet*. 🜚 Zum Verbreitungsgebiet von *Poncin* gehören Luxemburg und besonders der Westen Walloniens sowie das Département Ardennes, ferner u.a. Ostlothringen. Nicht im Großherzogtum, doch sehr vereinzelt in Nordostfrankreich und Belgien, ist die Schreibvariante *Ponsin* anzutreffen. Die auf der Grundlage von wa. *Pocin* germanisierten Formen *Posing* und *Possing* sind selten und gelten fast nur in Luxemburg. In der Maas-Rhein-Region auf deutscher Seite finden sich für beide Varianten nur Einzelbelege (*Posing* bei Karlsruhe und *Possing* im Saarland). Außerhalb des Großherzogtums begegnet zudem ebenso vereinzelt die Variante *Ponsing* (Oberelsass, Saarbrücken, Provinz Limburg). 📖 Fsv: 1656 *Poncin*. GDB: 1689 *Pontcing*. 1717 *Ponsée* = *Poncin* = *Ponsin*. 1730 *Pocin* => 1760 *Possin* = *Posing* (=> 1790 *Ponsing*, 1795 *Poncin*, 1798 *Poncing* = *Ponsing*), 1764 *Possing*.

POOS [poːs] (2009: 114, 0.7‰; 1880: 170, 0.88‰). Unklar. Die frühesten Belege weisen einerseits auf ein Toponym, andererseits auf ein Anthroponym. Ein entsprechendes Toponym ist heute jedoch nicht mehr auffindbar. Als Quelle ließe sich ein mhd. Appelativ **pâse* erschließen, dessen weitere Herkunft jedoch dunkel bleibt. Denkbar, lauthistorisch aber unsicher, wäre eine Entlehnung aus wrom. **paése* 'Gaubewohner' < lat. *pagēnsis* 'zum Gau gehörig', das von lat. *pāgus* 'Gau' abgeleitet ist. 🜚 *Poos* ist in Luxemburg in fast allen Kantonen vertreten. Der Name findet direkten Anschluss im Moseldepartement und in Wallonien, wo er vereinzelt streut. In Deutschland zeigt er die größte Dichte am Niederrhein. Dort und darüber hinaus insgesamt entlang des Mittelrheins, der Mosel sowie im Saarland ist auch *Poß* anzutreffen. Die in Deutschland insgesamt häufigste potenzielle Variante ist *Paas*, die in sehr hoher Konzentration am Niederrhein auftritt. Seltener findet sich hier *Paes*, dessen Hauptverbreitungsgebiet in Flandern liegt, doch auch dort nicht besonders häufig ist. Flektiert erscheinen *Paesen* (Limburg), *Paessens* (Niederrhein), deriviert *Paeske* (punktuell am Niederrhein), sowie als Kompositum *Paesmans* (verstreut um Limburg und im Großraum

Brüssel). ☞ Debrabandere (S. 1071) interpretiert, sich auf weitere Literatur berufend, *Poos* wie *Paas* und *Paes* als Kurzformen des Rufnamens *Pascalis*. Doch der Langvokal in den Kurzformen bleibt erklärungsbedürftig. Duden sieht in *Paas* eine Kurzform des Rufnamens lat. *Beatus*. Auch diese Etymologie bereitet Probleme aufgrund des stimmlosen Anlautes der Kurzform sowie des *s* auf niederdeutschem/niederländischem Sprachgebiet. 📖 RB (1388-1500): *Marxs van Paisse = Marx zo Posse. Michel Paisgin van Kaler*. Fsv: 1472 *Der Paiss*. 1611 *Paass, Paess*. GDB: 1679 *Poos*.

Posing [ˈpoːzɪŋ] (2009: 16, 0.1‰; 1880: 15, 0.08‰). VARIANTE(N) *Possing*. Germanisierte Form von *Pocin*. Hierbei handelt es sich um eine wallonische Variante von ↗*Poncin*, die durch dissimilatorischen Schwund des ersten *n* (wie z.B. in wa. *efant* < *enfant*) entstanden ist. In Walferdingen begegnet *Posengs* als Hausname (Bour, S. 28).

Poss [pos] (2009: 5, 0.03‰; 1880: 25, 0.13‰). 1. Herkunfts- oder Wohnstättenname zu *Poß*, älterer deutscher Name für *Post* (lb. *Pass*, frz. *Post*), Gemeinde Attert, Areler Land. Diese Etymologie kommt jedoch nur für den Raum Luxemburg in Frage. Vgl. auch ↗*Post*. 2. Berufsübername zu rhein. *possen* 'pfropfen; pflanzen'. ⓢ *Poss* ist in Luxemburg sehr selten anzutreffen, häufiger dagegen im Moseldepartement, im Saarland, an Rhein und Mosel. 📖 Fsv: 1611 *Posz*. 1656 *Poss*. GDB: 1828 *Post* => 1859 *Poss*.

Possing (2009: 8, 0.05‰; 1880: 5, 0.03‰). ↗*Posing*.

Post [post] (2009: 38, 0.23‰; 1880: 72, 0.37‰). 1. Wohnstättenname zu mhd. *phost, phoste* (mslfrk. *p-*) 'Stütze, Pfosten, Balken'. 2. Wohnstättenname oder Berufsübername zu frnhd. *post* 'Standort der zur Beförderung und Weiterbeförderung aufgestellten Laufboten oder Pferde'. 3. Herkunftsname zu *Post* (lb. *Pass*, frz. *Post*) für eine Ortschaft in der Gemeinde Attert, Areler Land. Siehe auch ↗*Poss*. ⓢ *Post* ist in Luxemburg und Deutschland breit gestreut. Weitere Streubelege finden sich in Ostlothringen, im Oberelsass und in Belgien. 📖 Fsv: 1611 *Post*. 1656 *Post*. GDB: 1828 *Post* => 1859 *Poss*.

Pott [pot] (2009: 18, 0.11‰; 1880: 26, 0.13‰). Berufsübername zu mnd. *pot, put* '(irdener) Topf, Ofentopf in den Kachelöfen' für den Hersteller; entsprechend auch lb. *Pott* 'irdener Topf'. 📖 GDB: 1665 *Pott*. 1707 *Pott* => 1749 *Pott*, 1750 *Poth*.

Poul (2009: 6, 0.04‰; 1880: 18, 0.09‰). ↗*Poull*.

Poull [pul] (2009: 20, 0.12‰; 1880: 10, 0.05‰). VARIANTE(N) *Poul*. Französisierende Schreibung für ↗*Pull*.

Prevost [ˈpʀeːvo // ˈpʀəvo // ˈpʀeːvost] (2009: 1, 0.01‰; 1880: 1, 0.01‰). Französischer Amtsname zu afrz. *prévost*, 'Vorsitzender (eines Gerichts, einer Verwaltung, einer Kirche)' < lat. *præpositus*. Siehe auch ↗*Provost*, ↗*Probst*. 📖 GDB: 1794 *Prevost*.

Prim [pʀim] (2009: 51, 0.31‰; 1880: 149, 0.77‰). Entrundete Form von ↗*Prum/ Prüm*.

Probst [pʀopst] (2009: 53, 0.32‰; 1880: 128, 0.66‰). VARIANTE(N) *Prost*. Amtsname zu mhd. *brobest* 'Vorgesetzter, Aufseher, Propst'. ⓢ *Probst* kommt in ganz Luxemburg, Deutschland, dem Elsass und in Lothringen vor. Die Variante *Prost* ist weitaus seltener und nur in der südlichen Hälfte Luxemburgs sowie in Deutschland u.a. um Aachen und im Ruhrgebiet zu finden. ☞ Mhd. *probest* ist entlehnt aus afrz. *provost* 'Magistrat, Beamter', das auf mlat. *propositus* 'Vorgesetzter' zurückgeht und den Familiennamen ↗*Provost* ergeben hat. Aus der älteren Variante lat. *præpositus* stammt dagegen afrz. *prévost* (> nfrz. *prévôt*), das den Familiennamen ↗*Prevost/Prévost* hervorgebracht hat. 📖 RB (1388-1500): *Gilgam der Prost. Henekin Proist Son = Henneken Prosts Sone. Prost van Pittingen = Til Probst van Pittyngen. Wilhems dez Proiztz.* FSV: 1561 *Proest*. 1561 und 1611 *Probst, Prost*. 1656 *Probsts*. GDB: 1711 *Probst*. 1745 *Prost*.

PROMME [ˈpʀomə] (2009: 15, 0.09‰; 1880: 5, 0.03‰). Berufsübername zu lb. *Promm* (<*prûme*, einer Variante von mhd. *phlûme*) 'Pflaume' für den Pflaumengärtner oder -verkäufer. 📖 GDB: 1686 *Prom*. 1692 *Prom* => 1726 *Promme*. 1838 *Prom* > 1882 *Promm*.

PROMMENSCHENKEL [ˈpʀomənʃæŋkəl] (2009: 16, 0.1‰; 1880: 51, 0.26‰). Wohnstättenname zu einem gleichlautenden Flurnamen. Dieser setzt sich zusammen aus lb. *Prommen* (Pl.) 'Pflaumen' und lb. *Schenkel* 'Knickung eines Gartens, eines Feldes, einer Wiese' (Erpelding 1996, S. 174). 📖 FSV: 1656 *Prummenschenckell*. GDB: 1560 *Prommenschenckel*. 1798 *Prommenschenkel*.

PROST (2009: 12, 0.07‰; 1880: 26, 0.13‰). Regionalsprachliche Variante von ↗*Probst*.

PROVOST [ˈpʀovost] (2009: 9, 0.06‰; 1880: 0). Französischer Amtsname zu afrz. und mfrz. *provost* 'Hoher Beamter mit Justizgewalt, Vorgesetzter' < lat. *propositus*. Vgl. die Variante ↗*Prevost/Prévost* sowie den entsprechenden deutschen Namen ↗*Probst*. 🔍 Der Name ist in ganz Wallonien und besonders in der nördlichen Hälfte Frankreichs zu finden. 📖 GDB: 1727 *Provost = Provoste*.

PRUM / PRÜM [pʀym] (2009: 16, 0.1‰; 1880: 5, 0.03‰). GLEICHE BASIS *Prim*. Herkunftsname zu *Prüm* für eine Stadt in der Westeifel. 🔍 *Prum* ist im Südwesten Luxemburgs verbreitet und erscheint in Rheinland-Pfalz durchwegs als *Prüm*. Häufiger ist im Großherzogtum die entrundete Form *Prim* anzutreffen, besonders im Osten, und darüber hinaus im Moseldepartement. 📖 RB (1388-1500): *Jacob van Prumme*. FSV: 1561 *Prüm*. GDB: 1710 *Prum* => 1745 *Prim* => 1771 *Prüm*.

PUETZ (2009: 32, 0.2‰; 1880: 0). ↗*Putz*.

PULL [pul] (2009: 1, 0.01‰; 1880: 32, 0.17‰). GLEICHE BASIS *Poull*. Wohnstättenname zu mhd. *phuol* (mslfr. *p-*) 'Pfuhl', entsprechend lb. *Pull* 'Wasserpfuhl, Pfütze, Lache, Tümpel'. Häufiger erscheint der Familienname heute in den französisierenden Schreibungen *Poull, Poul*. 📖 GDB: 1713 *Pulle* => 1743 *Pull*. 1719 *Poull*. 1727 *Poul*. 1742 *Pull*. 1746 *Poul* => 1777 *Poull = Pull*.

PUNDEL / PÜNDEL [ˈpyndəl] (2009: 48, 0.29‰; 1880: 51, 0.26‰). VARIANTE(N) *Pinnel*. Wohnstättenname zu einem Luxemburger Flurnamen *Pündel*, z.B. in *Pindelsberg* oder *Pindels* (Bourscheid). 🔍 Der Name kommt fast ausschließlich in der Südhälfte Luxemburgs vor, ebenso die Variante *Pinnel*. ☞ In den Feuerstättenverzeichnissen von 1611 sind *Pündel* und *Pinnel* für denselben Ort (Wormeldingen) bezeugt. Dies spricht dafür, dass die Namen zusammengehören. 📖 FSV: 1611 *Pinel, Pinnel, uff Pündel*. 1656 *Pünnelle*. GDB: 1735 *Pinnel*. 1757 *Pinel*. 1842 *Pündel*.

Putz / Pütz [pyts] (2009: 181, 1.11‰; 1880: 281, 1.45‰). Variante(n) *Pitz, Puetz*. Wohnstättenname zu mhd. *phütze* (mslfr. *p-*) 'Brunnen'; entsprechend das Appellativ lb. *Pëtz* 'Schöpf-, Ziehbrunnen'. ⓢ *Putz* ist in ganz Luxemburg, dem Moseldepartement sowie vereinzelt in Wallonien zu finden. Augrund der Aussprache mit *ü* ist der Name von der homographen Form in Deutschland, die dort vor allem in der südlichen Hälfte auftritt, zu trennen und zu *Pütz* zu stellen. Diese Form konzentriert sich auf deutscher Seite besonders in Nordrhein-Westfalen, dann in Rheinland-Pfalz und dem Saarland. In der Schreibung *Puetz* erscheint der Name fast ausschließlich in Luxemburg. Die entrundete Variante *Pitz* gilt im Großherzogtum nur im Kanton Remich, ansonsten im Moseldepartement, der Provinz Lüttich sowie in Deutschland insbesondere in Hessen, der Pfalz, dem Saarland und dem Norden Baden-Württembergs. Zur Varianz *ü* vs. *i* in Namen mit mhd. *pfütze*, siehe DFA 1, S. 151-159. 📖 Fsv: 1561 *Pütz*. 1611 *Pütz, Pützen*. 1656 *Puetz*. Gdb: 1640 *Pütz*. 1700 *Putz*. 1724 *Pitz*.

Q R

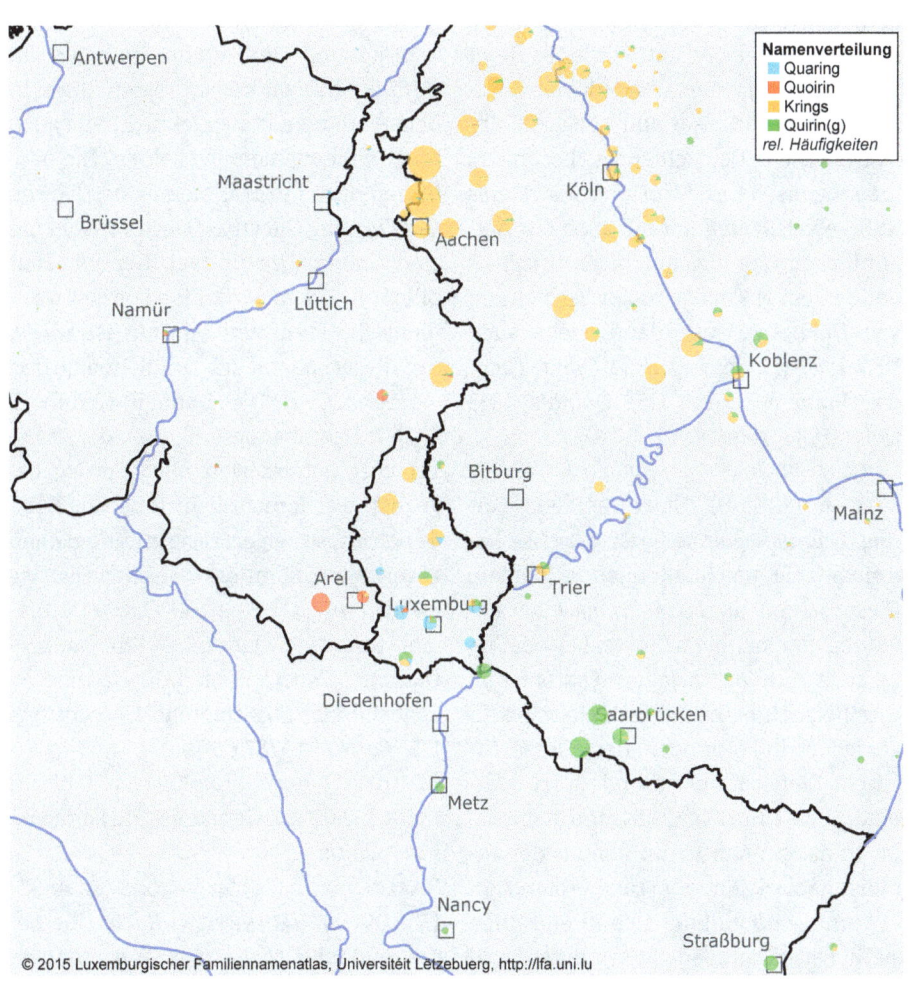

QUARING [ˈkwaːʀɪŋ] (2009: 30, 0.18‰; 1880: 67, 0.35‰). Germanisierte Form von wa. *Quoirin*, regionalsprachliche Variante von frz. ↗*Quirin*.

QUINTUS [ˈkwintus] (2009: 75, 0.46‰; 1880: 45, 0.23‰). Patronym zum gleichlautenden Rufnamen. Dieser stammt aus lat. *Quīntus* und bedeutet ursprünglich 'der Fünfte'. ⓢ *Quintus* vor allem in Luxemburg. Einzelne Streuungen im Areler Land sowie auf deutscher Seite u.a. entlang der Mosel und im Saarland. *Quint* zwar nicht in Luxemburg, jedoch im Moseldepartement, Saarland sowie in übrigen Teilen Deutschlands, besonders linksrheinisch, und im Großraum des Ruhrgebiets. *Quint* könnte auch ein Herkunftsname zur gleichnamigen Ortschaft der Gemeinde Trier sein. Zur Verbreitung von *Quint* in Deutschland, siehe auch DFA 1, S. 111. 📖 Fsv: 1611 *Quint, Quinten* (Rufname). GDB: 1758 *Quintus*. 1833 *Quint*. 1888 *Quinten*.

QUIRIN [ˈkwiːʀɛ̃ː // ˈkiːʀɛ̃ː] (2009: 5, 0.03‰; 1880: 0). GLEICHE BASIS *Corring, Quaring, Quiring*. Französisches Patronym zum gleichlautenden Rufnamen. Dieser stammt aus lat. *Quirīnus*, einer Ableitung von lat. *quiris* 'Speer, Lanze'. Siehe auch ↗*Krein*, ↗*Kring*. ⓢ *Quirin* ist im Großherzogtum kaum verbreitet, häufiger jedoch in Lothringen, dem Elsass, sowie in Deutschland besonders im Saarland; ferner um Frankfurt und Koblenz. Im frankophonen Raum kommt der Familienname kaum vor. Die germanisierte Form *Quiring* findet sich in einzelnen südlichen Kantonen Luxemburgs und in Deutschland besonders in Teilen Niedersachsens und Nordrhein-Westfalens. Doch handelt es sich dort um keine Germanisierungen von frz. *Quirin*, sondern um regionalsprachliche Ausprägungen von dt. *Quirin* mit Velarisierung des auslautenden *-n*. Das Vorkommen der auf der Grundlage des Wallonischen germanisierten Variante *Quaring* beschränkt sich auf das Großherzogtum südlich der Sauer. Die Geberform *Quoirin* ist dagegen in der benachbarten Provinz Luxemburg anzutreffen. Ein ausschließlich luxemburgischer Name ist *Corring*. Er zeigt das größte Vorkommen in den Kantonen Ettelbrück und Clerf. ☞ Der Rufname lat. *Quirīnus* hat zahlreiche regionalsprachliche Varianten hervorgebracht, die auch als Familiennamen erscheinen. Die häufigsten davon in Wallonien sind *Quoirin, Quoilin* und *Quevrin, Quevrain*; seltener sind *Querin, Quivrin* (vgl. Germain-Herbillon, S. 842 u. 844). Eine speziell westflämische Form von *Quirīnus* ist *Korijn*. Aus dieser stammt der Familienname frz.-wa. *Corin, Corrin* (vgl. Germain-Herbillon, S. 260; Debrabandere, S. 251), der in Luxemburg germanisiert als ↗*Corring* begegnet. Was ferner die historischen Belege betrifft, so zeigen diese mitunter einen gegenseitigen Einfluss zwischen *Quaring* und *Quiring*. 📖 Fsv: 1611 *Quirin* (Rufname). GDB: 1695 *Quorin* => 1720 *Quarin* = *Quaring*, 1740 *Quiring*. 1730 *Quaring* => 1769 *Quiring*, 1772 *Quaring*. 1746 *Corring*. 1757 *Coring* => 1787 *Corring*.

QUIRING [ˈkwiːʀɪŋ] (2009: 14, 0.09‰; 1880: 3, 0.02‰). Germanisierte Form von frz. ↗*Quirin*.

RAACH [ʀaːχ] (2009: 64, 0.39‰; 1880: 17, 0.09‰). VARIANTE(N) *Rach*. Übername zu a) mhd. *râche, râch* 'Vergeltung eines Unrechtes, Strafe, Rache'; b) mhd. *rach* 'rauh, steif', umlautlose und kurzvokalische Nebenform von mhd. *ræhe*. ⓢ *Raach* erscheint in Luxemburg, der Norden ausgenommen, ferner vereinzelt in Deutschland, besonders im Südwesten. Die Schreibvariante *Rach* zeigt eine lose Streuung in Luxemburg und Deutschland, doch sind außerhalb des Großherzogtums andere bzw. weitere Etymologien möglich. ☞ Ein Berufsübername zu mhd. *rouch* 'Dampf, Dunst; Rauch' und demnach eine regionalsprachliche Variante von ↗*Rauch*, Etymologie 1 ist auszuschließen, da der Name schon 1666 als *Raach* erscheint und darüber hinaus nie mit *Rauch* wechselt. 📖 GDB: 1666 *Raach*. 1700 *Rach* => 1727 *Raach*, 1728 *Rach*.

RAAS [ʀaːs] (2009: 18, 0.11‰; 1880: 45, 0.23‰). Patronym zu einem gleichlautenden Rufnamen, für den mehrere Etymologien in Frage kommen können. a) Am wahrscheinlichsten ist eine Kurzform von *Erasmus*. Dieser Rufname ist entlehnt aus griech. *Érasmos* und gehört zu griech. *erásmios* 'liebenswürdig, begehrenswert'; b) Möglich wäre auch ein Rufname aus ahd. *Rāso, der als solcher jedoch im Althochdeutschen nicht belegt ist, aber aus spärlich bezeugten Komposita mit *Rās-* wie ahd. *Rāsmār* verkürzt sein könnte. Das Erstglied gehört am ehesten zu mhd. *rāsen* 'toben, rasen', mnd. *rās* 'heftige Strömung'; das Zweitglied entspricht ahd. *māri* 'bekannt, berühmt, angesehen'. 📖 GDB: 1735 *Raas*.

RACH (2009: 19, 0.12‰; 1880: 49, 0.25‰). ↗*Raach*.

RALINGER [ˈʀaːlɪŋɐ] (2009: 17, 0.1‰; 1880: 25, 0.13‰). Personalisierter Herkunftsname zu *Ralingen* (lb. *Rooljen*) für eine Gemeinde im Landkreis Trier-Saarburg. ✹ Luxemburg, besonders im Osten. 📖 GDB: 1716 *Ralinger*.

RASKI (2009: 1, 0.01‰; 1880: 0). ↗*Rasqui*.

RASKIN (2009: 2, 0.01‰; 1880: 0). ↗*Rasquin*.

RASKY (2009: 3, 0.02‰; 1880: 8, 0.04‰). ↗*Rasqui*.

RASQUE / RASQUÉ [ˈʀaskeː] (2009: 33, 0.2‰; 1880: 20, 0.1‰). GLEICHE BASIS *Rasqui*. Durch Suffixwechsel entstandene Sonderform von ↗*Rasquin*. ✹ Der Name findet sich nur in Luxemburg, ebenso die extrem seltenen Schreibvarianten *Raski* und *Rasky*. Die wallonische Entsprechung *Rasqué* gilt besonders im Kanton Redingen sowie im Süden der Provinz Luxemburg. 📖 GDB: 1703 *Rasqué* => 1729 *Rasky*. 1731 *Rasquin*, 1739 *Rasqui*, 1751 *Rasqué*. 1766 *Rasqui* => 1798 *Raské*. 1778 *Raski*. 1814 *Rasqué* => 1843 *Rasquet*. 1848 *Rasqui* => 1876 *Rasky*, 1878 *Raski*, 1887 *Rasqué*.

RASQUI [ˈʀaskiː] (2009: 18, 0.11‰; 1880: 12, 0.06‰). VARIANTE(N) *Raski*, *Rasky*. Germanisierte Form von ↗*Rasque/Rasqué*.

RASQUIN [ˈʀaskɛ̃ː] (2009: 34, 0.21‰; 1880: 75, 0.39‰). VARIANTE(N) *Raskin*. Französisches Patronym zum gleichlautenden Rufnamen. Dieser ist entlehnt aus einem mnl. Diminutiv auf *-kijn*, vgl. den nl. Familiennamen *Raskin*. Diesem liegt ein germ. Rufname *Rasso* (so zwar nur ahd. belegt, jedoch auch für den wallonischen Familiennamen *Rasson* vorauszusetzen), *Rasso* zu Grunde; vgl. ↗*Rassel*, Etymologie 2. Vgl. auch die durch Suffixwechsel entstandene Sonderform ↗*Rasque/Rasqué* sowie ↗*Rath*, Etymologie 1b, ↗*Raths*, Etymologie 1. ✹ Zum Hauptverbreitungsgebiet von *Rasquin* gehören der Westen Luxemburgs, Teile Walloniens, die Départements Nord und Ardennes sowie der Niederrhein. Überwiegend in Belgien ist die Variante *Raskin* anzutreffen, speziell in Wallonien punktuell *Rasquain*, in Flandern die wohl regermanisierte Form *Rasking*. 📖 GDB: 1703 *Rasqué* => 1729 *Rasky*. 1731 *Rasquin*, 1739 *Rasqui*, 1751 *Rasqué*. 1765 *Raskin*. Germain-Herbillon, S.850: 1280 *Raskinus*. 1323 *Rassequinus filius domini Rassonis*.

RASSEL [ˈʀɑsəl] (2009: 48, 0.29‰; 1880: 23, 0.12‰). 1. Wohnstättenname zu einem gleichlautenden Flurnamen, z.B. *op Rassel* (Useldingen); vgl. auch ↗*Rossler*, Etymologie 1. 2. Patronym zum gleichlautenden Rufnamen einer Diminutivbildung zu ahd. *Rasso* (vgl. Brechenmacher 2, S. 374). *Rasso* könnte durch Assimilation aus **Raþso* entstanden und demnach am ehesten mit *so*-Suffix zu germ. **raþa-* 'leicht, schnell' (vgl. got. *raþs* 'leicht', ahd. *rad* 'schnell') gebildet sein; Debrabandere (S. 1155) setzt für die Diminutiva des Typs *Raskin* (↗*Rasquin*) dagegen die Ausgangsform *Razo* an, die er von germ. *rēda* 'Rat' ableitet. Vgl auch ↗*Rasque*, ↗*Rasquin*, ↗*Rath*, Etymologie 1b, ↗*Raths*, Etymologie 1. 3. Berufsübername zu frnhd. *Rassel* 'Knarre, Klapper (des Nachtwächters oder Jagdtreibers)', demnach für einen Nachtwächter oder Jagdtreiber. 🕭 Der Name ist fast ausschließlich in Luxemburg und im Areler Land verbreitet. Eine leichte Streuung zeigt er in Wallonien und im Département Nord, wo er sehr vereinzelt auch als *Rasselle* begegnet. Doch kommt außerhalb des deutschen Sprachraums nur Etymologie 2 in Frage (weitere Deutungen bei Debrabandere, S. 1164). ☞ Zu Etymologie 1: Ein Flurname *Rassel* ist einerseits vergleichbar mit den Appellativa nhd. *Rossel*, f., auch *Rassel* 'felsiger Acker; Vertiefung an einem Berg, durch welche das Wasser fließt u.a.' (DWB); els. *Rossel* 'Steingeröll u.a.', pfälz. *Rassel, Rossel* 'Steinhaufen im Feld, der meist mit Dornen, wilden Birnbäumen oder Kirschbäumen umsäumt ist; schlechtes, steiniges Grundstück; Ödland; steiniger, geröllhaltiger Waldgrund; Untiefe im Bach (infolge von Geröllbildung), über die das Wasser schäumt u.a.'. Andererseits bietet sich ein Vergleich mit Appellativa an, die eine Pflanze bezeichnen: z.B. lb. *Rassel* f. (Bögen) 'Klatschmohn', pfälz. *Rassel* f., m. 'Zittergras u.a.'. 📖 FSV: 1656 *Rassel, Rassels*. GDB: 1681 *Rassel*. 1749 *Rassels* => 1779 *Rossels*.

RATH [ʀɑːt] (2009: 3, 0.02‰; 1880: 13, 0.07‰). 1. Patronym zum gleichlautenden Rufnamen. Dieser geht zurück auf a) ahd. *Rādo, Rāto* und ist Kurzform von Namen, die mit ahd. *rāt* 'Rat, Ratschlag' gebildet sind; b) ahd. *Rado*, das zu ahd. *rad* 'schnell' gehört; vgl. auch ↗*Rassel*, Etymologie 2, ↗*Rasque*, ↗*Rasquin*. 2. Übername zu mhd. *rât* 'Rat, Ratschlag; Ratgeber'; vgl. auch ↗*Raths*, Etymologie 2. 📖 GDB: 1798 *Rath*.

RATHS [ʀɑːts] (2009: 22, 0.13‰; 1880: 59, 0.3‰). 1. Patronym zum gleichlautenden Rufnamen. Dieser stammt aus ahd. *Raz(z)o*, das Koseform von ahd. *Rado* bzw. *Rādo, Rāto*; vgl. ↗*Rath*, Etymologie 1, ↗*Rassel*, Etymologie 2, ↗*Rasque*, ↗*Rasquin*. 2. Flektiertes Patronym zu ↗*Rath*. ☞ In den historischen Belegen finden sich gelegentlich hyperkorrekte Schreibungen *Rautz*, demnach mit *au* für lb. gedehntes *a*, da dieses mit mhd. *ou* (= nhd. *au*) lautlich zusammengefallen ist (vgl. lb. *Kaz* 'Katze', *Bam* 'Baum'). Als Etymologie zu *Rautz* passt jedoch nicht ein flektiertes Patronym zu ↗*Rath* als Übername zu mhd. *rât* 'Rat, Ratschlag; Ratgeber', da mhd. *â* im Luxemburgi-

schen nicht mit mhd. *ou* zusammengefallen ist, sondern langes *o* ergeben hat (vgl. lb. *roden* 'raten'). 📖 Fsv: 1656 *Raths*. GDB: 1677 *Raatz* => 1706 *Rautz* => 1730 *Raths* = *Rautz* = *Ratz* => 1754 *Ratz*, 1765 *Raths*. 1706 *Rautz* => 1731 *Ratz*. 1747 *Raths* => 1773 *Ratz* = *Raths*.
RAUCH [ʀɑuχ] (2009: 5, 0.03‰; 1880: 37, 0.19‰). GLEICHE BASIS *Rauchs*. 1. Berufsüberame zu mhd. *rouch* 'Dampf, Dunst; Rauch' für jemanden, der am oder mit dem Feuer arbeitet (z.B. Koch, Schmied). 2. Übername zu mhd. *rûch* 'haarig, struppig, zottig, rauh'; vgl. auch ↗*Rauen*. ✴ *Rauch* kommt in Luxemburg nur im Zentrum und Südosten vor, häufiger dagegen in Lothringen und im Elsass, sehr häufig in Deutschland. Die zu *Rauch*, Etymologie 1 gehörige Genitivform *Rauchs* ist dagegen überwiegend luxemburgisch. 📖 Fsv: 1611 *Rauch, Rauchs*. GDB: 1748 *Rauchs*. 1786 *Rauch*.
RAUCHS [ʀɑuks // ʀɑuχs] (2009: 33, 0.2‰; 1880: 41, 0.21‰). Flektiertes Patronym zu ↗*Rauch*, Etymologie 1.
RAUEN [ˈʀɑuən] (2009: 20, 0.12‰; 1880: 23, 0.12‰). Flektiertes Patronym zu *Rau*, Übername zu a) mhd. *rou, -wes* 'roh'; b) mhd. *rûch* 'haarig, struppig, zottig, rauh; wirsch, ungebildet'; vgl. auch ↗*Rauch*, Etymologie 2. 📖 Fsv: 1611 *Rauw, Rauwen*. 1656 *Rauw*. GDB: 1810 *Rauen*. 1859 *Rau*.
RAUS [ʀɑus] (2009: 42, 0.26‰; 1880: 51, 0.26‰). Herkunftsname zu *Rausa*, auch *Rawsa*, für einen Weiler in der Gemeinde Modave, Provinz Lüttich. ✴ In Luxemburg kommt der Name *Raus* besonders im Süden vor, außerhalb des Großherzogtums nicht in direkter Nähe. 📖 GDB: 1741 *Rausa* => 1781 *Raus* = *Rauser* = *Roser*. 1825 *Rauss*.

RAUSCH [ʀɑuʃ // ʀæːuʃ] (2009: 136, 0.83‰; 1880: 317, 1.64‰). Wohnstättenname zu *Rausch*, mehrfach vorkommende Flur in Luxemburg sowie Bach im Areler Land. ✴ Der Name ist im gesamten germanophonen Kartierungsgebiet sowie in den Provinzen Luxemburg, Lüttich und im Raum Brüssel weit verbreitet. Vielfach ist mit Konkurrenzetymologien zu rechnen. ☞ Der Flurname stammt vom Appellativ lb. *Rausch* f., m. '(im Feld zusammengetragener) Steinhaufen'. Vgl. auch lothr. *Rausch* m. 'Haufen Steine, Geröll', rhein. *Rausche* f. 'Stelle, wo im fließenden Gewässer infolge des großen Gefälles und der Unebenheiten des Flussbettes, besonders wenn dicke Steine eine Ablenkung herbeiführen, das Wasser mit starkem Rauschen schnell dahineilt; meist abschüssige, seichte, mit Geröll bedeckte Stelle in fließendem Gewässer'; 'durch einen Wasserabsturz oder Bergrutsch entstandener, mit Geröll bedeckter Abhang, aus Geröll oder steinichtem Boden bestehende größere Fläche, besonders auch im Acker, Steinrausche'. 📖 Fsv: 1611 *Rauschen*. GDB: 1653 *Rausch*.
RECH [ʀæç] (2009: 54, 0.33‰; 1880: 34, 0.18‰). 1. Wohnstättenname zu einem gleichlautenden Luxemburger Flurnamen, z.B. *op dem Rech* (Gemeinde Berdorf), *op dem héije Rech* (Gemeinde Ulflingen); entsprechend das Appellativ rhfrk., mslfrk. *Rech* m. 'Abhang, Böschung u.ä.'. 2. Herkunftsname zu *Rech* für a) eine Gemeinde im Landkreis Ahrweiler, b) einen Gemeindeteil von Merzig. ✴ In Luxemburg nur in der südlichen Hälfte mit Anschluss im Moseldepartement, der deutschen Moselgegend und dem Saarland. Außerdem in Deutschland u.a. besonders an Mittel- und Nieder-

rhein. 📖 Fsv: 1611 *Rech*. Gdb: 1686 *Rech*.
Recht [ʀæçt] (2009: 15, 0.09‰; 1880: 38, 0.2‰). 1. Herkunftsname zu *Recht* für eine Ortschaft in der Gemeinde Sankt Vith, Ostbelgien. 2. Übername zu mhd. *rëht* 'u.a. gerade; recht, gerecht, gehörig'. 📖 Fsv: 1611 *Recht*. Gdb: 1714 *Recht*.
Reckel [ˈʀækəl] (2009: 14, 0.09‰; 1880: 7, 0.04‰). Übername zu nhd.-landsch. (md.) *Reckel*, Nebenform von *Räkel* 'ungezogen dasitzender Mensch'; entsprechend auch pfälz. *Reckel* 'grober, ungeschliffener Kerl'. 📖 Gdb: 1830 *Reckel*.
Recken [ˈʀækən] (2009: 25, 0.15‰; 1880: 7, 0.04‰). Flektiertes Patronym zu *Reck, Recke*, Übername zu mhd. *recke* 'Verfolger; Krieger, Held'. 📖 Gdb: 1720 *Recken*. 1760 *Reck*.
Recking [ʀækiːŋ] (2009: 7, 0.04‰; 1880: 16, 0.08‰). Variante(n) *Reckinger*. Herkunftsname zu a) *Reckingen* (lb. *Recken*, frz. *Reckange*), Gemeinde Mersch; b) *Reckingen* (Langformen *Reckingen an der Mess*, lb. *Reckeng op der Mess*, frz. *Reckange-sur-Mess*) in der gleichnamigen Gemeinde. 🕭 *Recking* gehört zu den niederfrequenten Namen und ist fast nur in Luxemburg verbreitet. Weitaus häufiger und ebenso überwiegend luxemburgisch ist die personalisierte Form *Reckinger*. ☞ Im Feuerstättenverzeichnis von 1561 sind für Strassen *Reckinger* und *Reckener* belegt. In Letzterem schlägt sich die regionalsprachliche Lautung nieder und es kann nur zu lb. *Recken* (Etymologie a) gehören. 📖 RB (1388-1500): *Van Reckingen, van Reckyngen, van Rockingen, von Reckingen, vonn Reckingenn*. Fsv: 1561 *Reckinger, Reckener*. 1611 *de Reckingen, Reckinger*. Gdb: 1680 *Reckinger*. 1715 *Recking*. 1740 *Recking* => 1761 *Reckinger*, 1762 *Recking*. 1745 *Reckinger* => 1777 *Recching*. 1768 *Recking* => 1802 *Recking*, 1814 *Reckin* = *Reckinger*.
Reckinger (2009: 101, 0.62‰; 1880: 194, 1‰). Personalisierte Form von ↗*Recking*.
Reding [ʀeːdɪŋ // ˈʀeɪdɛŋ] (2009: 283, 1.73‰; 1880: 494, 2.55‰). Herkunftsname zu a) *Redingen an der Attert* (lb. *Réideng/Réiden un der Atert*, frz. *Rédange-sur-Attert*) in der gleichnamigen Gemeinde; b) *Redingen* (frz. *Rédange*), Moseldepartement; c) *Reding* (frz. *Réding*), Moseldepartement. Vgl. auch ↗*Redinger*. 🕭 Der Name streut in Luxemburg, der gleichnamigen Nachbarprovinz sowie im Departement Meurthe-et-Moselle. 📖 RB (1388-1500): *Van Redingen*. Fsv: 1611 *Reding*. Gdb: 1613 *Redingen*. 1650 *Reding*.
Redinger [ˈʀeːdɪŋɐ // ˈʀeɪdɛŋɐ] (2009: 15, 0.09‰; 1880: 46, 0.24‰). Personalisierte Form von ↗*Reding*. 🕭 Im Süden Luxemburgs und im Moseldepartement. 📖 Fsv: 1656 *Redinger*. Gdb: 1745 *Redinger* => 1802 *Rettinger* = *Reddinger*.
Regenwetter [ˈʀeːɡənvætɐ] (2009: 39, 0.24‰; 1880: 54, 0.28‰). Übername zu mhd. *rëgen* 'Regen' und mhd. *wët(t)er* 'Wetter'. Vgl. weitere Namen wie *Trübwetter, Kühlwetter, Faulwetter, Böswetter, Nasswetter* in Deutschland. 🕭 Nur in Luxemburg zu finden. ☞ Die frühesten Belege zeigen die kontrahierte Form *Rein, Reyn* für *Regen-*; darüber hinaus in einem Fall den Wechsel von *Rewer* zu *Regenwetter*, allerdings nur für den ältesten der insgesamt acht Nachfahren. Ein etymologischer Zusammenhang zwischen den Formen ist nicht gegeben. In einem weiteren Fall manifestiert sich der (etymologisch ebenfalls unbegründete) Wechsel von *Henckels* für den Vater zu *Regenwetter* für dessen acht Kinder. 📖 Fsv: 1440-

1450 *Reinweder* = *Reynweder* = *Reingeweder*. 1611 *Reinwetters*. 1656 *Regenwetter*. GDB: 1660 *Rewers* => 1688 *Regenwetter*. 1716 *Henckels* => 1743 *Regenwetter*.
REHLINGER ['Reːliŋɐ] (2009: 35, 0.21‰; 1880: 33, 0.17‰). Personalisierter Herkunftsname zu *Rehlingen* für a) einen Ortsteil der Gemeinde Rehlingen-Siersburg im Landkreis Saarlouis; b) einen Ortsteil der Gemeinde Nittel im Landkreis Trier-Saarburg. ⓢ Fast nur in Luxemburg, dem Moseldepartement und Saarland. ⌂ GDB: 1766 *Relinger*. 1810 *Rehlinger*.
REICHER ['Raɪɕɐ] (2009: 18, 0.11‰; 1880: 57, 0.29‰). 1. Patronym zum gleichlautenden Rufnamen. Dieser geht zurück auf ahd. *Rīhheri*, mit ahd. *rīhhi* 'reich, mächtig' (vgl. ↗*Richard*) und ahd. *heri* 'Heer'. 2. Deriviertes Patronym zu mhd. *rīche* 'vornehm, edel, mächtig, reich': 'aus der Familie des Reichen Stammender'. 3. Flektierter Übername zum gleichen Adjektiv. ⌂ GDB: 1651 *Reichers*. 1735 *Reicher*.
REICHERT ['Raɪɕɐt] (2009: 32, 0.2‰; 1880: 8, 0.04‰). 1. Patronym zum gleichlautenden Rufnamen. Dieser ist regionalsprachliche Form von ↗*Richard* und zeigt Schwund von *h* sowie Abschwächung des Vokals der Zweitsilbe. 2. Möglich ist daneben eine sekundäre *t*-Erweiterung zu ↗*Reicher*, Etymologie 2 und 3.
REICHERTZ ['Raɪɕɐts] (2009: 1, 0.01‰; 1880: 2, 0.01‰). Flektiertes Patronym zu ↗*Reichert*.
REICHLING ['Raɪɕliŋ] (2009: 78, 0.48‰; 1880: 250, 1.29‰). 1. Herkunftsname zu *Reichlingen* (lb. *Räichel*, frz. *Reichlange*) für eine Ortschaft in der Gemeinde Redingen. 2. Patronym zum gleichlautenden Rufnamen. Dieser stammt aus ahd. *Rīchiling*, das durch Einblendung von *-ling* aus *Rīhhilīn* hervorgegangen ist. Zu Grunde liegt ahd. *rīhhi* 'reich, mächtig, hoch' (Tiroler Einwanderername; vgl. Hess 1970, S.61). ⓢ Zum Verbreitungsgebiet des Namens gehören Luxemburg, das Arrondissement Bastogne, das Areler Land, das Moseldepartement sowie in Deutschland insbesondere die Pfalz und das Sauerland. ⌂ RB (1388-1500): *Richlinger, Richlingers, Rychlinger*. GDB: 1698 *Reichling*. 1752 *Reicheling*. 1789 *Reichel* = *Reichling*.
REIF (2009: 4, 0.02‰; 1880: 29, 0.15‰). ↗*Reiff*.
REIFENBERG ['Raɪfənbæʁɕ] (2009: 14, 0.09‰; 1880: 2, 0.01‰). Herkunftsname zu einem im deutschen Sprachraum mehrfach auftretenden Toponym, im Raum Luxemburg am ehesten zu a) *Reifenberg* für die ehemalige Herrschaft Reifenberg (später zur Herrschaft Nassau gehörig) im heutigen Hochtaunuskreis, Hessen; b) *Reifenberg* für eine Gemeinde im Landkreis Südwestpfalz. ⓢ Der Name bildet ein Nest in Luxemburg und bei Trier. Weitere Streuungen am Rhein sowie vereinzelt in ganz Deutschland. ⌂ FSV: 1656 *de Reiffenbergh*. GDB: 1737 *Reiffenberg*. 1817 *Reifenberg*.
REIFER (2009: 2, 0.01‰; 1880: 2, 0.01‰). ↗*Reiffer*.
REIFF [Raɪf] (2009: 62, 0.38‰; 1880: 50, 0.26‰). VARIANTE(N) *Reif*. 1. Herkunftsname zu *Reiff* für eine Ortschaft im Eifelkreis Bitburg-Prüm. 2. Berufsübername zu mhd. *reif* 'Seil, Strick; Band, Fessel; Reif, Ring' für den Seiler, Stricker oder Hersteller von Fassreifen. Siehe auch ↗*Reiffer*. ⓢ Das Hauptverbreitungsgebiet von *Reiff* liegt deutlich in Luxemburg, während dort das Vorkommen von *Reif*, der Variante mit einfachem *f*, äu-

ßerst niedrig ist. In Deutschland ist das Verhältnis umgekehrt, wenngleich sich auch dort, insbesondere in Württemberg, einige größere Nester mit *Reiff* ausmachen lassen. In der nördlichen Hälfte Deutschlands ist der Name kaum zu finden. 📖 RB (1388-1500): *Johann Reiff* = *Johann Reyff*. FSV: 1561 *Reyffen*. 1611 *Reiff*. 1656 *Reyff*. GDB: 1649 *Reiff* = *Reyf*. 1806 *Reif* = *Reiff*.

REIFFER [ˈʀaɪfɐ] (2009: 8, 0.05‰; 1880: 26, 0.13‰). VARIANTE(N) *Reifer*. GLEICHE BASIS *Reiffers*. 1. Personalisierte Form von ↗*Reiff*, Etymologie 1. 2. Berufsname zu a) mhd. *reif*, siehe ↗*Reiff*, Etymologie 2; b) mhd. *reifer* 'Weinschenk', der einen Reifen zum Zeichen des Ausschanks aushängt; c) mhd. *reifer*, gekürzt aus mhd. *lînwâtreifer* 'Messer von Holz oder Leinwand'. ✦ *Reiffer* gilt nur in der südlichen Hälfte Luxemburgs und zeigt in Deutschland die größte Verbreitung im Ruhrgebiet. Die Form mit einfachem *f*, *Reifer*, zeigt in Luxemburg das größte Vorkommen im Kanton Echternach, außerhalb des Großherzogtums u.a. in der Eifel sowie ebenso im Ruhrgebiet. Die flektierte Form *Reiffers* ist fast nur in Luxemburg und in der Eifel zu finden. Im letzteren Gebiet sowie im Saarland und Ruhrgebiet begegnet vereinzelt auch *Reifers*. ☞ In den genealogischen Quellen finden sich auch Belege mit sekundärem *-t*: *Reifert, Reiffert, Reifertz, Reiffertz* u.a. 📖 GDB: 1685 *Reiffer*. 1722 *Reiffers*. 1752 *Reifferts*. 1762 *Reifer*. 1770 *Reiffert* = *Reiffers*. 1779 *Reiffertz*. 1803 *Reifertz*. 1805 *Reifers*. 1824 *Reiffer* = *Reifer*. 1854 *Reiferz*.

REIFFERS [ˈʀaɪfɐs] (2009: 51, 0.31‰; 1880: 39, 0.2‰). Flektiertes Patronym zu ↗*Reiffer*.

REILAND (2009: 74, 0.45‰; 1880: 83, 0.43‰). Entrundete Form von ↗*Reuland*.

REIMEN [ˈʀaɪmən] (2009: 44, 0.27‰; 1880: 62, 0.32‰). 1. Übername zu rhein. *Reumann* (veraltet) m. 'Mann, der am Begräbnis teilnimmt' entspricht. Es handelt sich um eine Bildung zu mhd. *riuwen* 'beklagen, bereuen'. 2. Patronym zum gleichlautenden Rufnamen. Dieser stammt aus *Reimann* < ahd. *Reginman* und gehört zu germ. *ragina-* 'Rat, Beschluss (der Götter), Schicksal' und ahd. *man* 'Mann, Kriegsmann'. ✦ *Reimen* ist ein typischer Luxemburger Name mit Hauptverbreitung im Kanton Wiltz. Weit verbreitet in Deutschland, doch nicht in Grenznähe zu Luxemburg, ist dagegen *Reimann*. Auch *Reumann* ist in Deutschland anzutreffen, allerdings mit nur loser Streuung. Noch seltener in Deutschland ist *Reinmann*, für das jedoch Etymologie 1 auszuschließen ist und weitere Konkurrenzetymologien möglich sind. ☞ Da einige historische Belege *Reumen* lauten, setzt Etymologie 1 voraus, dass der Diphthong *eu* zu *ei* entrundet wurde. Dieser Vorgang ist gerade auch in Luxemburg nicht ungewöhnlich. Etymologie 2 setzt dagegen voraus, dass die Formen mit *ei* die älteren und jene mit *eu* die jüngeren sind und demnach *eu* eine hyperkorrekte Schreibung für *ei* darstellt (vgl. Brechenmacher 2, S. 403). Derartige hyperkorrekte Schreibungen sind in Luxemburg jedoch selten anzutreffen, vgl. jedoch ↗*Steichen*. 📖 FSV: 1656 *Reumen*. GDB: 1650 *Reimen*. 1747 *Reimen* => 1777 *Reumen* => 1802 *Reimen*. 1800 *Reumen*. 1802 *Reimen*. 1828 *Reimen*. 1828 *Reymen*.

REINARD [ˈʀaɪnɐt] (2009: 46, 0.28‰; 1880: 74, 0.38‰). VARIANTE(N) *Reinardt, Reinart*. Variante von ↗*Reinhard* mit regionalsprachlichem Schwund von *h*.

REINARDT (2009: 15, 0.09‰; 1880: 3, 0.02‰). ↗Reinard.
REINART (2009: 11, 0.07‰; 1880: 0). ↗Reinard.
REINARTZ [ˈʀaɪnɛts] (2009: 1, 0.01‰; 1880: 0). Flektiertes Patronym (schwacher Genitiv) zu ↗Reinard.
REINERS [ˈʀaɪnɐs] (2009: 38, 0.23‰; 1880: 46, 0.24‰). VARIANTE(N) Reinertz, Reinesch. Flektiertes Patronym zu a) ↗Reinert, demnach Variante von ↗Reinertz; b) Reiner. Dieser Rufname geht zurück auf ahd. Raginher und beinhaltet wie ↗Reinert im Erstglied germ. *ragina- 'Rat, Beschluss (der Götter), Schicksal'. Das Zweitglied ist ahd. heri 'Kriegsschar, Heer'. 📖 FSV: 1611 Reinartz, Reinhardts. 1656 Reinerts, Reinhertz, Reynardts, Reynerts. GDB: 1650 Reiners. 1689 Reynerts. 1703 Reinesch. 1736 Reyners. 1774 Reiners => 1804 Reinerts. 1836 Reyners => 1875 Reinertz.
REINERT [ˈʀaɪnɛt] (2009: 117, 0.72‰; 1880: 166, 0.86‰). Variante von ↗Reinhard mit regionalsprachlichem Schwund von h und Abschwächung des Vokals der Zweitsilbe.
REINERTZ (2009: 16, 0.1‰; 1880: 12, 0.06‰). ↗Reiners.
REINESCH (2009: 22, 0.13‰; 1880: 31, 0.16‰). Variante von ↗Reiners, mit regionalsprachlicher Entwicklung -ers > -esch.
REINHARD [ˈʀaɪnhaːʀt] (2009: 8, 0.05‰; 1880: 16, 0.08‰). VARIANTE(N) Reinhardt, Reinhart. GLEICHE BASIS Reinard, Reinartz, Reinert. Patronym zum gleichlautenden Rufnamen. Dieser geht zurück auf ahd. Raginhard. Er beinhaltet germ. *ragina- 'Rat, Beschluss (der Götter), Schicksal' und ahd. hart, herti, herti 'hart, kräftig, stark'. Siehe auch ↗Reiners, ↗Reis, Etymologie 4. 💲 Reinhard ist in Luxemburg sehr selten, doch sehr häufig in Deutschland anzutreffen. Dasselbe gilt für Reinhardt, das zudem in Lothringen und dem Elsass vorkommt. Insgesamt dominieren im Großherzogtum die h-losen Formen: Reinard (Luxemburg, der Norden ausgenommen, die Eifel und Aachen), Reinardt (fast nur im Südwesten Luxemburgs), Reinert (Luxemburg, dort häufigste Variante, Moseldepartement, deutsche Nachbarregion, auch übrige Teile Deutschlands). 📖 RB (1388-1500): Reynart, Reynhart, Reynnaert (Rufname). FSV: 1656 Reynardt, Reynert. GDB: 1741 Reinert => 1778 Reynert. 1755 Reinhard => 1792 Reynard.
REINHARDT (2009: 6, 0.04‰; 1880: 3, 0.02‰). ↗Reinhard.
REINHART (2009: 3, 0.02‰; 1880: 0). ↗Reinhard.
REIS [ʀaɪs] (2009: 55, 0.34‰; 1880: 112, 0.58‰). VARIANTE(N) Reiss. 1. Berufsname zu mhd. riuʒe 'Schuhflicker'. 2. Herkunfts- bzw. Übername zu mhd. riuʒe 'Russe'. 3. Berufsübername zu mhd. riuse 'Fischreuse' für den Verfertiger von Fischreusen; vgl. auch ↗Reisch. 4. Patronym zum einstigen gleichlautenden Rufnamen, vgl. ahd. Regizo, das zu germ. ragina- 'Rat, Beschluss (der Götter), Schicksal' gehört; vgl. auch ↗Reinhard. 5. Wohnstättenname zu mhd. rîs 'Reis, Zweig; Reisig, Gebüsch, Gesträuch'; vgl. z.B. den Flurnamen op dem Räis (Flaxweiler). Siehe auch ↗Reisen. 💲 Reis erscheint in Luxemburg dem Areler Land und in Ostlothringen. In Deutschland ist der Name weit verbreitet, besonders im Westen. Reiss ist im Großherzogtum extrem selten und in Deutschland überall verteilt. Reus ist vor allem im Rhein-

Main-Gebiet zu finden. 📖 Fsv: 1472 *Ruse*. 1611 *Reiss, Reuss, Reys, Reyss*. GDB: 1652 *Reis*. 1786 *Rheis*.

REISCH [ʀɑɪʃ] (2009: 26, 0.16‰; 1880: 57, 0.29‰). VARIANTE(N) *Reusch*. Berufsübername zu mhd. *riusche*, Nebenform zu mhd. *riuse* 'Fischreuse', für den Hersteller. Vgl. ↗*Reis*, ↗*Reisen*. 💲 *Reisch* wie auch die nicht entrundete Form *Reusch* zeigen in Luxemburg keine auffällige Verteilung. In Deutschland sind beide Namen breit gestreut. 📖 GDB: 1703 *Reisch*. 1707 *Reupen* => 1735 *Reusch*. 1736 *Reisch* => 1775 *Reusch*.

REISDOERFER (2009: 2, 0.01‰; 1880: 0). Umgelautete personalisierte Form ↗*Reisdorf*.

REISDORF [ˈʀɑɪsdɔʀf] (2009: 28, 0.17‰; 1880: 96, 0.5‰). VARIANTE(N) *Reisdorff*. GLEICHE BASIS *Reisdorfer*. Herkunftsname zu *Reisdorf* (lb. *Reisduerf*) für eine Ortschaft in der gleichnamigen Gemeinde. 💲 *Reisdorf* in Luxemburg sowie im gesamten westdeutschen Raum. *Reisdorff* hauptsächlich in Luxemburg und vereinzelt im Areler Land und Ruhrgebiet. Die personalisierten Varianten *Reisdorffer*, *Reisdorfer* sowie, sehr selten, umgelautetes *Reisdoerfer* ausschließlich im Großherzogtum. 📖 Fsv: 1656 *Reyssdorff*. GDB: 1656 *Reisdorf*. 1759 *Reisdorf* => 1789 *Reysdorff*. 1785 *Reisdorff*. 1830 *Reistroffer* => 1855 *Reisdorfer*.

REISDORFER [ˈʀɑɪsdɔʀfɐ] (2009: 5, 0.03‰; 1880: 10, 0.05‰). VARIANTE(N) *Reisdorffer*. Personalisierte Form von ↗*Reisdorf*.

REISDORFF (2009: 18, 0.11‰; 1880: 60, 0.31‰). ↗*Reisdorf*.

REISDORFFER (2009: 18, 0.11‰; 1880: 31, 0.16‰). ↗*Reisdorfer*.

REISEN [ˈʀɑɪzən] (2009: 31, 0.19‰; 1880: 75, 0.39‰). Flektiertes Patronym zu ↗*Reis*, Etymologie 1-4. 💲 Zum Hauptverbreitungsgebiet des Namens gehören Luxemburg mit Ausnahme des Ostens, das Areler Land sowie in Deutschland der Raum Aachen-Niederrhein. 📖 RB (1388-1500): *Reysen van Korrich*. Fsv: 1472 *Rusen Swager*. GDB: 1667 *Reisen*. 1620 *Reusen* => 1682 *Reysen*, 1684 *Reisen* = *Reyssen*.

REISER [ˈʀɑɪzɐ] (2009: 93, 0.57‰; 1880: 91, 0.47‰). Berufsname zu mhd. *reisære* 'der eine Reise, einen Feldzug macht, Krieger'. 💲 In Luxemburg besonders im Westen, in Deutschland besonders im Süden. 📖 Fsv: 1656 *Reysers*. GDB: 1630 *Reiser*. 1704 *Reiser* => 1735 *Reser*, 1742 *Reiser* = *Reser*. 1772 *Reser* => 1803 *Reiser*.

REISS (2009: 2, 0.01‰; 1880: 9, 0.05‰). ↗*Reis*.

REITER [ˈʀɑɪtɐ] (2009: 112, 0.69‰; 1880: 265, 1.37‰). VARIANTE(N) *Reyter*. 1. Standesname zu mhd. *rîtære, rîter, riter, ritter* 'Reiter, Streiter zu Pferde, Kämpfer, Ritter allgemein'. 2. Entrundete Form von ↗*Reuter*. 💲 *Reiter* ist im ganzen germanophonen Kartierungsgebiet verbreitet und findet Anschluss in Ostbelgien und Ostfrankreich. Das Vorkommen der Schreibvariante *Reyter* konzentriert sich auf Luxemburg, die gleichnamige Nachbarprovinz und Ostlothringen. 📖 RB (1388-1500): *Rijders Soen*. Fsv: 1611 *Reitters*. GDB: 1720 *Reiter*. 1723 *Reitesch* = *Reuter*. 1801 *Reyter*.

REITZ [ʀɑɪts] (2009: 39, 0.24‰; 1880: 39, 0.2‰). Patronym zum gleichlautenden Rufnamen. Dieser stammt aus ahd. *Ragizo*, Koseform eines Namens mit germ. *ragina- 'Rat, Beschluss (der Götter), Schicksal'. 💲 *Reitz* streut in Luxemburg mehr im Norden als im Süden, in

Deutschland besonders im Westen, ferner in Ostlothringen sowie vereinzelt in Flandern. 📖 GDB: 1650 *Reitz*. 1708 *Reitz* => 1741 *Reitzen*.

REMACKEL (2009: 11, 0.07‰; 1880: 11, 0.06‰). ↗*Remakel*.

REMACLE [ˈʀəmaːklə // ˈʀəmaːkəl] (2009: 7, 0.04‰; 1880: 47, 0.24‰). GLEICHE BASIS *Remakel*. Französisches Patronym zum gleichlautenden Rufnamen. Dieser stammt aus *Remaclus*, einer Latinisierung von kelt. *Rīgomaglos 'königlicher Prinz' (Holder II, Sp. 1115-1116). 👁 *Remacle* ist in Luxemburg niederfrequent, häufig jedoch in Wallonien, dagegen in Frankreich überhaupt nicht anzutreffen. Die germanisierte Form *Remakel* sowie die seltenere Variante *Remackel* kommen ausschließlich in Luxemburg vor. Zur Verbreitung der potenziellen Variante *Mackel*, siehe dort. ☞ Zur regionalen Popularität des Rufnamens hat der aus Aquitanien stammende Heilige Remaclus, Bischof im 7. Jh. und Gründer der Klöster Stablo und Malmedy, beigetragen. Dieser ist, außer als *Remaclus*, in den historischen Quellen als *Remaculus*, *Remaglus*, *Rimagilus* überliefert. Die Formen mit *c* gegenüber jenen mit *g* zeigen dabei wohl Angleichung an das lateinische Suffix *-aculu-*. Die wallonische Aussprache des Familiennamens lautet *Rumâke*. Zu historischen Belegen in Wallonien und weiterführender Literatur vgl. Germain-Herbillon, S. 855. 📖 Fsv: 1561 *Maculus*. 1611 *Mackels, Maclus, Remacle*. 1656 *Macles*. GDB: 1772 *Remacle* => 1802 *Remackel*. 1811 *Maquel* => 1843 *Mackel*. 1852 *Remackel* => 1890 *Remakel*.

REMAKEL [ˈʀəmaːkəl] (2009: 22, 0.13‰; 1880: 30, 0.15‰). VARIANTE(N) *Remackel*. Germanisierte Form von ↗*Remacle*.

REMY [ˈʀəmiː] (2009: 39, 0.24‰; 1880: 46, 0.24‰). Französisches Patronym zum gleichlautendem Rufnamen. Dieser stammt aus lat. *Rēmigius*, das zu lat. *rēmex, -igis* 'Ruderer', lat. *rēmigium* 'Ruderwerk' gehört. 👁 In Luxemburg liegt das Verbreitungsgebiet von *Remy* besonders im Westen und bildet ein Kontinuum mit dem Verbreitungsgebiet in Wallonien und im Nordosten Frankreichs, wo die Verehrung des Heiligen Remigius die größte Tradition hat. Die Variante *Remi* ist seltener. Ihr Vorkommen beschränkt sich in Frankreich auf einige besonders im Norden verstreute Nester, in Wallonien auf die Gegend von Lüttich. ☞ 📖 Fsv: 1611 *Remy*. GDB: 1688 *Remy = Rémy*. 1731 *Remi* => 1766 *Remy*.

RENCKENS [ˈʀæŋkəns] (2009: 16, 0.1‰; 1880: 14, 0.07‰). Flektiertes Patronym (Mischgenitiv) zu einem ehemaligen Rufnamen *Renke*. Dieser stammt aus ahd., as. *Renco*, das u.a. zu mnd., mnl. *ranc* 'schlank' oder ahd. *rang* 'Faustkampf' gehören dürfte (vgl. Förstemann 1, Sp. 1248). Da jedoch der Rufname *Renco*, *Rencho* auch im Westfränkischen überliefert ist, zeigt er nach Kaufmann 1968, S. 287 die romanische Senkung *i > e* und gehört zu germ. **hringa-*, das speziell im Altniederfränkischen und Westfränkischen die Bedeutung 'Kreis der zum Gericht Geladenen, in welchem die Verhandlungen stattfinden' annahm. Auf jeden Fall konnte er auf nicht-hochdeutschem Sprachgebiet mit *Reinke > Renke*, einer kontrahierten Form von *Reineke* (zu germ. **ragina-* 'Rat, Beschluss (der Götter), Schicksal') lautlich zusammenfallen. 📖 RB (1388-1500): *Reinkin dem Cremer. Reynnekin van Pere = Reyncken van Peyr = Reymekin von Piere = Reynchgin van Peyre = Reyn-*

cken van Peyre (durchwegs Rufname). GDB: 1750 *Renckens*. 1830 *Renckes*.
RESCH [ʀæʃ] (2009: 18, 0.11‰; 1880: 10, 0.05‰). Übername zu mhd. *resch, resche* 'schnell, behände, munter, rührig, lebhaft'. 📖 GDB: 1810 *Resch*.
RETTEL [ˈʀætəl] (2009: 13, 0.08‰; 1880: 44, 0.23‰). Herkunftsname zu *Rettel* für eine Gemeinde im Moseldepartement. 📖 Fsv: 1611 *Rettel*. 1656 *Retteler*. GDB: 1704 *Rettel*.
RETTER [ˈʀætɐ] (2009: 18, 0.11‰; 1880: 34, 0.18‰). Übername zu mhd. *rettære* 'Retter', Agensbildung zu mhd. *retten* 'retten', evtl. im Sinne einer rechtlich gebotenen Handlung: '(einem Übel) entreißen, (aus einer Notsituation heraus) helfen, in Sicherheit bringen, vor Schaden bewahren; von Pfand: auslösen' (DRW). 📖 GDB: 1881 *Retter*.
REULAND [ˈʀɔɪlɑnt] (2009: 121, 0.74‰; 1880: 248, 1.28‰). VARIANTE(N) *Reiland*. Herkunftsname zu a) *Reuland* (lb. *Reiland*) für eine Ortschaft in der Gemeinde Heffingen; b) *Reuland*, heute *Burg Reuland*, für eine Ortschaft in der gleichnamigen Gemeinde in der Deutschsprachigen Gemeinschaft. 🜛 *Reuland* und entrundetes *Reiland* erscheinen vor allem in Luxemburg mit einer Streuung in das Moseldepartement sowie in die deutschen Nachbarregionen. *Reyland* findet sich nur im Süden Luxemburgs. 📖 RB (1388-1500): *Van Rulant, van Rullant*. FSV: 1561 *Rulandts*. 1656 *Reuland, Reulandt*. GDB: 1715 *Reiland*. 1734 *Reyland*. 1742 *Reylandt*. 1736 *Reiland = Reyland = Reuland*.
REUSCH (2009: 10, 0.06‰; 1880: 10, 0.05‰). ↗*Reisch*.
REUTER [ˈʀɔɪtɐ] (2009: 534, 3.27‰; 1880: 964, 4.98‰). 1. Standesname zu frnhd. *reuter* 'Reiter', nl. *ruiter* 'Freibeuter, Straßenräuber; Ritter' < 'Reiter zu Pferde'. 2. Berufsname zu mhd. *riutære* 'der ausreutet, urbar macht; Bauer'. 3. Personalisierter Herkunftsname zu einem Toponym *Reut, Reuth*, im Raum Luxemburg am ehesten zu *Reuth* für eine Ortschaft in der Vulkaneifel. 4. Personalisierter Wohnstättenname zu mhd. *riute* n. 'durch Roden urbar gemachtes Stück Land'. Vgl. auch ↗*Reiter*. 🜛 *Reuter* kommt in Luxemburg und dem Areler Land in besonders hoher Konzentration vor. Insgesamt zeigt der Name im germanophonen Kartierungsgebiet eine dichte Verbreitung. Die Streuung setzt sich im frankophonen Teil Lothringens und vereinzelt in Wallonien fort. ☞ Zu Etymologie 1: Frnhd. *reuter*, nl. *ruiter* ist entlehnt aus mlat. *rutārius* < *ruptārius* < *ruptuārius* 'Söldner, Wegelagerer', einer Ableitung von lat. *rupta* '(ausgebrochener) Weg; Söldnerschar' (vgl. de Vries, S. 596). Die Dehnung von *u* zu *û*, die für den Diphthong nl. *ui* vorauszusetzen ist, bleibt erklärungsbedürftig. Im Mittelniederdeutschen erscheint das Substantiv dagegen mit kurzem *u* als *ruter*. Semantisch scheint auf jeden Fall eine Anlehnung an mhd. *rîtære, rîter, riter, ritter* 'Reiter, Streiter zu Pferde, Kämpfer, Ritter allgemein', mnl. *riddere, reddere* 'Reiter, Kriegsmann, Ritter' stattgefunden zu haben. Zu Etymologie 2: Wenn der Name zu mhd. *riutære* gehört und im Raum Luxemburg in erbwörtlicher Form vorliegt, könnte das inlautende *t* aus vorahd. *dd* stammen, da vorahd. *dd* im Luxemburgischen auch sonst meist von der ahd. Lautverschiebung erfasst wurde (vgl. wgerm. **raddjan* > ahd. *retten* > lb. *retten*). Demnach würde für das zu Grunde liegende Verb gelten: wgerm. **riuddjan* > frühahd. (inkl. mfrk.) **riuttjan* >

ahd. *riutten > riuten. In jedem Fall auszuschließen ist eine erbwörtliche Überlieferung des Namens – falls nicht ursprünglich zu mlat. *rutārius* gehörig – auf niederdeutschem Gebiet, wo er, wie auch ↗*Reiter*, ebenfalls eine breite Streuung zeigt. Hier können die Formen aufgrund des *t* ausschließlich durch hochdeutschen Einfluss entstanden sein. Zu Etymologie 3 und 4: Die Toponyme *Reut*, *Reuth* gehören zum Appellativ mhd. *riuti*, weshalb bezüglich des *t* in beiden Fällen dasselbe gilt wie für *Reuter*, Etymologie 2. 📖 RB (1388-1500): *Ruters Wyue*. FSV: 1589 *Reuters Petgen*. 1561 *Reuter, Reuters, Reutter*. 1611 *Reuthers, Reitters, Reuther, Reutter, Reutters, Reuttres*. 1656 *Reuter*. GDB: 1630 *Reuter* => 1673 *Reuter* = *Reuters*. 1720 *Reiter*. 1723 *Reitesch* = *Reuter*. 1801 *Reyter*. Vz: 1880 *Reiter, Reitter, Reuter, Reyter*.

REYLAND [ˈʀaɪlɑnt] (2009: 11, 0.07‰; 1880: 46, 0.24‰). ↗*Reiland*.

REYTER (2009: 19, 0.12‰; 1880: 50, 0.26‰). ↗*Reiter*.

RICHARD [ˈʀiʃaːʀ] (2009: 43, 0.26‰; 1880: 33, 0.17‰). GLEICHE BASIS *Reichert, Reichertz, Richardy, Richartz, Rischard*. Patronym zum gleichlautenden Rufnamen. Dieser beinhaltet germ. *rīkja- 'mächtig' (vgl. ahd. *rīhhi* 'reich, mächtig') und germ. *hardu 'hart, stark, tapfer; kühn' (vgl. ahd. *hart, herti*, as. *hard*). ⓢ *Richard* kommt besonders im frankophonen Raum vor, jedoch auch in Luxemburg, Deutschland und Flandern. Die aus dem Französischen germanisierte Form *Rischard* begegnet fast nur im Großherzogtum. *Richartz* tritt speziell in Luxemburg und am Niederrhein auf, während *Richards* kein klares Verbreitungsmuster zeigt. *Richardy* gilt besonders in Luxemburg und bildet ein weiteres Nest zwischen Aachen und Lüttich. *Reichert* ist in ganz Deutschland anzutreffen, besonders im Südwesten, ebenso in Ostlothringen und dem Elsass. *Reichertz* ist im Hunsrück und im Saarland sowie am Nieder- und Mittelrhein verbreitet. 📖 RB (1388-1500): *Richart van Dijdenhouen*. FSV: 1561 *Reicharts*. 1611 *Richard, Richards, Reichard, Reichards*. GDB: 1688 *Rischard*. 1705 *Reichert* => 1754 *Reichard*. 1759 *Richardy*. 1770 *Reichertz*. 1789 *Reicherts*. Vz: 1880 *Richar, Richars*.

RICHARDS (2009: 4, 0.02‰; 1880: 8, 0.04‰). ↗*Richartz*.

RICHARDY [ʀiˈʃaːʀdyː] (2009: 8, 0.05‰; 1880: 2, 0.01‰). Flektiertes Patronym (lateinischer Genitiv) zu ↗*Richard*.

RICHARTZ [ˈʀiʃaːʀts] (2009: 34, 0.21‰; 1880: 10, 0.05‰). VARIANTE(N) *Richards*. Flektiertes Patronym zum deutschen Rufnamen ↗*Richard*.

RICHTER [ˈʀiçtɐ] (2009: 18, 0.11‰; 1880: 3, 0.02‰). Amtsname zu mhd. *rihtære* 'Lenker, Ordner, Oberherr; Richter'. 📖 RB (1388-1500): *Richter, Rijchter*. FSV: 1611 *Richters*. GDB: 1673 *Richters* => 1700 *Richter*.

RIES [ʀiːs] (2009: 376, 2.3‰; 1880: 600, 3.1‰). Übername zu mhd. *rise* 'Riese'. ⓢ Zu den Hauptverbreitungsgebieten des Namens zählen Luxemburg, ausgenommen der Norden, das Areler Land sowie das Moseldepartement. In Deutschland ist tendenziell ein Nord-Süd-Gefälle zwischen der nicht apokopierten Form *Riese* und der apokopierten Form *Ries* zu beobachten. 📖 RB (1388-1500): *Peter Riese* = *Peter Riess* = *Peter Riesse* = *Peter Rijse*. FSV: 1611 *Ries, Riesen, Riess*. GDB: 1663 *Ries*. 1688 *Ris*. 1719 *Riesen*. 1778 *Ries* =>1823 *Risen*. Vz: 1880 *Ries, Riesen, Ris*.

Rinck (2009: 6, 0.04‰; 1880: 21, 0.11‰). ↗Rink.
Rink [ʀiŋk] (2009: 16, 0.1‰; 1880: 18, 0.09‰). Variante(n) Rinck. 1. Berufsübername zu a) mhd. *rinke* f.m. 'Spange, Schnalle am Gürtel, am Schuh' für den Hersteller; b) mhd. *rinc, -ges* 'Ring, Fingerring' für den Fertiger. 2. Patronym zum gleichlautenden einstigen Rufnamen. Dieser stammt aus ahd. *Rinko*, das zu as. *rink* 'Mann, Jünger, Krieger' gehören könnte. 📖 GDB: 1712 *Rinck*. 1792 *Rinck* => 1827 *Rink*.
Rinnen [ˈʀinən] (2009: 23, 0.14‰; 1880: 27, 0.14‰). Herkunftsname zu *Rinnen* für eine Ortschaft in der Nordeifel, Nordrhein-Westfalen, bis 1815 zu Luxemburg gehörig. 📖 GDB: 1798 *Rinnen*.
Ripp [ʀip] (2009: 18, 0.11‰; 1880: 12, 0.06‰). 1. Wohnstättenname zu einem in Luxemburg mehrfach auftretenden Flurnamen, z.B. *auf der Ripp* (Ermsdorf), *auf der Rippe* (Hosingen). Zu Grunde liegt mhd. *rippe* 'Rippe', doch in der übertragenden Bedeutung für ein hervorstehendes Gelände. 2. Patronym zum gleichlautenden Rufnamen. Dieser ist Kurzform von *Rippert* oder *Rippold*. Das Erstglied ist germ. *rīkja-* 'mächtig' (ahd. *rīhhi* 'reich, mächtig, hold'), das Zweitglied ist germ. *berhta-* 'glänzend' (ahd. *bëraht*) bzw. germ. *balþa-* 'kühn' (ahd. *bald*). 📖 GDB: 1767 *Ripp* => 1792 *Ripp*, 1798 *Rieb*. 1792 *Ripp* => 1833 *Riep*. 1795 *Ripp* = *Repp* = *Riepp*.
Rippinger [ˈʀipɪŋɐ] (2009: 73, 0.45‰; 1880: 95, 0.49‰). Personalisierter Herkunftsname zu *Rippig* (lb. *Rippeg*), ehemals *Rippingen* (vgl. Rudolph 2, Sp. 3748), für eine Ortschaft in der Gemeinde Bech. 🌍 Der Name kommt fast nur in Luxemburg vor. 📖 GDB: 1728 *Rippinger*.

Risch [ʀiʃ] (2009: 101, 0.62‰; 1880: 181, 0.93‰). Übername zu mhd. *risch* 'hurtig, schnell, frisch, keck'. 🌍 Der Name kommt im Süden Luxemburgs, dem Moseldepartement, Elsass sowie im Saarland vor. Er ist aber auch in ganz Deutschland verstreut. 📖 FSV: 1611 *Risch*. 1656 *Rische*. GDB: 1695 *Risch*.
Rischard [ˈʀiʃaːʀ] (2009: 58, 0.36‰; 1880: 122, 0.63‰). Germanisierte Form von frz. ↗Richard.
Rischette [ˈʀiʃæt] (2009: 32, 0.2‰; 1880: 43, 0.22‰). Herkunftsname zu *Riescheid* für eine heute verschollene Örtlichkeit im Raum Luxemburg oder für eine gleichnamige ehemalige Ortslage in der heutigen Gemeinde Wuppertal. Der Familienname zeigt französisierende Schreibung *-ette* für *-eid*. 🌍 Das Vorkommen des Namens beschränkt sich auf Luxemburg südlich der Sauer. 📖 GDB: 1734 *Rieschet* => 1761 *Rieschet* => 1793 *Rischette*.
Rob (2009: 13, 0.08‰; 1880: 10, 0.05‰). ↗Roob.
Roben [ˈʀoːbən] (2009: 5, 0.03‰; 1880: 4, 0.02‰). Flektiertes Patronym zu ↗Roob.
Robert [ˈʀobɛːʀ] (2009: 57, 0.35‰; 1880: 107, 0.55‰). Gleiche Basis *Robinet*. Patronym zum gleichlautenden Rufnamen. Dieser beinhaltet germ. *hrōþi-* 'Ruhm' und *berhta-* 'glänzend'. Der deutsche Name geht zurück auf as. *Hrōdberaht*, der französische auf wfrk. *Hrōdberht*. Die streng hochdeutsche Form des Namens lautet ↗Ruppert. Siehe auch ↗Roob, ↗Robinet. 🌍 Der Name deckt ganz Luxemburg und weite Teile Frankreichs und Belgien ab. Versprengtes Auftreten in Deutschland mit der größten Konzentration im Münsterland. 📖 RB (1388-

1500): *Robert* (Rufname). Fsv: 1656 *Robert, Roberts*. Gdb: 1689 *Robert*. 1774 *Roberti*. 1770 *Roberty*.

Robinet [ˈʀobineː] (2009: 23, 0.14‰; 1880: 53, 0.27‰). Französisches Patronym zum gleichlautenden Rufnamen. Dieser ist eine hypokoristische Ableitung auf *-et* zu *Robin*, und dies wiederum eine Diminutivbildung zu *Robe*, einer Kurzform von frz. ↗*Robert*. ⓈDer Name deckt weite Teile Luxemburgs, Belgien und Frankreichs ab. 📖 Fsv: 1611 *Robinet*. Gdb: 1736 *Robinet*.

Rock [ʀok] (2009: 36, 0.22‰; 1880: 55, 0.28‰). 1. Berufsübername zu a) mhd. *rocke, rogge* 'Roggen' für den Anbauer von Roggen oder den Bäcker von Roggenbrot; b) mhd. *roc* 'Rock, Oberkleid' für den Schneider. 2. Übername zu letzterem mhd. Wort für den Träger eines auffälligen Rocks. Ⓢ *Rock* zeigt in Luxemburg das größe Vorkommen im Kanton Remich. Weitere Belege finden sich in Wallonien und im Moseldepartement. In Deutschland ist der Name insgesamt nur dünn gestreut. 📖 Gdb: 1727 *Rock*.

Roden [ˈʀoːdən] (2009: 20, 0.12‰; 1880: 60, 0.31‰). 1. Flektiertes Patronym zu ↗*Roth*, Etymologie 1. 2. Herkunftsname zu *Roden* für einen Stadtteil von Saarlouis. 3. Wohnstättenname (erstarrter Dativ) zu rhein. *Rode* f. 'gerodetes Land'; vgl. auch ↗*Roth*, Etymologie 2. 📖 RB (1388-1500): *Roden Becker van Dommeldyngen*. Fsv: 1656 *Roden*. Gdb: 1749 *Roden*.

Rodenbour [ˈʀoːdənbuːɐ] (2009: 24, 0.15‰; 1880: 40, 0.21‰). Variante(n) *Rodenbourg*. Herkunftsname zu *Rodenburen*, einer Vorform von lb. *Roudemer* (dt. *Rodenburg*, frz. *Rodenbourg*) für eine Ortschaft in der Gemeinde Junglinster. Die deutsche und französische Version des Toponyms – woraus der Familienname *Rodenbourg* – zeigen Umdeutung von *-buren* 'Brunnen' zu 'Burg'. Ⓢ Die Varianten *Rodenbour* und *Rodenbourg* kommen ausschließlich in Luxemburg vor. *Rodenburg* hingegen gibt es nur in Deutschland und vereinzelt in Flandern, nicht jedoch im Großherzogtum. Eine weitere Variante *Rodenborn* ist in Luxemburg 1880 noch belegt. 📖 RB (1388-1500): *Clais van Rodenboren = Clais van Rodenbourn. Des Scholttessen Sone van Rodenburen = Scholtessen Son van Rodenboûrn. Kuntgen van Rodenboren*. Fsv: 1656 *Rodenboren, Rodenbouren*. Gdb: 1683 *Rodenborn* => 1711 *Rodenbour*. 1728 *Rodenburen* => 1758 *Rodenburen* (=> 1782 *Rodenborn*, 1785 *Rodenburg*), 1760 *Rodenborn*. 1843 *Rodenbour* => 1877 *Rodenbur*. 1740 *Rodemer*. 1754 *Rodenborn* => 1796 *Rodenbouren*, 1806 *Rodenbour*. 1770 *Rodenbourg*.

Rodenbourg (2009: 8, 0.05‰; 1880: 4, 0.02‰). Variante von ↗*Rodenbour*, mit Umdeutung von *-bour* (< *-buren* 'Brunnen') zu *-burg/-bourg*.

Roder [ˈʀoːdɐ] (2009: 8, 0.05‰; 1880: 18, 0.09‰). Gleiche Basis *Roders*. 1. Herkunftsname zu *Roder* (lb. *Rueder*, frz. *Roder*) für eine Ortschaft in der Gemeinde Clerf. 2. Personalisierter Herkunftsname zu *Roodt* (lb. *Rued*) für eine der drei Ortschaften in Luxemburg (Gemeinden Ell, Simmern, Betzdorf); vgl. auch ↗*Roth*, Etymologie 2. 3. Berufsname zu a) einer Agensbildung zu mhd. (md.) *roden* 'roden'; b) mnd. *rôdere* 'Rotmaler'. 4. Patronym zum gleichlautenden Rufnamen. Dieser ist umlautlose Form von ↗*Roeder*, Etymologie 2. Vgl. auch ↗*Roderich*. Ⓢ *Roder* konzentriert sich in der Mitte und im Westen Luxemburgs und ist in

Deutschland lose gestreut. Die Genitivbildung *Roders* ist in Luxemburg sehr selten anzutreffen, ebenso außerhalb des Großherzogtums. Sehr häufig erscheint dagegen *Rodesch*, dessen Vorkommen jedoch auf Luxemburg und das Areler Land beschränkt ist. ☞ Die Etymologien 1 bis 3a ließen für *Roder* eine lauthistorisch konsequente Aussprache lb. *Rueder*, die Etymologien 3b und 4 lb. *Rouder* erwarten. Doch lässt sich nur eine schriftnahe Aussprache *Roder* verifizieren. Entsprechend gilt diese auch bei den Genitivbildungen *Roders, Rodesch*. 📖 Fsv: 1561 *Roder, Roders*. 1611 *Roders*. GDB: 1675 *Roders*. 1694 *Roudter* => 1724 *Roder*. 1699 *Rodesch*.

RODERES [ˈroːdəʀəs] (2009: 15, 0.09‰; 1880: 17, 0.09‰). Möglicherweise durch "Suffixwechsel" aus ↗*Roderich* entstanden. ☞ Zum "Suffixwechsel", siehe auch ↗*Meyrer* sowie insbesondere die weiterführende Diskussion unter ↗*Friederes*. 📖 GDB: 1734 *Roderes*. Vz: 1880 *Roderes, Roderesse*.

RODERICH [ˈroːdəʀɪç] (2009: 13, 0.08‰; 1880: 68, 0.35‰). Patronym zum gleichlautenden Rufnamen. Dieser geht zurück auf ahd. *Hruodrīh* > *Hruoderīh* und beinhaltet germ. *hrōþi-*, as. *hrōþ* 'Ruhm' und germ. **rīkja-* 'mächtig' (vgl. ahd. *rīhhi* 'reich, mächtig'). Vgl. auch ↗*Roderes*. ☞ In den genealogischen Datenbanken erscheint einmal der Wechsel von *Roderich* auf *Röders*. Diese Form ist flektiertes Patronym zu ↗*Roeder*, Etymologie 2. 📖 GDB: 1674 *Roderich* => *Röders*. 1779 *Roderich* => 1804 *Roderig*.

RODERS [ˈroːdəs] (2009: 1, 0.01‰; 1880: 3, 0.02‰). VARIANTE(N) *Rodesch*. Flektiertes Patronym zu ↗*Roder*.

RODESCH [ˈroːdəʃ] (2009: 58, 0.36‰; 1880: 55, 0.28‰). Regionalsprachliche Form von ↗*Roders*.

ROEDER [ˈʀøːdɐ] (2009: 57, 0.35‰; 1880: 92, 0.47‰). 1. Übername zu mhd. *ræter* (mslfrk. *-d-*) 'Ratgeber', mit hyperkorrekter Schreibung ‹oe› für lb. [ei]; vgl. das Appellativ lb. *Réider* 'Ratgeber'. 2. Patronym zum gleichlautenden Rufnamen. Dieser stammt aus ahd. *Hruodheri* und beinhaltet germ. *hrōþi-* 'Ruhm' und ahd. *heri* 'Kriegsschar, Heer'; vgl. auch ↗*Roder*, Etymologie 4, ↗*Roderich*. ✪ *Roeder* ist in Deutschland überall verbreitet, in Luxemburg besonders im Osten. Auf deutscher Seite ist dagegen sehr häufig *Röder* anzutreffen, doch ist dafür Etymologie 1 auszuschließen und es kommen weitere Etymologien in Frage. 📖 Fsv: 1561 *Roeder*. GDB: 1674 *Roderich* => *Röders*. 1716 *Roeder*. 1727 *Roeder* => 1762 *Reder*. 1751 *Roeder* => 1781 *Röder* => 1785 *Roeder*.

ROESER [ˈʀøːzɐ] (2009: 21, 0.13‰; 1880: 59, 0.3‰). Herkunftsname zu *Roeser* (lb. *Réiser*) für eine Ortschaft in der gleichnamigen Gemeinde. ✪ Der Name kommt vor allem im Süden Luxemburgs, im Moseldepartement und im Unterelsass vor. In Deutschland ist er, vor allem auch in der Graphie *Röser*, sehr weiträumig verbreitet. Doch sind außerhalb des Raumes Luxemburg Konkurrenzetymologien möglich. 📖 RB (1388-1500): *Johan van Roeseren = Johan van Roesseren = Johan van Roesseren = Johan van Rosseren = Johan van Russer = Johann van Roeser*. Fsv: 1611 *de Roeser, Roeser, Roesers*. GDB: 1758 *Roeser*. 1766 *Röser*.

ROGER [ˈʀoʒeː] (2009: 15, 0.09‰; 1880: 25, 0.13‰). GLEICHE BASIS *Royer*. Patronym zum gleichlautenden Rufnamen. Dieser ist entlehnt aus wfrk. **Hrōdgēr* und beinhaltet germ. **hroþi-* 'Ruhm' und **gaiza-* 'Speer'. Die germanisierte Ensprechung lautet ↗*Royer*. Vgl. auch ↗*Ruckert*. 📖 Fsv: 1611 *Royer*. 1656 *Rogier*. GDB: 1667 *Rougier* => 1695 *Rougier*, 1697 *Royer*, 1698 *Roger*.

ROLLER [ˈʀɔlɐ] (2009: 47, 0.29‰; 1880: 108, 0.56‰). Berufsname zu frnhd. *roller* 'Fuhrmann', demnach für den Fuhrmann mit einem Rollwagen. Vgl. auch ↗*Rollmann*. 👁 *Roller* kommt in allen Kantonen Luxemburgs vor. Außerhalb Luxemburgs ist der Name im Elsass und vor allem in Deutschland anzutreffen, mit der größten Dichte in Baden-Württemberg. Doch ist dort Konkurrenzetymologie (Übername zu schwäb. *Roller* 'Kater') möglich. 📖 GDB: 1646 *Roller*.

ROLLES [ˈʀɔləs] (2009: 17, 0.1‰; 1880: 48, 0.25‰). Flektiertes Patronym (Mischgenitiv) zum einstigen Rufnamen *Rollo*, Kurzform von ahd. *Hruodlant*, as. *Hrōþland* oder ahd. *Hruodolf*, as. *Hrōðulf*. Das Erstglied ist germ. *hrōþi-*, as. *hrōþ* 'Ruhm', das Zweitglied ist ahd. *wolf*, as. *wulf* 'Wolf' bzw. ahd. *lant*, as. *land* 'Land'. 📖 GDB: 1791 *Rolles*.

ROLLING [ˈʀɔlɪŋ] (2009: 10, 0.06‰; 1880: 51, 0.26‰). GLEICHE BASIS *Rollinger*. Herkunftsname zu a) *Rolling* (lb. *Rolleng*) für eine Ortschaft in der Gemeinde Bous; b) *Rollingen* (lb. *Rolleng*) für eine Ortschaft in der Gemeinde Mersch; c) *Rollingen* (lb. *Rolleng*, frz. *Lamadelaine*) für eine Ortschaft in der Gemeinde Petingen; d) *Rollingen* (frz. *Raville*) für eine Gemeinde im Moseldepartement. 👁 *Rolling* ist insgesamt selten und fast ausschließlich im Süden des Großherzogtums, dem Moseldepartement sowie im Unterelsass verbreitet. Die personalisierte Form *Rollinger* tritt häufiger auf: Luxemburg, Areler Land, Ostlothringen, vereinzelt auch im Saarland, bei Trier sowie im übrigen Deutschland. 📖 RB (1388-1500): *Anthonis Meyer van Rollingen. Clais Rollinger = Rollingers Clais. Hans van Roldingen = Hans von Roldingen = Hantzen van Rollingen. Hantz Wijff van Ruldingen = Hantzen Wijff van Rollingen. Johan von Rollingen. Person van Rullingen. Thoŭmŭs van Roldingen = Thoŭmŭs van Roŭldingen* u.a. Fsv: 1561 und 1611 *Rollingers*. 1656 *Rollinger*. GDB: 1646 *Roller* => 1680 *Rollinger*. 1680 *Rollingen* => 1718 *Rolling* => 1750 *Rollen*. 1709 *Rollinger* => 1732 *Rolling*.

ROLLINGER [ˈʀɔlɪŋɐ] (2009: 106, 0.65‰; 1880: 203, 1.05‰). Personalisierte Form von ↗*Rolling*.

ROLLMANN [ˈʀɔlman] (2009: 13, 0.08‰; 1880: 17, 0.09‰). 1. Deriviertes Patronym zu *Roll*. Dieser Rufname stammt aus ahd. *Rollo* und ist Kurzform von Namen, die mit germ. *hrōþi-* 'Ruhm' (wie *Rudolph, Robert, Roland*) gebildet sind. 2. Berufsname zu mhd. *rollen* 'rollen' für den Fuhrmann mit einem Rollwagen. Vgl. auch ↗*Roller*. 👁 *Rollmann* findet sich im Süden und Südwesten Luxemburgs. Auch in Deutschland ist der Name nicht besonders häufig. ☞ Der Name kommt in Luxemburg erst 1880 (mit 17 Namenträgern) vor.

ROMMES [ˈʀɔməs] (2009: 77, 0.47‰; 1880: 84, 0.43‰). Flektiertes Patronym zu *Rommen*. Dieser Rufname stellt am ehesten eine Kontraktion aus *Rodmann* dar und gehört zu germ. *hrōþi-* 'Ruhm' und *man* 'Mann, Kriegsmann'. 👁 Das Hauptverbreitungsgebiet von *Rommes* sind Luxemburg und die Provinz Lüttich. Eine dünnere Streuung zeigt der Name auch im übrigen Belgien, besonders in Flandern, wo allerdings *Rommens* häufiger ist. *Rommen* begegnet insgesamt sehr selten und nicht in Luxemburg: südwestlich des Areler Landes, Niederrhein. 📖 GDB: 1717 *Rommes*.

RONCK [rɔŋk] (2009: 34, 0.21‰; 1880: 31, 0.16‰). VARIANTE(N) *Ronk*. 1. Patronym zum einstigen gleichlautenden Rufnamen. Für diesen ließe sich ahd. **Runko* erschließen, das in diversen Toponymen verbaut ist und, mit Verschärfung von *g* zu *k*, zu ahd. **rung* 'beweglich. schnell bereit; behende; gewandt' gehört (vgl. Kaufmann 1968, S. 297). 2. Übername zu rhein. *ronk* 'mager', Nebenform von *rank*. 🜚 *Ronck* bildet Nester in der südlichen Hälfte Luxemburgs, um Brüssel, Lüttich und Saarbrücken. Ansonsten nicht verbreitet. Sehr gering und auf Luxemburg beschränkt ist das Vorkommen von *Ronk*. 📖 FSV: 1611 *Ronck*. GDB: 1765 *Ronck*.

RONK (2009: 5, 0.03‰; 1880: 21, 0.11‰). ↗*Ronck*.

ROOB [ro:p] (2009: 27, 0.17‰; 1880: 34, 0.18‰). VARIANTE(N) *Rob*. GLEICHE BASIS *Roben*. Patronym zum gleichlautenden Rufnamen. Dieser ist Kurzform von ↗*Robert*. 📖 GDB: 1680 *Roob = Ropen = an Ropen* (Hausname). 1714 *Roben*. 1735 *Rob*. 1753 *Rob = Roob*.

ROOS [ro:s] (2009: 31, 0.19‰; 1880: 12, 0.06‰). 1. Metronym zum gleichlautenden Rufnamen. Dieser ist regionalsprachliche Form von *Rosa*, das aus lat. *rōsa* 'Rose' entlehnt ist. Entsprechende Formen für den Rufnamen im Luxemburgischen sind *Rous*, *Réischen*, *Réisi*, *Réiselchen*, *Rëselchen*, *Rose* (wie frz.), *Rosi*. 2. Berufsübername zu mhd. *rôse* 'Rose' für den Rosenverkäufer oder -züchter. 3. Übername zu mhd. *rôse* 'Rose'. 🜚 *Roos* zeigt in Luxemburg das größte Vorkommen im Kanton Grevenmacher. Außerhalb des Großherzogtums ist der Name breit gestreut: weite Teile Deutschlands, Belgiens sowie in Lothringen und dem Elsass. 📖 FSV: 1561 *Rosen*. 1611 *Rosen*. GDB: 1775 *Roos*.

ROSENFELD ['ro:zənfælt] (2009: 24, 0.15‰; 1880: 12, 0.06‰). Herkunfts- oder Wohnstättenname zu einem gleichlautenden Toponym *Rosenfeld*, *Rosenfelde* (mehrfach in Deutschland, auch Polen, Ostpreußen, Österreich, Tschechien). 🜚 Der Name ist in Luxemburg nur in fünf Kantonen (überwiegend im Süden) vertreten und zeigt in Deutschland eine lose Streuung. 📖 GDB: 1903 *Rosenfeld*.

ROSS [rɔs] (2009: 23, 0.14‰; 1880: 41, 0.21‰). Berufsübername zu mhd. *ros* 'Ross, Streitross, Reit- und Wagenpferd'. 📖 GDB: 1728 *Ross*. 1775 *Roos* => 1833 *Ross*.

ROSSELJONG ['rɔsəljɔŋ] (2009: 15, 0.09‰; 1880: 6, 0.03‰). 1. Germanisierte Form von *Rossill(i)on*, Übername zu frz. *roux* 'rothaarig' mit doppelter Suffigierung (vlat. *-iliu* + *-one*). Vgl. auch ↗*Rousseau*. 2. Auf Grund der Verbreitung eher unwahrscheinlich: Herkunftsname zu *Roussillon* für ein Südfrankreich mehrfach auftretendes Toponym. 📖 GDB: 1741 *Rosseljong*.

ROSSLER ['rɔslɐ] (2009: 18, 0.11‰; 1880: 0). 1. Personalisierter Wohnstättenname zu nhd.-landsch. *Rossel* f. (Nebenform *Rassel*) 'felsiger Acker; von Wasser durchflossene Vertiefung an einem Berg'; vgl. ↗*Rassel*, Etymologie 1. 2. Berufsname zu nhd.-landsch. *Rosseler* 'Pflästerer, Bossler'. 📖 GDB: 1650 *Rosslers*. 1695 *Rossler*. 1760 *Rosseler*.

ROTH [ro:t] (2009: 84, 0.51‰; 1880: 41, 0.21‰). 1. Übername zu mhd. *rôt* 'rot' für einen rothaarigen Menschen; vgl. auch ↗*Roden*, Etymologie 1. 2. Herkunftsname zu a) *Roodt* (lb. *Rued*) für eine der drei Ortschaften in Luxemburg (Gemeinden Ell, Simmern, Betzdorf); b) *Roth an der Our* oder *Roth bei Prüm* für je eine Ortschaft im Eifelkreis Bitburg-Prüm; vgl. auch vgl. auch ↗*Roder*, Etymologie 2 und ↗*Roden*, Etymologie 3. ⓢ *Roth* überall in Luxemburg, ebenso in Deutschland, ebenda mit hoher Konzentration in der Mitte und im Süden. In Frankreich und Wallonien besonders im Osten. ☞ Die genealogischen Datenbanken zeigen in einem Fall Gleichheit zwischen *Rodts* und ↗*Elcheroth*. Eine Verkürzung von *Rodts* aus *Elcheroth* ist jedoch eher unwahrscheinlich, da sowohl das Toponym, das lb. *Gehaanselchert* lautet, als auch der Familienname durchwegs unverkürzt vorkommen. 📖 RB (1388-1500): *Eyner Frauwen genant die rode Grete*. FSV: 1561 *Rodt*. 1611 *Rod*. GDB: 1649 *Roth*. 1703 *Rodt*. 1708 *Rodts = Elcheroth*.

ROULLING [ˈʁulɪŋ] (2009: 28, 0.17‰; 1880: 26, 0.13‰). Herkunftsname zu a) *Rullingen* (lb. *Rulljen*, frz. *Roullingen*) für eine Ortschaft in der Gemeinde Wiltz; b) *Ruhlingen* (frz. *Rouhling*) für eine Gemeinde im Moseldepartement. ⓢ Ausschließlich in Luxemburg verbreitet. 📖 RB (1388-1500): *Person van Rullingen*. GDB: 1756 *Rullinger*. 1735 *Roulin* => 1762 *Roulling* => 1791 *Roullin*.

ROUSSEAU [ˈʁuso:] (2009: 17, 0.1‰; 1880: 20, 0.1‰). Französischer Übername zu frz. *roux* 'rothaarig' mit Suffix -*eau* (< -*ellu* oder -*illu*). Vgl. auch ↗*Rosseljong*. 📖 FSV: 1656 *Rousseau*. GDB: 1800 *Rousseau*.

ROYER [ˈʁwaje:] (2009: 25, 0.15‰; 1880: 25, 0.13‰). Germanisierte Form von frz.-regionalsprachlich *Rogier, Rougier* (wa. *Rodjî*, lüttichisch *Rodjîr*). Die standardfranzösische Form lautet ↗*Roger*.

RUCKERT [ˈʁukɐt] (2009: 32, 0.2‰; 1880: 96, 0.5‰). 1. Patronym zum gleichlautenden Rufnamen. Dieser stammt durch Erweiterung mit sekundärem -*t* aus ahd. *Ruogger, Ruocker* < *Hruodgēr, das zu germ. *hrōþi*- 'Ruhm' und *gēr* 'Speer' gehört; vgl. auch ↗*Roger*. 2. Berufsübername zu rhein. *Ruckert* 'männliche Taube', els. *Rucker* 'Tauber' für den Taubenzüchter. Das Appellativ ist onomatopoetischen Ursprungs. Vgl. entsprechend lb. *ruckelen* 'gurren, rucken (von Tauben)'; *Dauweruckeler* '(Brief-)Taubenzüchter'. ⓢ *Ruckert* zeigt in Luxemburg die größte Verbreitung in den südlichen Kantonen. In Deutschland ist der Name insgesamt selten (mit den größten Nestern um Würzburg sowie zwischen Gießen und Kassel). Etwas häufiger ist in Deutschland die *t*-lose Form *Rucker* zu finden (v.a. Bayern und Sachsen). 📖 GDB: 1726 *Ruckert*. 1751 *Ruckers*.

RUPPERT [ˈʁupɐt] (2009: 112, 0.69‰; 1880: 200, 1.03‰). Patronym zum gleichlautenden Rufnamen. Dieser stammt aus ahd. *Hruodberaht* und gehört zu germ. *hrōþi*- 'Ruhm' und ahd. *bëraht* 'glänzend'. Siehe auch ↗*Robert*. ⓢ Insbesondere in Luxemburg, Ostlothringen, Unterelsass, auf deutscher Seite besonders Mittel- und Süddeutschland. 📖 RB (1388-1500): *Ropprichs Clais = Ropprichts Cleßgin = Rupprechs Cleißgen = Ruypprechs Cleißges. Roepricht, Roprecht*. FSV: 1561 *Ropert* (Rufname). 1611 *Roppricht, Ropprichts*. 1656 *Roppert*. GDB: 1673 *Rubert* => 1703 *Ruppert*. 1680 *Ruppert*. 1820 *Rupprecht*. 1907 *Rupertus*.

S

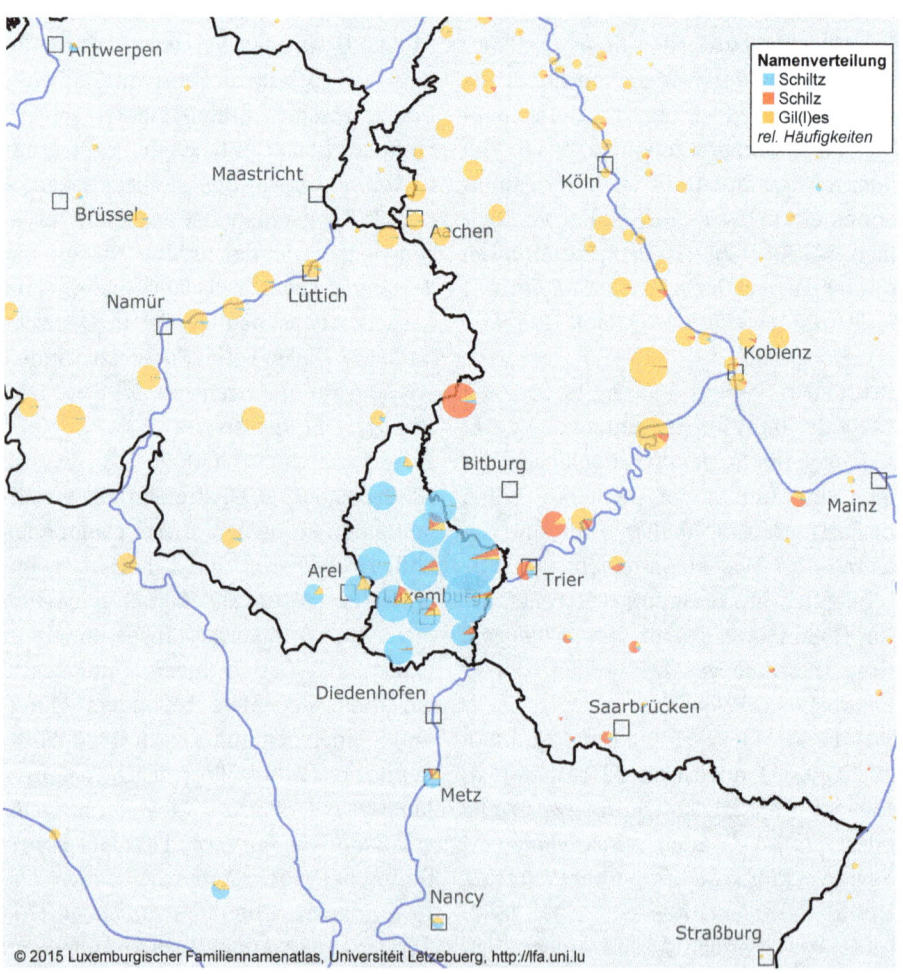

Sabus [ˈzaːbus] (2009: 28, 0.17‰; 1880: 12, 0.06‰). Unsicher. Möglicherweise Patronym zum antiken Rufnamen *Sabus*. Die Sabiner, ein italischer Volksstamm, verehrten Sabus als Halbgott und sahen sich als dessen Nachfahren. 🕭 *Sabus* konzentriert sich überwiegend in Luxemburg und dem Areler Land. Im Norden des letzteren Gebiets dominiert jedoch die Variante *Zabus*. 📖 GDB: 1679 *Sabus*.

Sachs (2009: 1, 0.01‰; 1880: 3, 0.02‰). ↗*Sax*.

Sachsen [ˈzaksən] (2009: 6, 0.04‰; 1880: 0). Herkunftsname zu *Sachsen* oder flektiertes Patronym zu *Sachs*; siehe ↗*Sax*.

Sadeler [ˈzaːdələ] (2009: 16, 0.1‰; 1880: 60, 0.31‰). GLEICHE BASIS *Sadler*, *Sattler*. Berufsname zu mhd. *sateler* (mslfrk- *-d-*) 'Sattler'. 🕭 *Sadeler* ist fast ausschließlich in Luxemburg und dem Areler Land verbreitet. Die synkopierte Variante *Sadler* tritt jedoch in Luxemburg häufiger auf und ist auch im Moseldepartement zu finden. *Sattler* kommt im Großherzogtum kaum vor, ist jedoch in Deutschland die dominierende Form. 📖 RB (1388-1500): *Clais Sadeler* = *Clais Sadeller* = *Clesgin der Sedeler. Johan Saedeler* = *Johan Saedeller. Peter dez Sadellertz* = *Peter Sadeler* = *Peter Sadeller* = *Peter Sodeler. Thilman Clais Sadelers Sone.* FSV: 1463 *Sadeler*. 1541 *Sattellers*. 1589 *Satler*. 1611 *Sadler*, *Sadlers*. GDB: 1640 *Sadler*. 1688 *Sadeler*. 1725 *Sattler*.

Sadler [ˈzaːdlɐ] (2009: 51, 0.31‰; 1880: 91, 0.47‰). Synkopierte Form von ↗*Sadeler*.

Saeul [ˈzəl] (2009: 15, 0.09‰; 1880: 1, 0.01‰). GLEICHE BASIS *Seil*. 1. Herkunftsname zu *Säul* (lb. *Sëll*) für eine Ortschaft in der gleichnamigen Gemeinde. 2. Patronym zu einem einstigen gleichlautenden Rufnamen. Für diesen ließe sich ahd. **Sūljo* erschließen, das zu ahd. *sūli* 'Säule' zu stellen wäre (vgl. Kaufmann 1968, S. 330). 🕭 *Saeul* nur im Süden Luxemburgs. *Seil* besonders in Luxemburg, vereinzelt in Deutschland. *Seyl* in Luxemburg besonders im Westen, in Deutschland entlang des Mittel- und Niederrheins verstreut. 📖 RB (1388-1500): *Mychel van Suylle. Nyclais van Sůlle. Thomas van Seulle.* FSV: 1541 *Seil, Seul, von Sule*. 1656 *Seul, Seulen, Seull, Seultges, Sull*. GDB: 1685 *Seyl*. 1731 *Seil* = *Saeul* => 1762 *Säul* = *Saeul*, 1766 *Seil* = *Säeul*, 1768 *Sëull* = *Seil*, 1772 *Seul*, 1774 *Seill* (=> 1806 *Seil* = *Saul*, 1814 *Seyl*).

Salentiny [zaːlænˈtiniː] (2009: 33, 0.2‰; 1880: 150, 0.77‰). Flektiertes Patronym (lateinischer Genitiv) zu *Salentin*. Dieser Rufname ist entlehnt aus lat. *Salentīnus*, eine Ableitung von *Salentius*, das zu lat. *salīre* 'springen' gehört. 🕭 *Salentiny* begegnet überwiegend in Luxemburg und vereinzelt in Belgien; die Nominativform *Salentin* dagegen am Niederrhein. ☞ Der Rufname *Salentin* scheint eine nur regionale Popularität erlangt zu haben. Diese dürfte er Salentin von Isenburg (1538-1610), Erzbischof und Kurfürst von Köln (1567-1577), zu verdanken haben. 📖 GDB: 1695 *Salentiny*.

Sand [zɑnt] (2009: 48, 0.29‰; 1880: 145, 0.75‰). VARIANTE(N) *Sandt*. GLEICHE BASIS *Sander*. Wohnstättenname zu mhd. *sant* 'Sand, Ufersand, Strand, Ufer, Gestade, sandige Fläche'. 🕭 *Sand* findet sich in Luxemburg, der Nordosten ausgenommen, dem Areler Land, in Lothringen, Unterelsass sowie breit gestreut in Deutschland. Doch ist dort Konkurrenzetymologie (Herkunftsname zu einem gleichlautenden Ortsnamen) möglich. Einzelne Streubelege sind auch im Nordwesten Walloniens anzutreffen. *Sandt* ist insgesamt seltener (Teile Luxemburgs, Nordwesten Walloniens, Moseldepartement, Teile Deutschlands). *Sander* kommt in Luxemburg fast nur in der südlichen Hälfte vor; außerdem im Areler Land, Moseldepartement, Unterelsass, Teilen Belgiens sowie in ganz Deutschland. 📖 Fsv: 1611 *Sandt*. 1656 *Sandt*. GDB: 1732 *Sand*. 1794 *Sander*.

SANDER ['zandɐ] (2009: 10, 0.06‰; 1880: 21, 0.11‰). Personalisierter Wohnstättenname zu mhd. *sant*. ↗*Sand*.

SANDT (2009: 19, 0.12‰; 1880: 56, 0.29‰). ↗*Sand*.

SASSEL ['zasəl] (2009: 53, 0.32‰; 1880: 78, 0.4‰). Herkunftsname zu *Sassel* (lb. *Saassel*) für eine Ortschaft in der Gemeinde Wintger. 🌐 Der Name kommt fast nur in Luxemburg vor, dort besonders im Südwesten. 📖 GDB: 1710 *Sassel*.

SATTLER ['zatlɐ] (2009: 3, 0.02‰; 1880: 1, 0.01‰). Standarddeutsche Form von ↗*Sadeler*, d.h. mit Synkope des Mittelvokals und verschobenem *t*.

SAUBER ['zaʊbɐ] (2009: 116, 0.71‰; 1880: 97, 0.5‰). Übername zu mhd. *sûber* 'sauber, rein, schön'. 🌐 Der Name kommt fast nur in Luxemburg vor. In Deutschland bildet er u.a. ein kleineres Nest um Stuttgart. 📖 GDB: 1740 *Sauber*.

SAUER ['zaʊɐ] (2009: 22, 0.13‰; 1880: 10, 0.05‰). VARIANTE(N) *Saur*. 1. Wohnstättenname zu *Sauer* (lb. *Sauer*, frz. *Sûre*), Flussname in Luxemburg. 2. Übername zu mhd. *sûr* 'sauer, herb, bitter'. 📖 Fsv: 1611 *Saur*. GDB: 1696 *Saur*. 1791 *Sauer*.

SAUR (2009: 4, 0.02‰; 1880: 27, 0.14‰). ↗*Sauer*.

SAURFELD ['zaʊɐfælt] (2009: 8, 0.05‰; 1880: 0). 1. Herkunftsname zu *Sauerfeld* (frz. *Strainchamps*) für ein Dorf in der Gemeinde Feitweiler, Areler Land. Siehe auch ↗*Strainchamps*. 2. Wohnstättenname zu einem in Luxemburg mehrfach auftretenden gleichlautenden Flurnamen. 📖 GDB: 1835 *Saurfeld*.

SAX [zaks] (2009: 25, 0.15‰; 1880: 42, 0.22‰). VARIANTE(N) *Sachs*. GLEICHE BASIS *Sachsen*. Personalisierter Herkunftsname zu *Sachsen* 'aus Sachsen Stammender'. 🌐 *Sax* kommt in Luxemburg fast nur im Süden vor. In Deutschland ist der Name großflächig im Westen und Süden verbreitet. In Belgien fast nur in Flandern. *Sachs* ist in Deutschland die viel häufigere und überall anzutreffende Form, während diese im Großherzogtum äußerst selten ist. Auch *Sachse* ist in Deutschland überall verbreitet. *Saxe* ist nur vereinzelt zu finden, vor allem im Areler Land. *Sachsen* hingegen kommt fast nur in Luxemburg vor und bildet dort ein kleines Nest im Nordosten. Auch im Hunsrück gibt es ein sehr kleines Nest. 📖 Fsv: 1611 *de Saxen, Sax, von Saxen*. GDB: 1733 *Saxen*. 1770 *Sachsen*. 1788 *Sax*. 1829 *Saxsen* => 1859 *Saxsen* = *Sachsen*, 1865 *Sacksen*. 1847 *Sachs*.

SCHAACK [ʃaːk] (2009: 168, 1.03‰; 1880: 257, 1.33‰). VARIANTE(N) *Schack*. Germanisierte Form von frz. ↗*Jacques*. ☞ Im Gegensatz zum Familiennamen lautet die luxemburgische Aussprache des Rufnamens *Jhak* [ʒaːk], hat also den stimmhaften Frikativ des frz. Namens erhalten. Zur Verteilung und den historischen Belegen von *Schaack*, siehe ↗*Jacques*. Vgl. auch ↗*Scheeck*.

SCHAAF [ʃaːf] (2009: 54, 0.33‰; 1880: 143, 0.74‰). VARIANTE(N) *Schaaff*. GLEI-

CHE BASIS *Schaafs*. Berufsübername zu mhd. *schoup, -bes* (mslfrk. *-f, -v-*) m. 'Gebund, Bündel; Strohbund, Strohwisch'. ⓢ *Schaaf* ist nicht nur in Luxemburg, sondern auch in Deutschland häufig anzutreffen, doch ist dort Konkurrenzetymologie zu mhd. *schâf* 'Schaf', Berufsübername für den Schäfer oder Übername nach einem bildlichen Vergleich, sehr oft wahrscheinlicher. 📖 RB (1388-1500): *Gilbrecht Schouffs dez Richters Scheffen*. FSV: 1611 *Schaafges, Schauff*. GDB: 1746 *Schaaf*. 1683 *Schauff* => 1728 *Schaafs*. 1716 *Schauff* => 1748 *Schaaf*. 1756 *Schauff* => 1790 *Schaffs*, 1792 *Schaufs*, 1794 *Schaafs*, 1798 *Schaaf*, 1804 *Schaaffs*, 1807 *Schauffs*. 1769 *Schaaf* => 1804 *Schaaff*.

SCHAAFF (2009: 1, 0.01‰; 1880: 6, 0.03‰). ↗*Schaaf*.

SCHAAFS [ʃaːfs] (2009: 3, 0.02‰; 1880: 5, 0.03‰). Flektiertes Patronym (starker Genitiv) zu ↗*Schaaf*.

SCHABER [ˈʃaːbɐ] (2009: 16, 0.1‰; 1880: 25, 0.13‰). Berufsname auf *-er* zu mhd. *schaben* 'kratzen, radieren, scharren; glatt schaben, polieren', demnach am ehesten entweder für den Tuchschaber, d.h. für jemanden, der mit dem Schabeisen einen Stoff behandelt, oder den Schinder, d.h. für jemanden, der die Haut abzieht (vgl. DWB). 📖 FSV: 1611 *Schaber*. GDB: 1746 *Schaber* => 1776 *Schaber*, 1781 *Schaaber*.

SCHACK (2009: 1, 0.01‰; 1880: 10, 0.05‰). Schreibvariante von ↗*Schaack*, d.h. ohne Markierung der Vokallänge.

SCHADECK [ˈʃaːdæk] (2009: 31, 0.19‰; 1880: 64, 0.33‰). GLEICHE BASIS *Schadecker*. Herkunftsname zu *Schadeck* (lb. *Schuedeck*) für eine Ortschaft in der Gemeinde Attert, Areler Land. ⓢ Der Name zieht sich durch den Süden Luxemburgs bis ins Areler Land, ist aber auch in den Kantonen Wiltz, Redingen und Echternach anzutreffen. 📖 RB (1388-1500): *Niclaux Rauchsson van Schadecken dem Foerman*. GDB: 1690 *Schadeck*. 1734 *Schadeck* => 1774 *Schadecker*.

SCHADECKER [ˈʃaːdækɐ] (2009: 1, 0.01‰; 1880: 7, 0.04‰). Personalisierte Form von ↗*Schadeck*.

SCHAEDGEN (2009: 6, 0.04‰; 1880: 21, 0.11‰). ↗*Schetgen*.

SCHAEFER [ˈʃɛːfɐ // ˈʃeɪfɐ] (2009: 61, 0.37‰; 1880: 103, 0.53‰). Berufsname zu mhd. *schæfære, schæfer* 'Schäfer'. Siehe auch ↗*Schaeffer*. ⓢ Zum Hauptverbreitungsgebiet von *Schaefer* gehören Luxemburg, Lothringen und das Elsass. In Deutschland schließt sich *Schäfer* an. *Schaefer* kommt dort kaum vor. 📖 RB (1388-1500): *Scheefer, Schefer*. GDB: 1742 *Schaefer*. 1760 *Schaeffer* = 1810 *Schaefer*. 1823 *Schoeffer* => 1877 *Schaefer*. 1832 *Schoefer* => 1862 *Schaefer*. 1836 *Schaefer* => 1880 *Schäfer*.

SCHAEFFER [ˈʃɛːfɐ] (2009: 85, 0.52‰; 1880: 58, 0.3‰). 1. Amtsname zu mhd. *schaffære* 'Anordner, Aufseher, der für das Hauswesen sorgende Verwalter'. 2. Schreibvariante von ↗*Schaefer*. ⓢ *Schaeffer* besonders in Luxemburg, Lothringen und dem Elsass. In Deutschland im ganzen Westen verstreut. *Scheffer* besonders am Niederrhein und im Münsterland, aber auch in Lothringen. *Schäffer* nur in Deutschland, dort verteilt in diversen Nestern. 📖 FSV: 1561 *Scheffer, Scheffers*. 1611 *Schaeffers, Scheffer*. 1656 *Scheffer, Scheffers*. GDB: 1694 *Schaeffer*. 1721 *Schaeffer* => 1763 *Schaeffers*. 1733 *Schaeffer* => 1781 *Schäffer*.

SCHALBAR [ˈʃɑlbaːʀ] (2009: 17, 0.1‰; 1880: 39, 0.2‰). Übername zu mhd.

schalbære 'laut oder weithin schallend, bekannt, berühmt', vgl. nhd.-landsch. *schallbar* mit gleicher Bedeutung. 📖 GDB: 1735 *Schalbar*.
SCHALTZ (2009: 10, 0.06‰; 1880: 8, 0.04‰). ↗*Schalz*.
SCHALZ [ʃalts] (2009: 19, 0.12‰; 1880: 0). VARIANTE(N) *Schaltz*. Unklar. Möglicherweise Patronym zu einem einstigen gleichlautenden Rufnamen. Für diesen wäre ahd. *Skalhso zu erschließen, eine Bildung mit *s*-Suffix zu ahd. *Skalho* < *Skalko*, das zu ahd. *skalk* 'Knecht, Diener' gehört (vgl. Kaufmann 1968, S. 305). U.U. könnte auch eine frühe Entlehnung von afrz. *Giles* mit anschließender Senkung von i_2 > lb. *a* in Frage kommen, vgl. auch ↗*Schiltz* sowie zur Senkung Kollmann 2015. 📖 GDB: 1697 *Schaltz*. 1798 *Schalz*.
SCHAMBOURG [ˈʃaːmbuɐɕ // ˈʃaːmbuːʀ] (2009: 30, 0.18‰; 1880: 26, 0.13‰). VARIANTE(N) *Schamburger*. Wohnstättenname zu *Schamburg* < *Schauenburg*, Burg im Zentrum von Bartringen. 🌍 *Schambourg* kommt nur in einigen Kantonen südlich der Sauer vor. Extrem selten gilt die *er*-Ableitung *Schamburger* (Kanton Wiltz und sehr vereinzelt Saarland und östliches Rheinland-Pfalz). 📖 RB (1388-1500): *schauwenberg*. FSV: 1611 *Schauenburgs*. 1656 *Schaumburg*. GDB: 1726 *Schambourg*. 1766 *Schambourg* => 1806 *Schambourger* => 1836 *Schambourg* => 1874 *Schamburger*. Vz: 1880 *Schamburg, Schamburger, Schambourg, Schambourger*.
SCHAMBURGER (2009: 1, 0.01‰; 1880: 19, 0.1‰). Personalisierter Wohnstättenname zu ↗*Schambourg*.
SCHAMMEL [ˈʃaməl] (2009: 25, 0.15‰; 1880: 55, 0.28‰). 1. Übername zu mhd. *schimel* (mslfrk. -i_2-) 'Schimmel; weißes Pferd' für einen Menschen mit grauer oder weißer Haarfarbe; entsprechend das Appellativ lb. *Schammel* 'Schimmel', im Gegensatz zu *Schëmmel* 'weißes Pferd'. 2. Wohnstättenname zu einem gleichlautenden Luxemburger Flurnamen, z.B. *um Schammel* (Gemeinde Bous). 🌍 *Schammel* kommt ausschließlich in Luxemburg vor. Die potenzielle Namengleichung *Schimmel* ist in Deutschland weit verstreut, findet sich jedoch kaum in Grenznähe zu Luxemburg. 📖 GDB: 1650 *Schammel*. 1687 *Schammel* = *Schancken*. 1757 *Schammel* => 1784 *Schandel*. 1757 *Schammel* => 1788 *Schannel*. 1767 *Schammel* => 1803 *Schamel* = *Schammel*.
SCHAMMO [ˈʃamoː] (2009: 25, 0.15‰; 1880: 47, 0.24‰). Germanisierte Form von frz. *Jammot*, Patronym zum gleichlautenden Rufnamen. Dieser ist Diminutivform von frz.-regionalsprachlich (besonders wa.) *Jame, Jamme*, dem frz. *Jaume* entspricht. Zu Grunde liegt lat. *Jacŏmus*, eine Nebenform von *Jacŏbus*. Zur weiteren Etymologie, siehe ↗*Jacob*. 📖 GDB: 1751 *Schammo*.
SCHAMPANG [ˈʃampaŋ] (2009: 1, 0.01‰; 1880: 4, 0.02‰). Germanisierte Form von ↗*Champagne*.
SCHANCK [ʃaŋk] (2009: 60, 0.37‰; 1880: 78, 0.4‰). VARIANTE(N) *Schank*. 1. Berufsübername zu mhd. *schanc* 'Gefäß, aus welchem eingeschenkt wird' für den Hersteller solcher Gefäße oder für den Wirt. 2. Wohnstättenname zu einem Flurnamen aus mhd. *schanke*, Nebenform von *schranke* 'Gitter, Zaun, Schranke'. Vgl. z.B. den Luxemburger Flurnamen *op der Schank* (Gemeinde Bürmeringen). 🌍 *Schanck* begegnet fast ausschließlich in Luxemburg und dort überwiegend im Norden. In Deutschland schließt sich

Schank an. 📖 FSV: 1561 *Schank*. 1656 *Schanken*. GDB: 1713 *Schancken* => 1750 *Schanck*. 1758 *Schanck* => 1798 *Schank*.

SCHANEN [ˈʃaːnən] (2009: 106, 0.65‰; 1880: 71, 0.37‰). Flektiertes Patronym zu †*Schan*, germanisierte Form von ↗*Jean*.

SCHANK (2009: 54, 0.33‰; 1880: 55, 0.28‰). ↗*Schanck*.

SCHARES (2009: 15, 0.09‰; 1880: 0). Variante von ↗*Scharres*, mit regionalsprachlicher Dehnung von *a*.

SCHARLE / SCHARLÉ [ˈʃaʀleː] (2009: 19, 0.12‰; 1880: 73, 0.38‰). Germanisierende Schreibweise für frz. *Charlé*, *Charlet*, Patronym zum gleichlautenden Rufnamen. Dieser ist eine Diminutivbildung auf -*et* zu frz. ↗*Charles*.

SCHARLL (2009: 6, 0.04‰; 1880: 8, 0.04‰). Germanisierende Schreibweise für ↗*Charles*.

SCHARPANTGEN [ʃaʀˈpantɕən] (2009: 12, 0.07‰; 1880: 0). Germanisierte Form von ↗*Charpentier*.

SCHARRES [ˈʃaʀəs] (2009: 2, 0.01‰; 1880: 13, 0.07‰). VARIANTE(N) *Schares*. Wohnstättenname zu einem Flurnamen mit rhein. *Scharres* m. (n.) 'Unkraut im Feld'; hierher auch das Adjektiv rhein. *scharrig* 'trocken, leicht brüchig (vom Erdboden); steinig (vom Feld)'. 📖 GDB: 1722 *Schares*. 1765 *Schares* => 1805 *Scharres*.

SCHARTZ [ˈʃaːrts] (2009: 141, 0.86‰; 1880: 134, 0.69‰). Wohnstättenname zu *Scharz* für einen Hof in der Gemeinde Wiltingen, Landkreis Trier-Saarburg. 🌍 Luxemburg sowie vereinzelt im Areler Land und Trierer Raum. 📖 FSV: 1656 *Schartz*. GDB: 1674 *Schartz* = *Schaartz*. 1783 *Scharz*.

SCHAUL [ʃaʊl] (2009: 113, 0.69‰; 1880: 153, 0.79‰). GLEICHE BASIS *Schauls*. Wohl Übername zu nhd.-landsch. *schaulen* 'sich verbergen, verborgen sein, schleichen' < mnd. *schûlen*. Vgl. rhein. *Schaul* 'Schutz vor Regen'. 🌍 Der Name kommt fast ausschließlich in Luxemburg vor und konzentriert sich in der Nordhälfte. Im Kanton Diekirch sowie südlich der Sauer ist vereinzelt die Genitivform *Schauls* anzutreffen. ☞ Eine Ableitung zu *Schaul* ist der Flurname *Schaulsmillen* in Goesdorf. 📖 FSV: 1561 *Schawels*. 1611 *Schaul*, *Schawles*. GDB: 1649 *Schaul* => 1685 *Schauls*. 1676 *Schaul* => 1714 *Schaultz*. 1754 *Schaull*.

SCHAULS [ʃaʊls] (2009: 12, 0.07‰; 1880: 36, 0.19‰). Flektiertes Patronym zu ↗*Schaul*.

SCHAUS [ʃaʊs // ʃæːʊs] (2009: 137, 0.84‰; 1880: 201, 1.04‰). VARIANTE(N) *Schauss*. Übername zu lb. *Schaus* m. 'schrulliger Halbnarr, fröhlicher Spaßmacher', rhein. *Schauss* 'nicht ernst zu nehmender Mensch, der eine recht traurige Figur macht', pfälz. *Schauß* 'verrückter Mensch'. 🌍 Zum Hauptverbreitungsgebiet von *Schaus* gehören Luxemburg, die Eifel, Ostbelgien sowie Teile Hessens und des Niederrheins. In der Schreibvariante *Schauss* ist der Name im Großherzogtum selten und nur in der südlichen Hälfte anzutreffen. In Deutschland konzentriert sich das Vorkommen von *Schaus* auf das östliche Rheinland-Pfalz. Dort begegnet auch als *Schauß*, das in Deutschland die insgesamt häufigste Variante ist. ☞ Die genealogischen Quellen zeigen in einem Fall Berührungen mit ↗*Schoos*. 📖 FSV: 1611 *Schauss*. GDB: 1659 *Schaus*. 1670 *Schaus* => 1726 *Schosch* => 1749 *Schos*, 1750 *Schoosch*.

SCHAUSS (2009: 9, 0.06‰; 1880: 0).

↗*Schaus*.

SCHEECK [ʃeːk] (2009: 21, 0.13‰; 1880: 14, 0.07‰). Patronym zum gleichlautenden Rufnamen. Dieser ist Variante von ↗*Schaak* mit hypokoristischem Umlaut. 📖 GDB: 1654 *Scheck* => 1673 *Scheeck*, 1680 *Scheck*.

SCHEER [ʃeːɐ] (2009: 109, 0.67‰; 1880: 152, 0.78‰). VARIANTE(N) *Scher*. GLEICHE BASIS *Scherer*. Berufsname zu mhd. *schēr*, Kurzform von *schērer, schērære* 'Haarscherer, Bartscherer; Tuchbereiter, Wundarzt'. Siehe auch ↗*Duchscherer*. 💡 Zum Verbreitungsgebiet von *Scheer* gehören ganz Luxemburg, Deutschland, das Elsass, Moseldepartement und vereinzelt auch Belgien. *Scherer* erscheint im Großherzogtum seltener als *Scheer*, ist jedoch in Deutschland, dem Elsass und Ostlothringen die häufigste Variante, in Belgien hingegen niederfrequent. *Scheerer* gilt in der südlichen Hälfte Luxemburgs und bildet in Deutschland punktuell einige Nester. *Scher* ist in Luxemburg sehr selten, ebenso in Deutschland, etwas häufiger dagegen in Ostlothringen. Die Bildungen ohne -*er*-Suffix tendieren zu einer höheren Frequenz als jene mit -*er*-Suffix in Luxemburg, Belgien sowie in der nördlichen Hälfte Deutschlands. ☞ Die im Luxemburgischen alternativ mögliche Aussprache *Schéier* richtet sich nach dem Appellativ lb. *Schéier* 'Schere' < mhd. *schære*, zumal ausgehend von mhd. *schēr* eine Aussprache lb. *Schier* zu erwarten wäre. 📖 RB (1388-1500): *Duchscherer = Scherer. Scheir, Scherer, Scherre, Scherrer* u.a. FSV: 1611 *Scheer, Scher, Scheren, Scherer, Scherers*. 1656 *Scherre, Scherrers*. GDB: 1750 *Schoerer* => 1785 *Scherrer*. 1829 *Scherer* => 1858 *Scherrer (Scherer)*. 1829 *Scherrer* => 1879 *Scheerer*. 1831 *Scheer* => 1872 *Scher*.

SCHEERER (2009: 8, 0.05‰; 1880: 10, 0.05‰). ↗*Scherer*.

SCHEFFEN [ˈʃæfən] (2009: 44, 0.27‰; 1880: 44, 0.23‰). Amtsname zu mhd. *scheffe* 'beisitzender Urteilssprecher, Schöffe'. Dem mhd. Appellativ entspricht lb. *Schäffen* 'Schöffe, Dorfschöffe'. 💡 Das Hauptverbreitungsgebiet des Namens ist Luxemburg. Einige wenige Streubelege finden sich zwischen Lüttich und dem Niederrhein. 📖 RB (1388-1500): *Scheffen zu Luccemburg, her* u.a.

SCHEID [ʃaɪt] (2009: 27, 0.17‰; 1880: 71, 0.37‰). Wohnstättenname zu mhd. *scheide* 'Grenzscheide, Grenze'. 💡 Dem Verbreitungsgebiet von *Scheid* gehören Luxemburg, Ostlothringen, das Elsass sowie von Deutschland besonders der westmitteldeutsche Sprachraum an. Etwas dünner in Deutschland, doch breiter gestreut ist die Variante *Scheidt*. Insgesamt extrem selten und nur in Deutschland belegt sind *Scheit, Scheydt, Scheytt*. 📖 FSV: 1611 *Scheid*. 1656 *Scheydt, Scheyden*. GDB: 1696 *Scheid*. 1703 *Scheidt*. 1710 *Scheid* => 1740 *Scheidt*. 1720 *Scheyden* => 1750 *Scheid*. 1733 *Scheidt* => 1766 *Scheiden*. 1737 *Scheit*

SCHEIDWEILER [ˈʃaɪtvaɪlɐ] (2009: 14, 0.09‰; 1880: 36, 0.19‰). Herkunftsname zu *Scheidweiler*, heute *Ober-, Niederscheidweiler*, für je eine Gemeinde im Landkreis Bernkastel-Wittlich. 📖 GDB: 1716 *Scheidweiler*.

SCHEIER (2009: 15, 0.09‰; 1880: 34, 0.18‰). Entrundete Form von ↗*Scheuer*.

SCHEINERT (2009: 4, 0.02‰; 1880: 0). ↗*Schinnert*.

SCHEITLER [ˈʃaɪtlɐ] (2009: 41, 0.25‰; 1880: 41, 0.21‰). Personalisierter Wohnstättenname zu mhd. *scheitel, scheitele* f.

'Scheitel', doch in der erst frnhd. zusätzlich bezeugten Bedeutung 'Wegscheidung'. 🜚 *Scheitler* kommt in Luxemburg vor allem im Westen vor. Weder zu den westlichen noch den östlichen Nachbargebieten gibt es eine Kontinuität in der Verbreitung. Der Name taucht erst wieder im Maingebiet auf, im übrigen Deutschland verstreut, besonders in Bayern. Im Moseldepartement sind auch *Scheidler*, *Scheideler* anzutreffen. ☞ Das *t* in *Scheitler*, *Scheiteler* (so auch noch 1880) weist auf oberdeutsche Herkunft des Familiennamens hin. 📖 GDB: 1739 *Scheiteler*. 1866 *Scheitler*.

SCHENCK (2009: 5, 0.03‰; 1880: 6, 0.03‰). ↗*Schenk*.

SCHENK [ʃæŋk] (2009: 16, 0.1‰; 1880: 11, 0.06‰). VARIANTE(N) *Schenck*. Amts- bzw. Berufsname zu mhd. *schenke* 'einschenkender Diener, Mundschenk (Hofamt); ausschenkender Wirt'. Vgl. auch ↗*Schinker*. ☞ In den genealogischen Datenbanken lässt sich in einem Fall der Übergang von *Schenckel* (↗*Schenkels*) auf *Schencken* feststellen. 📖 GDB: 1703 *Schenckes*. 1724 *Schenckel* => 1765 *Schencken*, 1766 *Schenckel*. 1789 *Schenck*. 1881 *Schenk*.

SCHENKELS ['ʃæŋkəls] (2009: 7, 0.04‰; 1880: 11, 0.06‰). Flektiertes Patronym zu *Schenkel*, Übername zu mhd. *schënkel* 'Schenkel' oder mhd. *schinkel* (mslfrk. -*i₂*-). ☞ In den genealogischen Datenbanken ist in einem Fall der Wechsel von *Schenkels* und etymologisch nicht verwandtem ↗*Schinker* zu beobachten, ferner ebenfalls in einem Fall der Übergang von *Schenckel* auf *Schencken* (↗*Schenk*) festzustellen. 📖 GDB: 1739 *Schenckels* => 1769 *Schincker* = *Schenckels* => 1808 *Schincker*. 1780 *Schenkels*.

SCHENTEN ['ʃæntən] (2009: 42, 0.26‰; 1880: 43, 0.22‰). Möglicherweise Wohnstättenname zu einem gleichlautenden Flurnamen: vgl. lb. *bei der Schentewiss* (Vichten); *op der Schentekaul* (Bech); *op Schentendréisch* (Bous). 🜚 Der Name kommt hauptsächlich in Luxemburg vor und zeigt eine leichte Streuung in der Eifel und am Niederrhein. 📖 GDB: 1675 *Schenten*.

SCHER (2009: 3, 0.02‰; 1880: 2, 0.01‰). ↗*Scheer*.

SCHERER ['ʃeːʁɐ] (2009: 44, 0.27‰; 1880: 15, 0.08‰). VARIANTE(N) *Scheerer*. Variante mit Agenssuffix *-er* von ↗*Scheer*. 📖 RB (1388-1500): *Barcher, (dem) Barscher, (der) Barscher, (des) Barscher, Bart, Bartscher, Bartscherer, (dem) Bartscherer, (des) Bartscherers, Bartscherrer, (dez) Bartscherrers, (des) Bartschers, Doechscherer, Doichscherrer, (dem) Doichscherer, Douchscherrer, (dem) Duchscherer, (dem) Duch Scherrer, Scheir, Scherer, Scherre, Scherrer*.

SCHETGEN [ʃeːtɕən] (2009: 17, 0.1‰; 1880: 18, 0.09‰). VARIANTE(N) *Schaedgen*. Wohnstättenname zu einem mehrfach in Luxemburg auftretenden Flurnamen lb. *Scheedchen* (z.B. in den Gemeinden Bech, Mersch, Mompach, Schüttringen). Hierbei handelt es sich um eine Diminutivbildung zu lb. *Scheed* 'Grenze, Grenzscheide, Feldscheide'. 📖 GDB: 1693 *Schetges*. 1851 *Schetgen*. 1818 *Schaedgen*.

SCHEUER ['ʃɔɪɐ] (2009: 97, 0.59‰; 1880: 113, 0.58‰). VARIANTE(N) *Scheier*. 1. Wohnstättenname zu a) *Scheuer* (frz. *La Grange*) für ein Schloss bei Monhofen, Moseldepartement; b) mhd. *schiure* 'Scheuer, Scheune'. 2. Herkunftsname zu *Scheuer* für ein mehrfach auftretendes

Toponym, u.a. in Nordrhein-Westfalen und Bayern. 3. Personalisierte Form von ↗*Scheuren*. 4. Berufsübername zu mhd. *schiure* f. 'Becher' für den Hersteller. ⓘ *Scheuer* kommt in Luxemburg, dem Areler Land, dem Moseldepartement und Elsass vor; ebenso im gesamten Westen Deutschlands. *Scheier* fast nur in Luxemburg und am Niederrhein. 📖 Fsv: 1561 *Schur*. 1561 *Scheuer*. 1611 *Scheur*. GDB: 1711 *Scheuren* => 1741 *Scheuer* = *Scheuren*. 1758 *Scheier*. 1850 *Scheuer* => 1880 *Scheier*.

SCHEUEREN (2009: 9, 0.06‰; 1880: 0). Variante von ↗*Scheuren*, mit Sprossvokal in der Mittelsilbe.

SCHEUERN (2009: 2, 0.01‰; 1880: 7, 0.04‰). Variante von ↗*Scheueren* mit Synkope der Letztsilbe.

SCHEUREN [ˈʃoɪʀən] (2009: 52, 0.32‰; 1880: 12, 0.06‰). VARIANTE(N) *Scheueren, Scheuern*. Herkunftsname zu *Scheuren* oder *Scheuern* für ein gleichlautendes Toponym, u.a. *Scheuren* mehrfach für eine Ortschaft in Nordrhein-Westfalen und Rheinland-Pfalz, *Scheuern* für eine Ortschaft in der Eifel. Vgl. auch ↗*Scheuer*. ⓘ *Scheuren* zeigt in Luxemburg eine gewisse Nordlastigkeit und findet direkten Anschluss im Arrondissement Bastogne und in der Provinz Lüttich. In Deutschland streut der Name entlang der unteren Mosel, des Mittelrheins ab Koblenz abwärts sowie am Niederrhein. Die sprossvokalhaltige Variante *Scheueren* ist selten und kommt nur in Luxemburg südlich der Sauer vor. Noch seltener in Luxemburg ist *Scheuern* (nur in in den Kantonen Mersch und Esch), dessen Vorkommen sich außerhalb des Großherzogtums auf den Eifelkreis Bitburg-Prüm beschränkt. 📖 Fsv: 1611 *Scheuren*. GDB: 1711 *Scheuren* => 1741 *Scheuer* = *Scheu-* *ren*. 1829 *Scheueren* => 1860 *Scheuren* = *Scheuer*. 1861 *Scheueren* => 1890 *Scheueren*. 1870 *Scheuern*.

SCHICKES [ˈʃikəs] (2009: 33, 0.2‰; 1880: 0). Übername mit Umlaut und Agenssuffix *-es* zu nhd.-landsch. *schucken* 'in schwankende Bewegung setzen, niederwerfen, stoßen, schubsen', refl. 'sich schütteln, eine zitternde Bewegung machen'; vgl. entsprechend rhein. *schucken* 'frösteln; zusammenschrecken'. Die Grundbedeutung des Verbs ist 'stoßen', diese schlägt sich auch in rhein. *Schückes* 'alter, verkerbter Klicker' nieder. ☞ 1880 ist der Name nicht verzeichnet, doch möglicherweise ist mit diesem der Beleg *Schicks* zu identifizieren. 📖 GDB: 1718 *Schückes* => 1744 *Schutges*, 1756 *Schickes, an Schückes* (Hausname). 1722 *Schuckes*. Vz: 1880 *Schicks*.

SCHIERTZ (2009: 19, 0.12‰; 1880: 13, 0.07‰). ↗*Schirtz*.

SCHILDGEN [ˈʃiltçən] (2009: 5, 0.03‰; 1880: 0). GLEICHE BASIS *Schiltges*. 1. Berufsübername zu einer Diminutivform von mhd. *schilt* 'Schild; Wappenschild, Wappen' für den Hersteller. 2. Patronym zum einstigen gleichlautenden Rufnamen, einer entrundeten Diminutivbildung zu els. und lothr. *Schül*. Dieses ist entlehnt aus frz. *Jules* (<lat. *Iūlius*). 3. Deriviertes Patronym (Diminutivbildung) zum nicht-diminuierten Rufnamen: 'Schül junior'. ⓘ *Schildgen* begegnet im Großherzogtum fast nur im Minette, in Deutschland vereinzelt entlang der Mosel und am Niederrhein. Im Moseldepartement findet sich die französierte Variante *Scheltienne*. Das Vorkommen der Genitivform *Schiltges* beschränkt sich auf Luxemburg und Trier. ☞ Um 1700 herum sind folgende Schreib-

weisen und Aliasformen belegt: *Peter Schielties* (*Schieltges, Schultges, Scheltges*); *Dominico Schieltges* (*Schültges*); *Catharina Schultges* (*Schieltges*); *Godardo Schultges* (*Schültges*) (briefliche Mitteilung von Christiane Oth-Gallion). 📖 Fsv: 1611 *Schiltges, Schoeltges, Schulges*. GDB: 1705 *Schildges* => 1738 *Schiltges* = *Schilges*. 1708 *Schiltges* => 1746 *Schiltgen*. 1806 *Schildgen*.

SCHILL [ʃil] (2009: 10, 0.06‰; 1880: 10, 0.05‰). Germanisierte Form von nfrz. *Gilles*, das in einer aus dem Altfranzösischen entlehnten Variante als ↗*Schiltz* erscheint.

SCHILLING [ˈʃilɪŋ] (2009: 80, 0.49‰; 1880: 85, 0.44‰). 1. Herkunftsname zu einem im deutschen Sprachraum mehrfach auftretenden Toponym *Schilling, Schillingen*, im Raum Luxemburg am ehesten zu *Schillingen* für eine Ortschaft im Landkreis Trier-Saarburg. 2. Übername zu mhd. *schilling* 'Schilling'. 🕎 Sehr weit verbreitet im gesamten germanophonen Kartierungsgebiet, inklusive dem Moseldepartement und dem Elsass. 📖 Fsv: 1541 *der jung Schillinck*. GDB: 1694 *Schilling*.

SCHILTGES [ˈʃiltɡəs] (2009: 18, 0.11‰; 1880: 41, 0.21‰). Flektiertes Patronym zu ↗*Schildgen*.

SCHILTZ [ʃiːlts // ʃilts] (2009: 405, 2.48‰; 1880: 738, 3.81‰). VARIANTE(N) *Schilz*. GLEICHE BASIS *Schill*. Patronym zum gleichlautenden einstigen Rufnamen. Dieser ist eine westmitteldeutsche Form, die aus afrz. *Giles* entlehnt ist und dem nfrz. *Gilles* entspricht. An der Basis steht ursprünglich lat. *Aegidius*, eine Ableitung von lat. *aegis, -idis* f., das aus griech. *aigís, -ídos* f. 'Ziegenfell, Lederharnisch' entlehnt ist. In der griechischen Mythologie bezeichnete der Begriff den aus Ziegenfell gefertigten Schild des Zeus und der Athene, der durch Schütteln dazu diente Gewitter zu versenden. Vor diesem Hintergrund wird dem Rufnamen *Aegidius* (in deutscher Schreibweise *Ägidius*) die ursprüngliche Bedeutung 'Schildhalter' oder 'Harnischträger' zugeschrieben. Seine Verbreitung verdankt er dem aus Griechenland stammenden Heiligen *Ägidius* (afrz. *Gide, Gidie*, später *Gile, Giles*, okzitanisch *Geli*), der im 7. Jh. die Abtei Saint-Gilles (okzitanisch *Sant Geli*) in Südfrankreich gründete. Die Formen mit *l*, die im Altfranzösischen okzitanischer Prägung ihren Ursprung haben, sind gegenüber jenen mit *d* auffällig und lassen Einfluss eines homophonen Namens vermuten (etwa zu lat. *Agilius*, das zu lat. *agilis* 'gewandt, rasch' gehören dürfte, oder zu lat. *Egilius*, dessen weitere Herkunft unklar ist). Siehe auch ↗*Gilles*. 🕎 *Schiltz* ist in Luxemburg und darüber hinaus in Lothringen sowie im Areler Land weit verbreitet. In der deutschen Nachbarregion findet sich die Entsprechung *Schilz*. Eine weitere Variante *Schils* bildet ein Nest um Lüttich, während eine dritte Variante *Schill* innerhalb der Maas-Rhein-Region insgesamt selten ist (südwestliches Viertel Luxemburgs, versprengte Belege auf deutscher Seite). 📖 Auch im Luxemburgischen existieren *l*- und *d*-haltige Formen des Rufnamens nebeneinander. Im LWB erscheinen sie als *Ejhid, Giddi, Jhiddi* sowie als *Dilles, Gilles, Jhilles*. Zahlreiche Varianten finden sich bereits in den Rechnungsbüchern, wobei bei den selben Namenträgern ein Wechsel zwischen Formen mit anlautendem *G-*, *J-* und *Sch-* zu beobachten ist. Jene mit *G-* lassen sich sowohl dem deutschen als auch französischen zuordnen, während die heutige Aussprache von ↗*Gilles* durchwegs auf deutsche Herkunft weist. 📖 RB (1388-1500): *Gilken = Gilkin = Gilles = Giltz = Gylbin = Schiltz. Gilles = Gils = Giltz = Gilz = Gyltz = Schijltz = Schiltz. Gilles = Giltz = Gylles = Jiltz = Schiltz. Giltz = Giltze = Schiltz = Schilz. Schieltz. Schieltze* u.a. FSV: 1589 *Schilts*. 1561 *Schyltz*. 1611 *Schiltzen*. GDB: 1609 *Schiltz*. 1733 *Schilz*. 1874 *Gils* => 1898 *Schiltz*. 1712 *Schiltzen*. 1803 *Schieltz*. 1863 *Schielz*.

SCHILZ (2009: 21, 0.13‰; 1880: 63, 0.33‰). ↗*Schiltz*.

SCHIMBERG [ˈʃimbæʀɕ] (2009: 27, 0.17‰; 1880: 69, 0.36‰). Wohnstättenname zu einem gleichlautenden Toponym. Diesem entspricht am ehesten lb. *Schim(b)reg, Schëmreg, Schéimereg* (dt. *Schönberg*) für eine Stellenbezeichnung bei Kehlen, jetzt noch alleinstehende Kapelle mit Friedhof. 🌐 Das Verbreitungsgebiet des Namens ist die südliche Hälfte Luxemburgs. ☞ Ursprünglich scheint das Toponym im Erstglied mhd. *schim, schime* 'Schatten' zu beinhalten, doch konnte dieses als *schön*, lb. *schéin*, demnach *Schönberg > Schéimereg* reinterpretiert werden. Eine lautgesetzliche Entstehung von lb. *Schim(b)reg, Schëmreg* aus *Schönberg* ist jedenfalls auszuschließen, da mhd. *schœne* im betreffenden Gebiet durchwegs lb. *schéin* ergibt. Lokalsprachliche Varianten mit *i* (*schin, sching*) gelten nur am Ostrand des Landes (vgl. LSA, Karte 123). Im Gegensatz zum Toponym scheint beim Familiennamen keine Reinterpretation als *Schönberg* stattgefunden zu haben, denn die historischen Belege zeigen keinen Wechsel zwischen *Schimberg* und *Schönberg*. 📖 GDB: 1700 *Schimberg*.

SCHINKER [ˈʃiŋkɐ] (2009: 22, 0.13‰; 1880: 20, 0.1‰). Berufsname auf -*er* zu mhd. *schinken* 'schenken, einschenken', Nebenform von *schenken*. Vgl. auch ↗*Schenk*. ☞ In den genealogischen Datenbanken ist in einem Fall der Wechsel von ↗*Schenkels* auf *Schincker* zu beobachten, wobei die beiden Namen etymologisch nicht zusammengehören. 📖 GDB: 1739 *Schenckels* => 1769 *Schincker* = *Schenckels* => 1808 *Schincker*. 1741 *Schinker* => 1771 *Schincker*. 1826 *Schincker* => 1862 *Schinker*.

SCHINNERT [ˈʃinɐt] (2009: 5, 0.03‰; 1880: 21, 0.11‰). VARIANTE(N) *Scheinert*. Patronym zum gleichlautenden Rufnamen. Dieser stammt aus *Schinhart und gehört zu ahd. *skīnan* 'scheinen' und *hart, herti* 'hart, kräftig, stark'. Siehe auch ↗*Schintgen*. 🌐 *Schinnert* ist ausschließlich in Luxemburg, doch sehr vereinzelt und nur in der nördlichen Hälfte anzutreffen. In der südlichen Hälfte und ebenso sehr vereinzelt findet sich die Variante *Scheinert*. Lose gestreut ist *Scheinert* dagegen in ganz Deutschland. 📖 GDB: 1732 *Schinnert*.

SCHINTGEN [ˈʃintɕən] (2009: 125, 0.77‰; 1880: 217, 1.12‰). VARIANTE(N) *Schoentgen*. 1. Patronym zum einstigen gleichlautenden Rufnamen. Dieser ist eine Diminutivbildung zu *Schin. Im Althochdeutschen erscheint der latinisierende Beleg *Scinus*, der wohl zu ahd. *skīnan* 'scheinen' gehört (vgl. Gottschald, S. 428). 2. Deriviertes Patronym (Diminutivbildung) zum Rufnamen: 'Schin junior'. 🌐 *Schintgen* fast ausschließlich in Luxemburg. Eine potentielle Variante *Schinchen* zwischen Aachen und Köln. Eine regionalsprachliche Variante *Schoentgen* in Luxemburg und dem Moseldepartement.

Eine französisierte Form *Schingtienne* in der Provinz Luxemburg außerhalb des Areler Landes. ☞ Der Rufname *Scinus* hat im ehemaligen Luxemburg die Familiennamen *Schin*, *Schinn* hervorgebracht, doch sind diese nur noch historisch bezeugt. Eine nachalthochdeutsche Erweiterung des Rufnamens ist *Schinhart*, woraus der Familienname ↗*Schinnert* entstanden ist. Daneben tritt vereinzelt in Deutschland der Familienname *Schinz* auf, dem eine entsprechende Koseform mit *z*-Suffix zu Grunde liegt (vgl. Brechenmacher 2, S. 515). Reflexe einer Form mit langem *i* sind die Familiennamen *Scheinert* sowie nl. *Schynen*, *Scheynen*, *Scheijnen* (zu Letzteren sowie zu weiteren historischen Belegen des Rufnamens, siehe Debrabandere, S. 1269). In den genealogischen Datenbanken findet die regionalsprachliche Senkung des kurzen Tonvokals (*i*) von *Schintgen* in den Graphien mit ‹e› und ‹oe› ihren Niederschlag. Außerdem ist der Familienname 1880 einmal als *Schingten* belegt. Dabei handelt es sich wohl um eine Verschreibung *-gt-* für *-tg-*, so wie wahrscheinlich bei *Hengtes* für ↗*Hentges* und *Mengtes* für *Mentges* (↗*Mentgen*). 📖 RB (1388-1500): *Schynchin. Schyene = Schyenen = Schyenne = Schyn = Schyne = Schynne = Schynnen = Schynner.* FSV: 1444-1450 *Schinngin.* 1472 *Schyntgen.* 1656 *Schintges.* GDB: 1685 *Schentges.* 1691 *Schintgen.* 1721 *Schoentgen* => 1751 *Schentgen = Schoentgen.* 1727 *Schengen* => 1758 *Schentgen.* 1755 *Schintges.* 1765 *Schintgen* => 1807 *Schientgen = Schingten* => 1837 *Schoentgen.* 1798 *Schin* => 1837 *Schinn.* Vz: 1880 *Schingten, Schintgen.*

SCHIRTZ [ʃiʀts] (2009: 31, 0.19‰; 1880: 23, 0.12‰). VARIANTE(N) *Schiertz*. Übername zu a) mhd. *schurz* 'abgeschnitten, kurz', mit hypokoristischem Umlaut; b) rhein. *Schirz* m. 'Kleinigkeitskrämer, Tadler, Nörgler'. 🔑 *Schirtz* ist in Luxemburg mit der höchsten Konzentration im Kanton Vianden verbreitet, ferner im Bitburger Land. Die seltenere Variante *Schiertz* zeigt die größte Dichte im Kanton Wiltz. Potenzielle Varianten *Schürz*, *Schürtz* finden sich in Deutschland, doch insgesamt sehr selten. 📖 FSV: 1561 *Schiertz.* GDB: 1717 *Schirz* => 1747 *Schiertz.* 1785 *Schirtz* => 1824 *Schirz.*

SCHLAMMES [ˈʃlaməs] (2009: 14, 0.09‰; 1880: 17, 0.09‰). Flektiertes Patronym (Mischgenitiv) zu †*Schlam*, regionalsprachliche Entsprechung zu ↗*Schlim*.

SCHLECHTER [ˈʃlæçtɐ] (2009: 39, 0.24‰; 1880: 43, 0.22‰). Berufsname zu mhd. *slehter*, umgelautete Form von mhd. *slahter* 'Schlachter'. 🔑 *Schlechter* in Luxemburg und im Areler Land, verstreut in Westdeutschland. *Schlächter* sehr vereinzelt eher im Osten Deutschlands. Im Südwesten Deutschlands gilt die umlautlose Variante *Schlachter*. 📖 RB (1388-1500): *Clais Slechter.* FSV: 1611 *Schlechter.* 1656 *Schlecters.* GDB: 1650 *Schlechter* => 1678 *Schlegtter.*

SCHLECK [ʃlæk] (2009: 21, 0.13‰; 1880: 53, 0.27‰). VARIANTE(N) *Chlecq*. Übername zu mhd. *slec, -ckes* 'Schleckerei, Leckerei'. 🔑 *Schleck* ist nahezu ausschließlich in der Luxemburger Südhälfte anzutreffen, die französisierte Variante *Chlecq* sehr selten ebenfalls nur in Luxemburg. 📖 GDB: 1774 *Schleck.* 1818 *Chlecq.*

SCHLEICH [ʃlɑɪç] (2009: 99, 0.61‰; 1880: 177, 0.91‰). 1. Übername zu mhd. *slîchen* 'leise gleitend gehen, schleichen', nhd.-landsch. *Schleiche* m.f. 'der, die schleicht'. 2. Wohnstättenname zu mhd. *slîch* 'Schlick, Schlamm', hierher wohl auch lb. *Schläich* f. 'Eisbahn'. 3. Herkunftsname zu *Schleich* für eine Ortschaft im Landkreis Trier-Saarburg. 🌎 Luxemburg, Areler Land, Arrondissement Bastogne, Département Meurthe-et-Moselle. Breite Streuung in Deutschland. 📖 FSV: 1611 *Schleichen*. GDB: 1550 *Schlych* = *Schleich* => 1580 *Schleichen* => 1600 *Schleich*. 1650 *Schleich* = *Schleychen*. 1670 *Schleich* = *Schleig*.

SCHLEIMER [ˈʃlaɪmɐ] (2009: 15, 0.09‰; 1880: 27, 0.14‰). Übername zu a) nhd.-landsch. *schleumen* 'beeilen, beschleunigen, schleunig vonstatten gehen', mhd. *sliume* 'schleunig, eilig'; b) mhd. *slîmen* 'schlemmen, schwelgen'. 📖 FSV: 1611 *Schleumers*. 1656 *Schleumer*. GDB: 1673 *Schleimer*.

SCHLENTZ [ʃlɛnts] (2009: 17, 0.1‰; 1880: 31, 0.16‰). VARIANTE(N) *Schlenz*. Übername zu mhd. *slenzen* 'liebkosen', nhd.-landsch. *schlenzen* 'u.a. liebkosen; müßig, nachlässig herumgehen'. Vgl. auch nhd.-landsch. *Schlenzer* 'Müßiggänger', rhein. *schlenzen* 'schlendern, müßig gehen'. 📖 GDB: 1762 *Schlentz*.

SCHLENZ (2009: 1, 0.01‰; 1880: 11, 0.06‰). ↗*Schlentz*.

SCHLESSER (2009: 84, 0.51‰; 1880: 214, 1.1‰). Entrundete Form von ↗*Schloesser*.

SCHLIM [ʃlim] (2009: 48, 0.29‰; 1880: 86, 0.44‰). VARIANTE(N) *Schlimm*. GLEICHE BASIS *Schlammes*. Übername zu mhd. *slim(p)* (mslfrk. -i̯₂-) 'schief, schräg, verkehrt', entsprechend lb. *schlamm* 'hinkend, lahm; schief, krumm'. 🌎 *Schlim* begegnet nur in Luxemburg und sehr vereinzelt in Belgien. *Schlimm* ist im Großherzogtum seltener, häufiger jedoch in Deutschland, besonders entlang des Rheins, anzutreffen. Das Vorkommen der Genitivbildung *Schlammes* beschränkt sich auf den Süden und Südwesten Luxemburgs. 📖 FSV: 1561 *Schlymmen*. 1611 *Schlimmen*. GDB: 1656 *Schlammen* => 1692 *Schlimmen*, 1695 *Schlammen*. 1677 *Den Schlammen* => 1704 *Schlammen*, 1710 *Schlammes*, 1718 *Schlammes* (=> 1738 *Zlangen* = *Schlammes*), 1723 *Schlammes* (=> 1747 *Schlammes*, 1753 *Schlam* = *Schlammes*). 1720 *Schlim*. 1725 *Schlimm*. 1784 *Schlim* => 1825 *Schlim*, 1827 *Schlimm*.

SCHLIMM (2009: 8, 0.05‰; 1880: 31, 0.16‰). ↗*Schlim*.

SCHLOESSER [ˈʃløsɐ] (2009: 41, 0.25‰; 1880: 9, 0.05‰). VARIANTE(N) *Schlesser, Schlosser*. Berufsname zu einer umgelauteten Nebenform von mhd. *sloʒʒer* 'Schlosser'; entsprechend das Appellativ lb. *Schlässer*. 🌎 Mit der Graphie mit ‹oe› erscheint der Name überwiegend in Luxemburg. In Deutschland, insbesondere im mittleren Westen, gilt die Entsprechung *Schlösser*. Das Vorkommen der entrundeten Form *Schlesser* konzentriert sich überwiegend auf Luxemburg und Ostlothringen. Insgesamt am häufigsten ist die nicht umgelautete Form *Schlosser*, die außer in Deutschland auch in Ostlothringen und dem Elsass anzutreffen ist. Zur Verteilung *Schlosser* vs. *Schlösser*, siehe DFA 1, S. 182. 📖 RB (1388-1500): *Sleusser* = *Sloesser* = *Slosser* = *Slossers* = *Sloßer. Sloeßer* = *Slusser*. FSV: 1541 *Schlosser*. 1561 *Schloesser*. 1611 *Schlosser*. GDB: 1670 *Schloesser* => 1699 *Schloesser*, 1705 *Schlesser*. 1692 *Schlossers*. 1724 *Schlösser*.

SCHLOSSER (2009: 1, 0.01‰; 1880: 5, 0.03‰). Nicht umgelautete Form von ↗*Schloesser*.

SCHMAL [ʃmaːl] (2009: 3, 0.02‰; 1880: 4, 0.02‰). GLEICHE BASIS *Schmalen*. Übername zu mhd., mnd. *smal* 'schmal, dünn, schlank; schmächtig; klein'. 📖 Fsv: 1611 *Schmalen*. GDB: 1720 *Schmal*. 1732 *Schmalen*.

SCHMALEN [ˈʃmaːlən] (2009: 16, 0.1‰; 1880: 17, 0.09‰). Flektiertes Patronym zu ↗*Schmal*.

SCHMARTZ [ʃmɑʁts] (2009: 32, 0.2‰; 1880: 63, 0.33‰). Übername zu rhein. *Schmarze* f. (Merzig, Trier) als Erweiterung zu *Schmarre* f. 'Schramme, Striemen, Narbe'. Vgl. auch lb. *Schmorr*, *Schmarr* f. 'Schramme'. 🕯 Das Vorkommen des Namens ist auf Luxemburg beschränkt. 📖 GDB: 1686 *Schmartz*. 1759 *Schmartz* => 1791 *Schmars*.

SCHMIDT (2009: 99, 0.61‰; 1880: 144, 0.74‰). ↗*Schmit*.

SCHMIT [ʃmit] (2009: 1515, 9.28‰; 1880: 3390, 17.5‰). VARIANTE(N) *Schmidt*, *Schmitt*. GLEICHE BASIS *Schmitz*. Berufsname zu mhd. *smit* (mslfrk. -i_2-) 'Schmied', vgl. das Appellativ lb. *Schmadd*. Siehe auch ↗*Schmitgen*, ↗*Schmitter*, ↗*Schmoetten*. 🕯 *Schmit* ist die häufigste Variante im Raum Luxemburg und im Areler Land, gefolgt von *Schmitt* und *Schmidt*. Die beiden Letzteren sind im angrenzenden Deutschland besonders häufig, während *Schmit* dort überhaupt nicht vorkommt. Im Elsass und in Lothringen dominiert die Variante *Schmitt*. Die Genitivform *Schmitz* ballt sich im westlichen Deutschland sowie im Norden des Großherzogtums. Damit wird das Bild der tendenziell komplementären Verteilung der Genitivform im Norden versus der Nominativform im Süden von Osten her fortgesetzt. Zur Varianz d/dt/t/tt/tz in Namen mit *Schmied* in Deutschland, siehe DFA 2, S. 328-343. ☞ In frühen historischen Belegen des Familiennamens zeigt sich die Senkung von i_2 > lb. *a*. Erstmals mit *a* ist der Name im Jahr 1528 belegt: *der Smatt*. Dieser entspricht somit genau dem Appellativ lb. *Schmadd* (Genaueres zu 'Schmied' und 'Schmiede' im Luxemburgischen siehe Kollmann 2010a; zur Senkung siehe Kollmann 2015). 📖 RB (1388-1500): *Claisman der Smyt = Claisman Smot = Claisman Smydt = Claismantz des Smytz = Clausman Smetz. Claisman Smijtz Son = Claisman Smyetzeson Clais = Claisman Smytz Son = Claisman Smytze Son = Clasman Smytz Son. Cleffsadel dem Smede = Johan Kleissadell in Wassergasse der Smet. Hanß von Schoiß der Smyt = Schoes Hans dem Smede = Schoiß hantz dem Smyde = Schoiss Hantz der Schmyt = Schoiß Hantz der Smyt = Schoiß Hantzen dem Smyede = Schouß Hantz dem Smide = Schouß Hantz dem Smyde = Schouß Hantz des Smitz. Hencken den Smot in dem Gronde = Hencken der Smyt. Peter dem Smydde = Peter der Smit = Peter Smyt* u.v.m. Fsv: 1528 *der Smatt*. 1541 *Gyltz Schmydt*. 1561 *Schmydtt, Schmytz*. 1561 und 1611 *Schmitz*. 1561 *Schmidt*. 1611 *Schmid, Schmidts*. 1656 *Schmiedts, Schmitt*. GDB: 1621 *Schmatts* => 1678 *Schmidt*; 1624 *Schmidges* => 1655 *Schmit*. 1708 *Schmit* => 1738 *Schmid*. 1719 *Schmidt* => 1757 *Schmitt*, 1760 *Schmidt*, 1764 *Schmit*. 1721 *Schmatz* => 1751 *Schmitz*. 1727 *Schmid* => 1762 *Schmidt*. 1743 *Schmit* => 1788 *Schmits*. 1754 *Schmit* => 1793 *Schmitten* => 1821 *Schmetten*, 1824 *Schmoetten*, 1828 *Schmitten*.

SCHMITGEN [ˈʃmitçən] (2009: 7, 0.04‰; 1880: 15, 0.08‰). 1. Berufsname zu einer Diminutivbildung von mhd. *smit* 'Schmied'. 2. Deriviertes Patronym zu ↗*Schmit*: 'Schmied junior'. Siehe auch ↗*Schmitter*, ↗*Schmoetten*. 🕯 *Schmitgen* ist insgesamt niederfrequent und kommt, außer in Luxemburg, vereinzelt verstreut in Deutschland vor. Ausschließlich in Deutschland finden sich die ebenso seltenen Varianten *Schmittgen, Schmidgen, Schmiedgen*. Dasselbe gilt für die flektierten Bildungen *Schmitges* und *Schmittges*. 📖 RB (1388-1500): *Clein Smidgin = Clein Smitgen = Clein Smitgen dem Smyde = Clein Smitgin = Clein Smytgen = Cleine Smydde = Cleine Smytgin = Cleinen Smytgin = Cleyn Smyetgin = Cleyne Smytgen = Cleyne Smytgin = Cleynen Smytgins = Cleynsmyetgin = Cleynsmytgin = Kleinen Smytgin. Dem grossen Smytgin.* FSV: 1561 *Schmytgen*. 1611 *Schmidgen, Schmidtges, Schmitges*. GDB: 1624 *Schmidges* => 1655 *Schmit*. 1753 *Schmitgen*. 1830 *Schmittchen*.

SCHMITT [ʃmit] (2009: 194, 1.19‰; 1880: 153, 0.79‰). ↗*Schmit*.

SCHMITTER [ˈʃmite] (2009: 2, 0.01‰; 1880: 3, 0.02‰). Personalisierter Wohnstättenname zu mhd. *smitte* 'Schmiede, Schmitte'. Siehe auch ↗*Schmit*, ↗*Schmittgen*, ↗*Schmoetten*. 🌀 *Schmitter* (1880 auch *Schmoetter*) ist in Luxemburg äußerst selten belegt. In Deutschland zeigt *Schmitter* die größte Dichte am Niederrhein, doch finden sich Streubelege auch im übrigen Bundesgebiet sowie im Elsass und im Département Meurthe-et-Moselle. 📖 GDB: 1860 *Schmitter*. Vz: 1880 *Schmitter, Schmoetter*.

SCHMITZ [ʃmiːts] (2009: 722, 4.42‰; 1880: 902, 4.66‰). Flektiertes Patronym (starker Genitiv) zu ↗*Schmit*.

SCHMOETTEN [ˈʃmøtən] (2009: 11, 0.07‰; 1880: 0). Wohnstättenname (erstarrter Dativ) zu mhd. *smitte* 'Schmiede, Schmitte'. Siehe auch ↗*Schmit*, ↗*Schmitgen*, ↗*Schmitter*. 🌀 *Schmoetten* ist ausschließlich in Luxemburg und dort nur vereinzelt anzutreffen. Am Niederrhein auf deutscher Seite und in Niedersachsen gilt die Entsprechung *Schmitten*. ☞ Die genealogischen Datenbanken zeigen den Übergang vom Berufsnamen (*Schmit*) zum Wohnstättennamen (*Schmitten*). Möglich ist hier auch eine Beeinflussung durch schwache Genitive des Berufsnamens. 📖 GDB: 1754 *Schmit* => 1793 *Schmitten* => 1821 *Schmetten*, 1824 *Schmoetten*, 1828 *Schmitten*.

SCHNEIDER [ˈʃnaɪdɐ] (2009: 415, 2.54‰; 1880: 736, 3.8‰). GLEICHE BASIS *Schneiders*. Berufsbezeichnung zu mhd. *snîdære, snîder* 'Schneider'. 🌀 Der Name ist in ganz Luxemburg sowie in Deutschland, hier tendenziell mehr im Süden als im Norden, verbreitet. In Frankreich ist er im Unterelsass am häufigsten, gefolgt vom Moseldepartement und Oberelsass. Eine dünne Streuung zeigt er auch im übrigen Staatsgebiet sowie in Belgien. Die Genitivform *Schneiders* findet sich außer im Großherzogtum in Deutschland besonders entlang der Mosel und im Ruhrgebiet, sehr selten dagegen in Frankreich und Belgien. *Schneidesch* kommt dagegen fast ausschließlich im Areler Land vor. 📖 RB (1388-1500): *Des Snyders Knecht van Arle. Wilhelm Schnyder = Wylhem Snyder* u.v.m. FSV: 1561 *Schneyder, Schnider, Schniders, Schneider*. 1611 *Schneiders*. 1656 *Schneyder, Schneyders, Schnyders*. GDB: 1767 *Schneider* => 1788 *Schneyders*. 1768 *Schneider* => 1807 *Schneyder*. Vz: 1880 *Schneider, Schneiders, Schneidesch*.

SCHNEIDERS [ˈʃnaɪdɐs] (2009: 22, 0.13‰; 1880: 80, 0.41‰). VARIANTE(N) *Schneidesch*. Flektiertes Patronym zu ↗*Schneider*. 📖 GDB: 1674 *Schneiders*.

SCHNEIDESCH [ˈʃnaɪdəʃ] (2009: 2, 0.01‰; 1880: 24, 0.12‰). Variante von

↗*Schneiders*, mit regionalsprachlicher Entwicklung -ers > -esch.

SCHOCK [ʃok] (2009: 36, 0.22‰; 1880: 98, 0.51‰). 1. Wohnstättenname zu einem gleichlautenden Toponym, z.B. *op der Schock* für eine Flur in der Gemeinde Küntzig. 2. Übername zu a) mhd. *schoc, schockes* 'Haufe, Büschel, Schopf' nach dem üppigen Haarwuchs, entsprechend lb. *Schock* m. 'Büschel'; b) mhd. *schoc, schockes* 'Anzahl von 60 Stück' für einen abgabepflichtigen Bauern. 🜚 Der Name erscheint tendenziell im Osten Luxemburgs sowie auch in Deutschland, doch ohne direkten Anschluss. ☞ Die etymologischen Datenbanken zeigen einen (etymologisch nicht begründbaren) Wechsel zwischen *Schock* und ↗*Schockmel*. 📖 GDB: 1690 *Schockmel* => 1735 *Schock*. 1728 *Schock*. 1742 *Schock* => 1777 *Schockmel*, 1780 *Schockmell*. 1772 *Schock* => 1805 *Chocmel*.

SCHOCKMEL [ˈʃokmæl] (2009: 77, 0.47‰; 1880: 0). Tiroler Einwanderername, dem heute in Tirol *Tschuggmell* (> *Tschuggmall*) entspricht. Hierbei handelt es sich um eine Entlehnung aus alpenrom. *Giacomellu*, deriviertes Patronym zum Rufnamen *Giacomo*: 'Sohn des Giacomo' (vgl. Finsterwalder, S. 251). 🜚 Der Name zeigt eine breite Streuung in Luxemburg und dem Areler Land. ☞ Der Familienname *Tschuggmell* findet sich im Tiroler Oberinntal, also im klassischen Auswanderungsgebiet der Tiroler Luxemburger, häufiger jedoch in der Variante *Tschuggmall*. Diese zeigt die positionsbedingte Oberinntaler Senkung von *e* zu *a* (vgl. z.B. *Feld* > *Fald*). Ausgehend von alpenrom. *Giacomellu* wäre für das Tirolische **Tschaggmell* > **Tschaggmall* zu erwarten. Das *u* in *Tschuggmell* wird jedoch als Einblendung des Tiroler Appellativs *Tschugg* m. 'Baumstumpf' interpretiert (vgl. Finsterwalder, S. 251). Im Zuge der Entlehnung des Namens ins Moselfränkische wurde die anlautende Affrikate *Tsch-* durch ein einfaches *Sch-* substituiert. Émile Erpelding (1996, S. 179) sieht dagegen in *Schockmel* einen Wohnstättennamen zu *Schockmühle*, lb. *Schockmillen*, für eine Flur bei Küntzig. Gegen diese Etymologie spricht einerseits, dass der Flurname und der Familienname lautlich schwer zusammenzubringen sind, und andererseits die Tatsache, dass die Mühle erst 1777 erbaut wurde (vgl. Erpelding 1988c, S. 540f), der Familienname aber bereits vorher bezeugt ist. Der Name der Mühle leitet sich vom Flurnamen lb. *op der Schock* ab, aus dem mitunter der Familienname ↗*Schock* hervorgegangen ist. Der in den genealogischen Datenbanken belegte Wechsel zwischen *Schock* und *Schockmel* hat allenfalls einen volksetymologischen Hintergrund: *Schock* als Kurzform des Patronyms *Schockmel*? 📖 GDB: 1683 *Schockmel*. 1690 *Schockmel* => 1735 *Schock*. 1742 *Schock* => 1777 *Schockmel*, 1780 *Schockmell*. 1751 *Schockmel* => 1782 *Schocmel*, 1784 *Choquemel*, 1787 *Schokmel*. 1772 *Schock* => 1805 *Chocmel*.

SCHOCKWEILER [ˈʃokvaɪl] (2009: 18, 0.11‰; 1880: 43, 0.22‰). Herkunftsname zu *Schockweiler* (lb. *Schakeler*, frz. *Schockville*) für eine Ortschaft in der Gemeinde Attert, Areler Land. 🜚 *Schockweiler* nur in Luxemburg. *Schockweiler* bei Arlon und in der Provinz Lüttich. 📖 FSV: 1589 *Johan Schockweiller*. GDB: 1690 *Schockweiler*.

SCHODER [ˈʃoːdɐ] (2009: 32, 0.2‰; 1880: 33, 0.17‰). Am ehesten personalisierter Herkunftsname zu *Schoden* für eine Ortschaft in der gleichnamigen Gemeinde, Landkreis Trier-Saarburg. ⑤ *Schoder* findet sich in Luxemburg mit der größten Dichte in den Kantonen Redingen und Capellen, also nicht in unmittelbarer Nähe des vermutlich namengebenden Ortes. Auch in Deutschland bildet der Name einige Nester. Doch da diese nicht direkt an das Großherzogtum anschließen, dürften dort andere Etymologien vorliegen. Die potenziell zum Herkunftsnamen gehörige und damit nicht personalisierte Form *Schoden* zeigt das größte Vorkommen in der Nordeifel. 📖 GDB: 1745 *Schoder*. 1747 *Schoden*.

SCHOELLEN [ˈʃœlən] (2009: 14, 0.09‰; 1880: 27, 0.14‰). Flektiertes Patronym zu *Schöll*, Übername zu mhd. *schel-, lles* 'zornig, leicht auffahrend, wild' (vgl. Brechenmacher 2, S. 522 sub *Schöllmann*). 📖 GDB: 1695 *Schoellen*.

SCHOEN [ʃøːn] (2009: 9, 0.06‰; 1880: 7, 0.04‰). Übername zu mhd. *schœne, schœn* 'schön, herrlich'. ↗*Schon*.

SCHOENTGEN [ˈʃəntɕən] (2009: 16, 0.1‰; 1880: 36, 0.19‰). Regionalsprachliche Variante von ↗*Schintgen* mit der Graphie ‹oe› für lb. [ə].

SCHOETTER [ˈʃœtɐ] (2009: 20, 0.12‰; 1880: 68, 0.35‰). VARIANTE(N) *Schoettert*. Amtsname zu a) mhd. *schütter* 'der die Eicheln von den Bäumen schüttelt, Eichelsammler', demnach für einen Forstknecht, einen Gehilfen des Försters; b) mnd. *schutter* 'der das Vieh schützt; Polizeidiener'. In den frühesten historischen Quellen erscheint einmal der Aliasname *Schütz*, der sich somit als Synonym interpretieren ließe. Siehe auch ↗*Schutz/Schütz*. 📖 GDB: 1636 *Schoettert* => 1663 *Schettor* = *Schütz*, 1670 *Schoettert* = *Schettor* (=> 1692 *Schetter*). 1664 *Schoetter* = *Schetter*. 1702 *Schoettert* = *Scheuttert* = *Schettert*. 1739 *Schoettert* => 1779 *Schüttert* => 1811 *Schoetter*.

SCHOETTERT [ˈʃœtɐt] (2009: 15, 0.09‰; 1880: 14, 0.07‰). Variante von ↗*Schoetter*, mit sekundärem *-t*.

SCHOLER [ˈʃoːlɐ] (2009: 105, 0.64‰; 1880: 189, 0.98‰). 1. Übername zu a) mhd. *schuolære, schüelære* (md. -û-) 'Schüler, Student; junger Geistlicher'; vgl. auch ↗*Schuler*; b) mhd. *scholære* 'Schuldner, Schuldiger'; vgl. auch ↗*Scholler*, ↗*Schuller*. 2. Berufsname zu rhein. *Schuler* ‚Lehrer'; vgl. auch ↗*Schuler*. 3. Personalisierter Wohnstättenname zu mhd. *schâle* 'Steinplatte', mit regionalsprachlicher Verdumpfung mhd. *â* > *ô*. ⑤ *Scholer* ist in Luxemburg in fast allen Kantonen vertreten. Ferner streut der Name in der nahen Moselregion auf deutscher Seite, im Saarland, Moseldepartement, Oberelsass und in Baden. ☞ Das Appellativ für 'Schule' erscheint im Mittelhochdeutschen mitteldeutscher Prägung monophthongiert als *schûle* (< ahd. *skuola*), daneben als *schôle*, für das bereits ahd. eine Dublette *skôla* vorauszusetzen ist. In beiden Fällen liegt eine Entlehnung aus lat. *schōla* < lat. *schola* zu Grunde, doch muss ahd. *skōla* auf Grund der nicht mehr erfolgten Diphthongierung *ō* > ahd. *uo* zu einem späteren Zeitpunkt als ahd. *skuola* entlehnt worden sein. Wie der Familienname *Scholer* weist auch das Appellativ lb. *Schoul* auf mhd. *ô* und geht somit auf mhd. *schôle* zurück, während nhd. *Schule* aus mhd. *schuole* stammt. Mhd. *ô* hat im Nord- und Ostluxemburgischen *u* ergeben, vgl. z.B. mhd. *kôl* 'Kohl' > nord- und ostlb. *Kull*, entsprechend auch mhd. (md.) *schôle* > nord- und ostlb. *Schull* (vgl. LWB). Dagegen ist mhd. *uo* u.a. vor *l* im Gemeinluxemburgischen als kurzes *u* und im Nord- und Ostluxemburgischen als *ou* vertreten, vgl. mhd. *stuol* > gemeinlb. *Stull*, nord- und ostlb. *Stoul*. Ein Reflex von mhd. *schuole* (md. -*û*-) würde somit im Gemeinluxemburgischen **Schull* und im Nord- und Ostluxemburgischen **Schoul* lauten und eine genau umgekehrte Verteilung als der Reflex von mhd.-md. *schôle* aufweisen. In den historischen Belegen des Familiennamens ist ein Wechsel zwischen *Scholer* und ↗*Schuller*, ↗*Scholler* zu beobachten. Doch dürfte dieser weniger vor dem beschriebenen Hintergrund zu erklären sein, sondern eher auf Konkurrenzetymologien verweisen. 📖 RB (1388-1500): *Scholer*. Fsv: 1561 *Scholer*. 1611 *Scholers*. GDB: 1694 *Scholer*. 1733 *Schuller* => 1767 *Scholer*. 1768 *Scholler* => 1809 *Scholer*.

SCHOLLER ['ʃolɐ] (2009: 25, 0.15‰; 1880: 67, 0.35‰). Übername zu a) mhd. *schollerer, scholler*, Nebenformen von *scholderer, schollerer* 'Veranstalter von Glücksspielen, Aufseher über dieselben'. Es handelt sich um eine Ableitung von mhd. *scholder, scholler, scholier* m. 'Vorrichtung und Veranstaltung zu Glücks- oder Hazardspielen', woraus auch lb. *Schollerbouf* 'Kegeljunge'; b) mhd. *scholære* 'Schuldner, Schuldiger', mit regionalsprachlicher Kürze des Tonvokals; c) mhd. *schuldære, schulder* 'Schuldiger, Schuldner', mit regionalsprachlicher Senkung *u* > *o* und Assimilation *ld* > *ll*. Vgl. auch ↗*Scholer*, ↗*Schuller*. ⓢ *Scholler* findet sich in der südlichen Hälfte Luxemburgs, Ostlothringen, dem Elsass und mit diversen Streubelegen auch in Deutschland. ☞ In den historischen Belegen ist ein Wechsel zwischen *Scholler* und ↗*Scholer* zu beobachten, was Konkurrenzetymologien mit sich bringt. 📖 RB (1388-1500): *Scholler van Esche, Scholler van Lyngen*. Fsv: 1561 *Schollers*. 1656 *Scholler, Schollers*. GDB: 1768 *Scholler* => 1809 *Scholer*.

SCHOLTES ['ʃoltəs] (2009: 275, 1.68‰; 1880: 344, 1.78‰). VARIANTE(N) *Scholtus*. Amtsname zu mhd. *schultheize* 'der Verpflichtungen befiehlt, Richter, Schultheiß'. Siehe auch ↗*Schulz*. ⓢ *Scholtes* konzentriert sich in der Großregion: Außer Luxemburg sind dies der Süden der gleichnamigen Provinz, das Moseldepartement, das Saarland sowie die grenznahe Region von Rheinland-Pfalz. Andere kleinere Nester befinden sich u. a. um Lüttich, Aachen und entlang des Rheins in Nordrhein-Westfalen. Das Hauptverbreitungsgebiet von *Scholtus* sind dagegen Luxemburg mit der gleichnamigen Provinz. Zum Tonvokal in Namen mit *Schuldheiß*, siehe DFA 1, S. 219-255. 📖 RB (1388-1500): *Scholtes, Scholteß*. Fsv: 1611 *Scholtis*. 1656 *Scholtes, Scholtheiss*. GDB: 1678 *Scholtes*. 1702 *Scholtus*. Vz: 1880 *Scholtes, Scholtus*.

SCHOLTUS ['ʃoltus] (2009: 34, 0.21‰; 1880: 64, 0.33‰). Latinisierende Schreibweise für ↗*Scholtes*.

SCHOMER (2009: 25, 0.15‰; 1880: 36, 0.19‰). ↗*Schommer*.

SCHOMMER ['ʃomɐ] (2009: 33, 0.2‰; 1880: 44, 0.23‰). Variante von ↗*Schummer*, mit Senkung *u* > *o*.

SCHON [ʃo:n] (2009: 70, 0.43‰; 1880: 222, 1.15‰). GLEICHE BASIS *Schoen, Schons*. Übername zu einer umlautlosen Variante von mhd. *schœne, schœn* 'schön, herrlich'. ⓢ *Schon* findet sich überwiegend in Luxemburg, dem Saarland, Moseldepartement, Elsass, in Deutschland entlang der Mosel und des Mittel- und Niederrheins und in anderen Regionen. Das Hauptverbreitungsgebiet von *Schons* sind Luxemburg, die benachbarte deutsche Moselregion, das Saarland, das Moseldepartement sowie der Mittel- und Niederrhein. Die umlauthaltige Form *Schoen* ist in Luxemburg selten und findet sich auch im Elsass und Teilen Lothringens. In Deutschland ist sie überall, jedoch nicht flächendeckend, verstreut. Dort dominieren fast überall mit großem Abstand Formen mit *ö*. ☞ Im Rheinischen und Pfälzischen ist das Adjektiv für 'schön' ohne Umlaut weit verbreitet, doch nicht im Luxemburgischen und Lothringischen. 📖 RB (1388-1500): *Schoene Peter, Schoenne Peter, Schoenpeter, Schone Peter, Schonpeter, Schoyn Peters*. FSV: 1561 *Schon*. 1611 *Schoentges, Schon, Schontges*. 1656 *Schoenen, Schöne*. GDB: 1655 *Schön*. 1685 *Schön* => 1720 *Schun*. 1698 *Schonen*. 1721 *Schons*. 1788 *Schoen*.

SCHONCKERT ['ʃɔŋkɛt] (2009: 33, 0.2‰; 1880: 17, 0.09‰). VARIANTE(N) *Schonkert*. Übername zu rhein. *schunken, schonken* 'schunkeln, treten'. ✪ Das Vorkommen von *Schonckert* beschränkt sich auf den Südwesten Luxemburgs und die Kantone Echternach und Vianden. Sehr selten und nur im Kanton Redingen findet sich die Variante *Schonkert*. 📖 GDB: 1730 *Schonckert*.

SCHONKERT (2009: 2, 0.01‰; 1880: 0). ↗*Schonckert*.

SCHONS [ʃoːns] (2009: 59, 0.36‰; 1880: 98, 0.51‰). Flektiertes Patronym zu ↗*Schon*.

SCHOOS [ʃoːs] (2009: 40, 0.25‰; 1880: 124, 0.64‰). Herkunftsname zu *Schoos* (lb. *Schous*) für eine Ortschaft in der Gemeinde Fischbach. ✪ Der Name begegnet überwiegend in der südlichen Hälfte Luxemburgs, im Areler Land sowie in der Eifel. ☞ Die genealogischen Quellen zeigen in einem Fall Einfluss von ↗*Schaus*. 📖 RB (1388-1500): *Hans van Schoiß = Hantz van Schoeß = Hantz van Schoisch = Hantz von Schoiß = Schoiß Hantz. Johan van Schors dem Smydde = Johan van Schoß dem Smyde = Johan van Schoůß*. FSV: 1611 *Schoss*. 1656 *Schos*. GDB: 1670 *Schaus* => 1726 *Schosch* => 1749 *Schos*, 1750 *Schoosch*. 1710 *Schoos*.

SCHORTGEN ['ʃɔʀtɕən] (2009: 31, 0.19‰; 1880: 54, 0.28‰). Unklar. Möglicherweise Übername zu einer Diminutivbildung zu mnd. *schort, dem mhd. *schurz* 'abgeschnitten, kurz' entsprechen würde. Allerdings sind der Familienname bzw. eine Grundform *Schort* oder dazugehörige Bildungen im niederdeutschen Sprachraum nicht verbreitet. ✪ Der Name ist im Süden und äußersten Norden Luxemburgs sowie im Areler Land zu finden. Eine potenzielle Grundform *Schort* zeigt das größte Vorkommen im Großraum Stuttgart. Ein ebenso potenziell verwandter Name ist *Schorten* (Genitivbildung zu *Schort*), der u.a. bei Trier verbreitet ist. ☞ In den genealogischen Datenbanken finden sich zahlreiche Aliasnamen (*Schortes, Schortet, Schorté, Schortien, Schortus*), die folgenden Zusammenhang haben könnten: *Schortes* ist flektiertes Patronym (Mischgenitiv) zu *Schort*. In *Schortet* manifestiert sich die Übersetzung des Diminutivsuffixes *-(t)gen* mit frz. *-et*. *Schorté* ist eine grafische Variante von *Schortet*. Ähnlich stellt auch *Schortien* eine wohl französisch beeinflusste Schreibvariante von *Schortgen* dar. *Schortus* steht für *Schortes* und zeigt Latinisierung des Ausgangs *-es*. 📖 GDB: 1717 *Schortes* => 1747 *Schortet*. 1720 *Schortgen = Schortes* =>

1762 *Schortgen* = *Schorté*. 1736 *Schortus*. 1810 *Schortgen* = *Schortien*.

SCHOSSELER ['ʃosəlɐ] (2009: 41, 0.25‰; 1880: 61, 0.31‰). Berufsname (Agensbildung) zu einer umlautlosen Variante von mhd. *schüʒʒel* 'Schüssel', woraus lb. *Schossel*, für den Schüsselmacher. 🟊 Die Verbreitung des Namens beschränkt sich auf die südliche Hälfte Luxemburgs und das Moseldepartement. 📖 Fsv: 1611 *Schosseler*. 1656 *Schosselers*. GDB: 1677 *Schosseler*.

SCHOTT [ʃot] (2009: 44, 0.27‰; 1880: 54, 0.28‰). 1. Herkunfts- oder Übername zu mhd. *schotte* 'Schotte, Ire'. 2. Berufsname zu mhd. *schotte* 'umherziehender Krämer, Hausierer'. 🟊 *Schott* ist in Luxemburg überwiegend in der südlichen Hälfte zu finden, ferner in Lothringen, dem Elsass und ganz Deutschland. *Schotte* streut in Deutschland deutlich weniger, konzentriert sich jedoch vor allem im Norden. In Belgien, auch im Areler Land, ist *Schotte* die häufigere Form. 📖 Fsv: 1656 *Schotte*. GDB: 1700 *Schott*. 1775 *Schotte* = *Schott*.

SCHOU [ʃuː] (2009: 13, 0.08‰; 1880: 59, 0.3‰). Französisierende Schreibweise von ↗*Schuh*.

SCHOULLER ['ʃulɐ] (2009: 3, 0.02‰; 1880: 6, 0.03‰). Französisierende Schreibung von ↗*Schuller*, Etymologie 1 und 2.

SCHOUMACHER (2009: 6, 0.04‰; 1880: 0). Variante von ↗*Schumacher* in französisierender Schreibung.

SCHOUMACKER (2009: 4, 0.02‰; 1880: 0). Französisierte Form von ↗*Schumacher*.

SCHOUMAKER (2009: 2, 0.01‰; 1880: 0). Französisierte Form von ↗*Schumacher*.

SCHOUWEILER ['ʃuvaɪlɐ] (2009: 7, 0.04‰; 1880: 48, 0.25‰). VARIANTE(N) *Schouweiller*. Herkunftsname zu *Schuweiler* (lb. *Schuller*, frz. *Schouweiler*) für eine Ortschaft in der Gemeinde Dippach. Französisierende Schreibung wie beim Toponym. Siehe auch ↗*Schuller*. 📖 RB (1388-1500): *Endrijß van Schoenwiller. Henne van Schouwiller. Johan Kuenches Son van Schuweiler. Johan van Schouwyler = Johan van Schoynwiller = Johan van Schuywijler = Johan van Schuywyler = Johann van Schouwyler = Johann van Schüewiller = Johann von Schuewiller. Meiger van Schowijler Mertin = Mertin van Schoenwiler = Mertin van Schoewiller = Mertin van Schouwyler = Mertin van Schowijler = Mertin van Schuewiller = Mertin van Schuwyler = Mertin von Schuewiller. Nuwerman van Schoywiller*. GDB: 1819 *Schuweiler* => 1849 *Schouweiler*. 1831 *Schouweiler*.

SCHOUWEILLER (2009: 2, 0.01‰; 1880: 11, 0.06‰). ↗*Schouweiler*.

SCHRAM [ʃʀɑm] (2009: 36, 0.22‰; 1880: 66, 0.34‰). VARIANTE(N) *Schramm*. 1. Übername zu mhd. *schram, schramme* 'Schramme, Schwertwunde' nach einer auffälligen Narbe. 2. Wohnstättenname zu mhd. *schram* m. 'Felsspalt, Loch'. 🟊 Das Vorkommen von *Schram* in Luxemburg ist auf den Südosten beschränkt. Eine lose Streuung zeigt der Name in ganz Belgien. In Deutschland, Ostlothringen und dem Elsass gilt dagegen überwiegend *Schramm*. 📖 Fsv: 1611 *Schramen, Schram*. GDB: 1670 *Schram*. 1763 *Schramm*.

SCHRAMM (2009: 1, 0.01‰; 1880: 8, 0.04‰). ↗*Schram*.

SCHRANTZ [ʃʀɑnts] (2009: 26, 0.16‰; 1880: 71, 0.37‰). Wohnstättenname zu mhd. *schranz* m. 'Riss, Spalte, Loch'. 📖

Fsv: 1656 *Schrantz*. GDB: 1673 *Schrantz*.
SCHREIBER ['ʃʀaɪbɐ] (2009: 56, 0.34‰; 1880: 83, 0.43‰). Berufsname zu mhd. *schrîbære* 'Schreiber, besonders geistlicher, niederen Grades'. ❡ Der Name zeigt in Luxemburg und Deutschland eine breite Streuung, die in den Osten Frankreichs und nach Belgien hineinreicht. 📖 RB (1388-1500): *Clais van Arle des Schribers = Clais van Arle gesworen Schriber. Conrait des Schribers = Conrait Schriber = Conrait van Vianden der Stede Scriuer = Coynrait Schrijber. Heinrich Bairnaiger dem Schrijber = Heinrich dem Schriber genant Bernaghe = Henrich Barnardsch dem Schryber = Henrich Barnardsch Schrijber = Henrich Barnardsche, Schriber. Thielman Barnaige dem Schrieber = Thielman Barnaige von Birtteringen dem Schrijbere = Thielman Bernaige dem Schrijber. Thilmannes des Schriuers = Thilmanno dem Schriuer* u.v.m. Fsv: 1561 *Schreyffer, Schreyffers*. 1611 *Schreiber, Schreibers*. GDB: 1712 *Schriwer = Schreiber*. 1718 *Schreiber* => 1752 *Schreibers*. 1756 *Schreiwer, Schreiwers*.
SCHREINER ['ʃʀaɪnɐ // 'ʃʀæːɪnɐ] (2009: 102, 0.62‰; 1880: 186, 0.96‰). VARIANTE(N) *Schrenger*. Berufsname zu mhd. *schrînære* 'Schreiner'. ❡ *Schreiner* ist in Luxemburg, Lothringen, dem Elsass und darüber hinaus in Deutschland besonders in der südlichen Hälfte zu finden. Sehr selten erscheint in Luxemburg (Kantone Redingen und Capellen) die regionalsprachliche Form *Schrenger*. ☞ Das LWB vermerkt als Appellativ für den Schreiner gemeinlb. *Schräiner*, lokallb. *Schrénger* (Ösling, Untermosel), *Schreiner* (Wiltz, Diekirch, Luxemburg-Stadt), *Schréiner* (Vianden). Im Gegensatz zum Gegenwartsluxemburgischen erscheint in den Rechnungsbüchern der Stadt Luxemburg nur der Typ *Schrinenmecher* mit Varianten. Von diesem Typ finden sich heute im Großherzogtum keine Fortsetzer, weder als Familienname noch im Appellativschatz. 📖 RB (1388-1500): *Schrinemecher, Schrinenmecher, Schrinmecher, Schrinnenmecher, Schrynemecher, Schrynenmecher, Schrynnenmecher, Srinemecher*. Fsv: 1561 *Schreyner*. 1611 *Schreiner*. 1656 *Schreiners, Schriener*. GDB: 1690 *Schreiner = Schringer* => 1725 *Schreiner = Schringer* => 1760 *Schrenger*, 1767 *Schreiner = Schringer*, 1780 *Schringer*. 1705 *Schreiners*.
SCHRENGER ['ʃʀɛŋɐ] (2009: 7, 0.04‰; 1880: 7, 0.04‰). Regionalsprachliche Variante von ↗*Schreiner*.
SCHROBILTGEN ['ʃʀoːbɪltçən] (2009: 10, 0.06‰; 1880: 10, 0.05‰). Übername zu lb. *Schrobiltgen* (Vianden) m. 'streitsüchtiger Mann' bzw. *Schrobiltchen* m. (Areler Land) 'hässliches Gesicht' (Reuland 2006, S. 86). Das Kompositum setzt sich zusammen aus lb. *schro* 'boshaft, bösartig, rücksichtslos; ungezogen, unartig' und einer Diminutivbildung von mhd. *buole* m. 'naher Verwandter, Geliebter, Liebhaber' (mhd. **büelechîn*). Siehe auch ↗*Bildgen*. ❡ Die ersten Namenträger stammen aus Wolkringen (frz. *Wolkrange*) im Areler Land (Genaueres zur Etymologie von *Schrobiltgen* siehe Kollmann 2010b). 📖 Fsv: 1611 *Schrabeiltgen, Schrabeiltges*. 1656 *Schrobeiltgen*. GDB: 1664 *Schrobiltgen*. Mersch, S. 17-99: 17. Jh.: *Scrabeltie, Chraubultien, Schraubultie, Schrobiltie*.
SCHRODER ['ʃʀoːdɐ] (2009: 4, 0.02‰; 1880: 3, 0.02‰). Umlautlose Variante von ↗*Schroeder*.
SCHROEDER ['ʃʀøːdɐ // 'ʃʀeɪdɐ] (2009: 616,

3.77‰; 1880: 1032, 5.33‰). VARIANTE(N) *Schroder*. Berufsname zu mhd. *schrôten* (md. *schrôden, schrâden*) mit den Bedeutungen a) 'u.a. rollen, wälzen, besonders Wein- und Bierfässer auf- und abladen oder zu Wagen befördern', demnach für den Verlader von Wein- und Bierfässern. Diesem entspricht das Appellativ lb. *Schréider* sowie pfälz. *Schräder* 'Mann, der mit andern zusammen das Schroden der gefüllten Weinfässer besorgt'; b) 'hauen, schneiden, abschneiden' für den Zuschneider von Kleidern, Steinen, Metall oder Holz. *Schroeder* erscheint in Luxemburg, dem Moseldepartement und Unterelsass und ist dort fast ausschließliche Form. In Deutschland schließt sich *Schröder* an. Insgesamt sehr selten im Raum Luxemburg sind *Schrader, Schreder, Schroder*. Zum Schwund von *d* und zur Varianz *d/t* in Namen mit *Schröder* in Deutschland, siehe DFA 2, S. 214-227.

Im Familiennamen *Schroeder* scheinen interessanterweise zwei ursprünglich phonologisch und semantisch verschiedene Bezeichnungen zusammengeflossen zu sein: 1. Eine Agensbildung zu einem Verb mit der Grundbedeutung 'rollen, wälzen'. 2. Eine Agensbildung zu einem Verb mit der Grundbedeutung 'schneiden'. Das Appellativ lb. *Schréider* ist eine umlauthaltige Agensbildung zum Verb lb. *schroden* 'schroten (schwere Gegenstände durch einen Handhebel fortbewegen, Weinfässer mit Seilen auf dem Schragen in den Keller befördern)'. Daneben existieren im Luxemburgischen die umlautlosen Varianten *Schroder* und *Schroter*. Nach dem *Schréider* benannt ist auch der *Schréiderbam* m. 'Balken zum Schroten (der Fässer in den Kellern)'.

Die ältesten Belege sind dem Ahd. zuzurechnen, wo nur *o*-haltige Formen belegt sind. Splett (I,2, S. 863) gibt die Bdeutung von ahd. *skrōtan* mit 'schneiden, abschneiden, scheren, ausreißen, abziehen, wegnehmen' an. Auch im mhd., mnd. und mnl. dominieren *o*-haltige Formen (mhd. *schrôten* (md. -*d*-), mnd. *schrôden*, mnl. *schroden*), daneben finden sich nun aber auch (tlw. regionale) Nebenformen mit -*a*-: mhd. *schrâten* (md. -*d*-), mnd. *schrâden* sowie ostmnl. *schraden, scraden*. Semantisch lassen sich die Varianten mit *o* und *a nicht* gegeneinander abgrenzen, die mhd. und mnd. Formen umfassen jeweils sowohl die Semantik des Hauens, Schneidens als des Rollens, Wälzens, für die mnd. Varianten gibt Pfeifer (S. 1245) lediglidch 'beschneiden, stutzen' an.

Außerhalb des Deutschen und Niederländischen findet sich das Verb nur in ae. *scrēadian* 'schälen, abschneiden', wo es ausschließlich schwach flektiert (Pfeifer, ebd.).

Lautgeschichtlich sind die *o*- und *a*-haltigen Formen hingegen nicht zusammenzubringen. Jene mit *ô* lassen sich auf ein starkes Verb germ. **skraudan* mit der Grundbedeutung 'schneiden' abbilden (vgl. Kluge, S. 827). Jene mit *â* würden, obwohl erst im Mhd., Mnd. sowie Mnl. belegt, auf ein starkes Verb germ. **skrēdan* weisen, dessen Semantik 'rollen, wälzen' gewesen sein dürfte. Außerhalb des Westgermanischen gibt es für die beiden Verben keine direkten Vergleichsmöglichkeiten. Bei germ. **skraudan* handelt es sich sehr wahrscheinlich um eine nur im Germanischen nachweisbare Erweiterung der Wurzel idg. **sker-* 'schneiden, scheren'. Germ. **skraudan* musste lautgesetzlich as., anl. **skrōdan*, ahd. *skrōtan* ergeben; germ. *skrēdan*, für das sich keine außergermanischen Anküpfungen finden lassen, as., anl. *skrādan*, ahd. *skrātan*.

Im Luxemburgischen gibt es Reflexe sowohl von mhd. *schrôten* (md. -*d*-) als auch von mhd. *schrâten (md. -d-) mit teilweise* unterschiedlicher Bedeutung. So trifft im Gegenwartsluxemburgischen die Bedeutung 'schwere Gegenstände durch einen Handhebel fortbewegen, Weinfässer mit Seilen auf dem Schragen in den Keller befördern' nur auf *schroden* (< mhd. *schrâten*) (LWB), nicht jedoch auf *schrouden* (< mhd. *schrôten*). Lb. *schrouden* hingegen bedeutet '(Getreide) schroten, (Weißkohl) schneiden' (LWB). Rein lauthistorisch betrachtet, könnte lb. *Schréider* (und damit auch der Familienname *Schroeder*) eine Agensbildung zu beiden Verben darstellen, und zwar einmal mit lb. *éi* aus mhd. *œ* (*schrœder*) als Umlaut von mhd. *ô* und einmal mit lb. *éi* aus mhd. *æ* (*schræder*) als Sekundärumlaut von mhd. *â*.

Allerdings weisen die frühesten Belege des Familiennamens in Luxemburg auf mhd. *schrôter* und nicht auf mhd. *schrâter*. Doch dürfte in diesem Fall weniger der Schneider bezeichnet worden sein, weil *Schneider* im Luxemburgischen nicht nur als Appellativ vorkommt, sondern seit Beginn der Überlieferung ebenso als Familienname geläufig ist. Das Rheinische Wörterbuch kennt dagegen das Appellativ *Schröder* durchaus mit der Bedeutung 'Schneider', das erst in jüngerer Zeit durch *Schneider* verdrängt wird (RhWb). Speziell in Luxemburg sind bei *Schröder*, falls von 'schneiden', eher andere Berufsbezeichnungen, und zwar 'Münzpräger; Holzhauer; Steinhauer; Zerschroter von Stahl- und Eisenstangen' zu erwägen (vgl. bes. DWB). Andererseits ist es denkbar, dass nicht nur mit *schrâter*, sondern auch mit *schrôter* im Westmitteldeutschen Luxemburgs bereits der Verlader von Wein- und Bierfässern bezeichnet wurde und dass erst in späterer Zeit die Semantik von *schrôter* bzw. des zu Grunde liegenden Verbs *schrôten* > lb. *schrouden* auf '(Getreide) schroten, (Weißkohl) schneiden' verengt wurde.

Zweideutig ist auch der seltene Familienname *Schroder*. Dieser kann dem Appellativ lb. *Schroder* (< mhd *schrâter*) als umlautlose Variante von lb. *Schréider* entsprechen, andererseits, falls lb. mit *ou* gesprochen, mhd. *schrôter*.

📖 RB (1388-1500): *Clais Schroder = Clais Schroeder. Des Schreuders Son van Bettenborch = des Schroeders Soene van Bettenburch = Johan Peter Schroedersson van Bettenborch = Johan Schrudersson van Bettenbourch* u.v.m. Fsv: 1561 *Schroeders*. 1611 *Schroder, Schroders, Schroeder*. GDB: 1672 *Schroeder*. 1759 *Schroeder* => 1797 *Schreder = Schoeder*. 1770 *Schreders*. 1821 *Schroder* => 1843 *Schroeder*. Vz: 1880 *Schrader, Schreder, Schroder, Schrœder*.

SCHU (2009: 22, 0.13‰; 1880: 6, 0.03‰). ↗*Schuh*.

SCHUETZ (2009: 25, 0.15‰; 1880: 0). ↗*Schutz*.

SCHUG (2009: 2, 0.01‰; 1880: 10, 0.05‰). ↗*Schuh*.

SCHUH [ʃuː] (2009: 49, 0.3‰; 1880: 31, 0.16‰). VARIANTE(N) *Schou, Schu, Schug*. 1. Berufsübername zu mhd. *schuoch* 'Schuh' für den Schuhmacher. 2. Übername für den Träger auffälliger Schuhe.
⑤ *Schuh* findet sich in Luxemburg, der

Norden ausgenommen, im Moseldepartement, Elsass, sowie weit verstreut in Deutschland. Die Variante *Schu* erscheint in Luxemburg und im Moseldepartement nur sehr vereinzelt, häufiger ist sie besonders im Saarland sowie verstreut in Wallonien anzutreffen. *Schug* ist in Luxemburg und im Moseldepartement noch seltener, häufiger dagegen in Deutschland, doch sind da Konkurrenzetymologien möglich. Ebenfalls niederfrequent und überwiegend in Luxemburg belegt sind *Schou* und *Schoug* (Letzteres auch im Moseldepartement und 1880 in Luxemburg nicht belegt). 📖 GDB: 1685 *Schön* => 1720 *Schu*. 1710 *Schuh*. 1720 *Schu*. 1761 *Schu* => 1822 *Schoug*. 1762 *Schou* => 1792 *Schu*. 1784 *Schoug*. 1787 *Schou*. 1825 *Schuh* => 1859 *Schug*.

SCHUHMACHER (2009: 3, 0.02‰; 1880: 0). ↗*Schumacher*.

SCHULER ['ʃuːlɐ] (2009: 58, 0.36‰; 1880: 77, 0.4‰). 1. Übername zu mhd. *schuolære*, *schüelære* 'Schüler, Student; junger Geistlicher'; 2. Berufsname zu rhein. *Schuler* ,Lehrer'; vgl. auch ↗*Scholer*. 🌐 *Schuler* findet sich in Luxemburg, Lothringen, dem Elsass (wo jedoch überall auch die Lesung *Schüler* möglich ist) sowie in Deutschland, dort besonders in der südlichen Hälfte, *Schüler* in Deutschland besonders in der nördlichen Hälfte. In der französisierenden Schreibweise *Schouler* begegnet der Name heute nur noch außerhalb Luxemburgs (Départements Meurthe-et-Moselle und Vosges sowie vereinzelt in Hessen). ☞ In den historischen Belegen ist ein Wechsel zwischen *Schuler* und ↗*Schuller* zu beobachten, was auf eine Konkurrenzetymologie hinweisen kann. 📖 FSV: 1561 *Schuler*. GDB: 1765 *Schuller* => 1795 *Schouler*. 1818 *Schuller* => 1864 *Schuler* = *Schuller*. 1825 *Schouller* => 1855 *Schouler*, 1857 *Schuller* = *Schuler*.

SCHULLER / SCHÜLLER ['ʃulɐ // 'ʃylɐ] (2009: 102, 0.62‰; 1880: 21, 0.11‰). VARIANTE(N) *Schouller*. Für die umlautlose Form gilt: 1. Übername zu mhd. *schuldære*, *schulder* 'Schuldiger, Schuldner', mit Assimilation *ld* > *ll*, vgl. auch ↗*Scholler*, ↗*Scholer*. 2. Herkunftsname zu lb. *Schuller* (dt. *Schuweiler*, frz. *Schouweiler*) für eine Ortschaft in der Gemeinde Dippach; vgl. ↗*Schouweiler*. Für die umlauthaltige Form gilt: Herkunftsname zu *Schüller* für eine Ortschaft in der Vulkaneifel, Rheinland-Pfalz. 🌐 Das Verbreitungsgebiet von *Schuller* sind Luxemburg und Deutschland, dort mehr im Süden als im Norden und selten in direkter Nähe zu Luxemburg. Der Name reicht weit bis in den Osten Frankreichs hinein. Doch ist er in Frankreich und in Luxemburg auch als *Schüller* zu interpretieren. In Deutschland begegnet *Schüller* u.a. in großer Dichte in Rheinland-Pfalz und Nordrhein-Westfalen. *Schouller*, d.i. eine französische Schreibvariante zu *Schuller* mit *u* gesprochen, tritt vereinzelt in Luxemburg und dem Moseldepartement auf. ☞ In den historischen Belegen ist ein Wechsel zwischen *Schuller* und ↗*Schuler*, ↗*Scholer* zu beobachten, was auf Konkurrenzetymologien hinweisen kann. 📖 GDB: 1718 *Schuller*. 1733 *Schuller* => 1767 *Scholer*. 1765 *Schuller* => 1795 *Schouler*. 1770 *Scholer* => 1800 *Schuller*. 1818 *Schuller* => 1864 *Schuler* = *Schuller*. 1825 *Schouller* => 1855 *Schouler*, 1857 *Schuller* = *Schuler*. Vz: 1880 *Schouller*, *Schuller*, *Schüller*.

SCHULTZ (2009: 12, 0.07‰; 1880: 9, 0.05‰). ↗*Schulz*.

SCHULZ [ʃults] (2009: 17, 0.1‰; 1880: 10, 0.05‰). VARIANTE(N) *Schultz*. Amtsname zu mhd. *schultheiʒe* 'der Verpflichtungen befiehlt, Richter, Schultheiß'. Der Name stellt wahrscheinlich einen Import dar, zumal die autochthone Form ↗*Scholtes* lautet. 🌐 Die häufigste Form in Luxemburg wie in Deutschland ist *Schulz*, gefolgt von *Schulze, Scholz, Scholze*. Doch ist der Name im Großherzogtum und besonders in der angrenzenden Eifel eher selten. Zum Tonvokal in Namen mit *Schultheiß*, siehe DFA 1, S. 219-255. 📖 GDB: 1722 *Scholtzen*. 1763 *Scholzen*. 1840 *Schulz*.1888 *Scholz*. 1893 *Schulze*. VZ: 1880 *Scholtz, Schultz, Schulz*.

SCHUMACHER ['ʃuːmaxɐ] (2009: 310, 1.9‰; 1880: 487, 2.51‰). VARIANTE(N) *Schoumacher, Schoumacker, Schoumaker, Schuhmacher*. Berufsname zu mhd. *schuochmacher, -mecher* 'Schuhmacher, Schuster'. Siehe auch ↗*Schumann*, ↗*Schuster*. 🌐 Im gesamten deutschsprachigen Kartierungsgebiet (inklusive Luxemburg, Areler Land und Moseldepartement) ist *Schumacher* weitaus häufiger als *Schuhmacher*. *Schumacher* ist auch in der Provinz Lüttich recht häufig. *Schoumacher* begegnet nur vereinzelt im Großherzogtum, häufiger jedoch im Moseldepartement und in Belgien. Die häufigste Form in Wallonien ist *Schoumaker*, Letzteres vereinzelt auch in Luxemburg, in Flandern *Schoenmakers*. Im Süden Luxemburgs sowie im Moseldepartement und in der Provinz Lüttich findet sich vereinzelt die Variante *Schoumacker*. 📖 In den genealogischen Datenbanken findet sich gelegentlicher Wechsel mit Namensformen, die zu ↗*Schummer* gehören. 📖 RB (1388-1500): *Bartelmeus des Schoumechers. Hans Schoemmecher = Hantz Schoumecher van Sievenborn. Brender dem Schoemecher = Johan Brender der Schonmacher = Johann Brender Schuemecher. Oulrich dem Schoenmecher = Oulrich Schoenmecher = Ulrich dem Schumecher. Vois Peter der Schonmacher = Voiß Peter der Schonmacher = Voůß des Schoůmechers. Walram der Schoymacher = Walram Schoemecher = Walram Schomecher in Wassergasse. Wevers Johan dem Schonmecher in Paffennail. Wilhelm Schoemecker = Wilhelm Schoenmecher = Wilhelm Schomnecher = Wilhelm Schoymnecher = Wilhem des Schoemechers = Wilhem des Schomechers* u.v.m. FSV: 1472 *Trynen Schommechers, Witwe*. 1561 *Schomachers, Schomecher, Schonmacher, Schomacher*. 1611 *Schoumacher, Schoumachers*. 1656 *Schouwmacher*. GDB: 1659 *Schumacher = Schumers*. 1717 *Schumachers*. 1727 *Schuhmacher*. 1746 *Schoumaker = Schumacher*. 1787 *Schoumacher*. 1800 *Schumes = Schumesch = Schumacher*.

SCHUMAN (2009: 5, 0.03‰; 1880: 75, 0.39‰). ↗*Schumann*.

SCHUMANN ['ʃuːman] (2009: 47, 0.29‰; 1880: 130, 0.67‰). VARIANTE(N) *Schuman*. Berufsname zu mhd. *schuochman* 'Schuster'. 🌐 *Schumann* kommt in Luxemburg nur im Süden und im Osten vor. In Deutschland ist der Name breit gestreut. Die seltenere Variante *Schuman* begegnet in Luxemburg ausschließlich im Süden und ist auch in Deutschland sehr dünn gesät. 📖 Der in Luxemburg häufigste Familienname aus der Berufsbezeichnung für den Schuster ist ↗*Schumacher*. 📖 GDB: 1707 *Schumann*. 1753 *Schuman*. 1834 *Schumann* => 1862 *Schuhman*.

SCHUMERS (2009: 1, 0.01‰; 1880: 4,

0.02‰). ↗*Schummers*.

SCHUMMER ['ʃumɐ] (2009: 51, 0.31‰; 1880: 100, 0.52‰). VARIANTE(N) *Schommer*. GLEICHE BASIS *Schummers*. 1. Kontrahierte Form von *Schuhmeier*, Standesname zu mhd. *schuoch* 'Schuh' und *meier* 'Meier, Oberbauer' für den Bewirtschafter eines Gutes, auf dem als Abgabe die Lieferung einer bestimmten Anzahl von Schuhen ruht (Brechenmacher 2, S. 569). 2. Personalisierter Wohnstättenname zu rhein. *Schumm* f. 'mit Gras bewachsenes, wenig fruchtbares und deshalb brach liegendes Landstück; schmaler, grasbewachsener Grenzstreifen zwischen zwei Feldern; leichter Ackerboden'; *Schumme* f. 'Brache'. 🌐 Zum Hauptverbreitungsgebiet von *Schummer* gehören Luxemburg, der Norden ausgenommen, und das Saarland. Ferner findet sich der Name entlang des Rheins ab Karlsruhe sowie vereinzelt im übrigen Deutschland, mitunter mit kleineren Nestern, tendenziell mehr im Süden als im Norden. *Schommer* erscheint sehr häufig im Saarland, in Rheinland-Pfalz und besonders in Nordrhein-Westfalen. Insbesondere im letztgenannten Gebiet ist jedoch eine andere Etymologie zutreffend: Personalisierter Herkunftsname zum Toponym *Schomm*. Von den flektierten Bildungen begegnet *Schummers* am häufigsten in Luxemburg und am Niederrhein; *Schommers* in der Eifel, in der Provinz Lüttich und im Ruhrgebiet. ☞ Die genealogischen Datenbanken zeigen gelegentlich den Wechsel mit ↗*Schumacher*. 📖 Fsv: 1611 *Schomers*. GDB: 1659 *Schumacher* = *Schumers*. 1669 *Schummers* => 1695 *Schummer*. 1672 *Schomer* = *Schumer*. 1677 *Schommers*. 1685 *Schumisch*. 1697 *Schumer* = *Schumesch*. 1725 *Schomer* = *Schumer* => 1768 *Schomer* = *Schumesch*, 1770 *Schomer* = *Schummesch* (=> 1804 *Schumer*). 1728 *Schummers* => 1754 *Schummes*. 1735 *Schommes*. 1737 *Schommer* => 1767 *Schumer*. 1738 *Schummers* => 1781 *Schumesch*. 1741 *Schummesch* => 1771 *Schumesch*. 1753 *Schommesch* => 1790 *Schomesch*, 1791 *Schumers*, 1797 *Schummers*. 1752 *Schumeyer*. 1753 *Schumer* => 1788 *Schumesch*. 1753 *Schommesch* => 1797 *Schummers*. 1755 *Schoumer* => 1779 *Schumer*. 1760 *Schomes* => 1790 *Schuhmesch*. 1768 *Schomer* = *Schumesch*. 1770 *Schomer* = *Schummesch*. 1800 *Schumes* = *Schumesch* = *Schumacher*.

SCHUMMERS ['ʃumɐs] (2009: 14, 0.09‰; 1880: 30, 0.15‰). VARIANTE(N) *Schumers*. Flektiertes Patronym zu ↗*Schummer*.

SCHUSTER ['ʃuːstɐ] (2009: 87, 0.53‰; 1880: 158, 0.82‰). Berufsname zu mhd. *schuoster* < *schuochsûtære* 'Schuhnäher, Schuster'. Siehe auch ↗*Schumacher*, ↗*Schumann*. 🌐 Der Name zeigt in ganz Luxemburg und Deutschland eine breite Streuung, die auch nach Belgien und Frankreich hineinreicht. 📖 GDB: 1692 *Schuster*. 1717 *Schustesch*. 1757 *Schusters*.

SCHUTZ / SCHÜTZ [ʃyts] (2009: 52, 0.32‰; 1880: 116, 0.6‰). VARIANTE(N) *Schuetz*. Berufs- oder Amtsname zu mhd. *schütze* 'Schütze, Armbrustschütze; Büchsenschütze; Wächter, Flur-, Waldschütze'. Siehe auch ↗*Schoetter*. 🌐 Zum Hauptverbreitungsgebiet von *Schutz*, das mit *ü* zu lesen ist, gehören neben Luxemburg das Moseldepartement und das Elsass. In Deutschland dominiert überall *Schütz*, das eine besonders starke Konzentration im Westen zeigt. In der Schreibweise *Schuetz* erscheint der Name vor allem in Luxemburg und verstreut überall am Rhein. 📖 RB (1388-1500): *Conrait der Schutze. Peter Schuetz = Peter Schütze van Hesperingen = Peter Schutz van Hesperingen = Peter Schutze van Hesperingen*. Fsv: 1541 *Schutzges*. 1561 *Schütz, Schützen*. GDB: 1694 *Schütz*. 1760 *Schutz*. 1798 *Schütz* => 1819 *Schütz*, 1826 *Schitz*.

SCHWACHTGEN [ˈʃwaχtɕən] (2009: 35, 0.21‰; 1880: 67, 0.35‰). Wohnstättenname zu *Schwachtgen, bei der Schwachtgen* für eine Flur in Burglinster, Gemeinde Junglinster. ⓢ Der Name ist nur in Luxemburg und dem Moseldepartement verbreitet. ☞ Der Flurname *Schwachtgen* hat eine Ableitung *Schwachtgesmühle* hervorgebracht. Émile Erpelding (1988c, S. 548) notiert für diese die luxemburgische Form *Schwuechtgesmillen*, die übrigen Quellen verzeichnen jedoch durchwegs *Schwachtgesmillen*. Im Jahr 1661 tritt ein gewisser *Johannes Schwachtgen* in Erscheinung, der auf der besagten Mühle geboren wurde. Aus den historischen Belegen des Flur- bzw. Mühlennamens geht ferner hervor, dass der Ausgang *-tgen* nicht ursprünglich ist: 1473 *Swagen moelen*; 1534 *müllen in der Schwagen*; 1571 *Müllen Schwadgassen* (Verschreibung?) (Erpelding 1988c, S. 548f); undatiert *in der Swagden* (Erpelding 1996, S. 180); 1766 *Schugdages Muhl* (Verschreibung!) (Atlas Ferraris); 1863 *Schwachtgenmühl* (Rudolph 1868, Sp. 4104). Dabei dürfte der Weg von *Schwagen* zu *Schwachtgen* über eine Zwischenstufe *Schwacht* (unflektiert), *Schwachten* (flektiert) erfolgt sein. Die historischen Belege erlauben die Erschließung eines Appellativs mhd. *swage* (mslfrk. -g-) f. bzw. *swaht f., doch finden sich im germanischen Appellativschatz keine Anknüpfungen. Anbieten würde sich immerhin ein Vergleich mit den in Deutschland auftretenden Toponymen *In der Schwage* (Giengen an der Brenz, Baden-Württemberg), *An der Schwage* (Bad Pyrmont, Nierdersachsen), *Schwagenscheid* (Hardenberg, Nordrhein-Westfalen) sowie mit den niederländischen und etymologisch ebenfalls ungeklärten Familiennamen *Schwagten, Swagten* (vgl. Debrabandere, S. 1268 u. 1347). 📖 GDB: 1710 *Schwachtgen*.

SCHWALLER [ˈʃwalɐ] (2009: 23, 0.14‰; 1880: 15, 0.08‰). 1. Personalisierter Wohnstättenname zu einem Flurnamen *Schwall*. Diesem liegt mhd. *swal, -les* 'Schwall, angeschwollene Masse', nhd. *Schwall* 'geschwellte Wassermenge, wogende Flut' zu Grunde. 2. Übername zu pfälz. *Schwall* 'schwatzhafter Mensch'. 📖 GDB: 1879 *Schwaller*.

SCHWARTZ [ʃwaʀts] (2009: 121, 0.74‰; 1880: 201, 1.04‰). VARIANTE(N) *Schwarz*. Übername zu mhd. *swarz* 'dunkelfarbig, schwarz' für einen Menschen mit dunkler Haut- oder Haarfarbe. ⓢ Das Hauptverbreitungsgebiet von *Schwartz* ist Luxemburg, doch ist der Name auch in Ostfrankreich und Belgien breit gestreut. In Deutschland ist *Schwartz* weitaus seltener. Dort dominiert mit großem Abstand *Schwarz*. In Luxemburg ist es umgekehrt. *Schwarz* kommt auch in Frankreich und Belgien kaum vor. 📖 RB (1388-1500): *Swartz, Swartzgen, Swertzgen, Swertzgin*. Fsv: 1561 *Schwartz*. 1611 *Schwartz, Schwartzen*. GDB: 1701 *Schwatz*. 1755 *Schwarz*. 1781 *Schwarzer* => 1816 *Schwarzer = Schwartzer*.

SCHWARZ (2009: 41, 0.25‰; 1880: 11, 0.06‰). ↗*Schwartz*.

SCHWEICH [ʃwaɪɕ] (2009: 62, 0.38‰;

1880: 72, 0.37‰). GLEICHE BASIS *Schweicher*. Herkunftsname zu a) *Schweich* (lb. *Schweech*) für eine Ortschaft in der Gemeinde Beckerich; b) eventuell *Schweich* für eine Stadt im Landkreis Trier-Saarburg. Vgl. auch ↗*Schweig*. ⓢ Der Name kommt vor allem in Luxemburg vor. Außerdem bildet er ein kleines Nest bei Trier. Die personalisierte Form *Schweicher* tritt besonders im Kanton Redingen sowie im Areler Land auf. 📖 RB (1388-1500): *Jehan van Sweich*. FSV: 1611 *Schweich*. GDB: 1743 *Schweich* => 1771 *Schweig*. 1757 *Schweicher* = *Schweich*.

SCHWEICHER [ˈʃwaɪɕɐ] (2009: 7, 0.04‰; 1880: 9, 0.05‰). Personalisierte Form von ↗*Schweich*.

SCHWEIG [ʃwaɪɕ] (2009: 13, 0.08‰; 1880: 37, 0.19‰). 1. Schreibvariante von ↗*Schweich*. 2. Wohnstättenname zu einem gleichlautenden Toponym. Diesem könnte mhd. *sweig*, *sweige* f. 'Rinderherde; Viehhof, Sennerei und dazu gehöriger Weideplatz' zu Grunde liegen. 3. Patronym zu einem gleichlautenden einstigen Rufnamen. Für diesen lässt sich entweder ahd., as. *Swīgo* erschließen oder er ist Kurzform von *Schweigbert* oder *Schweighart*. In jedem Fall gehört der Rufname zu ahd. *swīgēn*, as. *swīgon* 'schweigen' (vgl. Kaufmann 1968, S. 336). Vgl. auch ↗*Schweigen*. 📖 RB (1388-1500): *Jehan van Sweich*. FSV: 1561 *Schwig*. 1611 *Schweich*. GDB: 1737 *Schweigen*. 1743 *Schweich* => 1771 *Schweig*.

SCHWEIGEN [ˈʃwaɪɕən] (2009: 21, 0.13‰; 1880: 27, 0.14‰). 1. Wohnstättenname zu einem gleichlautenden Toponym. Bei diesem handelt es sich um die erstarrte Dativform (Lokativ) von ↗*Schweig*, Etymologie 2; vgl. z.B. auch *Schweigen* für einen Ortsteil in der südlichen Pfalz. 2. Flektiertes Patronym zu ↗*Schweig*, Etymologie 3. 📖 GDB: 1751 *Schweigen*.

SCHWEITZER [ˈʃwaɪtsɐ] (2009: 70, 0.43‰; 1880: 69, 0.36‰). VARIANTE(N) *Schweizer*. Personalisierter Herkunftsname aus mhd. *swîzer* 'aus der Schweiz Stammender'. ⓢ *Schweitzer* gilt in Luxemburg, dem Areler Land, Lothringen, dem Elsass sowie in weiten Teilen Deutschlands, besonders Westdeutschlands. In der Schreibvariante *Schweizer* erscheint der Name fast ausschließlich in Deutschland, insbesondere in der südlichen Hälfte. 📖 FSV: 1541 *Switzer*. 1656 *Schweitzer, Schweitzers*. GDB: 1693 *Schweitzer*. 1838 *Schweizer*.

SCHWEIZER (2009: 2, 0.01‰; 1880: 16, 0.08‰). ↗*Schweitzer*.

SCHWICKERATH [ˈʃwikəraːt] (2009: 14, 0.09‰; 1880: 2, 0.01‰). Herkunftsname zu *Schwickerath*, heute *Schwickerather Hof*, für einen Hof in der Gemeinde Seinsfeld, Landkreis Eifelkreis Bitburg-Prüm. ⓢ Luxemburg, doch mit dem größten Vorkommen in den Landkreisen Trier-Saarburg und Bitburg-Prüm. ☞ Im Atlas Ferraris findet sich noch die Hofbezeichnung *C. de Schwickerath*. Siehe auch weiterführende Diskussion unter ↗*Schwickert*. 📖 GDB: 1762 *Schwickerath*. 1822 *Schwickerath* = *Schwickrath*.

SCHWICKERT [ˈʃwikɐt] (2009: 19, 0.12‰; 1880: 6, 0.03‰). Geht unmittelbar auf *Schwicker* zurück. Patronym zum gleichlautenden einstigen Rufnamen. Dieser stammt aus ahd. *Switgēr* < *Swidigēr*. Das Erstglied *Swidi-* ist etymologisch umstritten; am ehesten handelt es sich um eine schwundstufige Bildung zu ahd. *swīdan* 'brennen', *swīd* m. 'Verderben, Unheil', kaum jedoch zu as. *swīd(i)* 'stark, recht' < germ. *swinþa-* (vgl. Kaufmann 1968, S.

337), da der Rufname ahd. sehr häufig bezeugt ist. Dem Zweitglied entspricht ahd. *gēr* m. 'Speer'. Das *-t* in *Schwickert* erklärt sich in Analogie zu den zahlreichen Namen auf *-hard* > *-ert* wie *Reinhard* > ↗*Reinert, Leonhard* > ↗*Lenert* usw. ☞ Die *-t* lose Form *Schwicker* ist für Luxemburg nur noch historisch bezeugt. Durch diese wird erwiesen, dass *Schwickert* nicht aus ↗*Schwickerath* kontrahiert ist. 📖 GDB: 1750 *Schwicker* (Ort nicht zuordenbar) => 1787 *Schwickert* => 1817 *Schwicker*. 1794 *Schwicker* => 1829 *Schwickert*.

SCHWIND [ʃwint] (2009: 14, 0.09‰; 1880: 51, 0.26‰). Übername zu mhd. *swinde, swint* 'gewaltig, stark, heftig, ungestüm, rasch, gewandt, schnell', mnd. *swinde* 'ungestüm, heftig, stark, groß'. 📖 FSV: 1611 *Schwindt, Schwinden*. GDB: 1680 *Schwind*. 1754 *Schwennen* = > 1787 *Schwindt* => 1833 *Geschwind*. 1759 *Schwinden*. 1835 *Schwinnen* => 1870 *Schwinnden*.

SCHWINNINGER [ˈʃwinɪŋɐ] (2009: 20, 0.12‰; 1880: 9, 0.05‰). Durch (nicht lautgesetzliche) Hebung des Tonvokals *e* > *i* aus *Schwenninger* entstanden. Personalisierter Herkunftsname zu *Schwenningen* für ein in Deutschland (Baden-Württemberg, Bayern) mehrfach auftretendes Toponym. 📖 GDB: 1782 *Schwenninger* = *Schwinninger* => 1811 *Schwinninger*, 1812 *Schwenninger*.

SCHWIRTZ [ʃwiʀts] (2009: 26, 0.16‰; 1880: 56, 0.29‰). 1. Herkunftsname zu a) *Schwirs* für einen Hausnamen im ehemaligen Regierungsbezirk Düsseldorf (vgl. Rudolph 1868, II, Sp. 4132); b) *Schwirz* für je eine Ortschaft in Franken oder Oppeln. 3. Übername zu rhein. *Schwirz* als Bezeichnung für eine schwarze Kuh. ✱ *Schwirtz* besonders in Luxemburg. *Schwirz* überwiegend im Saarland. Beide Formen treten auch im Ruhrgebiet auf. Besonders häufig ist dort jedoch *Schwiertz*, seltener dagegen *Schwirs* zu finden. 📖 GDB: 1675 *Schwirtz* = *Schwirz*.

SEIDEL [ˈzaɪdəl] (2009: 20, 0.12‰; 1880: 1, 0.01‰). 1. Patronym zum gleichlautenden einstigen Rufnamen. Für diesen ließe sich ahd. *Sīdilo, *Sīdulo erschließen, das möglicherweise zu an. *sīða* 'zaubern' gehören könnte. Eine Koseform von *Siegfried* (vgl. Brechenmacher 2, S. 596) ist jedenfalls aus lautlichen Gründen eher unwahrscheinlich. 2. Berufsübername zu mhd. *sîdel* 'Seidel, hölzernes Trinkgefäß, besonders für Wein', ein Flüssigkeitsmaß, wohl für den Hersteller. ☞ Die Namenträger sind im 19. Jh. nachweislich aus Bayern eingewandert, wo der Name heute überwiegend in der Graphie *Seidl* erscheint. Auch für Luxemburg ist anfänglich nur diese Form belegt. 📖 GDB: 1901 *Seidl*.

SEIL [zaɪl] (2009: 94, 0.58‰; 1880: 121, 0.62‰). VARIANTE(N) *Seyl, Seyll*. Entrundete Form von ↗*Saeul*. 📖 Vz: 1880 *Sæul, Seil, Seyl*.

SEILER (2009: 48, 0.29‰; 1880: 94, 0.49‰). ↗*Seyler*.

SEILLER (2009: 3, 0.02‰; 1880: 0). ↗*Seyler*.

SEIMETZ (2009: 4, 0.02‰; 1880: 0). ↗*Zeimetz*.

SEIWERT (2009: 7, 0.04‰; 1880: 36, 0.19‰). ↗*Seywert*.

SENNINGER [ˈzænɪŋɐ] (2009: 15, 0.09‰; 1880: 54, 0.28‰). Personalisierter Herkunftsname zu *Senningen* (lb. *Sennengen*) für eine Ortschaft in der Gemeinde Niederanven. 📖 RB (1388-1500): *Johan Seineninger. Schroder van Sennyngen*. FSV: 1561 *von Senningen*. 1611 *de Senningen, Senninger, Senningers*. GDB: 1787 *Sennin-*

ger.

SERRES [ˈzæRəs] (2009: 48, 0.29‰; 1880: 121, 0.62‰). Unklar. Auf Grund der Verbreitung, der germanischen Aussprache sowie der reichlichen Überlieferung des Familiennamens ab dem Ende des 17. Jhs. im Luxemburger Norden ist ein französischer Herkunftsname zu einem der gleichnamigen Toponyme, z.B. für eine Gemeinde im Département Meurthe-et-Moselle, wahrscheinlich auszuschließen. ⓢ *Serres* ist in Luxemburg, wo der Name eine gewisse Nordlastigkeit zeigt, sowie vereinzelt im Areler Land verbreitet. Einzelne Streuungen auch im Rheinland, wo sich im Nordosten die jeweils potenziellen Varianten *Serges* und im Münsterland *Serries* anschließen. *Serres* ist auch in Frankreich, besonders im Süden, zu finden, doch besteht zu diesem französischen Familiennamen wohl kein etymologischer Zusammenhang. 📖 GDB: 1683 *Serres*. 1698 *Surres* => 1728 *Serres*. 1769 *Sirres* => 1811 *Sieres* = *Serres*.

SERVAIS [ˈsɛRvɛː] (2009: 20, 0.12‰; 1880: 102, 0.53‰). VARIANTE(N) *Zirves*. Französisches Patronym zum gleichlautenden französischen Rufnamen. Dieser stammt von lat. *Servātius* und gehört zu lat. *servātus* 'gerettet'. 📖 FSV: 1561 *Ceruass, Zerues, Zyrues* (durchwegs Rufnamen). 1611 *Sirvas*. GDB: 1637 *Sirvas* = *Servais* => 1667 *Servais*, 1669 *Sirvas*, 1680 *Servas* = *Servais*. 1648 *Servais* = *Sirvas*. 1656 *Serves*. 1705 *Servais* = *Servay* = *Servé*. 1743 *Cirbes* => 1770 *Sirvas*, 1773 *Zirwes*. 1823 *Serwas* = *Servas*.

SEYL (2009: 2, 0.01‰; 1880: 19, 0.1‰). ↗*Seil*.

SEYLER [ˈzaɪlɐ] (2009: 101, 0.62‰; 1880: 147, 0.76‰). VARIANTE(N) *Seiler, Seiller*. Berufsname zu mhd. *seiler* 'Seiler' für den Hersteller von Tauwerken, Stricken und Garnen. ⓢ *Seiler* ist überall in Luxemburg, Lothringen, dem Elsass und in Deutschland verbreitet, besonders im westlichen und südlichen Teil. *Seyler* besonders in Luxemburg und dem Saarland. ☞ In den genealogischen Datenbanken findet in der einmal belegten Form *Selers* die Monophthongierung mhd. *ei* > lb. *e* ihren Niederschlag. 📖 RB (1388-1500): *Seiler, Seiller, Seyller, Seyller*. FSV: 1541 *Seiller*. 1656 *Seiler, Seiller, Seillers, Seyllers*. GDB: 1589 *Seyler*. 1617 *Seyler* = *Seillers*. 1656 *Seiler*. 1739 *Selers* => 1769 *Seiler* => 1803 *Seiler*, 1804 *Seyler*.

SEYLL (2009: 1, 0.01‰; 1880: 0). ↗*Seil*.

SEYWERT [ˈzaɪvɐt] (2009: 24, 0.15‰; 1880: 32, 0.17‰). VARIANTE(N) *Seiwert*. Patronym zum gleichlautenden Rufnamen. Dieser stammt aus ahd. *Sigiwart*, ahd., as. *Sigiward* und gehört zu ahd. *sigu-*, as. *sigi* 'Sieg' und ahd. *wart* 'Hüter, Schützer', as. *ward* 'Wart, Beschützer'. ☞ Der Name zeigt Diphthongierung des sekundär gedehnten Tonvokals, nachdem intervokalisches *g* ausgefallen ist und somit die zwei *i*-Vokale aneinander gerieten: *Sigiwart* > **Siiwart* > *Sīwart*. Derselbe Vorgang ist in ↗*Haupert* zu beobachten (siehe weiterführende Diskussion unter ↗*Hubert*). 📖 FSV: 1656 *Seyberts*. GDB: 1776 *Seywert*. 1788 *Seivert*. 1841 *Seiwert*.

SIBENALER (2009: 24, 0.15‰; 1880: 90, 0.46‰). ↗*Siebenaler*.

SIEBENALER [ˈziːbənaːlɐ // ˈzivənaːlɐ] (2009: 65, 0.4‰; 1880: 106, 0.55‰). VARIANTE(N) *Sibenaler, Siebenaller*. Herkunftsname zu *Siebenaler* (lb. *Siwwenaler*) für eine Ortschaft in der Gemeinde Clerf. ⓢ *Siebenaler* tritt besonders in der südlichen Hälfte Luxemburgs und vereinzelt in Ostlothringen auf. Komplementär hierzu ist *Siebenaller* überwiegend in der nördlichen Hälfte des Großherzogtums zu finden. Letzteres zeigt auch eine leichte Streuung zwischen Köln und Bonn. Das Vorkommen von *Sibenaler* konzentriert sich in den südöstlichen Kantonen des Großherzogtums, im Areler Land und im Département Meurthe-et-Moselle. 📖 Fsv: 1656 *Siebenaller, Sievenaller*. GDB: 1712 *Siebenaler* => 1747 *Siebenaller*. 1760 *Siebenaler* => 1798 *Sibnaller*. 1762 *Siebenaler* => 1806 *Sibenaler* => 1834 *Sibenaller*. 1789 *Siebenahler*.

SIEBENALLER (2009: 36, 0.22‰; 1880: 18, 0.09‰). ↗*Siebenaler*.

SIEBENBORN [ˈziːbənbɔʀn // ˈzivənbɔʀn] (2009: 12, 0.07‰; 1880: 12, 0.06‰). VARIANTE(N) *Siebenbour*. Herkunftsname zu a) *Siebenborn*, heute *Simmern* (lb. *Simmer*, frz. *Septfontaines*) für eine Ortschaft in der gleichnamigen Gemeinde; b) *Siebenborn* für eine der zwei gleichnamigen Ortschaften in Rheinland-Pfalz (Landkreise Bernkastel-Wittlich und Mayen-Koblenz). 2. Wohnstättenname zu *Siebenborn* für einen Bach bei Mandern (Landkreis Trier-Saarburg). ⓘ In Luxemburg ist *Siebenborn* vor allem in den Kantonen Clerf, Wiltz und Redingen zu finden, außerhalb des Großherzogtums u.a. im Raum Koblenz. Die regionalsprachliche und französisierend geschriebene Variante *Siebenbour* begegnet in der südlichen Hälfte Luxemburgs. 📖 RB (1388-1500): *van Sevenborn, van Siebenboren, van Siebenborn, van Sievenborn, van Sievenborne, van Sievenborren, van Siuenburn, van Swenborn, van Syvenborn, von Siebenborn, zu Syuenburn*. Fsv: 1399 *die Paffen van Sivenburn*. 1611 *Simmern, de Sivenborn*. 1656 *Siebenborn*. GDB: 1698 *Siebenborn*. 1819 *Siebenbour = Siebenbur*. 1821 *Sibenbourn* => 1845 *Siebenbourn*. 1834 *Sibenborn*. 1842 *Sievenbour*. 1849 *Siebenbur*. 1856 *Siebenborn*.

SIEBENBOUR [ˈziːbənbuːɐ] (2009: 23, 0.14‰; 1880: 12, 0.06‰). Variante von *Siebenbur* (↗*Siebenborn*) in französisierender Schreibung.

SIEDLER [ˈziːtlɐ] (2009: 23, 0.14‰; 1880: 11, 0.06‰). 1. Berufsname auf *-er* zu mhd. *sidel, sidele* 'Sitz, Sessel, Bank mit Polstern' für den Hersteller. 2. Standesname auf *-er* zu mhd. *sidelen* 'einen Sitz anweisen, ansiedeln, ansässig machen'. 📖 GDB: 1840 *Siedler*.

SIMON [ˈsimãː] (2009: 415, 2.54‰; 1880: 628, 3.24‰). GLEICHE BASIS *Simonis, Simons*. Patronym zum gleichlautenden Rufnamen. Dieser geht zurück auf hebr. *šim'ōn* 'der Erhörte', konnte jedoch im Griechischen zu *simós* 'stumpf-, plattnasig' gestellt werden. Vgl. auch die regionalsprachliche Form ↗*Zeimen*. ⓘ *Simon* ist im gesamten germanophonen wie frankophonen Kartierungsgebiet verbreitet. Von den Genitivformen ballt sich *Simons* besonders vom Niederrhein abwärts und im westlichen Flandern, *Simonis* im Saarland, auf der deutschen Seite der Mosel, im Raum Koblenz sowie im westlichen Wallonien. ☞ Für den Rufnamen notiert das LWB *Simm, Simmchen, Zimm, Zimmchen*. 📖 RB (1388-1500): *Simon, Simont, Symon, Symont* (durchwegs Rufname). Fsv: 1561 *Symons, Symontz*. 1611 *Simon, Simondts, Simoni, Simons, Simonts*. GDB: 1665 *Simon* => 1695 *Symon*. 1693 *Simons* => 1750 *Simon*. 1710 *Simonis* => 1736 *Symonis*. 1825 *Simonnds*. Vz: 1880 *Simon, Simonis, Simonns, Simons*.

SIMONIS [siˈmoːnis // ziˈmoːnis] (2009: 8, 0.05‰; 1880: 12, 0.06‰). Flektiertes Patronym (lateinischer Genitiv) zu ↗*Simon*.

SIMONS [ˈsimɔns // ˈsimãːs] (2009: 3, 0.02‰; 1880: 14, 0.07‰). Flektiertes Patronym zu ↗*Simon*.

SINNEN [ˈzinən] (2009: 5, 0.03‰; 1880: 22, 0.11‰). GLEICHE BASIS *Sinnes*. Flektiertes Patronym zu einem ehemaligen Rufnamen *Sind*. Dieser geht zurück auf ahd. *Sindo*, das zu ahd. *sind* 'Weg' gehört. Vgl. auch ahd. *gisindo* 'Geselle, Genosse'. Eine Form im Mischgenitiv ist ↗*Sinnes*. 📖 FSV: 1611 *Synnen*. GDB: 1640 *Sinnes*. 1797 *Sinnen*.

SINNER [ˈzinɐ] (2009: 95, 0.58‰; 1880: 185, 0.95‰). Speziell für Luxemburg am wahrscheinlichsten Amstname zu lb. *Siner* 'Kirchenältester, Kirchenratsmitglied' (WLM), *Sinner* 'Kirchenvorsteher, Kirchenältester, diejenigen Personen einer Gemeinde, welchen die Verwaltung der Güter und Einkünfte der Kirche eines Ortes anvertraut ist, weil man dazu ehedem die ältesten Personen der Gemeinde zu wählen pflegte' (LLU), †*Sinner* 'Mitglied des parochialen Kirchenrates', erhalten noch im Kompositum lb. *Kiirchesinner* 'Mitglied der Kirchenfabrik; Küster' (LWB). ✪ In Luxemburg und dem Areler Land verbreitet; verstreut in Deutschland, doch nicht nahe Luxemburg. ☞ Dem Appellativ lb. *Sinner, Siner* entspricht im Westmoselfränkischen auf deutscher Seite überwiegend *Siner, Sener*, ferner im Rheinischen *Sender* 'Sendschöffe'. Anzusetzen ist eine Agensbildung (mhd. *sëneder) zu einer nicht synkopierten Nebenform von mhd. *sënt* m. 'Send, Sendgericht, d.h. geistliches Sittengericht'. Im Althochdeutschen erscheint der Begriff als *sënod* m., im Altfriesischen als *sineth, sinuth, send, sind* m.n. sowie im Altenglischen als *senoþ*. Er ist entlehnt aus lat. *synodus* f. 'Synode', und dieses wiederum aus griech. *sýnodos* f. 'Zusammenkunft' (vgl. Kluge, S. 843). Speziell die Agensbildung im Luxemburgischen konnte aufgrund der Semantik volksetymologisch mit lat. *senior* 'der Ältere' in Verbindung gebracht werden (auch das LLU und das WLM haben diesen Fachbegriff dahingehend interpretiert). Der früheste Beleg für den Familiennamen in den genealogischen Datenbanken stammt aus dem Jahr 1667 und lautet *Sinner* alias *Sinders*. Auch ist die Tätigkeit des Namenträgers notiert: *Sehner*. Aus dieser Angabe geht hervor, dass Letztere und der Familienname noch korrelierten. Aber die Form *Sehner* ist auch sprachlich auffällig, denn sie stellt eine appellativische Variante des Familiennamens dar. Zur Verbreitung des Familiennamens in Deutschland gilt festzuhalten, dass der Name *Sinner*, im Gegensatz zum Appellativ, im westmoselfränkischen Gebiet nicht vorkommt und dass außerhalb dieses Gebiets aus lautlichen Gründen andere Etymologien vorliegen: 1. Amtsname zu mhd. *sinner* 'Visierer' für einen Eichmesser, einen amtlichen Prüfer. 2. Übername zu mhd. *sinnen* 'sinnen, denken'. Eine potenzielle Variante zu *Sinner* in Luxemburg könnte in Deutschland vielmehr *Sender* darstellen, das die größte Verbreitung im Ruhrgebiet zeigt. Doch sind auch hier andere Etymologien wahrscheinlicher: 1. Personalisierter Herkunftsname zu den Toponymen *Sende* (Nordrhein-Westfalen), *Senden* (Nordrhein-Westfalen, Bayern), *Senede* (Niedersachsen). 2. Übername zu mhd. *sender* 'der etwas sendet, Auftraggeber'. 📖 FSV: 1561 *Senner*. 1611 *Sehners, Seheners* (?). GDB: 1667 *Sinner* = *Sinders* (Tätigkeit: *Sehner*). 1698 *Synner*. 1767 *Syner* = *Sinner*.

SINNES [ˈzinəs] (2009: 17, 0.1‰; 1880: 43, 0.22‰). Flektiertes Patronym (Mischgenitiv) zu einem ehemaligen Rufnamen *Sind*. Zur weiteren Etymologie und den Belegen, siehe ↗*Sinnen*.

SITZ [zits] (2009: 15, 0.09‰; 1880: 8, 0.04‰). Patronym zum gleichlautenden Rufnamen. Dieser stammt aus ahd. *Sizzo*, einer Koseform von *Sito*, das ahd. *situ* m. 'Sitte' beinhaltet (vgl. Kaufmann 1968, S. 310). 📖 GDB: 1721 *Sitz*. 1852 *Sitzen*.

SIZAIRE [ˈsizɛːʀ] (2009: 2, 0.01‰; 1880: 0). GLEICHE BASIS *Zieser*. Wallonisches Patronym zum gleichlautenden Rufnamen. Diesem entspricht frz. *César*. Zu Grunde liegt lat. *Caesar*, dessen Bedeutung unbekannt ist. 📖 GDB: 1707 *Zisaire* => 1744 *Zizaire*, 1749 *Ziser*. 1744 *Zizaire* = *Siseur* => 1770 *Siser* => *Zizaire* => 1804 *Zieser*. 1797 *Zizer* = *Zizaire* => 1822 *Cizer* = *Zieser*, 1832 *Zisaire*, 1834 *Sisaire* = *Zizaire*.

SOISSON [ˈswɑsɑ̃ː] (2009: 39, 0.24‰; 1880: 57, 0.29‰). 1. Verschreibung für ↗*Sosson*. 2. Herkunftsname zu *Soissons* für eine Gemeinde im Département Aisne in der Pikardie. 🌐 *Soisson* fast ausschließlich in Luxemburg. *Sosson* außer in Luxemburg sehr häufig in der gleichnamigen Nachbarprovinz. 📖 FSV: 1656 *Soisson*. GDB: 1721 *Sosson* => 1754 *Soisson*, 1759 *Sosson* (=> 1781 *Soisson*, 1798 *Sossong*). 1829 *Soissong*.

SONDAG (2009: 10, 0.06‰; 1880: 18, 0.09‰). Regionalsprachliche (westmitteldeutsche) Variante von ↗*Sonntag*.

SONNTAG [ˈzontaːk] (2009: 28, 0.17‰; 1880: 42, 0.22‰). VARIANTE(N) *Sondag*, *Sontag*. Übername zu mhd. *suntac* 'Sonntag'. Im Volksglauben galt der Sonntag als glücksbringender und segensreicher Tag. 🌐 Das Verbreitungsgebiet von *Sonntag* sind der Süden Luxemburgs, das Moseldepartement, das Saarland sowie ganz Deutschland. *Sontag* ist dagegen insgesamt sehr selten; ebenso *Sondag*, doch zeigt diese Variante das größte Vorkommen im Areler Land. *Sonndag* begegnet nur in der Eifel. ☞ In der Volkszählung von 1880 war auch noch ein *Samstag* belegt. 📖 RB (1388-1500): *Sondach*. FSV: 1541 *Sondag*. 1561 *Sondach*, *Sondagh*, *Sontag*, *Sontagh*. 1611 *Sondag*, *Sondagh*, *Sondags*. 1656 *Sontags*. GDB: 1670 *Sonntag*. 1721 *Sondag*. 1724 *Sonntag* = *Sontag* = *Sondag* => 1748 *Sondag* = *Sontag* => 1775 *Sonntag*. 1781 *Sondag*.

SONTAG (2009: 3, 0.02‰; 1880: 73, 0.38‰). ↗*Sonntag*.

SOSSON [ˈsosɑ̃ː] (2009: 16, 0.1‰; 1880: 20, 0.1‰). VARIANTE(N) *Sossong*. Französischer Übername zu mfrz. (pik.) *soçon* 'Freund, Partner'. 🌐 Das Zentrum des Verbreitungsgebiets von *Sosson* ist das Areler Land, von dort streut der Name nach Luxemburg und in die restliche Provinz Luxemburg. ☞ Die genealogischen Datenbanken zeigen mitunter den Übergang zu ↗*Soisson*. 📖 GDB: 1657 *Sosson*. 1721 *Sosson* => 1754 *Soisson*, 1759 *Sosson* (=> 1781 *Soisson*, 1798 *Sossong*).

SOSSONG [ˈzosɔŋ] (2009: 15, 0.09‰; 1880: 10, 0.05‰). Germanisierte Form von ↗*Sosson*.

SPANG [ʃpaŋ] (2009: 19, 0.12‰; 1880: 17, 0.09‰). 1. Berufsübername zu mhd. *spange* 'Riegel, Band, Spange, Beschlag' für den Spangenmacher. 2. Herkunftsname zu *Spang* für einen Ortsteil der Gemeinde *Spangdahlem*, Eifelkreis Bitburg-Prüm. 🌐 Der Name begegnet in Luxemburg und dem Moseldepartement, sowie weit verbreitet in Deutschland, besonders in direkter Nähe zum Großherzogtum. 📖 FSV: 1611 *Spang*. GDB: 1694 *Spang*.

SPANIER [ˈʃpaːni̯ɐ] (2009: 37, 0.23‰; 1880: 66, 0.34‰). 1. Herkunfts- bzw. Übername für einen Untertanen der spanischen Niederlande in Luxemburg, im Gegensatz zu den Untertanen im Kurfürstentum Trier. 2. Herkunftsname für eine aus Spanien stammende Person. ✺ Der Name ist besonders in Luxemburg, dem Moseldepartement sowie in Westdeutschland weit verbreitet. 📖 FSV: 1611 *Spanier*. GDB: 1715 *Spanier* = *Spanger* => 1761 *Spanyer* = *Spanier*.

SPARTZ [ʃpaʀts] (2009: 15, 0.09‰; 1880: 13, 0.07‰). Möglicherweise Übername zu rhein. *sparz* 'böse, erregt'. 📖 GDB: 1687 *Spartz*.

SPAUS [ʃpaʊs] (2009: 48, 0.29‰; 1880: 18, 0.09‰). Möglicherweise Übername zu einem Substantiv, dem schwzdt. *Spūs(en)* m. 'Bräutigam', f. 'Braut' entspricht. Demnach für eine geliebte oder nahestehende Person? ✺ Das Verbreitungsgebiet von *Spaus* ist auf Luxemburg beschränkt. Die größte Konzentration zeigt der Name im Kanton Clerf. ☞ Da der Familienname heute in der Schweiz und aber auch in Österreich nicht vorkommt, kann es sich kaum um einen Einwanderernamen aus dieser Gegend handeln. 📖 GDB: 1700 *Spaus*. 1781 *Spausen*.

SPAUTZ [ʃpaʊts] (2009: 29, 0.18‰; 1880: 38, 0.2‰). Übername zu mhd. *spûz* 'Speichel, Schaum', rhein. *Spauz* 'Speichel'. Vgl. rhein. *Spauzer(t)* 'einer, der viel spuckt'. Vgl. auch lb. *Spaut* m. 'Speichel'. ✺ Der Name ist fast ausschließlich auf das Luxemburger Territorium beschränkt. 📖 GDB: 1730 *Spautz*.

SPEICHER [ˈʃpaɪɕɐ] (2009: 27, 0.17‰; 1880: 39, 0.2‰). 1. Wohnstättenname zu mhd. *spîcher* 'Kornboden, Speicher'. 2. Herkunftsname zu *Speicher* für eine Stadt im Eifelkreis Bitburg-Prüm. ✺ Das Verbreitungsgebiet des Namens liegt in Luxemburg, Ostlothringen, dem Unterelsass sowie in weiten Teilen Westmitteldeutschlands, besonders dem Saarland. 📖 FSV: 1656 *Speicher*. GDB: 1868 *Speicher*.

SPELLER [ˈʃpælɐ] (2009: 29, 0.18‰; 1880: 88, 0.45‰). Übername zu mhd. *spëllen* 'erzählen, reden, schwatzen'. Vgl. rhein. *spellen* 'erklären'. ✺ Der Name kommt fast nur in Luxemburg südlich der Sauer vor. Außerhalb des Großherzogtums findet sich ein unabhängiges Nest in Westniedersachsen, doch liegt da eine andere Etymologie zu Grunde (Herkunftsname zu *Spelle* für eine Gemeinde im Emsland). 📖 GDB: 1762 *Speller*.

SPELTZ [ʃpælts] (2009: 24, 0.15‰; 1880: 47, 0.24‰). Berufsübername zu mhd. *spëlze* f. 'Spelz, eine dem Weizen ähnliche Getreideart', für den Anbauer oder Verkäufer. 📖 FSV: 1611 *Speltz*. GDB: 1827 *Speltz*.

SPIELMANN [ˈʃpiːlman] (2009: 27, 0.17‰; 1880: 48, 0.25‰). VARIANTE(N) *Spilman*. Berufsname zu mhd. *spilman* 'Spielmann, fahrender Sänger, Musikant, Gaukler'. ✺ Das Verbreitungsgebiet von *Spielmann* sind Luxemburg südlich der Sauer, das Moseldepartement, Elsass sowie weite Teile Deutschlands. Sehr selten und fast nur in Luxemburg finden sich *Spielman* (nördliche Hälfte) und *Spilman* (äußerster Westen der südlichen Hälfte mit Anschluss im Areler Land). 📖 GDB: 1633 *Spielman* => 1663 *Spielmann*. 1725 *Spielman* => 1683 *Spilman* = *Spielman*. 1751 *Spilmann*. 1883 *Spielman* => 1865 *Spilmann* = *Spielmann*.

SPIES [ʃpiːs] (2009: 15, 0.09‰; 1880: 14, 0.07‰). Berufsübername zu mhd. *spieʒ*

'Spieß, Kampfspieß, Jagsdspieß' in der bereits mhd. bezeugten übertragenen Bedeutung 'mit einem Spieß bewaffneter Krieger, Spießträger'. 📖 Fsv: 1656 *Spies*. GDB: 1746 *Spies*.

SPILMANN (2009: 6, 0.04‰; 1880: 6, 0.03‰). ↗*Spielmann*.

SPLICKS [ʃpliks] (2009: 15, 0.09‰; 1880: 4, 0.02‰). Flektiertes Patronym zu *Splick*, Übername zu lb. *Spléck* f., *Splack* m. 'Spalte, Riss, tiefe Schrunde', rhein. *Splick* m. 'Spalte, Riss'. 📖 Fsv: 1611 *Splick*. GDB: 1720 *Splicks*. 1727 *Splix*.

STAAR [ʃtaːʀ] (2009: 21, 0.13‰; 1880: 71, 0.37‰). Übername zu mhd. *star* 'Star (Vogel)' für einen lustigen und redseligen Menschen. 📖 GDB: 1635 *Stars*. 1765 *Staar*.

STAMET (2009: 4, 0.02‰; 1880: 7, 0.04‰). ↗*Stammet*.

STAMMET [ˈʃtamæt] (2009: 46, 0.28‰; 1880: 33, 0.17‰). VARIANTE(N) *Stamet*. Berufsübername zu nhd. *Stammet* m. 'eine art grobes zeug, bald von wolle, bald leinen' (DWB), demnach für eine Person, die mit dieser Ware Handel trieb. 💰 *Stammet* kommt fast ausschließlich in Luxemburg vor. Weitaus seltener und ausnahmslos auf Luxemburg beschränkt ist die Variante *Stamet*. ☞ Im Luxemburgischen erscheint das Appellativ als *Stammett, Staméit, Stamit* m. '(grobes) Zeug' (Leinwand oder Wolle)'; *Stammettenhuesen, Stammettestrëmp* Pl. 'steife Strümpfe aus ungebleichter Wolle'. Das Wort stammt aus dem Romanischen und ist Diminutivbildung zu lat. *stamen* 'Grundfaden'. Die Entsprechung im Alt- und Mittelfranzösischen lautet *estamet*, doch hat diese keinen Familiennamen hervorgebracht. 📖 GDB: 1833 *Stammet*.

STAUD (2009: 1, 0.01‰; 1880: 10, 0.05‰). ↗*Staudt*.

STAUDT [ʃtaʊt] (2009: 73, 0.45‰; 1880: 121, 0.62‰). VARIANTE(N) *Staud*. 1. Wohnstättenname zu mhd. *stûde* 'Strauch, Gebüsch'. 2. Übername zu lb. *Staut* f. 'Laune, Schrulle', entsprechend das Adjektiv lb. *stauteg, staudeg* 'launisch'. 3. Herkunftsname zu *Staudt* für eine Gemeinde im Westerwaldkreis, Rheinland-Pfalz. 💰 *Staudt* kommt in Luxemburg überall außer im äußersten Norden vor, in Deutschland besonders im Westen, in Frankreich im Moseldepartement. *Staud* begegnet im Süden Deutschlands, *Staut* im Saarland und im französischen Département Meurthe-et-Moselle. 📖 Fsv: 1611 *Stauden, Staudes*. 1656 *Staude*. GDB: 1680 *Staudt*. 1740 *Staud*. 1718 *Staudt* => 1771 *Staud*. 1786 *Staudt* => 1807 *Staut*.

STAUS [ʃtaʊs] (2009: 21, 0.13‰; 1880: 23, 0.12‰). Übername zu mhd. *stûʒ* (= mnd. *stût*), Nebenform von mhd. *stiuʒ* 'Steiß'. 📖 GDB: 1687 *Staussen*. 1692 *Staus*.

STECKER [ˈʃtækɐ] (2009: 18, 0.11‰; 1880: 48, 0.25‰). Entrundete Form von *Stöcker*. Folgende Etymologien kämen in Frage: 1. Personalisierter Wohnstättenname zu mhd. *stoc* 'Stock, Baumstamm, -stumpf'. 2. Berufsname zur gleichen Basis; vgl. pfälz. *Stocker(t), Stöcker(t)* 'Holzarbeiter, Stockholzmacher'. 3. Amtsname zu einer umgelauteten Variante von mhd. *stocker* 'Stock-, Gefängniswärter'; vgl. z.B. pfälz. *Stocker, Stöcker* 'Stadtknecht, Gefängnismeister'. 📖 GDB: 1706 *Stecker*. 1713 *Steckers* => 1739 *Stecker*, 1742 *Stoecker*.

STEFFEN [ˈʃtæfən] (2009: 332, 2.03‰; 1880: 518, 2.67‰). Regionalsprachliche Form von ↗*Stephan*.

STEFFENS [ˈʃtæfəns] (2009: 10, 0.06‰; 1880: 0). VARIANTE(N) *Steffes*. Flektiertes Patronym zu ↗*Steffen*.

STEFFES ['ʃtæfəs] (2009: 55, 0.34‰; 1880: 47, 0.24‰). Flektiertes Patronym zu ↗Steffen, mit regionalsprachlicher Entwicklung -ens > -es.

STEFFGEN ['ʃtæfɕən] (2009: 5, 0.03‰; 1880: 1, 0.01‰). 1. Patronym zum gleichlautenden Rufnamen. Dieser ist eine Diminutivbildung zu Steff, einer regionalsprachlichen Kurzform von ↗Stephan. 2. Deriviertes Patronym (Diminutivbildung) zur nicht-diminuierten Kurzform: 'Steff junior'. Siehe auch ↗Steffen. ⓢ In Luxemburg kommt der Name nur im Osten vor. In Deutschland zeigt er die größte Verbreitung in Grenznähe zu Luxemburg entlang der Mosel. 📖 Fsv: 1611 Steiffgen.

STEICHEN ['ʃtaɪɕən // 'ʃtæːɪɕən] (2009: 172, 1.05‰; 1880: 406, 2.1‰). Wohnstättenname zu a) einer Diminutivbildung zu mhd. stîge 'Verschlag, Stall für Kleinvieh' (*stîgechîn); b) einer Diminutivbildung zu mhd. steige 'steile Straße' (*steigechîn). ⓢ Das Vorkommen von Steichen beschränkt sich fast ausschließlich auf Luxemburg und das Moseldepartement. ☞ 1. Der Familienname Steichen hat seinen Ursprung in Hettingen, Moseldepartement, wo er gegen Ende des 16. Jahrhunderts bezeugt ist. 2. Die luxemburgische Aussprache lautet durchwegs Steichen und weist somit, falls diese nicht eine reine Leseaussprache darstellt, auf mhd. stîge (zum Ausfall von g, vgl. das Appellativ lb. Wéichen, Diminutivbildung zu Wéi 'Wiege'). Diese Etymologie ist umso wahrscheinlicher, als Steichen im Moseldepartement (Ötringen/Œutrange, Entringen/Entrange, Laumesfeld) mehrfach auch als Flurname begegnet. 3. Eine Diminutivbildung zu mhd. steige ließe eine luxemburgische Aussprache Steechen erwarten, die sich jedoch speziell im Familiennamen nicht mehr nachweisen ließe. Der Familienname wäre dann mit lb. Steechen, Diminutivbildung zu lb. Stee 'Steg' < mhd. stec lautlich zusammengefallen; vgl. den Luxemburger Flurnamen Steechen (Hesperingen, Itzig, Monnerich). 4. Aufgrund des lautlichen Zusammenfalls von mhd. e und ei konnte in den historischen Quellen der Familienname Steg, Steeg als Steich, Steichen reinterpretiert werden. Außerdem findet sich einmal in den Quellen eine hyperkorrekte Schreibung von Steichen mit eu. 📖 Fsv: 1611 Steiches. 1656 Steuchen, Steychen. GDB: 1680 Steg => 1711 Steg. 1700 Steig => 1728 Steichen => 1752 Steig. 1726 Steeg. 1727 Steich. 1731 Steichen. 1785 Steichen => 1820 Steich. 1817 Steig = Steichen = Steich => 1843 Steichen. 1846 Steig. 1848 Steich.

STEIL ['ʃtaɪl] (2009: 39, 0.24‰; 1880: 95, 0.49‰). Wohnstättenname zu lb. Stäil m. 'Pfeiler, Säule'. ⓢ Der Name zeigt die größte Verbreitung in Luxemburg, Lothringen, dem Saarland sowie entlang des Rheins, besonders ab Karlsruhe. Weitere Streuungen finden sich vor allem in Süddeutschland, doch ist außerhalb des Großherzogtums mit Konkurrenzetymologien zu rechnen. ☞ Dem luxemburgischen Appellativ entsprechen lothr. Steil 'Pfeiler, Säule', pfälz. Steil 'Grenzpfahl; Galgenpfahl, Gerichtssäule; spitz zulaufender, erhöhter Anger, an seiner Spitze ein Pfosten mit Wegweiser u.a.'; rhein. Steil 'aufrecht stehendes starkes Holz, meist zum Stützen, Pfosten, Pfahl, Telegraphenmast, seltener Pfeiler, Säule; Wegweiser u.a.', nhd. Steil 'Pfeiler, Holzstumpf, Pfahl u.a.'. Für all die genannten Formen ist von mhd. *stîl auszugehen, vgl. mnd. stîl 'Säule, Stütze', mnl. und nnl. stijl 'Pfosten'. Es besteht ein Zusammenhang mit lat. *stilus* 'Stiel' und griech. *stḗlē* 'Säule, Grabstein'. Doch bedürfen die Einzelheiten noch einer Klärung (vgl. DWB; De Vries, S. 699). Darüber hinaus begegnet in historischen Quellen mhd. **stîl* auch als Name für ein Haus in Luxemburg-Stadt "nommé le Stiil, sur le marchié et que danchienneté len nommoit Bilchenhaus" (Oster 1950a, S. 7). Auch in Strassen gibt es heute noch ein Haus mit dem Namen *Steil* (Trossen, S. 173). 📖 RB (1388-1500): *Peter ain dem Steille der Vaßbender = Peter ain dem Stijle = Peter ain dem Style der Vasbender = Peter an dem Stijle = Peter Vasbender an dem Stijlle = Peter Vasbender an dem Style*. FSV: 1611 *Steilts, Steil, Steils*. GDB: 1738 *Steyl* => 1768 *Steil*.

STEIMENS [ˈʃtaɪməns] (2009: 6, 0.04‰; 1880: 20, 0.1‰). Regionalsprachliche Variante von ↗*Steinmetz*, wohl mit Einblendung von *Steinmann* < mhd. *steinman* 'Steinmetz'.

STEIMENZ [ˈʃtaɪməns] (2009: 4, 0.02‰; 1880: 3, 0.02‰). Regionalsprachliche Variante von ↗*Steinmetz*, wohl mit Einblendung von *Steinmann* < mhd. *steinman* 'Steinmetz'.

STEIMES [ˈʃtaɪməs] (2009: 16, 0.1‰; 1880: 63, 0.33‰). Regionalsprachliche Variante von ↗*Steinmetz*, wohl mit Einblendung von *Steinmann* < mhd. *steinman* 'Steinmetz'.

STEIMETZ (2009: 8, 0.05‰; 1880: 54, 0.28‰). ↗*Steinmetz*.

STEIN [ʃtaɪn] (2009: 75, 0.46‰; 1880: 138, 0.71‰). 1. Wohnstättenname zu mhd. *stein* 'Stein, Fels'. 2. Herkunftsname zu einem im deutschen Sprachraum sehr häufig auftretenden gleichlautenden Toponym. 3. Berufsübername zu mhd. *stein* 'Stein, Fels' für den Steinarbeiter. 🔎 Der Name zeigt im germanophonen Kartierungsgebiet eine weite Verbreitung, die auch in den Osten Frankreichs hineinreicht. In Belgien ist der Name kaum zu finden. 📖 RB (1388-1500): *Clais van dem Steyn = Clais von dem Steine. Gorge van dem Steyn = Jorge van dem Steyne. Spideller Meister in Sent Jehans Spidal uff dem Steyn zu Luccemburg. Wilhem Stein*. FSV: 1561 *Steynen*. 1611 *Steines, Steintges, Steinus, Stein*. 1656 *Steinen, Steinges*. GDB: 1660 *Stein*. 1685 *Steinen*.

STEINBACH [ˈʃtaɪmbaχ] (2009: 46, 0.28‰; 1880: 17, 0.09‰). 1. Herkunftsname zu einem im deutschen Sprachraum sehr häufig auftretenden Toponym, im Raum Luxemburg am ehesten zu *Steinbach* (lb. *Steemich*, wa. *Stambé*) für eine Ortschaft in der Gemeinde Geilich (lb. *Gäilech*, frz. *Gouvy*) in der Provinz Luxemburg. 2. Wohnstättenname zu einem gleichlautenden Hydronym. 🔎 Der Name ist sehr weit verbreitet: Häufig auch in Luxemburg (vor allem im Osten), entlang der Mosel bis in den Hunsrück hinein. Auch in Frankreich recht häufig, besonders im Elsass und im Moseldepartement. Dort könnte sich der Familienname auf *Steinbach* für je eine Gemeinde im Oberelsass und eine Ortschaft im Moseldepartement beziehen. 📖 GDB: 1742 *Steinbach*.

STEINES [ˈʃtaɪnəs] (2009: 33, 0.2‰; 1880: 87, 0.45‰). 1. Wohnstättenname zu mhd. *steinhûs* 'Haus aus Stein, Herrenhaus, Schloss'. 2. Patronym zum gleichlautenden Rufnamen. Dieser ist regionalsprachliche Kurzform von ↗*Augustin, Augustinus* (vgl. van Werveke 1912, S. 24). Vgl. auch ↗*Augst*. 🔎 *Steines* kommt in Luxemburg und auf deutscher Seite entlang der Mosel vor. Vereinzelt auch im restlichen Rheinland-Pfalz, im Saarland und am Rhein (vgl. auch DFA 1, S. 671). *Steinhaus* hingegen nicht in Luxemburg, häufig aber in Deutschland und vor allem in der nördlichen Hälfte (insbesondere auch im Rheinland) weit verbreitet. ☞ Die genealogischen Datenbanken zeigen Vermischung mit ↗*Steinmetz*, was – insofern die Etymologie des Familiennamens zu diesem Zeitpunkt noch transparent war – eher für Etymologie 1 spricht. Andererseits erscheint der Rufname *Augustin* im LWB zwar undiphthongiert als *Stinn, Stinni, Stinnes*, doch im RhWB daneben durchaus als *Steines*. 📖 FSV: 1611 *Steines*. GDB: 1727 *Steines*. 1749 *Steines* = *Steynes*. 1757 *Steines* => 1781 *Steines*, 1782 *Steinmetz* = *Steimes*, 1788 *Steimes* = *Steines*, 1796 *Steimes* = *Steinmetz*.

STEINMETZ ['ʃtɑɪnmæts] (2009: 153, 0.94‰; 1880: 240, 1.24‰). VARIANTE(N) *Steimens, Steimenz, Steimes, Steimetz, Steinmetzer*. Berufsname zu mhd. *steinmetze* 'Steinmetz, Bildhauer'. Das luxemburgische Appellativ lautet *Steemetzer*, demnach mit verdeutlichendem Agenssuffix. ⓢ *Steinmetz* zeigt neben Luxemburg, Moseldepartement und Unterelsass auch in diversen Regionen Deutschlands eine größere Dichte. *Steinmetzer* erscheint nur in Luxemburg, besonders im Süden, und am Niederrhein. *Steimetz* mit korrekt durchgeführter *n*-Regel nur in Luxemburg und im Moseldepartement. Insgesamt selten sind *Steimes* (Luxemburg, Belgien), *Steimens* und *Steimenz* (beide ausschließlich in Luxemburg). 📖 RB (1388-1500): *(dem) Steimetz, (dem) Steinmetz, (dem) Steinmetzen, (der) Steymertz, (der) Steymetz, Steymetzer, (der) Steynmetz, Steynmetze, (dem) Steynmetzen, (den) Steynmetzer, (der) Steynmitz, Steynmytz* u.a. FSV: 1589 *Steymetzer*. 1611 *Steimetz, Steinmetzer, Steinmetzers*. 1628 *Steimitz*. GDB: 1806 *Steinmetzer* => o.J. *Steinmetzer*. 1810 *Steimens* => 1848 *Steinmetz*. 1875 *Steinmetz* => 1814 *Steimes*.

STEINMETZER (2009: 17, 0.1‰; 1880: 19, 0.1‰). Variante mit -*er*-Erweiterung von ↗*Steinmetz*.

STELMES ['ʃtælməs] (2009: 46, 0.28‰; 1880: 37, 0.19‰). Flektiertes Patronym zu *Stelmen*. Dieser Familienname, der heute in Luxemburg nicht mehr vorkommt, ist aus *Stellmann* entstanden und gehört zu frnhd. *stelle* 'Hofstelle, Wohnstelle; Weideplatz des Viehs; Lauerplatz des Jägers u.a.'. Es handelt sich demnach um einen Wohnstättennamen oder einen Berufsübernamen für den Hirten oder Jäger. ⓢ *Stelmes* ist fast nur in Luxemburg verbreitet. Einige Streubelege finden sich in Belgien. Im Norden Luxemburgs und in der Eifel ist dagegen auch die Variante *Stellmes* anzutreffen. *Stellmann* begegnet dagegen vereinzelt in der Provinz Lüttich und bildet in Deutschland einige Nester, u.a. in Bremen und Hannover. ☞ Nach Bour (S. 18) ist *Stelmes* aus *Stellmacher* entstanden. Doch finden sich dafür keine historischen Belege. 📖 GDB: 1651 *Stelmes*. 1676 *Stelmeß*. 1737 *Stelmen*. 1763 *Stelmen* => 1794 *Stelmes*. 1773 *Stelman*. 1848 *Stellmann*.

STEMPEL ['ʃtæmpəl] (2009: 20, 0.12‰; 1880: 12, 0.06‰). Berufsübername zu mhd. *stempfel* (wmd. -*p*-) 'u.a. Stempel, Stößel; Grabstichel; Münzstempel', am ehesten für den Stempelschneider. 📖 GDB: 1699 *Stempels*. 1746 *Stempel* => 1775 *Stempels*, 1777 *Stempel*.

STEMPER ['ʃtæmpɐ] (2009: 52, 0.32‰; 1880: 104, 0.54‰). Berufsname zu mhd. *stampfen* (wmd. -*p*-) 'stampfen, zerstoßen', wohl für den Betreiber einer

Stampfmühle. ⓢ Das Verbreitungsgebiet von *Stemper* liegt überwiegend in Luxemburg. 📖 GDB: 1707 *Stemper*. 1797 *Stempert*.

STEPHAN [ˈʃteːfaːn] (2009: 3, 0.02‰; 1880: 2, 0.01‰). VARIANTE(N) *Steffen*. GLEICHE BASIS *Steffens, Stephany*. Patronym zum gleichlautenden Rufnamen. Dieser ist entlehnt aus griech. *Stéphanos*, das zu griech. *stéphanos* 'Kranz, Krone' gehört. ⓢ *Stephan* ist in Luxemburg kaum anzutreffen, denn die hier sowie in der angrenzenden Region entlang der Mosel und im Saarland vorherrschende Form ist *Steffen*. In Deutschland insgesamt dominiert *Stephan*, doch im Norden und Nordwesten ist *Steffen* oft häufiger. Von den flektierten Formen ist im Großherzogtum *Steffes* am frequentesten, gefolgt von *Stephany*; in Deutschland *Steffens*, gefolgt von *Steffes* und *Stephany*. Letzteres konzentriert sich außerdem in der Provinz Lüttich. In Frankreich erscheint *Steffes* ausschließlich im Moseldepartement, während *Stephany* weiter verbreitet ist. Zur Varianz *f(f)/ph* im Patronym aus *Stephan* in Deutschland, siehe DFA 2, S. 182-191. ☞ Für den Rufnamen verzeichnet das LWB folgende Formen, Kurzformen und Ableitungen: *Stäfen, Staff, Stefen, Steff, Steffchen, Stëffelchen, Steffen, Stiefen, Stiewen, Stiff*. 📖 RB (1388-1500): *Steffaen van Steynsel* = *Steffain van Steinsel* = *Steffen van Steynssel* (durchwegs Rufname). FSV: 1561 *Steffes*. 1611 *Steiffans, Stephans*. 1656 *Stephen*. GDB: 1667 *Steffen*. 1670 *Stephany* = *Stephani* => 1698 *Steffens*. 1686 *Stephens* => 1727 *Stefani*, 1731 *Stefens*. 1735 *Stephen* => 1753 *Stephes*. 1815 *Steffani* = *Steffany*. 1849 *Stephan*. 1871 *Stefany* => 1909 *Stephany*.

STEPHANY [steˈfaːni: // ʃteˈfaːniː] (2009: 85, 0.52‰; 1880: 182, 0.94‰). Flektiertes Patronym (lateinischer Genitiv) zu ↗*Stephan*.

STERPENICH [ˈʃtɛʁpəniɕ] (2009: 1, 0.01‰; 1880: 4, 0.02‰). VARIANTE(N) *Sterpenig*. Herkunftsname zu *Sterpenich* (lb. *Sterpenech*) für eine Ortschaft in der Gemeinde Arlon. 📖 RB (1388-1500): *Bernhart van Stirppenich. Johan van Sterppenich* = *Johan van Stirpernich. Lux Arnolt van Sterpenych*. FSV: 1611 *de Sterpenich*. GDB: 1686 *Sterpenich*.

STERPENIG (2009: 5, 0.03‰; 1880: 0). ↗*Sterpenich*.

STEYER [ˈʃtɑɪɐ] (2009: 24, 0.15‰; 1880: 52, 0.27‰). 1. Amtsname zu mhd. *stiure* 'Steuereinnehmer; Beistand des Anwalts, Beistand bei Gericht'. 2. Übername zu mhd. *stiure* 'fest, groß, ausgezeichnet'. 3. Berufsname zu mhd. **stîger* (mslfrk. ohne -*g*-) 'Steiger, aufsichtsführender Bergmann'. 4. Personalisierter Wohnstättenname zu mhd. *stîc, -ges* 'Steig, Pfad'. 5. Herkunftsname zu *Steyr* für eine Stadt in Oberösterreich. ⓢ Das Verbreitungsgebiet von *Steyer* zieht sich durch die südliche Hälfte Luxemburgs, das Areler Land, Moseldepartement und das Elsass. Im Raum Aachen und Trier sowie im Saarland gilt *Steier*, vereinzelt ebenso im Moseldepartement. Weitere Streuungen der beiden Formen sind in ganz Deutschland zu finden. Potenziell dazugehöriges *Steuer* ist dort jedoch am häufigsten. ☞ Bei einem Teil der Namenträger handelt es sich um Tiroler Einwanderer (vgl. Juen). 📖 GDB: 1728 *Steyer*. 1826 *Steier*.

STIEBER (2009: 20, 0.12‰; 1880: 7, 0.04‰). ↗*Stiefer*.

STIEFER [ˈʃtiːfɐ] (2009: 32, 0.2‰; 1880: 18, 0.09‰). 1. Übername zu mhd. *stie-*

ben (mslfrk. -v-) 'stieben, wie Staub umherfliegen, schnell laufen, rennen, fliegen'. 2. Entrundete Form von ↗*Stuber/ Stüber*. 🍀 Das Vorkommen von *Stiefer* ist auf Luxemburg und das Areler Land beschränkt. Von den potenziellen Varianten findet sich *Stieber* außer in Luxemburg zwar auch in Deutschland, doch nicht in Grenznähe zum Großherzogtum. 📖 GDB: 1675 *Stiever* => 1707 *Stiwer* => 1728 *Stiever*. 1835 *Stiever* => 1862 *Stiefer*. Weitere Belege siehe unter ↗*Stuber/Stüber*.

STIRN [ʃtiʀn] (2009: 44, 0.27‰; 1880: 75, 0.39‰). VARIANTE(N) *Styr*. 1. Übername zu mhd. *stirne* 'Stirn' nach einem markanten körperlichen Merkmal. 2. Wohnstättenname zu einem Luxemburger Flurnamen mit der gleichen Basis, z.B. *vir der Stir* (Betzdorf, Junglinster), *an der Stir* (Mersch). 3. Flektiertes Patronym zu einem einstigen Familiennamen *Stür*. Dieser ist Berufsübername zu mhd. *stür, stüre*, Nebenformen von mhd. *stör, störe* 'Stör', für den Fischer. 🍀 Das Verbreitungsgebiet in Luxemburg hat keinen direkten Anschluss an die Nester in Deutschland (z.B. Pfalz, Mittel- und Niederrhein). 📖 Fsv: 1561 *Stirns*. 1611 *Stiren, Stirren*. GDB: 1704 *Styrr* = *Stiren* = *Stirn* = *Stieren*. 1713 *Styren* => 1749 *Stüren*. 1733 *Styren* => 1760 *Styrn* => 1811 *Stirn*. 1741 *Styren* => 1779 *Stierren*. 1743 *Styrr* => 1777 *Stirn*, 1778 *Stiren*, 1784 *Styr*. 1757 *Stirn* => 1789 *Sturn*. 1762 *Stir*. 1777 *Stÿr*. 1781 *Styrr* => 1824 *Styren*. Vz: 1880 *Stir, Stier, Stiren, Stieren*.

STOCKLAUSEN [ˈʃtoklauzən] (2009: 20, 0.12‰; 1880: 21, 0.11‰). Herkunftsname zu einem verschollenen Toponym, das wohl als **Stockelhausen* zu erschließen ist. *Adolf Stockelhausen* ist als Rektor der Peterskirche zu Köln im Jahr 1459 bezeugt. Die ersten Namenträger in Luxemburg stammen aus dem Gebiet von Königseck (tschech. *Kunžak*) im Süden von Tschechien. 🍀 *Stocklausen* kommt ausschließlich in Luxemburg vor. Eine personalisierte Form *Stocklauser* tritt vereinzelt im Allgäu, in Kärnten und der Steiermark auf, doch handelt es sich hierbei möglicherweise um einen Herkunftsnamen zu *Stocklaus* für einen Ortsteil der Gemeinde Weißbach bei Lofer im Salzburger Land. 📖 GDB: 1690 *Stocklausen* = *Stocklauser* => 1718 *Stocklausen* = *Stocklauser* = *Stockhausen*. 1766 *Stocklausen* = *Stockhausen*. 1810 *Stocklausen* = *Stockelhausen*.

STOFFEL [ˈʃtofəl] (2009: 109, 0.67‰; 1880: 287, 1.48‰). GLEICHE BASIS *Stoffels*. Flektiertes Patronym zum gleichlautenden Rufnamen. Dieser ist regionalsprachliche Kurzform von ↗*Christoph* mit *l*-Suffix. 🍀 *Stoffel* ist in Luxemburg in fast allen Kantonen vertreten, findet sich außerdem in Ostlothringen, dem Elsass und Teilen Westdeutschlands. Ebenso westlastig ist die flektierte Form *Stofffels*, doch im Unterschied zu *Stoffel* konzentriert sich diese mehr im Norden (Flandern, Niederrhein) und kommt im Süden fast gar nicht vor. 📖 Fsv: 1561 *Stoffels*. 1611 *Stoffel, Stoffels*. 1656 *Stoffeltz*. GDB: 1694 *Stoffel*. 1648 *Stoffels*.

STOFFELS [ˈʃtofəls] (2009: 19, 0.12‰; 1880: 26, 0.13‰). Flektiertes Patronym zu ↗*Stoffel*.

STOLTZ [ʃtolts] (2009: 59, 0.36‰; 1880: 69, 0.36‰). Übername zu mhd. *stolz* 'töricht, übermütig; stattlich, prächtig, herrlich'. 🍀 Das Hauptverbreitungsgebiet von *Stoltz* sind Luxemburg, das Elsass und Teile Lothringens. In Deutschland dagegen erscheint der Name überwiegend als *Stolz*. 📖 Fsv: 1611 *Stoltz*. GDB: 1717 *Stoltz* => 1746 *Stolz*. 1788 *Stolzen*.

Stoos [ʃtoːs] (2009: 53, 0.32‰; 1880: 34, 0.18‰). Patronym zum einstigen gleichlautenden Rufnamen. Dieser ist durch Verdumpfung aus *Stas* entstanden, das am ehesten aus *Anastasius* verkürzt ist. Zu Grunde liegt griech. *anástasis* 'Auferstehung'. 🔆 *Stoos* konzentriert sich besonders im Westen Luxemburgs. *Stas*, *Staes* sind dagegen am meisten in Belgien, *Staß* im Saarland verbreitet. 📖 Fsv: 1611 *Staes*. GDB: 1795 *Stoos*.

Storck [ʃtɔrk] (2009: 21, 0.13‰; 1880: 35, 0.18‰). Variante(n) *Stork*. 1. Übername zu a) mhd. *storc*, *storke*, Nebenformen von *storch*, *storche* 'Storch'; b) rhein. *Stork* m. 'Baumstumpf', bildlich 'großer, lang aufgeschossener, unbeholfener Mensch'. 2. Wohnstättenname nach einem Storch als Hauszeichen. 3. Im Raum Luxemburg eher unwahrscheinlich: Herkunftsname zu *Stork* für einen Ortsteil der Gemeinde Flieden in Hessen. 📖 Fsv: 1541 *Storck Claus*. 1561 *Storcken*. 1611 *Storck*. GDB: 1695 *Storck*. 1822 *Stork*.

Stork (2009: 9, 0.06‰; 1880: 13, 0.07‰). ↗*Storck*.

Storn [ʃtɔrn] (2009: 20, 0.12‰; 1880: 8, 0.04‰). 1. Wohnstättenname zu mhd. *storre* 'Baumstumpf'. 2. Übername zum selben mhd. Appellativ, doch in einer übertragenen Bedeutung, wie sie in den Mundarten erscheint: rhein. *Storren* 'hoch aufgeschossener, magerer Mensch; pfälz. *Storren* 'überaus großer Mensch; lothr. *Storre* 'ungelenker Mensch, Trotzkopf'; els. *Storre(n)* 'Dummkopf, eigensinniger Mensch'. 📖 GDB: 1745 *Storn*. 1788 *Storen* => 1823 *Storn*.

Strainchamps [ˈstʀɛ̃ːʃãː] (2009: 13, 0.08‰; 1880: 12, 0.06‰). Herkunftsname für zu *Strainchamps* (dt. *Sauerfeld*) für ein Dorf in der Gemeinde Feitweiler, Areler Land. Siehe auch ↗*Saurfeld*, Etymologie 1. 📖 GDB: 1745 *Strainchamps*.

Stranen [ˈʃtraːnən] (2009: 15, 0.09‰; 1880: 14, 0.07‰). Flektiertes Patronym zu *Stran*, Übername zu rhein. *stran* 'eigensinnig'. Vgl. auch rhein. *Stranes* 'eigensinniger Mensch'. 📖 GDB: 1736 *Stranen*.

Strasser [ˈʃtrasɐ] (2009: 66, 0.4‰; 1880: 149, 0.77‰). 1. Personalisierter Herkunftsname zu *Strassen* (lb. *Stroossen*) für eine Gemeinde im Kanton Luxemburg. 2. Personalisierter Wohnstättenname zu mhd. *strâ3e* 'Straße'. 🔆 Das Vorkommen von *Strasser* beschränkt sich in Luxemburg auf die südliche Landeshälfte. In Deutschland zeigt der Name keinen direkten Anschluss. 📖 RB (1388-1500): *Claux van Straessen*. *Henckin van Straißen*. *Jacob van Strayssen* = *Jacop von Strassen*. *Johan van Straissen* = *Johan van Strassin* = *Johan van Strassen*. *Peter van Straijssen*. Fsv: 1444-1450 *van Strassen*. 1561 *uff der Strassen*. 1611 *Strassener*. GDB: 1717 *Strasser*. 1868 *Strassener*.

Strauch [ʃtraux] (2009: 15, 0.09‰; 1880: 9, 0.05‰). 1. Wohnstättenname zu mhd. *strûch* 'Strauch, Gesträuch'. 2. Übername zu nhd.-landsch. *strauch* 'stumpf, rau'. 📖 GDB: 1733 *Strauch*.

Straus [ˈʃtraus // ˈʃtræːʊs] (2009: 54, 0.33‰; 1880: 47, 0.24‰). Variante(n) *Strauss*. 1. Übername zu a) mhd. *strûz* 'Strauß (Vogel)'; b) mhd. *strûz* m. 'Widerstand, Zwist, Streit, Gefecht'. 2. Wohnstättenname zu mhd. *strû3* 'Strauß, Strauch, Büschel'. 🔆 *Straus* ist überwiegend in Luxemburg zu finden, während die dominierende Form außerhalb des

Großherzogtums als *Strauss* erscheint. 📖 Fsv: 1611 *Straussen*. GDB: 1657 *Strauss*. 1705 *Straus*. 1730 *Strausse* = *Straus* => 1758 *Strauss*.

STRAUSS (2009: 20, 0.12‰; 1880: 24, 0.12‰). ↗*Straus*.

STREBER [ˈʃtʀeːbɐ] (2009: 7, 0.04‰; 1880: 17, 0.09‰). Übername zu mhd. *strëben* 'sich aufrichten, bäumen, Widerstand leisten; sich abmühen, ringen, kämpfen u.a.'; entsprechend lb. *striewen* (refl.) 'sich sträuben'. Vgl. auch ↗*Streveler*. 📖 GDB: 1747 *Streber* = *Ströber*. 1772 *Streber* = *Stroeber*.

STREFF [ʃtʀæf] (2009: 63, 0.39‰; 1880: 87, 0.45‰). Übername zu mhd. *strebe* (mslfrk. -*v*-). Dieses ist verkürzt aus mhd. *nôtstrëbe* 'Kampfgenosse' oder *widerstrëbe* 'Widersacher, Gegner; Widerspenstiger'. 🕭 Der Name begegnet fast ausschließlich in Luxemburg, der Norden und Nordwesten ausgenommen. In Deutschland findet sich, überwiegend in der südlichen Hälfte, die potenzielle Entsprechung *Streb*. 📖 Fsv: 1561 *Streffen*. 1611 *Streven*. 1656 *Streff*. GDB: 1785 *Streeff* => 1816 *Streff*.

STREICHER [ˈʃtʀaɪɕɐ // ˈʃtʀæːɪɕɐ] (2009: 15, 0.09‰; 1880: 21, 0.11‰). Agensbildung zu mhd. *strîchen* 'u.a. streichend bewegen, streichend messen; glattstreichen (von der Kleidung), glätten; streichend auftragen (von Farben); streichend berühren (von Streichinstrumenten); sich rasch bewegen, herumstreifen'. Für den Familiennamen kämen somit folgende Bedeutungen in Frage: 1. Amtsname für einen amtlichen Prüfer oder Messer, z.B. den Kornmesser, der das Getreidemaß mit dem *strîchholz* glattstrich. 2. Berufsname für a) den Wollkämmer, der die Wolle mit dem *strîchkamp* ('Wollkamm') bearbeitete; b) den Anstreicher; c) den Spieler eines Streichinstruments. 3. Übername für einen sich rasch bewegenden oder herumstreifenden Menschen. 🕮 In den genealogischen Datenbanken sind noch Formen mit nicht erfolgter Diphthongierung des Tonvokals belegt. Außerdem findet sich in einem Fall Einmischung von *Strecker*, Berufsname zu mhd. *strecken* 'gerade machen, ausdehnen, -breiten, -spannen, strecken', demnach für einen Handwerker, der beispielsweise das Spannen, Strecken von Schuhen oder Handschuhen besorgte oder einen Folterknecht. 📖 GDB: 1716 *Stricher* => 1744 *Strichers* = *Streichers* = *Strecker* => 1786 *Streicher*. 1753 *Streicher*.

STREIT [ʃtʀɑɪt] (2009: 2, 0.01‰; 1880: 16, 0.08‰). GLEICHE BASIS *Streitz*. Übername zu mhd. *strît* 'Streit (mit Worten oder mit Waffen)'. 🕭 Während *Streit* fast nur in Deutschland und dem Moseldepartement zu finden ist, konzentriert sich das Vorkommen der flektierten Form *Streitz* überwiegend auf Luxemburg. 📖 GDB: 1676 *Streitz*. 1713 *Streits* = *Stritten*. 1728 *Streit*.

STREITZ [ʃtʀɑɪts] (2009: 37, 0.23‰; 1880: 30, 0.15‰). Flektiertes Patronym zu ↗*Streit*.

STRENG [ʃtʀæŋ] (2009: 28, 0.17‰; 1880: 64, 0.33‰). Übername zu mhd. *strenge* 'stark, gewaltig, tapfer, unerbittlich'. 📖 Fsv: 1611 *Strenge*, *Strengen*. 1656 *Streng*. GDB: 1700 *Streng*.

STREVELER [ˈʃtʀeːvələ // ˈʃtʀiəvələ] (2009: 28, 0.17‰; 1880: 50, 0.26‰). VARIANTE(N) *Streweler*. Übername zu einer Iterativbildung zu mhd. *strëben* (mslfrk. -*v*-) 'sich aufrichten, bäumen, Widerstand leisten; sich abmühen, ringen, kämpfen u.a.' (*strevelen*); vgl. rhein.

strebeln 'widersprechen, streitsüchtig sein, rechthaberisch reden u.a.'. Vgl. auch ↗*Streber*. ⓘ *Streveler* ist fast ausschließlich in Luxemburg und vereinzelt in Wallonien zu finden, während die Variante *Streweler* sehr selten ist und nur in Luxemburg gilt. Für das Moseldepartement und Unterelsass ist *Strebler* belegt. Eine lose Streuung von *Strebel* ist dagegen in Deutschland (besonders in Südhessen, Schwaben und Franken) festzustellen. 📖 GDB: 1722 *Streveler* => 1751 *Streveler*, 1756 *Strevel* = *Streveler*, 1765 *Strewel*. 1785 *Streveler* => 1835 *Streweler*.

STREWELER (2009: 5, 0.03‰; 1880: 20, 0.1‰). ↗*Streveler*.

STROCK [ʃtʀɔk] (2009: 21, 0.13‰; 1880: 52, 0.27‰). Wohnstättenname zu a) rhein. *Struck* 'Strauch'; b) rhein. *Strock* 'alter Baum', *Strucke* 'verkrüppelter, halb verdorrter Baum'. ☞ Rhein. *Strock, Strucke* ist eine nasallose Variante zu *Strunk* (auch rhein.) 'Baumstrunk' < mhd. *strunc*; vgl. ↗*Stronck*. Möglicherweise gehört auch rhein. *Struckes* 'Widerspenstiger' hierher. Im Familiennamen *Strock* findet gegenüber ↗*Struck* die Senkung von *u* zu *o* ihren Niederschlag, doch ist *Struck* in Luxemburg später und seltener belegt. Außerdem besteht bei diesem Namen Konkurrenzetymologie. 📖 GDB: 1753 *Strock*.

STRONCK [ʃtʀɔŋk] (2009: 22, 0.13‰; 1880: 51, 0.26‰). 1. Wohnstättenname zu mhd. *strunc*, mnd. *strunk* 'Stängel, Strunk', nhd. *Strunk* 'Baumstrunk'. 2. Übername zu denselben Appellativa. Vgl. auch ↗*Strock*. 📖 GDB: 1731 *Stronck*. 1839 *Strunck*.

STROTZ [ʃtʀɔts] (2009: 44, 0.27‰; 1880: 0). Wohl Übername zu mhd. *strotzen* 'strotzen, aufwallen'. ⓘ In Luxemburg findet sich der Name am häufigsten im Nordwesten. Außerhalb von Luxemburg kommt der Name kaum vor und zeigt die meisten Streubelege rechtsrheinisch zwischen Straßburg und Karlsruhe. 📖 FSV: 1656 *Strotzen*. GDB: 1710 *Strotz*.

STRUCK [ʃtʀuk] (2009: 8, 0.05‰; 1880: 1, 0.01‰). 1. Variante von ↗*Strock*. 2. Herkunftsname zu einem gleichlautenden Ortsnamen (Nordrhein-Westfalen, Brandenburg). 📖 GDB: 1872 *Struck*.

STUBER / STÜBER [ˈʃtyːbɐ] (2009: 2, 0.01‰; 1880: 2, 0.01‰). 1. Berufsname zu mhd. *stubener, stuberer* 'Stüber, Inhaber einer Badstube'. 2. Personalisierter Wohnstättenname zu a) mhd. *stube* 'Badstube, Trinkstube, Zunftstube'; b) mhd. *stuofe* 'Stufe', etwa im Sinne von 'Geländestufe'. Vgl. auch ↗*Stiefer*. ⓘ *Stuber/Stüber* ist in Luxemburg extrem selten und in Deutschland überall verstreut. 📖 RB (1388-1500): *Thijs Baitstueber*. FSV: 1472 *Cone Baitstuber*. 1656 *Stübers*. GDB: 1707 *Stüber* => 1748 *Stiver*. 1737 *Stüber* => 1770 *Stüver*, 1775 *Stiffer* => 1807 *Stufer* = *Stieber* => 1841 *Stieber*. Weitere Belege siehe unter ↗*Stieber*.

STURM [ʃtuʀm] (2009: 25, 0.15‰; 1880: 122, 0.63‰). Übername zu mhd. *sturm* 'Sturm, Unwetter; Unruhe, Lärm; Kampf; heftige Gemütsbewegung'. 📖 FSV: 1561 *Storms*. 1611 *Sturmen*. GDB: 1736 *Sturm*.

STYR (2009: 3, 0.02‰; 1880: 6, 0.03‰). ↗*Stirn*.

SUENNEN (2009: 2, 0.01‰; 1880: 25, 0.13‰). ↗*Sunnen*.

SUNNEN / SÜNNEN [ˈzynən] (2009: 67, 0.41‰; 1880: 73, 0.38‰). VARIANTE(N) *Suennen*. Flektiertes Patronym zu einem ehemaligen Rufnamen *Sünne*. Für diesen lässt sich am ehesten ahd. **Sunnja* erschließen, dem got. *Sunja* entspricht.

Zu Grunde liegt germ. *sunja-* 'wahr' (vgl. got. *sunja* 'Wahrheit'). ⑤ *Sunnen* (das außerhalb von Deutschland die Schreibung *Sünnen* impliziert) erscheint ausschließlich in der südlichen Hälfte Luxemburgs; *Sünnen* sehr vereinzelt im Saarland, entlang der Mosel, des Niederrheins sowie im Raum Lüttich. ☞ Der Name stammt aus der Moseler Gegend (STATEC, S. 53). 1880 ist *Sünnen* 25 Mal und *Sunnen* 73 Mal verzeichnet. 📖 Fsv: 1561 *Sunnen*. 1611 *Sunna, Sünna* (beides Rufname), *Sünnen, Sunne* (Rufname). 1656 *Sunen, Sünne* (Rufname), *Sunnen, Sünnen*. GDB: 1770 *Sünnen = Sunnen* => 1802 *Sunnen*. 1804 *Saennen = Sunnen*.

T

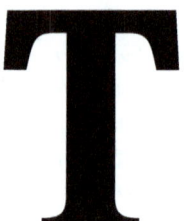

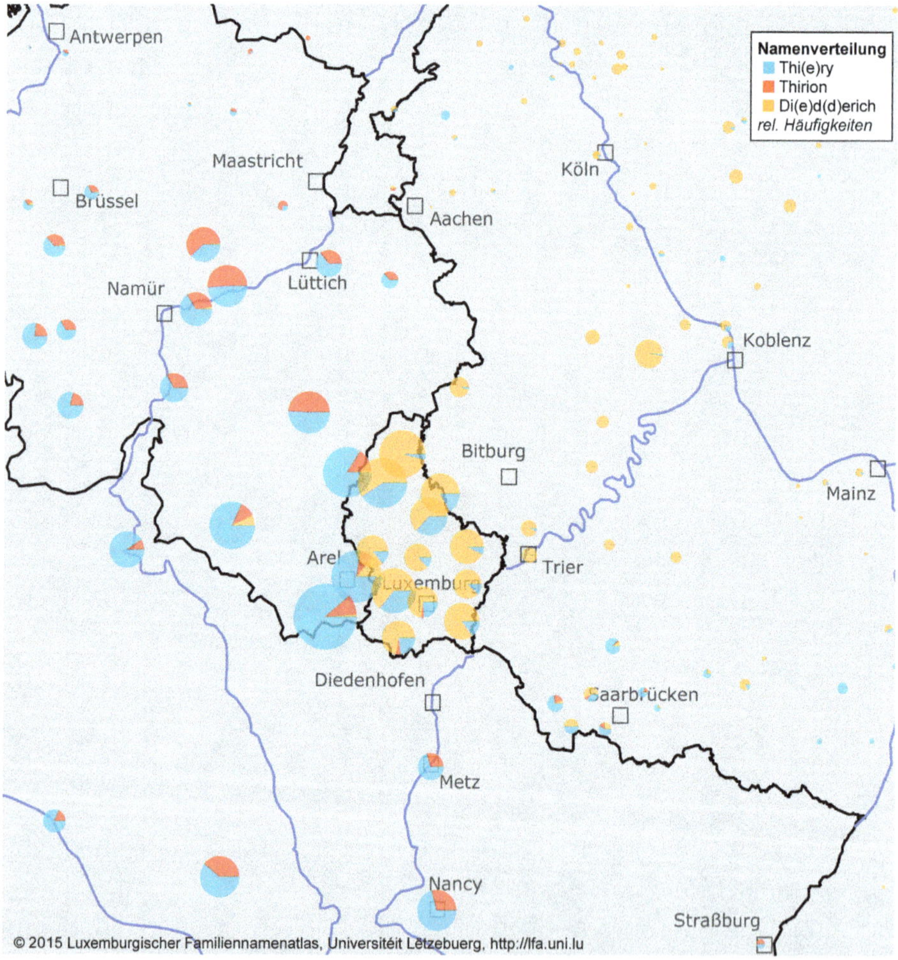
Antwerpen
Maastricht
Köln
Brüssel
Aachen
Lüttich
Namür
Koblenz
Bitburg
Mainz
Trier
Arel
Luxemburg
Diedenhofen
Saarbrücken
Metz
Nancy
Straßburg
Namenverteilung
Thi(e)ry
Thirion
Di(e)d(d)erich
rel. Häufigkeiten
© 2015 Luxemburgischer Familiennamenatlas, Universitéit Lëtzebuerg, http://lfa.uni.lu

TANSON ['tɑ̄ːsɑ̄ː] (2009: 22, 0.13‰; 1880: 9, 0.05‰). Niederländisches Patronym zum gleichlautenden Rufnamen. Dieser stammt ursprünglich aus mnl. *Tamsîn und beinhaltet am ehesten mnl. tam 'zahm' und das Kosenamensuffix -sîn. In späterer Zeit wurde das Suffix als -son 'Sohn' reinterpretiert, und außerdem fand die Assimilation ms > ns statt. Nach Luxemburg gelangte der Familienname über Flämisch-Brabant. ☞ Nach Debrabandere (S. 1369) soll Tanson im Erstglied die Kurzform des Rufnamens Thomas (siehe ↗Thoma) beinhalten, doch lässt sich für diese Interpretation bislang keine Evidenz finden. Speziell zum Kosenamensuffix -sîn, vgl. Debrabandere, ebd. sub Thomsin sowie ders. S. 833 sub Lamsens. 📖 GDB: 1798 Tanson.
TEISEN (2009: 9, 0.06‰; 1880: 5, 0.03‰). ↗Theisen.
TEWES (2009: 4, 0.02‰; 1880: 0). ↗Thewes.
THEIN [tɑɪn // tæːɪn] (2009: 99, 0.61‰; 1880: 124, 0.64‰). Patronym zum gleichlautenden Rufnamen. Dieser ist Kurzform von Namen, die mhd. auf betontes -tîn ausgehen, z.B. Martîn, Valentîn. Zur jeweiligen Etymologie, siehe ↗Martin, ↗Valentin. 🌐 Thein erscheint in Luxemburg mit Ausnahme des Öslings, dem Areler Land, Moseldepartement sowie verstreut in ganz Deutschland, wo jedoch Konkurrenzetymologien möglich sind. ☞ Der Kurzform Thein würden die heute nur mehr seltenen Langformen Martein, Valentein entsprechen. Beispielsweise erscheinen in Luxemburg 1561 Marteyn und 1611 Mertein als Rufname. Häufige zeitgenössische Langformen sind dagegen besonders im Niederländischen zu finden: Martijn, Valentijn. 📖 Fsv: 1611 Theins. GDB: 1695 Thein.
THEIS [tɑɪs] (2009: 272, 1.67‰; 1880: 558, 2.88‰). VARIANTE(N) Theiss. GLEICHE BASIS Theisen. Patronym zum gleichlautenden Rufnamen. Dieser ist entweder Kurzform von Mattheis < Matthias (↗Mathias) oder von Matthäus (↗Mathieu). Im ersten Fall ist Theis durch Diphthongierung aus ↗Thies, im zweiten Fall durch Entrundung aus Theus entstanden. 🌐 Theis hat ein klares Hauptverbreitungsgebiet: Luxemburg und der westmitteldeutsche Raum. Eine weitere Luxemburger Schreibvariante ist Theiss, doch ist diese hier wie auch in den anderen Ländern wenig vertreten. Der Typ Theus (Theuss, Theuß) kommt in Luxemburg nicht mehr vor, ist insgesamt äußerst niederfrequent und erscheint am häufigsten im Ruhrgebiet und in Berlin. Die flektierte Bildung Theisen konzentriert sich in Luxemburg besonders in der südlichen Hälfte sowie im Ruhrgebiet. Theissen dagegen erstreckt sich vom Norden Luxemburgs über die Provinz Lüttich bis zum Raum Aachen. Teisen kommt fast ausschließlich in Luxemburg vor, jedoch nur in Einzelbelegen. ☞ Wie der Familienname ↗Mathes lässt sich auch die Kurzform Theis entweder Matthias oder Matthäus zuordnen. In den Rechnungsbüchern konnten die Namen noch auseinandergehalten werden, da jene mit i, ie, ij, y auf Matthias, jene mit eu auf Matthäus weisen; lediglich ein einem Fall wurden die beiden Namen bereits vermischt. Insgesamt sind die Belege vom Typ Theus jedoch selten. Dies kann damit zusammenhängen, dass zum einen im Moselfränkischen wie in vielen anderen hochdeutschen Mundarten eu bereits im Spätmittelalter zu ei entrundet wurde, und zum

anderen frühe Konkurrenzformen mit Labialkonsonant als Hiattilger aufkamen, vgl. ⊅*Thewes*. 📖 RB (1388-1500): *Thies, Thijs, Thijsgen, Thijsgin, Thijß, Thijßgen, This, Thiß, Thys, Thyß* (= *Mathhias*). *Theus, Theus* = *Theweis, Theûs* (= *Matthäus*). *Thijs* = *Theûs*. FSV: 1611 *Theis, Theisen, Theysen*. 1656 *Theis, Theisen, Theiss, Theissen, Theyes*. GDB: 1646 *Theis*. 1678 *Theisen*. 1777 *Theissen*. 1793 *Thiesen* = *Theisges* => 1828 *Theisges*. 1802 *Theisen* => 1830 *Theischen*. Vz: 1880 *Teischen, Teisen, Theis, Theisen, Theiss, Theissen, Theys, Theysen*.

THEISEN [ˈtɑɪsən] (2009: 268, 1.64‰; 1880: 616, 3.18‰). VARIANTE(N) *Teisen, Theissen*. Flektiertes Patronym zu ⊅*Theis*.

THEISS (2009: 4, 0.02‰; 1880: 2, 0.01‰). ⊅*Theis*.

THEISSEN (2009: 42, 0.26‰; 1880: 36, 0.19‰). ⊅*Theisen*.

THEKES [ˈteːkəs] (2009: 14, 0.09‰; 1880: 5, 0.03‰). Unklar. Möglicherweise Übername zu mhd. *dicke* 'dick', das sich mit dem Appellativ lb. *Tock* 'Dickkopf, Starrkopf' gekreuzt hat. 📖 GDB: 1736 *Dixes* = *Thekes* = *Thecks* = *Thix* = *Tecks* => 1769 *Dixes*, 1774 *Thix*, 1789 *Thekes*. 1769 *Dixes* = *Teckes* = *Tixes* => 1801 *Teckes*, 1804 *Tex*, 1808 *Tecks*. 1774 *Thix* = *Dixes* = *Tux* = *Tecks* = *Thuex* => 1797 *Tecks*, 1801 *Thuex*, 1802 *Thecks*, 1804 *Tecks*, 1807 *Tex*, 1811 *Tux*, 1814 *Thex*.

THELEN (2009: 39, 0.24‰; 1880: 29, 0.15‰). ⊅*Thielen*.

THEVES (2009: 28, 0.17‰; 1880: 46, 0.24‰). ⊅*Thewes*.

THEWES [ˈteːvəs // ˈteɪvəs] (2009: 44, 0.27‰; 1880: 0). VARIANTE(N) *Tewes, Theves*. Patronym zum gleichlautenden Rufnamen. Dieser ist regionalsprachliche Kurzform von *Matthäus* (zur Etymologie, siehe ⊅*Mathieu*). Eine weitere entsprechende Kurzform ist ⊅*Theis*, doch kann diese auch zu *Matthias*, ⊅*Mathias* gehören. ⓘ *Thewes* ist in Luxemburg häufiger als *Theves* und begegnet außerdem im Saarland und Rheinland. *Theves* erscheint besonders im Großherzogtum und im Raum Aachen-Lüttich. *Tewes* ist in Luxemburg sehr selten anzutreffen, jedoch häufig in Deutschland in der nördlichen Hälfte Nordrhein-Westfalens, in Niedersachsen und Schleswig-Holstein. ☞ Die Kurzform *Theves* zeigt, wie die zahlreichen Varianten z.B. *Thewes, Thebes* (außerluxemburgisch), *v/w/b* als Hiattilger zwischen *ä* und *u* (< *Thä-us, Matthä-us*). Dasselbe Phänomen ist in *Thieves, Thiewes, Thiebes* und weiteren Schreibvarianten (< *Thi-as, Matthi-as*) zu beobachten, von denen *Thieves, Thiewes* 1880 auch für Luxemburg noch bezeugt sind. Formen ohne hiattilgenden Labialkonsonanten sind ⊅*Theis* und ⊅*Thies*. 📖 RB (1388-1500): *Theus* = *Theweis*. FSV: 1541 *Thewes* (Rufname). 1611 *Thewus*. 1656 *Theves*. GDB: 1690 *Theves*. 1745 *Thebes*. 1761 *Tewes*. 1817 *Thewes*. 1836 *Thewis*.

THIEL (2009: 70, 0.43‰; 1880: 89, 0.46‰). Variante von ⊅*Thill*, mit Längenanzeige des Tonvokals durch die Graphie ‹ie›.

THIELEN (2009: 88, 0.54‰; 1880: 35, 0.18‰). Flektiertes Patronym zu ⊅*Thiel*.

THIELGEN (2009: 2, 0.01‰; 1880: 4, 0.02‰). ⊅*Thilgen*.

THIELGES (2009: 2, 0.01‰; 1880: 0). ⊅*Thilges*.

THIELLEN (2009: 1, 0.01‰; 1880: 12, 0.06‰). ⊅*Thielen*.

THIELTGEN (2009: 1, 0.01‰; 1880: 0).

Variante von ↗ *Thiltgen*, mit Längenanzeige des Tonvokals durch die Graphie ‹ie›.

THIERY [ˈtiːʀi: // ˈtjɛʀi:] (2009: 7, 0.04‰; 1880: 10, 0.05‰). VARIANTE(N) *Thiry*. Französisches Patronym zum gleichlautenden Rufnamen. Dieser ist entlehnt aus germ. **Þeudorīkaz* und gehört zu germ. **þeudō* 'Volk' und **rīkaz* 'mächtig'. Siehe auch ↗ *Diederich*, ↗ *Thirion*. ⓢ *Thiery* gehört in Luxemburg zu den niederfrequenten Namen. Zum Hauptverbreitungsgebiet gehört der Nordosten Frankreichs, von wo aus der Name bis ins Saarland und in die Pfalz sowie vereinzelt auch nach Wallonien hineinstreut. In der Mitte und dem Nordwesten Frankreichs geht *Thiery* in *Thierry* über. Die vorherrschende Form in Luxemburg sowie in Wallonien und Lothringen ist *Thiry*, das u.a. vereinzelt auch im Saarland zu finden ist. Typisch wallonisch und lothringisch ist auch die derivierte Bildung ↗ *Thirion*. 📖 FSV: 1656 *Thiery, Thiry*. GDB: 1670 *Thierry*. 1715 *Thiry = Tiry*. 1773 *Thirry* => 1803 *Thiry*. 1785 *Thiery*. 1848 *Thiry = Thierry*.

THIES [tiːs] (2009: 49, 0.3‰; 1880: 85, 0.44‰). VARIANTE(N) *Thyes*. Regionalsprachliche Kurzform von ↗ *Mathias*. Siehe auch ↗ *Theis*. ⓢ *Thies* gehört in Luxemburg zu den niederfrequenteren Namen und zeigt in Deutschland eine tendenzielle Nordlastigkeit. In Luxemburg erscheint mitunter die ansonsten unübliche Schreibvariante *Thyes* (Süden, Südosten). 📖 RB (1388-1500): *Thies*. FSV: 1611 *Thies*. GDB: 1615 *Thies*. 1793 *Thiesen = Theisges* => 1828 *Theisges*. 1793 *Thyes*. Vz: 1880 *Thies, Thiesen, Thyes, Ties*.

THIL (2009: 4, 0.02‰; 1880: 10, 0.05‰). ↗ *Thill*.

THILGEN [ˈtildʒən] (2009: 27, 0.17‰; 1880: 41, 0.21‰). VARIANTE(N) *Thielgen*. GLEICHE BASIS *Thilges*. Metronym zum gleichlautenden Rufnamen. Dieser ist regionalsprachliche Kurzform von *Ottilie*, einer latinisierenden Gelehrtenbildung auf der Grundlage von ahd. *Otila*. Letztendlich liegt eine Ableitung von ahd. *ōt* n. 'Besitz, Reichtum' (< germ. **auda-*) zu Grunde, deren Tonvokal expressive Kürzung erfahren hat. ⓢ *Thilgen* wie auch die flektierte Bildung *Thilges* kommen fast ausschließlich in Luxemburg vor. Seltener im Großherzogtum sind *Thielgen* und *Thielges*. Eine leichte Streuung zeigen diese beiden Varianten im Saarland, an der Mosel sowie am Mittel- und Niederrhein. Noch seltener sind *Tilgen* (überwiegend im Rheinland) und *Tilges, Thillges* (ausschließlich südliche Hälfte Luxemburgs). ☞ Neben ahd. *Otila* existierte die Variante ahd. *Odila*. Diese scheint wegen des *d* an ahd. *uodal, uodil* m. 'Besitztum, Erbgut, Heimat' angelehnt zu sein. Dass eine solche, neben *Otila*, auch für das Oberdeutsche vorauszusetzen ist, zeigt das Toponym *Odilienberg* im Elsass, wo im 7./8. Jh. die heilige Odilia als Äbtissin lebte. Für das Luxemburgische verzeichnet das LWB die Rufnamenvarianten *Odil, Odeli, Otti, Ottil, Oudel, Oudil, Audel, Uddel, Uedel, Uli*. Einige dieser Formen sind im Konsonantismus bzw. Vokalismus auffällig: *Otti, Ottil* sowie der Familienname *Thilgen* könnten auf Grund des *t* oberdeutsch beeinflusst sein (vgl. Kaufmann 1968, S. 277f). *Audel* setzt offensichtlich langes *u* voraus, doch passt dieses weder zu ahd. *ōt* noch zu ahd. *uodal, uodil*. Ebenso schwierig ist der Vokalismus von *Uedel*, da *ue* mhd. kurzes *a* oder kurzes *o* voraussetzt. Alle luxemburgischen Formen zeigen jedenfalls Erstbetonung und somit keinen Einfluss der latinisierenden Gelehrtenbildung *Ottilia*. Zur Graphie der Familiennamen *Thilgen, Thilges* mit einfachem *g* versus *tg* siehe ↗*Thiltgen*. 📖 Fsv: 1611 *Thielges*. 1656 *Thilges*. GDB: 1636 *Thilges*. 1693 *Thielges*. 1721 *Thilgen*. 1734 *Tilgen*. 1802 *Thielgen*.

THILGES ['tildʑəs] (2009: 49, 0.3‰; 1880: 106, 0.55‰). VARIANTE(N) *Thielges, Thillges, Tilges*. Flektiertes Metronym zu ↗*Thilgen*.

THILL [til] (2009: 791, 4.85‰; 1880: 1647, 8.5‰). VARIANTE(N) *Thiel, Thil*. GLEICHE BASIS *Thillen, Thillens*.

Patronym zum gleichlautenden Rufnamen. Dieser geht zurück auf ahd. *Thilo* und ist entweder a) anlautverschärfte und kontrahierte Form von ahd. **Diutilo* (mslfrk. -*d*-), einer Diminutivbildung von ahd. *Dioto* (mslfrk. -*d*-), das zu ahd. *diot* 'Volk' gehört (↗*Diederich*); b) entlehnt aus as. *Tilo*, das zu got. *tils* 'passend, geschickt', afries. *til* 'gut' gehört. Siehe auch ↗*Thiltgen*, ↗*Thillmann*. 🜚 *Thill* ist hauptsächlich im Raum Luxemburg verbreitet. Der Name findet sich auch häufig in Belgien, besonders in den Provinzen Luxemburg, Namur und Lüttich. In Deutschland ist die Variante *Thiel* am häufigsten. Sie zeigt, inklusive der selteneren Varianten *Thill, Till, Tiel*, eine breite Streuung. Die Genitivform *Thillen* findet sich ausschließlich in Luxemburg und nur vereinzelt in der gleichnamigen Nachbarprovinz. Die entsprechende Variante *Thielen* ist im Großherzogtum häufiger, ferner in Deutschland, besonders in Grenznähe zu Luxemburg sowie entlang des Rheins. Extrem selten und ausschließlich in Luxemburg bezeugt ist *Thiellen*. Außerhalb des Großherzogtums finden sich die *h*-losen Varianten *Tillen* und *Tielen*. Erstere tritt vereinzelt am Niederrhein und in Flandern auf, Zweitere besonders im östlichen Flandern. *Thelen* streut vor allem im Norden Luxemburgs, dem Raum Lüttich, am Niederrhein und in Rheinland-Pfalz. Selten ist die Mischgenitivform *Thillens*, die in der nördlichen Hälfte Luxemburgs begegnet. In Belgien, besonders im Areler Land und in Flandern, gilt *Thielens*.

Zur Varianz D/T/Th im Anlaut in Patronymen mit *Diet*-, siehe DFA 2, S. 284-295. Allerdings muss *Thill* nicht hierhergehören (siehe weiterführende Diskussion).

☞ Der Rufname *Thill* ist gegen Ende des 8. Jhs. als ahd. *Thilo* (Förstemann 1, Sp. 410) und um 1100 als as. *Tilo* (Förstemann 1, Sp. 1395) überliefert. In der Standardliteratur wird er überwiegend zu ahd. *diot*, as. *thiod(a)* 'Volk' gestellt (u.a. Brechenmacher; Zoder; zuletzt Seibicke; DFA 2, S. 284-295). Diese Etymologie setzt eine sehr frühe, wohl bereits kontinentalwestgermanische Kontraktion aus **Þeudilōn* voraus. Dabei stehen sich, wie aus den mittelalterlichen Sprachdenkmälern hervorgeht, kontrahierte und unkontrahierte Formen gegenüber. Beispiele für Letztere sind u.a. *Theudilo, Teutilo, Deutilo* (vgl. Förstemann 1, Sp. 1413). Die kontrahierten Formen scheinen somit lediglich optional gewesen zu sein.

📖 RB (1388-1500): *Thiel, Thiele, Thiellen, Thil, Thile, Thill, Thille, Thillen* u.a. Fsv: 1611 *Thiel, Thielen*. 1656 *Thiel, Thielen, Thieles, Thiellen, Thilen*. GDB: 1676 *Thillen* => 1701 *Thilen* = *Thiellen*. 1681 *Thillen* = *Thill* => 1709 *Thill* => 1734 *Tiltgen* = *Thill*. 1701 *Thielen* = *Thill, Thiell* => 1742 *Thillen* => 1761 *Thill*, 1763 *Thil-*

len, 1766 *Thilen*, 1772 *Thielen*, 1784 *Tielen*. 1707 *Thilmany* = *Thilen* => 1734 *Thilen*, 1735 *Thilmany*. 1744 *Thelen* => 1769 *Thielen*. 1749 *Thielen* => 1786 *Thillens* = *Thilens*. 1781 *Thillen* => 1808 *Thelen* = *Thielen*. 1800 *Thielen* => 1831 *Thelen*. 1822 *Thelen* => 1845 *Thill*. wII274: 1235 *Johannes et Tilo filii Gense* (= Johannes und Tilo von Mersch). wIII168: 1254 *Roberto de Hydingen et Thiloni dicto de Steinbrucken* (= Thilo von Steinbrücken).

THILLEN ['tilən] (2009: 35, 0.21‰; 1880: 72, 0.37‰). VARIANTE(N) *Thielen*, *Thiellen*. Flektiertes Patronym zu ↗*Thill*.

THILLENS ['tiləns] (2009: 13, 0.08‰; 1880: 6, 0.03‰). Flektiertes Patronym (Mischgenitiv) zu ↗*Thill*.

THILLGES (2009: 8, 0.05‰; 1880: 6, 0.03‰). ↗*Thilges*.

THILLMAN (2009: 3, 0.02‰; 1880: 2, 0.01‰). ↗*Thillmann*.

THILLMANN ['tilmɑn] (2009: 14, 0.09‰; 1880: 10, 0.05‰). VARIANTE(N) *Thillman*. GLEICHE BASIS *Thilmany*. Patronym zum gleichlautenden Rufnamen. Dieser ist eine frühe Entlehnung aus as. **Tiloman* und beinhaltet den Rufnamen as. *Tilo* (↗*Thill*) und das Appellativ as. *man* 'Mann'. Denkbar ist jedoch auch eine unabhängig vom Altsächsischen und damit erst althochdeutsche Bildung zum selben, aus dem Altsächsischen entlehnten Rufnamen oder zu ahd. *Thilo* als anlautverschärfte und kontrahierte Form von ahd. **Diutilo* (mslfrk. *-d-*); siehe ↗*Thill*. ⑤ In Luxemburg begegnet *Thillmann* nur im Süden. In Deutschland konzentriert sich der Name im Raum Koblenz. Die in Deutschland weitaus frequentere Variante *Tillmann* ballt sich am Niederrhein, während in Belgien die Variante *Tilleman* am häufigsten ist. Die latinisierende Genitivbildung *Thilmany* konzentriert sich auf Luxemburg, noch eindeutiger ist dies bei der selteneren Variante *Thillmany*. Genitivbildungen auf *-s* finden sich dagegen überwiegend in Flandern (*Tielemans*, *Thielemans*, *Tillemans* u.a.). ☞ Als Rufname ist *Tillmann* im RhWb belegt. In den historischen Quellen Luxemburgs erscheint er bereits im 13. Jh.: 1258 *Thilmannus rector ecclesie Epternacensis* (wIII271; derselbe wird auch erwähnt im Jahr 1259 in wIII295). 1260 *Thilmann* (wIII313); 1264 *Thilleman* (wIII478). Der Rufname *Tillmann* steht mit dem Appellativ nhd.-landsch. *Dilmann*, *Tilmann*, *Dielmann* 'alberner törichter Mensch, Gauch' (DWB) in keinem etymologischen Zusammenhang. Letzteres scheint vielmehr eine erst neuzeitliche Bildung zum Namen *Till* für die Schalkfigur des Till Eulenspiegel aus der mittelniederdeutschen Volksliteratur (16. Jh.) zu sein. Dabei ist der Name *Till Eulenspiegel* lediglich die hochdeutsche Schreibweise für nd. *Dyl Ulenspegel*. 📖 FSV: 1611 *Thielman*. GDB: 1647 *Thilmann*. 1700 *Thilmany*. 1714 *Thilman*. 1721 *Thielmans*. 1784 *Dillmann* => 1818 *Dielman* => 1852 *Tillmann*, 1859 *Thillmann*. 1791 *Thillman*. 1808 *Thielmann*. 1840 *Thallmann*.

THILLMANY (2009: 7, 0.04‰; 1880: 0). ↗*Thillmany*.

THILMANY [til'maːniː] (2009: 98, 0.6‰; 1880: 142, 0.73‰). VARIANTE(N) *Thillmany*. Flektiertes Patronym (lateinischer Genitiv) zu ↗*Thillmann*.

THILTGEN ['tiltɢən] (2009: 14, 0.09‰; 1880: 6, 0.03‰). VARIANTE(N) *Thieltgen*. GLEICHE BASIS *Thiltges*. 1. Patronym zum (einstigen) gleichlautenden Rufnamen. Dieser ist eine Diminutivbildung von ↗*Thill*. 2. Deriviertes Patronym (Diminutivbildung) zum Rufnamen: 'Thill junior'. 🌀 *Thiltgen* konzentriert sich in Luxemburg, *Thieltgen* dagegen im Areler Land. Die flektierte Bildung *Thiltges* zeigt die größte Verbreitung in Luxemburg und im Areler Land, *Thieltges* dagegen überwiegend in Grenznähe zum Großherzogtum. ☞ Bei den Familiennamen *Thiltgen*, *Thiltges* und Varianten ohne *h* bzw. mit *e*, *ie* ist im heutigen Luxemburgischen die Schreibung ausschlaggebend für die Aussprache. Es gilt: *Thiltgen*, *Thiltges* mit [tɕ], dagegen ↗*Thilgen*, ↗*Thilges* mit [dʑ]. Die Formen mit *tg* sind von jenen mit einfachem *g*, die zu *Ottilie* gehören, etymologisch zu trennen. Doch konnte in den historischen Quellen statt *tg* vielfach auch nur einfaches *g* geschrieben werden. Daher sind die betreffenden Belege zweideutig bzw. in jenen Fällen, wo diese in einer genealogischen Kette mit solchen mit *tg* wechseln, vielmehr *Thiltgen*, *Thitges* zuzuordnen (vgl. dieselbe Thematik sowie die betreffenden Belege auch unter ↗*Thilgen*). 📖 RB (1388-1500): *Thielchen, Thielgen, Thilchen, Thilchgen, Thilchin, Thilchgin, Thilgen, Thilgin* u.a. FSV: 1541 *Thilgen*. 1611 *Thielges*. 1656 *Thilges, Tieltges, Tiltges*. GDB: 1681 *Thillen* = *Thill* => 1709 *Thill* => 1734 *Tiltgen* = *Thill*. 1740 *Thilges* = *Tiltgen* => 1763 *Thiltges*, 1778 *Thilgen*. 1741 *Thiltges* => 1786 *Thilgen*. 1748 *Tilges* => 1778 *Thilgen*. 1752 *Thilgen* => 1800 *Thiltgen* => 1827 *Thilgen*, 1829 *Thielgen*. 1781 *Thiltges* => 1812 *Thiltgen*. 1783 *Thilges* => 1813 *Thiltgen*. 1785 *Tielgen* => 1824 *Thiltgen*. 1793 *Thielges* => 1824 *Tieltges* => 1849 *Tilges*. 1800 *Thiltgen* => 1829 *Thielgen*. 1824 *Thiltges* => 1849 *Tilges*.

THILTGES ['tiltɕəs] (2009: 19, 0.12‰; 1880: 29, 0.15‰). Flektiertes Patronym (starker Genitiv) zu ↗*Thiltgen*. Als Hausname ist *Thiltges* in Helmsingen, Gemeinde Walferdingen, bezeugt. 📖 GDB: 1639 *Thiltges*.

THIMMESCH ['timəʃ] (2009: 44, 0.27‰; 1880: 102, 0.53‰). Flektiertes Patronym zu ↗*Timmer*.

THINES (2009: 28, 0.17‰; 1880: 34, 0.18‰). ↗*Thinnes*.

THINNES [tinəs] (2009: 92, 0.56‰; 1880: 167, 0.86‰). VARIANTE(N) *Thines, Tines*. Regionalsprachliche Kurzform von *Antonius*, siehe ↗*Anton*.

THIRIFAY ['tiːʀifɑɪ] (2009: 4, 0.02‰; 1880: 6, 0.03‰). Französischer Herkunftsname zu *Thirifays* (wa. *Tirifayi*), u.a. für einen Hof in der Gemeinde Chiny, Provinz Luxemburg. 🌀 Überwiegend im Norden des Großherzogtums sowie in den Provinzen Luxemburg und Hennegau. 📖 GDB: 1810 *Thirifay*.

THIRION ['tiʀiɑ̃ː] (2009: 10, 0.06‰; 1880: 11, 0.06‰). Französisches Patronym zum gleichlautenden Rufnamen. Dieser ist eine Bildung mit Augmentativsuffix *-on* zu ↗*Thiry*. 📖 FSV: 1472 *Thirions wiff*. 1656 *Thirion*. GDB: 1814 *Thirion*.

THIRY ['tiːʀiː] (2009: 103, 0.63‰; 1880: 228, 1.18‰). Regionalsprachliche, besonders lothringische und wallonische Variante von frz. ↗*Thiery*

THOLL [tol] (2009: 62, 0.38‰; 1880: 126, 0.65‰). 1. Variante von ↗*Thull*, Etymologie 1, mit Senkung *u > o*. 2. Übername zu mhd. *tol* 'töricht, unsinnig; von stattlicher Schönheit, ansehnlich'. 3. Patronym zum gleichlautenden Rufnamen. Dieser ist regionalsprachliche (luxemburgische) Kurzform von *Anatol*, eine Entlehnung aus lat. *Anatolius* zum griechischen Frauennamen *Anatolē*. Zu Grunde liegt griech. *anatolē* 'Sonnenaufgang; Gegend des Sonnenaufgangs; Morgenland;

Kleinasien'. ⑤ Das Hauptverbreitungsgebiet von *Tholl* ist Luxemburg. Ferner findet sich der Name besonders entlang der Mosel und im Ruhrgebiet. Die potenzielle Variante *Toll* kommt in Luxemburg nicht vor. ☞ Aufgrund des anlautenden *T-* könnte es sich bei *Tholl*, Etymologie 2 und 3, wie bei ↗*Thull*, Etymologie 1, um einen außerwestmitteldeutschen Import handeln (aus dem Thüringisch-Hessischen, Ostmitteldeutschen oder Oberdeutschen). 📖 Fsv: 1561 *Tolen*. 1611 *Tholen, Tolen*. 1656 *Tholen*. Gdb: 1680 *Tholl*. 1728 *Toll* => 1755 *Tholl*. 1750 *Toll = Tool = Thule*. 1767 *Thull* => 1800 *Thull*, 1803 *Thol = Thull*, 1807 *Thull = Thol*, 1809 *Thull = Tholl*. 1774 *Thol = Tholl*.

Thom [tom] (2009: 9, 0.06‰; 1880: 9, 0.05‰). Variante(n) *Thomm*. Patronym zum gleichlautenden Rufnamen. Dieser ist Kurzfrom von ↗*Thomas*.

Thoma ['toma:] (2009: 134, 0.82‰; 1880: 222, 1.15‰). Variante(n) *Thomma*. Deutsche oder französische Nebenform von ↗*Thomas*. 📖 RB (1388-1500):

Thomas ['toma:] (2009: 61, 0.37‰; 1880: 102, 0.53‰). Gleiche Basis *Thom, Thoma, Thome, Thommes*. Patronym zum gleichlautenden Rufnamen. Dieser ist entlehnt aus aram. *te'omā* 'Zwilling'. Siehe auch ↗*Massard*, Etymologie 1. ⑤ *Thomas* kommt im gesamten germanophonen und frankophonen Kartierungsgebiet vor, *Thommes* fast nur in Luxemburg und dem Moseldepartement, *Thomes* u.a. im Südwesten des Großherzogtums, in der Eifel sowie im Westen Niedersachsens. Zum Hauptverbreitungsgebiet von *Thoma* gehören Luxemburg (tritt dort häufiger als *Thomas* auf), ferner Süddeutschland und das Elsass, zu jenem von *Thomma* u.a. Luxemburg, der Raum Lüttich sowie Teile Süddeutschlands. Die Kurzform *Thom* erscheint außer im Großherzogtum in weiten Teilen Deutschlands. *Thome* erstreckt sich u.a. über den Nordosten Walloniens, Luxemburg, das Saarland, entlang des Rheins und der Mosel. Das Verbreitungsgebiet von *Thomme* beschränkt sich auf den Süden des Großherzogtums (Kanton Esch). ☞ Im LWB erscheint der Rufname als *Tëm, Tëmchen, Tëmméi, Tëmmi, Tom, Tommes, Tommi*. 📖 RB (1388-1500): *Thomas, Thomais, Thomgin* (Rufname). Fsv: 1561 *Thomas, Thommes*. 1611 *Thomas*. 1656 *Thommes*. Gdb: 1597 *Thommes*. 1660 *Thoma*. 1662 *Thomé* => 1682 *Thoma*. 1665 *Thomas*. 1668 *Tom*. 1679 *Thomes*. 1723 *Thomé* => 1769 *Thomae* => 1804 *Thomé*. 1738 *Thomma*. 1749 *Thom* => 1791 *Thomm*, 1795 *Thomé*. 1766 *Thommé*.

Thomes ['toməs] (2009: 9, 0.06‰; 1880: 60, 0.31‰). ↗*Thommes*.

Thome / Thomé ['tome:] (2009: 67, 0.41‰; 1880: 68, 0.35‰). Variante(n) *Thomme*. Flektiertes Patronym in französisierender Schreibung (lateinischer Genitiv) von ↗*Thomas*.

Thomm (2009: 1, 0.01‰; 1880: 3, 0.02‰). ↗*Thom*.

Thomma (2009: 1, 0.01‰; 1880: 26, 0.13‰). ↗*Thoma*.

Thommes ['toməs] (2009: 100, 0.61‰; 1880: 179, 0.92‰). Variante(n) *Thomes*. Regionalsprachliche Variante von ↗*Thomas*.

Thomme / Thommé (2009: 2, 0.01‰; 1880: 11, 0.06‰). ↗*Thome*.

Thorn [tɔʀn] (2009: 34, 0.21‰; 1880: 113, 0.58‰). Wohnstättenname zu *Thorn*, Name für ein Schloss in der Ortsgemeinde Palzem im Landkreis Trier-Saarburg. ⑤ In Luxemburg findet sich der Name im Norden, Süden und Südosten. In Deutschland zeigt er keine auffällige Verteilung. Darüber hinaus ist besonders auf niederdeutschem Gebiet Konkurrenzetymologie u.a. zu mnd. *tor(e)n, torn(e)* 'Turm', *torn(e)* 'Zorn' möglich. 🕮 FSV: 1656 *Thoren*. GDB: 1814 *Thorn*.

THOSS [tos] (2009: 57, 0.35‰; 1880: 22, 0.11‰). Möglicherweise Patronym zu einem gleichlautenden Rufnamen. Im Jahr 1298 ist ein *Erberh. Tosso* in Eger überliefert (Duden). 🌍 Das Hauptverbreitungsgebiet des Namens ist Luxemburg, tendenziell mehr im Süden als im Norden. In Deutschland tritt der Name besonders im Vogtland auf. Auch die Variante *Thoß* kommt am häufigsten im Vogtland vor. ☞ 1. Der Rufname *Tosso* ist wohl einem Übernamen entsprungen. Laut Duden handelt es sich um einen alten Lallnamen zu ahd. *thiot* 'Volk'. Doch ein Zusammenhang zwischen *Tosso* und *thiot* ist lautlich schwierig. 2. Im Vogtland gibt es einen Ortsteil Thossen (Gemeinde Reuth). In Luxemburg gibt es einen Tossenberg (lb. *Tossebierg*) in der Gemeinde Bartringen. Die Toponyme scheinen wohl von *T(h)oss* (bereits Familienname?) abgeleitet zu sein. 🕮 GDB: 1765 *Thoss*.

THREIS (2009: 3, 0.02‰; 1880: 32, 0.17‰). ↗*Treis*.

THULL [tul] (2009: 74, 0.45‰; 1880: 69, 0.36‰). 1. Übername zu mhd. *tul* 'dumm, grob'; vgl. auch ↗*Tholl*. 2. Wohnstättenname zu einem gleichlautenden Flurnamen, etwa *Tull* für eine Anhöhe mit ehemaligem Galgen bei Echternach. 3. Unwahrscheinlich: Herkunftsname zu *Tull* (frz. *Toul*) für eine Stadt im Département Meurthe-et-Moselle. *Toul* als Familienname begegnet nämlich kaum in Frankreich und weit entfernt von der gleichnamigen Stadt. 🌍 *Thull* gilt besonders in Luxemburg, dem Saarland, entlang der Mosel sowie des Mittel- und Niederrheins, doch ist, besonders im niederdeutschen Raum, mit Konkurrenzetymologien zu rechnen. *Thul*, das 1880 noch 23 Mal verzeichnet ist, findet sich heute nur noch in Deutschland, und zwar u.a. im Saarland, an der Mosel und am Niederrhein. *Tul* ist insgesamt selten. ☞ Die genealogischen Datenbanken zeigen auch Formen mit *ü*. In diesen Fällen handelt es sich um einen Wohnstättennamen zu mhd. *tülle* n. 'Wand oder Zaun von Brettern oder Palisaden, Pfahlwerk; Vorstadt (die außerhalb der Mauer hinter Pfahlwerk liegt)'. Aufgrund des anlautenden *T-* dürfte der Familienname aus einer Mundart importiert sein, in der die Verschiebung wgerm. **d* > ahd. *t* greift (Ostmitteldeutsch oder Oberdeutsch). 🕮 FSV: 1611 *Tull, Tullen*. GDB: 1681 *Thull*. 1732 *Thull* => 1762 *Toull*. o.J. *Thüllen* => 1731 *Thull*, 1734 *Thülen*. 1732 *Thüll* = *Thüllen* = *Thül*. 1770 *Thull* => 1798 *Thul*. 1750 *Toll* = *Tool* = *Thule*. 1767 *Thull* => 1800 *Thull*, 1803 *Thol* = *Thull*, 1807 *Thull* = *Thol*, 1809 *Thull* = *Tholl*. 1775 *Toul*.

THURMES (2009: 43, 0.26‰; 1880: 46, 0.24‰). ↗*Turmes*.

THYES (2009: 10, 0.06‰; 1880: 20, 0.1‰). ↗*Thies*.

TIBESAR (2009: 6, 0.04‰; 1880: 52, 0.27‰). ↗*Tibessart*.

TIBESART (2009: 3, 0.02‰; 1880: 19, 0.1‰). ↗*Tibessart*.

TIBESSART ['tibəsa:ʀ] (2009: 7, 0.04‰; 1880: 20, 0.1‰). VARIANTE(N) *Tibesar, Tibesart*. Französischer Herkunftsname zu *Thibessart* für ein Dorf in der Gemeinde Léglise, Provinz Luxemburg. 🕮 GDB: 1687 *Thibessar* = *Thibessart* = *Tibesar*.

1783 *Tibessart* => 1812 *Thibessart*, 1817 *Tibessar*. 1841 *Thibesar* => 1876 *Tibesar*.

TILGES (2009: 4, 0.02‰; 1880: 14, 0.07‰). ↗*Thilges*.

TIMMER ['tɪmɐ] (2009: 6, 0.04‰; 1880: 18, 0.09‰). Deriviertes Patronym zu *Thim*: 'aus der Familie von Thim Stammender'. Der Rufname *Thim* stammt im Raum Luxemburg am ehesten aus *Thüm, einer mit hypokoristischem Umlaut gebildete Kurzform von *Thomas*. ↗*Thoma*. Zum hypokoristischen Umlaut, vgl. z.B. rhein. *Thimmes, Thümmes*. ⓢ *Timmer* findet sich in Luxemburg nur vereinzelt, dafür häufiger im Moseldepartement, Saarland und in weiteren deutschen Regionen. Zahlreiche Belege begegnen am Niederrhein sowie in Norddeutschland, doch sind durchwegs Konkurrenzetymologien möglich, etwa zum Rufnamen *Timotheus* oder, besonders auf niederdeutschem/niederländischem Gebiet, zu mnd. *timber, timmer* 'Bauholz, Baumaterial, Bauwerk aus Holz', mnl. *timmer* 'Holzgebäude'. Die flektierte Bildung *Thimmesch* kommt fast nur in Luxemburg vor. 📖 FSV: 1656 *Thümmers*. GDB: 1666 *Thimmesch*. 1772 *Thymer* => 1802 *Thimmer*.

TINES (2009: 1, 0.01‰; 1880: 3, 0.02‰). ↗*Thinnes*.

TINTINGER ['tɪntɪŋɐ] (2009: 20, 0.12‰; 1880: 28, 0.14‰). Personalisierter Herkunftsname zu a) *Tüntingen* (lb. *Tënten, Téinten*, frz. *Tuntange*) für eine Ortschaft in der gleichnamigen Gemeinde; b) *Tintingen* (lb. *Tënnen*, frz. *Tintange*, wa. *Tîtindje*) für Dorf in der Gemeinde Feitweiler, Provinz Luxemburg. 📖 RB (1388-1500): *Hantz Tŭnttinger*. GDB: 1729 *Tintinger* => 1764 *Tinting*.

TOCK [tok] (2009: 28, 0.17‰; 1880: 56, 0.29‰). Übername zu lb. *Tock* 'Dickkopf, Starrkopf'. ⓢ Der Name kommt fast nur in Luxemburg und im Areler Land vor. 📖 GDB: 1696 *Tock*.

TOCKERT ['tokɐt] (2009: 15, 0.09‰; 1880: 33, 0.17‰). Möglicherweise Übername auf -*ert* zu mhd. *tucken* 'eine schnelle Bewegung machen, besonders nach unten; sich beugen, neigen'. Vgl. rhein. *Tockert*, Kosename für die Ente. 📖 FSV: 1561 *Johan Tockertt eyn armer Bettler*. 1611 *Tockers*. 1656 *Tockers*. GDB: 1724 *Tockert*.

TOISUL ['twazyl] (2009: 15, 0.09‰; 1880: 13, 0.07‰). Variante von *Toisoul* in germanisierender Schreibung, Herkunftsname zu *Toisoul* (wa. *Twèsoul*) für einen Weiler in der Gemeinde Mettet, Provinz Namur. ⓢ *Toisul* ausschließlich in Luxemburg. *Toisoul* überwiegend in der Provinz Namur. 📖 GDB: 1743 *Toisul = Toiseul*. 1806 *Toisoulle*.

TONNAR ['tona:ʀ] (2009: 25, 0.15‰; 1880: 24, 0.12‰). Französisches Patronym zum gleichlautenden Rufnamen. Dieser ist eine Ableitung auf -*ard* von frz. *Tonne*, Kurzform von *Antoine, Antone*. Zur weiteren Etymologie, siehe ↗*Antoine*. 📖 GDB: 1791 *Tonnar*.

TOSSENG (2009: 11, 0.07‰; 1880: 0). Germanisierte Form von ↗*Toussaint*.

TOSSING (2009: 6, 0.04‰; 1880: 0). Germanisierte Form von ↗*Toussaint*.

TOUSSAINT ['tusɛ̃ː] (2009: 100, 0.61‰; 1880: 177, 0.91‰). VARIANTE(N) *Tosseng, Tossing, Toussin, Toussing*. Französischer Übername zu frz. *Toussaint* 'Allerheiligen' für einen an Allerheiligen geborenen Menschen. ⓢ *Toussaint* im Nordosten Frankreichs, in Luxemburg und Wallonien. *Tosseng* und *Toussing* nur in Luxemburg. *Tossing* im Osten Luxemburgs und dem Hunsrück. *Tossings* zwischen

Lüttich und Aachen. 📖 Fsv: 1561 *Toussen*. 1656 *Toussaint*. GDB: 1745 *Toussaing* = *Tussing* => 1790 *Toussaing* = *Toussaint*. 1755 *Tossing* = *Toussaint* => 1785 *Toussain* => 1824 *Toussing* = *Toussaint*, 1827 *Toussin*. 1806 *Tossing* => 1834 *Toussing*, 1837 *Toussaing* = *Tossing*. 1811 *Tossing* = *Tosseng*.

TOUSSIN ['tusɛ̃ː] (2009: 1, 0.01‰; 1880: 7, 0.04‰). ↗*Toussaint*.

TOUSSING ['tusɪŋ] (2009: 11, 0.07‰; 1880: 9, 0.05‰). Germanisierte Form von ↗*Toussaint* mit französisierender Graphie *ou* für *u*.

TRAUFFLER ['tʀɑʊflɐ] (2009: 26, 0.16‰; 1880: 16, 0.08‰). VARIANTE(N) *Traufler*. Berufsname auf -*er* zu nhd.-landsch. und lb. *Traufel* 'Maurerkelle' (= mnd. *trûffel*), entweder für den Hersteller oder den Maurer. 📖 GDB: 1700 *Trauffler*. 1724 *Traufler*. 1737 *Trauffeler* => 1775 *Traufler*. 1757 *Trauffler* => 1795 *Traufler*. Vz: 1880 *Trauffeler, Trauffler, Traufler*.

TRAUFLER (2009: 10, 0.06‰; 1880: 26, 0.13‰). ↗*Trauffler*.

TRAUSCH [tʀɑʊʃ] (2009: 88, 0.54‰; 1880: 219, 1.13‰). Wohnstättenname zu lb. *Trausch* m. 'Strauch(werk)', lothr. *Trausch* 'Busch, Strauch', rhein. *Drausch, Trausch* m. 'Strauchwerk, kleine Hecke'. In Luxemburg begegnet *Trausch* auch mehrfach als Flurname. 🕭 Der Name kommt fast nur in Luxemburg vor. 📖 Fsv: 1561 *Trusch*. 1611 *Trausch, Trauschen*.

TREES (2009: 1, 0.01‰; 1880: 4, 0.02‰). ↗*Troes*.

TREINEN ['tʀɑɪnən] (2009: 26, 0.16‰; 1880: 36, 0.19‰). Flektiertes Metronym zum einstigen Rufnamen *Trein*. Dieser ist regionalsprachliche, doch nicht luxemburgische Kurzform von *Katharina*. Zu Grunde liegt griech. *Aikaterínē*, dessen weitere Herkunft unbekannt ist, doch bereits im Griechischen volksetymologisch zu *katharós* 'rein' gestellt wurde. 🕭 Der Name findet sich in der südlichen Hälfte Luxemburgs, wo sich auf deutscher Seite das Gebiet beidseitig der Mosel anschließt, sowie vereinzelt in der Provinz Lüttich. ☞ Als Kurzformen von *Katharina* verzeichnet das LWB *Tréin, Tréng, Tring, Trinn, Trinni*. Von diesen entsprechen lauthistorisch *Tréng* und *Tring* dem für den Familiennamen vorauszusetzenden Rufnamen *Trein*. 📖 Fsv: 1541 *Trin Witwe*. 1561 *Treinen, Treynen, Trynen*. 1611 *Treinen*. 1656 *Treintges. Treynen*. GDB: 1714 *Treinen*. 1768 *Treinen* => 1802 *Threinen* => 1842 *Treinen*.

TREIS [tʀɑɪs] (2009: 14, 0.09‰; 1880: 11, 0.06‰). VARIANTE(N) *Threis*. Herkunftsname zu *Treis* für einen Ortsteil der Gemeinde Treis-Karden im Landkreis Cochem-Zell. 📖 GDB: 1674 *Threis*. 1687 *Treiss*. 1704 *Treis* => 1731 *Threis*.

TREMUTH ['tʀeːmut] (2009: 17, 0.1‰; 1880: 16, 0.08‰). Möglicherweise Metronym zu einem einstigen anglonormannischem Rufnamen *Tremuth*. Dieser ist entlehnt aus griech. *Thermutis*, das ihrerseits aus dem Ägyptischen entlehnt ist. Thermutis ist die Tochter des Pharaos Ramses II., die den ausgesetzten Moses fand und aufnahm. Der Rufname geht vermutlich zurück auf *Terenuthis*, dem Namen für eine antike Stadt in Ägypten. ☞ Der Familienname kommt in Luxemburg erst ab 1880 vor. Außerhalb Luxemburgs ist er im späten 19. Jh. für das Département Sonne (Region Picardie) und das Moseldepartement bezeugt. Heute ist er fast ausschließlich nur noch in Luxemburg zu finden. 📖 Vz: 1880 *Tremuth, Tremutt*.

TRIERWEILER ['tʀiːɐvaɪlɐ] (2009: 93, 0.57‰; 1880: 150, 0.77‰). Herkunftsname zu *Trierweiler* für eine Ortschaft im Landkreis Trier-Saarburg. 🌎 In Luxemburg vor allem in der südlichen Hälfte, kaum im Norden. In Deutschland ein Nest in der näheren Umgebung zur namensgebenden Ortschaft. Das Nest dünnt nördlich in der Eifel und südlich im Saarland aus. Der Familienname kommt auch einige Male im Moseldepartement vor, aber nicht in Wallonien. 📖 GDB: 1716 *Trierweiler*.

TROES [tʀøːs] (2009: 25, 0.15‰; 1880: 37, 0.19‰). VARIANTE(N) *Trees*. Metronym zum gleichlautenden Rufnamen. Dieser ist regionalsprachliche Variante von *Theresa* mit hyperkorrekter Schreibung ‹oe› für regionalsprachlich [ei]. Der Rufname *Theresa* (latinisierend *Teresia*, in humanistisch-gräzisierender Schreibung *Theresia*) ist eine Entlehnung aus span. *Teresa*, das auf *Tharasia* (vgl. Holder II, Sp. 1821f) zurückgeht. Tharasia war eine frühe Christin aus Barcelona, die im 4. Jh. lebte und auch ihren Gatten, Paulino de Nola, zum Christentum bekehrte. Der Name ist wahrscheinlich eine keltische Ableitung auf *-asia*, wie sie in weiteren keltischen Frauen- oder auch Ortsnamen zu finden ist (vgl. Holder I, Sp. 246). Das Grundwort ist möglicherweise entweder kelt. **tar-* ˈschnellˈ, woraus auch der Personenname *Tarus* ˈder Schnelleˈ (vgl. Holder II, Sp. 1738), oder **Tara*, *Thara* für ein (vor-)keltisches Hydronym (vgl. Holder II, Sp. 1726; Nègre, Nr. 1071). 🌎 Das Vorkommen von *Troes* beschränkt sich auf Luxemburg südlich der Sauer und das Bitburger Land. Die seltene Variante *Trees* kommt nur im Kanton Luxemburg vor, außerhalb des Großherzogtums konzentriert sie sich um Koblenz. 📖 Das LWB notiert für *Theresa* die Kurzformen *Tréis*, *Tréischen*, *Tréisi*, *Tréiseli*, *Tess*, *Tessi*. Der Rufname wird in der Standardliteratur durchwegs aus dem Griechischen hergeleitet. Erwogen wird meist eine Ableitung im Sinne von ˈJägerinˈ zu griech. *thēr* ˈjagdbares Tierˈ oder zu griech. *Thēra*, Name für die heutige Kykladeninsel Santorin bzw. *Thērasía*, Name der Nebeninsel. Doch bereitet eine griechische Etymologie Probleme, die einerseits die historische Phonologie und Wortbildung, andererseits die fehlende Überlieferung des Namens im Altgriechischen betreffen. Neugriech. *Thēresía* scheint vielmehr eine Entlehnung zu sein, und zwar auf der Grundlage der humanistisch-gräzisierenden Form *Theresia*, die jedoch früh mit griech. *thēr*, Thēra, *Thērasía* in Verbindung gebracht werden konnte. 📖 GDB: 1728 *Trees*. 1730 *Trees* => 1765 *Troes*. 1799 *Trees* = *Troes* => 1839 *Troes* => 1872 *Tres*.

TURMES ['tuʀməs] (2009: 61, 0.37‰; 1880: 41, 0.21‰). VARIANTE(N) *Thurmes*. Patronym zum gleichlautenden Rufnamen. Dieser ist möglicherweise Kurzform von *Saturnus*, das aus dem Lateinischen stammt und den römischen Gott der Aussaat bezeichnet. 🌎 *Turmes* sowie die Variante *Thurmes* sind fast ausschließlich in Luxemburg anzutreffen. Außerhalb von Luxemburg finden sich einzelne Streuungen überwiegend in Belgien. 📖 Träger dieses Familiennamens sind aus Galtür in Tirol eingewandert, nachweislich nach 1748 (vgl. Juen). Heute erscheint der Familienname in Tirol als *Durnes*, früher dagegen auch als *Durnus*, *Thurnes*, *Thurnus*, *Turnes*, *Thurmes*, *Turmes* (Finsterwalder, S. 254; Juen). Aufgrund der Verbreitung handelt es sich nach Finsterwalder um einen Walsernamen. Der Wechsel von *n* zu *m* ist in Tiroler Mundarten auch in anderen Fällen zu beobachten, z.B. *Mesner* > *Mesmer*. Doch scheint es sich bei *Turmes* nicht ausschließlich um einen Einwanderernamen aus Tirol zu handeln, da er in Luxemburg schon vor 1748 bezeugt ist. 📖 GDB: 1715 *Turmes* => 1736 *Thurmes* => 1764 *Turmes*, 1774 *Thurmes*. 1738 *Thurmes*. 1750 *Thurnes* => 1767 *Thurnes* => 1803 *Turmes*.

TURPEL [ˈtuʀpəl] (2009: 48, 0.29‰; 1880: 22, 0.11‰). 1. Möglicherweise Berufsname zu lb. *Tuerpel* f., lokale Variante von lb. *Zuerpel* f. 'Zuträgerin, Zwischenträgerin'. 2. Übername zu rhein. *turpeln* 'torkeln, stolpern'. 🌍 Ausschließlich in Luxemburg zu finden, überwiegend im Norden. 📖 FSV: 1656 *Tourpels*. GDB: 1620 *Turpel*. 1764 *Thurpel*.

U

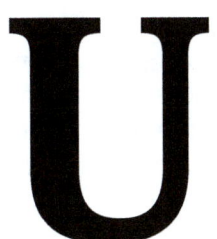

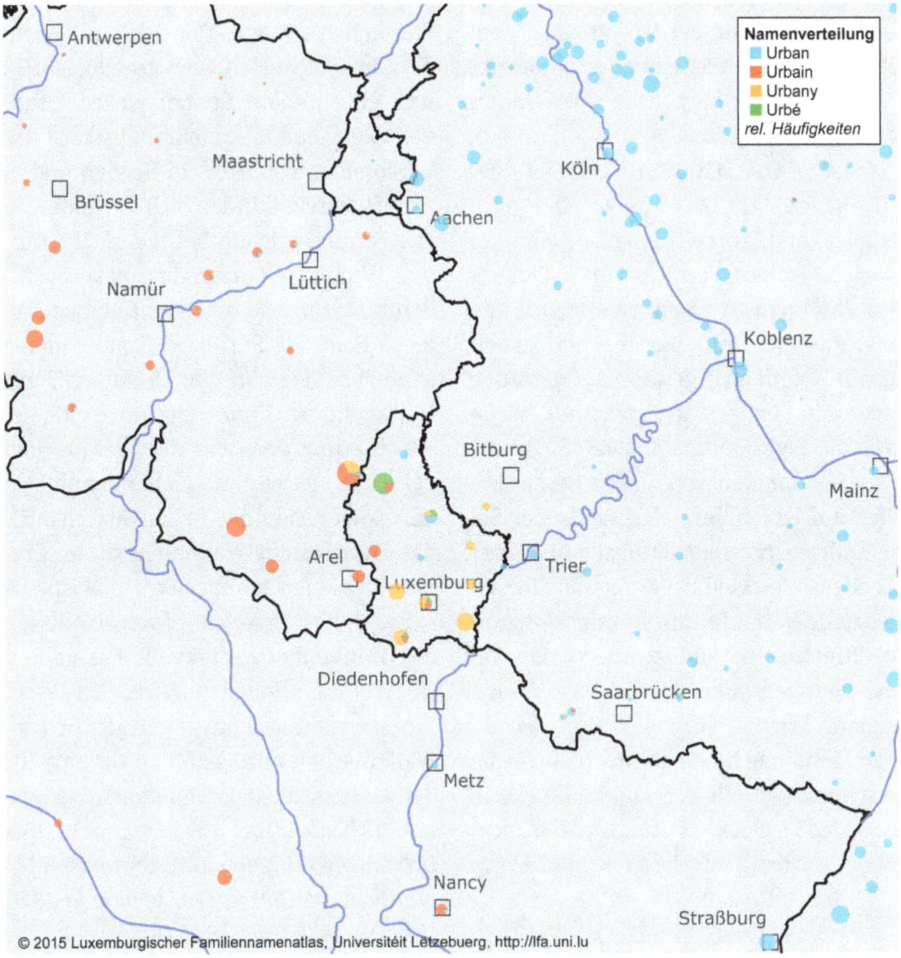
Namenverteilung
Urban
Urbain
Urbany
Urbé
rel. Häufigkeiten
Antwerpen
Maastricht
Brüssel
Köln
Aachen
Lüttich
Namür
Koblenz
Bitburg
Mainz
Arel
Trier
Luxemburg
Diedenhofen
Saarbrücken
Metz
Nancy
Straßburg
© 2015 Luxemburgischer Familiennamenatlas, Universitéit Lëtzebuerg, http://lfa.uni.lu

UHRES [ˈuːʀəs] (2009: 24, 0.15‰; 1880: 29, 0.15‰). Übername zu a) mhd. *urëʒ* 'übel (vom Essen)', rhein. *uress* 'überdrüssig (vom Essen)', *uressig* 'wählerisch im Essen, des Essens überdrüssig'; vgl. auch pfälz. *Ureß* 'nicht gegessener Rest, Überbleibsel von Speisen, vom Futter', nhd.-landsch. *Uraß* 'verschmähte Überbleibsel von Speise und Futter, Reste und Geringwertiges überhaupt'; b) rhein. *Uriss* f. 'Schenkamme, Amme, die ein Kind anstelle der Mutter säugt', entlehnt aus gleichbedeutend frz. *nourrice*. 📖 Fsv: 1656 *Uhres*. GDB: 1705 *Ourhes*. 1719 *Uhres*. 1722 *Ures*.

UNSEN [ˈunzən] (2009: 46, 0.28‰; 1880: 42, 0.22‰). 1. Übername zu mhd. *unsin* 'Unverstand, Torheit, Raserei', mhd. *unsinne* f. 'Torheit, Verrücktheit'. 2. Flektiertes Patronym zu einem einstigen Rufnamen aus ahd. *Unzo*. Dieser gehört zu ahd. *unnan* 'gönnen, gewähren, gestatten' oder mhd. *ünde, unde*, ahd. *unda* 'Welle, Wasser' (vgl. Kaufmann 1968, S. 276). 🍀 Das Vorkommen von *Unsen* beschränkt sich auf Luxemburg. Auf deutscher Seite findet sich vereinzelt *Unzen* (u.a. Trier, Cochem, Neuwied bei Koblenz). Eine potenzielle Variante *Unsinn* zeigt die größte Streuung in Südbayern. ☞ Ein Teil der heutigen Luxemburger Namenträger stammt nachweislich aus Tirol, wo der Familienname heute nur noch als *Unsinn* erscheint (vgl. Finsterwalder, S. 513). 📖 GDB: 1653 *Untzen* = *Unsin*. 1742 *Untzen* => 1767 *Unsen* => 1810 *Unsen* => 1847 *Unsin*. 1757 *Untz* = *Untzen*.

URBAIN [ˈyʀbɛ̃ː] (2009: 12, 0.07‰; 1880: 29, 0.15‰). VARIANTE(N) *Urbin*. GLEICHE BASIS *Urbe, Urbing*. Patronym zum gleichlautenden französischen Rufnamen. Dieser stammt aus lat. *urbānus* 'zur Stadt [Rom] Gehöriger; Städter'. Siehe auch ↗*Urban*. 🍀 *Urbain* gilt in Luxemburg fast nur im Westen und ist in Frankreich und Belgien breit gestreut. Die germanisierte Form *Urbing* kommt dagegen im gesamten Großherzogtum und ausschließlich dort vor. Überwiegend in Belgien und kaum in Luxemburg, doch insgesamt sehr selten erscheint *Urbaing*. Ähnliches gilt für *Urbin*, außerdem begegnet dieser Name vereinzelt auch in Frankreich sowie in Deutschland besonders im Südwesten Bayerns; doch liegt hier eine andere Etymologie zu Grunde. Ausschließlich luxemburgisch ist das Vorkommen von *Urbé*. In Belgien und in Nordfrankreich finden sich darüber hinaus Formen mit prothetischem *H-*: *Hurbain, Hurbin*. ☞ Lat. *urbānus* hat erbwörtlich nfrz. *Ourbain* ergeben. Doch kommt diese Form als Ruf- bzw. Familienname kaum vor. Frz. *Urbain, Urbin* stellt zur Hälfte und frz. *Urban* zur Gänze eine Relatinisierung dar. Was die Graphie ‹ng› betrifft, so weist diese nicht automatisch auf Germanisierung hin, zumal sich auch das Französische Walloniens dieser Graphie bedienen konnte. So ist beispielsweise in den Feuerstättenverzeichnissen der frankophonen Provinz Luxemburg (15. Jh.) des Öfteren ‹ung feu› zu lesen. Eine zweite alternative, gelegentlich im Wallonischen anzutreffende Graphie für den Nasalvokal [ɛ̃] ist ‹é›, daher die Variante *Urbé*. 📖 GDB: 1699 *Urbany* => 1741 *Urbain*. 1745 *Urbaing*. 1768 *Urbin*. 1768 *Urbain* => 1804 *Urbing*. 1799 *Urbain* => 1840 *Urbin* => 1865 *Urbé*. 1803 *Urbing*.

URBAN [ˈuʀbaːn] (2009: 4, 0.02‰; 1880: 4, 0.02‰). GLEICHE BASIS *Urbany, Urbes*. Patronym zum gleichlautenden Rufnamen. Dieser stammt aus lat. *urbānus* 'zur

Stadt [Rom] Gehöriger; Städter'. Vgl. auch ↗Urbain. ⑤ Urban gehört in Luxemburg zu den selteneren Namen und kommt im Süden nicht vor. In Deutschland ist der Name breit gestreut. Auch in Belgien finden sich zahlreiche Streubelege, der Süden ausgenommen. Das Verbreitungsgebiet der lateinischen flektierten Bildung Urbany beschränkt sich dagegen überwiegend auf Luxemburg und den Raum Lüttich. Die deutsch flektierte Form Urbes ist noch seltener. Ihr Hauptverbreitungsgebiet liegt in Böwingen an der Attert. 📖 Fsv: 1611 Urbans, Urbes. 1656 Urbens. GDB: 1662 Urban. 1699 Urbany => 1741 Urbain. 1724 Urbani. 1750 Urbes.

URBANY [uʀˈbaːniː] (2009: 46, 0.28‰; 1880: 130, 0.67‰). Flektiertes Patronym (lateinischer Genitiv) zu ↗Urban.

URBE / URBÉ [ˈuʀbe: // ˈyʀbeː] (2009: 11, 0.07‰; 1880: 0). Französisch-regionalsprachliche Variante von ↗Urbain, mit gelegentlich anzutreffender wallonischer Graphie ‹é› für standardfrz. [ɛ].

URBES [ˈuʀbəs] (2009: 10, 0.06‰; 1880: 21, 0.11‰). Flektiertes Patronym zu ↗Urban.

URBIN (2009: 5, 0.03‰; 1880: 4, 0.02‰). ↗Urbain.

URBING [ˈuʀbɪŋ] (2009: 38, 0.23‰; 1880: 20, 0.1‰). Germanisierung von ↗Urbain.

URHAUSEN [ˈuːɐhɑuzən] (2009: 22, 0.13‰; 1880: 71, 0.37‰). Eventuell Herkunfts- oder Wohnstättenname zu einem abgegangenen Toponym wohl im Raum Luxemburg, kaum zu Urhausen für eine ehemalige Burg in der Gemeinde Schöntal in Baden-Württemberg. ☞ Aus den genealogischen Datenbanken geht hervor, dass die Namenträger aus Ouren (heute in der Gemeinde Burg-Reuland, Belgien) stammen. Es wäre daher denkbar, dass dem Familiennamen eine Ableitung zum Hydronym Ur (Our) zu Grunde liegt: mhd. *Urhûsen (Dat. Pl.) 'an der Ur befindliche Häuser' (?). 📖 GDB: 1694 Urhausen.

URTH (2009: 19, 0.12‰; 1880: 26, 0.13‰). Deutsche Schreibweise für ↗Ourth.

URWALD [ˈuːɐvalt] (2009: 15, 0.09‰; 1880: 18, 0.09‰). Wohl germanisierte und durch Anlehnung an -wald entstandene Form von frz. Orval, Herkunftsname zum gleichlautenden Toponym für eine Ortschaft der Gemeinde Florenville in der Provinz Luxemburg. 📖 GDB: 1744 Urwald. 1780 Urwald = Orwald.

URY (2009: 21, 0.13‰; 1880: 39, 0.2‰). Germanisierende Schreibung für frz. ↗Oury.

USELDING [ˈuzəldɪŋ] (2009: 3, 0.02‰; 1880: 23, 0.12‰). GLEICHE BASIS Useldinger. Herkunftsname zu Useldingen (lb. Useldeng, frz. Useldange) für eine Ortschaft in der gleichnamigen Gemeinde. ⑤ Uselding nur im Kanton Grevenmacher, im Areler Land und im Arrondissement Bastogne. Die personalisierte Form Useldinger überwiegend in der südlichen Hälfte Luxemburgs mit einzelnen Streuungen ins deutsche Grenzgebiet. 📖 RB (1388-1500): Clais Fasbender van Oisseldingen. Diederich van Onsseldingen. Endres van Unseldingen = Endres van Useldingen = Endres van Usseldingen. Johan van Uesseldingen = Johan van Usseldingen. Niclais van Unseldingen = Niclais van Useldingen = Niclas van Ousseldingen. Thies Ferwersson van Wusseldingen. FSV: 1611 de Unseldingen, Unseldingen, Unseldinger. 1656 Useldingen, Useldinger. GDB: 1617 Uselding = Useldinger.

USELDINGER [ˈuzəldɪŋɐ] (2009: 28, 0.17‰; 1880: 52, 0.27‰). Personalisierte Form von ↗Uselding.

V W

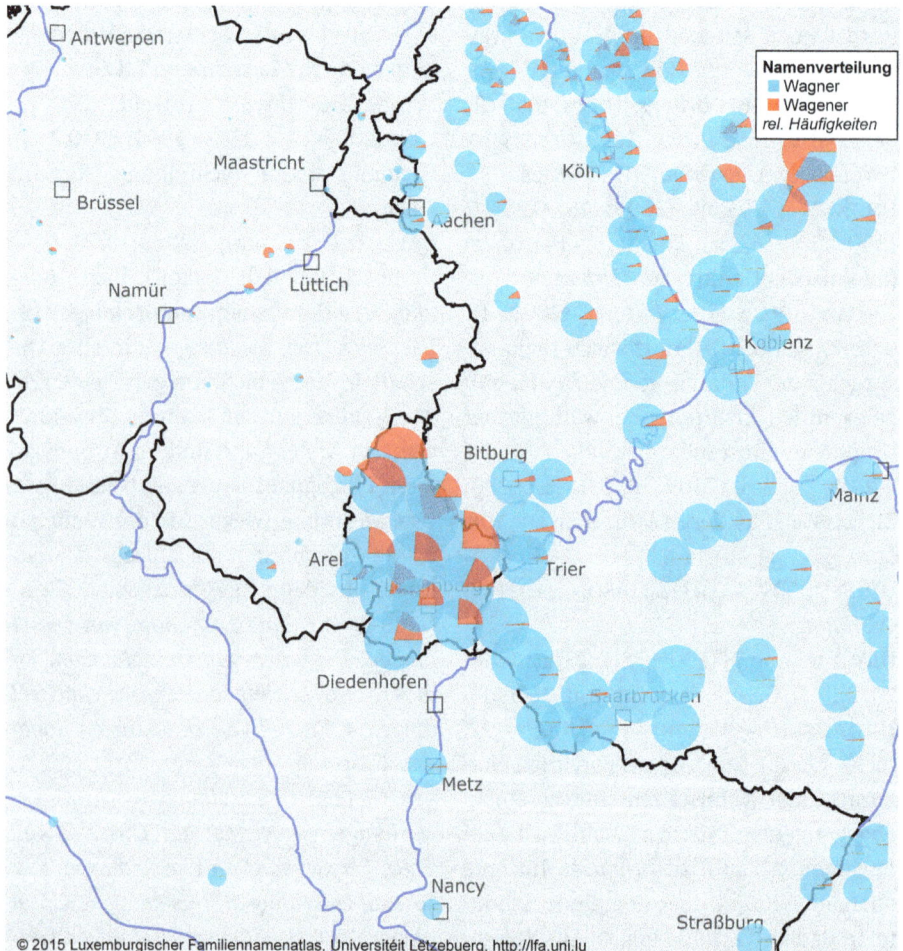

VALENTIN [ˈvalɑ̃:tɛ̃:] (2009: 11, 0.07‰; 1880: 19, 0.1‰). GLEICHE BASIS *Felten, Valentiny*. Patronym zum gleichlautenden Rufnamen. Dieser stammt aus lat. *Valentīnus* und gehört zu lat. *valēns* 'kräftig, stark, gesund, mächtig'. Siehe auch ↗*Feltgen*. ⓢ Die Grundform *Valentin* ist im gesamten Kartierungsgebiet locker gestreut. Ihre sprachliche Zuordnung in den Regionen mit Sprachkontakt wie Luxemburg ist nur über die Aussprache, die entweder deutsch oder französisch ist, möglich. Im Nordwesten Belgiens kommen daneben die niederländischen Formen *Valent(ij/y)n* vor. Die Genitivvarianten der Vollform sind konträr verteilt: Die Form *Valentini* findet sich überall, kann daher auch dem Italienischen zugeordnet werden. Die Schreibvarianten *(V/W)alentiny* kommen hingegen ausschließlich in Luxemburg vor sowie vereinzelt in unmittelbarer Grenznähe in Belgien. Formen mit germ. starkem Genitiv auf *-s* finden sich lediglich im äußersten Nordwesten Belgiens: *Valent(ij/y)ns*. Sämtliche Kurzformen mit *(F/V)elt-* ballen sich in West(mittel)deutschland und v.a. Luxemburg. Von diesen kommen im Großherzogtum nur solche mit *F-* vor: *Felten, Feltes, Feltus*. *Felten* findet sich außer in Luxemburg in der gleichnamigen Nachbarprovinz sowie in Lothringen, dem Elsass, Saarland und Ruhrgebiet, während sich *Feltes* auf Luxemburg, das Saarland und Ruhrgebiet konzentriert. Dagegen ist das Vorkommen von *Feltus* auf Luxemburg und die gleichnamige belgische Nachbarprovinz beschränkt. Die Schreibvarianten der Kurzformen mit *V-* schließen in Deutschland östlich an die *F-*Formen an: Sie dominieren am östlichen Mittelrheinufer, vom Hunsrück bis ins Saarland und in Baden. In Belgien streuen sie eher im Westen. ☞ Der Rufname *Valentin* ist im LWB als *Valtin, Välten, Valli* verzeichnet. Beim Familiennamen zeigen die genealogischen Daten den Wechsel von *Felten* auf germanophonem Gebiet (Luxemburg) zu *Feltin* auf frankophonem Gebiet (Département Meurthe-et-Moselle). Dementsprechend gelten heute in Ostlothringen auch die Formen *Feltin* und *Veltin*. 📖 RB (1388-1500): *Feltin, Velten, Veltin* (durchwegs Rufname). FSV: 1561 *Velten, Velteyn, Veltin*. 1611 *Felten* (Rufname), *Velten, Veltens*. 1656 *Feltes, Valenten, Valentin*. GDB: 1625 *Valentini*. 1645 *Feltes* => 1675 *Valentini*. 1668 *Feltes* => 1700 *Felten*. 1681 *Felten* => 1713 *Feltes*. 1738 *Valentiny*. 1770 *Feltgen*. 1770 *Feltus*. 1773 *Felten* => 1808 *Feltin*. 1800 *Felten* => 1824 *Feltens*. 1824 *Feltens*. 1875 *Walentiny*. Vz: 1880 *Felten, Feltes, Feltgen, Feltges, Feltus, Valentin, Valentiny, Veltes, Walenting*.

VALENTINI [va:lænˈtini:] (2009: 17, 0.1‰; 1880: 0). Schreibvariante von ↗*Valentiny*, doch vielfach auch dem Italienischen zuzuordnen.

VALENTINY [va:lænˈtini:] (2009: 23, 0.14‰; 1880: 33, 0.17‰). VARIANTE(N) *Valentini, Walentiny*. Flektiertes Patronym (lateinischer Genitiv) zu ↗*Valentin*.

VANDIVINIT [vɑnˈdivinit] (2009: 16, 0.1‰; 1880: 6, 0.03‰). VARIANTE(N) *Wandivinit*. Entlehnt aus einem westflämischen Familiennamen, der als **Van Duvenid* [ɣɑnˈdy:yəˌnit] zu erschließen ist. Dessen unmittelbare Vorform lautete *Van Duvenede*, eine Parallelform *Van Duvenee*. Es handelt sich um Herkunftsnamen mit agglutinierter Präposition zu einem einstigen Toponym *Duvenede/Duvenee*, das im ehemaligen Freiamt Brügge zu verorten ist (vgl. auch Debrabandere,

S. 457f sub *Duivenee, van*; *Duyvené*).

👉 Der Name ist exklusiv in der Südhälfte Luxemburg vertreten, mit einer Konzentration an der Mosel.

☞ Der Familienname *Van Duvenid* aus *Van Duvenede* ist bezüglich der Entwicklung des Ausgangs vergleichbar mit dem Stadtnamen *Wervik* aus *Werveke* (woraus der Familienname ↗*Van Werveke*). Zwar kann die Form *Van Duvenid* nur erschlossen werden, und zwar ist *Van Duvenede* in den historischen Quellen kaum bezeugt, doch ein Träger der letzteren Namensform tritt in der Geschichte als *Marc van Duvenede* (seltener: *Marc van Duyvenede*) in Erscheinung. Bei dieser historischen Figur handelt es sich um einen aus Brügge stammenden Kunstmaler (ca. 1674-1725).

Das dem Familiennamen zu Grunde liegende Toponym *Duvenede* ist am ehesten eine Bildung mit einem Substantiv wgerm. *đūbīnu-* 'kleiner Hügel' (zu an. *þúfa* f. 'Hügelchen') und dem Derivationssuffix wgerm. *-iđi-*, stammt somit aus anfrk. < wgerm. *Đūbīniđi-* 'wo viele kleine Hügel vorkommen'. Wgerm. *đūbīnu-* erscheint in der niederländischen Toponymie auch underiviert: *Duiven*, ma. *Duve* [dy:və], für eine Ortschaft in der Provinz Gelderland (a. 838 *Thuuina*, a. 1131 *Thufen*; Gysseling, S. 290).

Die Formen mit einfachem *u* (*Duvenede, Duvenee, Duve*) sind gegenüber jenen mit *uy, ui* (*Duyvenede, Duiven*) Spiegel der regionalsprachlich bzw. mundartlich nicht überall durchgedrungenen Diphthongierung von mnl. *u* [y:] zu nnl. *ui* [œy] – zum Vergleich: mnl. *dûve* 'Taube' > westflämisch *duuf, duve*, dagegen nnl. *duif*. Ferner weist eine Gegenüberstellung der Parallelformen *Duvenede/Duvenee* erstere auf Grund des Ausgangs *-ede* als archaischer aus, während in der zweiten der regionalsprachlich und auch in Teilen des Flämischen geltende intervokalische Schwund von *d* seinen Niederschlag findet – so wie in *Assenede*, regionalsprachlich *Assnee*, für eine Ortschaft in der gleichnamigen Gemeinde, Provinz Ostflandern (< 12. Jh. *Hasneda, Hasnede, Hasnetha, Hasnetha*; vgl. Gysseling, S. 75), wohl aus wgerm. *Hasniđi-* 'wo viele Hasen vorkommen'.

Eine zusätzliche Begünstigung dürfte die Schreibung *-ee* in *Van Duvenee* dadurch erfahren haben, dass dieses *-ee* mit dem etymologisch nicht verwandten, doch ebenfalls in Toponymen vorkommenden Ausgang *-ee* (anfrk. *-ā* < wgerm. *ahwu* 'Wasserlauf') zusammenfallen konnte. Namensdubletten auf *-ee /-ede* sind daher im Niederländischen auch sonst anzutreffen. Dabei ist in den folgenden drei Beispielen, die aus der Provinz Seeland stammen, anders als in *Van Duvenede*, die Schreibung *-ee* primär und jene mit *-ede* sekundär: 1. *Bommenede*, regionalsprachlich *Bommenee*, für eine ehemalige Insel mit gleichnamigem Dorf (a. 1165 *insulam Bomnę*, a. 1198-1212 *Bomena*, a. 1220-26 *Bomenne*; Gysseling, S. 161), wohl aus anfrk. *Bommonā* < wgerm. *Bođmonahwu*, mit wgerm. *bođmon* 'Böden' Gen.Pl.; hierher ebenso der niederländische Familienname *Bommenee* (vgl. Debrabandere, S. 166). 2. *Diepenede*, regionalsprachlich *Diepenee*, für einen ehemaligen Wasserlauf und den nach diesem benannten Ort (a. 976 *Dipanha*, 1003 *Depena*, 1040 *Diepena*; Gysseling, S. 269), wohl aus anfrk. *Diepanā* < wgerm. *Deopanahwu*, mit wgerm. *deopan* 'tief' Nom.Sg.f. (vgl. auch Debraban-

dere, S. 424 sub *Diepen, van*; ders. 2009, S. 83 sub *Diepeningen, van*). 3. *Ede/Ee* für ein einstiges Fließgewässer. Die Genese der Dublette *Ede* für das Hydronym ist dem gleichlautenden Ortsnamen für ein Dorf in der Gemeinde Sluis geschuldet (a. 838 *Heda*; vgl. Gysseling, S. 301), aus anfrk. **Hēđa* < wgerm. **haiđu* 'Heide'.
 📖 GDB: 1880 *Van Dyvenit*. Vz: 1880 *Vandivinit, Wandivinit, Wandiwenit*.

VANNERUS [ˈvɑneʀus] (2009: 3, 0.02‰; 1880: 27, 0.14‰). Latinisierende Form von *Wahner* (vgl. das Appellativ lb. *Woner*). Hierbei handelt es sich um eine heute nur noch außerhalb Luxemburgs vorkommende Variante von ↗*Wagener*.

VAN WERVEKE [fɑn vɛːʀeveːkeː] (2009: 2, 0.01‰; 1880: 5, 0.03‰). VARIANTE(N) *Van Werweke*. Niederländischer Herkunftsname mit agglutinierter Präposition zu *Werveke*, einer Vorform von *Wervik*, für eine Stadt in Westflandern. ⓘ Das Vorkommen des Namens ist fast ausschließlich auf Luxemburg beschränkt. ☞ In der Liste der Volkszählung von 1880 erscheint der Name überwiegend in französisierender Schreibung mit *-é* (siehe unten). 📖 GDB: 1797 *Van Wervecke* => 1815 *Van Werweke*. 1846 *Wanwerwecke*. Vz 1880: *van Verwecké, van Werveké, van Werweké, Vanwervecké, Vanwerweck*.

VAN WERWEKE (2009: 4, 0.02‰; 1880: 7, 0.04‰). ↗*Van Werveke*.

VEIDERS [ˈfɑɪdɐs] (2009: 3, 0.02‰; 1880: 0). Flektiertes Patronym zu ↗*Feyder*.

VEIT (2009: 1, 0.01‰; 1880: 2, 0.01‰). ↗*Feidt*.

VESQUE / VESQUÉ [væsk(eː)] (2009: 23, 0.14‰; 1880: 54, 0.28‰). Französischer Übername zu einer französisch-regionalsprachlichen Form von *évêque* 'Bischof'. ☞ Die historischen Belege in den genealogischen Datenbanken erscheinen durchwegs als *Vesqué* (doch 1880 ist nur *Vesque* belegt). Hierbei handelt es sich, wie bei ↗*Wesquet*, um eine Schreibvariante von frz. **Vesquet*. 📖 GDB: 1770 *Vesqué*. Vz: 1880 *Wesque*.

VEYDER (2009: 14, 0.09‰; 1880: 10, 0.05‰). ↗*Feyder*.

VICTOR [ˈviktoːʀ // ˈviktɔʀ] (2009: 24, 0.15‰; 1880: 44, 0.23‰). VARIANTE(N) *Wictor*. Patronym zum gleichlautenden Rufnamen. Dieser ist entlehnt aus lat. *Victōr*, das zu lat. *victōr* 'Sieger' gehört. ☞ In den genealogischen Datenbanken ist vereinzelt ein Wechsel zwischen ↗*Wietor* und *Victor* zu beobachten. 📖 GDB: 1786 *Victor*. 1811 *Wictor*. 1867 *Viktor*. 1755 *Wietor* = *Vietor* = *Victor* = *Kuffer*. 1850 *Wictor* = *Vietor*.

VINANDI (2009: 1, 0.01‰; 1880: 0). ↗*Winandy*.

VINANDY (2009: 18, 0.11‰; 1880: 31, 0.16‰). ↗*Winandy*.

VOGEL [ˈfoːɡəl] (2009: 18, 0.11‰; 1880: 9, 0.05‰). 1. Übername zu mhd. *vogel* 'Vogel'. 2. Berufsübername zum selben mhd. Appellativ für den Vogelsteller. ☞ In den genealogischen Quellen ist in einem Fall der Übergang von ↗*Fohl* auf *Vogel* zu beobachten (siehe unter ↗*Fohl* entsprechende Belege und weiterführende Diskussion) 📖 RB (1388-1500): *Vogel*. FSV: 1444-1450 *Thielman Vogelchin*. 1561 *Vogel*. 1611 *Vogel*. 1656 *Vogels*. GDB: 1735 *Vogel*.

VOSS (2009: 18, 0.11‰; 1880: 0). Variante von ↗*Fuchs* mit Senkung *u > o* und Assimilation *chs > ss*.

VOSSEN [ˈfosən] (2009: 6, 0.04‰; 1880: 0). Flektiertes Patronym zu ↗*Voss*.

WADLE / WADLÉ [ˈvɑdleː] (2009: 16, 0.1‰; 1880: 0). Möglicherweise germanisierte Form von frz. *Wadeleux*, Herkunftsname zum gleichlautenden Toponym für eine Ortschaft in der Gemeinde Herve, Provinz Lüttich. ☞ 1880 ist der Name für Luxemburg nicht verzeichnet und tritt unmittelbar davor nur vereinzelt auf. Heute zeigt er die größte Verbreitung in der Pfalz. Die ersten Namenträger in Luxemburg stammen aus der benachbarten Eifel. 📖 GDB: 1873 *Wadle*. 1890 *Wadlé*.

WAGENER [ˈvaːɡəne // ˈvaːʁəne] (2009: 305, 1.87‰; 1880: 1045, 5.39‰). VARIANTE(N) *Wagner*. GLEICHE BASIS *Vannerus, Wegener, Wener, Wohner*. Berufsname zu mhd. *wagener* 'Wagenmacher, Fuhrmann', entsprechend das Appellativ lb. *Woner*.

🔹 *Wagener* zeigt im gesamten Kartierungsgebiet außer Frankreich eine breite Streuung, die u.a. im Großherzogtum flächendeckend ist. Ebenfalls flächendeckend ist die synkopierte Form *Wagner* in Luxemburg und Deutschland verbreitet. Sie tritt auch in Wallonien, besonders in der Provinz Luxemburg, sowie im Osten Frankreichs auf. Die umgelauteten Formen *Wegener* und *Wegner* streuen in Luxemburg nur vereinzelt, in Deutschland hingegen recht breit (doch ist bei *Wegner* auch an einen Wohnstättennamen zu *Weg* zu denken). Die kontrahierte Form *Wener* begegnet im Großherzogtum am südwestlichen Rand, in Belgien besonders entlang der Grenze zu Luxemburg, auf deutscher Seite entlang der luxemburgnahen Moselregion und um Saarbrücken. In Deutschland schließt sich östlich dieses Gebiets *Weiner* an, das im Großherzogtum nicht vorkommt. Ebenfalls sehr selten in Luxemburg ist *Wohner*, das auch in manchen Regionen Deutschlands (z.B. Niederrhein, Bayern) anzutreffen ist. Doch sind dort Konkurrenzetymologien nicht auszuschließen. Vereinzelt und nur im Großherzogtum anzutreffen ist die latinisierende Bildung *Vannerus*.

Zum Tonvokal in Namen mit *Wagner* in Deutschland, siehe DFA 1, S. 20-28.

☞ Vor 1880 war die häufigere Form in Luxemburg noch *Wagener*. Es ist damit zu rechnen, dass in zahlreichen Fällen *Wagener* in *Wagner* geändert wurde. Die Variante *Wegener* wurde dagegen importiert, u.a. aus Tirol. Die Form *Wener* ließe sich, obwohl sie im luxemburgischen Appellativschatz keinen Niederschlag findet, als *Weiner* und demnach kontrahiert aus *Wagener* interpretieren. Die kontrahierten Formen vom Typ *Weiner* waren nämlich im Mittelalter im mitteldeutschen Sprachgebiet weit verbreitet (vgl. DFA 1, S. 27). Die Variante *Wohner* entspricht dagegen genau dem luxemburgischen Appellativ *Woner*.

📖 RB (1388-1500): *Clais van Bettingen der Wagner* = *Claux Wagener van Bettingen*. *Clopstein dem Wagenar* = *Clopsteyn dez Wageners* = *Clopsteyns dez Wagenerß* = *Johan Clopstein Wagener* = *Johann Klapstein der Wagenner* u.v.m. FSV: 1561 *Wagener, Wageners*. GDB: 1678 *Wagener* => 1703 *Wannerus*, 1707 *Wagner* (=> 1735 *Wannerus*, 1751 *Vannerus*). 1745 *Weners*. 1753 *Wenert*. 1760 *Wonesch*. 1771 *Wener*. 1862 *Wohner*. 1902 *Wegener*. Vz: 1880 *Wagener, Wagenesch, Wagner, Waner, Wannerus, Wegener, Wegner, Wener, Wohner*.

WAGNER [ˈvaːɡne // ˈvaːkne // ˈvaːʁne] (2009: 1004, 6.15‰; 1880: 1378, 7.11‰). Synkopierte Form von ↗*Wagener*.

WAHL [vaːl] (2009: 54, 0.33‰; 1880: 126, 0.65‰). Herkunftsname zu *Wahl* (lb. *Wal*) für eine Ortschaft in der gleichnamigen Gemeinde. Siehe auch ↗ *Wallers*. ⓢ Der Name ist in Luxemburg und in Deutschland weit verbreitet und findet sich auch in Ostlothringen und dem Elsass. Außerhalb des Großherzogtums kommen jedoch überwiegend andere Etymologien in Betracht. 📖 RB (1388-1500): *Thijs van Walde*. Fsv: 1611 *Wall. Wahll*. GDB: 1678 *Wahl*.

WALCH [valɕ] (2009: 36, 0.22‰; 1880: 93, 0.48‰). 1. Herkunftsname zu mhd. *walch, walche* 'Welscher, Romane, Italiener oder Franzose'; vgl. auch ↗ *Welsch*. 2. Patronym zum gleichlautenden einstigen Rufnamen. Dieser geht zurück auf ahd. *Walho, Walaho*, das zu ahd. *walh, walah* 'welsch' gebildet ist. ⓢ Zum Verbreitungsgebiet von *Walch* gehören Luxemburg, das Areler Land, das Moseldepartement, das Elsass sowie von Deutschland insbesondere die südliche Hälfte. ☞ Die ersten Namenträger in Luxemburg stammen nach Ausweis der genealogischen Datenbanken aus Tirol. 📖 GDB: 1642 *Walch*.

WALD [valt] (2009: 17, 0.1‰; 1880: 22, 0.11‰). 1. Wohnstättenname zu mhd. *walt* 'Wald'. 2. In Einzelfällen: Patronym zum gleichlautenden einstigen Rufnamen. Dieser stammt aus ahd. *Waldo, Walto* und gehört zu ahd. *waltan* 'walten, herrschen'. 📖 Fsv: 1611 *Waldt*. GDB: 1675 *Wald* => 1715 *Walt*, 1718 *Wald*. 1722 *Waldt*.

WALDBILLIG [valt'bilɪɕ] (2009: 53, 0.32‰; 1880: 185, 0.95‰). Herkunftsname zu *Waldbillig* (lb. *Waldbëlleg*) für eine Gemeinde im Kanton Echternach. ⓢ Der Name findet sich in der südlichen Hälfte Luxemburgs sowie im Areler Land. 📖 GDB: 1723 *Waldbillig*.

WALENTINY (2009: 30, 0.18‰; 1880: 0). ↗ *Valentiny*.

WALERS ['vaːlɐs] (2009: 14, 0.09‰; 1880: 3, 0.02‰). VARIANTE(N) *Walesch, Walisch*. Jüngere Form von ↗ *Wallers*, mit luxemburgischer Dehnung des Tonvokals *a*.

WALESCH ['valəʃ] (2009: 14, 0.09‰; 1880: 8, 0.04‰). Lokalsprachliche Variante von ↗ *Walers*, mit Assimilation *-ers* > *-esch*.

WALISCH ['valiʃ] (2009: 27, 0.17‰; 1880: 3, 0.02‰). Lokalsprachliche Variante von ↗ *Walers*, mit Assimilation *-ers* > *-esch* und Hebung *-esch* > *-isch*.

WALLENBORN ['valənbɔʁn] (2009: 17, 0.1‰; 1880: 10, 0.05‰). Herkunftsname zu *Wallenborn* für eine Gemeinde in der Vulkaneifel. In der Aussprache kann das erste *-n-* infolge der *n*-Tilgung zuweilen ausfallen. 📖 RB (1388-1500): *Heinrich Wallenborme van Trier*. GDB: 1768 *Wallenborn*. 1820 *Wallenborn* => 1854 *Wallenbourn*.

WALLERS ['valɐs] (2009: 33, 0.2‰; 1880: 26, 0.13‰). GLEICHE BASIS *Walers*. Flektiertes Patronym zu *Waller*. Dieser Name, der heute in Luxemburg nicht mehr vorkommt, ist personalisierter Herkunftsname zu *Walle* (so noch 1541 im Areler Feuerstättenverzeichnis belegt). Hierbei handelt es sich um eine Vorform von *Wahl* (lb. *Waal*), für eine Ortschaft in der gleichnamigen Gemeinde; siehe auch ↗ *Wahl*. ⓢ Das Vorkommen von *Wallers* ist auf Luxemburg beschränkt. *Waller* begegnet nur außerhalb des Großherzogtums, u.a. im Saarland, doch besteht dort keine etymologische Verbindung mit †*Waller, Wallers* in Luxemburg. Wie *Wallers* zeigen auch *Walers, Walesch, Walisch* eine starke Konzentration im Großherzogtum. 📖 Fsv: 1561 und 1656 *Wallers*. GDB: 1669 *Walers* = *Wallerch*. 1709 *Wahlers*. 1737 *Wal-*

ler = *Vahler*. 1741 *Walers* => 1771 *Walesch*, 1777 *Valers*. 1753 *Wallesch* = *Valers*. 1756 *Wallers* = *Walers* => 1786 *Vallers*. 1779 *Valesch*. 1837 *Wallisch* => 1869 *Walisch*. 1768 *Walisch* = *Wallers*.

WALSDORF [ˈvalsdɔʀf] (2009: 15, 0.09‰; 1880: 25, 0.13‰). VARIANTE(N) *Walsdorff*. Herkunftsname zu einem auch im Raum Luxemburg mehrfach auftretenden Toponym, und zwar zu a) *Walsdorf* (lb. *Waalsdref*) für eine Ortschaft der Gemeinde Tandel; b) *Walsdorf* für eine Gemeinde im Landkreis Vulkaneifel. ⓢ *Walsdorf* überwiegend in Luxemburg und dem Rheinland. *Walsdorff* überwiegend in Luxemburg. 📖 Fsv: 1656 *Walstorffs*. GDB: 1705 *Walsdorf*. 1812 *Walsdorff* = *Walsdorff*. 1840 *Wallsdorf* => 1878 *Wallsdorff*.

WALSDORFF (2009: 8, 0.05‰; 1880: 10, 0.05‰). ↗*Walsdorf*.

WALTER [ˈvaltɐ] (2009: 13, 0.08‰; 1880: 24, 0.12‰). Patronym zum gleichlautenden Rufnamen. Dieser stammt aus ahd. *Waltheri* und beinhaltet germ. **waldaz* 'Verwalter' und **harja-* (ahd., as. *heri*) 'Heer'. Typisch für Luxemburg sind jedoch die Formen ↗*Welter* und ↗*Wolter*. ⓢ *Walter* gehört in Luxemburg zu den selteneren Namen, tritt dagegen in Deutschland sehr häufig auf und streut weit nach Frankreich hinein. Auch die Schreibvariante *Walther* ist in Deutschland und darüber hinaus in Ostlothringen und dem Elsass weit verbreitet. Die Genitivbildungen *Walters*, *Walthers* kommen im Großherzogtum überhaupt nicht und in Deutschland nur kaum vor. 📖 RB (1388-1500): *Heinren Wolters* = *Heinrich Walter* = *Heinrich Welters*. Fsv: 1611 *Walter*. GDB: 1772 *Walter*.

WALTE / WALTÉ [ˈvaltɛː] (2009: 17, 0.1‰; 1880: 10, 0.05‰). Französisierende Schreibweise für *Walte*, Patronym zum gleichlautenden Rufnamen. Dieser stammt aus ahd. *Walto* und ist Kurzform von Rufnamen, die mit germ. **waldaz* 'Walter, Herrscher' gebildet sind. ☞ Der Familienname ist in Luxemburg erst in der zweiten Hälfte des 19. Jhs. belegt. Das *t* im Inlaut spricht für einen Einwanderernamen aus dem oberdeutschen Raum. 📖 GDB: 1880 *Walté*.

WALTZING [ˈvaltsɪŋ] (2009: 26, 0.16‰; 1880: 25, 0.13‰). Herkunftsname zu *Walzingen* (lb. *Walzeng*, frz. *Waltzing*) für ein Dorf in der Gemeinde Arlon. ⓢ Südliche Hälfte Luxemburgs und Areler Land. 📖 Fsv: 1589 *Adam van Waltzingen*. 1656 *Waltzingen*. GDB: 1685 *Waltzing*. 1743 *Walzing* = *Walzinger*. 1755 *Waltzing* => 1789 *Waltzinger*. 1769 *Waltzing* => 1780 *Walzing*.

WAMPACH [ˈvampaχ] (2009: 103, 0.63‰; 1880: 198, 1.02‰). Herkunftsname zu einem gleichlautenden Toponym, das heute nur noch in Zusammensetzungen auftritt: a) *Weiswampach* (lb. *Wäiswampech*) in der gleichnamigen Gemeinde; b) *Niederwampach* (lb. *Nidderwampech*), Gemeinde Wintger; c) *Oberwampach* (lb. *Uewerwampech*), Gemeinde Wintger. ⓢ Der Name kommt vor allem in Luxemburg vor, daneben in den belgischen Provinzen Luxemburg und Lüttich sowie im Moseldepartement. Auch eine im Saargau geltende Form *Wambach* dürfte hierhergehören. Weiter entfernte Nester mit *Wambach* in Deutschland beziehen sich dagegen auf eine der gleichnamigen Ortschaften in Hessen, Baden-Württemberg, Bayern oder Österreich. 📖 RB (1388-1500): *Van Waempach*, *van Wampach*. Fsv: 1561 und 1611 *Wampachs*. GDB: 1690 *Wampach*. 1745 *Wampach* => 1775 *Wambach* = *Wampach*. 1768 *Wampag*.

WANDERSCHEID [ˈvandəʃaɪt] (2009: 55, 0.34‰; 1880: 127, 0.66‰). VARIANTE(N) *Wanderscheidt*. Germanisierte Form von frz. †*Wandrechée(s)*, pik. †*Wandrechêye* [vãːdRəˈʃɛːj], mit im Deutschen volksetymologischer Angleichung an -*scheid*. Der nur noch historisch bezeugte Familienname *Wandrechée(s)* lässt sich, neben *Waudrechée(s)*, für eine im 15. Jh. in Dinant ansässige Patrizierfamilie sicher nachweisen (vgl. Bormans 1863, S. 251; Brouwers 1909, S. 119 u. S. 125). Es liegt ein Herkunftsname zu einem Toponym vor, das heute frz. *Vodecée*, lokalmundartlich *Vådcêye* [vɔːˈtsɛːj] lautet und eine Ortschaft in der Gemeinde Philippeville, Provinz Namur bezeichnet.

👉 *Wanderscheid* ist heute nur noch in Luxemburg (und in den USA, wo die Namenträger immigriert sind) verbreitet. Historisch ist der Familienname auch in Frankreich bezeugt, wo er um 1900 herum das größte Vorkommen im Département Nord zeigte. Sehr selten und ausschließlich in Luxemburg erscheint er in der Schreibvariante *Wanderscheidt*.

☞ Das Toponym *Vodecée* geht zurück auf vlat. *Valdriciacas*, einer -*iacas*-Ableitung zum Personennamen vlat. *Valdricu* < wfrk. *Waldrīk*. Die Belege sowie der jeweilige Kontext des Toponyms in den historischen Quellen lauten u.a.: 1180 *de Waldreceiis* (Roland, S. 372 u. S. 378); 1271 *Godefroid dit de Wandrecées* (Goffinet, S. 62); 1376 *Gille de Wadrechées/de Wandrechée/de Wandrechées/de Wandrehée* (Schoolmeesters, S. 326-329 u. S. 337); 1415 *Jean de Vaudechee, Gielles de Vaudechee* (Bormans 1880, S. 190f).

Die Belege des Toponyms zeigen dabei zwei Auffälligkeiten, die die Diskrepanz einerseits zwischen *l* und *n*, andererseits zwischen *c* und *ch (h)* betreffen.

Die Formen mit *n*, die auch für den Familiennamen *Wanderscheid* (< *Wandrechée(s)*, *Wandrechêye*) vorauszusetzen sind, sind lautgesetzlich nicht zu erklären, finden jedoch eine Parallele in dem mit *Vodecée* identischen Toponym *Waudrechies* für eine Ortschaft im Département Nord, Region Pas-de-Calais. Dieses ist 1805 als *Wandrechies* verzeichnet (Prudhomme, Bd. 5, S. 479), allerdings scheint hierbei eine Anlehnung an das Toponym *Landrecies* (*Landrechies*) für eine von Waudrechies 20 km entfernte Ortschaft vorzuliegen.

Die Diskrepanz zwischen *c* und *ch (h)* in den Belegen des Toponyms *Vodecée* hat dagegen folgenden Hintergrund: Jene mit *ch (h)* sind dem Pikardischen zuzuschreiben, da nur hier die Entwicklung von vlat. *c* vor *e* und *i* zu *ch* gilt: vgl. vlat. *mercede* > pik. *merchi*, vlat. *Francia* > pik. *Franche*. Die Belege mit *c* sind dagegen Wallonisch, das in der Behandlung von vlat. *c* vor *e* und *i* mit dem Standardfranzösischen gleichzieht: vgl. vlat. *mercede* > wa. und frz. *merci*, vlat. *Francia* > wa. und frz. *France*. In der Tat liegt die Ortschaft Vodecée mitten im Übergangsgebiet zwischen dem Pikardischen und Wallonischen, was die Varianten einerseits mit *ch*, andererseits mit *c* erklärt.

Während der Familienname *Wanderscheid* somit genau genommen auf eine pikardische (und zudem *n*-haltige) Variante mit *ch* (*Wandrechêye*) zurückgeht, hat sich im Toponym *Vådcêye*, *Vodecée*, eine wallonische (und *n*-lose) Variante mit *c* durchgesetzt. In dieser manifestieren sich, wie in der nur noch historisch belegten pikardischen Gleichung *Vaudechee*, die Vokalisierung *al* > *au* und Monophthongierung *au* > *å* [ɔː], *o* sowie der Schwund von *r*.

Ein weiteres gut vergleichbares Beispiel für den *r*-Schwund speziell aus der Toponymie ist *Nobrecée* > *Nopcée* für eine Ortschaft in der Gemeinde Floreffe, Provinz Namur (vgl. Roland, S. 22f).

Zu der bisherigen Deutung und den frühesten Belegen des Familiennamens *Wanderscheid*: Debrabandere (S. 1480) vermutet in *Wanderscheid* eine in Nordfrankreich entstellte Form von nl. *Van der Schild*, *Van der Schelde*, somit einen Wohnstättennamen zum Hydronym *Schelde*. Die oben zitierten Quellen und der jeweilige Kontext sowie phonologische Gründe sprechen jedoch gegen diese Etymologie. Zudem ist eine frühe Verbindung der Namenträger zum niederländischen bzw. flämischen Raum nicht ersichtlich. Die ersten Namenträger speziell im germanophonen Teil Luxemburgs stammen nach Ausweis der genealogischen Datenbanken aus Metzig/Messancy im Areler Land und ließen sich in Feulen nieder.

Die frühesten Belege zeigen in einem Fall die Gleichung von *Wanderscheydt* mit *Van der Schayergen*, somit Reinterpretation des Namens als 'von der kleinen Scheuer' (vgl. z.B. den Flurnamen *an der Scheierchen* in Esch/Alzette). In einem weiteren Fall tritt eine Aliasform mit *g* auf: *Schaygen*. Diese erinnert an mhd. *schîe*, *schîge* f.m. 'Zaunpfahl, Umzäunung von Pfählen', nhd.-landsch. *Scheie* f.

📖 GDB: 1646 *Wanderscheydt* = *Van der Schayergen* => 1677 *Wanderscheid* = *Vanderscheidt*. 1648 *Wanderscheid* = *Schaygen*. 1713 *Wanderscheid* = *Vanderscheydt*. 1718 *Wanderscheid* = *Vanderschaidt*. 1802 *Wanderschäud*. 1802 *Wanderscheut*. Vz: 1880 *Vanderscheid*, *Wanderscheid*, *Wanderscheidt*.

WANDERSCHEIDT (2009: 4, 0.02‰; 1880: 8, 0.04‰). ↗*Wanderscheid*.

WANDIVINIT (2009: 10, 0.06‰; 1880: 4, 0.02‰). ↗*Vandivinit*.

WANG [vɑŋ] (2009: 20, 0.12‰; 1880: 2, 0.01‰). GLEICHE BASIS *Wangen*. 1. Übername zu mhd. *wange* 'Wange, Backe'. 2. Wohnstättenname nhd.-landsch. *Wang* m.n.f. 'Wiesenabhang, Halde', ein Begriff, der überwiegend im oberdeutschen Sprachraum zu finden ist. 🌐 *Wang* zeigt sowohl in Luxemburg als auch in Deutschland und Belgien insgesamt eine lose Streuung. *Wangen* konzentriert sich dagegen auf Luxemburg, insbesondere dem Nordwesten, wo sich auf belgischer Seite das Arrondissement Bastogne anschließt. Vereinzelt begegnet der Name auch in der Provinz Lüttich und in der Eifel. 📖 Fsv: 1611 *Wang*. GDB: 1723 *Wangen*. 1741 *Wang*.

WANGEN ['vɑŋən] (2009: 20, 0.12‰; 1880: 10, 0.05‰). 1. Flektiertes Patronym zu ↗*Wang*, Etymologie 1. 2. Wohnstättenname zu nhd.-landsch. *Wangen*, Plural oder erstarrter Dativ Singular von ↗*Wang*, Etymologie 2.

WANTZ [vɑnts] (2009: 73, 0.45‰; 1880: 144, 0.74‰). Patronym zum gleichlautenden einstigen Rufnamen. Dieser stammt aus ahd. *Wanzo*, einer Koseform von *Wando*, das etymologisch mehrdeutig ist. Mögliche Anknüpfungen wären got. *wandjan*, ahd. *wantōn* 'wenden', frk. *wanda* 'Grenze zwischen zwei Marken' oder got. *wandus* m. 'Rute, Stab' (vgl. Kaufmann 1968, S. 384f). 🌐 Der Name ist in Luxemburg südlich der Sauer, dem Moseldepartement, dem Elsass sowie vereinzelt im Saarland verbreitet. 📖 Fsv: 1611 *Wantzen*. 1656 *Wantz, Wantzen*. GDB: 1610 *Wantz*. 1830 *Wanz*.

WARCKEN (2009: 3, 0.02‰; 1880: 12, 0.06‰). ↗*Warken*.

WARINGO [vaˈʁiŋgoː] (2009: 27, 0.17‰; 1880: 40, 0.21‰). Französisches Patronym mit Diminutivsuffix -*ot* zu einem Rufnamen, der aus wgerm. *Waringa- entlehnt ist. Dessen erster Bestandteil ist das Nomen agentis entweder germ. *wara- 'Wahrer' zum Verb germ. *warō- 'beachten, bewahren' oder germ. *warja- 'Schützer, Verteidiger' zum Verb germ. *warija- 'wehren' (↗*Werner*). Beim zweiten Bestandteil handelt es sich um das Zugehörigkeitssuffix germ. -*inga*-. Der Rufname ist auch verbaut in den mit germ. *haima- gebildeten Toponymen *Waregem* für eine Stadt in Westflandern und *Waringhem* für eine Ortschaft in der Gemeinde Norrent-Fontes im Département Pas-de-Calais. 🍀 Ausschließlich in Luxemburg, kaum im Norden. 📖 GDB: 1755 *Waringo*.

WARKEN [ˈvaʁkən] (2009: 18, 0.11‰; 1880: 30, 0.15‰). VARIANTE(N) *Warcken*. Herkunftsname zu *Warken* (lb. *Waarken*) für eine Ortschaft in der Gemeinde Ettelbrück. 🍀 *Warken* kommt in Luxemburg und vor allem im Saarland vor. Die seltene Variante *Warcken* begegnet im Westen Luxemburgs und im Areler Land. 📖 Fsv: 1541 *von Warken*. GDB: 1700 *Warcken, Warken*.

WARNIER [vaʁnjeː] (2009: 21, 0.13‰; 1880: 14, 0.07‰). Wallonisches Patronym zum gleichlautenden Rufnamen. Dieser ist entlehnt aus germ. *Warinharja-, dem ahd. *Werinheri* entspricht. Zur weiteren Etymologie siehe ↗*Werner*. 📖 GDB: 1873 *Warnier*.

WATERLOO [ˈvaːtɐloː] (2009: 2, 0.01‰; 1880: 5, 0.03‰). VARIANTE(N) *Waterlot*. Herkunftsname zu *Waterloo* (wall. *Waterlô*) für eine Gemeinde in der Provinz Wallonisch-Brabant. 📖 GDB: 1667 *Waterlo*. 1700 *Waterloo* => 1738 *Watterlo*. 1809 *Waterloo* = *Watterloh*.

WATERLOT (2009: 2, 0.01‰; 1880: 0). ↗*Waterloo*.

WATGEN [ˈvatɕən] (2009: 38, 0.23‰; 1880: 32, 0.17‰). VARIANTE(N) *Wathgen*. *Wattgen*. Germanisierte Form von ↗*Wathier*.

WATHGEN (2009: 12, 0.0‰; 1880: 12, 0.06‰). ↗*Watgen*.

WATTGEN (2009: 4, 0.02‰; 1880: 0). ↗*Watgen*.

WATHIER [ˈvatjeː] (2009: 1, 0.01‰; 1880: 17, 0.09‰). GLEICHE BASIS *Watgen*. Französisches Patronym zum gleichlautenden Rufnamen. Dieser ist regionalsprachliche, insbesondere nordostfranzösische und wallonische Form von ↗*Gauthier*. Es handelt sich um eine Entlehnung aus wfrk. *Waltheri, das germ. *waldaz 'Verwalter' und *harja- 'Heer' beinhaltet. Germanisiert erscheint der Familienname als ↗*Watgen*, ↗*Wathgen*. Vgl. auch ↗*Walter*, ↗*Welter*, ↗*Wolther*, ↗*Watry*. 🍀 *Wathier* ist in Luxemburg, aber auch im frankophonen Kartierungsgebiet extrem selten. Etwas häufiger, doch nicht im Großherzogtum erscheint der Name in den Schreibvarianten *Watier*, *Watthier*, *Wattier*, *Wattiez* (Nordostfrankreich, Westwallonien), *Watthieu*, *Watthieux* (Provinz Lüttich). Doch die insgesamt häufigste Variante in den genannten frankophonen Gebieten ist *Wauthier* (*Wautier*). Die germanisierten Formen *Watgen* und *Wathgen* kommen ausschließlich in Luxemburg vor. 📖 Fsv: 1656 *Wathier*. GDB:

1682 *Wathier*. 1741 *Wathieux* => 1771 *Wathieu* = *Watgen*. 1743 *Wathier* => 1779 *Wathier*, 1784 *Wathgen* = *Wathier*. 1784 *Watgen* = *Vatgen* = *Vatgé* => 1805 *Wathieu* = *Watgen*, 1820 *Watthieu*, 1828 *Watgen*. Vz: 1880 *Watchen*.

WATRY [ˈvatʀiː] (2009: 21, 0.13‰; 1880: 35, 0.18‰). Französisches bzw. wallonisches Patronym zu einem ehemaligen gleichlautenden Rufnamen. Dieser ist entlehnt aus wfrk. *Waldrīk (= ahd. *Waldrīh*, *Waltrīh*) und beinhaltet germ. **walda-* 'Verwalter' und **rīkja-* 'mächtig'. ☞ Da für das Wallonische lautgesetzlich *Wadry zu erwarten wäre, zeigt der Name aufgrund des *t* Einfluss von wa. *Wathier*, *Wathy* (< wfrk. *Waltheri). 📖 GDB: 1758 *Watry*.

WAXWEILER [ˈvaksvaɪlɐ] (2009: 19, 0.12‰; 1880: 28, 0.14‰). Herkunftsname zu *Waxweiler* für eine Gemeinde im Eifelkreis Bitburg-Prüm. ⓢ Luxemburg, Areler Land sowie mit einzelnen Streuungen nördlich und östlich des Großherzogtums. 📖 GDB: 1675 *Waxweiler*.

WEALER [veˈaːlɐ // viːlɐ] (2009: 19, 0.12‰; 1880: 5, 0.03‰). Möglicherweise stammt der Name aus dem angelsächsischen Sprachraum. Folgende Etymologien kämen in Betracht: Berufsname zu a) kornisch *whealer 'Minenarbeiter', Agensbildung zu kornisch *wheal* 'Mine'; b) engl. *wheeler* 'Radmacher', Agensbildung zu engl. *wheel* 'Rad'. Im letzten Fall hätte der Familienname eine falsche Schreibung angenommen. Die Luxemburger Aussprache [veˈaːlɐ] ist schreibungsbasiert. 📖 GDB: 1823 *Wealer*.

WEBER [ˈveːbɐ] (2009: 1059, 6.49‰; 1880: 1941, 10.02‰). VARIANTE(N) *Wewer*. Berufsname zu mhd. *wëbære*, *wëber* (mslfrk. *-v-*) 'Weber', entsprechend das Appellativ lb. *Wiewer*. ⓢ Der Name ist in ganz Luxemburg und Deutschland verbreitet und streut weit ins angrenzende Wallonien und nach Frankreich hinein. Die regionalsprachliche Variante *Wewer* konzentriert sich im Großherzogtum besonders auf die Kantone Echternach und Grevenmacher. Sie findet sich verstreut auch in Deutschland mit einigen größeren Nestern. Zur Varianz *b/f/v/w* in Namen mit *Weber* in Deutschland, siehe DFA 2, S. 101f. ☞ In den Rechnungsbüchern erscheint *Weber* vielfach in Komposita wie *Lynenweuer*, *Wollenweber* inklusive Schreibvarianten, während Simplizia weitaus seltener sind. 📖 RB (1388-1500): *Clais dem Weber = Clais dem Wůlden Weber. Johan van Contern der Lynenweber = Johan van Konteren der Weuer. Swaŭe der Weuer = Swauen dem Wefer. Valcken dem Weber jm Gronde = Valcken dem Weiuer jm Gronde. Voigts Clesgin der Wever = Voigts Clesgyn der Wullenweber. Webers Eidem van Straissen = Weffers Eidem van Straissen. Weffer van Kontteren. Werner dem Wullenweiffer = Werner Wollenweber = Werner Wullenweber = Werner Wullenweiffer = Werner Wuyllenweiffr = Wernher der Weber = Wernher der Weffer* u.v.m. Fsv: 1561 *Wefers, Weffer, Weffers, Weber, Webers*. GDB: 1692 *Weber = Webers* => 1720 *Wewer* => 1758 *Webers*. 1721 *Wewers*. 1872 *Wewert*. Vz: 1880 *Webert*.

WECKER [ˈvækɐ] (2009: 36, 0.22‰; 1880: 82, 0.42‰). 1. Herkunftsname zu *Wecker* für eine Ortschaft in der Gemeinde Biwer. 2. Berufsname auf *-er* zu mhd. *wecke* m. 'keilförmiges Backwerk, Brotwerk' für den Bäcker. ⓢ Luxemburg, Ostlothringen, breite Streuung in Deutschland. 📖 Fsv: 1611 *Weckert*. GDB: 1783 *Wecker*. Vz: 1880 *Wecker, Weker*.

WECKERING ['vækɐʀɪŋ] (2009: 25, 0.15‰; 1880: 62, 0.32‰). Herkunftsname zu *Weckringen* (lothr. *Weckrengen*, frz. *Veckring*) für eine Gemeinde im Moseldepartement. ⑤ Nur in Luxemburg und im Departement Meurthe-et-Moselle. 📖 RB (1388-1500): *Jehan van Weckeringen*. FSV: 1611 *Weckringer*. 1656 *Weckeringen, Weckringen*. GDB: 1685 *Weckering*.

WEFFLING ['væflɪŋ] (2009: 21, 0.13‰; 1880: 21, 0.11‰). Unklar. Möglicherweise Übername auf *-ing* zu nhd.-landsch. *Waffel* 'großer Mund'; vgl. auch die Verbalableitungen nhd.-landsch. *wäffeln* 'lallen, schwätzen', *weffeln* 'belfern, keifen' (DWB). Der Familienname ist nur in Luxemburg und nicht vor 1880 bezeugt.

WEGENER ['ve:gənɐ] (2009: 26, 0.16‰; 1880: 57, 0.29‰). VARIANTE(N) *Wegner*. Umgelautete Form von ↗*Wagener*.

WEGNER (2009: 13, 0.08‰; 1880: 3, 0.02‰). Synkopierte Form von ↗*Wegener*.

WEIBEL ['vaɪbəl] (2009: 24, 0.15‰; 1880: 14, 0.07‰). Berufsname zu mhd. *weibel* 'Gerichtsbote, Gerichtsdiener'. ⑤ Das Verbreitungsgebiet von *Weibel* sind die westliche Hälfte Luxemburgs, Wallonien, Ostlothringen und das Elsass. In Deutschland ist der Name nur punktuell anzutreffen, das größte Nest bildet er im Raum Mannheim-Heidelberg. In der Schreibvariante *Waibel* ist der Name weitaus häufiger in Deutschland und konzentriert sich vor allem im Süden, besonders Baden-Württemberg. Besonders in Bayern finden sich auch *Waibl* und (seltener) *Weibl*. Im mittel- und niederdeutschen Sprachraum Deutschlands gelten vereinzelt auch *Webel, Webels*. 📖 FSV: 1611 *Weibeler*. GDB: 1824 *Weibel*.

WEICHERDING ['vaɪçɐdɪŋ] (2009: 22, 0.13‰; 1880: 53, 0.27‰). Herkunftsname zu *Weicherdingen* (lb. *Wäicherdang*, frz. *Weicherdange*) für eine Ortschaft in der Gemeinde Clerf. ⑤ Der Name kommt in Luxemburg sowie im Saarland und dem Hunsrück vor. 📖 RB (1388-1500): *Huart van Wükerdingen = Huwart van wicherdingen = Huwart van Wijcherdingen = Huwart van Wycheringen = Huwart Wicherdingen*. GDB: 1697 *Weicherding*.

WEICKER ['vaɪkɐ] (2009: 33, 0.2‰; 1880: 27, 0.14‰). Patronym zum gleichlautenden Rufnamen. Dieser stammt aus ahd. *Wīgher(i)* oder *Wīggēr*. Das Erstglied ist ahd. *wīg* 'Kampf', das Zweitglied ahd. *heri* 'Kriegsschar, Heer' oder *gēr* 'Speer'. ⑤ *Weicker* begegnet in Luxemburg mit Ausnahme des Öslings und ferner im Areler Land. In Deutschland zeigt der Name die größte Dichte in Südhessen. 📖 GDB: 1677 *Weicker*. 1749 *Weiker* => 1794 *Weicker*.

WEIDERT (2009: 44, 0.27‰; 1880: 139, 0.72‰). ↗*Weydert*.

WEIDES ['vaɪdəs] (2009: 22, 0.13‰; 1880: 32, 0.17‰). Wohnstättenname zu einem gleichnamigen Toponym, das z.B. mehrfach in Hessen belegt ist. Es handelt sich um eine regionalsprachliche Variante der Kollektivbildung *Weidach* < mhd. *wîdach* 'Ort wo viele Weiden stehen, Weidicht'. Vgl. auch ↗*Weidig*. 📖 GDB: 1722 *Weydes*. 1732 *Weides*. 1736 *Weides* => 1764 *Weydes*, 1775 *Veides*.

WEIDIG ['vaɪdɪç] (2009: 12, 0.07‰; 1880: 24, 0.12‰). Wohnstättenname zu einem Toponym mit mhd. *wîdich* 'Weidicht, Weidenbewuchs'. Vgl. auch ↗*Weides*. 📖 GDB: 1712 *Weydich* => 1739 *Weidig*, 1745 *Weydig*. 1727 *Weidig*. 1778 *Weidig* => 1805 *Weidich*. 1795 *Weydeg*.

WEIER (2009: 18, 0.11‰; 1880: 10,

0.05‰). ↗ Weyer.
WEIGEL [ˈvaɪgəl] (2009: 20, 0.12‰; 1880: 0). Patronym zum gleichlautenden Rufnamen. Dieser geht zurück auf ahd. *Wîgilo*, einer Diminutivbildung von ahd. *Wîgo*, das zu ahd., as. *wîg* 'Kampf; Krieg' gehört. 📖 GDB: 1878 *Weigel*.
WEILAND (2009: 61, 0.37‰; 1880: 176, 0.91‰). ↗ *Weyland*.
WEILER [ˈvaɪlɐ] (2009: 239, 1.46‰; 1880: 333, 1.72‰). VARIANTE(N) *Weiller, Weyler*. Herkunftsname zu a) *Weiler zum Turm* (lb. *Weiler zum Tuerm*, frz. *Weiler-la-Tour*) für eine Ortschaft in der gleichnamigen Gemeinde; b) *Weiler* für je eine Ortschaft in den Gemeinden Putscheid und Wintger; c) *Weyler* (lb. *Weller*) für ein Dorf in der Gemeinde Arlon; d) *Weiler* (frz. *Villerupt*) für eine Gemeinde im Département Meurthe-et-Moselle. ☉ *Weiler*: Überall in Luxemburg, vereinzelt nördliche Provinz Luxemburg, Ostlothringen, westliches Deutschland, doch liegt da Konkurrenzetymologie zu anderen Toponymen vor. *Weyler*: südliche Hälfte Luxemburgs und in Deutschland nur vereinzelt. *Weiller*: sehr niederfrequent im Süden des Großherzogtums und im Areler Land. 📖 RB (1388-1500): *Her Johans Huß Frauwe van Wijler = Johannes Wyler seligen Husfrauwen. Jehan van Willer = Johan van Wijler = Johan van Wijlre = Johan van Wyer = Johan Wijler = Johan Wijlre = Johan Willer = Johanne de Wijler = Johans van Willers. Johans Schriber van Willer. Thielchen van Wyller.* FSV: 1611 *Weillers, Weylers*. 1656 *Weiller*. GDB: 1676 *Weiler*. 1695 *Weyler*. 1720 *Weyller = Weiler*. 1723 *Weiller = Weiler*. 1819 *Weÿler = Weiler*.
WEILLER (2009: 12, 0.07‰; 1880: 60, 0.31‰). ↗ *Weiler*.
WEIMERSKIRCH [ˈvaɪmɐskiʁɕ] (2009: 43, 0.26‰; 1880: 121, 0.62‰). VARIANTE(N) *Weimerskirsch, Weimischkirch, Weymerskirch, Weymeschkirch*. Herkunftsname zu *Weimerskirch* (lb. *Weimeschkierch*) für einen Stadtteil von Luxemburg. ☉ Der Name und seine vielen Schreibvarianten kommt nahezu ausschließlich in der südlichen Landeshälfte vor. 📖 FSV: 1611 *de Weymersskirch*. GDB: 1705 *Weymerskirch*. 1710 *Weimerskirch*. 1786 *Veimeschkirch*. Vz: 1880 *Weimerschkirch, Weimeschkirch*.
WEIMERSKIRSCH (2009: 1, 0.01‰; 1880: 0). Variante von ↗ *Weimerskirch*, mit der Graphie ‹sch› für ‹ch›.
WEIMICHKIRCH (2009: 1, 0.01‰; 1880: 0). Variante von ↗ *Weimischkirch*, in französisierender Graphie ‹ch› für ‹sch›.
WEIMISCHKIRCH (2009: 3, 0.02‰; 1880: 0). Variante von ↗ *Weimerskirch*, mit lokalsprachlicher Entwicklung -ers > -esch > -isch.
WEINACHTER [ˈvaɪnaχtɐ] (2009: 15, 0.09‰; 1880: 17, 0.09‰). Berufsname zu lothr. *Weinachter* für denjenigen, der Maß und Wert des Weines abschätzt (vgl. Hess 1970, S. 56). In der Tat stammt der erste Luxemburger Namenträger aus Lothringen (Diedenhofen). 📖 GDB: 1905 *Weinachter*.
WEINANDY [vaɪˈnandiː] (2009: 14, 0.09‰; 1880: 28, 0.14‰). Flektiertes Patronym (lateinischer Genitiv) zu ↗ *Weynandt*.
WEIRICH (2009: 42, 0.26‰; 1880: 63, 0.33‰). ↗ *Weyrich*.
WEIRIG [ˈvaɪʁiɕ] (2009: 33, 0.2‰; 1880: 29, 0.15‰). ↗ *Weyrich*.
WEIS [vaɪs] (2009: 420, 2.57‰; 1880: 691, 3.57‰). VARIANTE(N) *Weiss*. GLEICHE BASIS *Weisen*. Übername zu a) mhd. *wîʒ* 'weiß' für einen blonden oder besonders hellhäutigen Menschen; b) mhd.

wîs, wîse 'verständig, erfahren (alt), klug, weise'; c) mhd. weise 'verwaist', 'Waise'. ⓢ Das Hauptverbreitungsgebiet von Weis ist Luxemburg, das Moseldepartement sowie in Deutschland besonders der Südwesten. Häufiger in Deutschland ist Weiß, gefolgt von Weiss. Letzteres hat auch in der nördlichen Hälfte Frankreichs und in Belgien Streubelege. Die flektierte Form Weisen kommt fast nur in Luxemburg vor. Zur Varianz s/ss/ß in Namen mit Weiß in Deutschland, siehe DFA 2, S. 508-511. ⓛ RB (1388-1500): Wijs Johan van Saessem, Wijß Johan van Gonderingen, Wyß Johan dem Becker. FSV: 1561 Weis. 1611 Weyss, Weis, Weiss. 1656 Weisen. GDB: 1733 Weis => 1764 Weiss. 1751 Weisen => 1779 Weissen. VZ: 1880 Weis, Weisen, Weiss, Weissen.

WEISEN [ˈvaɪzən] (2009: 19, 0.12‰; 1880: 37, 0.19‰). VARIANTE(N) Weissen. Flektiertes Patronym zu ↗Weis.

WEISGERBER [ˈvaɪsgɛːɐ̯bɐ] (2009: 69, 0.42‰; 1880: 172, 0.89‰). Berufsname zu mhd. wîʒgerwer, wîʒgerber 'Weißgerber', also 'Gerber, der weißes Leder (aus Kälber-, Schaf- und Ziegenhäuten) bereitet und zu Handschuhen, Taschen und Beuteln verarbeitet'. ⓢ Weisgerber findet sich besonders in Luxemburg und im Saarland, ist aber auch sonst in Deutschland am häufigsten, dicht gefolgt von Weißgerber. Die insgesamt seltenste Form ist Weissgerber. ⓛ RB (1388-1500): Wijsgerber u.a. FSV: 1472 Wissgerber. 1611 Weissgerber, Weissgerbers.

WEISS (2009: 27, 0.17‰; 1880: 85, 0.44‰). ↗Weis.

WEISSEN (2009: 10, 0.06‰; 1880: 15, 0.08‰). ↗Weisen.

WEITEN [ˈvaɪtən] (2009: 19, 0.12‰; 1880: 12, 0.06‰). Herkunftsname zu Weiten für einen Ortsteil der Gemeinde Mettlach, Landkreis Merzig-Wadern. ⓢ Der Name kommt außer in Luxemburg hauptsächlich im Saarland und Moseldepartement vor. ⓛ GDB: 1825 Weiten.

WEITZEL [ˈvaɪtsəl] (2009: 16, 0.1‰; 1880: 23, 0.12‰). 1. Berufsname auf -el zu mhd. weize, weiʒe 'Weizen' für den Weizenbauer oder -händler. 2. Berufsübername zu mhd. weizel, weiʒel, einer Nebenform von meiʒel 'Meißel, Instrument des Wundarztes zum Sondieren der Wunde', demnach für einen Steinmetz oder Arzt. ⓛ GDB: 1796 Weitzel.

WELBES [ˈvælbəs] (2009: 31, 0.19‰; 1880: 132, 0.68‰). Regionalsprachliche Form zu Wilbes, einem flektierten Patronym zu einer Kurzform von Wilbert. Zu Grunde liegt wgerm. *Williberht-, das zu ahd. willo 'Wille' und ahd. bëraht 'glänzend' gehört. ⓢ Der Name kommt nur in Luxemburg vor. ⓛ GDB: 1656 Wilbes. 1733 Welbes.

WELFERINGER (2009: 1, 0.01‰; 1880: 0). Variante von ↗Welfringer, mit unterbliebener Synkope.

WELFRING [ˈvælfʀɪŋ] (2009: 39, 0.24‰; 1880: 22, 0.11‰). VARIANTE(N) Welferinger. GLEICHE BASIS Welfringer. Herkunftsname zu Welfringen (lb. Welfreng, frz. Welfrange) für eine Ortschaft in der Gemeinde Dahlem. ⓢ Der Name ist in ganz Luxemburg verbreitet, besonders im Minette und im Kanton Redingen, von wo sein Verbreitungsgebiet bis in das Areler Land hineinreicht. Die personalisierte Form Welfringer ist seltener und vor allem im Süden des Großherzogtums anzutreffen. ⓛ FSV: 1656 Welfringen. GDB: 1708 Welfringer. 1741 Welfering. 1811 Welfring.

WELFRINGER [ˈvælfʀɪŋɐ] (2009: 10,

0.06‰; 1880: 24, 0.12‰). Personalisierte Form von ↗Welfring.

WELSCH [vælʃ] (2009: 27, 0.17‰; 1880: 49, 0.25‰). GLEICHE BASIS *Welscher*. Herkunfts- bzw. Übername zu mhd. *walhisch, wälhisch* 'romanischsprachig; aus dem romanischen Sprachraum stammend'. Siehe auch ↗*Walch*. 🌎 *Welsch* ist außer in ganz Luxemburg auch im gesamten westdeutschen Raum zu finden, mit besonders hoher Konzentration im Saarland. Die derivierte bzw. flektierte Form *Welscher* kommt überall in Deutschland vor, in Luxemburg auffallend oft im Westen. 📖 FSV: 1611 *Welsch, Welschen*. 1656 *Weltsch, Weltschen*. GDB: 1695 *Welschen*. 1741 *Welscher*. 1745 *Welsch*.

WELSCHBILLIG [vælʃˈbilɪɕ] (2009: 16, 0.1‰; 1880: 53, 0.27‰). Herkunftsname zu *Welschbillig* für eine Gemeinde im Landkreis Trier-Saarburg. 🌎 Der Name bildet in Luxemburg ein Nest, das bis in die deutschen Nachbargebiete streut. 📖 GDB: 1769 *Welschbillig*.

WELSCHER [ˈvælʃɐ] (2009: 21, 0.13‰; 1880: 31, 0.16‰). Deriviertes oder flektiertes Patronym zu ↗*Welsch*.

WELTER [ˈvæltɐ] (2009: 410, 2.51‰; 1880: 1007, 5.2‰). Patronym zum gleichlautenden Rufnamen. Dieser stammt aus ahd. *Waltheri* (↗*Walter*). Gegenüber *Walter* zeigt *Welter* regionalsprachlichen (Sekundär-)Umlaut des Stammvokals wie z.B. das Appellativ lb. *Älter* 'Altar' < ahd. *altari*. Siehe auch ↗*Wolter*, ↗*Gauthier*, ↗*Wathier*. 🌎 *Welter* ist in Luxemburg und insgesamt im westmitteldeutschen Sprachraum sehr frequent. *Welther* zeigt eine lose Streuung in der Südhälfte Deutschlands. Die Genitivform *Welters* kommt nur außerhalb des Großherzogtums vor (mit besonders hoher Konzentration in einem Streifen zwischen Aachen und Krefeld). Zur Varianz des Tonvokals im Patronym aus *Walter* in Deutschland, siehe DFA 1, S. 82-91.☞ Die Rechnungsbücher zeigen bereits den Wechsel zwischen *Welters, Wolters* und *Walter*. 📖 RB (1388-1500): *Heinren Wolters = Heinrich Walter = Heinrich Welters*. FSV: 1589 *Johan Welther*. 1611 *Welter, Welters, Welther, Welthers*. GDB: 1618 *Welter*. 1689 *Welters*.

WENANDY (2009: 7, 0.04‰; 1880: 13, 0.07‰). ↗*Winandy*.

WENER [ˈveːnɐ] (2009: 5, 0.03‰; 1880: 31, 0.16‰). Berufsname zu mhd. *weiner*, einer kontrahierten Form von mhd. *wagener* (↗*Wagener*).

WENGLER [ˈvæŋlɐ] (2009: 52, 0.32‰; 1880: 100, 0.52‰). 1. Übername zu rhein. *wengeln* 'winden'. 2. Personalisierter Herkunftsname zu einem in Westpreußen und Schlesien auftretenden Toponym *Wengeln*. 🌎 Die höchste Frequenz zeigt *Wengler* in Luxemburg und dem Hunsrück. *Wengeler* kommt vereinzelt am Niederrhein und im Norden Deutschlands vor. 📖 FSV: 1656 *Wengeler, Wengelers*. GDB: 1690 *Wengler*.

WENNER [ˈvænɐ] (2009: 26, 0.16‰; 1880: 66, 0.34‰). Berufsname zu mhd. *wanne* 'Getreide-, Futterschwinge, Wasch- und Badewanne' für den Hersteller. 🌎 *Wenner* begegnet in Luxemburg, dem Moseldepartement, dem Unterelsass und in Deutschland besonders im Rhein-Main-Gebiet sowie am Niederrhein, wo der Name weiter nach Norden und Osten ausstrahlt. Überwiegend im Süden und Südwesten Deutschlands sowie dem Elsass dominiert dagegen die umlautlose Variante *Wanner*. 📖 GDB: 1730 *Wenner*.

WENNMACHER [ˈvænmaχɐ] (2009: 22,

0.13‰; 1880: 25, 0.13‰). Berufsname auf -macher zu mhd. *wanne* 'Getreide-, Futterschwinge; Wasch-, Badewanne'. 📖 GDB: 1751 *Wennmacher*.

WENZEL ['væntsəl] (2009: 20, 0.12‰; 1880: 0). Patronym zum gleichlautenden Rufnamen. Dieser ist verkürzt aus *Wenzeslaus*, einer latinisierten Form von alttschech. *Venceslav* (neutschech. *Václav*). Zu Grunde liegt urslawisch *vętje* 'mehr' und *slava* 'Ruhm, Ehre'. ☞ 1880 ist der Name für Luxemburg nicht verzeichnet. 📖 GDB: 1819 *Wenzel*.

WERDEL ['vɛʀdəl] (2009: 23, 0.14‰; 1880: 3, 0.02‰). Wohnstättenname zu mhd. *werdel*, *werdelîn* 'Kleine Insel', Diminutivbildung zu *wert* m. 'Insel, Halbinsel, erhöhtes wasserfreies Land zwischen Sümpfen'. 📖 GDB: 1889 *Werdel*.

WERNER ['veːəne] (2009: 53, 0.32‰; 1880: 101, 0.52‰). GLEICHE BASIS *Werne*. Patronym zum gleichlautenden Rufnamen. Dieser stammt aus ahd. *Werinheri*. Das Erstglied ist etymologisch vieldeutig. Vermutlich handelt es sich um ein Nomen agentis germ. *warina-* zum Verb germ. *warija-* 'wehren' oder *warō-* 'beachten, bewahren'. Das Zweitglied ist germ. *harja-* 'Heer'. Vgl. auch ↗*Wetz*, ↗*Warnier*, ↗*Gary*. ⓢ *Werner* ist in Luxemburg, Teilen Walloniens, Ostlothringen, dem Elsass sowie besonders dicht in Deutschland verbreitet. Die französisierte Form *Werné* scheint es nur in Luxemburg zu geben. 📖 Fsv: 1656 *Werner*. GDB: 1738 *Werner* => 1788 *Werné* => 1825 *Werner*. 1782 *Wernersch*. 1810 *Werners*.

WERNE / WERNÉ ['vɛːəneː] (2009: 4, 0.02‰; 1880: 9, 0.05‰). Französisierte Form von ↗*Werner*.

WESQUET ['væskeː] (2009: 6, 0.04‰; 1880: 0). Französischer Übername (Diminutivbildung) zu einer französisch-regionalsprachlichen Form von *évêque* 'Bischof'; siehe ↗*Vesque*.

WESTER ['væstɐ] (2009: 62, 0.38‰; 1880: 156, 0.81‰). Wohnstättenname zu mhd. *wester* 'westlich': 'im Westen Wohnender'. ⓢ Der Name begegnet außer in Luxemburg überwiegend in Deutschland und hier besonders am Mittel- und Niederrhein. 📖 GDB: 1712 *Wester*.

WETZ [væts] (2009: 22, 0.13‰; 1880: 13, 0.07‰). Patronym zum einstigen gleichlautenden Rufnamen. Dieser stammt aus ahd. *Wezo*, einer Koseform von ↗*Werner*. ⓢ Luxemburg, Moseldepartement, Arrondissement Bastogne. In Deutschland kleinräumigere Nester im Westen und im Süden. 📖 GDB: 1751 *Wetz*. 1850 *Wets*.

WEWER (2009: 19, 0.12‰; 1880: 17, 0.09‰). Regionalsprachliche Variante von ↗*Weber*.

WEYDERT ['vɑɪdɐt] (2009: 191, 1.17‰; 1880: 273, 1.41‰). VARIANTE(N) *Weidert*. Wohnstättenname zu *Weydert*, *Weyderterhof* bei Fels. ⓢ *Weydert* kommt ausschließlich in Luxemburg vor, *Weidert* vor allem zwischen Saarburg und Trier, in der Eifel sowie im Osten Luxemburgs. 📖 GDB: 1656 *Weidert*, *Weydert*.

WEYER ['vɑɪɐ] (2009: 75, 0.46‰; 1880: 129, 0.67‰). VARIANTE(N) *Weier*. 1. Herkunftsname zu einem gleichlautenden Toponym, im Raum Luxemburg zu *Weyer* (lb. *Weier*) für eine Ortschaft in der Gemeinde Fischbach. 2. Wohnstättenname zu mhd. *wîwære* 'Weiher'. 3. Berufsübername zu nhd.-landsch. *Weiher*, Nebenform von *Weihe* < mhd. *wîe* m. 'Weihe, Greifvogel' für den Züchter; siehe auch ↗*Weyers*. ⓢ *Weyer* in Luxemburg, Lothringen, dem Elsass sowie in Deutschland besonders an Mittel- und Niederrhein. *Weier* vor allem im Südosten Luxemburgs und in den gleichen Gebieten Deutschlands, doch seltener. Die Genitivform *Weyers* im Kanton Echternach sowie in Deutschland überwiegend am Niederrhein. 📖 FsV: 1611 *Weyer, Weyers*. 1656 *Weyher*. GDB: 1679 *Weyer = Weyers*. 1864 *Weier = Weyer*.

WEYERS ['vaɪɐs] (2009: 3, 0.02‰; 1880: 0). Flektiertes Patronym zu ↗*Weyer*.

WEYLAND ['vaɪlant] (2009: 176, 1.08‰; 1880: 308, 1.59‰). VARIANTE(N) *Weiland, Wieland*. Patronym zum gleichlautenden Rufnamen. Dieser ist Ablautvariante von *Wieland* und gehört zu altnordisch *vēl* 'Kunstwerk'. In den germanischen Heldensage wurde mit diesem Namen ein kunstreicher Schmied (altnord. *Vølundr, Velend*, ags. *Veland*, ahd. *Wiolant*) bezeichnet. ⑤ *Weyland* ist in Luxemburg und im Moseldepartement die häufigste Form, gefolgt von *Weiland*. In Deutschland ist dagegen *Weiland* eindeutig dominanter, während *Weyland* dort fast nicht vorkommt. *Wieland* erscheint in Luxemburg nur sehr vereinzelt im Süden und Südosten. 📖 GDB: 1633 *Weyland*. 1688 *Weiland*.

WEYLER (2009: 20, 0.12‰; 1880: 87, 0.45‰). ↗*Weiler*.

WEYMERSKIRCH (2009: 5, 0.03‰; 1880: 74, 0.38‰). ↗*Weimerskirch*.

WEYMESCHKIRCH (2009: 1, 0.01‰; 1880: 0). Variante von ↗*Weimerskirch*, mit regionalsprachlicher Entwicklung *-ers > -esch*.

WEYNANDT ['vaɪnant] (2009: 15, 0.09‰; 1880: 46, 0.24‰). GLEICHE BASIS *Weinandy, Winandy*. Patronym zum gleichlautenden Rufnamen. Dieser stammt aus *Wignand* und gehört zu ahd. *wīg* 'Kampf, Krieg' und *nand* (nur in Namen) 'wagemutig' zu ahd. *nenden* 'wagen'. ⑤ *Weynandt* kommt fast nur in Luxemburg vor; *Weinand* fast nur im östlichen Belgien. In Deutschland ist *Weinand* am häufigsten und ballt sich besonders in Grenznähe zu Luxemburg. *Weinandt* ist insgesamt kaum anzutreffen. Zum Hauptverbreitungsgebiet der Genitivform *Winandy* gehören Luxemburg und die Provinz Lüttich, zu jenem von *Weinandy* die Eifel. Beide Varianten sind fast komplementär verteilt. *Wenandy* erscheint nur in Einzelbelegen im Großherzogtum. Insgesamt extrem selten sind *Winandi* und *Vinandi*. 📖 RB (1388-1500): *Wynant* (Rufname). FsV: 1589 *Weynantz, Vueynantz*. 1611 *Weynands, Weynandt, Weynants*. GDB: 1630 *Winandy*. 1713 *Vinandy*. 1738 *Weinandy*. 1827 *Winandi*. 1807 *Winandy* => 1836 *Venandy*, 1841 *Wenandy*.

WEYRICH ['vaɪʀɪç] (2009: 92, 0.56‰; 1880: 188, 0.97‰). VARIANTE(N) *Weirich, Weirig*. Patronym zum gleichlautendem Rufnamen. Dieser stammt aus ahd. *Wīhrīh*. Das Erstglied gehört entweder zu ahd. *wīhan* 'kämpfen' oder zu ahd. *wīh* 'heilig'. Das Zweitglied ist ahd. *rīhhi* 'reich, mächtig'. ⑤ *Weyrich* besonders in Luxemburg, dem Saarland, der Pfalz sowie in Südhessen. *Weirich* vor allem in Luxemburg, Rheinland-Pfalz (Hunsrück) und dem Saarland. *Weirig* ausschließlich in der südlichen Hälfte Luxemburgs. 📖 FsV: 1561 und 1611 *Weyrichs*. GDB: 1686 *Weyrich* => 1714 *Weyrig*. 1733 *Weirig*. 1737 *Weyerich* => 1767 *Weyrig*. 1769 *Weirich*. 1813 *Weirig = Weirich*.

WICKELER (2009: 6, 0.04‰; 1880: 6, 0.03‰). ↗*Wickler*.

WICKLER ['vɪklɐ] (2009: 15, 0.09‰; 1880: 10, 0.05‰). VARIANTE(N) *Wickeler*. Übername zu a) nhd. *Wickler* 'u.a. einer, der eine Sache zu wickeln, zu verwickeln oder der einen in etwas zu verwickeln versteht'; b) nhd. *Wickeler* 'Wahrsager', Nebenform von *Wicheler*, *Wichler*. Es handelt sich um eine Agensableitung zur Iterativbildung von mhd. *wicken* 'zaubern, wahrsagen'. 📖 GDB: 1735 *Wickeler*. 1845 *Wickler*. 1855 *Wickler* = *Wickeler*.

WICTOR (2009: 6, 0.04‰; 1880: 40, 0.21‰). ↗ *Victor*.

WIELAND (2009: 5, 0.03‰; 1880: 5, 0.03‰). ↗ *Weyland*.

WIES [viːs] (2009: 108, 0.66‰; 1880: 121, 0.62‰). 1. Wohnstättenname zu mhd. *wise* 'Wiese'. 2. Herkunftsname zu einem der gleichlautenden Toponyme im deutschen Sprachraum. Siehe auch ↗ *Wiesen*. 🌐 *Wies* begegnet in Luxemburg und dem Moseldepartement, in Deutschland vor allem am Mittelrhein und im Münsterland. Die nicht apokopierte Variante *Wiese* ist überall in Deutschland verbreitet, besonders in der nördlichen Hälfte. 📖 RB (1388-1500): *Van Wiess*. FSV: 1656 *Wiess*. GDB: 1680 *Wies*.

WIESEN [ˈviːzən] (2009: 35, 0.21‰; 1880: 35, 0.18‰). 1. Wohnstättenname (erstarrter Dativ oder Plural) zu mhd. *wise* 'Wiese'. 2. Herkunftsname zu einem der gleichlautenden Toponyme im deutschen Sprachraum. Siehe auch ↗ *Wies*. 🌐 *Wiesen* besonders in Luxemburg, dem Moseldepartement, der Deutschsprachigen Gemeinschaft. In Deutschland überwiegend linksrheinisch, im Ruhrgebiet und um Würzburg. 📖 FSV: 1561 *Uff der Wiesen, uff der Wiessen*. 1611 *Wiesen*. GDB: 1717 *Wiesen*.

WIETOR [viˈeːtoːʀ // ˈviːtoːʀ] (2009: 26, 0.16‰; 1880: 0). VARIANTE(N) *Wirthor*. Latinisierte Form (lat. *vietōr*) von ↗ *Kieffer* für den Fassbinder. ☞ In den genealogischen Daten erscheint *Wietor* bzw. die Variante *Vietor* gelegentlich verschrieben als *Wictor*, ↗ *Victor*. 1880 ist *Wietor, Vietor* für Luxemburg nicht verzeichnet. Möglicherweise verbirgt sich dieser Name auch mitunter in den Schreibungen *Wictor* und *Victor*. Hyperkorrekte Graphie mit -*ir*- für -*ie*- liegt dagegen in der Variante ↗ *Wirthor* vor. 📖 GDB: 1650 *Wietor* = *Vietor*. 1685 *Küffer* => 1711 *Küffer*, 1715 *Wietor* = *Vietor*, 1716 *Vietoris* = *Wietor*. 1755 *Wietor* = *Vietor* = *Victor* = *Kuffer* => 1779 *Wietor* = *Vietor* = *Küffer*. 1800 *Wirtor*. 1810 *Wietor* = *Vietor* => 1850 *Wictor* = *Vietor*.

WILBERS (2009: 2, 0.01‰; 1880: 0). ↗ *Wilwers*.

WILDGEN (2009: 23, 0.14‰; 1880: 7, 0.04‰). ↗ *Wiltgen*.

WILDSCHUETZ (2009: 3, 0.02‰; 1880: 0). ↗ *Wildschutz*/*Wilschütz*.

WILDSCHUTZ / WILDSCHÜTZ [ˈvɪltʃyts] (2009: 20, 0.12‰; 1880: 0). VARIANTE(N) *Wildschuetz*. Amtsname zu mhd. *wiltschütze* 'Jäger, Förster'. 📖 FSV: 1611 *Wiltschütz*. GDB: 1801 *Wildschütz*.

WILHELM [ˈvɪlhælm] (2009: 83, 0.51‰; 1880: 143, 0.74‰). VARIANTE(N) *Willem*. GLEICHE BASIS *Wilhelmus, Wilhelmy, Willems, Wilmes*. Patronym zum gleichlautenden Rufnamen. Dieser stammt aus ahd. *Wilhelm* und beinhaltet ahd. *willo* 'Wille' und *hëlm* 'Helm'. Vgl. auch ↗ *Guillaume*, ↗ *Wille*, ↗ *Wiltgen*. 🌐 *Wilhelm* findet sich in ganz Luxemburg und Deutschland und streut weit in den Osten Frankreichs hinein. Eine Variante *Willem* dominiert in Belgien, dem Département Nord und in der Pfalz. Die latinisierte Form *Wilhelmus* ist in Luxemburg selten anzutreffen, häufiger dagegen im Saarland, in Rheinland-Pfalz entlang der Mosel, dem Ruhrgebiet sowie im Raum Lüttich. Sehr frequent im Großherzogtum ist die aus *Willemes* < *Wilhelmus* kontrahierte Form *Wilmes*, die in der luxemburgnahen deutschen Region in der Schreibvariante *Willmes* erscheint, jedoch im Westen und Süden Niedersachsens sowie im Norden von Nordrhein-Westfalen und Hessen wiederum als *Wilmes*. Von den Genitivbildungen ist *Willems* insgesamt in Luxemburg und Westdeutschland gut vertreten, ebenso in Belgien und dem Département Nord. Von den latinisierten Genitiven erscheint *Wilhelmy* u.a. in Luxemburg und im Raum Lüttich, während in der grenznahen Moselregion auf deutscher Seite *Wilhelmi* dominiert. ☞ Der Rufname erscheint im LWB als *Will, Willi, Wëllem, Wëmm, Wulles, Wimm*. Sämtliche Formen mit *i* zeigen Einfluss der deutschen Schriftsprache, da lautgesetzlich für das Luxemburgische *ë* zu erwarten wäre. Hinweise auf die luxemburgische Aussprache des Familiennamens mit *ë* geben die historischen Belege *Wölmes, Woelmes* sowie die heute noch geläufige Form ↗*Woeldgen*. 📖 RB (1388-1500): *Wijlhem, Wilhalm, Wilham, Wylhem, Wilhelm, Wilhem, Wilhemus, Willem*. FSV: 1561 *Wilhelms*. 1611 *Wilhelm*. 1656 *Wilhelmus* (Rufname). GDB: 1652 *Willemns* = *Wilmes* => 1672 *Willems*, 1681 *Wilmes* = *Wilms*. 1659 *Wilmes*. 1672 *Willems*. 1698 *Wilhelmi*. 1720 *Wilhelmy*. 1726 *Wilhelmus*. 1739 *Wilmes* = *Wilhelms* => 1760 *Wilhelms* = *Willimes* => 1781 *Willems*, 1783 *Wilmes*, 1791 *Willemes* = *Wilmes*, 1792 *Wiellmes* = *Willimes*. 1742 *Wölmes*. 1761 *Williimes* => 1791 *Willemes* => 1816 *Wilmes*. 1769 *Woelmes*. 1829 *Willemus*.

WILHELMI (2009: 1, 0.01‰; 1880: 0). ↗*Wilhelmy*.

WILHELMUS [vil'hælmus] (2009: 6, 0.04‰; 1880: 22, 0.11‰). Latinisierte Form von ↗*Wilhelm*.

WILHELMY [vil'hælmiː] (2009: 16, 0.1‰; 1880: 72, 0.37‰). VARIANTE(N) *Wilhelmi*. Flektiertes Patronym (lateinischer Genitiv) zu ↗*Wilhelm*.

WILLE / WILLÉ ['vileː] (2009: 3, 0.02‰; 1880: 1, 0.01‰). Patronym zum gleichlautenden Rufnamen. Dieser ist Kurzform von Namen, die mit ahd. *willo* 'Wille' gebildet sind, oder er stammt direkt aus ahd. *Willo*, das zum selben Appellativ gehört. Siehe auch ↗*Wilhelm*, ↗*Wiltgen*. 📖 GDB: 1877 *Will*. Vz: 1880 *Wille*.

WILLEM (2009: 2, 0.01‰; 1880: 2, 0.01‰). Kontrahierte Form von ↗*Wilhelm*.

WILLEMS ['viləms] (2009: 71, 0.44‰; 1880: 37, 0.19‰). Flektiertes Patronym zum Rufnamen *Willem*. Dieser ist kontrahierte Form von ↗*Wilhelm*.

WILLMES (2009: 3, 0.02‰; 1880: 30, 0.15‰). ↗*Wilmes*.

WILLMS (2009: 2, 0.01‰; 1880: 0). ↗*Wilms*.

WILMES ['vilməs] (2009: 137, 0.84‰; 1880: 288, 1.49‰). VARIANTE(N) *Willmes, Wilms*. Durch Synkope des Vokals der Mittelsilbe aus *Willemes* < *Willemus* entstanden, das aus ↗*Wilhelmus* kontrahiert ist. Vgl. auch ↗*Juchmes* < ↗*Juchemes*.

WILMS (2009: 4, 0.02‰; 1880: 0). Kontrahierte Form von ↗*Wilmes*.

WILTGEN ['viltçən] (2009: 76, 0.47‰; 1880: 155, 0.8‰). VARIANTE(N) *Wildgen, Woeldgen*. 1. Patronym zum einstigen gleichlautenden Rufnamen. Dieser ist eine Diminutivbildung von ↗*Wille*. 2. Deriviertes Patronym (Diminutivbildung) zum Rufnamen: 'Wille junior'. Siehe

auch ↗*Wilhelm*. ⓢ *Wiltgen* kommt fast ausschließlich in Luxemburg und Brüssel vor, *Wildgen* fast nur in der Südhälfte Luxemburgs, *Woeldgen* exklusiv im Kanton Remich. 📖 RB (1388-1500): *Wilchen*, *Wilchgin*, *Wilchin*. FSV: 1611 *Wiltges*. GDB: 1718 *Wiltgen* => 1741 *Wildgen*.
WILTZ [vilts] (2009: 5, 0.03‰; 1880: 14, 0.07‰). VARIANTE(N) *Wiltzius*. Herkunftsname zu *Wiltz* (lb. *Wolz*) für eine Ortschaft in der gleichnamigen Gemeinde. Vgl. auch ↗*Woltz*. ⓢ *Wiltz* kommt nur im Kanton Remich und dem Saarland vor. Die latinisierte Bildung *Wiltzius* in der südlichen Hälfte Luxemburgs, hier insbesondere im Kanton Remich, sowie im Moseldepartement. ☞ Die Rechnungsbücher zeigen in einem Fall hyperkorrekte Graphie mit ‹ai› für i_2; warum das Toponym sowie der zu Grunde liegende Bachname heute lb. *Wolz* (lokalsprachlich *Woolz*) und nicht *Walz lautet, ist unklar. Vgl. auch weiterführende Diskussion unter ↗*Zimmermann*. 📖 RB (1388-1500): *Dederich van Wiltz* = *Diederich van Wailtz* = *Diederich van Wyltz* = *Diederich von Wiltz*. *Van Wiltze* u.a. FSV: 1611 *Wiltz*. GDB: 1607 *Wiltz*. 1738 *Wiltzius*.
WILTZIUS (2009: 63, 0.39‰; 1880: 120, 0.62‰). Latinisierte Form von ↗*Wiltz*.
WILWERDING [ˈvilvedɪŋ] (2009: 12, 0.07‰; 1880: 18, 0.09‰). Herkunftsname zu *Wilwerdingen* (lb. *Wilwerdang*, frz. *Wilwerdange*) für eine Ortschaft in der Gemeinde Ulflingen. 📖 GDB: 1670 *Wilwerding*.
WILWERS (2009: 18, 0.11‰; 1880: 56, 0.29‰). ↗*Wilwertz*.
WILWERT [ˈvilvet] (2009: 40, 0.25‰; 1880: 73, 0.38‰). GLEICHE BASIS *Wilwertz*. Patronym zum gleichlautenden einstigen Rufnamen. Dieser ist regionalsprachliche Variante von a) *Willibrord*, das angelsächsischer Herkunft ist und ae. *willa* 'Wille' (ahd. *willo*) und ae. *brord* m. 'Spitze, Speer' (ahd. *brort* 'Spitze, Rand') beinhaltet; b) *Wilbert*, das auf ahd. *Willibert*, mit ahd. *willo* 'willo' und ahd. *bëraht* 'glänzend', zurückgeht. ⓢ *Wilwert* ist vor allem in Luxemburg anzutreffen, ebenso die flektierten Formen *Wilwertz*, *Wilwers*, Letzteres auch in der Eifel. Von den Varianten mit *b* sind *Wilbert*, *Wilbertz* im Westen Deutschlands verbreitet, *Wilbers* im niederländisch-deutschen Grenzgebiet. ☞ Die historischen Belege zeigen mitunter Schwund des auslautenden *t*. Dieser ist einer Resegmentierung nach der Rücknahme der Flexion geschuldet, da die flektierte Form *Wilwerts* als *Wilwer* + *s* aufgefasst wurde (vgl. auch ↗*Bonert*, ↗*Leyder*). Darüber hinaus sind Berührungen mit *Wolwart* (< ahd. *Wolfhart*) zu beobachten. 📖 RB (1388-1500): *Wilbort van Zijssingen* = *Wilbrot van Zijssingen*. *Wilbrort Clais Knecht* (durchwegs Rufname). FSV: *Wilbrord* (Rufname). GDB: 1663 *Wilwers*, *Wilwertz*. 1678 *Wilwer*. 1691 *Wilwerthe*. 1697 *Wilwert* => 1731 *Wilwertz*. 1700 *Wilwertz* = *Wilwerts* => 1727 *Wolvert* = *Velvert* => 1770 *Wollwert* => 1801 *Wulfertz*. 1719 *Wilwesch*. 1720 *Wilwers* => 1759 *Wilwerts*. 1737 *Wilwers* => 1772 *Wulwers* => 1807 *Vilvers*. 1741 *Wilwertz*. 1748 *Wilwert*. 1752 *Wilwerts* = *Wilwers*. 1752 *Willwerts* => 1782 *Wilwertz*. 1775 *Wilwers* => 1810 *Wilverts*. 1768 *Wilwers* => 1816 *Vilverts* => 1844 *Wilwertz*. 1809 *Vilvert*. 1819 *Wilver*. 1823 *Wilwerth*. 1845 *Wilverz*.
WILWERTZ [ˈvilvets] (2009: 9, 0.06‰; 1880: 26, 0.13‰). VARIANTE(N) *Wilwers*. Flektiertes Patronym zu ↗*Wilwert*.
WINANDI (2009: 2, 0.01‰; 1880: 0).

↗ *Winandy*.
Winandy [viˈnandiː] (2009: 131, 0.8‰; 1880: 203, 1.05‰). Variante(n) *Vinandi, Vinandy, Wenandy, Winandi*. Flektiertes Patronym (lateinischer Genitiv) zu *Winand*, nicht diphthongierte Variante von ↗ *Weynandt*.
Winckel (2009: 26, 0.16‰; 1880: 21, 0.11‰). ↗ *Winkel*.
Winkel [ˈviŋkəl] (2009: 29, 0.18‰; 1880: 216, 1.11‰). Variante(n) *Winckel*. 1. Wohnstättenname zu mhd. *winkel* 'Winkel, Ecke; abseits gelegener, verborgener Raum'. 2. Herkunftsname zu den häufigen Ortsnamen *Winkel, Winkeln, Winkl*. ⓢ *Winkel* kommt in Luxemburg vor allem in der südöstlichen Hälfte vor, im direkten Anschluss daran auch bei Trier und im Saargau. Darüber hinaus überall in Deutschland, mit besonderer Konzentration im Ruhrgebiet. In Belgien begegnet der Name bei Lüttich, Brüssel sowie im Hennegau. *Winckel* taucht besonders in Luxemburg, dem Moseldepartement und Unterelsass auf. 📖 Fsv: 1541 *Nickel im Winkel. Winckel Peter*. 1611 *Winckel*. Gdb: 1727 *Winckel* => 1764 *Winkel*.
Winter [ˈvintɐ] (2009: 34, 0.21‰; 1880: 39, 0.2‰). 1. Patronym zum gleichlautenden Rufnamen. Dieser stammt aus ahd. *Winither* und gehört zu ahd. *winid* 'Wende' und *heri* 'Kriegsschar, Heer'. 2. Übername zu mhd. *winter* 'Winter'. ⓢ Das Verbreitungsgebiet des Namens sind Luxemburg, Lothringen, das Elsass, ganz Deutschland und vereinzelt Belgien. Besonders in Ostflandern und am Niederrhein ist die flektierte Form *Winters* zu finden. 📖 Fsv: 1561 *Winters*. 1611 *Winter*. Gdb: 1759 *Winter*.
Wintersdorf [ˈvintɐsdɔʁf] (2009: 26, 0.16‰; 1880: 18, 0.09‰). Variante(n) *Wintersdorff*. Herkunftsname zu *Wintersdorf* für einen Ortsteil der Gemeinde Ralingen an der Sauer, Landkreis Trier-Saarburg. ⓢ *Wintersdorf* sowie *Wintersdorff* sind fast ausschließlich in Luxemburg zu finden. 📖 Gdb: 1673 *Wintersdorf*. 1803 *Wintersdorff*.
Wintersdorff (2009: 15, 0.09‰; 1880: 38, 0.2‰). ↗ *Wintersdorf*.
Wintringer [ˈvintʀɪŋɐ] (2009: 15, 0.09‰; 1880: 66, 0.34‰). Personalisierter Herkunftsname zu *Wintringen* (lb. *Wëntreng*, frz. *Wintrange*) für eine Ortschaft in der Gemeinde Schengen. Eine weitere gleichnamige Ortschaft (frz. *Vintrange*) befindet sich im Moseldepartement und ist Teil der Gemeinde Bérig-Vintrange. ☞ Der Familienname kommt vereinzelt auch in der Südwestpfalz vor und dürfte dort eher zu *Wintringen* für ein ehemaliges Dorf südöstlich von Saarbrücken gehören. 📖 Fsv: 1611 *Wintringer*. Gdb: 1824 *Wintringer*.
Wirion [ˈviʀiɑ̃ː] (2009: 21, 0.13‰; 1880: 10, 0.05‰). Französisches Patronym zum gleichlautenden Rufnamen. Dieser ist eine Bildung mit Augmentativsuffix *-on* zu *Wiry, Wéry*, vgl. etwa die wallonischen und ostfranzösischen Familiennamen ↗ *Henrion* zu ↗ *Henry* und *Thirion* zu ↗ *Thiry*, ↗ *Thiery*. Zu Grunde liegt eine Entlehnung aus wfrk. *Widurīk* (ahd. *Witirīh*), mit germ. **widu-* 'Holz, Wald' und **rīks* 'Herrscher'. 📖 Gdb: 1885 *Wirion*.
Wiroth [ˈviʀoːt] (2009: 17, 0.1‰; 1880: 21, 0.11‰). Französischer Familienname. Möglicherweise Berufsübername mit Diminutivsuffix *-ot* zu mfrz. *vire* 'Armband, Reif' für den Hersteller. 📖 Gdb: 1739 *Viroth* = *Wiroth*. 1769 *Wiroth*.
Wirtgen [ˈviʀtɢən] (2009: 22, 0.13‰;

1880: 28, 0.14‰). 1. Übername oder Berufsname zu einer Diminutivbildung von mhd. *wirt* 'Ehemann, Hausherr, Burgherr; Inhaber eines Wirtshauses, Gastwirt'. 2. Deriviertes Patronym (Diminutivbildung) zum Appellativ: 'Wirt junior'. Siehe auch ↗*Wirth*. 3. Wohnstättenname zu einem gleichlautenden Flurnamen. Ein solcher begegnet im Jahr 1705 in der Gemeinde Steinheim: "auff dem grossen und kleinen wirdgen gegent Steinheim" (ANL, S. 51). Dabei handelt es sich um eine Diminutivform zu mnd. *wurt, wort* f. 'Boden, erhöhtes und eingehegtes Grundstück, Haus-, Hofstätte, Garten, Feldstück, Waldmark'. Auch in die neuhochdeutsche Schriftsprache hat das Wort Eingang gefunden, allerdings ist hier die Bedeutung auf 'erhöhte Hausstätte' eingeschränkt (vgl. DWB). ⬥ Der Name konzentriert sich in Luxemburg besonders im Westen, ferner im Raum Koblenz. Streubelege finden sich u.a. im Ruhrgebiet und in Wallonien. 📖 Fsv: 1656 *Wirtges*. GDB: 1736 *Wirtgen*.

WIRTH [vɪʀt] (2009: 71, 0.44‰; 1880: 104, 0.54‰). GLEICHE BASIS *Wurth*. Übername oder Berufsname zu mhd. *wirt* 'Ehemann, Hausherr, Burgherr; Inhaber eines Wirtshauses, Gastwirt'. Siehe auch ↗*Wirtgen*, Etymologie 1 und 2, ↗*Wirtz*, Etymologie 1. ⬥ *Wirth* streut in Luxemburg, der Norden ausgenommen, und in weiten Teilen Deutschlands, wobei die Streuung von Norden nach Süden tendenziell abnimmt. Sie reicht auch ins Elsass, Moseldepartement und vereinzelt auch ins übrige östliche Frankreich hinein. In Belgien bildet der Name das größte Nest um Brüssel. *Wurth* bildet die drei größten Nester in der Südhälfte des Großherzogtums, in Baden sowie im Großraum des Ruhrgebietes. Doch ist in Deutschland der Name mit *u* zu lesen, weshalb hier eine Konkurrenzetymologie (etwa mnd. *wurt, wort* f. 'Boden, erhöhtes und eingehegtes Grundstück, Haus-, Hofstätte, Garten, Feldstück, Waldmark') anzunehmen ist. Zur Monophthongvarianz *i, ü* in *Wirth*, siehe DFA 1, S. 144-149. 📖 RB (1388-1500): *Wirt, Wirde, Wyrt, Wyrde*. FSV: 1561 *Wirdtt*. GDB: 1703 *Wirth*. 1737 *Würth = Wirth*. 1847 *Würth => 1877 Wuerth*.

WIRTHOR [ˈvɪʀtoːʀ] (2009: 15, 0.09‰; 1880: 19, 0.1‰). Variante von ↗*Wietor* mit hyperkorrekter Graphie *-ir-* für *-ie-*.

WIRTOR (2009: 3, 0.02‰; 1880: 5, 0.03‰). ↗*Wirthor*.

WIRTZ [vɪʀts] (2009: 129, 0.79‰; 1880: 177, 0.91‰). VARIANTE(N) *Wirz*. GLEICHE BASIS *Wurtz*. 1. Flektiertes Patronym zu ↗*Wirth*. 2. Berufsübername zu mhd. *würze, würz, wurze, wurz* f. 'Kraut, Wurzel, Würze; Gewürzkraut, Würze, Gewürz' für den Kräuter- oder Gewürzhändler. Siehe auch ↗*Wurtz/Würtz*. ⬥ Zum Hauptverbreitungsgebiet von *Wirtz* gehören außer Luxemburg das Saarland, Rheinland-Pfalz und Nordrhein-Westfalen. Relativ dicht gestreut der Name auch um Brüssel und im östlichen Wallonien, vereinzelt dagegen in Ostfrankreich. *Wurtz* begegnet in Luxemburg (nur im Süden) und in Deutschland selten, streut jedoch nach Frankreich hinein. Weitaus häufiger gilt in Deutschland *Würz*, besonders im Westen und Südwesten. 📖 FSV: 1611 *des Wirths*. 1656 *Wirtz*. GDB: 1682 *Wirtz*. 1735 *Würtz*. 1765 *Würtz = Wirtz => 1806 Wurtz = Wirtz*.

WIRZ (2009: 1, 0.01‰; 1880: 3, 0.02‰). ↗*Wirtz*.

WISCOUR [ˈviskuːʀ] (2009: 4, 0.02‰;

1880: 8, 0.04‰). ↗ *Wiscourt*.
WISCOURT [ˈviskuːʀ] (2009: 6, 0.04‰; 1880: 11, 0.06‰). VARIANTE(N) *Wiscour*. GLEICHE BASIS *Deviscourt*. Reinterpretierte Form von ↗*Disiviscour* auf der Grundlage von *Viscourt* für eine Örtlichkeit der Gemeinde Walcourt, Provinz Namur.
WISELER [ˈvizəlɐ] (2009: 17, 0.1‰; 1880: 21, 0.11‰). Übername auf *-er* zum Verb nhd.-landsch. *wieseln* 'schnell laufen, sich behende bewegen', wohl einer Ableitung von *Wiesel*. 📖 GDB: 1690 *Wieseler*. 1767 *Viseler* = *Wiseler*. 1785 *Wiseler* = *Vieseler*. 1829 *Wiesler* => 1873 *Wieseler*. 1829 *Wiseler* => 1854 *Wiseller*.
WITRY [ˈvitʀi:] (2009: 52, 0.32‰; 1880: 121, 0.62‰). Herkunftsname zu *Witry* für eine Ortschaft in der Gemeinde Léglise, Provinz Luxemburg. ⚜ Hauptsächlich in Luxemburg verbreitet, vereinzelt auch in der gleichnamigen Nachbarprovinz. 📖 GDB: 1575 *Witry*. 1807 *Wittry*.
WOELDGEN (2009: 4, 0.02‰; 1880: 10, 0.05‰). Regionalsprachliche Form von ↗*Wiltgen* mit der Graphie ‹oe› für lb. *ë*.
WOHL [voːl] (2009: 70, 0.43‰; 1880: 27, 0.14‰). GLEICHE BASIS *Wohles*. Patronym zum gleichlautenden Rufnamen. Dieser ist Kurzform von Komposita wie *Wohlbrecht*, *Wohlfahrt*, *Wohlhart*, *Wohlrat* und gehört am ehesten zu ahd. *wola* Adv. 'wohl, gut, günstig', *wola* f. 'Glück, Schlemmerei'. ⚜ Das Hauptverbreitungsgebiet des Namens ist Luxemburg. In Deutschland ist er lose und unauffällig verstreut. Die flektierte Bildung *Wohles* kommt ausschließlich in Luxemburg und hier besonders in der nördlichen Hälfte vor. 📖 GDB: 1710 *Wohles*. 1725 *Wohl*.
WOHLES [ˈvoːləs] (2009: 9, 0.06‰; 1880: 20, 0.1‰). Flektiertes Patronym (Mischgenitiv) zu ↗*Wohl*.
WOHNER [ˈvoːnɐ] (2009: 5, 0.03‰; 1880: 10, 0.05‰). Regionalsprachliche (luxemburgische) Form von ↗*Wagener*.
WOLF (2009: 53, 0.32‰; 1880: 162, 0.84‰). ↗*Wolff*.
WOLFF [volf // ˈvoləf] (2009: 237, 1.45‰; 1880: 513, 2.65‰). VARIANTE(N) *Wolf*. 1. Übername zu mhd. *wolf* 'Wolf'. 2. Patronym zum gleichlautenden Rufnamen. Dieser ist Kurzform von Namen, die mit *Wolf-* gebildet sind und gehört demnach zu ahd. *wolf* 'Wolf'. ⚜ In Luxemburg ist die Variante *Wolff* häufiger anzutreffen als *Wolf*. Dasselbe gilt für Frankreich und Belgien. Insgesamt ist der Name im gesamten germanophonen Kartierungsgebiet inklusive Elsass und Moseldepartement und darüber hinaus breit gestreut. Zur Varianz *f/ff* in Namen mit *Wolf*, siehe DFA 2, S. 168-181. 📖 RB (1388-1500): *Wolf*, *Wolff*, *Wolffe*, *Wolffs*, W*ulff*, W*ulffgen*. FSV: 1611 *Woelffges*. 1656 *Wolfs*. GDB: 1756 *Wolffes*, o.J. *Wolfe*. VZ: 1880 *Wollf*.
WOLFSFELD (2009: 3, 0.02‰; 1880: 8, 0.04‰). ↗*Wolsfeld*.
WOLMERING [ˈvolmərɪŋ] (2009: 12, 0.07‰; 1880: 19, 0.1‰). Herkunftsname zu a) *Wolmeringen* (lb. *Wuelmerengen*, frz. *Volmerange-lès-Mines*), b) *Wolmeringen* (frz. *Volmerange-lès-Boulay*) für jeweils eine Gemeinde im Moseldepartement. 📖 RB (1388-1500): *Tilman van Walmeringin*. FSV: 1611 *von Walmeringen*, *Walmeringen*. GDB: 1770 *Wolmering*.
WOLSFELD [ˈvolsfælt] (2009: 25, 0.15‰; 1880: 27, 0.14‰). VARIANTE(N) *Wolfsfeld*, *Wolzfeld*. Herkunftsname zu *Wolsfeld* für eine Gemeinde Eifelkreis Bitburg-Prüm. ⚜ Fast nur im Großherzogtum und in der deutschen Grenzregion. Die Varianten *Wolzfeld* und *Wolfsfeld* nur in der südli-

chen, besonders südöstlichen Hälfte Luxemburgs. 📖 Fsv: 1656 *Wolfsfelt*. GDB: 1701 *Wolsfeld*. 1791 *Woltzfeld* = *Wolfsfelt* = *Wolsfeld*.

WOLTER ['voltɐ] (2009: 152, 0.93‰; 1880: 227, 1.17‰). Patronym zum gleichlautenden Rufnamen. Dieser stammt aus a) mnd. *Wolter*, entstanden aus ↗*Walter* mit Verdumpfung *a* > *o* vor *l* + alveolarem Okklusiv; b) ahd. **Wuldheri*, mit germ. **wulþu-* 'Herrlichkeit' (= got. *wulþus* 'Herrlichkeit', ae. *wuldor* 'Ruhm', an. Götternamen *Ullr*) und germ. **harja-* 'Heer'. Dieser Name ist ahd. allerdings nicht belegt, evtl. könnte er in der schriftlichen Überlieferung schon früh mit ahd. *Waltheri* (↗*Walter*) in Verbindung gebracht worden zu sein. Siehe auch ↗*Welter*.

🔹 *Wolter* ist in Luxemburg in allen Kantonen (besonders im Norden) vertreten und findet sich vereinzelt in der Provinz Lüttich, im Areler Land, Moseldepartement, Unterelsass sowie sehr häufig in Deutschland, insbesondere auf niederdeutschem Gebiet. Doch kommt da als Etymologie wohl ausschließlich die niederdeutsche Form von ↗*Walter* in Frage. Die flektierte Bildung *Wolters* ist überwiegend am Niederrhein anzutreffen und streut weiter in Richtung Norden bis zur Nordsee und in Richtung Osten bis an die Ostgrenze Schleswig-Holsteins und Niedersachsens. Einzelne Streubelege finden sich auch im übrigen Deutschland sowie in Belgien.

☞ Falls der Familienname *Wolter* eine regionalsprachliche Form von ↗*Walter* darstellt, kann er nicht autochthon entstanden sein, da das Luxemburgische die Verdumpfung *a* > *o* in dieser speziellen Position nicht kennt. Er ist somit wahrscheinlich noch als Rufname aus dem Niederdeutschen importiert worden.

Dagegen weist die Annahme einer für Luxemburg autochthonen Form gleichzeitig auf eine andere Etymologie des Erstgliedes: Als altdeutsche Komposita mit germ. **wulþu-* tatsächlich belegt bzw. vorauszusetzen sind *Uuldrīc* (815) bzw. **Wulthart* im Ortsnamen *Wolterdingen* (773 *Wuldartingas*, 1308 *Wultertigen*) im Südwesten Baden-Württembergs (vgl. Förstemann 1, Sp. 1662-1664; Kaufmann 1968, S. 417). Ferner ist ein erweitertes Adjektiv germ. **wulþra-* 'herrlich' für got. *wulþrs* 'Wert, wertvoll' sowie für die altdeutschen Personennamen *Vultar*, *Wuldar* zu erschließen (vgl. Förstemann 1, Sp. 1662). Insgesamt sind allerdings jene altdeutschen Personennamen, in denen germ. **wulþu-* bzw. **wulþra-* verbaut ist, zahlenmäßig schwach vertreten. Umso erstaunlicher wäre es, sollte sich speziell in Luxemburg *Wolter* als Rufname aus ahd. **Wuldheri* bis in die frühe Neuzeit hinein gehalten und sich darüber hinaus großer Popularität erfreut haben.

Unklar ist in beiden Fällen, wieso der Name Wollter außer auf niederdeutschem Gebiet gerade in Luxemburg eine so hohe Frequenz erreicht.

📖 RB (1388-1500): *Heinren Wolters* = *Heinrich Walter* = *Heinrich Welters*. GDB: 1646 *Wolter*.

WOLTZ [volts] (2009: 18, 0.11‰; 1880: 7, 0.04‰). 1. Regionalsprachliche Form von ↗*Wiltz*. 2. Wohnstättenname zu nhd.-landsch. *Wulz* m. 'Bodenerhebung, die durch Windwurf bzw. durch liegen gebliebene und verfaulte Wurzeln nach abgesägtem Wurzelstock entstanden ist'.
📖 GDB: 1870 *Woltz*.

Wolzfeld (2009: 5, 0.03‰; 1880: 0). ↗*Wolsfeld*.

Wuerth (2009: 3, 0.02‰; 1880: 0). ↗*Wurth/Würth*.

Wuertz (2009: 1, 0.01‰; 1880: 0). ↗*Wurtz/Würtz*.

Wunsch / Wünsch [vynʃ] (2009: 14, 0.09‰; 1880: 33, 0.17‰). Herkunfts- oder Übername zu mhd. *windisch* 'windisch, wendisch, slawisch'. 📖 GDB: 1743 *Wünsch*. 1802 *Wunsch*.

Wurth / Würth [vyʀt] (2009: 39, 0.24‰; 1880: 130, 0.67‰). Variante von ↗*Wirth* mit regionalsprachlicher Rundung von *i* zu *ü*. Da diese nicht dem Luxemburgischen zuzurechnen ist, dürfte es sich um einen Einwanderernamen handeln.

Wurtz / Würtz [vyʀts] (2009: 2, 0.01‰; 1880: 16, 0.08‰). VARIANTE(N) *Wuertz*. Variante von ↗*Wirtz* und demnach im Fall von Etymologie 1 mit regionalsprachlicher Rundung *i* > *ü*, die jedoch nicht dem Luxemburgischen zuzurechnen ist.

Z

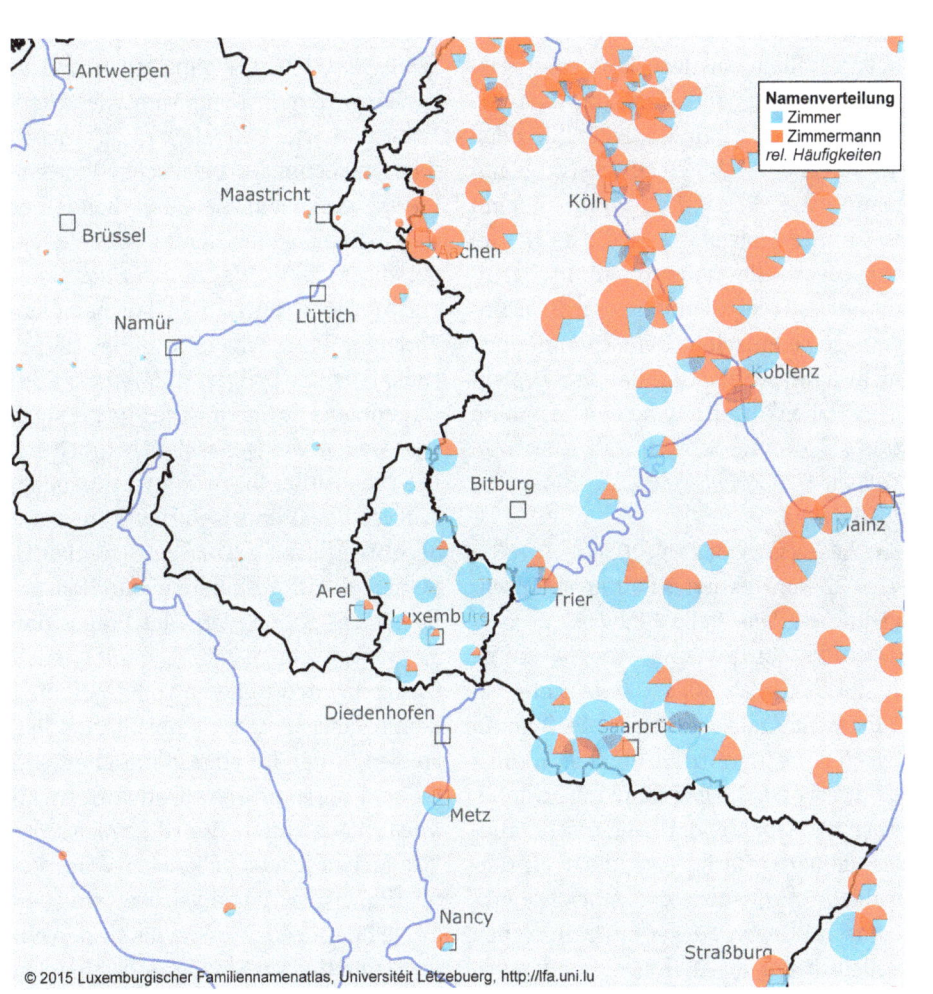

ZACHARIAS [tsaχaˈʀiːɑs] (2009: 17, 0.1‰; 1880: 38, 0.2‰). Patronym zum gleichlautenden Rufnamen. Dieser ist entlehnt aus hebr. *secharyāh* 'Jahwe hat sich erinnert'. 📖 GDB: 1683 *Zacharias*.

ZAHLEN [ˈtsaːlən] (2009: 29, 0.18‰; 1880: 46, 0.24‰). GLEICHE BASIS *Zahles*. Flektiertes Patronym zu *Zahl*. Dieser Name kommt in Luxemburg nicht vor und ist a) Übername zu mhd. *gezal* 'schnell, behende', ahd. *zal* 'schnell, rasch'; b) Patronym zu einem einstigen Rufnamen. Dieser stammt aus ahd. *Zalo*, das zum o.g. Adjektiv oder zu ahd. *zala* 'Zahl', *zalōn* 'u.a. erzählen' gehören könnte (vgl. Kaufmann 1968, S. 419). 🛈 *Zahlen* kommt fast nur in Luxemburg (südliche Hälfte) vor, ebenso die Variante mit Mischgenitiv *Zahles*. Die Nominativform *Zahl* findet sich vereinzelt in Deutschland, doch nicht nahe Luxemburg. Bei *Zahl* besteht jedoch Konkurrenzetymologie zu mhd. *zagel* 'Schwanz, Schweif'. 📖 GDB: 1728 *Zahlen*. 1729 *Zalen* = *Zahlen*. 1814 *Zales*. 1850 *Zahles*.

ZAHLES [ˈtsaːləs] (2009: 16, 0.1‰; 1880: 42, 0.22‰). Flektiertes Patronym (Mischgenitiv) zu *Zahl*, siehe ↗*Zahlen*.

ZANGERLE / ZANGERLÉ [ˈtsaŋɐleː] (2009: 18, 0.11‰; 1880: 40, 0.21‰). Tiroler Familienname mit süddeutschem Diminutivsuffix *-le*, in französisierender Graphie *-lé*. Dieser ist: 1. Übername mit zu mhd. *zanger* 'u.a. beißend, bissig; frisch, munter, lebhaft; rührig' (vgl. auch Finsterwalder, S. 539 sowie das Adjektiv nhd.-landsch. *zanger*, *zänger* mit zahlreichen Bedeutungen im DWB). 2. Berufsname auf *-er* zu mhd. *zange* 'Zange' für den Hersteller von Zangen. 📖 GDB: 1727 *Zangerlé*.

ZECHES [ˈtsæçəs] (2009: 24, 0.15‰; 1880: 0). Patronym zum gleichlautenden einstigen Rufnamen. Dieser ist regionalsprachliche Form von *Zachäus*, das auf griech. *Zakchaīos* zurückgeht und letztendlich zu aram. *sakkaj* 'der Reine' gehört. 🛈 Das Vorkommen des Namens beschränkt sich auf Luxemburg südlich der Sauer. ☞ 1880 erscheint der Name verschrieben als *Zeiches*. 📖 GDB: 1732 *Zeches*.

ZEHREN [ˈtseːʀən] (2009: 21, 0.13‰; 1880: 30, 0.15‰). Wohnstättenname zu lb. *Zären*, das in Komposita wie *Zärenhaus* 'Pfarrhaus', *Zärejoffer*, *Zäreküchen* 'Pfarrersköchin', *Zärekniecht* 'Pfarrersknecht' vorkommt. Bei *Zären* handelt es sich um einen alten Genitiv **des Herren*, der elliptisch für **des Herren Haus* steht, entsprechend auch der Hausname *an Zären* 'im Pfarrershaus' < 'in des Herren [Haus]'. ☞ Im LWB wird *Zären* als Kontraktion aus **z'Hären* < *ze Hären* erklärt, was jedoch weniger wahrscheinlich ist. Die Präposition lb. *ze* 'zu' wird nämlich nur vor Vokal und nicht vor Konsonant apokopiert (vgl. z.B. *ze Haf* 'zu Hauf'). Ferner gilt in Verbindung mit Hausnamen nicht *ze*, sondern die Präposition *an* 'in' (vgl. z.B. *an Zären*). Somit handelt es sich bei den weiteren vom LWB unter dem Lemma *ze, zou, zu* angeführten Beispielen in der Tat ebenso um alte Genitiv- und kaum um alte Lokativformen: *Zirden* < 'des Hirten [Haus]', *z'Meiesch* < 'des Meiers [Haus]', *z'Rouden* < 'des Roten [Haus]' usw. Bemerkenswert sind derartige Bildungen insofern, als sie den nur noch relikthaften Erhalt des bestimmten Artikels im Genitiv zeigen. 📖 GDB: 1700 *Zehren*.

ZEIEN (2009: 27, 0.17‰; 1880: 13, 0.07‰). ↗*Zeyen*.

ZEIMEN ['tsaɪmən] (2009: 10, 0.06‰; 1880: 26, 0.13‰). GLEICHE BASIS Zeimes. Patronym zum gleichlautenden Rufnamen. Dieser ist regionalsprachliche Variante von ↗Simon. Gegenüber Simon zeigt Zeimen Präokkludierung s > z [ts] und Diphthongierung i > ei [aɪ]. ⓢ Zeimen gilt fast ausschließlich in Luxemburg, und da überwiegend im Nordwesten, sowie vereinzelt in der Provinz Lüttich. Zeimes dominiert ebenfalls in Luxemburg und zeigt eine dünne Streuung in der Provinz Lüttich, um Brüssel sowie im Ruhrgebiet. Auf deutscher Seite erscheint dagegen besonders im Bitburger Land die n-haltige Variante Zeimens. Die Variante ohne Präokkludierung Seimen findet sich vor allem in Baden-Württemberg. GDB: 1678 Zeymes = Zeimes. 1723 Zeimen.

ZEIMES ['tsaɪməs] (2009: 79, 0.48‰; 1880: 95, 0.49‰). Flektiertes Patronym zu ↗Zeimen.

ZEIMET ['tsaɪmət] (2009: 79, 0.48‰; 1880: 135, 0.7‰). GLEICHE BASIS Zeimetz. Patronym zum gleichlautenden Rufnamen. Dieser ist regionalsprachliche Variante von Siegmund. Der Rufname Siegmund gehört zu ahd. sigu 'Sieg' und munt 'Schutz, Schützer'. Gegenüber Siegmund zeigt Zeimet Präokkludierung s > z [ts], Diphthongierung i > ei [aɪ], sowie Schwund von nachtonigem n vor homorganem Konsonanten. Die Präokkludierung s > z [ts], die erbwörtlich nicht vorkommt, ist wohl durch Berührung mit ↗Zeimen, der regionalsprachlichen Variante von ↗Simon, zu erklären. ⓢ Zeimet kommt in Luxemburg überwiegend in der südlichen Hälfte vor, in Frankreich besonders im Moseldepartement und in Deutschland besonders linksrheinisch sowie am Niederrhein. Zeimetz konzentriert sich in Luxemburg und erscheint vereinzelt in der Eifel und am Niederrhein. Auf deutscher Seite erscheint dagegen besonders im Bitburger Land die n-haltige Variante Zeimentz. Die Variante ohne Präokkludierung Seimetz findet sich vor allem im Saarland, entlang der Mosel, des Rheins und im Ruhrgebiet. Extrem selten und nur auf Deutschland beschränkt ist Seimet. Fsv: 1656 Zeymedt, Zeymet. GDB: 1684 Zeimentz. 1719 Zeymet. 1720 Zeiments. 1727 Zeimet. 1742 Seimet. 1747 Seimets = Zeimetz. 1841 Seimetz.

ZEIMETZ ['tsaɪmæts] (2009: 34, 0.21‰; 1880: 13, 0.07‰). VARIANTE(N) Seimetz. Flektiertes Patronym zu ↗Zeimet.

ZENDER (2009: 9, 0.06‰; 1880: 27, 0.14‰). ↗Zenner.

ZENNER ['tsænɐ] (2009: 104, 0.64‰; 1880: 135, 0.7‰). VARIANTE(N) Zender. GLEICHE BASIS Zenners. Standesname zu mhd. zëhendenære 'Zehntmann, Zehntpflichtiger; Zehnteinnehmer'; entsprechend lb. †Zenner 'Vorsteher der Hundertschaft'. ⓢ Zenner gilt in Luxemburg, der westlichen Hälfte Belgiens und mit einigen großen Nestern in Deutschland (u.a. im Saarland). Die Genitivbildung Zenners ist nur in Luxemburg zu finden und zeigt das größte Vorkommen im Kanton Vianden. Zender begegnet außer in Luxemburg besonders in der Eifel und im Hunsrück. Fsv: 1656 Zenners, Zenteners. GDB: 1685 Zenner. 1700 Zenners. 1709 Zender. 1720 Zenner = Zender.

ZENNERS ['tsænɐs] (2009: 16, 0.1‰; 1880: 28, 0.14‰). Flektiertes Patronym zu ↗Zenner.

ZENS [tsæns] (2009: 38, 0.23‰; 1880: 41, 0.21‰). 1. Herkunftsname zu Cents (lb. Zens) für einen Stadtteil von Luxemburg.

2. Patronym zum gleichlautenden Rufnamen. Dieser ist Kurzform von *Vinzenz*. Zu Grunde liegt lat. *Vincentius*, eine Ableitung von lat. *vincēns* 'siegend'. ⓢ Der Name ist in ganz Luxemburg verteilt. In Deutschland streut er vor allem jeweils im westlichen Rheinland-Pfalz und Nordrhein-Westfalen sowie in Oberbayern. Doch kommt außerhalb des Großherzogtums Etymologie 1 kaum in Betracht so dass mit weiteren Konkurrenzetymologien zu rechnen. ☞ In den Feuerstättenverzeichnissen erscheinen latinisierende Belege wie vom Typ ↗*Wiltz* > ↗*Wiltzius*. 📖 Fsv: 1611 *Zentius*. 1656 *Zentzius*. GDB: 1672 *Zens*.

ZEYEN ['tsɑɪən] (2009: 30, 0.18‰; 1880: 28, 0.14‰). VARIANTE(N) *Zeien*. Flektiertes Metronym zu *Zei*, regionalsprachliche Form von *Luzia*. Diese ist entlehnt aus lat. *Lucia* und gehört zu lat. *lūx* 'Licht'. ⓢ Das Hauptverbreitungsgebiet von *Zeyen* sind Luxemburg und das mittlere Westdeutschland, besonders Nordrhein-Westfalen. Die seltenere Form *Zeien* ist in Luxemburg, der Eifel und am unteren Niederrhein zu finden. 📖 Fsv: 1561 *Zeyhen*. GDB: 1660 *Zeien*. 1721 *Zeyen*. 1845 *Zeien* => 1877 *Zeihen*.

ZIESER ['tsi:zɐ] (2009: 23, 0.14‰; 1880: 39, 0.2‰). Germanisierte Form von wa. ↗*Sizaire*.

ZIGRAND ['tsigrɑ̃:] (2009: 50, 0.31‰; 1880: 47, 0.24‰). VARIANTE(N) *Cigrand*, *Cigrang*. Germanisierte Form von frz. *Sigrand*, Patronym zum gleichlautenden Rufnamen. Dieser ist entlehnt aus ahd. *Sighram und beinhaltet ahd. *sigu* 'Sieg' und ahd. *hram* 'Rabe'. ⓢ *Zigrand* begegnet in Luxemburg, der äußerste Norden und Südwesten ausgenommen, sowie vereinzelt in Belgien, dort mit der größten Dichte im Areler Land. Ebenso vereinzelt und nur in Luxemburg begegnen *Cigrand* und *Ziegrand*. *Cigrang* gilt dagegen fast ausschließlich in der südlichen Hälfte des Großherzogtums. Insgesamt sehr selten ist die französische Vorlageform *Sigrand*, die nur in Frankreich (Département Jura) vorkommt. ☞ Auch in Frankreich ist *Zigrand* bezeugt, wenngleich nur historisch, beispielsweise zwischen 1891 und 1915 mit der größten Dichte im Département Meurthe-et-Moselle. Der Name zeigt die luxemburgische Präokkludierung [s] > [ts], die in Entlehnungen häufiger zu beobachten ist. Bei *Zigrand* sowie den seltenen Varianten *Cigrand* und *Ziegrand* macht sich die Germanisierung lediglich im Anlaut bemerkbar, bei *Cigrang* zusätzlich im Auslaut. Hierzu erscheint 1880 als weitere Variante noch *Zigrang* mit 40 Namenträgern. 📖 GDB: 1709 *Zigrand*. 1736 *Cigrand*, *Zigram*. 1766 *Cigrand* => 1801 *Cigrang*. 1801 *Cigrang*.

ZIMMER ['zimɐ] (2009: 172, 1.05‰; 1880: 332, 1.71‰). Berufsübername zu mhd. *zimmer*, *zimber* 'Bauholz; Gebäude aus Holz' für den Zimmermann; vgl. auch ↗*Zimmermann*. ⓢ Hauptsächlich in Luxemburg, dem Areler Land, Moseldepartement, Saarland sowie in Rheinland-Pfalz. Im übrigen Kartierungsgebiet dominiert fast überall *Zimmermann*. 📖 Fsv: 1561 *Zimmer*. 1611 *Zimmer*, *Zimmers*, *Zimmerus*. GDB: 1660 *Zimmer* = *Zammesch*. 1726 *Zammers* => 1754 *Zimmer*.

ZIMMERMANN ['tsimɐman] (2009: 26, 0.16‰; 1880: 13, 0.07‰). Berufsname zu mhd. *zimberman* 'Zimmermann', entsprechend lb. *Zammermann*. ⓢ *Zimmermann* findet sich in Luxemburg ausschließlich in der südlichen Hälfte. Auch in direkter Nähe zu Luxemburg, ansonsten überall in Deutschland verteilt. Die dominierende Form in Luxemburg, dem Areler Land und dem Moseldepartement sowie im Saarland und in Rheinland-Pfalz ist jedoch ↗Zimmer. ☞ In den Belegen mit *ai* und *ay* in den Rechnungsbüchern sind *i* und *y* hyperkorrekte Dehnungszeichen, da von der Dehnung nur das ererbte *a* betroffen war: vgl. *Paffendail*, *Waijssergass* neben häufigerem *Paffendal(l)*, *Wassergass*. Die kurze Qualität von mhd.-mslfrk. *a*, entstanden aus der Senkung von ahd. (mfrk.) i_2, blieb dagegen erhalten. Dasselbe gilt für mslfrk. *a* < ahd. (mfrk.) *o*. Hyperkorrekt ist somit u.a. ebenso der Beleg *Kaich* = *Koch*. Doch sind in den Rechnungsbüchern derartige Fälle von hyperkorrekten Graphien äußerst selten. Vgl. auch weiterführende Diskussion unter ↗Wiltz. 📖 RB (1388-1500): *Tzaymerman, Tzymmermann, Zaimerman, Zaymerman, Zymmerman* u.a. FSV: 1611 *Zimmermans, Zimmermans*. GDB: 1677 *Zimmerman*. 1852 *Zimmermann*.

ZIRVES (2009: 9, 0.06‰; 1880: 13, 0.07‰). Germanisierte Form von ↗Servais.

ZOLLER ['tsolɐ] (2009: 33, 0.2‰; 1880: 87, 0.45‰). Berufsname zu mhd. *zoller* 'Zolleinnehmer, Zöllner'. 🕭 *Zoller* ist vor allem in Luxemburg und Süddeutschland zu finden und wird in Mitteldeutschland weitgehend von der umlauthaltigen und in Deutschland insgesamt häufigsten Variante *Zöller* abgelöst. Sehr frequent und im ganzen Bundesgebiet vertreten ist auch *Zöllner*. Überwiegend in Bayern ist die umlautlose Variante *Zollner* anzutreffen. 📖 FSV: 1656 *Zollers*. GDB: 1614 *Zoller*. 1634 *Zollers*.

ZUANG ['tsuːaŋ] (2009: 18, 0.11‰; 1880: 25, 0.13‰). VARIANTE(N) *Zwanck, Zwank*. Übername zu mhd. *zwanc* 'Zwang, Gewalt, Einschränkung'. ☞ In der Graphie ⟨u⟩ des Familiennamens schlägt sich der Halbvokal [w] nieder, der im Luxemburgischen nach [s] und [ʃ] aus mittelhochdeutscher Zeit erhalten ist. Die Varianten ↗Zwanck, ↗Zwank zeigen dagegen Auslautverhärtung. 📖 GDB: 1711 *Zwang*. 1762 *Zwang* => 1790 *Zwang*, 1795 *Zwanck*. 1795 *Zwanck* => 1824 *Zwank*. 1865 *Zuang*.

ZWANCK (2009: 6, 0.04‰; 1880: 12, 0.06‰). ↗Zuang.

ZWANK (2009: 27, 0.17‰; 1880: 6, 0.03‰). ↗Zuang

Literaturverzeichnis

Häufig zitierte Nachschlagewerke sind in den Namenartikeln mit einer Abkürzung referenziert. Weiterhin werden zur besseren Lesbarkeit in den Namenartikeln die Jahresangaben nur dann angeführt, wenn mehrere Werke eines Autors zu differenzieren sind.

Ahd. Gr. = Braune, Wilhelm 2004: Althochdeutsche Grammatik I. Laut- und Formenlehre. 15. Auflage bearbeitet von Ingo Reiffenstein. Tübingen.
As. Gr. = Gallée, Johan H. 1993: Altsächsiche Grammatik. 3. Auflage mit Berichtigungen und Literaturnachträgen von Heinrich Tiefenbach. Tübingen.
ANL (Hg.) 2011: Ephemeriden des Placidus Eringer. Übersetzung und Kommentar von Pol Schiltz und Pierre Kauthen. Luxemburg.
Atlas Ferraris = De grote Atlas van de Ferraris. De eerste Atlas van België/Le grand Atlas Ferraris. Le premier Atlas de la Belgique. 1777. Kabinetskaart van de Oostenrijkse Nederlanden en het Prinsbisdom Luik/Carte de Cabinet des Pays-Bas autrichiens et la Principauté de Liège. Tielt 2009.
Bahlow, Hans 1972: Deutsches Namenlexikon. 1. Auflage. Baden-Baden.
Beck, Henri 1992: Was bedeuten die Straßennamen der Stadt? In: Ons Stad 39, S. 30.
Bormans, Stanislas 1863: Table des manuscrits généralogiques de Lefort (IIIe partie) In: Bulletin de l'Institut archéologique liégeois 6, S. 131–253.
Bormans, Stanislas 1880: Cartulaire de la commune de Dinant. Tome I, deuxième livraison. 1060–1499. Namur (= Documents inédits relatifs a l'histoire de la province de Namur publiés par ordre du Conseil provincial).
Bour, Joseph 1982: Walferdinger Familien- und Hausnamen 1650–1900. Luxemburg.
Brechenmacher, Josef K. 1957–1963: Etymologisches Wörterbuch der Deutschen Familiennamen. 2 Bände. 2. Auflage. Limburg an der Lahn.
Brouwers, Dieudonné 1909: Les marchands-batteurs de Dinant à la fin du XVème siècle. In: Bulletin de la Commission Royale d'Histoire 78, S. 113–141.
Bruch, Robert 1953: Grundlegung einer Geschichte des Luxemburgischen. Luxemburg.
Bruch, Robert 1954: Das Luxemburgische im Westfränkischen Kreis. Luxemburg.
Calmet, Augustin 1745: Histoire de Lorraine. Band 1. Nancy.
Dauzat, Albert 1951: Dictionnaire étymologique des noms de famille et prénoms de France. Paris.
de Bouteiller, Ernest 1874: Dictionnaire topographique de l'ancien département de la Moselle comprenant les noms de lieu anciens et modernes. Paris.
de la Fontaine, Gaspard-Théodore-Ignace 1862/63: Essai Etymologique sur les noms de lieux du Luxembourg germanique. In: Publications de la Société pour la Recherche et la Conservation des Monuments Historiques dans le Grand-Duché de Luxembourg. Band 18, Luxemburg.
de Vries, Jan 1997: Nederlands etymologisch Woordenboek. 4. Auflage. Leiden/New York/Köln.
Debrabandere, Frans 1993: Woordenboek van de Familienamen in Belgie & Noord-Frankrijk. 2 Bände. Brüssel.
DFA 1 = Deutscher Familiennamenatlas. Herausgegeben von Konrad Kunze und Damaris Nübling. Band 1. Grafematik/Phonologie der Familiennamen. I: Vokalismus von Christian Bochenek und Kathrin Dräger. Berlin/New York 2009.
DFA 2 = Deutscher Familiennamenatlas. Herausgegeben von Konrad Kunze und Damaris Nübling. Band 2. Grafematik/Phonologie der Familiennamen. II: Konsonantismus von Antje Dammel, Kathrin Dräger, Rita Heuser und Mirjam Schmuck. Berlin/New York 2011.
DFA 3 = Deutscher Familiennamenatlas. Herausgegeben von Konrad Kunze und Damaris Nübling. Band 3. Morphologie der Familiennamen. Von Fabian Fahlbusch, Rita Heuser, Jessica Nowak und Mirjam Schmuck. Berlin/New York 2012.

DFA 4 = Deutscher Familiennamenatlas. Herausgegeben von Konrad Kunze und Damaris Nübling. Band 4. Familiennamen nach Herkunft und Wohnstätte. Von Christian Bochenek, Kathrin Dräger, Fabian Fahlbusch und Jessica Nowak. Berlin/New York 2013.

Dräger, Kathrin 2013: Familiennamen aus dem Rufnamen Nikolaus in Deutschland. Regensburg (= Regensburger Studien zur Namenforschung 7).

DRW = Deutsches Rechtwörterbuch. Herausgegeben von der Heidelberger Akademie der Wissenschaften. Heidelberg 1914ff. <http://drw-www.adw.uni-heidelberg.de/drw>

Duden = DUDEN: Lexikon der Familiennamen. Herkunft und Bedeutung. Bearbeitet von Rosa und Volker Kohlheim. 2. Auflage. Mannheim/Leipzig/Wien/Zürich 2008.

Duquesny, Lucien Roger 1929: Caranusca, Ricciacum et Daspich ou Autour de deux brochures recentes. In: Annuaire 1929 de la Société Luxembourgeoise d'Études Linguistiques et Dialectologiques. S. 145–152.

Duquesny, Lucien Roger 1931/1932: Encore à propos d'Oury et de Daspich (Moselle). In: Annuaire 1931/32 de la Société Luxembourgeoise d'Études Linguistiques et Dialectologiques. S. 52–60.

dtv-Atlas = König, Werner 2007: dtv-Atlas zur deutschen Sprache. 18. Auflage. München.

DWB = Deutsches Wörterbuch. Von Jacob und Wilhelm Grimm. 16 Bände. Leipzig 1854–1960. <http://woerterbuchnetz.de/DWB>

Engelbert, Annick 2009: Introduction à la phonétique historique du français. Brüssel.

Erpelding, Émile 1987: Die Kehrmühle bei Hoscheid. In: 100e Anniversaire Sapeurs-Pompiers Hoscheid 1887–1987. Herausgegeben von Sapeurs-Pompiers Hoscheid. Hoscheid, S. 103–162.

Erpelding, Émile 1988a: Der Familienname Belche. In: De Familjefuerscher 5/15, S. 38–39.

Erpelding, Émile 1988b: Der Familienname Duhr. In: De Familjefuerscher 5/17, S. 98–101.

Erpelding, Émile 1988c: Die Mühlen des Luxemburger Landes. 2. Auflage. Luxemburg.

Erpelding, Émile 1996: Die Familiennamen der Ortschaft Niederanven im Laufe der Zeit. In: Pompjeën Nidderaanven-Sennéng 1871–1996. 125. Anniversaire verbonne mat Fändelweih of 9. Juni 1996. Niederanven-Senningen, S. 139–187.

Faber, Anton 1768: Neue europäische Staatscanzlei, welche die wichtigsten öffentlichen Angelegenheiten vornehmlich des deutschen Reichs in sich hat. Drey und Zwanzigster Theil. Ulm/Frankfurt/Leipzig.

FEW = von Wartburg, Walther 1922–2002: Französisches etymologisches Wörterbuch. Eine Darstellung des galloromanischen Sprachschatzes. 25 Bände. Bonn/Heidelberg/Leipzig/Basel.

Finsterwalder, Karl 1978: Tiroler Familiennamenkunde. Innsbruck (= Schlern-Schriften 284).

Flores, Amaru 2014a: Die luxemburgischen Familiennamen entlang der historischen Grenze zu Deutschland – Projektskizze und vorläufige Ergebnisse. In: Peter Gilles, Cristian Kollmann, & Claire Muller (Hgg.), Familiennamen zwischen Maas und Rhein. Frankfurt a. M. et al., S. 99–123.

Flores, Amaru 2014b: Zur Grammatik der Familiennamen im Luxemburgischen. Kombinationen mit Rufnamen, Bildung des Plurals und Movierung der Familiennamen. In: Friedhelm Debus, Rita Heuser, Damaris Nübling (Hgg.), Linguistik der Familiennamen (Germanistische Linguistik, Bd. 225–227). Tübingen, S. 297–319.

Flores, Amaru 2015: Die Familiennamen im historischen luxemburgischen Raum. Eine quantitative und qualitative Analyse der onymischen Grenzen und Raumstrukturen. Dissertation. Universität Luxembourg, Luxemburg.

Förstemann, Ernst Wilhelm 1900: Altdeutsches Namenbuch. I. Personennamen. 2. völlig umgearbeitete Auflage. Bonn.

Franck, Johannes 1971: Altfränkische Grammatik. Laut- und Formenlehre. 2. Auflage von Rudolf Schützeichel. Göttingen.

Franke, Gertrude 1934: Der Einfluß des Nikolauskultes auf die Namengebung im französischen Sprachgebiet. Erlangen. S. 1–134.

Germain, Jean; Herbillon, Jules 2007: Dictionnaire des noms de famille en Wallonie et à Bruxelles. Bruxelles.

Gilles, Peter 2014: Grundstrukturen der luxemburgischen Familiennamenlandschaft. In Peter Gilles, Cristian Kollmann, Claire Muller (Hgg.), Familiennamen zwischen Maas und Rhein. Frankfurt a. M. et al., S. 9–38.

Gilles, Peter; Kollmann, Cristian; Muller, Claire (Hgg.) 2014: Familiennamen zwischen Maas und Rhein. Frankfurt a. M. et al.

Gilles, Peter; Trouvain, Jürgen 2013: Luxembourgish. In: Journal of the International Phonetic Association 43/1, S. 67–74.

Gniffke, Andreas 2010: Die Personennamen der Stadt Luxemburg von 1388–1500. Namenbuch und namenkundliche Analyse auf Basis der Rechnungsbücher der Stadt Luxemburg. PhD Dissertation. Universität Luxemburg/Universität Trier.

Goffinet, Hippolyte 1881: Notice sur le village de Saint-Vincent. In: Annales de l'Institut Archéologique du Luxembourg 13, S. 55–99.

Grob, Jacques-Willibrod; Vannérus, Jules 1921: Dénombrements des feux des Duché de Luxembourg et Comté de Chiny. Band 1. Brüssel.

Gottschald, Max 2006: Deutsche Namenkunde. Mit einer Einführung in die Familiennamenkunde von Rudolf Schützeichel. 6. Auflage. Berlin/New York.

Gysseling, Maurits 1960: Toponymisch Woordenboek van België, Nederland, Luxemburg, Noord-Frankrijk en West-Duitsland (vóór 1226). Tongeren. <http://www.wulfila.be>

Hess, Joseph 1960: Altluxemburger Denkwürdigkeiten. Beiträge zur Luxemburger Kultur- und Volkskunde. Luxemburg.

Hess, Joseph 1970: Zur Geschichte der Luxemburger Familiennamen. In: Bulletin linguistique et Ethnologique 16, S. 24–63.

Holder, Alfred 1896–1907: Alt-celtischer Sprachschatz. 3 Bände. Leipzig. Nachdruck Graz 1961–62.

Holthausen, Ferdinand 1954: Altsächsisches Wörterbuch. Münster/Köln (= Niederdeutsche Studien 1. Herausgegeben von William Foerste).

IEW = Pokorny, Julius 1959: Indogermanisches etymologisches Wörterbuch. Bern/München.

Jespers, Jean-Jacques 2005: Dictionnaire des noms de lieux en Wallonie et à Bruxelles. Bruxelles.

Juen, Gottfried (im Druck): Tiroler Auswanderer nach Luxemburg und Umgegend, erstellt aufgrund der Verfachbücher des Gerichts Landeck, aufbewahrt im Landesarchiv zu Innsbruck. In: Annuaire – A.L.G.H. (Association de Généalogie et d'Héraldique) Jahrbuch 2015, S. 153–172.

Kaufmann, Henning 1965: Grundfragen der Namenkunde. Band 3. Untersuchungen zu altdeutschen Rufnamen. München-Allach.

Kaufmann, Henning 1968: Ergänzungsband zu Ernst Förstemann Personennamen. Hildesheim.

Kellen, Tony 1933: Die luxemburgische Geschichtsschreibung. Ein Rückblick und ein Ausblick. In: Jonghémecht 4–6, Jg. 7, S. 97–203.

Klees, Henri 1989: Geographie der Luxemburger Familiennamen (nach der Volkszählung von 1930). Luxemburg.

Kluge = Kluge, Friedrich; Seebold Elmar 2011: Etymologisches Wörterbuch der deutschen Sprache. 25. Auflage. Berlin/New York.

Kollmann, Cristian 2010a: Namen und Wörter mit 'Schmied' und 'Schmiede' im Luxemburgischen. Rubrik „Wuert vum Mount" (November 2010) auf <http://infolux.uni.lu/schmied>.

Kollmann, Cristian 2010b: Schrobiltgen, Biltgen (und Schreibvarianten). Rubrik „Wuert vum Mount" (November 2010) auf <http://infolux.uni.lu/schrobiltgen>.

Kollmann, Cristian 2011a: Methodische Fragen und Überlegungen zur Typologisierung der Familiennamen am Beispiel des Luxemburgischen Familiennamenatlasses (LFA). In: Arne Ziegler, Erika Windberger-Heidenkummer (Hgg.), Methoden der Namenforschung. Methodologie, Methodik und Praxis. Graz, S. 47–62.

Kollmann, Cristian 2011b: Auf der Suche nach Mahowald. In: Hémecht. Revue d'histoire luxembourgeoise/Zeitschrift für luxemburgische Geschichte 63/3, S. 351–362.

Kollmann, Cristian 2011c: Vergessener Ortsname: Wo liegt Engeldingen? Rubrik „Wuert vum Mount" (August 2011) auf <http://infolux.uni.lu/engeldingen>.

Kollmann, Cristian 2011d: Neues zu Engeldingen. Rubrik „Wuert vum Mount" (September 2011) auf <http://infolux.uni.lu/neues-zu-engeldingen>.

Kollmann, Cristian 2011e: Woher kommt das x in Luxemburg? In: Beiträge zur Namenforschung 46/2, S. 165–210.

Kollmann, Cristian 2012: Family Names in Luxembourg. Particularities and Similarities in comparison to neighbouring regions. In: Lars-Gunnar Larsson, Staffan Nyström (eds.), Facts and findings on personal names. Some European examples. Proceedings of an international symposium in Uppsala, October 20–21, 2011. Uppsala, S. 91–107 (= Acta Academia Regiæ Scientiarium Upsaliensis 22).

Kollmann, Cristian 2013: Problematiken rund um den Namen Schüttringen. In: Michel Pauly, Paul Schmit (Hgg.), Von Chorsängern, Eisenbahnen und Kirchenglocken. Festschrift zum 150jährigen Bestehen der Chorale Schuttrange – Schëtter Gesank. Schüttringen 2013, S. 17–29.

Kollmann, Cristian 2014: Regionalismen in den Luxemburger Familiennamen. In: Peter Gilles, Cristian Kollmann, Claire Muller (Hgg.), Familiennamen zwischen Maas und Rhein. Frankfurt a. M. et al.: Peter Lang. S. 69–98.

Kollmann, C. 2015: *Schmadd – Schmëdd – Schmidd-s, Haff – Huef*: Senkung und unterbliebene Senkung von i und o zu a im Luxemburgischen. In Michael Elmentaler, Markus Hundt, Jürgen Erich Schmidt (Hgg.), Deutsche Dialekte. Konzepte, Probleme, Handlungsfelder. Stuttgart, S. 107–134.

Krahe, Hans; Meid, Wolfgang 1969: Germanische Sprachwissenschaft. 3 Bände. Berlin/New York.

Krünitz, Johann Georg 1773–1858: Oekonomische Encyklopädie oder allgemeines System der Staats- Stadt- Haus- und Landwirthschaft. 242 Bände. Berlin. <http://www.kruenitz1.uni-trier.de>

Lanners, Claude: La famille Maquil. Unveröffentlichte Abhandlung.

Lascombes, François 1976: Chronik der Stadt Luxemburg 1444–1684. Luxemburg.

Lexer, Matthias 1872–1878: Mittelhochdeutsches Handwörterbuch. 3 Bände. Leipzig. Nachdruck Stuttgart 1970.

Liénard, Félix 1872: Dictionnaire topographique du département de la Meuse comprenant les noms de lieu anciens et modernes. Paris.

LLU = Gangler, François 1847: Lexicon der Luxemburger Umgangssprache. Luxemburg 1847. <http://infolux.uni.lu/worterbucher>

LothWB = Wörterbuch der deutsch-lothringischen Mundarten. Bearbeitet von Michael Ferdinand Follmann. Leipzig 1909. Nachdruck Hildesheim/New York 1971. <http://woerterbuchnetz.de/LothWB>

Lorang, Fernand 1978: Alte Kayler Familiennamen nach den Theresianischen Katastertabellen. In: Luxemburger Wort 131/10, S. 6.

LWB = Luxemburger Wörterbuch. Herausgegeben von der Wörterbuchkommission. 5 Bände. Luxemburg 1950–1975. Ergänzungsband 1977. <http://infolux.uni.lu/worterbucher>

Marichal, Paul 1941: Dictionnaire topographique du département des Vosges comprenant les noms de lieu anciens et modernes. Paris.

Mathieu, Paul 2001: Étymologie des noms de famille luxembourgeois. I. Aubange-Berlé-Boulaide. In: De Familjefuerscher 19/61, S. 15–29.

Meißner, August Gottlieb (Hg.) 1794: Apollo. Eine Monatsschrift. Zweiter Band. Prag/Leipzig.

Mersch, Jules 1947: Mathieu-Lambert Schrobilgen 1789–1883. In: Biographie nationale du pays de Luxembourg 1, S. 17–99.

Meyers, Joseph 1976: Studien zur Siedlungsgeschichte Luxemburgs. Mit 19 Karten und 5 Tabellen im Text. 3. Auflage. Luxemburg.

Mhd. Gr. = Mittelhochdeutsche Grammatik. Von Hermann Paul. 25. Auflage neu bearbeitet von Thomas Klein, Hans-Joachim Solms, Klaus-Peter Wegera und Heinz-Peter Prell. Tübingen 2007.

MNW = Verwijs, E., Beekman, A. A., Lieftinck, G. I., Vreese, W. de, & Verdam, J. 1885-1941: Middelnederlandsch woordenboek. 's-Gravenhage. <http://gtb.inl.nl>

Moulin, Claudine; Pauly Michel (Hgg.) 2007–2010: Die Rechnungsbücher der Stadt Luxemburg. Erstes Heft 1388–1399 2007, Zweites Heft 1400–1430 2008, Drittes Heft 1444–1453 2009, Viertes Heft 1453–1460 2010, Fünftes Heft 1460–1466 2010. Luxemburg (= Schriftenreihe des Stadtarchivs Luxemburg Band 1–5).

Muller, Claire 2014a: Les noms de famille en images: les interférences germaniques dans les noms français du 'Luxemburgischer Familiennamenatlas'. In Peter Gilles, Cristian Kollmann, Claire Muller (Hgg.), Familiennamen zwischen Maas und Rhein. Frankfurt a. M. et al., S. 69–98.

Muller, Claire 2014b: Les noms de famille français au Luxembourg. In: Nouvelle Revue d'Onomastique 56, S. 163-182.

Muller, Jean-Claude 1985: Haus- und Familiennamen von Redingen/Attert, Useldingen und Rippweiler in zwei Seelenverzeichnissen von 1793. In: De Familjefuerscher 2/5, S. 11–15.

Muller, Jean-Claude 2014: Namenvarianten an der Sprachgrenze, genealogisch überprüft. In Peter Gilles, Cristian Kollmann, Claire Muller (Hgg.), Familiennamen zwischen Maas und Rhein. Frankfurt a. M. et al., S. 124–140.

Müller, Nik 1887: Die Familien-Namen des Grossherzogthums Luxemburg. Luxemburg.

Nègre, Ernest 1990–1998: Toponymie générale de la France. 3 Bände Genf.

Oster, Edouard 1950a: Ce que furent, il y a cinq cents ans nos noms de famille. I: Ville de Luxembourg. In: Les cahiers Luxembourgeois 22/1, S. 6–18.

Oster, Edouard 1950b: Ce que furent, il y a cinq cents ans nos noms de famille. II: Ville de Luxembourg. In: Les cahiers Luxembourgeois 22/2, S. 86–95.

Oster, Edouard 1950c: Ce que furent, il y a cinq cents ans nos noms de famille. III: Prévôté de Luxembourg et régions avoisinantes. In: Les cahiers Luxembourgeois 22/3, S. 184–190.

Oster, Edouard 1965: Noes noms de familles au 17e siècle. In Biographie nationale du pays de Luxembourg 13, S. 17–121. [enthält die Feuerstättenverzeichnisse der Jahre 1561, 1611, 1965]

Pauly, Michel 1992: Luxemburg im späten Mittelalter. I. Verfassung und politische Führungsschicht der Stadt Luxemburg im 13.–15. Jahrhundert. Luxemburg (= Publications de la Section historique de l'Institut grand-ducal 107; Publications du CLUDEM 3).

Pauly, Michel 1994: Luxemburg im späten Mittelalter. II. Weinhandel und Weinkonsum. Luxemburg (= Publications de la Section historique de l'Institut grand-ducal 109; Publications du CLUDEM 5).

Pfeifer, Wolfgang 2005: Etymologisches Wörterbuch des Deutschen. 8. Auflage. München.

PfWB = Pfälzisches Wörterbuch. Begründet von Ernst Christmann, fortgeführt von Julius Krämer, bearbeitet von Rudolf Post unter Mitarbeit von Josef Schwing und Sigrid Bingenheimer. 6 Bände. Wiesbaden/Stuttgart 1965–1997. <http://woerterbuchnetz.de/PfWB>

Prudhomme, Louis: Dictionnaire universel, geographique, statistique, historique et politique de la France. 5 Bände. Bd. 1–4 1804, Bd. 5 1805. Paris 1804–1805.

Rät. NB 3 = Rätisches Namenbuch III: Die Personennamen Graubündens mit Ausblicken auf die Nachbargebiete. Bearbeitet und herausgegeben von Konrad Huber. Bern 1986.

Reuland, Jos 2006: Das Areler Land. Toponyme von der Korn über die Attert bis zur Sauer und kleines Areler Wörterbuch. Esch.

REW = Meyer-Lübke, Wilhelm 1972: Romanisches Etymologisches Wörterbuch. 5. Auflage. Heidelberg.

RhWB = Rheinisches Wörterbuch 1928–1971. Herausgegeben von Josef Müller, Heinrich Dittmaier, Rudolf Schützeichel und Mattias Zender. 9 Bände. Bonn, Berlin.

Roland, Charles Gustave 1899: Toponymie namuroise. In: Annales de la société archéologique de Namur XXIII/1.

Rudolph, Heinrich 1868: Vollständigstes geografisch-topographisch-statistisches Orts-Lexikon von Deutschland. 2 Bände. Zürich.

Rudolph, Heinrich 1872: Vollständigstes geografisch-topographisch-statistisches Orts-Lexikon von Elsaß-Lothringen. Zugleich als Supplement zu H. Rudolphs Orts-Lexikon von Deutschland und der ganzen österreichisch-ungarischen Monarchie. Leipzig.

Schon, Arthur 1954–1957: Zeittafel zur Geschichte der Luxemburger Pfarreien von 1500–1800. 5 Hefte. Esch.

Schon, Arthur 1954: Zeittafel zur Geschichte der Luxemburger Pfarreien von 1500–1800. Esch.

Schoolmeesters, Émile 1880: Traité de paix entre le pays de Liége et le comté de Namur. 1359–1360. In: Bulletin de l'Institut archéologique liégeois 15, S. 303–338.

Seebold, Elmar 1970: Vergleichendes und etymologisches Wörterbuch der germanischen starken Verben. Den Haag/Paris (= Janua Linguarum. Series practica. Bd. 85).

Seibicke, Wilfried 1996–2007: Historisches Deutsches Vornamenbuch. Band 1 A–E 1996, Band 2 F–K 1998, Band 3 L–Sa 2000, Band 4 Sc–Z 2003, Band 5 Nachträge und Korrekturen 2007. Berlin/New York.

SHessWB = Südhessisches Wörterbuch 1965–2010: Begründet von Friedrich Maurer. Nach den Vorarbeiten von Friedrich Maurer, Friedrich Stroh und Rudolf Mulch bearbeitet von Rudolf Mulch und [ab Band 4] von Roland Mulch. 6 Bände Marburg an der Lahn.

Socin, Adolf 1966: Mittelhochdeutsches Namensbuch. Nach Oberrheinischen Quellen des zwölften und dreizehnten Jahrhunderts. Hildesheim.

Splett, Jochen 1993: Althochdeutsches Wörterbuch. Analyse der Wortfamilienstrukturen des Althochdeutschen, zugleich Grundlegung einer zukünftigen Strukturgeschichte des deutschen Wortschatzes. 2 Bände. Berlin/New York.

STATEC (Hg.) 1984: Die Luxemburger und ihre Familiennamen. Luxemburg. Circa 17500 Familiennamen, welche von Einwohnern Luxemburger Nationalität getragen wurden oder noch getragen werden und 1880 (8584) sowie 1984 (13388) registriert worden sind. Luxemburg.

Stotz, Peter 1996–2004: Handbuch zur lateinischen Sprache des Mittelalters. 5 Bde. München 2000 (= Handbuch der Altertumswissenschaft. Abt. 2, Teil 5).

Tiefenbach, Heinrich 2001: Merowech: In: Reallexikon der germanischen Altertumskunde. Band 19, S. 574–576.

Tiefenbach, Heinrich 2010: Altsächsisches Handwörterbuch. A Concise Old Saxon Dictionary. Berlin/New York.

Tockert, Joseph 1989: Das Weimerskircher Jenisch, auch Lakersprache oder Lakerschmus genannt. Luxemburg.

Trossen, Marc 1988: Luxemburger Familiennamen in der Gemeinde Schüttringen. In: 1908–1988. 80 ans Harmonie de la Commune de Schuttrange. 1968–1988. 20 ans Schëtter Jongbléiser. Luxemburg, S. 99–192.

van Werveke, Nicolas 1912: Unsere Familiennamen. Separatdruck aus dem „Landwirt". Diekirch, S. 3–39.

Vannérus, Jules 1928: Le nom de lieux luxembourgeois Kohn. In: Jahrbuch 1927 der Luxemburgischen Sprachgesellschaft, S. 77–99.

Vannérus, Jules 1929: Ricciacus et Caranusca. Notice complémentaire. In: Publications de la Section historique de l'Institut Grand-Ducal de Luxembourg LXV, S. 1–47.

wI, wII, wII, wIV, wV = Wampach, Camille 1935–1948: Urkunden- und Quellenbuch zur Geschichte der altluxemburgischen Territorien bis zur burgundischen Zeit. Bd. I 1935, Bd. II 1938, Bd. III 1939, Bd. IV 1940, Bd. V 1948. Luxemburg.

Wagner, Norbert 1986: Das Erstglied von Lud-wig. In: Beiträge zur Namenforschung 21, S. 77–84.

Warker, Nikolaus 1909: Die deutschen Orts- und Gewässernamen der belgischen Provinz Luxemburg. In: Deutsche Erde. Zeitschrift für Deutschkunde 8, S. 99–143.

Wenzel, Walter 1992: Studien zu sorbischen Personennamen. Historisch-etymologisches Wörterbuch. Band 2. Bautzen.

Wilhelm, Frank: Bassing, Théodore. In: Luxemburger Autorenlexikon. <http://www.autorenlexikon.lu>, 17.02.2014.
WLM = Wörterbuch der luxemburgischen Mundart. Luxemburg 1906. <http://infolux.uni.lu/worterbucher>
Zéliqzon, Léon 1924: Dictionnaire des patois romans de la Moselle. Straßburg/London.
Zoder, Rudolf 1968: Familiennamen in Ostfalen. 2 Bände. Hildesheim.

Anhang

A. Die 400 häufigsten Namen

Die 400 häufigsten Namen in Luxemburg nach Telefonanschlüssen, Stand 2009 (nach Daten des Telefonverzeichnisses des Editus-Verlags)

Rang	Name	Anzahl	Rang	Name	Anzahl	Rang	Name	Anzahl
1	Schmit	1515	33	Molitor	291	65	Putz	181
2	Muller	1097	34	Reding	283	66	Dos Santos	178
3	Weber	1059	35	Scholtes	275	67	Weyland	176
4	Hoffmann	1017	36	Theis	272	68	Pauly	175
5	Wagner	1004	37	Theisen	268	69	Pereira	175
6	Thill	791	38	Flammang	261	70	Clement	173
7	Schmitz	722	39	Marx	258	71	Ney	173
8	Schroeder	616	40	Goergen	249	72	Martin	172
9	Reuter	534	41	Weiler	239	73	Zimmer	172
10	Klein	521	42	Da Silva	239	74	Steichen	172
11	Becker	496	43	Wolff	237	75	Gengler	171
12	Kieffer	496	44	Lentz	236	76	Erpelding	170
13	Kremer	493	45	Goedert	230	77	Hermes	169
14	Faber	454	46	Jacoby	221	78	Schaack	168
15	Weis	420	47	Nilles	220	79	Peiffer	166
16	Schneider	415	48	Jung	218	80	Koch	165
17	Simon	415	49	Huberty	218	81	Biver	164
18	Welter	410	50	Heinen	213	82	Olinger	163
19	Schiltz	405	51	Back	212	83	Lorang	161
20	Meyer	403	52	Peters	210	84	Lucas	161
21	Majerus	389	53	Fischer	208	85	Bertemes	160
22	Ries	376	54	Engel	205	86	Gillen	159
23	Hansen	370	55	Haas	205	87	Arend	158
24	Meyers	357	56	Felten	205	88	Bernard	156
25	Krier	341	57	Rodrigues	205	89	Linden	154
26	Kayser	340	58	Ferreira	202	90	Lux	153
27	Steffen	332	59	Lanners	202	91	Steinmetz	153
28	Diederich	317	60	Decker	197	92	Dostert	153
29	Schumacher	310	61	Schmitt	194	93	Wolter	152
30	Braun	309	62	Mersch	193	94	Backes	152
31	Wagener	305	63	Weydert	191	95	Mousel	151
32	Kirsch	293	64	Michels	188	96	Moes	149

Rang	Name	Anzahl	Rang	Name	Anzahl	Rang	Name	Anzahl
97	Grethen	148	138	Gomes	114	179	Reckinger	101
98	Kohl	147	139	Poos	114	180	Lamesch	100
99	Mathieu	147	140	Kauffmann	114	181	Thommes	100
100	Bausch	146	141	Lang	113	182	Toussaint	100
101	Fischbach	143	142	Schaul	113	183	Beck	100
102	Frisch	142	143	Reiter	112	184	May	99
103	Colling	142	144	Ruppert	112	185	Schmidt	99
104	Schartz	141	145	Bock	111	186	Baum	99
105	Fernandes	141	146	Nickels	111	187	Thein	99
106	Goncalves	141	147	Georges	110	188	Schleich	99
107	Wilmes	137	148	Franck	109	189	Even	99
108	Schaus	137	149	Scheer	109	190	Fonck	98
109	Neu	136	150	Paulus	109	191	Thilmany	98
110	Rausch	136	151	Stoffel	109	192	Heck	97
111	Feller	136	152	Kneip	109	193	Scheuer	97
112	Berchem	136	153	Lambert	109	194	Frank	96
113	Mangen	134	154	Hengen	109	195	Bruck	96
114	Thoma	134	155	Dondelinger	109	196	Baustert	96
115	Hilger	133	156	Conter	108	197	Hames	96
116	Mergen	133	157	Wies	108	198	Sinner	95
117	Martins	132	158	Hilbert	108	199	Dupont	95
118	Winandy	131	159	Petry	108	200	Kugener	95
119	Arendt	129	160	Rollinger	106	201	Seil	94
120	Wirtz	129	161	Jacobs	106	202	Kemp	94
121	Marques	129	162	Schanen	106	203	Philippe	94
122	Antony	127	163	Scholer	105	204	Trierweiler	93
123	Schintgen	125	164	Zenner	104	205	Reiser	93
124	Barthel	124	165	Demuth	103	206	Koenig	93
125	Dahm	122	166	Thiry	103	207	Cloos	93
126	Berg	121	167	Clees	103	208	Glod	93
127	Kohn	121	168	Wampach	103	209	Glodt	93
128	Schwartz	121	169	Linster	103	210	Weyrich	92
129	Elsen	121	170	Ewen	102	211	Thinnes	92
130	Reuland	121	171	Lutgen	102	212	Greisch	91
131	Ludwig	117	172	Lopes	102	213	Bauer	90
132	Reinert	117	173	Schuller	102	214	Kaiser	89
133	Fisch	117	174	Schreiner	102	215	Jost	89
134	Kraus	116	175	Heintz	102	216	Trausch	88
135	Sauber	116	176	Risch	101	217	Thielen	88
136	Mertens	115	177	Seyler	101	218	Glesener	88
137	Kohnen	115	178	Kass	101	219	Kerschen	87

Rang	Name	Anzahl	Rang	Name	Anzahl	Rang	Name	Anzahl
220	Peffer	87	261	Eischen	77	302	Marnach	70
221	Schuster	87	262	Schockmel	77	303	De Sousa	69
222	Hubert	87	263	Wiltgen	76	304	Feyder	69
223	Haag	87	264	Gloden	76	305	Mores	69
224	Graf	86	265	Besch	76	306	Feltgen	69
225	Schaeffer	85	266	Didier	76	307	Ernster	69
226	Ribeiro	85	267	Ludovicy	76	308	Weisgerber	69
227	Stephany	85	268	Moris	75	309	Kasel	69
228	Konsbruck	85	269	Gerard	75	310	Federspiel	69
229	Ley	84	270	Hemmer	75	311	Bley	69
230	Roth	84	271	Quintus	75	312	Neumann	69
231	Schlesser	84	272	Stein	75	313	Ewert	69
232	Da Costa	83	273	Weyer	75	314	Kerger	69
233	Wilhelm	83	274	Metz	75	315	Gelhausen	69
234	Johanns	83	275	Feiereisen	74	316	Gales	68
235	Lemmer	83	276	Teixeira	74	317	Berscheid	68
236	Pletschette	83	277	Thull	74	318	Bintener	68
237	Frising	83	278	Reiland	74	319	Bosseler	68
238	Huss	82	279	Bisenius	74	320	Duhr	68
239	Adam	81	280	Rippinger	73	321	Thome	67
240	Bourg	81	281	Wantz	73	322	Lippert	67
241	Miller	80	282	Staudt	73	323	Rossi	67
242	Schilling	80	283	Duarte	73	324	Sunnen	67
243	Mayer	80	284	Bach	72	325	Godart	67
244	Pinto	80	285	Goebel	72	326	Colbach	67
245	Kinnen	80	286	Alves	72	327	Noesen	66
246	Bauler	80	287	Daleiden	71	328	Krecke	66
247	Anen	79	288	Willems	71	329	Eicher	66
248	Clemens	79	289	Wirth	71	330	Hahn	66
249	Zeimet	79	290	Goerens	71	331	Strasser	66
250	Gilson	79	291	Heiderscheid	70	332	Feltes	66
251	Biwer	79	292	Graas	70	333	Louis	66
252	Zeimes	79	293	Thiel	70	334	Fautsch	66
253	Origer	78	294	Schweitzer	70	335	Jungers	65
254	Entringer	78	295	Maas	70	336	Funck	65
255	Reichling	78	296	Andre	70	337	Mendes	65
256	Manderscheid	77	297	Wohl	70	338	Monteiro	65
257	Brandenburger	77	298	Schon	70	339	Siebenaler	65
258	Dumont	77	299	Krack	70	340	Beckius	64
259	Rommes	77	300	Dias	70	341	Petit	64
260	Boever	77	301	Oliveira	70	342	De Oliveira	64

Rang	Name	Anzahl	Rang	Name	Anzahl	Rang	Name	Anzahl
343	Raach	64	363	Feidt	62	383	Lauer	59
344	Hellers	64	364	Santos	62	384	Schons	59
345	Gaasch	64	365	Schweich	62	385	Nicolay	59
346	Meiers	64	366	Binsfeld	62	386	Stoltz	59
347	Frantz	64	367	Turmes	61	387	Adrovic	59
348	Frieden	63	368	Kalmes	61	388	Leyder	59
349	Jaeger	63	369	Jans	61	389	Heuertz	59
350	Soares	63	370	Schaefer	61	390	Bettendorff	59
351	Beffort	63	371	Thomas	61	391	Rischard	58
352	Halsdorf	63	372	Weiland	61	392	Bour	58
353	Bissen	63	373	Melchior	61	393	Mack	58
354	Wiltzius	63	374	Noel	60	394	Schuler	58
355	Streff	63	375	Silva	60	395	Kraemer	58
356	Reiff	62	376	Meis	60	396	Rodesch	58
357	Losch	62	377	Jeitz	60	397	Clesen	58
358	Haupert	62	378	Conrardy	60	398	François	57
359	Tholl	62	379	Schanck	60	399	Thoss	57
360	Hary	62	380	Biever	59	400	Bertrand	57
361	Kuffer	62	381	Koster	59			
362	Wester	62	382	Keller	59			

B. Namen nach Namentypen

In den folgenden Listen sind alle im Namenbuch besprochenen Namen nach den Haupttypen der Benennungsmotive sortiert. Bei den zahlreichen Namen, die sich auf konkurrierende Etymologien zurückführen lassen, erfolgt die Einteilung nach der jeweils wahrscheinlichsten Etymologie Sämtliche Konkurrenzetymologien sind in den jeweiligen Namenartikeln ausführlich diskutiert. Die Namen sind innerhalb eines Typs alphabetisch sortiert.

Amtsnamen
Burggraf, Graf, Heger, Koster, Leclerc, Prevost, Probst, Provost, Schaeffer, Schoetter, Scholtes, Schulz, Steyer

Berufsnamen
Ackermann, Aulner, Bauer, Baumann, Beck, Becker, Beckius, Beidler, Bleser, Bosseler, Bouché, Bové, Brasseur, Breier, Breuer, Breyer, Brisbois, Charpentier, Cordier, Decker, Dengler, Diener, Duchscherer, Eilenbecker, Eilert, Euler, Faber, Fassbinder, Fautsch, Federmeyer, Ferber, Ferron, Fiedler, Fischer, Freymann, Gaertner, Garson, Gengler, Glesener, Goldschmit, Hendel, Hippert, Hirt, Hoeser, Hornick, Huber, Hutmacher, Jaeger, Kaes, Karger, Karier, Kauffmann, Keiffer, Keller, Kellner, Kemmer, Kemp, Kerger, Kesseler, Kettenmeyer, Kieffer, Kleinbauer, Koch, Koehler, Kollwelter, Kremer, Kruger/Krüger, Kuffer, Lauer, Lefeber, Lefevre/Lefèvre, Leiner, Lemaire, Lemmer, Lepage, Majerus/Majérus, Mangerich, Mangers, Marechal/Maréchal, Maurer, Meder, Metzler, Meunier, Milbert, Molitor, Muller/Müller, Neyer, Offermann, Pastoret, Peiffer, Pelletier, Pleger, Plier, Plumer, Reis, Reiser, Reiter, Richter, Roller, Sadeler, Sadler, Sattler, Schaber, Schaefer, Scheer, Scheffen, Schenk, Scherer, Schinker, Schlechter, Schloesser, Schmit, Schmitgen, Schneider, Schosseler, Schreiber, Schreiner, Schroeder, Schumacher, Schumann, Schuster, Schutz/Schütz, Seyler, Siedler, Sinner, Spielmann, Steinmetz, Stemper, Streicher, Stuber/Stüber, Trauffler, Turpel, Vannerus, Wagener, Weber, Wegener, Weibel, Weinachter, Weisgerber, Weitzel, Wener, Wenner, Wennmacher, Wietor, Wildschutz/Wildschütz, Wohner, Zimmermann, Zoller

Berufsübernamen
Beissel, Bier, Bis, Bivert, Bley, Blum, Brachmann, Brachmond, Brack, Braquet, Dax, Faltz, Federspiel, Feiereisen, Feierstein, Fink, Fisch, Flesch, Fournelle, Frieseisen, Funck, Gaffinet, Gans, Gantrel, Geimer, Giver, Gruneisen/Grüneisen, Gutenkauf, Hack, Hammer, Hanff, Have/Havé, Hemmerling, Hirtz, Hopp, Hut, Kandel, Karp, Kertz, Kettel, Kimmel, Kimmen, Kipgen, Kips, Kirtz, Klapp, Klensch, Kneip, Koetz, Kohl, Koppes, Krausch, Lesch, Loesch, Maillet, Maller, Morth, Mutsch, Peffer, Peller, Peschon, Peusch, Pick, Pirsch, Pleim, Poire/Poiré, Polfer, Pott, Promme, Rauch, Reisch, Rink, Rock, Ross, Schaaf, Schanck, Schildgen, Schuh, Spang, Speltz, Spies, Stammet, Stempel, Wiroth

Herkunftsnamen
Achen, Altenhofen, Angelsberg, Assa, Asselborn, Baden, Bamberg, Barnich, Bassing, Bastendorff, Bauler, Baustert, Beckerich, Beffort, Behm, Belche, Bellion, Berchem, Berg, Bering, Berscheid, Besch, Bettel, Bettendorff, Bettingen, Bingen, Binsfeld, Birden, Birtz, Bisdorff, Bisenius, Bissen,

Biver, Blaschette, Boehm, Bofferding, Bohler, Bollendorff, Bolmer, Bour, Bous, Brandebourg, Bredimus, Breistroff, Bruch, Brucks/Brücks, Burg, Campill, Champagne, Christnach, Colbach, Colbett, Consdorf, Consthum, Conte/Conté, Conter, Conzemius, Cravatte, Croat, Cruchten, Dahlem, Daleiden, Dasburg, De Waha, Deitz, Delleré, Dentzer, Deutsch, Deville/Devillé, Deviscourt, Diedeling, Diedenhofen, Differding, Disiviscour, Dockendorf, Donven, Eich, Einsweiler, Eischen, Elcheroth, Elter, Emering, Ensch, Ernster, Ernzen, Erpelding, Ersfeld, Esch, Fehlen, Feilen, Feinen, Feiteler, Feitler, Fellens, Feltz, Ferring, Fischbach, Fixemer, Flammang, Flammant, Foetz, Folscheid, Freres/Frères, Freyling, Frising, Fusenig, Gaasch, Garnich, Gelhausen, Girsch, Girst, Goelff, Gonnering, Greisch, Greivelding, Gremling, Guelff, Guirsch, Haag, Habscheid, Hagen, Haller, Halsdorf, Hamm, Hastert, Hauffels, Havelange, Heiderscheid, Heisbourg, Heischbourg, Herber, Herschbach, Heusbourg, Heuschling, Hobscheid, Hoffelt, Hollenfeltz, Hollerich, Holzem, Hoscheid, Hostert, Houdremont, Ihry, Jegen, Jeitz, Jemming, Kalmus, Kasel, Kayl, Kellen, Kelsen, Kerg, Kersch, Kerschen, Kerschenmeyer, Kettenhofen, Kirchen, Kirsch, Koerperich, Konzem, Kuborn/Küborn, Lahr, Lallemand, Lanser, Laroche, Laschette, Lauterborn, Leytem, Limpach, Linster, Lintgen, Maar, Mackel, Mamer, Manderscheid, Manternach, Maquil, Marnach, Marteling, Meckel, Medernach, Mehlen, Menster, Mersch, Mertzig, Mesemburg, Metz, Meysembourg, Millim, Minden, Morbach, Morheng, Mosel, Mossong, Munhoven, Muno, Musel, Nennig, Neuberg, Niederkorn, Niederweis, Nierenhausen, Nothum, Nurenberg, Oberweis, Oe/Oé, Oestreicher, Olsem, Osweiler, Pallien, Perl, Picard, Plein, Pommerell, Poss, Prim, Prum/Prüm, Raus, Recht, Recking, Reding, Reichling, Reifenberg, Reiff, Reisdorf, Rettel, Reuland, Rinnen, Rischette, Rodenbour, Roder, Roeser, Rolling, Rosenfeld, Roulling, Sachsen, Saeul, Sassel, Saurfeld, Schadeck, Scheidweiler, Scheuren, Schilling, Schockweiler, Schoos, Schott, Schouweiler, Schweich, Schweig, Schwickerath, Schwirtz, Seil, Siebenaler, Siebenborn, Spanier, Steinbach, Sterpenich, Stocklausen, Strainchamps, Thirifay, Tibessart, Toisul, Treis, Trierweiler, Uselding, Van Werveke, Vandivinit, Wadle/Wadlé, Wahl, Walch, Waldbillig, Wallenborn, Walsdorf, Waltzing, Wampach, Wanderscheid, Warken, Waterloo, Waxweiler, Wecker, Weckering, Weicherding, Weiler, Weimerskirch, Weiten, Welfring, Welsch, Welschbillig, Weyer, Wiltz, Wilwerding, Wintersdorf, Wiscourt, Witry, Wolmering, Wolsfeld, Woltz, Wunsch/Wünsch, Zens

Personalisierte Herkunftsnamen

Altzinger, Beringer, Bettinger, Bidinger, Bintener, Bissener, Boever, Brandenburger, Breistroffer, Didlinger, Dondelinger, Ehlinger, Elvinger, Emeringer, Engeldinger, Entringer, Ernzer, Floerchinger/Flörchinger, Freilinger, Gitzinger, Goetzinger, Gonderinger, Greischer, Greiveldinger, Hettinger, Horper, Hosinger, Hottua, Kayler, Kugener, Kuntziger/Küntziger, Loscheider, Mallinger, Mander, Medinger, Olinger, Origer, Pettinger, Ralinger, Redinger, Rehlinger, Reisdorfer, Rippinger, Rollinger, Sax,

Schadecker, Schoder, Schweicher, Schweitzer, Schwinninger, Senninger, Tintinger, Useldinger, Welfringer, Wintringer

Metronyme
Agnes, Claire, Cler, Colette, Collette, Damit, Els, Eltz, Fey, Gratia, Hilgert, Kleer, Kler, Lamborelle, Lehnen, Leis, Lies, Margue, Marie, Marson, Nanquette, Nestgen, Pirotte, Pirrotte, Roos, Thielgen, Thilgen, Trees, Tremuth, Troes

Derivierte Metronyme
Neser, Noesser

Flektierte Metronyme
Elsen, Even, Ewen, Greten, Grethen, Hanten, Kleren, Leisen, Leysen, Mergen, Merges, Metzen, Mreches, Nesen, Noesen, Noesges, Suennen, Sunnen/Sünnen, Thielges, Thilges, Thillges, Tilges, Treinen, Zeien, Zeyen

Patronyme
Adam, Albert, Albrecht, Allard, Ambrosius, Andre/André, Andring, Antoine, Anton, Apel, Arend, Arnold, Audry, Augst, Augustin, Baatz, Badde/Baddé, Bück/Buck, Baltes, Balthasar, Bartemes, Barth, Barthel, Barthelemy, Bartholome/Bartholomé, Bartz, Bast, Bastian, Bastien, Baudouin, Bentz, Berend, Bernard, Bertemes, Bertholet, Bertrand, Bestgen, Betz, Birkel, Blaise, Blasen, Blasius, Blees, Bode/Bodé, Bodry, Bodson, Bonifas, Brendel, Britz, Burkel, Cahen, Carl, Caspar, Charles, Christoffel, Christoph, Claude, Claus, Clees, Clemens, Clement/Clément, Clesse, Cloos, Close/Closé, Colas, Colbert, Collard, Colles, Collet, Collignon, Collin, Collinet, Colson, Conrad, Cornelius, Corring, Dahm, Daman, David, Denis, Didier, Diederich, Dietz, Dimmer, Dionysius, Ditsch, Dittgen, Draut, Eberhard, Enders, Engel, Englebert, Ernst, Estgen, Etgen, Etienne/Étienne, Everard, Ewert, Feidt, Feipel, Feitz, Felten, Folmer, François/Francois, Frankard, Frantz, Franziskus, Frentz, Friederes, Friederich, Fries, Fritsch, Fritz, Gales, Gangolf, Gary, Gaspar, Gasper, Gauthier, Geib, Genson, Georg, Georges, Gerard, Gerend, Gerson, Gilbert, Gilles, Gillet, Gilson, Gindt, Girres, Glaude, Glod, Glode/Glodé, Godart, Goebel, Goedert, Goedgen, Goerres, Goetz, Goffin, Goffinet, Gouber, Gregoire/Grégoire, Gregorius, Guillaume, Gunther/Günther, Hamelius, Hamling, Hannes, Hans, Hansel, Hartert, Hartmann, Hartz, Hary, Haustgen, Heiar, Heim, Hein, Heinrich, Heintz, Heirendt, Heitz, Hengel, Henn, Hennes, Hennico, Henrion, Henry, Hens, Hensel, Hensgen, Hentgen, Hermann, Heuard, Hilbert, Hilger, Hipp, Hoss, Hubert, Huet, Humbert, Huss, Jaans, Jacob, Jacques, Jacquet, Jander, Janes, Jans, Jean, Jenn, Jentgen, Joachim, Johannes, Jonas, Jones, Jost, Juchemes, Juchmes, Juste, Kahn, Karius, Kass, Kinn, Kinsch, Kintgen, Kintzele/Kintzelé, Kleis, Kleman, Koob, Krein, Kring, Kuhn, Kunnert, Kunsch, Kurt, Lambert, Lampert, Laurent, Laures, Laux, Leger/Léger, Lenert, Lentz, Leonard/Léonard, Leonhard, Levy, Libert, Lietz, Lippert, Loes, Lorentz, Louis, Loutsch, Lucas, Lucius, Ludes, Ludwig, Lutgen, Lutz, Lux, Mack, Mantz, Marc, Maroldt, Marso, Marth, Martin, Marx, Massard, Masson, Mathes, Mathgen, Mathias, Mathieu, Melchior, Mentgen, Mertz, Meyrath, Meyrer, Mich, Michaelis, Michaux, Michel, Michelis, Mischel, Mitsch, Modert, Moes, Mootz, Moris, Moritz, Nick, Nickel, Niclou, Nicolas, Nies, Nilles, Noe/Noé, Noel/Noël, Oswald, Ottele/Ottelé, Otto, Oury, Paquet, Patz, Paul, Paulin, Paulus, Pepin, Peter,

Philipp, Philippart, Philippe, Pierrard, Pierre/Pierré, Pierret, Pierron, Poncelet, Poncin, Posing, Quaring, Quintus, Quirin, Quiring, Raas, Rasque/Rasqué, Rasqui, Rasquin, Rath, Reichert, Reinard, Reinert, Reinhard, Reitz, Remacle, Remakel, Remy, Richard, Rischard, Robert, Robinet, Roderes, Roderich, Roger, Ronck, Roob, Royer, Ruckert, Ruppert, Sabus, Schaack, Schalz, Schammo, Scharle/Scharlé, Scheeck, Schill, Schiltz, Schinnert, Schintgen, Schwickert, Seidel, Servais, Seywert, Simon, Sitz, Sizaire, Staus, Steffgen, Stephan, Stoffel, Stoos, Tanson, Thein, Theis, Thewes, Thiery, Thies, Thill, Thillmann, Thiltgen, Thinnes, Thirion, Thom, Thoma, Thomas, Thommes, Thoss, Tonnar, Turmes, Urbain, Urban, Urbe, Urbing, Valentin, Victor, Walte/Walté, Walter, Wantz, Waringo, Warnier, Watgen, Wathier, Watry, Weicker, Weigel, Welter, Wenzel, Werne/Werné, Werner, Wetz, Weyland, Weynandt, Weyrich, Wilhelm, Wilhelmus, Wille, Wilmes, Wiltgen, Wilwert, Wirion, Wohl, Wolter, Zacharias, Zeches, Zeimen, Zeimet, Zieser, Zigrand

Derivierte Patronyme
Breser, Gillessen, Gillissen, Ludig, Mathekowitsch, Schockmel, Timmer

Flektierte Patronyme
Adams, Adamy, Alberty, Anen, Antony, Arens, Arnoldy, Atten, Barten, Barthels, Bartholomey, Bartzen, Berens, Bermes, Bernardy, Betzen, Christophory, Clasen, Clesen, Conrady, Conrardy, Cornely, Dahmen, Dirkes, Dominicy, Eiffes, Ewertz, Feyen, Frantzen, Frieden, Friederichs, Friederici, Friedrichs, Gaspers, Geden, Geisen, Georgen, Gerardy, Gerges, Gierens, Gilbertz, Gillen, Glauden, Gloden, Goebbels, Goedertz, Goerens, Goergen, Hamen, Hames, Hammes, Hansen, Harpes, Haupesch, Heinen, Heinesch, Heinrichs, Heinricy, Heirens, Hemmen, Hendriks, Hengers, Henkes, Henricy, Hensen, Hermes, Heymes, Hilgers, Huberty, Huppertz, Jacobs, Jacoby, Jansen, Jodocy, Johannsen, Juchems, Jungels, Justen, Karels, Kinnen, Klosen, Kreins, Kremers, Krings, Kunen, Lamberty, Lambertz, Lampertz, Lenertz, Lentzen, Leonardy/Léonardy, Lopez, Ludovicy, Mangen, Martens, Martiny, Martzen, Marxen, Mathay, Melchers, Merens, Mertens, Michaely, Michels, Michely, Mirkes, Nickels, Nicks, Nicolay, Niesen, Nosbusch, Pauls, Pauly, Peters, Petry, Philipps, Philippy, Reichertz, Reinartz, Reiners, Renckens, Richardy, Richartz, Roben, Rolles, Rommes, Salentiny, Schanen, Simonis, Simons, Sinnen, Sinnes, Steffens, Stephany, Stoffels, Theisen, Thillen, Thillens, Thilmany, Thimmesch, Thome/Thomé, Urbany, Urbes, Valentiny, Weinandy, Welbes, Wilhelmy, Willems, Wilwertz, Winandy, Wohles, Zeimes, Zeimetz

Übernamen
Altmann, Back, Baus, Bausch, Beicht, Bintz, Blau, Blitgen, Block, Bock, Boes, Bontemps, Bos, Bourgeois, Braas, Brassel, Brauch, Braun, Brausch, Breckler, Coljon, Comes, Courtois, Crochet, Dauphin, Dechmann, Deckenbrunnen, Deister, Deltgen, Demuth, Dickes, Dostert, Duhr/Dühr, Dunkel, Ehmann, Eicher, Eichhorn, Eydt, Fandel, Faust, Feil, Fett, Filbig, Flick, Floener/Flöner, Fohl, Freichel, Freis, Frisch, Frost, Fuchs, Gallion, Gallo, Gaul, Gehl, Gleis, Gonner, Graas, Graffe/Graffé, Grandjean, Graul, Grein, Greis, Gretsch, Grisius, Groff, Gross, Grotz, Grun/Grün, Guth, Haas, Hahn, Harles, Harsch, Hellenbrand, Herr, Hintgen, Hippertchen, Holcher, Holper, Hommel, Hosch, Hubsch/Hübsch, Irrthum, Junck, Jung, Jungblut, Junio, Junius, Kayser, Keil, Ketter, Keup, Kihn, Klauner, Klein, Klemmer, Klepper, Knaff, Knauf, Knaus, Knepper, Koenig, Koeune, Krack, Krantz, Kraus, Krecke/Krecké, Krettels, Krieps, Krippel, Lahure, Lang, Legille, Legrand, Lejeune, Leroy, Letsch, Leyder, Lickes, Link, Loge-

lin, Logeling, Lommel, Lommer, Loos, Lordong, Losch, Maus, May, Meis, Miny, Mockel, Mohr, Mond, Morn, Nau, Neis, Neisius, Neumann, Neusius, Ney, Pater, Penning, Penny, Petit, Pilger, Pleimling, Pletgen, Poeckes, Raach, Reckel, Regenwetter, Reimen, Resch, Retter, Ries, Risch, Roeder, Rosseljong, Roth, Rousseau, Sauber, Schalbar, Schammel, Schaul, Schaus, Schickes, Schirtz, Schleck, Schleich, Schleimer, Schlentz, Schlim, Schmal, Schmartz, Schoen, Scholer, Scholler, Schon, Schonckert, Schortgen, Schram, Schrobiltgen, Schuler, Schuller/Schüller, Schwartz, Schwind, Soisson, Sonntag, Sosson, Spartz, Spaus, Spautz, Speller, Splicks, Staar, Stiefer, Stirn, Stoltz, Storck, Straus, Streber, Streff, Streit, Streng, Streveler, Strotz, Sturm, Thekes, Tholl, Thull, Tock, Tockert, Toussaint, Uhres, Unsen, Vesque, Vogel, Wang, Weffling, Weis, Wengler, Wesquet, Wickler, Wirtgen, Wirth, Wiseler, Wolff, Wurth/Würth, Zangerle/Zangerlé, Zuang

Standesnamen

Brimeyer, Hausemer, Hoffmann, Juncker, Meyer, Reuter, Schummer, Zenner

Wohnstättennamen

Achten, Adler, Bach, Bache, Backes, Baum, Bemtgen, Bildgen, Bohr, Breden, Breisch, Bruck/Brück, Buchel/Büchel, Buchholtz, Busch, Chennaux, Closter, Daubenfeld, Dell, Delvaux, Deprez, Derneden, Detail/Détail, Dieschburg, Dubois, Dumont, Dupont, Duprel, Durbach, Dury, Eck, Espen, Flies, Gries, Grosber, Grosbusch, Grund, Hall, Hardt, Hau, Heck, Helbach, Hetto, Holtz, Hurst, Hurt, Hutsch, Kauth, Kauthen, Kettmann, Kies, Kill, Kirch, Kirchens, Kirpach, Kirt, Klopp, Koemptgen, Kohn, Kohnen, Konsbruck/Konsbrück, Kummer, Lacour, Lammar, Lanter, Laplume, Leuck, Ley, Liesch, Linden, Lisch, Lorge/Lorgé, Mahowald, Masselter, Mauer, Miltgen, Moos, Mosar, Moulin, Muhlen/Mühlen, Neuhengen, Nussbaum, Oberlinkels, Oesch, Oster, Oth, Ourth, Pesch, Pier, Pletschet, Poos, Post, Poull, Prommenschenkel, Pull, Pundel/Pündel, Putz/Pütz, Rassel, Rausch, Rech, Ripp, Sand, Sauer, Schambourg, Scharres, Schartz, Scheid, Schenten, Schetgen, Scheuer, Schimberg, Schmoetten, Schock, Schrantz, Schwachtgen, Schweigen, Speicher, Staudt, Steichen, Steil, Stein, Steines, Storn, Strauch, Strock, Stronck, Struck, Thorn, Trausch, Urhausen, Urwald, Wald, Weides, Weidig, Werdel, Wester, Weydert, Wies, Wiesen, Winkel, Zehren

Personalisierte Wohnstättennamen

Bormann, Bremer, Bruckler/Brückler, Buchler/Büchler, Ecker, Gruber, Heller, Meylender, Sander, Scheitler, Schmitter

C. Namen, die ausschließlich in Luxemburg vorkommen

Die folgende, alphabetisch sortierte Liste enthält diejenigen 355 Namen mit mindestens zehn Telefonanschlüssen, die praktisch ausschließlich in Luxemburg, jedoch nicht in Deutschland, Frankreich, Belgien oder den Niederlanden vorkommen. Aufgenommen sind nur solche Namen, die dort maximal fünfmal belegt sind (zur jeweiligen Datenbasis vgl. die Einleitung). In Klammern ist die Zahl der Telefonanschlüsse in Luxemburg angegeben. Offensichtlich portugiesische und italienische Namen wurden ausgeschlossen. Nicht jeder dieser Namen ist im Namenbuch erläutert.

Altmeisch (24), Altzinger (10), Alzin (14), Andring (15), Anen (79), Angelsberg (15), Arrensdorff (11), Atten (32), Barnig (12), Barthelmy (16), Bastendorff (20), Baulisch (24), Beckius (64), Beideler (10), Beidler (18), Bemtgen (49), Berrend (21), Besenius (23), Biberich (11), Bigelbach (12), Bildgen (21), Biltgen (12), Bintener (68), Bintner (54), Birel (11), Birgen (30), Birsens (12), Birtz (19), Bissener (17), Blaschette (16), Boeres (13), Bofferding (20), Bollendorff (20), Bordang (11), Boultgen (13), Bourggraff (13), Bourgmeyer (10), Bourkel (37), Bourone (14), Boussong (18), Brachmond (27), Brachtenbach (13), Brebsom (13), Breckler (13), Bredimus (44), Brimaire (10), Brimeyer (23), Butgenbach (11), Campill (17), Cannar (10), Capesius (14), Christnach (24), Christophory (25), Clesen (58), Closener (12), Colbett (23), Coner (12), Conzemius (46), Crelo (14), Dasbourg (13), de la Hamette (15), Deckenbrunnen (26), Deischter (23), Deiskes (11), Delagardelle (13), Delhalt (12), Dellere (25), Deltgen (26), Demoulling (10), Dennewald (11), Derneden (17), Desquiotz (12), Devaquet (14), Diderrich (19), Dieschbourg (28), Disiviscour (19), Dondlinger (39), Donven (46), Dumong (19), Durbach (19), Dusemang (12), Eifes (13), Eiffes (51), Eilenbecker (14), Elcheroth (35), Elvinger (24), Emeringer (41), Ernsdorff (14), Ernzen (27), Err (12), Eschette (14), Estgen (14), Everad (19), Eyschen (35), Feidert (12), Feitler (18), Felgen (31), Fellens (28), Fellerich (13), Feyerstein (12), Flammant (27), Floener (24), Folschette (44), Foog (10), Frast (13), Frederes (14), Friden (20), Frieseisen (23), Gaffinet (17), Gantrel (17), Gaudront (10), Gillander (13), Giver (15), Goldschmit (44), Gonderinger (14), Gouber (15), Gouden (14), Grasges (11), Greischer (34), Grevig (11), Gringor (11), Grosber (18), Grosbusch (20), Guden (19), Gudenburg (11), Gudendorf (13), Gutenkauf (17), Haentges (16), Haler (14), Hammang (10), Hammerel (10), Harpes (36), Hauffels (13), Heirendt (23), Heirens (43), Heisbourg (24), Heischbourg (27), Hellers (64), Hencks (11), Hennicot (10), Hentzig (10), Henx (11), Herckes (11), Hertges (23), Hetto (11), Hierzig (11), Hildgen (19), Hiltgen (14), Hintgen (14), Hippertchen (15), Hoerold (10), Holcher (18), Hoschette (11), Hosinger (13), Hottua (18), Hourscht (15), Houss (10), Houtsch (17), Irrthum (18), Jaans (10), Jaas (29), Jaerling (10), Jauchem (10), Jemming (44), Jopa (11), Juchemes (10), Junio (18), Kaiffer (10), Kanive (11), Kapgen (12), Karier (51), Keipes (26), Kelsen (15), Kerschenmeyer (17), Kettenmeyer (16), Kintzele (36), Kirpach (41), Kirschten (11), Kleman (14), Koedinger (11), Kohll (36), Kollmesch (14), Kollwelter (16), Konsbruck (85), Konzem (10), Kousmann (10), Krettels (15), Kridel (14), Krieps (28), Krippler (22), Lahyr (19), Lampach (20), Laschette (34), Lauterbour (20), Legill (10), Lepasch (11), Lessure (10), Leunessen (12), Leytem (25), Lieners (10), Linckels (33), Lisarelli (19), Loschetter (14), Ludivig (20), Lulling (10), Mahnen (24), Mahowald (11), Malget (50), Mamer (28), Maquil (19), Mariany (14), Marteling (16), Mathekowitsch (16), Mathgen (17), Matzet (12), Meres (17), Meylender (25), Meyrath (12), Meysembourg (36), Millang (10), Millim (26), Milmeister (12), Modert (43), Moecher (12), Mossong (38), Mreches (17), Munhoven (28), Munhowen (19), Nehrenhausen (10), Neiens (10), Neiers (15), Neiertz (23), Neiseler (10), Nickts (18), Nierenhausen (16), Nockels (17), Nosbusch (48), Nurenberg (25), Oberlinkels (16), Oe (19), Olsem (31), Osweiler (22), Ottele (19), Peporte (14), Pesche (10), Pleim (18), Pletgen (21), Poeckes (30), Polfer (48), Pommerell (25), Posing (16), Poull (20), Pundel (48), Ralinger (17), Rasque (33), Rasqui (18), Rauchs (33), Reeff (13), Regenwetter (39), Reiles (13), Reimen (44), Reinesch (22), Reisdorffer (18), Remackel (11), Remakel (22), Rennel (11), Rodenbour (24), Roeltgen (14), Roilgen (12), Ronkar (14), Rosseljong (15), Rume (12), Saeul (15), Schalbar (17), Schamine (13), Schannes (13), Schantzen (12), Scharpantgen

(12), Schauls (12), Schickes (33), Schieres (10), Schiltges (18), Schintgen (125), Schirtz (31), Schlammes (14), Schlentz (17), Schlottert (13), Schmartz (32), Schmoetten (11), Schockweiler (18), Schoellen (14), Schoetter (20), Schoettert (15), Schonckert (33), Schoue (10), Schoux (10), Schwachtgen (35), Schwarmes (11), Schwinninger (20), Spaus (48), Spedener (11), Speltz (24), Splicks (15), Stammet (46), Stebens (11), Stiefer (32), Stocklausen (20), Stors (14), Streff (63), Stronck (22), Thekes (14), Thibor (12), Thilges (49), Thillens (13), Thiltgen (14), Toisul (15), Tompers (11), Tosseng (11), Toussing (11), Tremuth (17), Turpel (48), Uhres (24), Unsen (46), Urbing (38), Urwald (15), Vandivinit (16), Veyder (14), von Roesgen (10), Walentiny (30), Wanderscheid (55), Wandivinit (10), Waringo (27), Watgen (38), Wathgen (12), Wealer (19), Weintzen (11), Weirig (33), Weiwers (12), Weiwert (10), Welu (13), Wersant (10), Weynandt (15), Wilge (10), Wintersdorff (15), Wirion (21), Wirthor (15), Wolmering (12), Wormeringer (13), Worre (13), Zahlen (29), Zeches (24), Zeihen (10), Zenners (16), Zuang (18)

D. Seit 1880 untergegangene oder modifizierte Namen

Diese Liste enthält diejenigen Namen, die 1880 noch, 2009 jedoch nicht mehr belegt sind. Sie wurde erstellt, indem die Namen der Volkszählung von 1880 (Muller 1887) mit den Namen des Editus-Telefonbuchs von 2009 abgeglichen wurde. Da durch die Zunahme der Mobiltelefonanschlüsse möglicherweise nicht mehr alle luxemburgischen Familiennamen im Telefonbuch verzeichnet sind, ist einschränkend zu berücksichtigen, dass einige hier als untergegangen eingestufte Namen dennoch weiter existieren. Der Mehrzahl der heute nicht mehr vorkommenden Namen sind auf Veränderungen der Schreibweise zurückzuführen (z.B. *Schockmell* > *Schockmel*). Aus Platzgründen werden nur Namen mit mindestens fünf Vorkommen aufgelistet. Nicht jeder dieser Namen ist im Namenbuch erläutert.

Akermann (7), Aldenkortt (6), Alef (5), Alescht (5), Alin (16), Alzinger (7), Amberg (5), Ambrois (10), Ansey (9), Archen (12), Arends (15), Audri (6), Auguste (5), Bachmes (10), Backstein (6), Baclesse (6), Badding (5), Badu (19), Bäker (13), Barblé (6), Barthemes (10), Bartholemy (12), Bartholomy (8), Batter (7), Battert (6), Batzen (10), Bauholzer (6), Bauschel (9), Bauschlet (14), Bauvé (8), Beaucolin (7), Beauvant (8), Bech (36), Bechter (9), Beelner (6), Behlener (11), Beinell (6), Beiser (5), Beker (9), Belge (8), Belgon (16), Beljon (15), Bentges (5), Berbes (5), Bergen (8), Bertels (7), Berthemes (9), Bertmes (12), Bertogne (15), Bertrisse (9), Bervick (8), Berward (8), Beschmont (11), Besé (8), Bessling (7), Beveng (7), Beving (18), Beyen (6), Bidon (6), Biederstædt (7), Biegelbach (6), Biesdorf (6), Biesdorff (6), Bildchen (6), Bilen (9), Bindner (5), Bink (17), Binner (5), Bins (7), Binseler (16), Binter (8), Bintzler (8), Birdener (12), Birgy (8), Biringer (9), Birman (11), Birn (6), Birrens (9), Bisser (6), Bivesch (7), Biwesch (6), Blackes (15), Bloeser (11), Blondlau (10), Bockholz (5), Bodens (9), Bœkes (6), Bœmels (7), Bok (5), Bolendorff (25), Bollmer (21), Bomm (6), Bonault (5), Bonegard (5), Bongard (8), Bongert (9), Bonneberger (8), Bonnichaux (6), Borchette (22), Borck (13), Bornheim (10), Boucon (10), Bourhardt (6), Boutnas (6), Brach (5), Brachman (8), Brandebourger (17), Brandeburger (25), Brandenbourg (36), Brandenburg (7), Branenburger (5), Brayer (5), Brechler (6), Breckeler (27), Bredemes (5), Bredimes (5), Breigenser (9), Breisdorff (9), Breithof (5), Breitscheid (10), Brepson (6), Brich (8), Briem (5), Brimayer (5), Bringer (10), Brouch (16), Bruckeler (9), Buchett (11), Buffet (9), Burgmeier (9), Burgraff (12), Burlo (6), Burscheidt (10), Busche (10), Büschelbach (5), Buschman (5),

Butchenbach (13), Cahn (5), Caler (19), Canivé (22), Canivy (13), Carels (17), Carls (10), Cary (8), Cassel (11), Chalois (9), Chrisostomus (6), Christnacht (11), Christofel (6), Claas (11), Clair (6), Clamm (6), Claud (7), Claudy (14), Clauner (7), Claurens (9), Cleer (23), Cleesen (23), Clementz (6), Clerff (10), Cles (12), Closs (11), Clossener (6), Coilin (10), Colber (9), Colberger (5), Colbet (22), Coling (13), Combé (6), Compinato (17), Concemius (6), Conerardy (11), Congs (8), Constum (9), Cossong (7), Courth (6), Crendal (11), Crocius (7), Croelo (5), Crusnach (8), Cunelier (5), Custos (5), Cuvilier (5), Cygrand (7), Dahler (6), Daleyden (17), Dallois (9), Dapfontaine (12), Darreye (6), Darro (5), de Colnet (5), de Gargan (9), de la Hamet (6), de Maringh (9), de Villers (6), Defai (6), Defren (5), Defresne (6), Degratte (14), Dehaye (8), Deheck (16), Deisch (16), Deitsche (5), Delaye (7), Delegardelle (15), Delhag (5), Delhey (7), Dellerie (10), Dellfeld (6), Dellgen (6), Delva (7), Delveaux (5), Demalaise (11), Demander (12), Demouling (5), Demulling (15), Deneffe (6), Derbach (6), Derdar (5), Derulle (9), Derveaux (16), Dessom (6), Desviscourt (5), Dethieur (5), Devald (5), Dewiscourt (9), Dickel (17), Dicktus (13), Dideling (5), Diderig (6), Didert (12), Didesch (24), Diedelinger (9), Diedenoven (6), Diedesch (20), Dieferding (13), Dielling (5), Diesbourg (6), Differing (7), Dillenbourg (10), Dionisius (11), Disteldorf (8), Diswiscourt (6), Dœmmery (6), Dœs (7), Doffeng (6), Dold (6), Dommage (7), Doncols (6), Donkel (9), Donn (10), Donvel (5), Doppfeld (9), Dordinge (6), Dorser (14), Dousemant (6), Draudt (5), Dres (7), Dress (16), Drickes (11), Drisch (7), Drix (5), Drohet (12), Droit (6), Drüssel (7), Dubas (5), Dufays (12), Dugener (6), Duplon (5), Dur (8), Durhn (5), Duscher (7), Dusteldorff (5), Effener (5), Ehemann (9), Eidt (12), Eifener (8), Eischer (10), Elcherot (29), Elchroth (10), Elinger (21), Elschrott (5), Emmering (14), Engeler (5), Engelman (6), Engen (8), Enkel (19), Ennesch (32), Epstein (10), Ernsterhof (13), Etienn (5), Etring (12), Euffer (10), Eulenbecker (23), Evert (32), Eyden (7), Fabech (6), Fakelstein (8), Fallis (10), Farnier (7), Fatz (39), Faulbecker (8), Faulmeyer (6), Fauscht (5), Fax (13), Fays (8), Fechler (5), Feipler (6), Fels (13), Feltges (15), Fenen (5), Fensch (6), Ferth (6), Fetter (11), Feuereysen (6), Feyden (11), Feydert (17), Fichtel (14), Fiedeler (22), Figo (8), Finsterwald (15), Flehner (6), Flocon (6), Foch (9), Follmer (11), Folschett (15), Fongile (6), Foos (25), Forsé (6), Forti (6), Fortin (8), Fosseng (11), Fourman (8), Fournell (17), Fousse (5), Fraikus (7), Franchard (10), Freiburger (11), Freiling (6), Freiss (6), Frerres (6), Fresch (5), Fresez (7), Freyman (5), Fridrich (16), Friedchen (7), Friedges (6), Friedhof (6), Friess (57), Frisinger (5), Frœlinger (5), Fuhrman (8), Fuhs (5), Fussinger (5), Gaasché (15), Gaché (5), Gærtener (5), Gaffné (11), Galger (6), Gallgong (8), Gard (6), Garsong (12), Gasch (34), Gaspech (5), Gauvillé (5), Gebel (5), Gedert (8), Gehenge (5), Geiffer (10), Geig (5), Geil (5), Geiseler (5), Geisseler (5), Geltz (8), Gemen (22), Generé (35), Geneten (5), Gengeler (9), Genn (6), Genneten (8), Gentges (11), Gerens (7), Geres (8), Gerhatz (5), Gerlinger (8), Geroline (5), Geschvind (12), Geth (10), Gewelinger (10), Geymer (7), Gibergen (6), Giendt (6), Giesch (7), Giever (6), Gilberts (21), Giltz (20), Gind (11), Gingo (8), Girens (17), Girlinger (6), Gisch (10), Gissberger (5), Gloodt (10), Gobelet (8), Godchaux (16), Godes (6), Godrich (14), Gœbels (11), Gœddertz (7), Gœden (10), Gœrges (25), Gœthgen (5), Gœwlinger (10), Gompel (18), Goos (12), Goss (6), Gottfroid (6), Goudembour (6), Goudenburg (5), Goulon (6), Goviller (10), Graaf (22), Gralinger (11), Grasbon (17), Grashof (5), Grechen (24), Greich (11), Greiff (10), Grever (5), Grieff (10), Griffrath (17), Grimmeler (29), Grob (23), Grobschmit (17), Grolinger (13), Grollinger (15), Grotius (8), Grundheber (7), Grünen (8), Guddendorf (15), Guddendorff (7), Gudenbur (6), Guidinger (16), Guillaum (6), Guillier (7), Gyra (5), Haart (5), Habara (5), Habé (7), Habes (18), Hackert (7), Haesdorf (11), Haidt (5), Haimans (5), Halé (5), Hallinger (15), Halrig (6), Halsdorff (24), Haman (7), Hammet (9), Hangar (12), Hanno (13), Hanzen (5), Haquin (8), Hardert (6), Hatry (5), Haubert (7), Haufels (11),

Hebber (12), Hebesch (6), Hebler (9), Hecht (5), Heckels (12), Heffenich (16), Hefterich (7), Heiard (18), Heiertz (6), Heierz (10), Heilbrun (5), Heimes (11), Heintgen (19), Heintzé (13), Heirent (10), Heischburg (6), Heisdorffer (9), Helles (5), Hellesch (26), Hemmelding (7), Hemmeling (5), Hemmering (8), Henckel (18), Hencky (9), Hendeler (17), Henericy (7), Hengchen (5), Hengescht (7), Hengtchen (5), Hengtgen (9), Henks (11), Henniko (8), Hennoy (6), Hensé (5), Hensemann (5), Herckmanns (16), Herf (5), Herff (8), Hernepont (6), Heser (10), Heuardt (17), Heuschburg (6), Heyrend (15), Heyrendt (6), Hief (7), Hieronymus (5), Hinckel (5), Hinderscheid (13), Hinicker (8), Hiniker (7), Hinnicker (6), Hintermann (5), Hirzig (6), Hisdorf (5), Hitting (6), Hitzgi (5), Hochstetter (9), Hochstrasse (8), Hœger (8), Hœlzener (7), Hoffalt (15), Hoffstrætter (9), Holfels (11), Holfelz (10), Hollenfels (8), Hollrich (11), Holsheimer (5), Holzemer (7), Homes (15), Hoop (5), Hoppesch (24), Horjeckel (6), Horneck (6), Horstkœtter (5), Horstmann (5), Houin (6), Hourt (22), Houry (6), Hovald (8), Hubesch (5), Hublé (6), Hubli (15), Hugot (5), Huncheringer (8), Huperich (12), Hus (22), Huttinger (9), Huy (7), Ihrtum (12), Irdel (11), Irmen (6), Jacquart (22), Jado (5), Jakob (21), Jaminé (5), Janty (6), Jaques (10), Jarding (5), Jené (7), Jennethen (13), Jerolin (11), Jetgen (6), Jetges (5), Jira (7), Jœntgen (5), Jœrg (26), Jolivald (5), Jorsch (7), Jouchim (8), July (7), Jungerts (6), Just (13), Kabgen (10), Kæl (7), Kæmmerer (9), Kærger (6), Kais (5), Kaisen (13), Kajeck (7), Kalber (8), Kalbfleisch (6), Kalens (10), Kales (7), Kalsch (5), Kames (6), Kanivi (6), Kannels (20), Karls (18), Karmeier (10), Karrier (7), Kas (5), Kassel (9), Kaudi (5), Kauffeld (5), Kaulman (7), Kaut (8), Kayls (10), Keffler (6), Keiffers (12), Kempen (11), Kempener (14), Kenn (6), Kerscht (6), Kerz (5), Kettemeyer (63), Ketten (26), Kiemen (5), Kiensch (9), Kiepgen (25), Kiewitsch (6), Kihl (5), Kilbourg (13), Kintges (7), Kinziger (5), Kinzlé (7), Kirth (7), Kivy (5), Klærchen (12), Klaurens (12), Klaus (11), Kleeren (5), Kleier (15), Klels (7), Kleltz (6), Klemes (6), Klerff (6), Klesen (7), Klies (5), Klœs (6), Kloster (12), Klotz (10), Klutsch (9), Knas (7), Knopes (19), Kochan (6), Kock (5), Kockelschneider (16), Kœhner (13), Kœlig (5), Kœltgen (17), Kœnne (17), Kœntzinger (6), Kœpges (8), Kohmann (8), Kolles (8), Konnes (5), Kotton (5), Koussmann (9), Krans (7), Krausen (5), Kreer (8), Kreki (23), Kreky (8), Krettnich (18), Kriddel (5), Kriebs (14), Kringel (7), Krinz (5), Krischer (5), Kufer (10), Kuhnen (5), Kunnen (8), Küntgen (11), Laborelle (6), Laeis (6), Laemmer (6), Laist (5), Lallmand (6), Lamarque (8), Lamber (5), Lamberjack (5), Lamberto (6), Lammeng (6), Lamming (7), Lamort (11), Lamperts (12), Lampesch (17), Landtgen (8), Langsam (6), Lannertz (5), Lantzner (6), Laplüm (12), Laring (7), Larschfeld (11), Laschett (10), Lassin (5), Laudesch (5), Laukes (6), Laut (11), Lecher (9), Lecler (20), Leclerck (8), Lecompte (8), Leder (5), Legner (10), Leiertz (8), Leinauer (5), Leinenveber (10), Leinweber (6), Leithen (6), Leitum (5), Lejoly (8), Leltz (6), Lenster (7), Lewen (7), Lex (10), Lichtfuss (14), Lidgen (9), Liefring (7), Ligeois (9), Limmes (6), Limong (6), Linsen (16), Littig (7), Lœb (5), Lœhs (9), Lœltz (14), Lœscher (16), Looser (5), Lorger (5), Lorie (21), Loring (9), Lorschetter (17), Lortz (6), Loux (5), Ludevig (11), Ludovisy (17), Macher (8), Mackll (13), Mæillet (5), Magnerus (17), Maisonet (7), Majin (6), Makel (24), Malheur (5), Maliet (12), Mallsdorf (5), Mampers (19), Mand (8), Manders (22), Mandi (5), Maners (7), Manertz (7), Mangel (15), Maquill (5), Marthing (9), Martz (8), Masius (5), Massarette (8), Masseler (16), Masuen (7), Masuin (7), Matay (20), Matekovitsch (13), Matelet (7), Mathekowitz (5), Mattekowitsch (9), Maur (10), Meagen (6), Meicher (11), Meires (12), Meisemburg (12), Melchor (21), Mels (9), Menningen (16), Menstre (7), Merches (13), Merkatoris (6), Merkels (18), Mérot (5), Merzig (17), Mesembourg (5), Mesenig (5), Mettelok (5), Mettendorf (6), Metzinger (7), Meyeres (12), Meyres (42), Meysch (5), Meysemburg (17), Meysenbourg (12), Micheaux (7), Michelau (19), Michelbuch (15), Migi (9), Milké (7), Millin (9), Miltz (11), Mindorf (14), Minners (5), Minny (24), Minsbach (6), Misch (6), Missy (13), Modaf (9), Mœis (7),

Moheng (5), Mois (10), Mokel (9), Mompach (20), Mondeler (8), Mongenast (17), Monner (10), Monso (6), Morett (14), Mosmann (7), Motz (15), Motzheim (5), Mouling (10), Mous (6), Moutrier (13), Moutsch (7), Movill (5), Mozart (7), Mudler (5), Mulhausen (6), Müllendorff (13), Müllenmeister (9), Mulling (5), Munhofen (5), Munsbach (5), Musquard (5), Mussmann (9), Mutesch (6), Mutterjé (10), Nauert (7), Neher (5), Neidinger (7), Neimann (6), Neitz (5), Ness (11), Netchen (6), Neuerburg (16), Neuers (15), Neuns (7), Neyers (9), Neyser (5), Nickes (5), Nicles (10), Niedenführ (5), Nietschké (6), Nikola (5), Nikolay (7), Nirenhausen (5), Nivarlé (7), Nix (5), Nœser (14), Nœsgen (12), Nohsem (6), Nohses (8), Nokels (5), Non (8), Nospelt (8), Nospesch (6), Nothom (12), Nothomb (13), Nouveau (17), Nover (6), Nurnberg (8), Nusbaum (12), Octaff (5), Odar (8), Odenthal (7), Oeslick (6), Oestges (19), Oktaf (10), Oltgen (8), Oppenheim (5), Orianne (11), Ostien (6), Osvald (5), Othelé (6), Ottelet (6), Palen (10), Pals (20), Pary (6), Pauli (5), Peker (8), Pelckes (6), Pellering (7), Pemmer (8), Penical (6), Penninger (6), Peppin (9), Perel (13), Perrong (10), Peschang (17), Petres (6), Petz (13), Peyren (5), Pfloug (6), Philipart (6), Phillipp (14), Phillippart (6), Phillippe (7), Piccard (12), Pierren (6), Pierro (9), Pikar (6), Pinth (24), Pirmantier (12), Pirry (10), Piry (9), Pleiser (14), Plesser (6), Plimmer (8), Plom (7), Pluger (16), Plummer (7), Plunien (7), Poekes (6), Poirée (6), Polver (9), Pondrom (29), Ponsin (5), Porters (11), Pothas (14), Praum (13), Preisch (6), Preisen (9), Prévot (14), Promenschenkel (7), Promm (7), Propst (14), Pullen (6), Pulles (7), Pünell (7), Punsch (7), Puters (5), Quising (17), Rappalle (6), Rasquet (7), Ratz (6), Rausa (10), Razen (9), Réard (17), Rebing (5), Redel (13), Reich (8), Reifers (11), Reiffenberg (12), Reitter (9), Reiz (6), Rekinger (14), Remi (6), Remich (6), Reminon (5), Remissong (5), Rendel (7), Rendels (6), Renom (5), Renquin (17), Rettinger (12), Richar (6), Richette (14), Riesen (8), Rietzchel (7), Rievers (8), Rinn (18), Ris (10), Rischet (7), Ritschdorf (12), Ritschdorff (8), Rivaux (9), Riveaux (7), Rober (29), Rodange (10), Rodenschmit (19), Rodolff (6), Rodolph (12), Rodt (6), Rolle (13), Rolloff (7), Romi (6), Rongvaux (5), Ronkart (6), Rospelt (7), Rossel (5), Rossillon (6), Rothermel (8), Rotty (6), Roullé (7), Ruffetta (10), Runau (14), Rung (5), Rupprecht (6), Rusch (8), Ruster (7), Saler (8), Salzinger (6), Santère (9), Saucy (14), Sauser (18), Saviner (5), Schaak (59), Schaan (16), Schaanen (27), Schadek (5), Schaf (5), Schaff (6), Schaffen (10), Schafs (8), Schambourger (7), Schamburg (5), Schampagne (9), Schandler (5), Schanklas (11), Schanzen (5), Schapert (13), Scharffhausen (10), Scharl (9), Scharpentier (8), Schartert (6), Schaup (7), Scheftgen (6), Scheidt (8), Scheiteler (21), Scheiven (5), Schertes (7), Scheveninger (7), Schicher (34), Schieber (43), Schiffer (5), Schilson (5), Schimel (7), Schimmel (11), Schimper (7), Schinowen (5), Schires (22), Schlexer (13), Schlich (6), Schlœffer (38), Schloettert (6), Schmalbach (6), Schmiedeler (8), Schmits (7), Schmoll (5), Schneitz (6), Schockmell (83), Schœller (5), Schœnofen (5), Scholat (6), Scholter (8), Scholtz (9), Schonen (21), Schonn (9), Schony (7), Schoua (6), Schouler (10), Schouman (6), Schouster (9), Schrader (7), Schreder (7), Schreinhard (6), Schreitz (9), Schreyer (5), Schrobildchen (8), Schrobilgen (11), Schrodt (12), Schrontweyler (9), Schrub (11), Schrupp (9), Schumesch (9), Schumman (7), Schuweiler (5), Schvachtgen (10), Schvinnen (8), Schweisthal (20), Schwindal (7), Seffen (9), Serta (9), Settegast (5), Seyffertitz (5), Seyvert (12), Sibenaller (11), Sibold (6), Siebenbur (11), Siegen (12), Siegfried (23), Simminger (11), Simonns (6), Sirner (10), Sivering (5), Soissong (6), Soupert (8), Souvigny (8), Speier (10), Sperner (12), Spettel (10), Spiegel (6), Spilmann (14), Splix (9), Sprank (7), Stadtgen (8), Stærkel (7), Staner (5), Stefano (5), Steig (6), Stemles (12), Stenges (6), Stensel (7), Stephani (6), Sterbenich (9), Steys (5), Stier (12), Stieren (5), Stiewer (9), Stift (10), Stir (5), Stiren (14), Stolper (11), Stommes (6), Stoss (8), Strainechamps (5), Strassener (22), Strausch (7), Streffler (7), Streiver (5), Strevler (8), Strewler (12), Striff (5), Stromberger

(7), Stronk (10), Syr (6), Tabary (6), Tabouret (5), Tecks (6), Teinen (5), Tempel (19), Textor (7), Theisot (12), Therens (35), Thernes (8), Therns (6), Therrens (6), Theysen (16), Thiebessart (8), Thilmann (21), Thimesch (8), Thimmel (6), Thimmer (15), Thinia (6), Thockert (14), Thomy (14), Thonard (5), Thool (7), Thoos (15), Thos (10), Thremuth (7), Thul (23), Thyves (7), Tilik (6), Till (35), Tilmann (9), Timmermanns (6), Timmesch (7), Tinnes (42), Tinter (11), Toehwé (7), Tohmmes (6), Toll (6), Tommes (11), Tontling (9), Tontlinger (9), Tordé (5), Tordu (5), Touchon (11), Toussinger (7), Trauffeler (7), Traus (6), Treschon (5), Trimpert (5), Troquet (5), Tüntinger (6), Turbel (8), Tuschon (8), Tuschong (5), Ubin (8), Ubrecken (9), Uebé (7), Unsin (11), Urschfeld (11), Vagner (6), van-der-Veckené (7), van-der-Vekené (11), Vandernoot (8), Vanderweckené (6), Vandick (6), Vandyck (33), Vanerius (5), Vankaufenberg (6), Vanwervecké (5), Velter (14), Velu (7), Veyland (5), Vians (7), Vioth (5), Virtor (11), Vogen (5), Vollmer (7), von Wedelstaedt (5), Vonbanck (26), Voog (6), Vosen (8), Walde (6), Walens (8), Walenting (37), Wallentiny (7), Waller (8), Walscheid (9), Walser (10), Wandik (13), Wandiwenit (11), Wansdorff (12), Wanz (16), Warch (5), Warck (5), Warengo (9), Watterloo (5), Wautry (5), Waver (12), Wawer (7), Waxweiller (6), Webert (5), Weidemann (10), Weierich (5), Weiher (5), Weiker (29), Weilandt (8), Weimerschkirch (15), Weimeschkirch (10), Weintz (6), Weirens (9), Weires (5), Weivert (9), Weivertz (5), Weker (20), Weks (5), Welcher (10), Weler (9), Welker (5), Wellfring (15), Welschen (9), Wender (7), Wengert (14), Wercks (18), Werrer (5), Wesque (8), Weyker (22), Weymann (7), Widemann (10), Wiebersch (6), Wiedemann (6), Wierschem (5), Wieseler (14), Wieshof (7), Wigreux (21), Wildschütz (26), Wilgen (7), Willkom (6), Willmert (14), Wilverding (5), Wilwerts (5), Winderhausen (7), Windersdorf (6), Windt (5), Wingers (5), Winterich (5), Wirol (30), Wirths (7), Witery (12), Wittry (15), Wivinus (7), Wiwenes (14), Wiwinus (18), Wollf (12), Wollner (9), Wolz (32), Wower (5), Wüldschütz (10), Zack (6), Zeichen (5), Zeiches (41), Zemmer (9), Zengerlé (10), Zenz (10), Zieglé (14), Ziegler von Ziegleck auf Rheingrub (5), Zigrang (40), Zirwes (12), Zisaire (13), Ziser (15), Zoeunen (11), Zolwer (6), Zowilé (5), Zwang (5)

www.ingramcontent.com/pod-product-compliance
Lightning Source LLC
Chambersburg PA
CBHW060256240426
43661CB00060B/2810